(1980)
vol. I
£4
Ge

ANTOLOGIA DE LA LITERATURA
ESPIRITUAL ESPAÑOLA

PEDRO SAINZ RODRIGUEZ

De las RR. Academias Española y de la Historia

ANTOLOGIA
DE LA
LITERATURA ESPIRITUAL
ESPAÑOLA

I

EDAD MEDIA

EDITORES :
UNIVERSIDAD PONTIFICIA DE SALAMANCA
FUNDACION UNIVERSITARIA ESPAÑOLA
MADRID, 1980

Serie A.—Textos
Tomo 28

IMPRESO EN ESPAÑA
PRINTED IN SPAIN

I. S. B. N.: 84-7392-147-X
Depósito legal: M. 10.501-1980

Imp. DOSERRE, S. L. - Ardemáns, 63 - Madrid, 1980

INTRODUCCION

I

ESQUEMA DOCTRINAL *

Propósito y antecedentes de la presente Antología

Desde muy diversos puntos de vista puede enfocarse la elaboración de una Antología, según los fines que con ella pretendamos alcanzar. Si perseguimos un propósito puramente estético, guiados por un criterio personal, haríamos una selección a la manera de los tan populares florilegios: «*Las cien mejores poesías...*» Puede hacerse una selección para ilustrar con ella una época determinada y también con objeto de reunir los elementos para el estudio de un autor o de una doctrina [1].

Una antología general de una tan amplia literatura

---

* Al frente del último volumen de esta Antología publicamos la II parte de esta introducción: *Esquema histórico de la literatura espiritual.*

[1] P. ej.: J. TARRAGÓ: *Breve antología sobre la contemplación no mística y la mística propiamente dicha* (Barcelona, 1926).

como es la ascético-mística española, se podría desarrollar exponiéndola por géneros o siguiendo un criterio cronológico. Este ha sido el plan adoptado en la presente obra, pues deseamos que ella sirva dos fines principales: demostrar con la exhumación de autores no reimpresos desde hace más de un siglo la conveniencia de editar una *Biblioteca de clásicos de la espiritualidad española* y proporcionar con los textos recogidos materiales para estudiar la evolución histórica de esta misma espiritualidad desde sus orígenes, cooperando así en la tarea de los historiadores de nuestra literatura espiritual.

La presente antología de la prosa espiritual española se inicia, pues, con Prisciliano (s. IV) y termina en el siglo XVIII con el P. Arbiol. Deliberadamente hemos adoptado el título de *Antología de la literatura espiritual* para rehuir la habitual discusión bizantina sobre si tal autor o tal escrito es propiamente místico o ascético. Más adelante, al exponer sucintamente las ideas básicas doctrinales sobre el contenido teológico de esta literatura, habremos de examinar las polémicas que, entre los tratadistas, ha provocado el problema de fijar los límites entre la ascética y la mística. Todo neófito que se asoma al estudio de esta literatura queda inmediatamente prendido en esta cuestión trascendental para el teólogo, pero que desde el punto de vista del historiador de la literatura tiene un interés secundario. Muchas de esas discusiones son, como veremos, más de terminología que de contenido, por lo que, para soslayar esta dificultad, se ha adoptado modernamente

el término de *literatura espiritual*, o de *espiritualidad*, o de *teología espiritual*, según los casos, para
designar los distintos aspectos en que puede ser
estudiada toda esta producción. Cuando en 1922 se
encargó el eminente P. de Guibert de explicar en la
Universidad Gregoriana una cátedra especial de ascético-mística, se designó la enseñanza con el nombre de Teología espiritual. Esto no ha sido una novedad sino la resurrección, por las conveniencias
antes indicadas, de una nomenclatura cuya tradición
se había perdido, pero que cuenta con muy antiguos
y eminentes precedentes. Respondiendo a estos motivos hemos titulado el presente libro *Antología de
la literatura espiritual* y no de la literatura mística
o ascética.

Por otra parte es evidente que la espiritualidad
ascético-mística no puede encerrarse en los tratados
especiales de Teología mística o libros sobre la
oración. La espiritualidad, ya ascética, ya mística,
se derrama como una inundación a través de los
sectores más diversos de la literatura religiosa. ¿No
está en los sermones de San Bernardo lo más excelso de su doctrina mística? ¿No son las cartas de
S. Juan de Avila o de Santa Catalina de Siena verdaderos tratados de espiritualidad? Los comentarios exegéticos a la Sagrada Escritura, las vidas de
Cristo y de la Virgen, los tratados sobre los Angeles, las vidas de los Santos, los confesionarios, los
tratados de preparación a la muerte, los libros sobre los Estados y tantas otras ramas de esta literatura, han dado ocasión a que en ellos se refugien las
manifestaciones más íntimas y elevadas de la vida

espiritual. No podría escribirse ninguna historia de la literatura espiritual si no se espigase en toda esta variedad de escritos para buscar sus manifestaciones.

Existe una unidad de la vida espiritual y ella se refleja en una unidad básica de toda esta literatura [2] en medio de su inmensa variedad.

Cuando algunos historiadores se han quejado de la monotonía de la literatura devota es porque han limitado sus lecturas a los tratados de oración. Toda esta producción tiene un fin primordial que no es ciertamente estético y literario. Sus autores procuraron con sus obras la salvación del alma de sus lectores, adoctrinarlos para que lograsen realizar una vida espiritual luchando con las pasiones propias de la debilidad humana, enseñarlos a orar y a realizar la comunicación con Dios en cuanto depende de la voluntad del hombre. Y vista así, esta literatura no es heterogénea, siendo los diversos géneros como los instrumentos variados de una orquesta que se coordinan para un mismo y único fin.

Expresa esto muy graciosa y pintorescamente el gran teólogo Fray Bartolomé de Medina en el prólogo de su «*Breve Instrucción de cómo se ha de administrar el sacramento de la Penitencia*», cuando dice: «Y en esta parte se han los predicadores y confesores como aquellos buenos israelitas que reedificaron los muros de Hierusalem, de los cuales

---

[2] P. Sabino Lozano (O. P.): *Unidad de la vida Santa y de la Ciencia Sagrada. Estudio teológico-místico* (Salamanca, Ed. Fides, 1942) (2.ª ed). Recensión del P. E. Samos en «C. Tom»., 65, 1943, 328-332.

dice la Sagrada Escritura que la mitad estaban armados a punto de pelear contra los enemigos... y la otra mitad entendían en llevar adelante la obra... Así el oficio de predicadores es llamar, el del confesor recibir. El primero con sus voces levanta la caza, y el segundo la mata; el predicador comienza, y el confesor acaba lo comenzado. Porque sus persuasiones, por ser en particular, son de más eficacia que las del Predicador, que son en general».

Los tratados de oración y la teología moral sirven para nutrir la formación de quienes se dedican al apostolado, y todo ello viene en cierto modo a desembocar en el ancho mar de la predicación.

Para no perjudicar esta visión unitaria de la literatura religiosa no hemos querido subdividirla en géneros o sectores. Creemos, además, que la exposición cronológica permitirá ver cómo en las diversas ramas influyen de manera semejante las mismas circunstancias históricas. Cuando la Inquisición ha perseguido una manifestación cualquiera de espiritualidad, iluminismo, quietismo, o ha vigilado cuidadosamente los riesgos existentes en torno a una doctrina (las obras y la justificación, por ejemplo), en todos los sectores de la espiritualidad se produce el mismo fenómeno de inhibición, de auto-censura con que los autores ortodoxos procuran evitar cualquier desliz. «Los tiempos son recios», dice Santa Teresa en una de sus cartas, y eso era verdad; pero recios para todos: para los predicadores, como Avila o Fray Luis de Granada; para los autores de tratados de oración, o para los autores de catecismos, como Carranza. Y es que esta unidad de la vida espiritual se refleja en todo el cuadro histórico de la literatura religiosa.

Aunque creo que nunca se ha intentado una Antología de nuestra literatura espiritual de las dimensiones cronológicas de ésta y concebida con este criterio de amplitud, se encuentran no obstante bastantes precedentes, algunos de los cuales arrancan de la época misma del mayor auge de este género.

Abundan más que los referentes a la prosa los precedentes de Antologías de la literatura espiritual poética y el volumen de ésta es tan grande si la abrazamos en todas sus manifestaciones, especialmente poesía lírica, épica y teatro, que para dar un muestrario de la misma amplitud histórica que el que ahora seleccionamos, hubieran sido necesarios más volúmenes que los que forman la presente obra. El *Cancionero Sagrado*, de Sancha; la *Summa Poética*, de Pemán y Herrero Garcia, la *Antología Sacra*, de Valbuena, con ser tan abundantes, no recogen más que una parte de esta enorme producción [3].

---

[3] D. JUSTO DE SANCHA: *Romancero y cancionero sagrados.* Madrid, Rivadeneyra, 1872-VII-568 págs. J. M. Pemán y M. Herrero García: *Summa poética. Amplia colección de la poesía religiosa española.* Madrid, B. A. C., 1944. LXXX-670 págs. A. VALBUENA PRAT: *Antología de poesía sacra española.* Madrid, 1049, 662 págs.

Como se dice en el texto son mucho más abundantes las antologías poéticas que las de prosa. Ya en el propio siglo de Oro aparecen precedentes tales como el bello librito *Avisos para la muerte escritos por algunos ingenios de España.* Madrid, 1634; 16 h. más 127 fols.; la 2.ª impresión de Lisboa, 1659, añade: «...algunas obras de ingenios portugueses»; hay dos posteriores de Sevilla, 1660 y 1697. Muy anterior y de carácter

En las Antologías generales de la prosa literaria española han encontrado siempre nuestros místicos un lugar de preferencia, no tanto por consideraciones doctrinales como por la importancia que este género tuvo en la historia de nuestra lengua y por su valor literario.

La gran Antología de Capmany, uno de los más respetables esfuerzos de nuestra crítica erudita del siglo XVIII, se dio perfecta cuenta de la importancia de nuestros místicos en la evolución histórica de nuestra lengua y de la alta calidad estética de mu-

---

más general es la *Primera parte del theso/ro de divina poesía/ donde se contienen varias obras de devo/ción de diversos autores.../* Recopilado por Esteban de Villalobos. Toledo, en casa de Juan Rodríguez/... Año 1587; 204 hojas y 8 de prls. Don Francisco Cerdá y Rico, gran conocedor de nuestro pasado literario, inicia las Antologías modernas de este género con sus *Poesías espirituales,* Madrid, 1779. A esta siguen otras muchas, además de las anteriormente citadas, entre las cuales ofrecen mayor interés las siguientes: A. GONZÁLEZ BLANCO: *Las mejores poesías líricas en lengua castellana...* con un epílogo del P. L. Villalba (O. S. A.), Madrid, 1916. SCARPA, R. E.: *Poesía religiosa española,* Santiago de Chile, 1938 y *Voz celestial de España,* ibid, 1944. LÁZARO MONTERO: *Poesía religiosa española,* Zaragoza, 1950. Pueden añadirse algunas antologías de carácter particular o referentes a un tema especial. Por ejemplo: E. F. FERNÁNDEZ DE CASTRO: *Los salmos de David, trasladados en verso castellano por diferentes ingenios de raza española,* en R. E. E. B., 1928. P. M. MIR: *Al pie del Altar. Devocionario clásico poético,* Madrid, 1902. *Colección de poesías sagradas sobre los principales misterios de Jesucristo y de su Santísima Madre.* Escogidas por G. R. P., Mallorca, 1913, X-438 p., 8.° F. GARCÍA: *Lírica religiosa de Lope de Vega,* Madrid, Aguilar, 1935. 301 p. 8.°. F. J. MARTÍN ABRIL: *San José en la poesía clásica,* Est. Jos., 1947. C. SÁNCHEZ ALISEDA: *Poesía cristiana. Antología de poesía romano-cristiana latino-medieval.* (s. IV-XV), Toledo, 1940, 419 p., 8.°.

chos de ellos. Sus juicios tantas veces penetrantes y exactos, como el que dedica a Fray Luis de Granada [4], pasaron a los manuales de historia literaria estereotipados por la comodidad y la pereza.

Menéndez Pidal, ya en la primera redacción de su *Antología* de prosistas [5], señaló el lugar de la prosa mística en aquel inicial y sucinto esquema histórico de nuestra prosa. En las ediciones sucesivas y en sus magistrales estudios sobre la lengua de nuestros Siglos de Oro, nos ofrece valiosos materiales para la valoración de este género literario desde el punto de vista del estilo y de la historia de la lengua [6].

Con fines más de devoción que históricos se han elaborado algunas Antologías o selecciones de tex-

---

[4] A. DE CAPMANY Y MONTPALAU: *Teatro Histórico-Crítico de la Elocuencia Española*, Madrid. Sancha, 1786-1794, 5 vols. 8.º. Reimpreso en Barcelona, Juan Gaspar, 1848, 5 vols. Don Eugenio de Ochoa, reimprimió extractada esta obra en su *Tesoro de los prosadores españoles,* de la Colección de Autores publicada en París por el editor Baudry.
Se expresa así sobre Fr. Luis de Granada: «...parece que descubre a sus lectores las entrañas de la Divinidad, y la secreta profundidad de sus designios y el insondable piélago de sus perfecciones; el Altísimo anda en sus discursos, como anda en el Universo, dando a todas sus partes vida y movimiento».

[5] MENÉNDEZ PIDAL, R.: *Antología de prosistas españoles,* Buenos Aires, 1945, 4.ª ed. (la 1.ª ed. es de 1899).

[6] Véanse especialmente: *El lenguaje del siglo XVI: la lengua española y el estilo de Santa Teresa,* en *La lengua de Cristóbal Colón... y otros estudios sobre el siglo XVI.* Madrid, Espasa Calpe, Colección Austral, 1947 (3.ª ed). También *Oscuridad, dificultad entre culteranos y conceptistas,* en: *Castilla, La Tradición, el idioma.* Buenos Aires, 1947 (2.ª ed.). *La lengua en tiempo de los Reyes Católicos,* en *Cuadernos Hispano-Americanos* (Enero-febrero, 1950).

tos espirituales con carácter general. Esto representan en el siglo XVII el *Memorial de algunos tratados espirituales,* del P. Juan Ferrer y el *Ramillete de divinas flores,* de Bernardo Sierra [7]. Moderna, mucho más extensa y de diferente concepción, es la *Floresta,* de Tavares y Lozano [8]. El *Tesoro de escritores místicos* publicado por Ochoa [9] no es una Antología sino una colección de obras diversas reunidas con ese título tal como había hecho con otros géneros literarios para la colección de la casa Baudry de París. La obra del benemérito investigador de estos estudios Allison Peers, titulada: *Spanish mysticism. A preliminary survey* [10] no es propiamente un esbozo histórico como parece sugerir su título, sino una verdadera Antología limitada a recoger textos de trece de los autores místico-ascéticos más célebres

---

[7] P. JUAN FERRER (S. J.): *Memorial de algunos tratados espirituales compuestos y recogidos de diversos autores...* Barcelona, P. de Lacavallería, 1627, 8.°, 8 h. 274 fols. Parte segunda, íd., íd. 1627, 8.°, 9 h. 358 fols.

SIERRA, BERNARDO DE: *Ramillete de divinas flores escogidas en los libros de Muchos Santos y mejores autores.* 1670. Bruxelles, Foppens. 8.°, 12 ff. 32-558 pp. 1 ff. 12 grav. 1671, Anvers, 8.°, 58-612 pp.

[8] R. TAVARES Y LOZANO: *Floresta de la literatura sagrada de España...* Madrid, 1864, 4 vols., 8.°.

[9] *Tesoro de escritores místicos españoles.* París, Baudry (vols. 42, 43 y 44 de la *Colección de los mejores autores españoles).*

[10] London, Methuen & Co. Ltd. 1924, in 8.°, XI, 277 págs. Después de 40 páginas de estudio preliminar incluye en la II parte textos de Zárate, Orozco, Osuna, Laredo, S. Pedro de Alcántara, Avila, Granada, Sta. Teresa, S. Juan de la Cruz, Malón de Chaide, F. J. de los Angeles, Estella y Fr. L. de León.

traducidos con fines de divulgación entre el gran
público inglés. También para divulgación de nuestra literatura mística en Francia se publicó la Antología de Wasmer: *Huit mystiques espagnols* [11].
Muy elemental, como imponía su carácter docente
y escolar, es la Antología redactada por Santullano [12]. Creo que cierra cronológicamente la serie de
Antologías generales la publicada en Buenos Aires
por Arturo D. Plaja, simpático esfuerzo al que han
de perdonarse todas sus deficiencias si tenemos
presente las difíciles circunstancias en que se ha
realizado su elaboración [13].

Además de estas obras generales se han publicado numerosas Antologías de carácter especial dedicadas a un autor o a un género determinado dentro
de esta literatura. Sin pretender reseñar toda la extensa bibliografía existente, indicaremos algunas
sólo a título de ejemplo de las distintas variedades.
Ya en el siglo XVI se hizo un florilegio de Fray Luis
de Granada extraido de sus obras por Miguel de

---

[11] WASMER, M. de: *Huit mystiques espagnols. Textes choisis
et traduits de Raimund Lulle, S. Ignace de Loyola, S. Pierre
d'Alcantara, Louis de Grénade, Ste. Thérèse, Luis de Leon, S.
Jean de la Croix, Marie de Jésus d'Agreda.* Paris, Correa, 1940.
253 p. (Col. Temoignages chrétiens).
  Posteriormente en la colección «*Mil renglones*» ha publicado
A. Deltour una sucinta antología: «*Extraits des Mystiques espagnols*», Fernand Nathan, Ed. s. a. (1954), 32 págs. in 8.º.
[12] L. SANTULLANO: *Místicos españoles.* Madrid, Biblioteca literaria del estudiante. 1936; 150 págs. con grabados.
[13] SERRANO PLAJA, ARTURO: *Antología de los místicos españoles.* Buenos Aires. Ed. Schapire, 1946, in 8.º, 412-IV págs.

Isselt [14]; de S. Juan de Avila, de Santa Teresa, de S. Juan de la Cruz, por no citar más que autores muy conocidos, se han hecho modernamente Antologías particulares [15]. Otras veces es una selección mixta de varios autores [16] o se procura reunir materiales para el estudio de un aspecto concreto doctrinal.

De todas las ramas de la literatura espiritual la que ha producido más colecciones de textos, por su carácter práctico y utilitario, ha sido la oratoria sagrada. Dejando de lado los voluminosos sermonarios modernos, algunos de veinte y más volúme-

---

[14] *Flores Ludovici Granatensis ex omnibus eius opusculis, Collect.* Michaele ab Isselt, 12.º. Colonia, 1588.

[15] *Juan de Avila. Disciplina espiritual sacada de su «Epistolario»),* Madrid, Joyas de la mística española (La España Editorial), s. a. 16.º, 176 págs.

ALBERT, P., C. D.: *Anthologie des oeuvres de Ste thérèse de Jésus.* Gand. «Veritas», 2 v. 12.º, 1922.

El mismo: *Pensamientos de S. Teresa de Jesús extractados de sus obras para servir de meditación en cada día del año.* Valencia, 1922.

WOORNERT, R.: *Sainte Thérèse d'Avila. Sa vie et ce qu'il faut avoir lu de ses ecrits.* (Coll. «Renaissance et Tradition»), Bruges, 1951, 367 págs.

DOMÍNGUEZ BARRUETA, J.: *Antologia de San Juan de la Cruz.* Madrid, 1941, 198 págs.

HENRION, C.: *Abregé de la doctrine de S. J. de la C. Textes choisis.* Coll. «La Vigne du Carmel». París, 1948, 232 págs. *S. Juan de la Cruz. Páginas escogidas.* Selección y notas de Fernando Gutiérrez. Barcelona, Miracle, 1940, 330 págs. 8.º.

[16] M. MARTÍ y J. CANTÓ: *Manual de meditaciones... escogidas entre las que publicaron el P. Luis de Granada, el P. Luis de Lapuente, el P. Tomás de Villacastín, el reverendo Vicente Ferrer, etc.* Barcelona, 1880, 8..º, 570 págs.

nes [17], fijaremos nuestra atención en algunas colecciones antiguas.

Empecemos por los ciento treinta y seis sermones contenidos en el *Homiliario* del doctor Alcuyno [18], sermones extranjeros que por su fecha y numerosas ediciones influyeron sin duda en la evolución posterior de la predicación española. Del siglo XVI es también la colección de sermones pronunciados en las honras de Felipe II [19]. A partir de esta fecha se multiplican los sermonarios de carácter particular semejantes a éste de Felipe II que acabamos de citar; tales son los dedicados a la me-

---

[17] García Félix Lázaro: *Biblioteca predicable.* Madrid, 1846-1851, 24 vols. *Año predicable o sea Biblioteca de Predicadores para uso de los párrocos.* Madrid, Imprenta de la Sociedad Religiosa, 1847, 6 vols. 8.º mayor, con láminas. *Tesoro de predicadores ilustres.* Madrid, 1851-1852, 15 vols. 8.º. Estas ediciones y otras muchas que pudieran citarse no tienen ningún propósito histórico y son de carácter práctico y utilitario para uso de los predicadores. El único sermonario de carácter histórico es el publicado por Miguel Herrero García: *Sermonario clásico. Con un ensayo sobre la Oratoria Sagrada.* Madrid-Buenos Aires. Escelicer, 1942. LXXXIX-198-II págs. 8.º, precedido de un interesante esquema inicial de la evolución histórica de la predicación española en los siglos de oro.

[18] *Homilario: en el que se contienen ciento treinta y seys Homilías o Sermones sobre los Evangelios según la orden Romana. Compuestos por los más excelentes Doctores que la Iglesia tiene y recopilados por el famoso y gran Doctor Alcuyno.* Valencia, Juan Navarro, 1552, fol. got. 4 h., 315 fols. a 2 vols. El traductor fue el bachiller Molina.

[19] *Sermones funerales en las honras del rey nuestro señor don Felipe II... Recogidos por Juan Iñiguez de Lequerica.* Madrid, 1599, 4.º, 12 hj., 14-332-20 fols. Recoge 15 sermones. 2.ª ed. Madrid, 1601, 4 h., 298 fols.

moria del obispo Don Juan Alonso de Moscoso, a la
de Santa Teresa y a la del Conde de Olivares, Don
Enrique Guzmán [20]; otros son colecciones dedicadas
a un asunto especial, como la publicada en Sevilla
relacionada con la intensa propaganda que en esta
ciudad se hizo en pro del dogma de la Inmaculada
Concepción [21]. Otros tienen carácter regional, como
la *Laurea portuguesa,* o la *Oratoria sagrada complutense* [22], y otros son colecicones de autores más o

---

[20] *Libro de todos los sermones que se predicaron en diferentes ciudades, en las honras y cabo de año del I y R. Sr. D.
Juan Alonso de Moscoso...,* Málaga, 1614, 4.º.

Jesús María, Fr. José de: *Sermones predicados en la beatificación de L. B. M. Teresa de Jesús, Virgen fundadora de la Reforma de los Descalços de N. Señora del Carmen. Colegidos
por orden del padre fray Josep de Jesús M.ª General de la
misma Orden. En Madrid.* Por la viuda de Alonso Martín, 1615,
4.º, 5 h. 446 fols. 2 h. Son 35 sermones predicados en multitud de ciudades de España y por los mejores oradores de cada
localidad. Jesús, Fr. Gabriel de: *La elocuencia a los pies de
Santa Teresa.* Colección de panegíricos inéditos de la Santa, etc.
Madrid. Hijos de Gregorio del Amo, 1922, 8.º, VIII-312 p.

Luis Córdoba y Ronquillo: *Sermones fúnebres... predicados en 1624... en las honras de... D. Enrique de Guzmán, Conde de Olivares... Recopilados por Fr... A... D. Gaspar de
Guzmán, Conde de Olivares,* etc., Sevilla, Francisco Lyra, 1624,
4.º. 353 pp. dos vols. Contiene sermones del colector y de los
PP. Juan Ortiz, Lope Henriquez, Andrés Ruiz, Alonso Contre-
ras, Juan Redondo, Andrés Martínez, Diego de Maro, José de
Valencia, Rodrigo de Castro, Juan Aguilar y Juan Vallés.

[21] *Sermones de la limpia Concepción de Nuestra Señora por
diferentes autores.* Sevilla, A. Rodríguez Gamarra, año 1617,
2 vols., 4.º, el 1.º 116 hjs. fols.; el 2.º 106 hjs.

[22] *Oratoria sagrada complutense, ilustrada con todos los adornos... Compuesta por sus muy doctos y eruditos oradores.*
Alcalá, García Hernández, 1671, 4.º, 6 h. 433 p. Es una segunda parte de la *Laurea complutense* en la que no cupieron todos

menos famosos pero sin especializar el asunto; así las publicadas por Cevallos de Saavedra, Francisco Ignacio Porras y diversas más que sería enojoso enumerar[23].

Esta ligera inspección de lo más importante que se ha publicado en España con carácter de Antología más o menos especializada en el género de la literatura religiosa, nos muestra la conveniencia de elaborar una Antología moderna de dimensiones suficientes para poder exhumar tantas docenas de autores olvidados, de verdadero mérito doctrinal o literario. En toda Europa se ha mostrado interés por este género de trabajos realizados unas veces con fines de investigación, y otras para vulgarizar la lectura de textos de difícil acceso para el gran público. Recordemos como ejemplo de los diversos

---

los ingenios de la ciudad. *Quaresma complutense... Escritas por sus más sabios y doctos oradores*. Alcalá, Imprenta de la Universidad, 1674, 4.º, 6 h., 514 págs.

Laurea lusitana o sermones varios de diversos predicadores. Madrid, 1678, 4.º. *Laurea portugueza o viridario de varias flores evangélicas*. Lisboa, M. Deslindes, 1678, 4.º, VIII-514 páginas. (Son 18 sermones).

[23] CARLOS CEVALLOS DE SAAVEDRA: *Ideas del púlpito y teatro de varios predicadores de España en diferentes sermones*. Barcelona, 1638, 4.º, 22 h., 524 págs. Contiene 18 sermones de asuntos muy variados e interesantes desde el punto de vista histórico.

F. I. PORRAS: *Teatro evangélico de sermones escritos por diferentes autores y a singulares asuntos...* Alcalá, M. Fernández, 1649, 4.º, 2.ª ed.

La crisis formidable sufrida por nuestra oratoria sagrada se refleja ya en las colecciones de esta época formadas por traducciones de sermones franceses e italianos; ejemplo, el *Tesoro sagrado del Púlpito...* Alcalá, 1797, 4.º, 2 h., 182 págs.

géneros de antologías y sin pretender agotar la lista, las conocidas obras de Beaufreton [24], Jaegher [25], Kingsland [26], Arrigo Levasti [27], Renaudin [28], Denifle [29], Rops [30], Draguet [31], etc.

II

Ascética. Mística. Espiritualidad: esquema doctrinal

Así como históricamente se puede reconocer que algunas de las ciencias hoy llamadas morales y políticas se formaron como un desprendimiento de la gran nebulosa científica que era en la Edad Media

---

[24] MAURICE BEAUFRETON: *Anthologie franciscaine,* París, Cres, 1921.

[25] P. DE JAEGHER, S. J.: *Anthologie mystique,* París, Desclée, 1933.

[26] W. KINGSLAND: *An Anthology of Mysticism.* London, 1935.

[27] ARRIGO LEVASTI: *Mistici del ducento é del trecento.* Milano-Roma, 1935. Meritísima antología con edición crítica de los textos que ha renovado el conocimiento del período que abarca.
No he visto la obra del gran conocedor de nuestra mística G. M. Bertini: *Il misticismo medievale (con traduzione di testi)* Milano, 1944, que supongo de carácter general.

[28] P. RENAUDIN: *Le Jardin mystique de la France.* París, 1939.

[29] P. HEINRICH DENIFLE, O. P.: *Das geistlichen Leben, Blumenlese aus den deutschen Mystikern und Gottesfreunden des 14 Jarhunderts.* Gratz, 1873; la 4.ª ed. (1895), no completa, ha sido traducida al francés (París, 1903).

[30] DANIEL ROPS: *Mystiques de France. Textes choisis et commentés.* Paris, 1941, 314 pp., 8.º.

[31] H. DRAGUET: *Les pères du desert. Textes choisis et presentés par ....* Paris, Plon, 1949. LX, 333 págs. 8.º Es la obra de un gran especialista.

la teología, y que por eso fueron designadas *ancillae theologiae,* también pudo observarse dentro de la evolución histórica de la propia teología una tendencia a la subdivisión en ramas particulares, unas veces por conveniencia de la especialización científica y otras por circunstancias históricas nacidas de las propias discusiones doctrinales.

Teología significa *ciencia de Dios.* Pueden distinguirse la *teodicea* o teología natural que persigue el conocimiento de Dios por las solas luces de la razón humana y la *teología dogmática* o sobrenatural que se funda en la revelación, deduciendo de ella el sistema de verdades en que *por fe* debemos creer. Aunque en la teoría clásica que sostiene la unidad perfecta de la teología, la teología moral es una parte incluida en la teología dogmática, lo cierto es que cada vez se fue especializando, hasta llegar a constituir una rama aparte en que se estudian las normas para la dirección de las almas, enseñando lo que es preciso saber y practicar para ordenar nuestra conducta de forma que evitemos el pecar mortal o venialmente. Basada sobre estas dos ramas de la teología, y en cierto modo por encima de ellas, aparece la *teología mística,* que procura la dirección de las almas para una unión más íntima con Dios. Esta teología puede a su vez subdividirse en *doctrinal* o *experimental.* La *doctrinal* es el estudio teórico de los fenómenos de la vida espiritual y es como el coronamiento de toda la ciencia teológica que puede alcanzarse por voluntad humana. La *experimental* es el resultado de una ciencia infusa y sobrenatural que sólo el Espíritu Santo puede conceder al hombre. Ya en la Edad Media, Gerson dividía su gran tratado latino de *Theologia mystica* en *speculativa* y *práctica*, en que la mística práctica equivale a la que acabamos de definir como experimental, siendo la materia de la especulativa el estudio doctrinal, en sus varios aspectos, del conocimiento de Dios que se alcanza por estas experiencias, sus condiciones, naturaleza, etc. Posteriormente se empleó la calificación de *teología mística* para designar de un modo general las obras referentes a la vida espiritual que conduce en último término a la contemplación.

Para evitar equívocos es conveniente que, desde ahora, hagamos constar que todos estos conocimientos van encaminados a obtener un modo de vida espiritual o sobrenatural en que el hombre domina y regula la parte instintiva y animal de su naturaleza para evitar el pecado y lograr la salvación de su alma. *Cualquier acto o momento de esta especie de vida requiere el auxilio de la gracia.* En la literatura del siglo de oro vemos alusiones a este modo de vivir y el calificativo de *varón espiritual* es frecuentísimo para designar a los que lo practicaban.

Ya en las Sagradas Escrituras, especialmente en los Salmos, en el Evangelio de San Juan y en los escritos de San Pablo, aparece la posibilidad de un conocimiento especial de Dios, comunicado por El mismo y que el hombre no puede alcanzar por el esfuerzo de su razón. Según la doctrina admitida por los Padres de la Iglesia, el hombre que lograba ese conocimiento de Dios era un *contemplativo*, indiferente a las preocupaciones terrenales. Clemente de Alejandría, describiendo esta vida espiritual, distingue en ella tres grados: *la de los principiantes*, *la de los progresantes* o proficientes y *la de los perfectos*.

Esta clasificación de la vida espiritual fue muy tenida en cuenta por los padres de la Iglesia, tanto griega como latina, para orientar su labor apostólica, pues la doctrina conveniente para un *perfecto* puede resultar incomprensible y hasta perjudicial para un *principiante*. Esta clasificación empírica de la vida espiritual sirvió de base a lo largo de la tradición para construir esquemas cada vez más ricos de contenido de la teología mística doctrinal. Casiano (*Coll.* XI, cap. VII), con su finura habitual, caracterizaba cada uno de estos estados observando que los principiantes son inspirados por *el temor*, los progresantes por *la esperanza* de recompensa y los perfectos únicamente por *la caridad*.

En la tradición que arranca de los libros del Pseudo Areopagita se inicia sobre esta base un sistema doctrinal de índole predominantemente intelectual, según el cual las tres etapas de elevación del alma se caracterizan por *la purificación, la iluminación* y *la perfección*. Finalmente la teoría de *las tres vías espirituales* es una construcción de la teología mística de San Buenaventura, que ha perdurado como esquema durante toda la Edad Media hasta que, basándose en él, se elabora la *oración metódica* que caracteriza el movimiento espiritual llamado la *devotio moderna*.

Según esta doctrina de San Buenaventura, el camino espiritual que conduce al alma hasta la unión

con Dios por el amor, está dividido en tres etapas
o vías: la *vía purgativa*, en que el alma convertida
se libra del pasado purificándose por la penitencia
y la mortificación; la *vía iluminativa*, en que el
alma alcanza un mejor conocimiento de Dios des-
arrollándose en ella las virtudes por la oración y la
imitación de Cristo, y la *vía unitiva*, en que el alma
progresa en el amor de Dios y por la caridad puede
llegar a la unión habitual con El.

Los fenómenos que se producen en este camino
hacia Dios son de dos clases: los que dependen en
su realización de la voluntad humana y aquellos
que la voluntad humana es incapaz de provocar y
que solamente la libre voluntad de Dios produce y
otorga sin que nada la pueda forzar a ello. Para
facilitar la exposición de las polémicas doctrinales
que sucintamente hemos de reseñar, entenderemos
que estos fenómenos, estos dones, este conocimiento otorgado o *infuso* por Dios, son la parte propiamente mística de la vida espiritual. Los otros pueden comprenderse dentro de la modernamente denominada teología ascética, pues, como hemos visto,
durante la Edad Media no surgió la necesidad de
esta división de la vida espiritual. Según la doctrina común de origen benedictino, acogida y sancio-
nada por la suprema autoridad de Santo Tomás
(II.ªII.ª, q-161, a.6) las actividades de la vida espiritual eran: *lectio divina, cogitatio, studium, meditatio, oratio y contemplatio*. También se aceptaba
la evolución espiritual reflejada en un conocido
texto que el P. Luis de la Puente gustaba de citar

atribuyéndolo a San Agustín: «Meditatio parit scientiam, scientia compunctionem, compunctio devotionem, devotio vero proficit orationem» (*Meditaciones de los misterios de nuestra Santa Fe*. Valladolid, 1605, t. I, p. 4).

La división entre ascética y mística se inicia en el siglo XVII, que conoció, como el XVI, una violenta reacción antimística. Después del apasionado ataque del movimiento jansenista contra la mística y cuando parecía iniciarse en Francia un renacimiento impregnado de espiritualidad berulliana, surgió la herejía quietista que levantó una ola de sospechas y recelos contra el misticismo, que se consideraba como una puerta abierta para la heterodoxia.

Esta actitud se refleja en los tratados doctrinales de espiritualidad, pudiéndose considerar representativa la gran obra del jesuita Scaramelli (1687-1752), de publicación póstuma, dividida en dos tratados independientes: *Direttorio ascetico* (1753), destinado a los directores de las almas que marchan por las vías ordinarias de la gracia hacia la perfección cristiana, y el *Direttorio mistico* (1754), para los directores de las almas que Dios conduce por la vía de la contemplación [32].

---

[32] La obra de Scaramelli tuvo una gran influencia en la espiritualidad doctrinal de toda Europa, pero el primero cronológicamente que inició esta división fue el jesuita polaco Chrysostomo Dobrosielski con su *Summarium asceticae et mysticae theologiae*, Cracovia, 1655. Véase: de Guibert: *La plus ancienne «Théologie ascétique»*. RAM 18 (1937), 404-408.

Vino después el largo paréntesis del siglo XVIII que representa un verdadero eclipse de la espiritualidad mística que se extiende casi hasta la primera mitad del siglo XIX en que, con carácter histórico, se inicia un resurgir que va paulatinamente creciendo hasta llegar al gran renacimiento que vive la espiritualidad doctrinal en lo que va de siglo. Las numerosas y apasionadas polémicas sobre teología mística que se desarrollan en este período se caracterizan, como atinadamente han observado los padres Garrigou-Lagrange y de Guibert, por referirse a problemas de terminología y vocabulario doctrinal. Por esto, antes de esbozar una exposición de los problemas debatidos, parece conveniente esclarecer algunos conceptos estudiando la evolución histórica de determinados vocablos, empezando por los de *ascética* y *mística*.

Ascética. La palabra es griega de origen, pero la etimología de ασκέω, ἄσκησις, ἀσκητής no ha podido ser puntualizada. En Homero y en Herodoto sirve para expresar la idea de trabajo artístico, de manufacturar, de construir una joya o adorno.

En su evolución posterior el vocablo ha tomado tres acepciones: *a)* ejercicio del cuerpo (sentido físico); *b)* ejercicio de la inteligencia y de la voluntad (sentido moral); *c)* culto y vida religiosa (sentido religioso).

Tucídides llama ἄσκησεις a los ejercicios de los soldados y atletas. El término ἀσκητης, ἀσκηται designó primero al atleta y posteriormente al hombre virtuoso. En este sentido es usado por Aristóteles en su *Etica a Nicómaco*. Isócrates afirma que el «ejercicio de la filosofía (φιλοσοφίας ἄσκησις) es para el alma lo que son para el cuerpo los cuidados médicos». En la filosofía procedente del socratismo se da ya a esta expresión el valor exacto de esfuerzo realizado consciente y metódicamente para liberar el alma de las malas pasiones. A través de Filón penetra esta palabra en los Padres de la Iglesia, siendo interesante señalar que en el Nuevo Testamento sólo aparece una sola vez el verbo ἀσκηῖν y empleado en sentido general. En San Pablo el concepto se encuentra utilizado en la acepción propia del lenguaje atlético. Con Clemente de Alejandría (¿150-211?) y con Orígenes (¿185-253?) se incorpora el vocablo definitivamente a la lengua del cristianismo. Para Clemente de Alejandría la ascesis gnóstica es la vida del cristianismo perfecto y Orígenes por comparación con los Pitagóricos llama ἀσκηταί a los que «hacen profesión de vida perfecta». Posteriormente se generalizó el uso de denominar *ascéticas* a las obras referentes a la vida espiritual y especialmente a la monástica.

Más difícil es puntualizar el sentido exacto de la palabra *mística*, vocablo, como dice de Guibert, lleno de *resonancias* a causa de su enorme expansión por los más heterogéneos ámbitos de la cultura y del pensamiento, dando lugar a grandes arbitrariedades en su empleo. La derivación etimológica nos ofrece la dificultad de su vaguedad inicial que paulatinamente se va concretando con una abundancia de variadas acepciones.

La palabra *mística* aparece ya en Herodoto y en

Esquilo en el siglo v antes de JC. Procede este vocablo de la raíz μύ, del verbo μύω, que significa cerrar; especialmente la boca o los ojos.

Así encontramos la raíz en la palabra *miope* (que cierra los ojos). Este sentido concreto de *cerrado* evoluciona hacia la idea de *secreto* en la palabra *misterio*. Los sustantivos μύστης (el que inicia) y μυστήριον (los misterios religiosos, p. ej. los de Eleusis) son utilizados por los griegos en el doble sentido religioso y en el profano significando *secreto*. Por la etimología, pues, podríamos definir lo místico, basándonos en este vago sentido de *oculto, secreto*, como una vida secreta y distinta de la ordinaria vida religiosa. Una ojeada histórica sobre el uso de la palabra puntualizará su contenido en la espiritualidad cristiana. La palabra *misterio* es empleada alguna vez en el Antiguo Testamento y con mucha más frecuencia en el Nuevo, siendo San Pablo quien la utiliza más, pues de las 28 veces que aparece el vocablo en el Nuevo Testamento, 21 es en los escritos del Apóstol. El P. Prat, en su obra clásica sobre la *Teología de San Pablo*, marcó nítidamente los tres sentidos en que la palabra fue empleada por el Santo: «secreto de Dios sobre la salvación de los hombres»; «sentido oculto, simbólico o característico, de una institución o de un culto», «cosa en la cual la acción está oculta o nos es desconocida». La palabra *mística* no aparece ni en el Nuevo Testamento ni en los escritos de los Padres Apostólicos. En Hipólito (¿170-235?) y en Ireneo (¿140-202?) se encuentra refiriéndose a las doctrinas paganas y en el sentido vulgar de *secreto*. A partir del siglo III la palabra se incorpora a la lengua religiosa del cristianismo, presentando tres acepciones: la *litúrgica*, según la cual son *místicos* los objetos y ceremonias del culto; la *simbólica*, designándose como místico todo el simbolismo religioso y particularmente la interpretación alegórica de la Sagrada Escritura, y finalmente la acepción *teológica*, cuya evolución es la que más interesa a nuestro propósito. En el siglo III, Orígenes (¿185-253?) y Metodio de Olimpia (?-311) emplean la palabra *mística* para designar las verdades religiosas menos accesibles, más profundas y secretas. En un fragmento de Marcelo de Ancira (s. IV) conservado por Eusebio de Cesarea y modernamente divulgado por de Guibert, se habla ya de la *teología inefable y mística*. Es sugestivo el que en este texto primitivo aparezca juntamente con la denominación de *mística teología*, luego universalmente aceptada, la nota de *inefabilidad*, característica típica de los fenómenos propiamente místicos, precediendo en esto a los modernos tratadistas de psicología del misticismo (p. ej. W. James, Maréchal, etc.).

A fines del siglo V los escritos del Pseudo-Dionisio Areopagita utilizan como expresión habitual la de *teología mística*, y estos libros, como es notorio, constituyen una de las fuentes primordiales del misticismo cristiano, apareciendo en ellos elaborados y construidos los fundamentos doctrinales de la mayor parte de la literatura mística posterior. El Pseudo-Dionisio traza ya los linderos que separan la mística doctrinal de la experimental fijando, como contenido de ésta, el conocimiento inmediato de

Dios obtenido por la unión con El. Los modernos
diccionarios técnicos de filosofía se han ocupado de
esta palabra, no estando de acuerdo sobre la conveniencia de definir antes la *mística* o el *misticismo.*
Lalande, en su *Vocabulaire technique* [33] estudia el
misticismo como la palabra principal, considerándo-
le como una doctrina que hay que definir lo mismo
que el *materialismo,* el *panteismo* o el *determinis-
mo.* En realidad esta palabra es tan reciente que
Littré la consideraba como un neologismo. Cousin
la puso de moda en sus *Cursos* de filosofía y precisamente por su vaguedad e indeterminación ha tenido gran fortuna y aceptación hasta el punto de
que Inge ha podido recoger, en un apéndice de su
libro sobre el *Misticismo cristiano,* veintiséis definiciones diferentes, en su gran mayoría modernas,
de misticismo [34]. Misticismo en filosofía, de una manera general, es una actitud del espíritu por la cual,
en la resolución de los problemas, predomina la intuición sobre el puro raciocinio. El vocabulario de
Lalande, que recogió los resultados de los trabajos
de la *Société française de Philosophie,* define la mís-

[33] LALANDE: *Vocabulaire technique et critique de la Filoso-
phie,* numerosas ediciones a partir de 1926. Quien desee am-
pliar esta información puede consultar con fruto el *Vocabulaire
philosophique* de Goblot y sobre todo el Diccionario de conceptos de Eisler: *Wörterbuch der Philosophischen Begriffe,*
Berlín, 1910, 3 vols.
[34] WILLIAM R. INGE: *Christian Mysticism.* London, 1948.
Apéndice A). Es muy interesante el estudio de Baruci: *De l'emploi legitime et de l'emploi abusif du mot «Mystique»* (Comu-
nication faite au Congres international de Philosophie de Rome,
15-20 Nov. 1946), incluida en *Atti del Congresso internaizonale
di Filosofia...* T. II. Milan, 1948.

tica en dos aspectos: 1.° «...creencias o doctrinas que
se basan más bien sobre el sentimiento y la intuición... que sobre la observación y el razonamiento...», 2.°, «...las creencias o doctrinas que menospre-
cian o rechazan la realidad sensible en provecho de
una realidad inaccesible a los sentidos».

Después de este análisis del contenido de los términos *ascética-mística-misticismo*, convendría examinar de manera semejante otra serie de vocablos
relacionada con la definición y límites de las diversas etapas o estados por que pasa el alma en su
camino hacia la unión con Dios. Pero como en realidad sobre estas definiciones giran todas las polémicas modernas de la espiritualidad doctrinal, es
casi imposible estudiar las palabras sin adentrarse
en las cuestiones debatidas, pues cada autor no se
resigna a ofrecer definiciones simplemente nomina-
les sino que prejuzgan, al hacerlas, un contenido teórico favorable a su respectivo punto de vista. Por
tanto estos conceptos resultarán esclarecidos para
el lector al exponer las diversas posiciones de los
tratadistas modernos de espiritualidad.

Antes de pasar adelante, conviene observar que
estas etapas o momentos o estados de la vida espiritual de que hemos de hablar, se desarrollan habitualmente dentro de la vida de la oración. Así la
meditación es la *oración discursiva* propia de los
principiantes de la vía purgativa; la *oración afectiva*
corresponde a los que se encuentran en la vía iluminativa y la contemplación u *oración contemplativa* a los que están en la vía unitiva.

Los propios místicos aluden a *su oración* más o

menos *subida*, indicando así el estado de su vida espiritual en un momento determinado. Dentro de la literatura religiosa, de donde se han entresacado los textos de la presente *Antología*, las obras más típicamente espirituales suelen ser los tratados de teología mística o los libros sobre la oración y la meditación.

La comunicación con Dios la realiza el hombre normalmente por medio de la oración, pues como decía el beato Orozco «...misericordia excelente y don admirable es el que Su Majestad nos hizo en no nos quitar la oración, entretenimiento y regalo grande de nuestras almas»[35]. Los diversos aspectos en que puede ser considerada la oración han sido recogidos con la mayor exactitud en la conocida definición de S. Juan de Avila: «...una secreta e interior habla con que el ánima se comunica con Dios, ahora sea pensando, ahora pidiendo, ahora haciendo gracias, ahora contemplando y generalmente por todo aquello que en aquella secreta habla se pase con Dios». O como Fr. Luis de Granada, incorporando elegantemente la doctrina de S. Lorenzo Justiniano, dice en el *Libro de la Oración*: «En el ejercicio de la oración se alimpia el ánima de los pecados, apaciéntase la caridad, alúmbrase la fe, fortalécese la esperanza, alégrase el espíritu, derrítense las entrañas, pacifícase el corazón, descúbrese la verdad, véncese la tentación, huye la tristeza, renuévanse los sentidos, repárase la virtud enflaque-

---

[35] P. ALONSO DE OROZCO: *Guarda de la lengua. Compuesta por...* Madrid, Pedro Madrigal, 1590, f. 75, v.°.

cida, despídese la tibieza, consúmese el orín de los vicios y en ella saltan centellas vivas de deseos del cielo, entre las cuales arde la llama del amor divino. Grandes son las excelencias de la oración, grandes son sus privilegios. A ella están abiertos los cielos, a ella se descubren los secretos, a ella están siempre atentos los oídos de Dios».

Recordemos también por su simbolismo las bellas metáforas con que el pseudo-Areopagita describe cómo el hombre se eleva hacia Dios por medio de la oración: «Esforcémonos por elevarnos con nuestras oraciones hasta la cima de estos rayos divinos y bienhechores y del mismo modo que si, para atraerla constantemente hacia nosotros, agarrásemos alternadamente con nuestras dos manos una cadena extraordinariamente luminosa que pendiese de la bóveda del cielo descendiendo hasta nosotros, tendríamos la impresión de atraerla hacia abajo, aunque en realidad nuestro esfuerzo no lograría moverla, porque ella estaría a la vez presente arriba y abajo y más bien seríamos nosotros quienes nos elevaríamos hacia los más altos esplendores de su irradiación magníficamente luminosa. También de la misma manera si, encontrándonos en un barco y para socorrernos nos lanzaren una cuerda atada a cualquier peñasco, en realidad no atraeríamos la roca hacia nosotros, sino que nosotros mismos, y con nosotros el navío, iríamos hacia la roca» (*De divinis nominibus*, cap. III).

Hemos de ver en muchos de los textos de esta Antología ataques y defensas de las diversas clases de oración, principalmente de la oración vocal y mental. Fueron circunstancias históricas las que las motivaron, pues las diversas clases de oración son todas igualmente legítimas, ya que el Señor ha ordenado la oración secreta, recogida, íntima, cuando ha dicho: «Cuando reces entra en tu aposento, cierra tu puerta y reza a tu Padre en secreto y tu Padre, que ve lo que pasa en secreto, te recompensará...» [36] y al mismo tiempo ha aceptado la oración pública, solemne y social, la oración de su Iglesia con estas palabras: «...Si dos de vosotros se uniesen entre sí sobre la tierra para pedir una cosa cualquiera, mi Padre, que está en los cielos, se la concederá. Porque donde se encuentren dos o tres reunidos en mi nombre, yo estoy en medio de ellos» [37]. Durante la Edad Media tuvo su apogeo la oración colectiva, la oración litúrgica, evolucionándose paulatinamente hacia un tipo de oración predominantemente personal o íntima conforme la espiritualidad iba encaminándose hacia características de un mayor individualismo [38].

---

[36] Ev. seg. S. Mat: Cap. VI, V. 6.

[37] Ev. seg. S. Mat.: Cap. XVIII, V. 19-20. Otros pasajes importantes sobre la oración: Ev. seg. S. Lucas: Cap. XVIII, V. 1 y textos de S. Pablo que deben relacionarse con estos: Rom. XII, 12; Eph. VI. 18; Col. IV, 2; I Thess. II, 13 y V, 17. También Act. Ap. II, 42 y 46.

[38] Un sugestivo cuadro histórico de la evolución doctrinal de la oración nos ofrece el P. Paul Philippe, O. P. en su: «L'oraison dans l'histoire». Cahiers de «La Vie Spirituelle», 9-10. Paris, les editions du Cerf, 1947. Ha sido incluido, no sé si íntegramente, en: De la vida de oración, Madrid, Rialp, 1953. Vol. 22 de la Colección Patmos que está formado por una interesante colectánea de estudios sobre diversos aspectos de la oración. Ya anteriormente el P. Ubald d'Alençon había publicado en La Vie Spirituelle (1921) una antología de Textes choisis

El Protestantismo, que al negar la autoridad de la Iglesia rechazó en gran parte el ceremonialismo litúrgico y externo del culto, originó la crisis en que la oración mental (individual, secreta, íntima) fue contrapuesta y hasta declarada incompatible con la oración vocal (ceremonial, externa). El exclusivismo en la práctica de la oración mental y aún los simples elogios de ella se vieron con recelo en el mundo católico, siendo un motivo de persecución inquisitorial. Muchos espirituales plenamente ortodoxos que deseaban practicar este género de oración, como más adecuada a determinadas etapas de la vida espiritual, tuvieron que luchar en defensa de la ora-

---

sur la prière au moyen-âge. Merece leerse también el artículo de Dom. L. Gougaud: «*Théorie contemplative au Moyen âge*», en R. A. M. 1922, p. 381 y ss. La obra documentadísima de Frederic Heiler: *Das Gebet. Eine religious geschichtliche und religious psychologische Untersuchung.* München, 1921; la 1.ª ed. de 1918, es el trabajo de un especialista de historia de las religiones enfocado desde el punto de vista de la psicología comparada. Estudia con gran erudición la oración en las diversas religiones. Hay una traducción francesa de la 5.ª ed. alemana, París, 1931. Finalmente pueden servir como iniciación orientadora al estudio de los diversos problemas relacionados con la oración, las conferencias de conocidos especialistas pronunciadas en la *Settimana di Spiritualitá promossa della Universitá Cattolica del Sacro Cuore,* Roma 23-31 marzo, 1940, y publicadas por la ed. *Vita e Pensiero* en un volumen titulado *La Preghiera,* Milano, 1947. Es también útil como obra de conjunto la del arzobispo de Ravena. Giacomo Lercaro: *Metodi di Orazione mentale.* Bevilacqua, Genova, s. s. (1947), XXXI, 343 págs., en que, con gran claridad, además de algunos capítulos dedicados a cuestiones generales históricas o doctrinales sobre la oración, se estudian especialmente los diversos métodos de oración de S. Ignacio, S. Francisco de Sales, S. Alfonso Ligorio, S. Juan de la Salle, la oración Sulpiciana y la Carmelitana. Todo ilustrado con una bibliografía seleccionada.

ción mental, claro es que sin caer en los excesos
con que algunos atacaban la oración vocal tachán-
dola de rutinaria, inútil y hasta farisaica [39].

Dentro de toda esta polémica, que posteriormente
ha podido parecer exagerada y baldía, estaban planteados los problemas más importantes de espiritualidad que preocuparon en el siglo XVI principalmente. Creo que el punto culminante del equilibrio doctrinal se logra finalmente, entre nosotros, en los
escritos del P. la Puente [40].

---

[39] La posición protestante de rebeldía a la Iglesia jerárquica
y defensora de una espiritualidad anticeremonial, partidaria de
la religión personal, íntima, interior, era en suma un ataque a
la visibilidad de la Iglesia, con consecuencias que se extendían
a todo el cuadro de la vida espiritual y entre ellas la anulación
de la oración vocal. El gran teólogo Báñez explica todos los
peligros de esa doctrina: «Si Ecclesia Christi visibilis non esset,
plurima maximaque incomoda sequerentur. Primum quidem
sequeretur Deum non esse colendum exteriori cultu, sed inte-
riori et invisibili tantum. Probatur sequela. Quia cultus et
sacrificium maxime pertinent ad unitatem reipublicae, ergo si
Ecclesia Christi esset omnino invisibilis, superflua essent visibilia sacrificia et sacramenta, frustra etiam esset visibilia templa
aedificare et *vocaliter orare*. Sequeretur etiam, non esse prae-
latos certos in ecclesia ad quos sit recurrendum in explicatione
fidei et morum correctione. Frustra essent et leges ecclesiasti-
cae, ac proinde omnia in ecclesia sursum deorsumque versaren-
tur». (II.am II.ae, Qu. I, art. 10, 118, c.).

[40] En dos libros principalmente puede verse la doctrina de
la oración expuesta por el P. Luis de la Puente: *Meditaciones
de los Mysterios de nuestra santa fe. Con la práctica de la oración mental sobre ellos...* Valladolid, Juan de Bostillo, 1605;
y *Guía espiirtual en que se trata de la oración, meditación y
contemplación...* Valladolid, Juan de Bostillo, 1609. Aquí se
exponen armónicamente las diversas clases de oración. Me parece obra representativa de la nueva modalidad, en que desa-
parece el tono polémico predominante en la época anterior.

Para evitar confusiones al lector, recordemos nuevamente que las cuestiones doctrinales de que hemos de ocuparnos se desarrollan en el ámbito de la oración y los problemas relacionados concretamente con ésta están íntimamente ligados con los que se plantean al estudiar el contenido y límites de la vida espiritual. Fue precisamente la aparición en 1901 del libro de Poulain, S. J., *Des Grâces d'Oraison* [41] la que dio origen a las polémicas que vienen debatiéndose hace más de cincuenta años. Afirmaba Poulain en esta obra —una de las fundamentales de la moderna teología espiritual— la distinción esencial entre la ascética y el misticismo. Para él no son dos etapas de una misma vía, sino dos caminos distintos que conducen a la perfección. El primero que atacó esta doctrina fue el P. Ludovic de Besse [42], pero cuando la polémica alcanzó toda su amplitud fue con la publicación en 1908 del libro del P. Saudreau: *Les faits extraordinaires de la vie spirituelle,* opuesto a la doctrina de Poulain y seguido de una serie de publicaciones del mismo autor que formaron escuela [43]. Las consecuencias que se deducen de

---

[41] *Des grâces d'oraison. Traité de théologie mystique.* Paris, 1901. A partir de la 10.ª edición (París, 1922) se publica con la interesante *Introducción* del P. Bainvel en que, además de esclarecer muchas cuestiones doctrinales, se estudia la curiosa personalidad del P. Poulain y la elaboración de su obra. La edición de París, 1931, está aumentada con un apéndice sobre el discernimiento de espíritus.

[42] El P. Poulain contestó en la Revista de los PP. Jesuitas «Les Etudes», 5 Nov. 1903.

[43] Principales obras del Abate Saudreau: *Les degrés de la vie spirituelle. Méthode pour diriger les âmes suivant leurs progrés dans la vertu.* 5.ª ed. revue et augmentée. Angers, 1920,

estas posiciones doctrinales originaron las polémicas en torno a varias cuestiones fundamenales y a otras secundarias y derivadas: se controvertía la distinción entre la ascética y la mística, cuál es el elemento constitutivo de la mística y la existencia de dos especies de contemplación sobrenatural; como derivado aparece el problema del llamamiento general o restringido a la vida mística.

Sostiene Saudreau que no hay diferencia esencial entre la ascética y el misticismo; que son etapas de una misma y única vía, siendo la mística el natural coronamiento de la ascética por la cual hay que pasar para llegar a la cima de la perfección. Como lógica consecuencia surge la afirmación del llamamiento o vocación universal a la vida mística, ya que ésta es el final de la etapa ascética que depende exclusivamente de la voluntad humana. Poulain, para salir al paso de algunas objeciones, admitía, no obstante, la diferencia sustancial entre ascética y mística, la existencia de dos especies de contemplación: la adquirida por esfuerzo humano, fin natural de la etapa ascética, y la infusa o propiamente mística, lograda como su nombre indica por gracia del Espíritu Santo. Estas tesis han dividido con variantes personales a los más ilustres tratadistas de teología espiritual. Todos ellos, además de exponer

---

2 vols; *La vie d'union à Dieu et les moyens d'y arriver d'après les grandes maîtres de la spiritualité.* 3.ª ed. rev. et aug. Angers, 1921; *La piété à travers les âges. Simple esquisse historique.* Angers, 1927; *La spiritualité moderne. Progrès de la doctrine dans les cinq derniers siècles.* Paris, 1940. En portugués se ha publicado: *Manual de espiritualidade.* (Traduçao autorizada pelo autor.) Sao Paulo, 1937.

su doctrina peculiar, han procurado reforzar sus tesis con el argumento histórico y de autoridad, alegando en su defensa textos de los grandes clásicos del miticismo universal y particularmente de la espiritualidad española del Siglo de Oro. Esta es la razón de que estos problemas doctrinales, además de su interés intrínseco, ofrezcan otro particular para los estudiosos de la historia de la literatura ascético-mística española, cuyo panorama pretendemos presentar en nuestra *Antología*.

En el siglo XVII y entre los discípulos de la escuela carmelitana española, apareció por vez primera la definición de la *contemplación adquirida* o *natural* o *activa*, que de todos estos modos ha sido designada, como diferente de la contemplación propiamente mística o *infusa*, es decir, *sobrenatural* o *infundida*, concedida por Dios como gracia extraordinaria.

El P. Alvarado, benedictino, habla en su *Arte de bien vivir* (1608) de la Contemplación adquirida tomándolo del *Tratado del conocimiento oscuro de Dios* atribuido a San Juan de la Cruz y que es con certeza obra de un discípulo suyo. Alvarado se apropió de este tratado incluyéndolo íntegro en su libro [44]. El juicio sobre la antigüedad de la doctrina y la importancia y validez de estos textos complicó con derivaciones de carácter histórico, que sería inoportuno relatar ahora, la polémica doctrinal.

---

[44] El P. Simeón de la Sagrada Familia sostiene que el P. Alvarado copió literalmente el tratado de contemplación del P. Tomás de Jesús, redactado en el primer lustro del s. XVII (Eph. Car. V. (1951-1954), pág. 96).

La afirmación de la contemplación adquirida produce importantes consecuencias doctrinales, pues si es posible lograr la contemplación dentro de la ascética o si existe un grado de oración que participe de ambas vías, viene a romperse, en cierto modo, la unidad de la vida espiritual, constituida por un camino único dividido en las etapas ya conocidas y que sus defensores afirmaban ser la doctrina tradicional de la teología mística, considerando como novedad peligrosa y sin autoridad la existencia de ese género de contemplación.

Los dos problemas (contemplación adquirida o activa y unidad de la vida espiritual) no eran necesariamente solidarios, pero las posiciones extremas adoptadas dentro de la polémica produjeron este resultado, siendo el P. Eugenio de San José [45] quien dedujo las consecuencias lógicas de tales premisas, dando esto lugar a que hoy existan tratados como el *Compendio de ascética y mística* del P. Crisógono [46] en que se reconoce un período purificativo

---

[45] Artículos en *El Mensajero de Santa Teresa,* 1924, página 491 y ss.; 1925, págs. 3, 43 y 166. Fue el editor de la importante obra de Fr. Tomás de Jesús: *De Contemplatione Acquisita (opus ineditum) et via brevis et plena orationis mentalis edidit,* P. Eugenio a St. Joseph, Milano, 1922, cuya doctrina jugó tanto en las controversias de que hablamos. Un juicio imparcial sobre la intervención del P. J. de Jesús María en las polémicas expuestas en el texto puede verse en el artículo del P. Ferdinand Cavallera (S. J.): *Le Père Joseph de Jésus Marie et M. le chanoine Saudreau.* Rev. Asc. et Myst. 44 (1930), pp. 407-411.

[46] P. CRISÓGONO DE JESÚS SACRAMENTADO, C. D.: *Compendio de Ascética y Mística.* Segunda edición. Madrid-Valladolid, 1946. VIII-379 págs. 8.°.

ascético y otro místico, y también la misma duplicidad místico-ascética para las otras dos restantes etapas de la vida espiritual: la iluminativa y la unitiva. El tercer grado de oración o etapa final dentro de la ascética es precisamente la *contemplación adquirida*.

Basándose en una tradición histórica de la cual hemos citado algún autor anteriormente, fue aceptada esta doctrina por la mayoría de los teólogos carmelitas, principalmente los españoles, que propugnaron su aprobación en el *Congreso de Santa Teresa* (Madrid, 1923) y en el *Congreso Carmelitano de Madrid de San Juan de la Cruz* (1927). Otros carmelitas como el P. Gabriel de Sainte Marie-Madeleine, el P. Pascal du Saint-Sacrement, el P. Jérôme de la Mère de Dieu y el propio P. Bruno de Jesus-Marie, ilustre biógrafo de San Juan de la Cruz, sostienen puntos de vista particulares sobre esta cuestión.

Contra los carmelitas españoles y sosteniendo lo que él denominaba *inanidad de la contemplación adquirida*, se levantó al frente de la escuela dominicana el P. Arintero —autor de obras eminentes sobre teología mística y dechado de santidad en su vida— [47], que fue el paladín principal en España de esta polémica con sus libros y en su revista *Vida*

---

[47] Sobre el P. Arintero se han publicado algunos estudios y necrologías; véase especialmente el artículo de M. M. Gorce en el *Dictionnaire de Spiritualité*, t. I., cols. 855-859, y el libro, no citado por Gorce, de Fr. Adriano Suárez (O. P.): *Vida del M. R. P. Fr. Juan G. Arintero, Maestro en Sagrada Teología*. Cádiz, 1936, 2 vols. 8.º.

Sobrenatural. Arintero está dentro de la corriente iniciada por el P. Saudreau, siendo el representante más calificado de esta tendencia en Europa el P. Garrigou-Lagrange (O. P.), autor de tratados fundamentales de espiritualidad desde el punto de vista doctrinal e histórico.

Como consecuencia lógica de la posición que se adopte sobre la contemplación adquirida surge el problema, que también ha sido muy debatido, de la *extensión* del llamamiento a la mística. Si la contemplación propiamente mística es producto de una gracia extraordinaria, sólo determinadas almas privilegiadas pueden llegar a ella. A esta tesis se opuso el P. Arintero defendiendo el llamamiento general a la mística como nos lo prueba ya el título de la obra especial que dedicó a este problema: «*Cuestiones místicas o las alturas de la Contemplación accesibles a todos*» (Salamanca, 1916). Se funda la doctrina del llamamiento general a la mística, en la convicción de que la vida interior sólo logra su pleno desenvolvimiento dentro de la vida mística y es por medio de las virtudes infusas como se puede normalmente alcanzar. Acaso mejor que en los numerosos escritos del P. Arintero pueda estudiarse esta teoría de una manera más sistemática y científica en la gran obra del P. Garrigou-Lagrange *Perfection-chrétienne et contemplation.* El P. Garrigou, más moderadamente que Arintero, sostiene la tesis de la *mystique étendue,* pero no general [48].

---

[48] *Perfection chrétienne et contemplation selon S. Thomas d'Aquin et S. Jean de la Croix.* Saint Maximin (Vard.). Edits. de La Vie Spirituelle, 1923, 2 vols. in 8.º (6.ª ed.). El otro gran

A esclarecer estas polémicas (nacidas como hemos visto en torno a una obra del jesuita P. Poulain) ha contribuido extraordinariamente por su posición templada y por su análisis clarividente y profundo de los problemas, otro jesuita: el P. de Guibert que, en sus *Etudes de théologie mystique* [49], reconoce

---

tratado de teología espiritual del P. Garrigou alcanza ya su tercera edición en español. *Las tres edades de la vida interior. Preludio de la del cielo.* Versión castellane del P. Leandro de Sesma (O. F. M. cap.), 3.ª ed. Buenos Aires, Desclée de Brouwer, 1950, XXVIII-1285 págs. in 8.°.

[49] Comentando el P. de Guibert en una *Crónica* de la *Revue d'Ascétique et de Mystique,* las *Ordinationes* de la Sagrada Congregación de Seminarios y Universidades que acompañan a la Constitución Apostólica «*Deus scientiarum Dominus*» (Acta Apostólicae Sedis t. 23, p. 271 y 281), se expresaba así: «Une question pourra cependant être soulevée en raison des termes employés pour designer cet enseignement: *Ascetica* pour le cours obligatoire, *theologia mystica* pour le cours special. Faut-il voir dans le choix de ces mots une approbation donée par l'Eglise à la doctrine de ceux qui distinguent théologie ascétique et théologie mystique comme deux disciplines nettement separées? Y a-t-il la une preferance marquée pour les vues du P. Zimmermann, du Dr. Murawski... contre celles de Mr. Tanquerey, du P. Heerincx, qui preferent parler d'une Théologie spirituelle embrassant les deux ordres de questions?». Finalmente cuando el P. de Guibert se encargó de estas enseñanzas en la U. Gregoriana, fueron designadas, según su criterio, con el título de Teología espiritual. Su labor ha quedado recogida en libros magistrales como el citado en el texto *(Etudes de théologie mystique.* Toulouse, 1930), que deben complementarse con los tratados generales: *Leçons de théologie spirituelle.* Tome premier (único publicado), Toulouse, 1946, 8.°, 410 págs. *Theologia spiritualis ascetica et mystica.* Romae, apud aedes Univ. Gregorianae, 1948, 8.° X-I-488 págs. Del curso general francés hay versión española: *Lecciones de teología espiritual...* Madrid, Edics. Fax, 1953, 8.°, 432 págs. La primera lección se titula: *Ce qu'est la théologie spirituelle,* cuya definición finalmente es dada así: «...la science qui, s'appuyant sur les enseig-

la existencia del problema, pero en cierta manera
se sitúan al margen de él por considerar que con o
sin contemplación infusa, la orientación de nuestra
vida espiritual debe continuar siendo la misma, ya
que la contemplación no influye sobre su objeto y
sostén esenciales, que son la gracia y la caridad. En
estos *Estudios* analiza el P. de Guibert las diferentes posiciones personales de los autores más importantes que han intervenido en estas polémicas, de-
motrando que los verdaderos problemas doctrinales
se han complicado por el desarrollo del vocabulario
técnico y de las definiciones a medida que los estudios de espiritualidad han ido analizando las moda-
lidades de la vida espiritual y las diversas clases
de oración. Muchas dificultades no son de fondo
sino de vocabularios. En los *Estudios* del P. de Guibert están recogidos los resultados obtenidos (hasta
la fecha de publicación de su libro) en la memorable
enquête planteada por *La Vie Spirituelle* para pro-

---

nements de la révélation, étudie en quoi consiste la perfection
de la vie chrétienne et comment l'homme, ici-bas, peut y tendre
et y parvenir. On l'appellera *ascétique* en tant qu'elle nous
apprend par quels exercices l'homme, aidé de la Grâce, peut
appliquer activement ses efforts à acquerir cette perfection. On
l'appellera *mystique* en tant qu'elle nous enseigne par quelles
grâces, quels dons, quelles voies, Dieu attire l'homme à lui,
se l'unit et l'élève ainsi à la perfection; ou encore, en un sens,
plus restreint, en tant qu'elle traitera des grâces éminentes de
la contemplation infuse par lesquelles les âmes sont puissam-
ment entraînées à cette perfection». Publicó el P. de Guibert
también: *Documenta Ecclesiastica christianae perfectionis. Studium Spectantia*. Romae, 1931, B.°, XV-562 págs. Inapreciable
instrumento de trabajo para cuantos se dediquen a estudios
doctrinales o históricos de espiritualidad.

curar un acuerdo en el terreno de las definiciones y del vocabulario técnico [50].

Dentro de la teología mística pueden señalarse dos grandes escuelas o métodos para el estudio de que nos venimos ocupando sobre fenómenos místicos; una propiamente *doctrinal* en íntima relación con la teología dogmática que pretende determinar *teológicamente* la naturaleza de los estados místicos e investigar si proceden de las virtudes cristianas, de los dones del Espíritu Santo o de gracias gratuitamente concedidas; la otra, que puede llamarse *descriptiva,* que procura caracterizar los estados espirituales y los fenómenos místicos por sus signos exteriores [51].

Acentuándose esta tendencia descriptiva aparece, al margen de la teología, otro gran sector de estudios sobre la vida mística, cuyos fenómenos se observan desde el punto de vista de la psicología normal o patológica. En Psicología los fenómenos místicos han interesado siempre mucho y la manera

---

[50] Esta *enquête* fue planteada por el P. Saudreau en Abril-Septiembre de 1929 (t. XX de la revista *La Vie Spirituelle)* y fue terminada en Abril-Junio de 1931 con unas conclusiones redactadas por el P. Garrigou-Lagrange, dominico. Tomaron en ella parte personalidades de diferentes órdenes y escuelas; recordemos de entre ellas los nombres de especialistas eminentes como Guibert, Schryvers, Cayré, De la Taille, Hyben y otros. Sobre la conveniencia de designar bajo el nombre de *espiritualidad* los estudios de teología mística y de ascética son de útil lectura los artículos de los dominicos: el P. Garrigou-Lagrange: *La Théologie ascétique et mystique ou la «doctrine spirituelle».* (La Vie Sp. I, p. 719) y el P. Lemonyer: *La Théologie spirituelle comme science particulière.* (Ibid. 30. Supl. p. 158-166).

[51] Vide: GARRIGOU-LAGRANGE: *Perfection chrétienne et contemplation* Chap. I.

de considerarlos ha evolucionado a la par que la concepción y la técnica de la propia Psicología. Cuando esta ciencia tomó un carácter predominantemente experimental, el misticismo y la literatura mística se convirtieron en un verdadero vivero de problemas para los estudiosos y, cuando estuvo de moda el que William James denomina *materialismo médico*, se produjo una inmensa literatura para tratar de explicar las experiencias místicas como fenómenos patológicos. Con estas teorías más o menos pseudo-científicas buscaban muchos autores argumentos con que reforzar las doctrinas racionalistas en frente de las ciencias religiosas y de la creencia en una vida sobrenatural. Por eso, ante los fenómenos místicos, el materialismo ha tomado dos posturas sucesivas: primero negar o discutir la veracidad del fenómeno atribuyéndolo a supercherías de propaganda religiosa; después, ante hechos debidamente comprobados, ha procurado explicar toda esta fenomenología como manifestaciones puramente patológicas [52]. El concepto de misticismo

---

[52] La difusión de estos estudios realizados muchas veces con entera buena fe por verdaderos hombres de ciencia, produjo entre el vulgo una literatura frecuentemente disparatada con derivaciones hacia la propaganda anti-religiosa más populachera. Como obra representativa del género en España puede citarse el libro de R. León Mainez: *Teresa de Jesús ante la crítica*, Madrid, 1880. Su autor, conocido cervantista, escribió una verdadera diatriba contra Santa Teresa, desprovista de todo sentido histórico y llena de apasionamiento, llegando hasta discutir los méritos literarios de la santa. Libro repelente y extraño, si tenemos en cuenta que la figura de Santa Teresa, como la de San Francisco, ha despertado siempre la simpatía universal aun de los no creyentes, justificándose así aquel bello calificativo de *imán del mundo* con que la designó uno de los grandes

se tomó en su sentido más amplio, mezclándose por
la sola apariencia de la sintomatología exterior fenómenos del origen más diverso. Así observa atinadamente el P. Maréchal: «Supposons que l'on cher-
che à definir le fond essentiel du mysticisme. Aux
yeux de quelques psychologues, rien de plus simple: sous l'étiquette «mystique», prise dans le sens
le plus étendu que tolère le langage, on rangera,
en serie décroissante, l'extase chrétienne, le *samadhi*
du yoguisme, l'exaltation orgiaque du paganisme
antique, la transe rituelle provoqué, chez certaines
sauvages, par des danses frenétiques ou par l'usage
de stupéfiants, voire même les crisis de catalepsie
et les hallucinations dites religieuses de personnes
hysteriques» [53].

Es evidente, no obstante, que el punto de vista
dogmático es ajeno al estudio psicológico del fenómeno místico. El propio Maréchal ha puntualizado
sobriamente el ámbito en que se sitúa la psicología
desde un punto de vista general religioso: «Quelle
que doive être la definition rigoureusement scienti-
fique du mot «religion», on ne contestará pas que
l'attitude religieuse enveloppe toujours, à un degré
quelconque, la reconnaissance théorique et pratique
d'une relation personelle à un objet plus on moins
nettement transcendent et doctrinalement défini;
toute attitude religieuse est donc, en un cerain sens,

predicadores de su tiempo. El gran erudito D. Adolfo de Castro, convertido al catolicismo al final de su vida, representa la
actitud contraria con su *Vindicación de Santa Teresa* (1877).
    [53] P. JOSEPH MARÉCHAL, S. J.: *Etudes sur la Psychologie
des Mystiques.* Paris, 1937, t. II, p. 413.

une expérience religieuse: au moins l'essai vécu d'une doctrine. Dès lors, nous pourrions appeler «mystique» dans un milieu donné, une experience religieuse estimée supérieure: plus directe, plus intime ou plus rare» [54].

Esta concepción amplia, que no se refiere a ninguna religión determinada, es la que hace posible el estudio comparado de los fenómenos y de la literatura mística de las diversas religiones al margen de toda cuestión dogmática.

La preocupación del materialismo médico de explicar ciertas manifestaciones de la vida mística, tales como raptos, éxtasis, visiones, levitación, como originados por determinadas dolencias, divulgó toda esta fenomenología en los medios más heterogéneos, dando lugar a mucha confusión y a ideas erróneas como la muy extendida, aun en ambientes intelectuales, de que todas estas manifestaciones son consustanciales con la vida mística, condición ineludible de ella y prueba cierta de la santidad del sujeto [55].

---

[54] Marechal, Ibid, t. II, p. 414.

[55] Sobre estas manifestaciones místicas y otras muchas como los estigmas, olor de santidad, incorrupción, incorruptibilidad, etcétera, se ha producido una enorme literatura médica y doctrinal estudiando los casos históricos (S. Francisco, Sta. Teresa, Sta. Catalina, etc.) o las manifestaciones contemporáneas. Un excelente guía con amplias y modernas indicaciones bibliográficas es el libro del P. Herbert Thurston (S. J.), editado utilizando muchas notas y papeles póstumos del autor por el P. J. H. Crean (S. J.): «The Physical Phenomena of Mysticism». Chicago, 1952. Con carácter más bien de divulgación histórica que doctrinal puede verse también el libro de Montague Summers: The Physical Phenomena of Mysticism. With special reference to the stigmata, divine and diabolic. London, Rider and Company, 1950.

Así pudo un filósofo eminente como Boutrux afirmar: (en el *Vocabulario filosófico* de Lalande) «El fenómeno *esencial* del misticismo es lo que se denomina *éxtasis;* un estado en el cual, rota toda comunicación con el mundo exterior, el alma tiene el sentimiento de que comunica con un objeto interno que es el ser perfecto, el ser infinito: Dios». A continuación añade: «Pero sería formarse del misticismo una idea incompleta, concentrando todo él en ese fenómeno que es *su punto culminante.* El misticismo es esencialmente una vía, un movimiento, un camino, un desarrollo de un carácter y de una dirección determinada».

Vemos también en el libro de León Máinez sobre *Teresa de Jesús,* calificar a ésta de *la pretendida Santa Teresa, la mal llamada santa,* porque ingenuamente creía que habiendo demostrado —según él— que los raptos y apariciones eran fenómenos patológicos, había con eso destruido los hechos en que se basaba la santidad de Teresa. En realidad es muy otro el criterio con que todos los grandes maestros de Teología, a partir de San Pablo, definen la santidad, y la Iglesia en los procesos de beatificación ha fundado siempre su juicio sobre la heroicidad de las virtudes y no sobre los favores extraordinarios, revelaciones, éxtasis, etc. Estos hechos pueden corroborar la santidad, pero el fundamento capital serán las pruebas de amor a Dios y al prójimo y los sufrimientos soportados heroicamente por el amor de Dios [56].

---

[56] Véase el muy interesante estudio del P. Carlos María Staehlin: *Los estigmas pasionarios de Santa Gema Galgani,*

También es verdad que uno de los puntos en que las diversas escuelas y tendencias, antiguas o modernas, de la teología espiritual están de perfecto acuerdo es en considerar este género de fenómenos (rapto, éxtasis, levitación, visiones, etc.) una parte de la vida mística puramente accidental y accesoria en muchos casos. Como oportunamente recuerda Bergson en las bellas y equilibradas páginas que dedica al estudio del misticismo en una de sus obras capitales: «Toutefois il est incontestable qu'extasis, visions, ravissements sont des états anormaux, et qu'il est difficile de distinguer entre l'anormal et le morbide. Telle a d'ailleurs été l'opinion des grandes mystiques aux-mêmes. Ils ont été les premiers à mettre leurs disciples en garde contre des visiones qui pouvaient être purement hallucinatoires»[57].

Manresa 22 (1950), 41-72. Al estudiar el proceso de beatificación prueba cuál es el criterio de la Iglesia a que aludimos. Expone además con exactitud la doctrina de la Iglesia sobre la estigmatización. El mismo autor había publicado antes en *Razón y Fe* (1949) otro artículo sobre *Apariciones. Las fuentes de información. Las dos corrientes,* donde prueba que el hecho místico implica estado de gracia pero no santidad. Trabajo muy esclarecedor sobre los fenómenos místicos y su valor. Puede verse sobre él una reseña del P. Fortunato de Jesús Sacramentado en *Rev. de Espiritualidad* IX (1950) 242-3. En el sistema de publicaciones monográficas adoptado por la Revista *Etudes carmelitaines* hay varios números interesantes para el estudio de estos problemas de la vida espiritual. Véase especialmente: *Douleur et stigmatization* (Octobre 1936). París. Desclée de Brower, 250 págs.

[57] H. BERGSON: *Les deux sources de la morale et de la religion.* Chap. III. *La religion dynamique,* pág. 219 de la ed. *Oeuvres complètes.* Eds. Albert Skira, Geneve, 1945. Sobre

Muchos textos podrían espigarse en nuestra literatura mística confirmando esta afirmación de Bergson y demostrativos de la desconfianza, y aun temor, respecto de estas manifestaciones místicas. Ya en la propia escuela teresiana y entre contemporáneos de la Santa aparece este punto de vista.

El P. Jerónimo Gracián, gran tratadista de teología mística, confesor y amigo entrañable de Santa Teresa de Jesús y uno de los que calaron más hondo en el conocimiento de las experiencias místicas de la santa, nos puntualiza con extraordinaria claridad la recta doctrina teológica con referencia a estos fenómenos místicos:

«La esencia de la caridad y amor de Dios y el merecimiento de la gracia no consiste en que el alma tenga raptos o los deje de tener, así como no hace al caso para el matrimonio y amor que tiene la esposa al esposo, que los criados duerman o se dejen de dormir», y aún más claramente, refiriéndose la rapto en otra parte [58], dice: «Las causas del rapto son dos contrarias: exceso y defecto; superabundancia de devoción, luz interior y deleite espiritual y falta de vigor; fortaleza de impresión divina y flaqueza en la resistencia, así como el emborracharse nace de abundancia y fortaleza y exceso de

---

esa zona difícil a que alude Bergson puede verse el interesante libro de Fr. Duyckaerts: *La notion de normal en Psychologie clinique*. Paris, Vrin, 1954.

[58] *Dilucidario del verdadero espíritu. Tratase de la Unión: Extasis: Rapto: Visiones y Revelaciones... y se comprueua y declara la doctrina de los libros de la madre Teresa de Jesús.* Madrid, Pedro Madrigal, 1604; p. II, cap. VIII. Hay reimpresión moderna en la ed. de las *Obras* de Gracián, Burgos, 1932.

mucho vino que se bebe y de la flaqueza de la complexión y debilidad de cabeza, que el que la tiene fuerte y gallarda no se embriaga aunque bebe mucho y otros la tienen tan flaca que con poco se trastornan».

Para los que en la vida de Santa Teresa sólo tienen presente los raptos, arrobos y demás fenómenos de esta índole, es bien instructiva esta declaración del P. Gracián: «La Madre Teresa de Jesús, aunque tuvo muchos arrobamientos como ella cuenta en estos libros, después se la quitaron de todo punto, y cantidad de años antes que muriese no tuvo ninguno, y muchas veces trató conmigo esta materia, llorando muy de veras el engaño y abuso que había en el mundo, de hacer caso de las que van por este camino, y no tener el respeto, obediencia y cuidado que se debe a los predicadores, confesores y prelados» [59].

Es curioso observar la coincidencia de Gracián, atribuyendo a *debilidad* los raptos y arrobos, con ciertos tratadistas que ven en ello una manifestación de astenia nerviosa [60].

No es éste el único caso en que la experiencia y observación de los místicos se han anticipado a los

[59] Diluc. p. II. Cap. VII.

[60] Pierre Janet: *De l'angoisse à l'extase*. Paris, dos ts., 1926-1928. Estudia el éxtasis como una manifestación psicoasténica. En su libro *La medicine psychologique*. Paris, Flammarion, 1923, 12, 288 págs. se plantean problemas que habían de alcanzar su desenvolvimiento en la moderna medicina *psicosomática*.

resultados de la ciencia moderna. Estas mismas visiones, acogidas con tanta desconfianza, han sido analizadas y clasificadas en términos que la psicología se ha limitado a hacer suyos, recibiéndolos de la tradición mística.

En la monografía del P. Maréchal sobre *Le sentiment de présence chez les profanes et chez les mystiques,* incluida en el t. I de sus *Etudes,* podemos leer un penetrante estudio sobre las visiones clasificadas a este fin en *visiones sensibles, visiones imaginarias* y *visiones intelectuales;* nomenclatura que veremos aparecer habitualmente en nuestros antiguos místicos. Sin salir del cuadro de la presente *Antología* encontramos un texto de respetable antigüedad (s. XIV) que se apoya nada menos que en la venerable autoridad de la *Glosa* medieval. Nos referimos al libro *De Planctu Ecclesiae,* en donde Alvaro Pelagio, al analizar los ocho grados por los cuales, según San Bernardo, se asciende a la contemplación, dice así: «El octavo (consiste) en transformarse de claridad en claridad (II Cor. 3), tal como Pablo fue arrebatado al tercer cielo (II Cor. 12). Allí la glosa distingue tres especies de visión: *corporal, imaginaria* e *intelectual.* La *corporal,* cuando por don de Dios se ve corporalmente algo que los demás no pueden ver, como Baltasar la mano (Dan. V). La *imaginaria,* cuando alguno, en sueños o en éxtasis ve, no los cuerpos, sino las imágenes de los cuerpos, y esto mediante la revelación de Dios, como Pedro el disco (Actos, X). La *intelectual,* por la cual se ven, no los cuerpos ni las imágenes, sino que la mirada de la mente en las sustancias corpóreas se clava en los jardines del Señor, tal como fue la visión de Pablo»[61].

Nadie fue más severo que San Juan de la Cruz en sus recelos y prevenciones contra las visiones místicas, como puede verse en diversos pasajes de sus obras y muy especialmente en el cap. XI del libro II de la *Subida del Monte Carmelo*[62], donde se expresa en estos categóricos términos:

«Y es de saber que, aunque todas estas cosas pueden acaecer a los sentidos corporales por vía de Dios, nunca jamás se han de asegurar en ellas ni las han de admitir, antes totalmente han de huir de ellas sin querer examinar si son buenas o malas; porque así como son más exteriores y corporales, así tanto menos ciertas son de Dios. Porque más propio y ordinario le es a Dios comunicarse al espíritu, en lo cual hay más seguridad y provecho para el alma, que al sentido, en el cual ordinariamente hay mucho peligro y engaño; por cuanto en ellas se hace el sentido corporal juez y estimador de las cosas espirituales, pensando que son así como lo siente; siendo ellas tan diferentes como el cuerpo del alma y la sensualidad de la razón. Porque tan

[61] Esta misma clasificación de las visiones se aplica a las locuciones o *hablas* como puede verse en la *Médula Mystica* del P. Francisco de Santo Tomás (C. D.) (1.ª ed. Madrid, 1695; 2.ª ed. Ibid, 1702); trat. VI C. I. Las locuciones *intelectuales* pueden ser de tres maneras: *sucesivas, formales y sustanciales;* una luminosa explicación de ellas se encuentra en S. Juan de la Cruz: *Subida del Monte Carmelo,* lib. II, cap. 26-30.

[62] El cap. aludido se titula: *Del impedimento y daño que puede haber en las aprensiones del entendimiento por vía de lo que sobrenaturalmente se representa a los sentidos corporales exteriores y como el alma se ha de haber con ellas.*

ignorante es el sentido corporal de las cosas espirituales, y aun más, como un jumento de las cosas
racionales, y aun más...»

«Y así yerra mucho el que las tales cosas estima,
y en gran peligro se pone de ser engañado; y por lo
menos tendrá en sí total impedimento para ir a lo
espiritual. Porque todas aquellas cosas corporales
no tienen, como hemos dicho, proporción alguna
con las espirituales. Y así siempre se han de tener
las tales cosas por más cierto ser del demonio que
de Dios, el cual, en lo más exterior y corporal, tiene
más mano y más fácilmente puede engañar en esto
que en lo que es más interior y espiritual.»

Santa Teresa, a quien tantas aprensiones y sufrimientos en su trato con los confesores le vinieron
de la dificultad de discriminar la calidad de sus
visiones, procuró con su natural sentido práctico,
además de prevenir contra ellas a sus monjas, fijar
bien las notas o señales por las cuales se podía distinguir cuándo las apariciones eran auténticas y
de origen divino y cuándo no: «Pues tornando a lo
que decía de las hablas con el ánima, de todas las
maneras que he dicho pueden ser de Dios y también del demonio y de la propia imaginación...»
«Las más ciertas señales que se pueden tener, a mi
parecer, son éstas. La primera y más verdadera es
el poderío y señorío que traen consigo, que es hablando y obrando... La segunda razón, una gran
quietud que queda en el alma, y recogimiento devoto y pacífico, y dispuesta para alabanzas de
Dios... La tercera señal es no pasarse estas palabras
de la memoria en muy mucho tiempo, y algunas

jamás, como se pasan las que por acá entendemos, digo que oímos de los hombres; que, aunque sean muy graves y letrados, no las tenemos tan esculpidas, ni tampoco si son cosas por venir las creemos como éstas... Si son de la imaginación, ninguna de estas señales hay, ni certidumbre, ni paz y gusto interior» [63].

Vemos que Santa Teresa coincide con el criterio empírico adoptado por un gran sector de la psicología moderna valorizando el hecho místico por los resultados que produce en el espíritu del sujeto. Esta posición, al margen de la creencia en un origen sobrenatural de los estados místicos, iniciada en 1888 por Maudsley [64], completada y sistematizada por William James [65], ha alcanzado una plena madurez dentro de la obra de Bergson, en cuyo sistema aparece el misticismo incorporado como un valor filosófico; pues *las dos fuentes de la moral y de la religión* son el instinto social y la intuición mística, considerando que el misticismo —entiéndase bien, el *misticismo completo*, o sea, el de los grandes místicos cristianos— constituye la *religion dynamique*, que viene a ser la coronación trascendente de toda su filosofía. Desde diversos puntos de vista señala el valor filosófico del misticismo:

---

[63] *Moradas sextas*, c. III, n. 4, 5, 6, 7 y 10 págs. 517-19.

[64] H. MAUDSLEY: *Natural Causes and Supernatural Seemings.* 1886.

[65] WILLIAM JAMES: *The varieties of religious experience.* New York, 1902. Sobre el valor e influencia de este libro del profesor de Harvard puede verse el prefacio de E. Boutroux a la trad. francesa de F. Abauzit (París, 1908, 2.ª ed.) que mereció ser premiada por la Academia Francesa.

«...il suffirait de prendre le mysticisme à l'etat pur, dégagé des visions, des allegories, des formules théologiques par lesquelles il s'exprime, pour en faire un auxiliare puissant de la recherche philosophique.» Y en otro pasaje: «Sur la terre, en tout cas, l'espèce qui est la raison d'être de toutes les autres n'est que partiellement elle même. Elle ne penserait même pas à le devenir tout à fait si certains de ses représentants n'avaient réussi, par un effort individuel qui s'est surajouté au travail générel de la vie, à briser la résistence qu'opposait l'instrument, à triompher de la materialité, enfin à retrouver Dieu. *Ces hommes sont les mystiques.* Ils ont ouvert une voie où d'autres hommes pourront marcher. Ils ont, par là même, indiqué au philosophe d'où venait et où allait la vie» [66].

Esta nueva manera de enfocar el problema místico, unida al renacimiento de la filosofía espiritualista, a la crisis de muchos dogmas del biologismo materialista decimonónico y a los progresos de la medicina psicosomática [67], esclareciendo las in-

---

[66] H. BERGSON: *Les deux sources de la morale et de la religion.* Genéve, A. Skira, 1945 (Ed. *Oeuvres complétes*), páginas 240 y 246. Es interesante confrontar esta obra con el libro de Loisy: *Y a-t-il deux sources de la religion et de la morale?*, 2.ª ed. revue et augmentée. Paris, Nourry, 1934, 224 pags. 8.°. Verdadero eco de las posiciones doctrinales superadas en la obra de Bergson.

[67] Esta especialidad es una disciplina que presenta múltiples aspectos, que va constituyéndose merced a la colaboración de los psiquiatras con especialistas de las diferentes ramas de la medicina. Para formarse idea de su desarrollo basta pasar la vista por la bibliografía de 260 obras o monografías sobre temas psicosomáticos que se encuentra al fin del manual de F. Alexander (profesor del Instituto de Psicoanálisis de Chicago):

fluencias mutuas entre el cuerpo y el alma, han acabado de arruinar muchas de las apasionadas conclusiones del materialismo médico. Hoy parece evidente que, ni el hecho de la existencia de la enfermedad es en sí mismo incompatible con la creencia en lo sobrenatural, ni la defensa de ésta obliga a negar la posible existencia de dolencias físicas. Pues como dice el Dr. Lhermitte: «Nous savons aussi que des desordres profonds de l'esprit, de veritables maladies peuvent se greffer sur un état mystique très auhentique, en enchevêtrer les traits, de sorte que discriminer ce qui appartient au fait mystique et qui revient au pathologique peut être fort delicat» [68].

Ya Maudsley había observado la compatibilidad con la enfermedad de fenómenos místicos auténticos: «¿Con qué derecho podemos creer que la Na-

---

La medecine psychosomatique. Ses principes et ses applications. Paris, 1952.

[68] Jean Lhermitte, de l'Academie Nationale de Médicine: *Mystiques et faux mystiques.* París, Bloud et Gay, 1952, página 8. Este Manual, escrito por un colaborador de *Etudes Carmelitaines,* muy bien informado, puede servir de iniciación, supliendo la lectura de las obras voluminosas y clásicas sobre la materia de J. Görres: *La mystique divine, naturelle et diabolique,* trad. del alemán, París, 1854-55, 5 vols. 8.°. Hay un compendio del texto alemán en un vol., Berlín, 1927. J. Ribet: *La mystique divine distinguée des contrefaçons diaboliques.* Poussielgne, 1879. A. Farges: *Les phenomenes mystiques distingués de leurs contrefaçons humaines et diaboliques.* París, 1923, 2 vols. J. K. Oesterreich: *Les possedées.* París, 1927. P. Quercy: *L'Hallucination.* París, 1930, 2 vols. R. Bastide: *Les problèmes de la vie mystique,* París, 1935. J. Lhermitte: *Les hallucinations.* Doin, 1951. Y tantas otras menos conocidas que sería enojoso citar aquí, dado lo copioso de esta bibliografía.

turaleza está obligada a realizar su obra solamente por medio de espíritus normales? ¿Puede ella encontrar en un espíritu incompleto un instrumento más conveniente para realizar algún designio particular? Lo que importa es la realización de la obra y las cualidades que permitieron al obrero llevarla a cabo» [69].

Y Bergson corrobora este punto de vista con un razonamiento semejante: «Il ne faut donc pas s'etonner si des troubles nerveux accompagnent parfois le mysticisme; on en rencontre aussi bien dans d'autres formes du genie, notamment chez des musiciens. Il n'y faut voir que des accidents. Ceux-la ne sont pas plus de la mystique que ceux-ci ne sont de la musique.»

En otra parte se asombra de esta obsesión de buscar la explicación del misticismo en el terreno de lo patológico: «Quand on prend ainsi à son terme l'evolution intérieure des grands mystiques, on se demande comment ils ont pu être assimilés à des malades. Certes, nous vivons dans un état d'equilibre instable, et la santé moyenne de l'esprit, comme d'ailleurs celle du corps, est chose malaisée à definir. Il y a pourtant une santé intellectuelle solidement assise, exceptionnelle, qui se reconnaît sans peine. Elle se manifeste par le goût de l'action, la faculté de s'adapter et de se réadapter aux circonstances, la fermeté jointe à la souplesse, le discernement prophétique du possible et de l'impossible, un esprit de simplicité qui triomphe des

---

[69] Maudsley, Op. cit., pág. 257.

complications, enfin un bon sens supérieur. N'est-ce pas précisement ce qu'on trouve chez les mystiques dont nous parlons? Et ne pourraient-ils pas servir à la definition même de la robustesse intellectuelle?» [70].

De este cambio profundo en la manera de enfocar las relaciones entre los estudios médico-psicológicos y la espiritualidad doctrinal ha surgido la posibilidad de una cooperación, naciendo así la llamada *medicina pastoral*, que no se limita a documentar la práctica de la cura de almas con conocimientos médicos evidentemente necesarios, sino que procura también sacar partido de la dirección espiritual para contribuir a la curación de determinadas enfermedades [71].

El conocimiento de estos estudios médicos y psicológicos sobre el misticismo no es sólo interesante desde el punto de vista de una orientación doctrinal previa para el historiador de la literatura espiritual, sino que puede proporcionarle elementos de juicio para la explicación de determinados hechos históricos. Así vemos cómo el profesor G. Win-

---

[70] Bergson: *Op. cit.* págs. 220; 218-19.

[71] Véase: A. BRENNINKMEYER: *Traitement Pastoral des neuroses,* París, 1947; especialmente el cap. IV: *Psychoterapie theologique.* También ha sido fecunda esta colaboración en el campo de lo que en teología se denomina *discernimiento de espíritus.* Véase sobre este punto el libro del P. José Tonquedec, S. J.: *Les maladies nerveuses ou mentales et les manifestations diaboliques.* París, Beauchesne, 1938. Se ha publicado una traducción española del P. Meseguer bajo el título: *¿Acción diabólica o enfermedad?* Madrid, 1947. Con carácter más general puede verse la obra del Dr. Henri Bon: *Précis de Médicine Catholique.* París, 1936, 2.ª ed.

derle, uno de los especialistas que han estudiado más profundamente el fenómeno de la estigmatización partiendo de la observación de la ausencia de marcas estigmáticas entre los místicos de Oriente, deduce consecuencias llenas de interés sobre las difrencias doctrinales y estéticas entre el misticismo oriental y occidental. Según este autor, la preferencia en Occidente de la consideración de la humanidad de Cristo y la meditación constante sobre los dolores de la pasión, dio origen a la manifestación de los estigmas, coincidiendo la carencia de ellos en el mundo oriental con el hábito de la meditación sobre el misterio de la Santísima Trinidad [72].

Para la mejor orientación del lector, nos parece útil terminar cuanto llevamos expuesto sobre los problemas teóricos y las interpretaciones científicas del misticismo con una exposición doctrinal orgánica, trazando a continuación un sucinto esquema del contenido de la obra de Santa Teresa, que toca todos los puntos fundamentales de la Mística católica, pues ella, acaso como ningún otro autor, tuvo el acierto de recoger con gran claridad y arte literario los resultados de su experiencia mística, una de las más fecundas y completas que nos ofrece la tradición cristiana [73].

Para Santa Teresa, los diversos grados de la ora-

---

[72] GEORGE WINDERLE: *Zur Psychologie der stigmatisation.* Paderborn, 1938.

[73] Todas las citas pueden verificarse en la edición manual. *Obras de S. Teresa de Jesús. Ed. y notas del P. Silverio de Santa Teresa,* 4.ª ed. Burgos, 1949, 1 vol., 8.°, de 1006 págs.

ción son otros tantos grados de perfección evangélica. No concibe la Santa el ejercicio de la oración
de una manera abstracta y teórica, y no prescinde
de la abnegación ni del dominio de las pasiones.
Por eso en la doctrina de la Santa, expuesta en las
Moradas, veremos las relaciones de la Mística y la
Ascética mejor que en parte alguna.

Considera Santa Teresa al alma «como un castillo todo de un diamante o muy claro cristal, adonde hay muchos aposentos, así como en el cielo hay
muchas moradas..., unas en lo alto, otras en lo
bajo, otras a los lados, y en el centro y mitad de
todas éstas tiene la más principal, que es adonde
pasan las cosas de muchos secretos entre Dios y
el alma».

La Santa, luego, no habla más que de siete moradas; pero las considera como siete órdenes o
tipos de moradas, pues las que contiene el alma
son en número infinito. «No habéis de entender
estas moradas una en pos de otra, como cosa en-
hilada, sino poned los ojos en el centro, que es la
pieza o palacio adonde está el Rey, y considerad
como un palmito que, para llegar a lo que es de
comer, tiene muchas coberturas que todo lo sabroso cercan» [74].

La doctrina expuesta en las tres primeras moradas es puramente ascética, y es un complemento de
la doctrina que sobre el primer grado de oración
expone en la *Vida* y un compendio de la que más
extensamente declara en el *Camino de perfección*,
verdadero doctrinal ascético de la Santa.

---

[74] *Mor.* 1.°, cap. II, p. 446.

Resumiendo lo expuesto en estas tres moradas, pertenecen a la primera los que, detestando el pecado mortal, viven asidos a los placeres no prohibidos, olvidados de evitar los pecados veniales; moran en la segunda las almas que comienzan a aborrecer el pecado venial y a amar la penitencia, pero que todavía no tienen fuerza para renunciar, en busca de la perfección, a las honras y vanidades del mundo; logran llegar a la tercera los que arrancan de su alma el afecto de estas riquezas y halagos, pero sin llegar al sacrificio de sí mismos, en aras de la humildad y sintiendo mucho la privación de los goces sobrenaturales que rara vez les ofrece Dios.

Antes de entrar la Santa en las cuatro últimas Moradas, que contienen la doctrina propiamente mística, traza una especie de preámbulo, en el que define las diferencias entre los contentos naturales y los consuelos sobrenaturales. Aquí es donde está la única doctrina clara de las diferencias entre Ascética y Mística. Los goces naturales nacen de nosotros mismos y acaban en Dios; los otros nacen de Dios y redundan en nosotros. Aquéllos son adquiridos y como conquistados por el ejercicio de nuestras potencias, ayudados del auxilio divino, y como nacen de la obra virtuosa, parecen ganados con nuestro trabajo. Los sobrenaturales son producidos inmediata y exclusivamente por Dios, con gran quietud, sin que las potencias intervengan en ello con su actividad propia [75].

---

[75] *Mor.* IV, cap. 1.

En otro lugar[76] expone con una metáfora muy gráfica los grados de la oración, que compara a cuatro maneras, cada vez más fáciles, de regar un jardín. La primera, sacando agua del pozo a fuerza de brazos, y éste es un rudo trabajo; la segunda, sacándola con una noria, obteniendo así con menor fatiga una mayor cantidad de agua; la tercera, haciendo venir el agua desde un río o de un arroyo, y la cuarta, que es la mejor de todas, es una lluvia abundante. Dios mismo se encarga de regar, sin la menor fatiga por parte nuestra. Las Moradas cuartas comprenden *la oración de recogimiento y la de quietud*. En la de *recogimiento*, las potencias del alma siéntense como atraídas a lo interior del alma por el dulce reclamo del Divino Pastor; pero todavía pueden y deben poner algo de su eficacia natural para responder a este llamamiento; en la *oración de quietud*, Dios las suspende, y el deleite que experimentan con la presencia del Amado les eleva a un estado de enajenamiento que las entorpece en su natural energía. En las Moradas quintas se expone la *oración de unión* en sus tres grados. En el primero, *unión de la voluntad*: «Está el alma como un niño, que aún mama, cuando está a los pechos de la madre, y ella, sin que él paladee, échale la leche en la boca por regalarle. Así es acá, que sin trabajo del entendimiento está amando la voluntad, y quiere el Señor que, sin pensarlo, entienda que está con El, y que sólo trague la leche que Su Majestad le pone en la boca y goce de aque-

---

[76] *Vida* XI, 7.

lla suavidad, que conozca que le está el Señor haciendo aquella merced y que se goce de gozarla; mas no que quiera entender cómo la goza y qué es lo que goza, sino descuídese entonces de sí, que quien está cabe ella no se descuidará de ver lo que le conviene. Porque si va a pelear con el entendimiento para darle parte, trayéndole consigo, no puede a todo; forzado dejará caer la leche de la boca y pierde aquel mantenimiento divino.

En esto diferencia esta oración de cuando está toda el alma unida con Dios, porque entonces aun sólo este tragar el mantenimiento no hace; dentro de sí, sin entender cómo, le pone el Señor» [77].

En la segunda manera de realizarse la oración de unión, «...coge Dios la voluntad y aún el entendimiento, a mi parecer, porque no discurre, sino está ocupado gozando de Dios, como quien está mirando y ve tanto que no sabe hacia dónde mirar; uno por otro se le pierde de vista, que no dará señas de cosa. La memoria queda libre, y junto con la imaginación debe ser, y ella, como se ve sola, es para alabar a Dios la guerra que da y cómo procura desasosegarlo todo» [78].

Hay, finalmente, una tercera unión más perfecta, que es una manera de marasmo de todas las potencias, de tal modo que ni del todo se pierden, ni, sin embargo, llegan a entender cómo obran. La suavidad y deleite son mucho mayores que en las maneras anteriores. Es en la quinta *Morada* donde declara también la oración de unión por la bellísi-

---

[77] *Camino de perfección*, cap. XXXI, p. 397-8.
[78] *Vida*, cap. XVII, p. 97.

ma y célebre metáfora del gusano de seda y la mariposa, procedente de Francisco de Osuna, a la que con posterioridad alude constantemente.

«Ya habréis oído sus maravillas en cómo se cría la seda, que sólo El pudo hacer semejante invención, y cómo de una simiente, que es a manera de granos de pimienta pequeños (que yo nunca la he visto, sino oído, y así si algo fuere torcido no es mía la culpa), con el calor, en comenzando a haber hoja en los morales, comienza esta simiente a vivir; que hasta que hay este mantenimiento de que se sustentan se está muerta, y con hojas de moral se crían, hasta que, después de grandes, les ponen unas ramillas, y allí con las boquillas van de sí mismos hilando la seda y hacen unos capuchillos muy apretados, adonde se encierran, y acaba este gusano, que es grande y feo, y sale del mismo capucho una mariposa blanca, muy graciosa... Pues crecido este gusano, que es lo que en los principios queda dicho de esto que he escrito, comienza a labrar la seda y edificar la casa adonde ha de morir. Esta casa querría dar a entender aquí que es Cristo. En una parte me parece he leído y oído que nuestra vida está escondida en Cristo, o en Dios, que todo es uno ,o que nuestra vida es Cristo. En que esto sea o no poco va para mi propósito.

Pues veis aquí, hijas, lo que podemos con el favor de Dios hacer: «¡Que Su Majestad mismo sea nuestra morada, como lo es en esta oración de unión, labrándola nosotras!» [79].

---

[79] *Vida,* cap. II, 2, 4 y 5. págs. 491-92.

En la sexta Morada se verifica el desposorio espiritual del alma con Dios, que sobrepuja con mucho los favores propios de la oración de unión, asemejándose ya al matrimonio espiritual, que se consuma en la séptima y última Morada. «Esta Morada y la postrera —dice la Santa— se pudieran juntar bien, porque de la una a la otra no hay puerta cerrada (y sólo) porque hay cosas en la postrera que no se han manifestado a los que no han llegado a ella, me pareció dividirlas.»

Este desposorio se prepara por grandes tribulaciones y fuertes dolores del alma y cuerpo sólo comparables a los que en el infierno se padecen. El desposorio místico se celebra estando el alma en estado de *arrobamiento de los sentidos*, pues en el uso cabal de ellos no se podría soportar sin morir la contemplación tan cercana de Dios. Este *arrobamiento* o *éxtasis* puede ser de dos clases: *éxtasis ordinario*, en que las potencias están absortas y como muertas, los sentidos lo mismo; pero, a pesar de esto, ven (por visión imaginaria o intelectual) cosas y misterios del cielo, según quiere Dios mostrárselas. La segunda clase de éxtasis es el que llama la Santa *vuelo del espíritu* y otros autores *rapto*. Se diferencia del anterior solamente en la intensidad, como un fuego más fuerte de otro más débil. El éxtasis ordinario es la *unión simple* por el desposorio; el rapto es lo que denomina la Santa *levantamiento de la unión:* «Porque muy de presto algunas veces siente un movimiento tan acelerado del alma que parece es arrebatado el espíritu con una velocidad que pone harto temor, en especial a los principios»[80].

En la Morada séptima se efectúa el *matrimonio espiritual*. La unión perfecta no se logra mientras dura la vida. Lo más que se consigue es la anticipación de lo que ha de ser, y por esto el alma se siente como desterrada de su morada última, en tanto se ve obligada a morar en el cuerpo.

En esta última jornada, el alma es introducida por el Señor en la mansión en que El mora, y únela consigo, no como anteriormente hemos visto, anegándose y perdiéndose todas las potencias en el Sumo Bien, sino «quitándole las escamas de los ojos», para que entienda por *visión intelectual* esta última merced. Aparécesele entonces «...la Santísima Trinidad, todas tres Personas con una inflamación, que primero viene a su espíritu, a manera de una nube de grandísima claridad, y estas Personas distintas, y por una noticia admirable que se da al alma, entiende con grandísima verdad ser todas tres Personas una sustancia, y un poder, y un saber y un solo Dios... Aquí se le comunican todas tres Personas y la hablan y la dan a entender aquellas palabras que dice el Evangelio que dijo el Señor: Que vendría El y el Padre y el Espíritu Santo a morar con el alma que le ama y guarda sus mandamientos»[81].

Con esta noticia queda preparada el alma para recibir el último y más precioso don del *matrimonio espiritual*.

---

[80] *Mor.* VI, cap. V, párrafo L, p. 529-30.
[81] *Morada* VII, c. I, p. 568.

«Para esta secreta unión en el centro muy interior del alma, que debe ser adonde está el mismo Dios, y a mi parecer no ha menester puerta por donde entre. Digo que no es menester puerta, porque en todo lo que se ha dicho hasta aquí parece que va por medio de los sentidos y potencias, y este aparecimiento de la Humanidad del Señor así debía ser; mas lo que pasa en la unión del matrimonio espiritual es muy diferente. Aparécese el Señor en este centro del alma sin *visión imaginaria*, sino *intelectual*, aunque más delicada que las dichas, como se apareció a los Apósoles, sin entrar por la puerta, cuando les dijo: *Pax vobis*. Es un secreto tan grande y una merced tan subida lo que comunica Dios allí al alma en un instante, y el grandísimo deleite que siente el alma, que no sé a qué compararlo, sino a que quiere el Señor manifestarle por aquel mometo la gloria que hay en el cielo por más subida manera que por ninguna visión ni gusto espiritual. No se puede decir más de que, a cuanto se puede entender, queda el alma, digo el espíritu de esta alma, hecho una cosa con Dios; que, como es también espíritu, ha querido Su Majestad mostrar el amor que nos tiene en dar a entender a algunas personas hasta adónde llega, para que alabemos su grandeza; porque de tal manera ha querido juntarse con la criatura, que así como los que ya no se pueden apartar, no se quiere apartar El de ella [82] y la diferencia que existe entre *Matrimonio y Desposorio espiritual* es tan grande

---

[82] *Mor*, VII, cap. II, párrafo 3, p. 571.

«como la hay entre dos desposados y aquellos que ya no se pueden apartar». Pues aunque en el Desposorio hay unión, «en fin, se pueden apartar y quedar cada cosa por sí, como vemos ordinariamente, que pasa de presto esta merced del Señor, y después se queda el alma sin aquella compañía, digo de manera que lo entienda. En estotra merced del Señor, no; porque siempre queda el alma con su Dios en aquel centro. Digamos que sea la unión como si dos velas de cera se juntasen tan en extremo que toda la luz fuese una, o que el pábilo y la luz y la cera es todo uno; mas después bien se puede apartar la una vela de la otra, y quedan en dos velas, o el pábilo de la cera. Acá es como si cayendo agua del cielo en un río o fuente, adonde queda hecho todo agua, que no podrán ya dividir ni apartar cuál es el agua del río o lo que cayó del cielo; o como si un arroyico pequeño entra en la mar, no habrá remedio de apartarse; o como si en una pieza estuviesen dos ventanas por donde entrase gran luz; aunque entra dividida, se hace todo una luz» [83]. «Y eso se entiende mejor, cuando anda el tiempo, por los efectos, porque se entiende claro, por unas secretas aspiraciones, ser Dios el que da la vida a nuestra alma, muy muchas veces tan vivas, que en ninguna manera se puede dudar, porque las siente muy bien el alma, aunque no se saben decir más que es tanto este sentimiento que producen algunas veces unas palabras regaladas, que parece no se pueden escusar de decir: ¡Oh,

[83] *Mor.* VII, cap. II, párrafo 4, p. 572.

vida de mi vida y sustento que me sustentas! Y cosas de esta manera. Porque de aquellos pechos divinos, adonde parece está Dios siempre sustentando el alma, salen unos rayos de leche que toda la gente del castillo conforta; que parece quiere el Señor que gocen de alguna manera de lo mucho que goza el alma, y que de aquel río caudaloso, adonde se consumió esta fontecita pequeña, salgan algunas veces algún golpe de aquel agua para sustentar los que en lo corporal han de servir a estos dos desposados. Y así como sentiría este agua una persona que está decuidada si la bañasen de presto en ello, y no lo podía dejar de sentir; de la misma manera, y aun con más certidumbre, se entienden estas operaciones que digo. Porque así como no nos podría venir un gran golpe de agua, si no tuviese principio, como he dicho, así se entiende claro que hay en lo interior quien arroje estas saetas y dé vida a esta vida, y que hay sol de donde procede una gran luz que se envía a las potencias, de lo interior del alma» [84].

Son también efectos de esta merced: 1.º Una grandísima paz interior que, aunque las potencias y sentidos anden a veces desasosegados, nunca se pierde; y «...estáse el alma tranquila como el Rey con grande quietud en su Palacio, por más que haya muchas guerras en su reino y muchas cosas penosas. 2.º Un gran olvido de sí, que verdaderamente parece ya no es la mariposica; murió con grandísima alegría de haber hallado reposo y vive en Cristo. 3.º Un

---

[84] *Mor.* VII, cap. II, párrafo 6, pág. 572-3.

grandísimo deseo de padecer, mas no de manera que la inquiete como (antes) solía; porque es en tanto extremo el deseo que queda en estas almas de que se cumpla la voluntad de Dios, que todo lo que Su Majestad hace tiene por bueno: si quiere que padezca, enhorabuena; si no, no se mata como solía. 4.° Un grande gozo interior cuando es perseguida, con mucha más paz que lo que queda dicho y sin ninguna enemistad con los que les hacen mal o desean hacerle, antes les cobran amor particular; de manera que si los ven en algún trabajo lo sienten tiernamente, y cualquiera tomarían por librarlos de él, y encomendándolos a Dios de muy buena gana. 5.° Un grande deseo de servir al Señor y de que sea alabado, tal que si supiesen cierto que en saliendo el alma del cuerpo ha de gozar de Dios no les hace al caso: ni pensar en la gloria que tienen los Santos, no desean por entonces verse en ella, pues la tienen puesta en ayudar en algo al Crucificado, en especial cuando ven que es tan ofendido. 6.° Un desasimiento grande de todo, y deseo de estar siempre a solas u ocupados en cosas que sea de provecho de alguna alma y no (con) sequedades y trabajos interiores, sino con una memoria y ternura con nuestro Señor, que nunca querrá estar sino dándole alabanzas; y cuando se descuida el mismo Señor la despierta como queda dicho»[85].

Esta es la doctrina teresiana deducida por la Santa fundamentalmente de su propia experiencia, sin pretender construir una doctrina teológica so-

---

[85] Véase: *Morada* VII. cap. III, párrafos 4, 5, 6 y 8.

bre ella. Queda así ofrecida como precioso material a todas las elucubraciones de los posteriores teorizantes de la literatura espiritual.

Como complemento de toda esta larga exposición de los problemas doctrinales relacionados con la literatura espiritual, ofrecemos al lector un cuadro sinóptico de la doctrina teresiana que acabamos de exponer y otro del conjunto de las actividades de la vida espiritual, enumeradas en el esquema clásico de las tres *vías*.

ORACION TERESIANA

VIAS	ORACIONES ACTIVAS	ORACIONES PASIVAS
Purgativa	Castillo, 1.ª y 2.ª Morada	
	Vida, c. 11-13 Camino, c. 21-26 Castillo, 3.ª Morada (Meditación afectiva)	
Iluminativa	Los mismos textos anteriores, especialmente: Camino, 26 (Recogimiento activo)	Vida, c. 14-15 (Quietud) c. 16-17 (Sueño de las potencias) Camino, c. 28-29 (Recogimiento) c. 30-31 (Quietud) Castillo, 4.ª Morada, c. 1-3 (Recogimiento y quietud)
	Vida, c. 22 Castillo, 6.ª Morada, c. 7 (Meditación contemplativa)	Vida, c. 18-21 (Unión infusa) Camino, c. 32 (íd.) Castillo, 5.ª Morada (Unión simple) 6.ª Morada (Unión interna)
Unitiva	Castillo, 7.ª Morada (Meditación contemplativa perfecta)	Castillo, 7.ª Morada (Unión transformante)

SINOPSIS DE LA VIDA ESPIRITUAL

VIA PURGATIVA

- Obstáculos a la vida espiritual ...
  - El pecado ...
    - Mortal
    - Venial
  - Los vicios
  - Las pasiones
- Eliminación de los obstáculos ...
  - Purificación activa de los sentidos
  - Purificación activa del espíritu

VIA ILUMINATIVA

- Fuentes de la vida espiritual ...
  - La Gracia ...
    - Gracia actual
    - Gracia habitual
  - Las Virtudes ...
    - Adquiridas
    - Infusas
  - Los dones del Espíritu Santo
  - Inspiraciones del Espíritu Santo
- Medios de progreso espiritual ...
  - La oración ...
    - Oración colectiva o litúrgica
    - Personal ...
      - Vocal
      - Mental ...
        - Meditación ...
          - Discursiva
          - Oración afectiva
          - Oración de recogimiento
        - Contemplación
          - Oración de quietud
          - Oración de unión
  - Práctica de la confesión y comunión

VIA MISTICA

- La contemplación infusa propiamente dicha ...
  - Recogimiento pasivo
  - La quietud
  - La unión simple
  - La unión estática
  - La unión transformante
- Gracias místicas extraordinarias ...
  - Visiones ...
    - Corporales
    - Imaginarias
    - Intelectuales
  - Locuciones o hablas ...
    - Auriculares
    - Imaginarias
    - Intelectuales
  - Revelaciones
  - Toques divinos

ADVERTENCIA PRELIMINAR

En la presente ANTOLOGIA hemos recogido obras en prosa, prescindiendo de la copiosísima literatura espiritual poética, que esperamos sea objeto de otra publicación.

El criterio seguido para la edición de la mayoría de los textos ha sido procurar hacerlos accesibles al gran público, con una ortografía moderna. En algunos casos se ha seguido el texto de las primitivas ediciones y, cuando se ha utilizado una edición crítica moderna, hemos respetado el criterio del editor.

En cuanto a la extensión de los textos, los grandes autores muy famosos y divulgados están representados por fragmentos relativamente breves, publicando, en cambio, extensos extractos de los autores menos conocidos y de más difícil acceso.

He de agradecer la ayuda que, para la confección del presente volumen, me ha prestado don Ursicino Domínguez del Val, gran conocedor y especialista de la Patrística española.

PRISCILIANO

Es Sulpicio Severo, en su *Crónica*, el biógrafo más completo del escritor español. De familia noble y rica, Prisciliano poseía a la vez grandes dotes intelectuales, grandes virtudes morales y grandes defectos. Estos grandes defectos, la vanidad y la magia, echaron a perder sus grandes cualidades. Era oriundo de Galicia según el testimonio de Próspero de Aquitania.

Recibió su educación de tipo gnóstico y maniqueo a través de sus maestros Elpidio y Agape. Tal vez naciese de familia cristiana, pero su vida juvenil fue poco edificante, según él mismo nos dice. Se convierte al cristianismo con un grupo de personas, como escribe él mismo en el *Liber ad Damasum*. Esta vida de entrega a Cristo le impele al proselitismo, a hacer discípulos de Cristo, creando así un movimiento religioso que se inicia con su bautismo. El discipulato implica para él un camino con dos binarios: renuncia de todo, y amor de Dios con preferencia a todo. No creemos que Prisciliano tuviese aspiraciones de carácter social.

El movimiento priscilianista se inicia en Galicia y se descubre, según Sulpicio Severo, en la Lusitania. Las cualidades excepcionales de Prisciliano atrajeron hacia sí muchas gentes, sobre todo mujeres. Anomalías en su predicación le crearon conflictos con la jerarquía eclesiástica, si bien una parte de ésta lo defendía. Durante casi dos siglos este movimiento mantuvo en lucha muy peligrosa a las comunidades cristianas de la España occidental.

Por una cierta inhibición de la jerarquía, por métodos no

muy recomendables ni prudentes en su pastoral, y por el eso-
terismo falaz de Prisciliano, aquélla fracasó en su intento de
reconciliación. Se intentó, como última instancia, solucionar el
problema priscilianista en el concilio de Burdeos, solución pro-
puesta por el mismo Prisciliano en su *Liber ad Damasum,* y
aceptada por el pontífice Dámaso y por el emperador Máximo
de acuerdo con la jerarquía hispana. A este concilio acudió el
heresiarca español; pero, sin que sepamos el porqué, recurrió
al poder civil. Ingenuamente el concilio cursó la petición de
Prisciliano al emperador, que entonces era el español Máximo.
A partir de este momento cesa el poder eclesiástico e intervie-
ne tan sólo el civil en sus decisiones.

Estas se toman en Tréveris, a donde había sido llamado Prisciliano y sus compañeros. En el juicio se convenció a Prisciliano, según testimonio de Sulpicio Severo, de la práctica del
maleficio, estudio de la magia, reuniones nocturnas con mujeres deshonestas y orar desnudos en las mismas. Por esto, Máximo aceptó la pena capital pedida por el prefecto Evodio, a
quien había encomendado el asunto, y en 385 fue decapitado
en Tréveris por el poder civil y por temas fundamentalmente
no religiosos. No fue la Iglesia la que condenó, y, en consecuencia, Prisciliano no fue víctima del poder de la Iglesia. Esta,
por boca de Martín de Tours, pedía sólo penas eclesiásticas.
Toda la tradición por vía de escritores cristianos considera unánimemente a Prisciliano como hereje. Sus escritos tampoco están exentos de herejía.

De su actividad literaria sólo nos quedan los *once tratados*
descubiertos en 1885 en la biblioteca de Würzburg por G. Schepss
y publicados por el mismo en el vol. 18 del *Corpus Script.
Eccles. Latinorum* en 1889. También poseemos los *Canones in
Pauli Apostoli epistolas,* revisados por el obispo español San
Peregrino, y que, por lo mismo, no reflejan el pensamiento ge-
nuino de Prisciliano.

TEXTOS

Los Tractatus primi psalmi *y* Tractatus psalmi tertii *no consta que hayan sido escritos durante el episcopado de Prisciliano,*

ni para toda una Iglesia, sino más bien para círculos o reunio-
nes priscilianistas más íntimas. El Tractatus ad populum I, *en*
cambio, lo escribió siendo obispo de la Iglesia abulense a su
regreso de Roma.

1. TRACTATUS PRIMI PSALMI

> *Desarrolla Prisciliano en este tratado una*
> *espiritualidad cristológica tanto personal co-*
> *mo colectiva, cimentándola sobre dos princi-*
> *pios básicos de su doctrina: la inhabitación*
> *de la Trinidad y el bautismo. Pero es de no-*
> *tar cómo para él es Cristo el principal prota-*
> *gonista de la renovación del hombre, y el*
> *hombre, a su vez, es mansión y morada pre-*
> *cisamente de Cristo. Sin que excluya el ca-*
> *rácter positivo de la espiritualidad, su doc-*
> *trina está más bien determinada por la fuga*
> *del pecado. Este carácter negativo es muy tí-*
> *pico de sus días y adaptado al público que*
> *instruía.*

"El santo David instituyendo el magisterio de la divina enseñanza, estableciendo al mismo tiempo entre los
hombres como fundamento del mismo la palabra indiso-
luble, y regocijándose también de la dimensión asignada
por Dios a cada ser, escribió el primer salmo en el que
realza la gloria de Dios y determina el modo de vivir a
todos los hombres: *Bienaventurado el varón que no anda*
en consejo de impíos, ni camina por las sendas de los
pecadores ni se sienta en compañía de malvados [1]. Nece-

---

[1] *Sal.,* 1, 1.

sariamente a este salmo, porque es el primero y el principio de todos ellos, no se le puso ningún título, ya que
aquel que ha conocido lo que es primero y no lo realiza,
ve cómo se le quita el título de posesión que el pecado
había puesto en él según está escrito: ¿quién llama a
una cosa que se denomina ella por sí misma?; y en
otra parte se escribe: *La ley no es para los justos*[2].

Y aunque la palabra profética atribuya esto a Dios,
porque sólo Dios lo puede hacer, tiene todavía otra vertiente, cual es la de persuadir al hombre a servir a Cristo Dios mediante la limpieza de la nube de pecados[3], y
la regeneración de Cristo en nosotros. Para realizar este
programa son necesarias dos condiciones previas: reconocer a Cristo como principio de todas las cosas, y aceptar que el hombre es su morada. Estas verdades exigen
al hombre preparar un domicilio digno de Cristo, no de-
jándose arrastrar por la ambición de las cosas del mundo, ni deformarse por la concupiscencia, o perder su co-
lorido por la avaricia, sino conducirse por la idea de
estar enriquecido con el esplendor de una vida perenne,
por ser digna mansión del Salvador, su testamento legal,
y el templo de Cristo Dios Salvador según nos dice Pablo: *Sois templos de Dios y Dios habita en vosotros*[4],
y en otra parte: *Sabed que si alguno violase el templo
de Dios, que sois vosotros, Dios lo destruirá*[5]. Por la
buena inteligencia de estos textos sabemos que somos
templos de Dios y que Dios habita en nosotros. En consecuencia, mayor horror al pecado y más manifiesto el

---

[2] *I Tim.,* 1, 9.
[3] *Is.,* 44, 22.
[4] *I Cor.,* 3, 16.
[5] *I Cor.* 3, 17.

castigo del pecado al tener cotidianamente por testigo el mismo que tenemos por juez y deber la muerte a aquel que comprendimos que es el autor de nuestra vida.

Todos, pues, somos el cuerpo de Cristo y miembros parciales del mismo[6]; y si renacemos a la salvación, es por misericordia, no por naturaleza, de tal manera que si por el nacimiento corporal estamos encadenados, y si por los pecados de la maldad del mundo presionados hasta tal punto que no hayamos podido evadir el camino de los pecadores y los consejos de los malvados, una vez que *hemos sido bautizados en Cristo y revestidos de Cristo*[7], de tal modo hemos de seguir al heredero de la vida perenne que no nos encontremos partícipes de aquel a quien hemos renunciado ni infieles a aquel en el que creemos. Por eso, entendiendo bien la palabra profética, debéis ser tales cuales os hizo Dios-Padre, debéis ser tales cuales os creó la mano del Padre, ya que la imagen y semejanza de Dios, que sois precisamente vosotros, no busca los atractivos ni encantos de la corrupción, ni el consejo de los impíos, ni los caminos de los pecadores, que son cátedra de maldad, corrompidos por la astucia de la carne y telar de un cuerpo viciado e impuro, según está escrito: *El cuerpo corruptible agrava el alma y la morada terrestre oprime la mente pensante*[8]. La morada terrena es, pues, la modulación del deseo, el golpe de la ira, promesa incurable, arma de la serpiente, habilidad del enemigo, adulación del extraño, nuestra dominadora, corrupción de sí misma. A través de la carne el enemigo asaltador introdu-

[6] *I Cor.*, 6, 15.
[7] *Gal.*, 3, 27.
[8] *Sab.*, 9, 15.

ce sus artimañas, y con sus asechanzas se desliza furtivamente para engañar, unas veces amenazando para intimidar, y otras halagando para engañar. Por eso el apóstol Pablo, manifestando lo que él quería y oponiéndose a lo que no deseaba hacer, dijo: *Siento otra ley en mis miembros que repugna a la ley de mi mente y me encadena a la ley del pecado*[9]; y en otra parte: *Sé que no hay en mí, es decir, en mi carne, cosa buena*[10], *puesto que con la mente sirvo a la ley de Dios, pero con la carne sirvo a la ley del pecado*[11]. De ahí que el profeta, hablando de esto, escribe: *Sube a un monte alto, anuncia a Sión la buena nueva. Alza con fuerza la voz, tú que llevas la buena nueva a Jerusalén. Alzala, no temáis nada*[12]; *di a este pueblo: toda carne es como hierba, y toda su gloria como flor del campo. Sécase la hierba, marchítase la flor, pero la palabra de nuestro Dios permanece por siempre*[13]. Y en otra parte dice: *Yo estaré en mi puesto para ver y oír quien habla contra mí y lo que responde a mi acusación*[14]; y en otra parte: *Oye, pueblo mío, los que te guían te descarrían y han torcido el camino por el que ibas*[15].

Si entendemos el contenido de todo esto, y no tenemos, además, participación en el pecado, necesariamente conseguimos el reino que no poseerá ni la carne ni la sangre[16]. Así finalmente Rebeca, elegida como simbolis-

---

[9] *Rom.*, 7, 23.
[10] *Rom.*, 7, 18.
[11] *Rom.*, 7, 25.
[12] *Is.*, 40, 9.
[13] *Is.*, 9, 6-8.
[14] *Hab.*, 2, 1.
[15] *Is.*, 3, 12.
[16] *I Cor.*, 15, 50.

mo de misterios, viendo en su vientre la pugna entre los dos pueblos, con dolor dio a luz a Esaú, que habría de perder su primogenitura, mientras que a Jacob lo hizo venir al mundo para la salvación, porque a él precisamente lo hizo Dios heredero. En el cual también vosotros, amadísimos hermanos, como siervos fieles, y según está escrito, hijos de Dios y coherederos de Cristo [17], trabajando por ser el testimonio práctico de lo que decimos, *purificad vuestras almas para obedecer a la fe* [18], no configurándoos vosotros como los que desconocen la vida, a los deseos de los que ahora os avergonzáis queriendo recibir la soldada del pecado, sino que, por el contrario, emprendiendo el camino sugerido por el salmo *caminad en la ley del Señor* [19], para que *como el árbol plantado junto a las corrientes de las aguas* [20], también vosotros, regados con las fuentes de la divina palabra, deis frutos maduros; permaneced en los frutos de vida honesta, que no procede de la mansión corruptible del placer, sino del influjo de la palabra divina. De este modo no se os marchitarán las hojas [21] y, protegidos con la luz perpetua de los mandamientos, podréis alejar los suplicios de los pecados y obtener el descanso de los justos por medio de Jesucristo."

(Edición del *Corpus Scriptorum Ecclesiasticorum Latinorum,* 18, Viena 1889.)

---

[17] *Rom.,* 8, 17.
[18] *I Pet.,* 1, 22.
[19] *Sal.,* 118, 1.
[20] *Sal.,* 1, 3.
[21] *Sal.,* 1, 3.

2. TRACTATUS PSALMI TERTII

> *Prisciliano recuerda aquí un principio muy explotado por él: el simbolismo de la Escritura. El hombre ha de ver la dimensión de la vida bajo el prisma de la fe para mantenerse unido a Cristo. De ahí el esfuerzo continuo por elegir siempre lo que es propio de esta fe para alejarse de lo que es terreno y carnal.*

"*¡Señor, cómo se han multiplicado mis enemigos! ¡Cuántos son los que se han levantado contra mí!*, etc. Aunque el título del salmo mantenga el orden de los acontecimientos porque el santo David apartó el rostro de su hijo Absalón[22], nosotros en la exposición de los hechos celestiales no hemos de entretenernos en la investigación de las obras de la carne, a fin de que, una vez que nuestra tarea investigadora haya penetrado en el secreto de la búsqueda, consigamos la recompensa de la obra descubierta, según está escrito: *Buscad* —dice— *y encontraréis; llamad y se os abrirá*[23]; y en otro lugar: *Todo es posible para el que cree*[24]. Nuestros actos deben ajustarse a la visión de la fe y, en consecuencia, hemos de desentrañar el contenido de las cosas visibles con el misterio invisible de la inteligencia[25]. *Todo* —asegura el Apóstol— *se ha realizado en figura y conforme a nuestra imagen*[26], a fin de derramar la luz sobre las

---

[22] *Sal.* 3, 2, 1.
[23] *Mat.*, 7, 7; *Luc.*, 11, 9.
[24] *Marc.*, 9, 22.
[25] Cf. *II Cor.*, 5, 7.
[26] *I Cor.*, 10, 6; Cf. *Pris. can.* LXVIII et *Bachiarii fid.*, PL, 20, 10, 19 C.

obras del trabajo por medio del conocimiento de la ley
en aquellos a los que antes la ignorancia ponía un velo
de tinieblas, como el Apóstol dice a los Efesos: *En otro
tiempo erais tinieblas, ahora sois luz en el Señor; andad
como hijos de la luz* [27]. Nos conviene, por tanto, que el
que está teñido [28], el que, a pesar de que se va corrom-
piendo en el transcurso del tiempo, pero que cada día
se renueva, montemos la guardia para que demos la es-
timación de magníficas a las cosas que se nos presentan,
no a los ojos, sino a la inteligencia, afanándonos no por
las cosas corporales, sino por las espirituales, conforme
a lo que el apóstol Pablo [29], vaso de elección de Cristo
y doctor de las gentes, alega y dice: *La ley* [30] *es espiritual; yo, empero, carnal.* Y el bienaventurado Pedro:
Toda profecía —dice— *o escritura necesita interpretación* [31]. De aquí que *de noche* [32] *y de día haya que meditar en la ley del Señor;* de aquí la curiosa atención a
su mérito, de aquí el conocimiento de nosotros mismos,
de aquí la confianza de gloriarse en repudiar las cosas
que son de la carne y en elegir las del espíritu, el en-
cauzar la sutileza del corazón hacia el conocimiento de
la verdad, el penetrar los secretos de los divinos preceptos, el procurarse de la utilidad del alma mientras
hay tiempo de ello [33]. Por ello, hermanos, al meditar con
detenimiento en el planteamiento de la divina lección,

---

[27] *Efes.*, 5, 8.
[28] *Exod.*, 12, 4.
[29] *Act.*, 9, 15.
[30] *I Timt.*, 3, 7.
[31] *Ptr.*, 1, 20.
[32] *Petr.*, 1, 20; Cf. *Sal.*, 1, 2; *I Tes.*, 2, 9; *II Tes.*, 3, 8, y
Pric. can. XXXIX.
[33] Cf. *Sal.*, 118, 97.

me parece que muy justamente y con gran elegancia el
Profeta dispuso el orden de los Salmos y que el Espíritu de Dios le dictó su exposición al mostrarnos la natividad del hombre formada en la pura simplicidad de la
inocencia haciéndola igual a la de los bienaventurados,
si en ella permanece, diciendo: *Bienaventurado el varón que no se mezcló en las reuniones de los impíos y
no puso sus pies en los caminos de los pecadores* [34];
tuvo, en segundo lugar, horror al veneno incorporado
de la envidia, cuando dijo: *¿Por qué bramaron las gentes y los pueblos pensaron en cosas vanas?* [35]; y en tercer lugar muestra con esto las cosas que nos persiguen,
señalando que el odio del hijo para con el padre nace
de nosotros mismos. Además, carísimos, está aquello otro
de que previene el sentido del lector y remansa con la
investigación de la verdad la inteligencia inquieta, al decir en el comienzo cuánto tuvo que sufrir en las postrimerías de su reinado, adaptando, a juicio mío, la profecía a la vida del hombre y circunscribiendo la naturaleza
del mal. El desconocimiento de la forma o de los años
en medio del torbellino de los pecados es cosa llena de
amargura, que con la tranquilidad de la vejez y con la
rectificación de la ciencia llega a hacerse más maduro,
por lo que el mismo Salmista pide: *De los pecados de
mi juventud y de mi ignorancia no te acuerdes, oh Dios* [36].
Y el Apóstol, excitándonos a la libertad de la justicia,
nos reprocha la esclavitud del pecado, diciendo: *Pues
que siendo siervos del pecado, fuisteis liberados por la
justicia, ¿qué fruto, pues, habéis tenido en todas aque-*

---

[34] Cf. *I Pe.*, 4, 3.
[35] *Sal.*, 1, 1.
[36] *Sal.*, 2, 1.

llas cosas de las que ahora os avergonzáis? Este tercer salmo representa también a Absalón, el tercer hijo
impío, cruel, injusto, quien, después de asesinar a su
hermano y de conseguir el perdón, no cesó de perseguir
con la guerra a su religiosísimo e indulgentísimo padre
e intentó quitarle la vida. Todo lo cual creo debe referirse a nosotros y a las cosas contrarias a nosotros también, que llevamos a cabo. De aquí que la primer se-
ducción fomenta el reato, y las apariencias del mal proporcionan ocasión al enemigo. El hombre, esto es, el
hijo de perdición, arrastrado hacia el precipicio de los
crímenes por el impulso de la voluntad, es entonces
cuando se pone de manifiesto. La primera fase del pecado es la concupiscencia; la segunda, el derrumbamien-
to de la voluntad, y la tercera, la ejecución de la obra
deseada. Todo lo contrario de lo que, por la lectura,
sabemos se produce en las obras buenas."

(PRISCILIANO: *Tratado del Salmo Tercero,* pág. 88,
t. VII, pl. Ed. Nac. *Heterodoxos* [M. Pelayo].)

3. TRACTATUS AD POPULUM I

*Acentúa Prisciliano en este tratado la opo-
sición entre el mensaje revelado y los principios éticos del mundo. El obispo de Avila
destaca la estrechez del camino para unirse
a Cristo después de la muerte, pero esta estrechez no es precisamente para los justos,
sino para los que viven la ética mundana. Y
para Prisciliano viven esta ética los ricos.
Para apartarlos de ella el obispo abulense les*

aconseja la limosna, junto con la buena vida
moral. ¿Podríamos ver aquí la dimensión so-
cial del movimiento priscilianista? No pare-
ce. El tratado es fragmentario.

"Dice el Señor en el Evangelio: esforzaos a entrar por
la puerta estrecha, porque os digo que muchos serán los
que busquen entrar y no podrán [40]. Con esto no se quiere decir que los justos tengan grandes dificultades para
entrar, sino que *la amistad del mundo es enemiga de*
Dios [41] y que a la naturaleza humana mejor se la per-
suade con el deleite que con el trabajo. Pero entenda-
mos que donde se busca el placer de las cosas presentes no hay promesa de una vida futura. Y así, en el
Evangelio, es más agradable el dragma del pobre [42]. El
descanso del seno de Abraham se llama también Finés [43],
el fuego del infierno es la mansión del rico humano, no
porque absolutamente hablando se imponga la pena a
los ricos, o se haya establecido la imposibilidad deses-
perante para los afortunados en bienes materiales de volver al Señor, sino que en principio nada se ha establecido y que nadie puede subir por una pendiente esca-
brosa, según dice el apóstol: *A los ricos de este mundo*
encárgales que no sean altivos ni pongan su confianza
en la incertidumbre de las riquezas, sino que sean ricos
en buenas obras [44]. Al Señor aspiramos por la limosna

---

[40] *Luc.*, 13, 24.
[41] *Sant.*, 4, 4.
[42] *Mc.*, 12, 43.
[43] *Num.*, 25, 11.
[44] *I Tim.*, 6, 17-18.

y la buena vida. Para ellas poco a poco apartamos las dificultades para llegar a la cima de las alturas."

(Edición del *Corpus Scriptorum Ecclesiasticorum Latinorum*, 18 [Viena 1889].)

FUENTES Y ESTUDIOS

G. SCHEPS, *Priscilliani quae supersunt (opera)*, CSEL 18 (Viena 1889), 1-147, en donde se edita, además de los Tractatus XI, los Canones in Pauli epistolas. M. MENÉNDEZ PELAYO, Obras Edición Nacional: *Historia de los Heterodoxos Españoles* (2.ª ed., t. I, cap. II; t. VII, Apéndices al t. I).

A. LÓPEZ FERREIRO, *Estudios histórico-críticos sobre el priscilianismo* (Santiago 1840); F. PARET, *Priscillianus. Ein Reformator des vierten Jahrhunderts* (Würzburg 1891); E. Ch. BABUT, *Priscillien et le priscillianisme* (París 1909); G. MORIN, *Pro Instantio. Contre l'attribution à Priscillien des opuscules du manuscrit de Würzburg*, "Rev. Bènèd.", 30, 1913, 153-73; P. MONCEAUX, *La question du priscillianisme*, "Journal des Savants", 1911, 70-75, 104-113; A. PUECH, *Les origines du priscillianisme et l'orthodoxie de Priscillien*, "Bull. d'anc. littér. et d'archéol. chrét.", 12, 1912, 81-95, 161-213; E. SUYS, *La sentence portée contre Priscillien*, "Rev. d'Hist. Ecclés.", 21, 1925, 530-38; Z. GARCÍA VILLADA, *Historia Eclesiástica de España*, I, 2 (Madrid 1929), 91-145; A. D'ALÉS, *Priscillien et l'Espagne chrétienne à la fin du IV siècle* (París 1936); J. PÉREZ DE URBEL, *La teología trinitaria en la contienda priscilianista*, "Rev. Esp. de Teología", 6, 1946, 589-606; J. M. RAMOS LOSCERTALES, *Prisciliano. Gesta rerum* (Salamanca 1952); P. SÁINZ RODRÍGUEZ, *Estado actual de la cuestión priscilianista*, "An. de Est. Mediev.", 1, 1964, 653-57; B. VOLLMANN, *Studien zum Priscillianismus* (St. Ottilien 1965); J. L. ORELLA, *La penitencia en Prisciliano (340-385)*, "Hispania Sacra", 21, 1968, 21-56; R. LÓPEZ CANEDA, *Prisciliano, su pensamiento y su problema histórico* (Santiago de C. 1966); U. DOMÍNGUEZ DEL VAL, *Prisciliano*, "Diccionario de Hist. Ecles. de España", 3 (Madrid 1973), 2029; A. B. J. M. Goosen, *Achtergronden van Priscillianus Christelijke Ascese* (Nimega 1976).

GREGORIO DE ELVIRA

Un obispo muy discutido ya en sus días. A pesar de ello, ni admiradores ni enemigos nos han dado los datos más elementales de su vida, ya que el *Libellus precum* de los presbíteros Faustino y Marcelino ha de descartarse como carente de historicidad por parcial y tendencioso. Con absoluta certeza sólo sabemos que fue obispo de Elvira (Granada), que escribió varias obras, que en edad avanzada vivía en 392 y que nunca cayó en el arrianismo. Es lo que nos consigna Jerónimo en *De viris ill.,* 105, y en *Cronicorum,* annus 374. Gregorio de Elvira es el enemigo declarado del arrianismo con sus *De fide orthodoxa contra arrianos,* una de las buenas apologías de la teología nicena sobre la divinidad del Verbo.

Comúnmente se considera a este obispo español como un adepto al luciferianismo, e incluso jefe de esta secta a la muerte de Lucífero de Cagliari. En realidad, no sólo no hay una argumentación seria a favor de tal afirmación, sino que existen indicios positivos en contrario [1]. A nuestro entender la adhesión de Gregorio de Elvira al luciferianismo, defección de la Iglesia, y actitud hostil a la misma no pueden probarse. La Iglesia hispana no entendió que el obispo Eliberritano fuese luciferiano, ya que a partir del siglo IX, al menos, su nombre aparece en los martirologios, según puede verse en el de Usuardo (siglo IX) y en el Romano. En 961 Recemundo le incluye en el santoral Hispano Mozárabe [2]. Isidoro de Sevilla, tal vez

---

[1] U. DOMÍNGUEZ DEL VAL, *Herencia literaria de Gregorio de Elvira,* "Helmantica", 24, 1973, 286-92.

[2] A. C. VEGA, *España Sagrada,* 56, 142.

recogiendo este ambiente de la Iglesia de España y acaso por datos suyos personales, al tratar de Osio de Córdoba [3] le llama también santo.

En realidad, la defensa tán nítida, tan razonada y de tanta altura que el Eliberritano hizo de la fe de Nicea, en un ambiente de amenazas, incluido hasta el destierro, delatan al obispo de alto espíritu sacerdotal y apostólico. Sus escritos, por otra parte, netamente ortodoxos, revelan la gran personalidad literaria y la preocupación pastoral por el bien de sus fieles, profunda piedad personal y la solicitud por las costumbres.

Gregorio de Elvira era un espíritu fogoso que vivía con ardor los dogmas trinitario, cristológico, quizá éste más que ningún otro, destacando su predilección por la humanidad de Cristo. No era ajeno a sus vivencias el problema de la Iglesia en su aspecto vital, el problema del Espíritu Santo, como santificador de la misma y de las almas. Manejó la pluma al servicio de sus fieles. Por sus escritos, es Gregorio de Elvira la personalidad hispana más destacada del siglo cuarto.

Después de prolongadas discusiones hoy la crítica le atribuye los siguientes escritos: *In Canticum Canticorum libri quinque* o *Tractatus V de epithalamio, De fide orthodoxa contra Arianos, Tractatus Origenis de libris SS. Scripturarum, De arca Noe.* A estas obras principales hemos de añadir un comentario al salmo 91, un tratado sobre el Génesis (fragmentario) y, a nuestro modo de ver, el *Libellus fidei.* Escribió otros tratados bíblicos, de los que nos habla el mismo Gregorio, pero que nos son desconocidos [4].

TEXTOS

I. Tomamos el primer texto del Epitalamio *o* Comentario al Cantar de los Cantares, *obra de valor inmenso para la tradición del texto bíblico prejeronimiano del libro sagrado. El* Epitalamio *Eliberritano es, no sólo el primer comentario de la Iglesia latina sobre este libro inspirado, sino el primer escrito*

---

[3] *De viris ill.,* 1, ed. C. Codoñer.
[4] Sobre toda la discusión de las obras de Gregorio de Elvira véase URSICINO DOMÍNGUEZ DEL VAL, *art. cit.*

*occidental en el que, por vez primera, se expone la unión entre
Cristo y la Iglesia. Inútil es buscar en este libro el simbolismo
entre Cristo y la Virgen. La exposición del Eliberritano es ale-
gorizante y parenética.*

*En el texto elegido Gregorio presenta a Cristo encarnado y
desposado con la Iglesia. La espiritualidad elviriana tiene aquí
un acento de colectividad, es decir, de una espiritualidad que
se desarrolla y se vive dentro de la comunidad eclesial. La Iglesia se compone de personas concretas que son los fieles que
siguen a Cristo. A éstos se presenta el Salvador encarnado como
el hombre suave y caritativo, el cual con su doctrina, su gracia,
su bautismo, llama a todos los hombres a que sigan sus huellas
perfectas, buenas y justas. Pretende hacer de estos hombres que
le siguen el buen olor de Cristo en el mundo. En la espiritualidad elviriana los cristianos deben vivir en intimidad habitual
con Cristo, que, además de ser sacerdote, es también esposo
del alma fiel.*

EPITALAMIO O COMENTARIO AL CANTAR DE LOS CANTARES

*Béseme con un beso de su boca, porque tus pechos
son más buenos que el vino, y el olor de tus unguentos
sobre todos los aromas* [5].

Oísteis, queridísimos hermanos, el poema epitalámico
que el Espíritu Santo, por medio de Salomón, en boca
del Esposo y de la Esposa, esto es, de Cristo y de la
Iglesia, predijo en forma de alegoría de las bodas celestiales, cuando Cristo, el Esposo, y el alma, la Esposa,
mutuamente contrajeron entre sí el compromiso de casto casamiento, y se hicieron dos en una carne, esto es,
Dios y el hombre. Que Cristo es el Esposo y que la
Esposa es la Iglesia lo prueba Juan el Bautista diciendo
de Cristo [6]: *El que tiene esposa es el esposo: el amigo*

---

[5] *Cant. cant.*, 1, 12.
[6] *Joh.*, 3, 29.

del esposo que le acompaña y le oye se alegra grande-
mente de oír la voz del esposo. Y otro Profeta[7]: *Te*
desposaré conmigo en esperanza. Y de nuevo: *Te des-*
posaré conmigo en fe y en caridad.

Finalmente, para que os déis cuenta de que esta composición poética es una predicción de Cristo y de la Iglesia, no hay más que fijarse en el título, que así se anuncia: *Cantar de los Cantares,* porque sobre todos los cánticos, aun los de Moisés y de María en el *Exodo,* y los
de Isaías y de Habacuc y de todos los otros que canta-
ron, éste es el más excelente; supuesto que ellos ento-
naron estas alabanzas a Dios, enardecidos su corazón y
su inteligencia con la liberación del pueblo o por la conversión de los hombres o por la admiración de las divinas obras. Aquí, en cambio, se escucha la voz de Cristo
y de la Iglesia que cantan, porque lo divino y lo humano
se han unido mutuamente entre sí; y por ello se llama
Cantar de los Cantares, esto es, lo mejor de lo mejor.
Y como nuestro maestro y doctísimo en la ley, el bienaventurado Apóstol avisa a sus discípulos que con diligente meditación deben investigar lo que hay arriba,
abajo, a lo ancho y a lo largo, con el fin de poder comprender cuál es la anchura, largura, sublimidad y profundidad, es, por consiguiente, necesario que nosotros,
con sagaz instinto, investiguemos solícita y atentamente
el sentido de las divinas palabras, no sea que incautamente nos engañen las apariencias de verdad y nos con-
fundan las cosas ambiguas o las inciertas nos burlen o
desorienten; sino que más bien, persiguiendo con afán
la meta de la auténtica verdad, podamos retenerla, una

---

[7] *Os.,* 2, 19, 20.

vez alcanzada, firme y legítimamente, sin fraude para nuestras ideas. Así pues, cuando dice: *Béseme con un beso de su boca, porque son tus pechos mejor que el vino,* no habla del beso carnal, sino de la gracia espiritual; porque son palabras de la Iglesia venerada e inmaculada virgen dirigidas a Cristo, Hijo de Dios, joven de treinta años, el más hermoso de figura que todos los hijos de los hombres. Y como hay besos humanos y besos divinos, cuando aquí dice la Iglesia: *Béseme con un beso de su boca,* indica su deseo de escuchar personalmente su voz. En el pasado la palabra de Dios acostumbraba a dirigirse a la Sinagoga por medio de los Profetas, y le daba sus besos como por boca ajena. En cambio, esta Iglesia, que es verdaderamente la esposa de Cristo, no se contenta con recibir únicamente la paz de Cristo por conducto de los profetas, sino que más bien, al recibir en su propia boca los preceptos de la tradición evangélica, recibió del verdadero esposo, como el ósculo de santidad y de caridad; y por tanto, dice *Béseme con un beso de su boca.* Y cuán en verdad se cumplió esto puede deducirse de que Cristo, Hijo de Dios, se dignó venir como un hombre y tomar como esposa la carne y el alma del hombre, cesando desde entonces la ley y los profetas, como dice el evangelista [8]: *La ley y los profetas hasta Juan Bautista;* y nuevamente[9]: *La ley fue dada por medio de Moisés; la gracia, empero, y la verdad tuvieron lugar por medio de Jesucristo.* La carne, pues, de la Iglesia, como define el Apóstol, es la carne de Cristo, diciendo [10]: *El mismo es ca-*

---

[8] *Luc.,* 16, 16.
[9] *Rom.,* 3, 12.
[10] *Col.,* 1, 18.

7

beza del cuerpo de la Iglesia, a la cual le imprimió beso con beso, cuando se unieron los dos en una carne, esto es, cuando la verdad y la paz se unieron en mutuos abrazos; como dice David [11]: *La verdad y la paz se abrazaron; la verdad* —dice— *nació de la tierra,* esto es, la carne de Cristo, nacida de madre virgen, cuyo origen es terreno. La paz miró desde el cielo, esto es, el Verbo de Dios, que dijo [12]: *Yo soy la paz,* y del cual dijo el Apóstol: *¿Quién es nuestra paz?* El mismo dijo: *Os doy mi verdadera paz* [13]. Este es el beso, el Verbo del Padre, anunciado por boca de los profetas, que desde los siglos antiguos estuvo pendiente de la esperanza en suspenso, y al llegar el día de los esponsales, se llegó a realizar por el anillo de la fe y la Iglesia lo recibió de nuevo en las nupcias celestiales. ¿Qué cosa más querida para Cristo que la Iglesia, por la cual derramó su sangre? O qué cosa más amable para la Iglesia que Cristo, en virtud de cuya santa e inviolada conjunción procreó una gran multitud de hijos por medio de la regeneración del bautismo, cuya copiosísima prole vimos salir al mundo sin dolor, cuya eficacia —o por mejor decir, arte de nacer, o más bien de renacer— adviertes más bien que describes, entiendes mejor que comprendes; pues no viendo ni conociendo a la madre, alabarás, no obstante con la debida veneración como obra perfecta magníficamente realizada por la razón maestra y artífice de la sabiduría.

Y añade: *Porque tus pechos son mejor que el vino.* Tuvo, en efecto, la ley primitiva dos pechos con las dos

---

[11] *Sal.,* 48, 11, 12.
[12] *Eph.,* 2, 14.
[13] *Joh.,* 14, 27.

tablas de piedra que, impresas por el dedo de Dios, ofrecieron al pueblo, niño entonces, la blanca ley de la disciplina. Mas ahora tenemos sabido que los pechos del Señor no son dos ya, sino cuatro, porque las cuatro fuentes de los Evangelios proporcionan a los creyentes dulce leche de sabiduría. Finalmente, al prometer el Señor a Abraham —que es padre de los dos pueblos, según la carne, de los judíos, y nuestro según la fe— la herencia de los tiempos futuros, entre otros, le pidió esta muestra de sacrificio, tres cabras y tres vacas, para mostrar en la cabra la figura del Antiguo Testamento y en la vaca la doctrina evangélica. Estos son los buenos pechos del Señor, o sea, las fuentes de agua de los Evangelios, que son mejores que el vino de la predicación profética. Dos clases de vino leemos que hay en las divinas Escrituras: uno el que faltó en las bodas de Canaá de Galilea; el otro, mucho mejor, que la palabra de Dios hizo del agua. De aquí que el Salvador dijera que convenía poner el vino nuevo en odres nuevos. Lo que quería significar las nupcias de Cristo y de la Iglesia, esto es, que cuando el Verbo de Dios se desposó con el alma del hombre, había de cesar el vino de la ley primitiva y de la profecía, y que había de realizarse el otro evangélico del agua del bautismo; de aquí que los creyentes se digan estar llenos de mosto. ¿Qué otra cosa es el vino del agua, sino que el alma que anteriormente había sido tierra insípida y aguda, al convertirse en vino espíritu, recobra mejor sabor y olor? Como dice el Apóstol [14]: *Nosotros somos el buen olor de Cristo.* Y en otro lugar [15]: *Gustad y ved, porque suave es el Se-*

---

[14] *II Cor.*, 2, 15.
[15] *Sal.*, 33, 9.

ñor. Y por consiguiente en este lugar dice que son mejores los pechos del Señor, esto es, la doctrina evangélica, sobre el vino de la antigua profecía.

Y añade: *Y el olor de tus ungüentos sobre todos los aromas.*

El olor de este ungüento significa la gracia sacrosanta del crisma que transciende y huele más que todos los de la Sinagoga. Esta tenía una unción, hecha de ungüentos olorosos; mas el ungüento de Cristo proviene de la suavidad del Espíritu Santo, según habla por Isaías, diciendo [16]: *El espíritu del Señor sobre mí, por lo cual me ungió, a evangelizar a los pobres me envió.* Y en otro lugar dice: *Nos dio el olor de tu conocimiento.* Por ello designa que este olor del ungüento, esto es, la gracia de los crismas espirituales, es mejor que todos los aromas del Antiguo Testamento.

Y añade: *Ungüento disipado es tu nombre* [17]. Indicaré brevemente por qué es disipado. Los reyes y sacerdotes de la primitiva ley, que eran ungidos con el cuerpo del crisma, se llamaban Cristos en la ley, por recibir no tanto la semejanza de la unción del crisma cuanto su misma perfección y, por consiguiente, utilizaban más bien una sombra que la realidad del nombre de Cristo. Mas cuando, según el Apóstol, se cumplió en Cristo la plenitud de la divinidad, entonces se desvaneció el nombre de aquellos reyes que se llamaban Cristos, para nunca en adelante ser designados con este vocablo. Pero el nombre de Cristo persiste en su verdad, porque ha sido derramado con el verdadero ungüento, esto es, con la plenitud del Espíritu Santo. Se anonadó y desterró el

---

[16] *Sal.,* 33, 9.
[17] *Cant. cant.,* 1, 2.

nombre significativo de aquellos reyes que se llamaban Cristos en imagen; y, finalmente, desde la llegada de este verdadero Cristo, cuyo buen olor lo dio a conocer al mundo, desde entonces ningún rey, no sacerdote, volvió a llamarse Cristo; y por ello dice: *Ungüento disipado es tu nombre.* No obstante, se dice en otro lugar: *Ungüento derramado es tu nombre,* porque la gracia suavísima del verdadero nombre de Cristo se ha derramado sobre todos los creyentes, y por haber difundido entre todos los fieles el buen olor de su conocimiento se ha llamado óleo derramado. De aquí que en el Apocalipsis las oraciones de los santos sean comparadas a la timiama, porque el nombre de Cristo entre los griegos se aplica siempre a la suavidad.

Y añade [18]: *Por ello las jovencitas te amaron, y se agolparon detrás de ti.* No pensemos que el Espíritu habló de las jóvenes muchachas o del torpe deseo, sino que estas jóvenes doncellas son las muchedumbres que poco ha reunió Cristo de entre los gentiles. Ellas, en efecto, ruegan al Señor, diciendo: Llévanos en pos de ti, esto es, que sigan sus huellas perfectas, buenas y justas. Asimismo las nuevas muchedumbres reunidas de entre los gentiles aman y siguen a Cristo con avidez increíble. Las muchedumbres de la Sinagoga son llamadas viejas y necias, porque viven conforme al hombre antiguo y no dieron acogida a Cristo, sabiduría de Dios. Y, por último, habiendo venido primero Cristo a la Sinagoga, las otras empezaron a seguirlo y a amarlo antes que el pueblo de Israel. Por eso aquella mujer cananea que representaba la imagen de la Iglesia entre los gentiles, seguía fielmente a Cristo. Y por esto dice: *Por*

---

[18] *Ibid.,* 1, 3.

ello las jovencitas te amaron, llévanos en pos de ti, o sea, que presa la Iglesia en el amor de Cristo, siempre debe seguir el camino de sus preceptos.

(Del *Epitalamium o Comentario al Cantar de los Cantares,* de Gregorio de Elvira.)

II. El texto que transcribimos forma parte de la obra más importante de Gregorio de Elvira: Tratados de Orígenes sobre los libros de la Sagrada Escritura. *Actualmente es una colección que forma parte de homilías predicadas por Gregorio en su Iglesia eliberritana sin que podamos precisar ni la ocasión ni el tiempo en que se tuvieron. Esta colección fue más extensa, y por eso lo que hoy poseemos de ella es fragmentario. Con este escrito Gregorio de Elvira es el primer representante de la predicación homilética en la Iglesia latina. Respiran estas homilías profundas ansias de fervor cristiano y sed de martirio. Es el escritor más ascético de todo el período cristiano hispanoromano. Su espiritualidad parte de la Escritura, cuyo conocimiento es prodigioso. Es maestro cuando establece la aproximación de textos bíblicos a veces tan dispares y distanciados entre sí, merced a su exégesis alegórica, brillante y sutil. Da interés a los temas que trata. Gregorio de Elvira es un maestro de espiritualidad que influye en escritores posteriores, incluido Isidoro de Sevilla.*

TRATADOS DE ORÍGENES SOBRE LOS LIBROS DE LA SAGRADA ESCRITURA

Y habló el Señor a Moisés diciendo: *Habla a Arón y le dices: cualquier hombre que ofrece al Señor un sacrificio saludable, ya sea en cumplimiento de una promesa, ya sea voluntariamente* [19].

Sé, amadísimos hermanos, que he tratado muchas veces de este libro del Levítico y he expuesto a vuestra

---
[19] *Lev.,* 22, 18.

caridad, como pude, y pienso que como debí, arduas y casi inextricables cuestiones. Y ahora la lectura que acabamos de leer contiene tantos problemas y dificultades tan enredadas que apenas si el entendimiento humano puede escudriñar los secretos de las cosas, y apenas si puede asimismo examinarlas, percibir con claridad la profundidad de las palabras y comprender las sutilezas de las sentencias; de tal modo cada una de las alegorías está envuelta en un velo y de tal modo oscurecidas por la sombra de los enigmas que apenas si pueden entenderse y explicarse. Sin embargo yo, confiando no en mi ingenio, sino en la divina promesa que dice: *Pedid y recibiréis, llamad y se os abrirá, buscad y hallaréis; a todo el que pide se le dará y al que llama se le abrirá y el que busca halla* [20], y: *Nada hay oculto que no venga a descubrirse, ni secreto que no venga a conocerse* [21], me atrevo, por medio del Señor, a hablar de esta lectura, a fin de que aquello que parece estar oculto en un contorno más secreto pueda conocerse y proclamarse públicamente.

Dice, pues: *Cualquier hombre que ofrezca al Señor una hostia, bien sea que este sacrificio saludable se haga para cumplir un voto, o bien como ofrenda voluntaria, en los días solemnes, se tomará de los rebaños o de vuestras ovejas sin que tenga mancha. No ofreceréis a vuestro Dios un animal ciego, o contusionado, o con la lengua cortada, ulcerado, sarnoso o tiñoso, o que tenga la oreja o el rabo cortados, que esté castrado, o que haya sido tomado de la mano de un extranjero; precisa-*

---

[20] *Mt.*, 7, 7-8.
[21] *Mt.*, 10, 26.

mente porque hay manchas en ellos, no os serían aceptables tales sacrificios [22].

Averigüemos, en primer lugar, amadísimos hermanos, qué es una hostia, y una vez que hayamos establecido la naturaleza del vocablo, entonces podremos dar a conocer el significado de los preceptos. La hostia es la oblación del sacrificio ofrecido a Dios mediante la oferta de un don con el fin de reconocer la divinidad y alejar al enemigo (hostis), al diablo; la hostia recibe su nombre de hostigar (hostare) al diablo y tener propicio a Dios. El diablo no cesa de hostigar y el alma no puede conservarse si no ofrece a Dios la hostia de alabanza. Cada cual pues, según sus posibilidades y la capacidad de su fe, debe ofrecer el don de su devoción, y por eso dice: *Cualquier hombre que ofrece al Señor una hostia en virtud de un voto,* no porque el Señor necesite de nuestros sacrificios, puesto que todo es suyo y El es acabado y perfecto, según está escrito: *¿Y a mí qué toda la muchedumbre de vuestros sacrificios?, dice el Señor. Estoy harto y no quiero los holocaustos de vuestros carneros ni el sebo de vuestros toros y de vuestros machos cabríos* [23]. Lo que el Señor quiere es que el hombre tenga propicio a Dios por el cumplimiento de la ley, y con el favor de Dios se libere del diablo enemigo.

También Job ofrecía hostias al Señor, según el número de sus hijos, para purificarlos del pecado. Pero en nuestro tiempo Dios no pide tales hostias, aquellas que entonces se ofrecían con la inmolación cruenta de animales, sino nuestra alma, nuestra conducta y nuestro corazón humillado en el temor de Dios, según está escri-

---

[22] *Lev.,* 22, 21-25.
[23] *Is.,* 1, 11.

to: *el sacrificio grato al Señor es un espíritu contrito y humillado* [24]. Es el sacrificio que se inmola en la devoción de la entrega del martirio, según está escrito: *Y sucederá que cuando os quiten la vida, piensan ofrecer una hostia a Dios* [25]*;* es el sacrificio de la virginidad, cuando uno se entrega totalmente en cuerpo y alma al servicio de Dios; es el sacrificio de la limosna, cuando cada uno, con una voluntad decidida, da a los pobres, según sus posibilidades, según está escrito: *Dad limosna y todo será puro para vosotros* [26]*;* es el sacrificio de la continencia, porque a los castos Dios les ama; es el sacrificio saludable de los que teniendo mujer vivan como si no la tuvieran, porque *felices*, dice, *los puros de corazón, puesto que ellos verán a Dios;* es el sacrificio del temor de Dios y de la buena credulidad. Y finalmente el bienaventurado apóstol Pablo llamó hostia viva agradable a Dios a la vida de los santos, diciendo: *Ofreced vuestros cuerpos como hostia viva, grata a Dios, que es vuestro culto racional* [27]. Y el santísimo Bernabé: *Por él mismo ofrecemos a Dios la hostia de alabanza de los labios que confiesan su nombre* [28]. Así, por consiguiente, ofrecemos a Dios nuestros cuerpos como hostia viva y agradable cuando le servimos en toda santidad, castidad, inocencia, fe y religión. Por otra parte, somos llamados templos de Dios, como dice el apóstol: *Vosotros sois templos de Dios, y el Espíritu de Dios habita en vos-*

---

[24] *Sal.*, 50, 19.
[25] *Jn.*, 16, 2.
[26] *Lc.*, 11, 41.
[27] *Rom.*, 12, 1.
[28] *Heb.*, 13, 15; Gregorio de Elvira atribuye la carta a los hebreos a Bernabé.

otros [29]. En este templo, pues, presentamos a Dios los sacrificios puros, la ofrenda limpia de la buena conducta, hostia grata a Dios en olor de suavidad [30], como dice el apóstol: *Somos el buen olor de Cristo* [31]. Dijimos que el martirio es la hostia viva grata a Dios, y que la virginidad es el sacrificio puro; la continencia es el misterio de la razón, y la oración de un corazón limpio es acepta al Señor. Las oraciones de los santos son ofrecidas a Dios, como incienso, por mano del ángel, como puede verse en el Apocalipsis [32], en donde se habla de la hostia viva, porque la buena conducta de los santos es una especie de muerte, es decir, que no lleva en sí el signo del pecado, en expresión del apóstol: *El aguijón de la muerte es el pecado* [33], *y por el pecado vino la muerte* [34]. Por eso aquél ofrece a Dios una hostia viva que llevando una vida sin pecado aleja de sí hasta la especie o apariencia de muerte. Por lo demás, si alguien dice que ha ofrecido a Dios la hostia de la virginidad, y no es virgen, a Dios no le puede engañar; o si alguno profesa la continencia y vive incontinentemente, o dando limosna y se apropia de lo ajeno fraudulentamente, o que convierta en alegría de unos la tristeza de otros —esto es más bien de un taimado que de una persona honrada, el dar precisamente lo ajeno y no lo propio—, todo ello es la especie o apariencia de la muerte. Por eso una conducta semejante, que lleva en sí obras de muerte viviendo mal, no puede llamarse hostia viva. En consecuencia,

---

[29] *I Cor.*, 3, 16.
[30] *Rom.*, 12, 1.
[31] *II Cor.*, 2, 15.
[32] *Apoc.*, 8, 3.
[33] *I Cor.* 15, 56.
[34] *Rom.*, 5, 12.

la hostia viva es la caridad de un corazón puro y de una conciencia no fingida[35]. La hostia viva es la fe sin mancha, hostia viva es la lengua sin dolo, hostia viva es la limosna sin fraude, hostia viva es el ojo sin escándalo, hostia viva es la vida de religiosidad, fe pura, alma sincera. Y por eso la Escritura llamó hostia viva grata a Dios a nuestro culto racional, es decir, a nuestra conducta santa.

Pero como la ley era figurativa, las cosas que habían de realizarse espiritualmente, antes mandó que se observasen de un modo material durante algún tiempo a fin de que a través de lo carnal apareciese lo espiritual; a través de lo terreno, lo celestial, y mediante lo visible, lo invisible. De ahí que aquellas especies de animales que antes recordé las debemos eliminar. *No ofrezcáis,* dijo, *una hostia ciega*[36]. Y esto es verdad, amadísimos hermanos, porque un espíritu ciego, que no ve a Dios ni cumple sus leyes, no puede ofrecer un sacrificio a Dios. Hay muchos, sin embargo, que actualmente quieren agradar a los hombres: maldicen ciertamente los actos pecaminosos y, sin embargo, realizan lo que reprueban en los otros, teniendo ciego el corazón, ignorando que en aquello que juzgan a los demás se condenan a sí mismos haciendo lo que ellos hacen. Por eso éstos se llaman ciegos, y con razón se les excluye del sacrificio del Señor.

Y añadió todavía: *El alejado,* dijo, *o que tiene la lengua cortada.* Aquél es un alejado, el que, aunque crea en Cristo y esté unido a su cuerpo mediante el sacramento del bautismo, como dijo el apóstol: *Cuantos ha-*

---

[35] *Tim.,* 1, 5.
[36] *Lev.,* 22, 22.

béis sido bautizados en Cristo, os habéis vestido de Cristo [37]*;* sin embargo, quien ardientemente desea la avaricia, que es la raíz de todos los males [38], quien desea administraciones civiles, quien apetece los vicios y poderes públicos, viviendo lujuriosamente sin respeto a la religión, con razón a este tal se le considera alejado de Cristo a causa de su mala conducta. Pero a éste no sólo se le llama alejado, sino que además, como está escrito en este mismo lugar, se le llama también contusionado, pues así dijo: *Ni alejado ni contusionado.* Apartado de la religión hacia el siglo, queda contusionado en la tierra, al buscar las cosas de aquí abajo y fomentar actos terrenos, cae del cielo hacia la tierra y por eso contusionado y maltratado. Y de ahí que así como el ganado bien sea por fuerza o por robo alejado, contusionado y maltratado no podía ofrecerse en sacrificio, de igual modo la conducta de aquellos que, bien sea por los halagos del siglo, bien por la maldad del diablo, esté alejado de Cristo, contusionado en la tierra y hundido en vicios de la carne, no puede destinarse para el sacrificio de Dios.

Y agregó todavía: *Y que tenga,* dijo, *la lengua cortada.* Aquél tiene la lengua cortada que ni proclama ni confiesa a su Dios, el que no atiende a su ley, como está escrito del varón bienaventurado: y a ella día y noche atiende [39]. Cierto que es aquel quien principalmente tiene la lengua cortada el que en tiempo de persecución tiene el hedor de la cárcel, o los suplicios, o la misma muerte; este tal ni confiesa ni alaba a su Señor.

---

[37] *Gal.,* 3, 27.
[38] *I Tim.,* 6, 10.
[39] *Sal.,* 1, 2.

Y por eso los que tienen la lengua amputada de este modo, al no confesar a su Dios, quedan eliminados del sacrificio divino.

Pero *ni gusamiento,* dijo. Se dice gusamiento aquel por cuyos miembros de su cuerpo corre la culpa de la comezón o prurito lascivo. Estos gusanos son los espíritus inmundos que frecuentemente se instalan en los cuerpos de los hombres excitando la comezón de la sensualidad y de las otras varias pasiones; introducen también la comezón de la avaricia, de la impureza y la comezón de todas las pasiones carnales, no dejando fortalecer tranquilamente ni el cuerpo ni el alma en la santidad y en la bondad; antes al contrario, corrompe todo, incluso hasta produce la putrefacción del adulterio. Y por eso estos gusanos, es decir, los espíritus inmundos, seductores y corruptores de las almas y de los cuerpos, fueron arrojados primeramente por la sal de la palabra celeste, a fin de que el cuerpo, salado con la sal de la sabiduría divina, nuevamente lo hagan volver a la santidad, como dijo el Señor a sus discípulos: *Vosotros sois la sal de la tierra* [40], a fin de que la carne del hombre ya no fuese tierra gusanada, sino una sal sapiente que mate el gusano del pecado.

Pero *que no tenga,* dijo, *sarna agreste.* Consignemos con diligencia la significación de esta sarna agreste. El campo es el mundo según lo dijo el Señor en su parábola: *Señor, tú has sembrado semilla buena en tu campo, ¿de dónde viene que haya tanta cizaña?* [41], y a continuación, en la explicación de la parábola: *el campo,*

---

[40] *Mt.,* 5, 13.
[41] *Mt.,* 13, 27.

dijo, *es el mundo* [42], y de nuevo: *El reino de los cielos es semejante a un tesoro escondido en un campo* [43], para indicar que por el campo designaba el mundo, por el tesoro la ley en la cual Cristo está escondido. Y habiendo probado ya que por el campo ha de entenderse el mundo, veamos lo que es esta sarna agreste. Nadie duda, amadísimos hermanos, que el pecado suele denominarse por este nombre de sarna lo mismo que la cizaña que el enemigo sembró en el mismo campo. Pero veamos por qué se llama agreste. *Y que no tenga*, dijo, *sarna agreste.* El pecado de la carne se produce en el mundo; de ahí que, al llamarlo sarna agreste, designa los pecados de los gentiles, es decir, la idolatría, incesto, adulterio, homicidio, el coito de los hombres y los varones afeminados que exceden toda manera de pecar y que no sólo emponzoñan una parte del cuerpo, sino todo él. Por esta razón, amadísimos, estos vicios mundanos y torpísimos de la carne los llamó sarna agreste, es decir, mundano, de tal modo que así como el ganado sarnoso está prohibido ofrecerlo en sacrificio, de igual modo cualquier hombre que pertenezca al cuerpo de la Iglesia, si tiene estos crímenes, queda eliminado del sacrificio del Señor. Con frecuencia tales pecados se introducen en los cuerpos de los cristianos, y por eso, como ya dije, quedan asimismo eliminados del sacrificio del Señor.

Pero todavía añadió: *Que no tenga tiña*, dijo. Una cosa es la tiña y otra la sarna agreste. Ya dijimos que la sarna agreste son los pecados de los gentiles, que exceden toda manera de pecar. La tiña es el conjunto de los herejes que con frecuencia se introducen en el cuer-

---

[42] *Mt.*, 13, 38.
[43] *Mt.*, 13, 44.

po de la Iglesia. Y así como la tiña hace un círculo redondo y líquido, de igual modo los herejes celebran reuniones a la vez ilícitas y redondas, es decir, *siempre están aprendiendo, sin lograr jamás llegar al conocimiento de la verdad* [44], revolviéndose en infinitas cuestiones. Pero el bienaventurado apóstol Pablo prohíbe las infinitas cuestiones y las geneologías sin fin [45]. Esta es la reunión redonda de los herejes a la que llama tiña, que siempre está envuelta en cuestiones y no tiene el propósito de pararse. Todo círculo desconoce dónde tiene el fin, porque siempre está dando vueltas, y donde termina, allí empieza, y aunque sea del cuerpo, sin embargo, no es cuerpo, sino mancha para el cuerpo. Por eso el bienaventurado apóstol Juan de tales herejes dice así: *De nosotros han salido, pero no eran de los nuestros. Si de los nuestros fueran, hubieran permanecido con nosotros* [46]. Por consiguiente, cuando la divina Escritura reprueba la hostia que tenga tiña, condena ciertamente la doctrina de los herejes.

Pero *ni la hostia,* dijo, *que tenga amputada la oreja la ofrecerás en sacrificio.* ¿Qué pensáis, hermanos, que conviene entender por la hostia que tenga amputada la oreja sino aquel hombre que ciertamente tiene oídos para oír la palabra de Dios, pero que no cumple lo que se manda? Por eso el bienaventuralo apóstol censura estas dos clases de hombres: los que no creen en el Evangeli y los que no le obedecen. De este modo estos tales tienen oídos para oír, y así pueden creer, pero no tienen voluntad de obrar, y precisamente por esto se dice que

---

[44] *II Tim.,* 3, 7.
[45] *Tit.,* 3, 9.
[46] *I Jn.,* 2, 19.

tienen la oreja amputada; y no es que la tengan, sino que parece separada. Estos son ciertamente los que en verdad oyen el Evangelio de Cristo, pero una vez que lo han oído lo amputan, al rehusar cumplir los preceptos. De ahí que el bienaventurado apóstol Pablo dice que se justifican ante Dios, no los que oyen la ley, sino los que la cumplen. Por todo esto debe hacérseos claro que, cuando la ley figurativa rechaza del sacrificio de Dios la hostia que tiene la oreja amputada, lo que se reprueba no es el aspecto exterior del animal, sino la vida de aquellos que se amputan el oído no cumpliendo todo lo que está mandado.

Pero ni *la hostia,* dijo, *que tiene el rabo amputado la ofrecerás en sacrificio.* El rabo es una cierta tutela para los animales apartando con él las moscas, los tábanos y todo lo molesto. Pero es la comparación de estas cosas, porque la ley sagrada hablaba no de los animales, sino de los hombres, como lo dice el bienaventurado apóstol: *Dios no se ocupa de los bueyes, sino de nosotros* [47], del mismo modo en este lugar no habla del rabo de los animales, sino de la conducta del hombre. ¿Qué hemos de entender por las moscas y los tábanos, espantados por el rabo, sino todos los demonios y espíritus vagabundos de este mundo que frecuentemente maltratan no sólo los cuerpos, sino las almas de los creyentes? Por eso el bienaventurado apóstol Pablo recuerda estas moscas y tábanos, es decir, los espíritus vagabundos y alados del aire de este mundo, cuando dice: *No es nuestra lucha contra la sangre y la carne, sino contra los principados de este mundo tenebroso, contra los es-*

---

[47] *I Cor.,* 9, 9-10.

píritus malos de los aires [48]. Por consiguiente, todos los demonios que maltratan los cuerpos y las almas de los creyentes deben ser eliminados con el rabo de la religión. ¿Y qué es el rabo sino la gracia de la fe? Porque, así como el rabo está situado en la parte posterior del cuerpo, del mismo modo en los últimos tiempos se ha dado la gracia de la fe espiritual, y así como con el rabo se espantan las moscas y los tábanos, del mismo modo can la gracia espiritual, dada a los fieles en los últimos tiempos, se alejan de los cuerpos y de las almas de los fieles todos estos demonios vagabundos que vuelan por los aires de este mundo. No sin razón, pues, se compara la conducta de los hombres con ciertas peculiaridades de los animales, porque así como el animal que tiene amputado el rabo no puede arrojar de sí ciertas molestias, del mismo modo el hombre que haya perdido el crisma espiritual recibido por la fe en los últimos tiempos no puede ser hostia, sino que estará sometido a los espíritus inmundos y vagabundos. Y añadió: *Ni castrado,* dijo, es decir, *cortados los testículos o arrancados, no la ofrecerás al Señor.* Se dice que tienen cortados los testículos aquellos que, siendo masculinos en su cuerpo, hacen uso del mismo como si fuesen mujeres, y por tanto, al reprobar tal hostia, condena a los varones deformados en mujeres; y cuando dice arrancados, tiene en cuenta aquellos que realizan actos sexuales con varones. De ahí que el apóstol excluye a tales hombres del reino de Dios diciendo: *Ni los afeminados, ni los sodomitas verán el reino de Dios* [49].

---

[48] *Ef.,* 6, 12.
[49] *I Cor.,* 6, 9.

Dice, además, que no ha de ofrecerse *la ofrenda tomada de la mano de un extranjero*. Es un extranjero aquel que está fuera de la fe y que es ajeno a la disciplina divina; y éste no es otro que el diablo, como dijo el Señor del Anticristo: *Si otro viniere usurpando mi nombre, lo recibiríais* [50]. Ese otro significa ajeno a Dios. Y, por consiguiente, cuando prohíbe ofrecer la hostia tomada de un extraño, es decir, de un ajeno a Dios, reprueba aquel hombre que, realizando las obras malignas del extranjero, es decir, del diablo, actúa con una voluntad ajena. ¿Acaso puede ser agradable a Dios una hostia que no realiza las obras de Dios? Y esto es precisamente lo que dice la Escritura de no ser conveniente ofrecer a Dios lo que ha sido tomado de la mano de un extranjero, puesto que están corrompidas y no os serían aceptables.

Y sea suficiente lo que hasta aquí hemos dicho.

(Texto latino en *Corpus Christianorum*, 69, 76-83.)

FUENTES Y ESTUDIOS

A. C. Vega, *España Sagrada*, 55 y 56 (Madrid 1957). Los dos volúmenes contienen todas las obras auténticas y atribuidas a Gregorio de Elvira; V. Bulhart y J. Fraipont, en *Corpus Christianorum*, 69, 1-283, publican asimismo los escritos auténticos, dudosos y espúreos de Gregorio. Estas ediciones, en general, son mejores que las de Vega, pero el catálogo de éste es numéricamente mayor.

F. Florio, *De sancto Gregorio Illiberritano libelli de fide auctore...* (Bononiae 1789); G. Morin, *Les nouveaux Tractatus Origenis et l'héritage littéraire de l'évêque espagnol Grégoire d'Illi-*

[50] *Jn.*, 5, 43

beris, "Rev. d'Hist. et de Littér. Religieuses", 5, 1900, 141-61; Id., *Autour des Tractatus Origenis*, "Rev. Bénéd.", 19, 1902, 225-45; A. WILMART, *Les "Tractatus sur le Cantique" attribués à Grégoire d'Elvire*, "Bull. de Littér. Ecclésiastique", 1906, 233-99; L. SALTET, *Fraudes littéraires des schimatiques luciferiens aux IV et V siècles*, "Bull. de Littér. Ecclésiastique", 1906, 300-26; A. WILMART, *La tradition des opuscules dogmatiques de Febadius, Gregorius Illiberritanus, Faustinus*, "Sitzungber. der Kais. Akademie der Wissenschaft in Wien", 159, 1908, 1-34; P. LEJAY, *L'héritage de Grégoire d'Elvire*, "Rev. Bénéd.", 25, 1908, 435-57; A. VACCARI, *Uno scritto di Gregorio d'Elvira fra gli opusculi di S. Girolamo*, "Biblica", 1922, 188-93; Z. GARCÍA VILLADA, *Historia Ecles. de España*, I, 2 (Madrid 1929), 52-73; H. KOCH, *Zu Gregors von Elvira. Schriftung und Quellen*, "Zeitschrift für Kirchengesch.", 51, 1932, 238-72; F. REGINA, *Il de fide di Gregorio di Elvira* (Pompei 1942); A. C. VEGA, *Dos nuevos tratados de Gregorio de Elvira*, "La Ciudad de Dios", 156, 1945, 515-53; Id., *Dos notas interesantes sobre el códice visigótico núm. 80 de la R. Academia de la Historia*, "Bol. de la R. Academia de la Historia", 136, 1955, 199-216; S. GONZÁLEZ, *Las obras completas de S. Gregorio de Elvira. Un aspecto de su espiritualidad*, "Rev. de Espirit.", 6, 1947, 177-86; A. GARCÍA CONDE, *Los Tractatus Origenis y los origenistas gallegos*, "Cuad. de Est. Gallegos", 4, 1949, 27-56; J. COLLANTES, *S. Gregorio de Elvira. Estudio sobre su eclesiología* (Granada 1954); L. GALMÉS, *La fe según S. Gregorio de Elvira*, "Teología Espirit.", 3, 1959, 273-83; T. AYUSO, *El salterio de Gregorio de Elvira y la Vetus Latina Hispana* (Roma 1959); F. J. BUCKLEY, *Gregory of Elvira*, "Classical Folia", 18, 1964, 3-23; Id., *Christ and Church according to Gregory of Elvira* (Roma 1964); J. COLLANTES, *Grégoire d'Elvire (saint)*, "Dict. de Spirit.", 6 (París 1967), 923-27; E. MAZORRA, *Gregorio de Elvira. Estudio histórico-teológico de su personalidad* (Granada 1967); Id., *El patrimonio literario de Gregorio de Elvira*, "Est. Ecles.", 42, 1967, 387-97; U. DOMÍNGUEZ DEL VAL, *Herencia literaria de Gregorio de Elvira*, "Helmant.", 24, 1973, 281-357; GREGORIO DI ELVIRA, *La fede*. Intr., testo critico, trad. en commento di M. Simonetti (Torino 1975).

PACIANO DE BARCELONA

Lo mismo que a Gregorio de Elvira, también a Paciano de Barcelona le tocó vivir un siglo inquieto y cargado de herejías, el siglo IV. Ni como obispo ni como escritor pudo estar al margen de las mismas. Paciano era un alma contemplativa por temperamento, y por eso prefería la predicación serena de la verdad y la dirección espiritual de las almas a cualquier otra ocupación. No obstante se vio envuelto en una discusión solicitada por el novaciano Simproniano, que vivía probablemente en las cercanías de Barcelona. Y Paciano dialoga con él sobre temas eclesiológicos que envuelven grandes problemas de espiritualidad.

Aunque el obispo de Barcelona se muestra polemista hábil, su actuación frente a Simproniano se convierte en diálogo agradable y en conversación amistosa, que atrae y cautiva, porque respira caridad y desconoce el apasionamiento. El diálogo de Paciano está en la misma línea que su celo: suave en su contenido, aunque enérgico, sin estridencias, en su forma. Bien ante su corresponsal, bien ante su pueblo, el obispo barcelonés se presenta siempre como el hermano. Paciano no se altera ante su interlocutor. Por eso puede asegurar que la amabilidad fue siempre la línea de su conducta [1], porque miraba la dimensión de la vida desde su misión episcopal de servidor.

Otro aspecto de la personalidad de Paciano es su buen manejo de la pluma: era artista por temperamento y por formación. Nació probablemente en Barcelona en el primer lustro del

---

[1] *Epist.* III, 27.

siglo IV de familia distinguida y acomodada. Su educación fue esmerada a juzgar por sus escritos. Conocía bien a Virgilio y en menor grado a otros escritores clásicos. Es un escritor elegante y, dentro de la época, su latín es escogido. Su hijo Dextro era también culto, según lo atestigua su *Historia omnímoda,* de la que habla S. Jerónimo en su elogio [2]. También el Solitario de Belén dedicó a Paciano un capítulo de esta misma obra [3] en el que sintetiza lo poco que sobre él sabemos. Murió hacia el 390.

Escribió varias obras, no muy voluminosas, pero de gran interés en otros tantos aspectos. Las tres *cartas* contra Simproniano, escritas con empaque y energía, recogen la doctrina novaciana tal como se presenta en la Península. En ellas Paciano es el primer autor que ex profeso defiende la catolicidad de la Iglesia. La *Paraenesis* o *Exhortación a la penitencia* es un documento de subido valor para la historia de la penitencia en España, lo mismo que es importante su obra *De baptismo,* un sermón predicado a los "competentes" para la historia del bautismo entre nosotros. Otras obras, como el *Cervulus,* se han perdido.

TEXTOS

Por su carácter de mayor espiritualidad elegimos la Exhortación a la penitencia. *Sobre este tema Paciano había tratado en otras ocasiones, tal vez en sermones o en catequesis, pero en esta obra nos dice él que lo va a hacer con más detención y más orden. La obra fue primeramente predicada y luego puesta por escrito. Imita a Tertuliano. Estilísticamente campea en ella la majestad y la elegancia. Es un reflejo de la solicitud pastoral del obispo barcelonés y de su fina caridad. En la parte doctrinal se caracteriza por la elocuente argumentación y precisión en el razonamiento. Paciano es todo fuego cuando combate el pecado, y emoción cuando exhorta a la reconciliación penitencial. Entre las muchas cuerdas que él pulsa para hacer reaccionar al pecador, son a tener en cuenta las de que el pecado su-*

---

[2] *De viris ill.,* 132.
[3] *Apc.,* 3, 19.

prime la vida del alma y que a la vez profana el templo de
Dios que es el hombre en gracia. A decir verdad, Paciano re-
curre a los recursos psicológicos en su mano para transformar
al penitente. Es un buen modelo de pastoral ascética.

EXHORTACIÓN A LA PENITENCIA

I. Aunque en algunas ocasiones he hablado, bien que
deprisa, de la reconciliación de los penitentes, sin embargo, teniendo presente el afán con que el Señor, por
haberse descarriado una sola ovejita, fatigó sus hombros
y cerviz para restituir esta amada pecadora al rebaño
que completaba, emprenderé según mi posibilidad copiar
en este escrito un dechado de tanta virtud; y esforzaré
mis débiles fuerzas, imitando como buen criado la laboriosa industria del Señor.

II. Unicamente temo, amados míos, no sea que por
repetir yo mis amonestaciones contra los desórdenes de
aquéllos que han hecho empeño de no corregirse, parezca que doy lecciones para pecar en vez de reprimir los
pecados; y tal vez, a ejemplo de Solón Ateniense, convendría más no mentar los delitos graves que imponer
penas para precaverlos: tan estragadas están nuestras
costumbres que, en concepto de algunos, enseña el vicio
aquel que le reprehende. Esta fue, a lo que parece, la fortuna de nuestro Cervatillo, pues con cuanto mayor celo
reprehendí el desorden, con tanto mayor desenfreno se
arrojaron a él; de modo que todas mis invectivas para
desterrar tan infame como vulgar torpeza, al parecer sirvieron para más inflamar la disolución que para extin-
guirla, ¡Infeliz de mí! ¿Yo autor de tanta maldad? Me
persuado que muchos no hubieran trazado sus disfraces

si en mis reprehensiones no hubiesen hallado modos de disponerlos.

III. Convengo en que los desertores de la verdadera religión, o los que se hallaban excluidos de su Iglesia, se dieron por ofendidos de mis reprehensiones, porque, en efecto, llevaron muy a mal que hubiese quien hallase vicios que reprehender en sus costumbres. Y a la manera que el cieno hiede más cuando se revuelve, la hoguera arde más cuando se atiza, y la rabia se irrita más cuando la provocan; así ellos, sintiéndose heridos del acicate de una corrección tan justa, se revolvieron contra él, pisáronle y rompieron, aunque quedaron lastimados y heridos.

IV. Empero vosotros, muy amados míos, acordaos que el Señor tiene dicho: *Corrige al sabio y te amará, al necio y te aborrecerá* [4]. Y en otra parte: *A quien Yo amo, reprehendo y castigo* [5]. Y así entended que la tierna y diligente solicitud que, como vuestro hermano y obispo, he puesto en esta obrita para mayor servicio de Dios, es puramente efecto de la voluntad que os tengo, ajena de todo rigor; pues no quiero venceros con la aspereza, sino ganaros con la blandura.

V. Mas porque esta Exhortación trata de la penitencia, no debe inferirse por eso que solamente va dirigida a los penitentes, para que el que no estuviere comprehendido en algunas de sus clases deje de apreciarla, como que no habla con él; pues este tratado, a manera de un ceñidor o cinto, abraza la doctrina de toda la Iglesia, previniendo medios a los catecúmenos para que no cai-

---

[4] *Prov.*, 9, 8.
[5] *Prov.*, 9, 8.

gan, a los fieles para que no reincidan, y a los penitentes para que trabajen en conseguir el fruto del arrepentimiento.

VI. Guardaré en mi discurso el orden siguiente: primeramente trataré de la naturaleza de los pecados, para que nadie se persuada que todas las culpas, de cualquier género que sean, merecen sin distinción el mayor castigo. Después hablaré de los fieles que, dejando por rubor de buscar su remedio, son vergonzosos en su perjuicio, y comulgan con el cuerpo sucio y el alma amancillada; y muy recatados en presencia de los hombres, y sin ningún empacho ante el acatamiento del Señor, contaminan con sus profanas manos y asquerosa boca el altar, ante quien tiemblan los santos y los ángeles mismos. En tercer lugar diré de aquellos que después de haberse confesado bien, y declarado sus pecados, o ignoran los remedios de la penitencia y los ejercicios con que se satisface, o reúsan cumplirlos. Finalmente manifestaré con la mayor claridad el castigo que amenaza a los que no hacen penitencia, o a los que la desprecian, y por ello mueren con las mesmas llagas y dolencias; y el premio o corona que alcanzan los que limpian las manchas de sus conciencias con una confesión bien hecha y una penitencia canónica.

VII. Vamos a tratar en primer lugar, según hemos propuesto, de la naturaleza de los pecados, averiguando escrupulosamente cuáles sean crímenes o pecados gravísimos, cuáles menos graves; para que se entienda que yo no impongo la estrecha ley de la penitencia a todos los hombres por los innumerables defectos de que nadie se halla exento. Por la ley de Moisés y antiguas tradiciones aun los reos de las culpas más leves y, por decirlo así, del valor de un maravedí sufrían la infelicidad de igual castigo; lo mismo los que no santificaban los sábados que los que habían tocado cosas inmundas, o comido manjares prohibidos, los que habían murmurado o habían entrado en el templo de Dios sin estar purificados de la inmundicia contraída en casas o vestidos infectos de la lepra, y los Levitas que menoscababan el altar, o rozaban con él sus vestiduras; de suerte que más fácil era volar hasta el cielo y valía más sufrir cualquier muerte que guardar exactamente todas estas leyes.

VIII. De todas estas sujeciones y también de muchos vicios carnales nos libró la sangre del Señor, redimiéndonos de la servidumbre de la ley, y ahorrándonos con la libertad de la fe, para que con más diligencia cumpliésemos con las obligaciones que se nos impusiesen. Por eso el Apóstol dijo: *Vosotros habéis sido llamados a la libertad* [6]. Por esta libertad no estamos sujetos a todas las leyes promulgadas a los antiguos, porque libres del laberinto de tantos pecados y usando de los benignos remedios que se nos han concedido, sólo estuviésemos obligados al cumplimiento de pocos preceptos, y éstos necesarios; los que muy fácilmente pudiesen guardar los fieles, cuidando no quebrantarlos; y al infierno precipítase justamente en sus tormentos al que, ingrato a tanta indulgencia, descuidase de la observancia de este tan corto número de leyes. Veamos ahora cuáles sean éstas.

IX. Había ya padecido muerte el Señor cuando los Apóstoles, después de un diligente y maduro examen, dirigieron una carta para los gentiles que habían abraza-

---

[6] *Gal.*, 5, 13.

do nuestra religión, cuyo tenor fue éste: *Los hermanos Apóstoles y Presbíteros saludan con afecto a los hermanos que del paganismo se han convertido, moradores en Antioquia, la Siria y Cilicia. Habiendo llegado a nuestra noticia que algunos de los que han salido de nuestra compañía os han llenado de confusión con sus razones, etc. Ha parecido al Espíritu Santo y a nosotros no imponeros otras obligaciones que las siguientes: que precisamente os abstengáis de la carne de las víctimas, de la sangre, y de la fornicación, con cuya observancia obraréis bien. Dios os guarde*[7]. Las leyes del Nuevo Testamento se encierran totalmente en éstas; porque el Espíritu Santo, consultado sobre muchos puntos, solamente declaró las expresadas con pena capital a los transgresores. Las demás ofensas se condenan compensándolas ơ satisfaciéndolas con otras virtudes, pero los tres pecados referidos deben temerse como al aliento envenenado de un basilisco, como a un cáliz emponzoñado y como a una flecha que causa la muerte; porque no sólo han inficionado al alma, sino que la han privado de vida. De modo que la terquedad se enmienda con la docilidad, la injuria de palabras se compensa con la satisfacción, la tristeza se templa con la alegría, la aspereza con la afabilidad, la pereza con la diligencia, las malas inclinaciones con las buenas costumbres, y cualesquiera defectos se mejoran con actos contrarios que los corrigen; pero, ¿qué ejecutará el que despreció a Dios? ¿Qué hará el que derramó la sangre ajena? ¿Qué remedio tomará el deshonesto? El que desertó las banderas del Señor, ¿cómo templará su ira? ¿Cómo podrá

---

[7] *Act.*, 15, 24 y 28-29.

conservar su sangre el que derramó la de su prójimo, purificar el templo de Dios el que le profanó con sus impurezas? Estos pecados, hermanos míos, son capitales; éstos nos causan la muerte.

(De *Obras de S. Paciano*, traducidas e ilustradas por don Vicente Noguera. Valencia, Monfort, 1780. Capítulo "Exhortación a la Penitencia", págs. 23-21, núms. I-IX inclusive. Biblioteca Nacional, 3/54970.)

FUENTES Y ESTUDIOS

V. NOGUERA, D. *Paciani episcopi Barcelonensis opera* (Valencia 1780); Ph. H. PEYROT, *Paciani Barcelonensis episcopi opuscula edita et illustrata* (Zwollae 1896); L. RUBIO, *San Paciano. Obras. Edición crítica y traducción* (Barcelona 1958) (la ed. crit. no es definitiva y la versión es mejorable).

A. GRÜBER, *Studien zu Pacianus von Barcelona* (München 1901); R. KAUER, *Studien zu Pacianus* (Wien 1902); J. M. DALMAU, *La doctrina del pecat original en Sant Pacia*, "Anal. Sacra Tarrac.", 4, 1928, 203-10; E. GÖLLER, *Analekten zur Bussgeschichte des IV Jahrhund.*, "Römische Quartalschrift", 36, 1928, 245-61; J. VILLAR, *Les citaciones bibliques de Sant Pacia*, "Estudis Universitaris Catalans", 17, 1932, 1-49; C. MCAULIFFE, *The Mind of Saint Pacianus on the Efficacy of the episcopal Absolution in the early Church*, "Theological Studies", 6, 1945, 51-61; M. MARTÍNEZ, *S. Paciano, obispo de Barcelona*, "Helmantica", 3, 1952, 221-38; L. RUBIO, *El texto de S. Paciano de Barcelona*, "Emerita" 25, 1957, 327-67; U. DOMÍNGUEL DEL VAL, *La teología de S. Paciano de Barcelona*, "La Ciudad de Dios", 171, 1958, 5-28; Id., *Paciano de Barcelona, escritor, teólogo y exégeta*, "Salmanticensis", 9, 1962, 53-85; A. ANGLADA, *"Christiano mihi nomen est, catholico vero cognomen"* a la luz de la doctrina gramatical, "Emerita", 32, 1964, 253-66; Id., *La fuente del catálogo heresiológico de Paciano,* "Emerita", 33, 1965, 321-46; Id., *La tradición manuscrita de Paciano de Barcelona,* "Emerita", 35, 1967, 137-61; A. MARTÍNEZ SIERRA, *Teología penitencial de S. Paciano de Barcelona,* "Miscelanea Comillas", 47-48, 1967, 75-94; Id., *S. Paciano, teólogo del pecado original,* "Misc. Comillas", 49, 1968, 279-84.

Eliot, ...

EGERIA

En 1884 J. F. Gamurrini descubrió en la biblioteca del convento de Santa María de Arezzo un códice en el cual se contenía la relación de un viaje a Tierra Santa. En este mismo año lo dio a conocer el erudito italiano. Su publicación atrajo la atención de los estudiosos, a los que se les planteaban difíciles problemas, entre otras razones porque el manuscrito estaba incompleto.

Haciendo síntesis digamos que frente al epígrafe posible de Diario, Peregrinación, Itinerario, los estudiosos, en general, prefieren este último.

Más difícil era precisar el autor del mismo. Debieron pasarse varios años antes de llegar a la conclusión, ya adquirida, de que su autor era Egeria. Debemos esta conclusión a Mario Ferotín con su magistral artículo [1].

Le puso en pista la carta de Valerio a las monjas del Bierzo. Con alarde de fina crítica Ferotín precisa, además, que Egeria es española de la región galaica. Alguna voz discordante que la quiere hacer oriunda de la Galicia Narbonense no tiene fundamento serio. En cuanto a su verdadero nombre, la tradición manuscrita de la carta de Valerio avala el de Egeria. Más difícil es precisar la fecha del *Itinerario*. La gama de opiniones e interpretaciones propuestas es numerosa; aquí la historia, la crítica y la literatura se dan mano en un intento de llegar a

---

[1] *Le véritable auteur de la "Peregrinatio Silviae" la vierge espagnole Ethéria*, "Rev. des Questions histor.", 74, 1903, 367-97.

fijar una fecha lo más exacta posible. Las fechas propuestas oscilan entre los años 363 a 540. Alguna de ellas, como ésta del año 540, es a toda luz disparatada. Dentro de esta variedad de opiniones nos parece más aceptable señalar los años 381-386 como fecha más verosímil del viaje de Egeria.

Lo que poseemos hoy en el *Itinerario* es sólo una parte de lo que escribió durante los tres años íntegros que permaneció en Palestina. El actual *Itinerario* recoge tan sólo lo que ella vio en los últimos meses antes de regresar a su patria.

¿Quién era Egeria? En el transcurso de los años Egeria ha sido juzgada con criterios muy dispares. Para unos es un personaje poco edificante, y para otros es un ejemplo de vida, más para admirar que para imitar. Con la salvedad de cierta exageración, estos últimos autores se acercan más a la verdad. Egeria, en nuestra opinión, es una virgen itinerante que emprende su viaje por razones de piedad y a la que se ve vivir intensamente el carácter religioso de los lugares que visita. Las facilidades que encuentra en su viaje por parte de los funcionarios de la Administración, los homenajes de obispos, clérigos, monjes y militares hacen verosímil la hipótesis de parentesco entre la familia de Egeria con algún alto funcionario de dicha Administración e incluso con la del emperador Teodosio.

En cualquiera de los casos, Egeria era una virgen que, consagrada a Dios, vivía en comunidad y que, después de sus cuarenta años, emprende su viaje a Tierra Santa. Tal vez su unión con esa comunidad de mujeres no fuese absoluta, y de ahí que posiblemente Egeria sea una de esas vírgenes itinerantes. Para nosotros la virgen galaica estaba unida a dicha Comunidad por vínculos de ideales, de vida y de afecto, pero no por una regla propiamente dicha. Afirmar que era superiora o abadesa de tal Comunidad es pura fantasía.

TEXTOS

El Itinerario *es de gran valor en ciertos aspectos. Egeria debe considerarse como la primera escritora cristiana hispana. Representa su escrito un testimonio del latín vulgar, el que hablaba*

*la gente culta de su patria. Es, además, de inapreciable valor
para la topografía bíblica, para la liturgia Jerosolimitana, para
la catequesis, para el monacato y para la historia del ayuno.
Algunos de estos aspectos los recogemos en los textos que citamos.*

1. LA ZARZA

Luego de bajar de la montaña de Dios, cerca de la
hora décima (las 16), llegamos junto a la zarza. Esta es,
pues, la zarza que mencioné anteriormente y desde la
cual el Señor habló a Moisés en el fuego. Está en un
sitio donde se levantan numerosos monasterios y una
iglesia en el extremo del valle. Delante de la iglesia hay
un muy hermoso jardín que tiene agua excelente y abundante. En este jardín está la zarza.

Muy cerca se enseña el lugar donde estuvo San Moisés cuando Dios le dijo: *Desata la correa de tu calzado* [2].
Cuando llegamos al sitio era ya la hora décima, y como
se hacía tarde no pudimos ofrecer la oblación; pero sí
una oración en la iglesia y también en el jardín junto
a la zarza. Leímos asimismo el pasaje correspondiente
del libro de Moisés, según la costumbre. Y dado que
era tarde, tomamos una refección en el lugar, delante
de la zarza y en compañía de aquellos santos; luego
hicimos nuestro campamento. Al día siguiente, despier-
tos muy de madrugada, rogamos a los sacerdotes que
realizaran la oblación; y así fue hecho.

2. EL AGUA DE LA ROCA

Se dignaron estos santos monjes recibirnos con la mejor acogida. Nos permitieron entrar y saludarlos. Luego

---

[2] *Ex.*, 3, 5.

de hacer oración en su compañía, tuvieron la bondad de darnos eulogias como acostumbran hacer con aquellos a quienes brindan hospitalidad.

Allí, entre la iglesia y los monasterios, brota en el medio de la peña un agua abundante y fresca, límpida y de un gusto excelente. Preguntamos entonces a aquellos santos monjes que allí moraban qué agua fuese aquella tan excelente y de sabor tan bueno. Ellos nos respondieron: "Esta es el agua que San Moisés dio a los hijos de Israel en este desierto".

Se cumplió, como de costumbre, la oración, se leyó el pasaje sacado de los libros de Moisés, y dicho también un salmo; y luego, en compañía de los santos clérigos y monjes que con nosotros habían venido, continuamos nuestro camino hacia la montaña. Muchos de los monjes que moraban allí, junto al agua, se dignaron ascender con nosotros al monte Nebo, por lo menos aquellos que pudieron imponerse esta fatiga.

Así pues, caminando desde este lugar, llegamos al pie del Nebo, que es un monte muy alto. Con todo, puede subirse en su mayor parte a lomo de mula; pero hay un pequeño tramo que, por ser escarpado, es necesario hacerlo a pie y con fatiga. Y así lo hicimos.

3. PLAN DE VIAJE A LA MESOPOTAMIA

Habiendo transcurrido de este modo cierto tiempo, y como ya se hubiesen cumplido tres años desde mi llegada a Jerusalén, en nombre de Dios, acariciaba el deseo de retornar a mi patria, pues había visto todos los lugares santos a los que llegué para rezar. Quise, con todo, secundando siempre el querer divino, llegarme hasta la Mesopotamia de Siria con la intención de visitar a los santos monjes. Se afirma que en esos lugares son muy numerosos, y su vida, admirable sobre toda ponderación; y también con el propósito de rezar ante el *Martyrium* del apóstol Santo Tomás. Su cuerpo fue colocado allí en Edesa, a donde habría sido enviado después de la ascensión de Jesucristo nuestro Dios, como consta en la carta enviada al rey Abgar por correo de Ananías. Esta carta se conserva con gran respeto en la ciudad de Edesa, donde se encuentra el *Martyrium*.

Aseguro a vuestra caridad que ningún cristiano, entre los que por devoción viene a los lugares santos de Jerusalén, deja de acercarse hasta este sitio, que se halla a veinticinco etapas de Jerusalén.

Desde Antioquía, la Mesopotamia queda más cerca. Por eso, queriéndolo Dios, iría cuando debiese volver a Constantinopla, cuyo camino pasa por Antioquía y desde donde resulta más cómodo ir hasta la Mesopotamia. De este modo lo hice, ayudada por la gracia de Dios.

4.   OTRAS CIUDADES HASTA CONSTANTINOPLA

Saliendo de Tarso, llegué a una ciudad junto al mar, todavía en Cilicia, llamada Pompeyópolis. En el territorio de Isauria me detuve en una población de nombre Corico, y al tercer día llegué a la ciudad de Isauria, llamada Seleucia. Al llegar fui al encuentro del obispo, un verdadero santo, antiguo monje.

Contemplé también en esa ciudad una iglesia muy bella.

De ahí a la iglesia de Santa Tecla, que está más allá de la ciudad en una planicie sobre una colina, hay unos mil quinientos pasos. Por eso preferí continuar mi camino para detenerme allí como lo había establecido. Junto a la iglesia sólo se ven innumerables monasterios de hombres y de mujeres.

Allí encontré una de mis mejores amigas, de cuya vida todos en Oriente rinden testimonio, una santa diaconisa de nombre Martana. La conocí en Jerusalén, a donde había ido por devoción; ella regía monasterios de apotactites o vírgenes. Al verme, ¡qué grande gozo para ella y para mí! ¿Podría acaso describirlo?

Pero volviendo a mi asunto, existen numerosos monasterios sobre la colina. En el medio hay un muro enorme que incluye la iglesia, en la que se encuentra el *Martyrium*, que es de particular hermosura. El muro fue construido allí para defender la iglesia contra los isauros, gente muy perversa que se entrega con frecuencia al pillaje y podría tentar una mala jugada contra el monasterio que cuida de la iglesia.

Cuando hube llegado, en el nombre de Dios, luego de haber hecho una plegaria en el *Martyrium* y haber leído además todos los hechos de Santa Tecla, he tributado infinitas acciones de gracias a Cristo nuestro Dios, que se dignó colmar todos mis deseos, no obstante saberme tan indigna y desprovista de merecimientos.

Permanecí allí dos días. Habiendo visto a los santos monjes y apotactites, tanto hombres como mujeres que allí estaban, hecha una oración y recibida la comunión, volví a Tarso a retomar la ruta. Allí hice un alto de tres días. Luego, en nombre de Dios, partí con el fin de continuar mi camino. El mismo día llegué a la etapa, que se llama Mansocrenas, al pie del monte Tauro, donde me detuve.

Al día siguiente ascendí al monte Tauro y pasé por una ruta conocida en todas las provincias, que ya había atravesado antes, la que atraviesa Capadocia, Galacia y Bitinia; y así llegué a Calcedonia, donde me detuve a causa del famosísimo *Martyrium* de Santa Eufemia, que conocía de antes y se levanta en ese lugar.

Al día siguiente, por vía de mar, llegué a Constantinopla. Rendí gracias a Cristo a nuestro Dios, que se dignó, no obstante ser indigna y sin méritos, otorgarme una gracia tan extraordinaria, dándome la voluntad de ir y la posibilidad de recorrer todos los lugares deseados, y poder volver a Constantinopla.

En donde, desde que he llegado, en cada iglesia y en los santuarios consagrados a los Apóstoles, como también en todos los *Martyria,* aquí muy numerosos, no he cesado de dar gracias a Jesús nuestro Dios por haberse dignado concederme de esta manera su misericordia.

Por esto, dueñas mías y luz de mi alma, mientras escribo esta relación para vuestra caridad, me propongo en nombre de Cristo nuestro Dios encaminarme a Asia, esto es, a Efeso, para rezar ante el *Martyrium* del bienaventurado apóstol San Juan. Si después de esto aún no he abandonado este cuerpo y logro visitar otros lugares, o bien os lo narraré de viva voz, si Dios me concede esta gracia; o por lo menos, si se me ocurre otro proyecto, os lo anunciaré por escrito. Y vosotras, señoras mías y luz de mi alma, dignaos tan sólo acordaros de mí, ya esté en mi cuerpo, ya fuera de él.

5. Ayunos de cuaresma

Cuando llegan los días de Pascua se celebra aquí de este modo:

Entre nosotros se ayuna cuarenta días antes de Pascua; mientras aquí, ocho semanas. Se observan ocho semanas, pero los sábados y los domingos no se ayuna. Se exceptúa un sábado, el de la vigilia de Pascua, en el que se debe ayunar. Por tanto, fuera de este día, durante todo el año, en sábado nunca se ayuna. Luego, si de las ocho semanas se quitan los ocho domingos y los siete sábados, pues debe ayunarse un sábado, como dije antes, quedan cuarenta días de ayuno; aquí llamados *eortae,* así es decir la cuaresma.

6. La procesión de los ramos

Por tanto, a la hora séptima, todo el pueblo asciende al Monte de los Olivos; es decir, a la iglesia, a la Eleona, y también el obispo. Se entonan himnos y antífonas apropiadas al día y al lugar. También se leen trozos. Al acercarse la hora novena (las quince) se sube entre himnos al Imbomón; es decir, al lugar desde el cual ascendió el Señor a los cielos y allí se sientan.

Presente el obispo, se ordena a todo el pueblo sentarse; tan sólo los diáconos permanecen en pie. Todavía se entonan himnos y antífonas apropiadas al lugar y al día; al igual, se intercalan lecturas y oraciones.

Al acercarse la hora undécima (las diecisiete), se lee el pasaje del Evangelio en que los niños, con ramos y palmas, fueron al encuentro del Señor, diciendo: *Ben-*

dito sea el que viene en nombre del Señor. En seguida el obispo se levanta con el pueblo y descienden todos a pie desde la cima del Monte de los Olivos. La muchedumbre camina delante de él cantando himnos y antífonas. Siempre responden: *Bendito el que viene en nombre del Señor.*

Los infantes de la región, aun aquellos que no pueden caminar por ser demasiado tiernos y que sus padres llevan en brazos, todos tienen ramos, unos de palmas y otros de olivos. De este modo se escolta al obispo, como lo fuera antes el Señor.

Desde la cima del monte a la ciudad, y ahí atravesándola hasta los Anástasis, van todos de a pie, aun las matronas y los altos personajes, escoltando al obispo y respondiendo. Se marcha con lentitud para no cansar al pueblo y se llega a la Anástasis, caída ya la tarde. Una vez allí, aunque sea muy tarde, se entona el lucernario, se itera una oración a la Cruz y se despide al pueblo.

7. La catequesis

Señoras y hermanas mías, para que no penséis que se obra aquí con inconsideración, me hago un deber escribiros. Existe la costumbre que aquellos que vienen para el bautismo durante los cuarenta días de ayuno sean exorcizados temprano por los clérigos, no bien se retiran de la Anástasis por la mañana. Se coloca luego un sitial para el obispo en el *Martyrium,* en la iglesia mayor; y cuantos deben bautizarse, hombres y mujeres, se sientan en círculo cerca del obispo. Se encuentran presentes en el lugar también los padrinos y las madrinas;

y aquellos de entre el pueblo que desearen escuchar, pero tan sólo los fieles, entran también y se sientan.

Ningún catecúmeno entra, mientras el obispo enseña la ley; que lo hace de este modo: Comenzando por el Génesis, durante esos cuarenta días, recorre todas las Escrituras; explicando primero el sentido literal y después el espiritual. Del mismo modo se los instruye también, en esos días, sobre la resurrección e igualmente sobre todo lo referente a la fe. Esto es lo que se llama la catequesis.

Al cabo de cinco semanas de instrucción reciben el Símbolo, cuya doctrina se les explica como la de las Escrituras, frase por frase; primero el sentido literal y luego el espiritual. De este modo se les expone el Símbolo.

Así es como en estos países todos los fieles siguen las Escrituras cuando se leen en las iglesias, pues han sido instruidos durante esos cuarenta días, desde la hora primera a la tercera. La catequesis dura tres horas.

Dios sabe, señoras y hermanas mías, que los fieles que van a escuchar la catequesis muestran más entusiasmo ante lo que dice y explica el obispo, que cuando preside y predica en la iglesia sobre los mismos puntos.

Al terminar la catequesis, a la hora tercera, de inmediato se acompaña al obispo cantando himnos hasta la Anástasis donde se hace la despedida a la hora tercera; de modo que la instrucción se realiza por tres horas diarias durante siete semanas.

En la octava semana de cuaresma, llamada semana mayor, no se dispone ya de tiempo para instruirlos, pues deben ser realizadas todas aquellas cosas de las que más arriba hablé.

Transcurridas las siete semanas, queda sólo la de Pascua, aquí llamada semana mayor. Entonces de mañana, el obispo va a la iglesia mayor, al *Martyrium;* y detrás, en el ábside, después del altar, se le coloca un sitial. Luego se acercan todos, de a uno, los hombres con sus padrinos y las mujeres con sus madrinas para recitarle el Símbolo.

Después de la recitación del Símbolo, el obispo dirige a todos su palabra y les dice: "Durante estas siete semanas fuisteis instruidos en toda la ley contenida en las Escrituras, como también escuchasteis hablar de la fe. Se os habló, asimismo, sobre la resurrección de la carne; e igualmente de toda la doctrina del Símbolo; y pudisteis entenderlo aun cuando sois catecúmenos. Empero las palabras que se refieren a un misterio más profundo, el del bautismo, no las podréis entender, pues sois tan sólo catecúmenos. Y para que no juzguéis que algo se haga sin razón, cuando seáis bautizados en nombre de Dios, durante los ocho días pascuales, después de la despedida de la Anástasis, seréis instruidos; pero ahora, como todavía sois catecúmenos, no pueden seros revelados los más profundos misterios de Dios".

FUENTES Y ESTUDIOS

P. Geyer, *Itinera Hierosolymitana saeculi IV-VIII*, Corpus Scriptorum Ecclesiasticorum Latinorum 39 (Viena 1898), 35-101; H. Petré, *Ethérie. Journal de voyage* (París 1948); A. Franceschini et R. Weber, *Itinerarium Egeriae*, Corpus Christ., 175; F. Cabrol, *Etude sur la Peregrinatio Silviae. Les églises de Jérusalem, la discipline et la liturgie au IV siècle* (París 1895); M. Ferotin, *Le véritable auteur de la "Peregrinatio Silviae". La vierge espagnole Ethéria*, "Rev. des Quest. historiques", 74, 1903, 267-97; M. Ferotin-H. Leclercq, *Ethé-*

rie, Dict. d'Archéol. chrét. et de liturgie, 5, 552-84; C. MEIS-
TER, *De itinerario Aetheriae abbatissae perperam nomini S. Silviae addicto*, "Rheinisches Museum", 64, 1909, 33792: léase con
las observaciones de J. DECONINCK, "Revue Biblique", 19, 1910,
432-45; P. GALINDO, *Eteria, religiosa galaica del siglo IV-V. Itinerario a los Santos Lugares* (Zaragoza 1924); J. B. THIBAUT,
*Ordre des offices de la Semaine Sainte à Jérusalem du IV au X
siècle. Etudes de liturgie et de topographie palestiniennes* (París 1926); A. BLUDAU, *Die Pilgerreise der Aetheria* (Paderborn
1927); W. VAN OORDE, *Lexicum Aetherianum* (París 1929);
J. ZIEGLER, *Die Peregrinatio Aetheriae und das Onomastikon
des Eusebius. Die Peregrinatio Aetheriae und die hl. Schrift*,
"Biblica", 12, 1931, 70-84, 162-98; B. AVILA, *Un diario de
viaje del siglo IV: Egeria, la peregrina española* (Madrid 1935);
E. LÖFSTEDT, *Philologischer Kommentar zur Peregrinatio Aetheriae. Untersuchung zur Geschichte der lateinischen Sprache* (Up-
psala 1936); A. LAMBERT, *Egeria...*, "Revue Mabillon", 1936,
71-94; 1937, 1-24, 49-69; A. VACCARI, *Itinerarium Egeriae*, "Biblica", 24, 1943, 388-97; E. DEKKERS, *De Datum der "Peregrinatio Egeriae"*, "Sacris Eruditi", 1, 1948, 180-205; C. BARAUT,
Bibliografía Egeriana, "Hispania Sacra", 7, 1954, 203-15; C. TO-
RRES, *Las peregrinaciones de Galicia a Tierra Santa en el siglo
quinto*, "Cuadernos de Est. Gallegos", 10, 1955, 314-20; J. MA-
TEOS, *La vigile cathédrale chez Egérie*, "Orientalia Christ. Periodica", 27, 1961, 281-312; H. PETRÉ, *Ethérie (Egérie)*, Dict.
Spirit., 4, 1961, 1448-53; A. A. R. BASTIAENSEN, *Observations
sur le vocabulaire liturgique dans l'itinéraire d'Egérie* (Nimega
1962); C. M. F. VERMEER, *Observations sur le vocabulaire du
pèlerinage chez Egérie et chez Antonin de Plaisance* (Nimega
1965); J. CAMPOS, *Sobre un documento hispano del bajo imperio*, "Helmantica", 18, 1967, 273-89; P. DEVOS, *La date du
voyage d'Egérie*, "Anal. Bolland.", 85, 1967, 165-94; J. MATEOS,
Quelques anciens documents sur l'office du soir, "Orientalia
Christ. Periodica", 35, 1969, 347-74; C. MILANI, *Studi sull'Itinerarium Egeriae. L'aspetto classico della lingua di Egeria*, "Aevum", 43, 1969, 381-452; Id., *I grecismi nell'Itinerarium Egeriae*, "Aevum", 43, 1969, 200-34; G. E. GINGRAS, *Diary of a
pilgrimage, transl. by...* (New York 1970).

BAQUIARIO

Personaje enigmático y monje oriundo de la provincia Gallaeciae, es el mejor escritor de todo el movimiento antipriscilianista. Vive a finales del siglo IV y principios del V. El elogio de Genadio de Marsella[1] y sus propias obras son las fuentes casi únicas de información sobre su actividad.

Baquiario es un filósofo cristiano que se despoja de todo para entregarse a Dios. La entrega se realiza haciéndose monje. Fue también diácono y de gran prestigio. Acusado de priscilianismo se le pregunta por su patria. Responde Baquiario no conocer otra ciudad más que la que le da el bautismo. Tal vez por estas acusaciones y sospechas de priscilianismo tuvo que salir de su patria, y en peregrinación llegó a Roma, donde tuvo que hacer una profesión de fe, que por cierto es muy clara y precisa doctrinalmente. Baquiario no fue obispo, ni se identifica con el obispo español San Peregrino ni con Bracario de Sevilla. Sólo conocemos su actividad literaria, no muy abultada, pero sí original en ciertos aspectos. El monje gallego es una inteligencia privilegiada, un gran teólogo y hombre de vasta cultura.

Escribió en primer lugar el *De fide*, una profesión de fe por la que tiene que defenderse personalmente, tal vez después del 400 y en Roma, de la acusación de priscilianismo. Es su mejor obra. Posteriormente volvió a coger la pluma para defender a un monje caído en pecado de deshonestidad y que, expulsado del monasterio, recusaban los monjes readmitirlo. Es su obra

---

[1] *De scriptoribus ecclesiasticis*, 24.

De lapso inspirada en los cánones de la amistad, de la ascética y de la buena pastoral. Si la obra es importante en ciertos aspectos, lo es quizá más para la historia de la penitencia pública en España. Baquiario se opone a la doctrina rígida del papa Siricio anclada en lo normativo y jurídico. El prefiere el humanismo evangélico contribuyendo a que evolucione la institución penitencial en este sentido. Su doctrina triunfa posteriormente, porque significa una apertura al espíritu misericordioso del Evangelio sin caer en el laxismo.

TEXTOS

En realidad debiéramos incluir en la antología las dos obras, porque ambas están saturadas de espiritualidad ascética. Por razones de espacio nos limitaremos a transcribir sólo el De fide *por la amplitud de los temas tratados. Es un compendio doctrinal de la enseñanza de entonces. Al contrario de la imprecisión de Prisciliano, que deja tantas cuestiones en el aire, Baquiario lo que dice en su profesión lo afirma con seguridad, con claridad y con inmejorable fórmula teológica. Como conoce perfectamente la Escritura, el escritor español biblifica su doctrina. En consecuencia, es una espiritualidad muy sólida.*

La espiritualidad baquiariana, sin perder su nota personal, tiene una dimensión marcadamente pastoralista. Esencialmente cristológica, arranca de considerar a Cristo como "nuestro verdadero médico". Y la pericia de este médico es la misericordia, no el hierro, del que habla Siricio. El humanismo y la misericordia de Dios hecho hombre destaca en las obras de Baquiario. Pero, a su vez, el escritor hispano proclama altamente un ideal de despojo y de desprendimiento por parte del hombre para unirse a Dios, unión que Baquiario proclama apoyarse en S. Pablo y no en los ofitas, como quiere J. Duhr[2]. Así se elimina de la vida del cristiano la desesperación. Por otra parte, Cristo es celoso y no permite que su esposa, el alma, sea asu-

---

[2] *Dict. de Spirit.* I, 1188.

mida por otro. Bajo este ángulo plantea Baquiario la lucha con-
tra el pecado. Para el monje galaico la Escritura es fuente pri-
mordial de la santidad y perfección del cristiano [3].

LIBELLUS DE FIDE

Todo lo que fue es lo mismo que lo que será, y nada
nuevo bajo el sol [4]. Y nuevamente el Apóstol: *Todo esto*
tuvo lugar para figurarnos a nosotros [5]. Lo que prueban
los acontecimientos presentes, ya que los sacramentos
del misterio evangélico celebrados antiguamente, de nuevo se siguen practicando en nuestros tiempos. He aquí
que ahora —a lo que entendemos— Cristo pide agua a
la samaritana, cuando tu beatitud me demanda a mí profesión de fe. Por lo que veo, me hace sospechoso no la
doctrina, sino la región; y los que en materia de fe no
tenemos por qué avergonzarnos, nos sentimos confundi-
dos en lo que respecta a nuestra provincia. Mas, lejos,
oh beatísimo, de que entre los santos varones sea una
mancha el haber nacido en una tierra determinada. A
pesar de que conocimos una patria conforme a la carne,
ya en la actualidad no la conocemos: y con el deseo de
ser hijos de Abraham, abandonamos nuestra tierra y
nuestra parentela [6]. Decimos esto precisamente porque no
se nos da crédito, lo mismo que a los samaritanos se
lo negaban los judíos únicamente porque se extendió sobre nuestra tierra la mancha de cierta herejía, y recae

---

[3] Utilizamos la primera redacción de este opúsculo *De fide*,
ya que la segunda redacción no es obra de Baquiario, sino más
probablemente de Genadio de Marsella.

[4] *Ecl.*, 1, 9.

[5] *I Cor.*, 10, 6.

[6] *Gen.*, 12.

sobre nosotros la sentencia de ciertos jerarcas como si nos fuera imposible estar libres de los engaños del error. Ciertos incrédulos dijeron de igual modo: *¿Puede salir algo bueno de Nazaret?* [7]. Y, sin embargo, Cristo salió de allí. ¿Acaso —pregunto yo— la perfidia y avaricia de uno, nacido, no diré en la misma región, sino en otra de al lado, pudo cambiar los méritos de los Apóstoles? ¿Por ventura las culpas de sus hermanos mancillaron la vida de los Profetas? ¿Los oráculos de los Pseudo-profetas falsearon acaso los de los Profetas? ¿Al caer en herejía aquel Cores de Leví, la restante descendencia que provenía de tal estirpe contrajo también esta mancha a causa de su parentesco? Mientras unos hijos del Sumo Sacerdote ofrendaban fuego ajeno, sus hermanos desempeñan las funciones sacerdotales y se declaran inculpados de tal crimen precisamente por el honor de su ministerio. Al caer en la herejía Nicolás diácono, adquirieron mayor fulgor las empresas en las virtudes de sus hermanos en congregación. Como un crimen se nos achaca la tierra de origen. Quien esto dice, lea a Cristo *Samaritano* [8], en cuya provincia se ensañaron con sus crímenes no sólo la herejía, sino hasta la idolatría. En la casa del profano y criminal Acab se encontró el siervo de Dios Abdías, que mereció ser adscrito al cuerpo de los Profetas. En Sarepta de Sidonia, entre la malvada raza de los cananeos, fue encontrada la fiel viuda, escogida para dar hospedaje a los Profetas. El maestro de idolatría y cabeza de herejía Balaam fue admitido a la predicación de Cristo. Job fue descendiente de la estirpe del profano e infiel Esaú. Ruth, parienta de Cristo por

[7] *Jn.*, 1, 46.
[8] *Jn.*, 8, 48.

su familia, se dice que era descendiente de los moabitas, a cuya familia les estaba prohibida para siempre la entrada en la iglesia. Abraham, cabeza de los creyentes, descendía de la estirpe de los caldeos, quienes actualmente y como profesión habitual practican el arte impío de la magia. A los Magos que adoraron a Cristo no se les echan en cara los oprobios de sus antiguos errores. A Moisés, educado en las artes de los egipcios, se le concedió la gracia del espíritu profético.

¿Ahora también a los que han renacido en Cristo se les imputa el error de la tierra de origen? Aunque reconozcamos nuestra patria, avergoncémonos de su pecado, pues para mí viene a ser ya la región o patria, la Ciudad para la que he sido renovado. No se me echa en cara nada de los parentescos terrenos, a los cuales tengo bien presente que he renunciado. Quienquiera que sea el que por razón de mi tierra de origen me estime como infiel, sepa que el infiel es él; porque o se ha olvidado, o juzga que es dudoso lo que reconoce confesó en el bautismo. Sin duda que no dejó su parentesco terreno quien me quiere hacer callar con los errores de mi patria. Ciertamente que conforme a la naturaleza de los actos humanos el padre es quien hace la patria. ¿Cómo, pues, se me dice a mí que mi patria está en la tierra, cuando por precepto celestial se me prohíbe en la tierra tener padre o llamarlo? Tú que me culpas del error de mi patria, ¿quieres que te pruebe esto con ejemplos evidentes? ¿Acaso los novacianos, al separarse de los católicos por este sistema, no contrajeron la lepra de la vergonzosa herejía por haber creído con pernicioso criterio que la serie de las culpas anteriores había que amputársela también a los descendientes, y odiaron no tanto a la herejía como al pueblo? Si por culpa de uno solo ha de ser anatematizada toda la generación de una provincia, condénese a aquella bienaventurada discípula, esto es, Roma, en la cual brotaron no sólo una, sino dos, tres o más herejías; y, sin embargo, ninguna de ellas pudo apoderarse o derrocar la cátedra de Pedro, esto es, la sede de la fe. Condénense, finalmente, todas las provincias de las que han manado arroyos de diferentes errores. Aquel vaso de elección y doctor de las gentes devolvió el calor de la fe y restituyó la vida, esto es, el perdón, a Eutyco, caído del tercer piso (creo que mantuvo algunos errores sobre la Trinidad). Jueces demasiado severos, no por discusión (no mediante proceso), sino por sospechas, nos condenan a nosotros que todavía estamos sentados en la ventana, esto es, en el camino de la luz y en el esplendor de la fe: no sabiendo que *según el criterio con que juzgaren serán juzgados*[9], y que *quien dijere a su hermano Raca, será reo del fuego del infierno*[10]. Raca se interpreta como *vacío;* ¿y quién es quien está vacío sino aquel cuyo interior carece de la verdad de la fe y es como una campana que suena o como un címbalo que tañe? Uno que vio a Cristo solamente durante una noche, dijo a sus paisanos: *¿Acaso nuestra ley juzga a un hombre sin haber oído antes lo que hizo?*[11]. Y aquellos que son seguidores de Cristo durante tantos años, ¿juzgan antes de oír y de conocer aquello que juzgan? Si se ha de pronunciar la sentencia antes de tener un conocimiento completo de la materia, ¿por qué el Legislador mandó que antes de que entre el sacerdote e inspeccio-

---

[9] *Mt.*, 7, 1.
[10] *Mt.*, 5, 22.
[11] *Jn.*, 7, 51.

ne la casa que se halla carcomida y desgarrada por la lepra de la herejía, no debe declararse inmunda? Te suplico, beatísimo hermano, que no se piense mal de la provincia. No se oculta a tu perspicacia que, con motivo de la llegada del Arca del Señor, la cabeza de Dagón fue dividida en cien partes con ambos pies, dejando íntegra en su totalidad la espina. Nosotros nos damos cuenta de que somos la cabeza o los pies de Dagón, miembros del mundo, esto es, Oriente y Occidente, en las cuales, ante la presencia de la ley, ha sido aplastada la perversidad de todos los errores. Misión tuya es juzgar cuál es la mitad de la espina en la cual aún perduran sin trabazón los nudos. ¿Para qué —pregunto yo— se indaga sobre mi provincia de origen? *Peregrino soy yo, como todos mis padres*[12]. No obstante, si tanto empeño se pone en investigar donde nací, recíbase como respuesta la confesión que prometí en mi nacimiento por el bautismo: no fue mi patria la que me dio la confesión, sino la confesión la que me dio la patria; porque creí y la recibí. Y no me sirve de rebajamiento mi condición de samaritano, porque habiendo preguntado a Cristo junto al pozo, creí en él, y al ser curado de la lepra de la infidelidad, lo reconocí. Sin embargo, como las enseñanzas de los Apóstoles nos obligan a que demos cuenta de nuestra fe y esperanza a todos cuantos nos la pidieren, inmediatamente voy a mostrar la regla de nuestra fe a tu beatitud, que eres el artífice del mismo edificio.

Mas para que no sirva de motivo a sospecha de infidelidad el hecho de que he respondido con retraso a lo que se me ha pregunatdo, así contesto:

---

[12] *Sal.*, 38, 13.

Creemos que Dios existe: que fue, que era y que será: nunca diferente, siempre el mismo, Padre Dios, Hijo Dios, Espíritu Santo Dios, un solo Dios y un solo Hijo del Padre, el Espíritu Santo del Padre y del Hijo. La misma substancia de una sola Trinidad, y los tres teniendo una misma voluntad. Ni el que comunica es mayor, ni el que recibe menor: ni hay segundo después del primero, ni tercero después del segundo, porque así nos lo enseñaron las lecciones de los profetas, diciendo: *No subirás por gradas hasta mi altar* [13]. Sospechamos que el altar es como cierta base de la fe, de donde se perciben los alimentos del manjar de la vida: porque el altar, propiamente en virtud de su nombre, no es sino el alto conocimiento de las cosas sublimes. Dividido por sílabas el nombre de altar y empezando por el fin, significa y suena *res alta*. A esta fe no podemos subir por medio de peldaños, no sea que al haber desigualdad en el sentir, pasemos del inferior al superior; sino que debemos entrar con paso igual de nuestro corazón para darnos cuenta de que el Padre, el Hijo y el Espíritu Santo son de una sola substancia, de un solo poder, de una sola virtud. Padre por ser el principal nombre de la divinidad, por lo cual se dice Dios Padre. Dios Hijo, por el Padre, no por sí, sino del Padre. Dios Padre y Dios Hijo: pero no Padre el mismo que el Hijo, sino que creemos que es lo mismo que el Hijo. Y el Espíritu Santo no Padre ingénito, sino Espíritu del Padre ingénito. Hijo engendrado, no Hijo del Espíritu, sino el mismo Hijo, sobre el cual el Espíritu fue enviado por el Padre. Así pues, siendo ingénito el Padre, del cual es el Espí-

---

[13] *Ex.*, 20, 26.

ritu, temerariamente se dice ingénito al Espíritu Santo,
para que los infieles no crean que son dos ingénitos o
dos Padres. El Hijo del Padre, engendrado por el Padre
antes de los siglos, no puede tener otro hermano engendrado, a fin de que lo creamos unigénito, el Espíritu
Santo procedente del Padre y del Hijo, coeterno con el
Padre y con el Hijo, porque sólo hay una obra y una
sola operación de voluntad en el Padre, en el Hijo y en
el Espíritu Santo. El Padre ingénito, el Hijo engendrado,
el Espíritu Santo procedente del Padre y del Hijo y
coeterno con el Padre y con el Hijo. Pero uno nace, el
otro procede, como se lee en el Evangelio de San Juan:
*El Espíritu que procede del Padre os anunciará todas las
cosas* [14]. Así pues, no se crea que el Espíritu Santo ni
el Padre son ingénitos, ni el Hijo engendrado: sino el
Espíritu Santo que procede del Padre. Pero lo que procede no es cosa distinta de aquello de donde procede.
Si se atiende a la persona, es Dios. Por ello esta es una
unión tripartita y una división conjunta, excluyendo la
unión en las personas y manteniendo la unidad en la
distinción de ellas. Así es como creemos en la beatísima
Trinidad, que es de una sola naturaleza, de una sola
deidad, de una e igual virtud y substancia: Y no hay
diversidad alguna entre el Padre, el Hijo y el Espíritu
Santo, sino que uno es el Padre, otro el Hijo y otro el
Espíritu Santo, Trinidad en personas subsistentes, Unidad en naturaleza y substancia.

Asimismo creemos que el Hijo en los últimos días nació de la Virgen y del Espíritu Santo, y que tomó carne
de la naturaleza humana y también alma. En cuya carne

---

[14] *Jn.*, 15, 26.

creemos y confesamos que padeció y después de sepultado resucitó: y que en la misma carne con que yació
en el sepulcro, después de la resurrección subió a los
cielos, de donde esperamos que venga para el juicio de
los vivos y de los muertos: y que la Virgen de la cual
sabemos que nació, fue Virgen antes del parto y Virgen
después del parto, para que no nos tengan como parti-
cipantes en el error de Helvidio. Igualmente confesamos
que la carne de nuestra resurrección íntegra y perfectamente es la misma en que vivimos en el presente siglo,
que gobernamos con buenas artes o que sojuzgamos con
malas obras, para poder con ella o soportar los tormentos de los malos por lo malo o recibir los premios de
los buenos por lo bueno: y no decimos absurdamente
como otros que ha de resucitar otra en lugar de ésta,
sino que ha de ser esta misma sin que le falte en absoluto ningún miembro amputado o parte cualquiera cortada del cuerpo. Este es el tesoro de nuestra fe, que cus-
todiamos, sellado con el símbolo eclesiástico que recibimos en el bautismo. Así lo creemos de corazón en presencia de Dios; así lo confesamos con los labios delante de los hombres, para que su conocimiento haga fe
ante los hombres y su imagen de testimonio ante Dios.
Este es el báculo de nuestra defensa, con el cual gol-
pear el rostro de los que murmuran contra nosotros y
nos ladran al pasar por el camino de este siglo, por la
fuerza de la costumbre y no por abrir camino a la razón.
Este es el escudo de nuestra fe con el cual rechazamos
y esquivamos los dardos envenenados de sospechas de
las palabras que nos calumnian, a fin de que las voces
del enemigo que van enderezadas a herir no encuentren
en nosotros algún miembro al descubierto o desnudo de

la protección de la fe. Pero hagamos silencio sobre esto, porque no es ahora nuestra misión el contraatacar, sino el defenderme del enemigo.

Ahora bien, si se nos pregunta qué es lo que sentimos respecto al alma, creemos que es santa, como leemos en el Profeta Jeremías, diciendo por medio del rey Sedecías: *Vive el Señor que nos hizo este alma* [15]. Si se me pregunta de qué fue hecha, he de confesar que lo ignoro, pues no recuerdo haberlo leído nunca. Y así ni me avergüenzo de mi ignorancia, porque no aprendo en la lectura, ni tengo miedo a correr el riesgo —supuesto que no echo mano a lo que no he leído— de ser considerado como un transgresor de los preceptos del Profeta, que manda no comer sangre, añadiendo que *toda sangre de carne es mala* [16]. ¿Qué otra cosa es comer sangre sino disputar del alma? Por tanto, podemos decir que la carne —que para nosotros radica en Adán— tiene como artífice y autor a Dios que la ha amasado con las cualidades de la substancia del mundo. Derramamos la sangre al pie del altar, esto es, para dejar al mismo que la creó la tarea de saber de dónde la creó. La base del altar es como cierta raíz de profundidad, a cuyo secreto hay que añadir el de la creación del alma, sobre la cual no podemos disputar. Y, por tanto, ni decimos que el alma es parte de Dios, como afirman otros, porque Dios es indivisible e indiviso e impasible, mientras que el alma está sometida a diversas pasiones, como lo prueba la experiencia cotidiana. Ni tampoco decimos que esté hecha de alguna otra creatura, para no hacerla inferior al resto de ellas, de las cuales ha sido constituida

---

[15] *Jer.,* 38,16.
[16] *Lev.,* 18, 14.

como señora, si obra bien; sino que ha sido formada únicamente por la voluntad de Dios, para cuyo poder no es necesaria la materia de la cual puede formar cuanto quisiere, sino que su misma voluntad es la materia de cuanto él manda que exista o se haga. Y tampoco estamos conformes con aquel aserto por el cual algunos se recrean en vano en la creencia de que las almas se engendran por transfusión, pues David está en contradicción con tal teoría, diciendo: *Sabed que el Señor mismo es Dios; él nos hizo y no fuimos nosotros los que nos hicimos*[17]. Y en otro lugar: *Quien hizo uno por uno sus corazones*[18]. ¿Dónde está la referencia a esta transfusión, a la que él formó particularmente cada uno de los corazones o en el que *él mismo nos hizo y no fuimos nosotros los que nos hicimos?* Quienes afirman que las almas se engendran por transfusión, dicen que así lo hacen porque nosotros somos los que nos hacemos. Pero ya censuraba esto con la presencia del profeta cuando decía: *El nos hizo y no fuimos nosotros los que nos hicimos.* Así pues, excepción hecha de la santísima Trinidad, creemos y confesamos que todo cuanto en los cielos o en la tierra o en el mar domina, se agita y se mueve, ha sido creado.

No pensamos igual respecto al diablo, en cuanto que es diablo, ni tuvo género propio de su naturaleza para nacer diablo, y que este merecido sobrenombre no se lo dio Dios: ni es ingénito, porque no es Dios; ni ha sido hecho diablo, porque Dios no hace el mal, sino que lo hizo un ángel bueno, como lo demuestra la Escritu-

---

[17] *Sal.*, 99, 3.
[18] *Sal.*, 32, 15.

ra: *Por el bien ha obrado en mí toda concupiscencia* [19].
Creo que llegó a ser ángel malo de la manera que dice
el Apóstol: *Me ha sido dado el aguijón de mi carne, el
ángel de Satanás que me abofetee* [20]. Y en otro lugar:
Si no viene el fugitivo y la partida [21]. Por tanto, el que
ahora es el fugitivo estuvo en un tiempo ante la presencia del Creador y en aquella sublimidad descrita por los
profetas, cuando se dice: *Tú eras el sello de la semejanza y la corona de la hermosura* [22], *etc.* Y en otro lugar:
Cómo caíste del cielo, Lucifer, que nacías de mañana [23].
Decimos que éste recibió del creador una naturaleza capaz del bien y del mal, y fue rodeado de la gloria y el
honor de la inmortalidad: que recibió asimismo la dignidad de la ciencia, el cual, ensoberbecido, creyó ser lo
que no era, porque no veía al Señor que lo hizo: *Yo
soy* —dice— *y no hay otro fuera de mí* [24]. Fue, por consiguiente, considerado como tierra y ceniza, según está
escrito: *¿A qué te enorgulleces, tierra y ceniza?* [25]. Y,
el principio del pecado, la soberbia. El que ha sido arrojado al tártaro y al fuego perpetuo se debe al castigo
eterno y no a la vida inmortal.

Creemos que toda criatura de Dios, concedida por el
Creador para nuestro alimento, es buena, en las mismas
condiciones en que fue hecha: *Y vio Dios eran buenas
en sumo grado* [26]. Pero también creemos que es útil abstenerse de ellas en determinadas ocasiones, no por su-

---

[19] *Rom.*, 7, 8.
[20] *II Cor.*, 12, 7.
[21] *II Tes.*, 2, 3.
[22] *Ez.*, 28, 12.
[23] *Is.*, 14, 12.
[24] *Is.*, 47, 12.
[25] *Eclo.*, 10, 9 y 15.
[26] *Gen.*, 1, 31.

perstición religiosa, ni por abominación de la criatura de Dios, sino por continencia de la carne, según el consejo del Apóstol que dice: *Bueno es no comer carne ni beber vino* [27], y que depende de la facultad del hombre el utilizarlas cuando quisiere y el abstenerse cuando lo tuviere a bien.

Aprobamos el matrimonio que fue concedido por Dios Creador. Predicamos la continencia en él. Y ensalzamos y admiramos la virginidad, como excelso germen, procedente de fecunda raíz del tronco.

Creemos que la distancia que media entre los justos y los pecadores no proviene de la disposición del creador, sino del arbitrio de la voluntad. Recibimos con plenímisa fe la penitencia del pecador y la tenemos como una segunda gracia, como dice el Apóstol a los Corintios: *Quise ir por causa vuestra, para que tengáis una segunda gracia* [28].

Recibimos en igual balanza de fe el Antiguo y el Nuevo Testamento, y lo mismo que en ella va corriendo el peso las señales de los números, así vamos pensando en sucesiva meditación los testimonios en el desenvolvimiento de los acontecimientos. Y sin desechar el crédito para el sentido histórico, creemos que han tenido lugar todas las cosas que leemos en ellos; pero, conforme a la doctrina apostólica, investigamos en ellas el sentido espiritual, según el Señor nos lo concede, pero siempre que este sentido pertenezca al tipo de Cristo y de la Iglesia, y contribuya a la reforma y corrección de las costumbres. Y esto mismo, según lo dice el Apóstol: *Todo esto*

---

[27] *Rom.*, 14, 21.
[28] *II Cor.*, 1, 15.

tuvo lugar para figurarnos a nosotros[29]. Y el bienaventurado Pedro en otro lugar: *Todo discurso necesita interpretación*[30]. Toda Escritura que no concuerda con el Canon eclesiástico ni se acomoda a su sentido, no sólo no la recibimos, sino que la condenamos como ajena a la verdad de la fe. No prestamos fácil asentimiento a las peregrinas y oscuras fábulas sobre el contenido de las Escrituras: ni tan pronto entra en los recovecos de nuestros oídos la nueva doctrina, porque nos encontramos en secreto con otra nueva virgen, que sospechamos es la tosca y oculta doctrina, que se nos prohíbe precisamente para que no engañe los corazones de los hombres con su engañosa apariencia de verdad y con la belleza y dulzura de sus palabras. Virgen es aquella doctrina que no ha sido conocida por ningún eclesiástico o católico, sino que creció siempre entre mujeres, esto es, entre almas que están en trance de aprender, que tienen trato a causa de su crédula facilidad con todo espíritu de engaño, sin preocuparse de dónde conciben, siendo así que el Señor ordenó en la Ley que no se unan en matrimonio sino con los de su tribu, esto es, con aquel sentido de la fe que desciende del semen, esto es, de la doctrina de los Padres, y se ennoblece con la prosapia y la familia de Abraham que fue el primero en creer en el prepucio. Virgen es aquella doctrina que sólo se complace en su retiro y le da vergüenza de salir en público. De esta tal no sólo huimos, sino que también la condenamos públicamente, proclamando que es necio creer en lo que no podemos defender y que no debe llegar a oídos de la gente.

---

[29] *I Cor.*, 10, 6.
[30] *II Pe.*, 1, 20.

Guardamos cuidadosamente los ayunos conforme a la regla y disciplina eclesiástica, de manera que *en los tres tiempos del año nuestra* (fortaleza) *masculina* —esto es, las empresas de virtud que aventajan a todas las demás empresas— se ponga de manifiesto. Y cuando la Iglesia señala los ayunos, entonces nosotros no sólo nos atenemos a ellos por uso consuetudinario, sino que también nos privamos y hacemos como ayuno de las conversaciones, fábulas y saludos que llevan entremezcladas historietas.

Y todo esto lo sentimos tal como lo escribimos, poniendo a Dios por testigo; pero no nos lisonjeamos tanto en la posesión de la verdad, que si por casualidad los sacerdotes o doctores —que son las cabezas del pueblo y los pilares de la Iglesia— al censurar nuestra profesión de fe encuentran algo que se debe decir mejor y con más propiedad, estamos dispuestos a aceptar su sentencia, acordándonos del precepto que está escrito: *Preguntad a vuestros padres, que ellos os lo dirán* [31]. Y no somos tan necios que nos resistamos a humillar nuestros corazones ante aquellos a quienes hemos sometido nuestra cabeza para que nos santifiquen. Es pastor y lo seguiré donde quiera que me llame; rumiaré lo que me diga, porque a él le consta que ha de dar cuenta de mi custodia.

Estas son las cosas acerca de las cuales de momento he podido salir al paso. Si hay algunas que parece me las he pasado por alto en su estudio o que están dudosas, dígnate preguntármelas sin reparo, con el fin de responderte inmediatamente, o enmendar mi error o con-

---

[31] *Deut.*, 32, 7.

firmarme en mis creencias. Declaro a todo aquel que lea las palabras de esta profesión de fe que si quita alguna de ellas Dios quitará su parte del libro de la vida: porque todo aquel que suponga que es una cosa lo que profesamos con los labios y otra la que mantenemos en el corazón —como dije anteriormente: Dios puede escudriñar nuestro corazón—, a éste le ofrecemos nuestros labios para la confesión; y estamos dispuestos a satisfacerlo en todo aquello sobre lo que los hombres pueden emitir juicio: y si mantenemos nuestras palabras ante dos testigos, esto es ante Dios, a cuyo juicio sobre nosotros apelamos, si es que nos equivocamos, y ante los hombres, cuyas sospechas queremos deshacer con nuestra confesión, a fin de que no pequen más formándose malos juicios acerca de nosotros. Si alguno, después de haber oído esto, persiste en la incredulidad, de manera que no nos dé crédito, no abrigo la menor duda de que en el día del juicio ha de tomar parte o entre el pueblo incrédulo o entre los falsos testigos, y conforme al juicio de la Ley de Moisés, sobre él ha de recaer la iniquidad que tramó contra su hermano [32]. Nosotros, aunque somos pecadores, no hemos, sin embargo, de devolver por los trescientos escudos de oro que Salomón fabricó otros trescientos de bronce. Escudo es la fórmula de la fe conforme al dicho del Apóstol: *Recibiendo el escudo de la fe* [33]. Y en lugar de oro los hace de bronce quien, escatimando la verdad de la fe, produce con su confesión únicamente un tañido defectuoso: y apareciendo entre el número de los devotos, viene a resultar un delincuente en sus deseos, confesando aque-

---

[32] *Deut.*, 19, 19.
[33] *Ef.*, 6, 16.

llo en que no cree. De ellos dice el Apóstol que hay que
sospechar: *Teniendo apariencia de piedad y negando su
virtud* [34]. ¿No crees que se puede percibir el valor en el
oro y la apariencia en el bronce? Pero queremos cumplir con el mandato del Profeta que quiera que pongamos los escudos de nuestra fe ante los pies de los ca-
ballos del rey —que no son sino nuestros obispos y doctores, cuyos veloces pies corren sobre los montes evan-
gelizando la paz—, los trescientos escudos de oro o la
fe en la santísima Trinidad o la siembra de todas las
criaturas del cielo, de la tierra y del mar: y aquellos
corredores que los depositaron a los pies de los caba-
llos, hemos de creer que son *los* que pudieron decir:
He cubierto mi carrera, en la cual, adiestrado por la ley,
pueda observar todo esto hasta el fin de la vida, no sea
que Suracem, rey de Egipto, esto es, el diablo, las arre-
bate del templo de nuestro corazón. Monten guardia los
sufragios de tus oraciones ante Jesucristo Señor nuestro,
a quien sea dada gloria por los siglos de los siglos. Amén.

(Texto latino en E. FLÓREZ, *España Sagrada,* 15 [Ma-
drid 1759], 470-82: págs. 420, 1019-36.)

FUENTES Y ESTUDIOS

F. FLORIO, *Bachiarii monachi opuscula de fide et de repara-
tione lapsi...* (Roma 1748); PL 20, 1019-62; G. MORIN, *Pages
inédites de l'écrivain espagnol Bachiarius,* "Bull. d'ancien Litté-
rat. et Archéol. chrétienne", 4, 1914, 117-26; Id., *Deux lettres
mystiques d'un ascète espagnol,* "Rev. Bénéd.", 40, 1928, 289-
301; J. M. BOVER, *Bachiarius Peregrinus?,* "Est. Eclesiast.", 7,

---

[34] *II Tim.,* 3, 5.

1928, 361-66; A. LAMBERT, *Dict. d'Hist. et de Géogr. Ecclés.*, 6, 1932, 58-68; J. DUHR, *Le "de fide" de Bachiarius*, "Rev. d'Hist. Ecclés.", 28, 1928, 2-40, 301-31; Id., *A propos du de fide de Bachiarius*, "Rev. d'Hist. Ecclés.", 30, 1934, 85-95; Id., *Aperçus sur l'Espagne chrétienne du IV siècle ou "de lapso" de Bachiarius* (Louvain 1934); Id., *Bachiarius*, Dict. de Spirit., I, 1937, 1187-88; Id., *Une lettre de condoleance de Bachiarius?*, "Rev. d'Hist. Ecclés.", 47, 1952, 530-85; J. MADOZ, *Baquiario y Peregrino*, "Razón y Fe", 117, 1939, 236-39; Id., *Una nueva redacción del "Libellus de fide" de Baquiario*, "Rev. Española de Teol.", 1, 1941, 463-74; Id., *Una nueva redacción del Libellus fidei de Baquiario utilizada en la Confessio fidei del pseudo-Alcuino*, "Est. Ecles.", 17, 1943, 201-11; J. A. DE ALDAMA, *Baquiario y Rufino*, "Gregor.", 15, 1934, 589-98; A. D'ALÉS, *Priscillien et l'Espagne chrétienne à la fin du IV siècle* (París 1936), 148-50; F. CAVALLERA, *Le "de fide" de Bachiarius, Egeria, le symbole de Toletum I*, "Bull. de Litt. Ecclés.", 39, 1938, 88-97; M. EXPOSITO, *Bachiarius and Mochta*, "Journal of Teol. Studies", 30, 1939, 286-87; A. MURPHY, *A prosopography of Bacchiarius*, "Folia", 5, 1951, 24-29; U. DOMÍNGUEZ DEL VAL, *Patrología Española* (Madrid 1956), 51-55; M. SIMONETTI, *Note rufiniane*, "Riv. di Cultura Classica e Medievale", 2, 1960, 140-72; A. MUNDÓ, *Preparando la edición crítica de Baquiario*, "Bracara Augusta", 8, 1957, 88-97; Id., *Estudis sobre el de fide de Baquiario*, "Studia Monast.", 7, 1965, 247-303.

EUTROPIO, EL PRESBITERO

Es este autor una de las últimas novedades dentro del panorama de los escritores hispanos de los primeros siglos. Se debe la adquisición a la pluma de José Madoz. Genadio de Marsella dedica a este escritor un capítulo, el 49, en su *De viris illustribus*. En él le atribuye *dos cartas* consolatorias en forma de tratado, pero no precisa la patria. Razones buenas expuestas por Madoz lo hacen español, y además sacerdote, que vive a principios del siglo v en el nordeste de la Península Ibérica. Un escritor francés, P. Courcelle, con razones poco atendibles, le quiere hacer originario de Aquitania.

Escribió Eutropio cuatro obras, tres de ellas en forma de carta: *De contemnenda haereditate, De vera circuncisione, Ad amicum aegrotum de viro perfecto,* y la cuarta, *De similitudine carnis peccati,* con estructura de verdadero tratado teológico.

TEXTOS

En estas obras Eutropio se revela como un fino escritor de ascética. Hemos elegido para la antología la primera de estas cartas, De contemnenda haereditate, *en la que aparece la espiritualidad severa del autor. Eutropio era director espiritual de dos hermanas, llamada una de ellas Cerasia. Ambas hermanas habían abrazado la vida religiosa, razón por la cual su padre, Geroncio, las había desheredado. La primera reacción de las hermanas, ante la arbitrariedad del padre, fue la de reclamar sus bienes ante los tribunales de justicia. Eutropio, por la Escritura y por argumentos de orden especulativo, las disuade, proponiéndoles, como mejor norma de conducta, el desprendimiento más total de los bienes terrenos, si quieren identificarse con Cristo.*

DE CONTEMPORANEIDAD HAEREDITAE

I.   Todo el afecto de mis sentimiento se vuelca sobre vosotras y, a pesar de estar separados por el espacio, me parece oíros y veros. Tan ocupado me tiene mi amor hacia vosotras. Si vosotras hacéis lo mismo, entonces, lo que es imposible realizar en los cuerpos, se hace factible realizarlo en las almas: hacer de dos hombres un solo cuerpo. Y para demostraros que vuestros problemas ocupan mis vigilias, aceptad mi opinión acerca de la herencia sobre la que me habéis preguntado, puesto que no sólo me habéis elegido árbitro de las cosas espirituales, sino también de las temporales. Podría ciertamente decir: *¿Quién me ha constituido juez o partidor entre vosotras?* [1], si esta sentencia no se dirigiese a los infieles. Con esta respuesta del Señor se rechaza, no se excita, la incredulidad de los judíos. Porque los judíos, no viendo en cierta ocasión aquella visita del Señor en el mismo Moisés cuando el liberador del hermano había matado a un egipcio, queriendo al día siguiente apaciguar las discordias y disturbios entre los hermanos, se atrevieron a decirle: *¿Y quién te ha puesto a tí como jefe y juez entre nosotros?* [2]. El Señor por su propia boca les respondió, para confundirlos más bien, en caso de traicionar, a quienes buscaban falsamente aquel al que habían despreciado, diciéndoles: *Si creyéreis ciertamente en mí* [3].

---

[1] *Lc.,* 12, 14.
[2] *Ex.,* 2, 14.
[3] *Jn.,* 5, 46.

Pero como yo soy vuestro y sé que vosotros habéis buscado el juicio de aquél que alegremente mató al egipcio, y como por otra parte, mientras permanecéis en este mundo, os esforzáis por vivir en concordia, dejemos que entre los judíos venga la sentencia precisamente por quienes la habían emitido.

II. Nosotros diremos a los humildes con la suavidad del Señor: *A vosotros os ha sido dado a conocer el misterio*[4]. Y volviendo al principio del camino del que nos hemos desviado, pienso que debéis despreciar la herencia y nada exigir ante el juez. Porque ¿cómo consideráis lícito presentaros ante aquellos que en su juicio desconocen la verdad? En cierta ocasión Pilato, de la misma curia que aquéllos, así habla al Señor: *¿Qué es la verdad?*[5]. Es decir, que Pilato era juez y solucionaba los negocios y las causas de los litigantes conforme al derecho establecido de la justicia que se pesa; pero ¿qué podía hacer éste, si desconocía la verdad? Ciertamente que los evangelistas recuerdan que Pilato fue tan justo que quiso más absolver al inocente que castigarlo, y sin embargo, deseando cómo aprender la verdad, pregunta. Es que el acto de preguntar, es ignorancia de la verdad. ¿Qué hemos, pues, de decir? Que los cuidados de los mortales son, sin duda, vanos, que las cosas mundanas delatan uniforme falsedad, que allí no puede haber un juicio verdadero donde los negocios son falsos y que juzga quien carece de un verdadero juicio sobre cosas que carecen de verdad. ¿Por qué, pues, hemos de reclamar ante los tribunales algo como nuestro, si, en expresión del Apóstol: *Nada traemos al mundo, y nada podemos*

---

[4] *Mt.*, 13, 11.
[5] *Jn.*, 18, 38.

llevarnos de él [6]? Si nada trajimos al venir a este mundo
y nada podemos llevar al marcharnos, falsamente decimos que aquí hay algo que sea nuestro, donde casi todo
el mundo nos es ajeno. ¿Qué nos puede dar el juez de
este mundo si nada nos dio la naturaleza? ¿Por qué
Pilato, interrogador de la verdad más que proclamador
de la misma, por qué digo, precisamente los judíos prefieren a Barrabás antes que al Dios del cielo, si no es
porque acudieron a un juez de este mundo? En este
juicio el pueblo pérfido recibió no el reo sino la culpa.
Pero todo esto lo decimos del juicio, no del negocio que
nos ocupa.

III.   Por lo demás, lo que se refiere a la causa de que
tratamos no sólo os aconsejo, sino que os suplico que si
habéis ofendido a Geroncio por causa de Cristo, permanezcáis en esta ofensa. El que persevere hasta el fin,
ése será salvo [7]. Si, pues, la causa de la ofensa es Cristo,
más que dolernos, abracemos el testamento del padre
impío, a fin de no apartarnos de Cristo que nos recomienda esa desheredad, según está escrito: *Bienaventu-*
rados sois cuando os persigan y maldigan vuestro nombre
como malo por amor del Hijo del hombre. Alegraos en
aquel día y regocijaos, pues vuestra recompensa será
grande en el cielo [8]. Aquella ofensa se hizo acreedora a
esta recompensa. ¿Y qué, si llamadas al Señor a imagen
de los levitas, con espadas espirituales habéis yugulado
los afectos carnales que sentís hacia vuestro padre? Uno
es nuestro padre que está en los cielos y, por tanto, el
Señor es vuestra heredad. En Cristo, pues, se ha de po-

---

[6] *I. Tim.*, 6, 7.
[7] *Mt.*, 10, 22.
[8] *Lc.*, 6, 22-23.

seer todo aquello que con Cristo se deba poseer. Y no volváis al muerto, vosotras que seguís al vivo. *Que los muertos*, dijo, *entierren a sus muertos*[9]. Y si ya con anterioridad dijísteis: Padre, no te conocemos, a fin de conservar el testamento del Señor, ¿por qué ahora buscáis el testamento del padre ya repudiado? Esta es aquella espada que el Señor trajo a la tierra para separar el padre del hijo[10]. Esto es circuncidar verdaderamente la naturaleza, circuncisión que los judíos observan sólo en la forma, pero no en la verdad, y circuncidar con el cuchillo petrino[11]: *la piedra era Cristo*[12]. Es ciertamente el que dijo: *Si alguno ama a su padre y a su madre más que a mí, no es digno de mí*[13]. Usando esta espada, imitad a aquellos levitas que partiendo del hombre interior corren por el campo del hombre exterior y yugulad unos afectos tan naturales por el amor de Dios. Por voluntad del legislador atravesad el primer ejército de las virtudes con ánimo de regreso, es decir, que dando de mano a todo lo pasado y no pegándose a los atractivos del mundo, volvamos con la espada sobre el fémur al primero que nos envió al mundo, haciéndonos resistencia a nosotros mismos, teniendo a raya al pariente, prójimo y hermano, no sea que a causa de éstos se prolongue nuestra peregrinación y perezcamos. La vigilancia la montaremos de puerta a puerta, es decir, que no sea que persiguiendo al hermano en la puerta del ojo corra el peligro de que nos esté sitiando por la puerta del oído, y entonces suceda que aquel al que hemos descuidado quie-

---

[9] *Mt.*, 8, 22.
[10] *Mt.*, 10, 35.
[11] *Jos.*, 5, 4.
[12] *Mt.*, 10, 37.
[13] *Mt.*, 10, 37.

ra introducirse por otra puerta. Las puertas de nuestra alma son ciertamente aquellas a través de las cuales descienden a la misma los halagos del mundo y a través de las cuales entran también las sensaciones carnales. Si no hacemos un masacro en estas puertas y no abrimos despiadadamente el camino a las virtudes, nunca podremos llegar al rey de la verdadera piedad.

IV. No bien hayamos ejecutado esto virilmente, y según vuestra devoción, inmediatamente tendréis de vuestro lado a Moisés cual panegerista de tal hecho diciéndoos: Hoy llenásteis las manos del Señor: es decir, que matando al mundo, que tan cercano y próximo os está por la condición de la carne y la naturaleza, y matándolo, digo, con vuestros actos, que son las manos del Señor, satisfacísteis al Señor, puesto que a ninguno habéis secundado servir más que al Señor y que os mandaba. Así Abrahán, al no recusar el parricidio, consagró su derecha al Señor [14]. Abrahán, cuando arma su derecha para Dios, se olvidó de su hijo, y viendo la majestad del mandato, no se preocupó de retractar la atrocidad del acto. Se llenan, pues, las manos para el Señor, cuando se ocupan en cumplir sus preceptos, cuando entregadas a la voluntad del Señor empiezan a ser, no del hombre, sino de Dios, cuando obedecen, no al afecto de la carne, sino que sirven a los divinos mandatos. Así Judit, por la libertad y salvación de los ciudadanos se entregó a Dios bajo la especie de fornicación, y la que era inerme, mató al armado, y la que era mujer, mató al varón [15]. Así vosotras triunfáis para Dios con la plenitud de vuestros afectos carnales; no busquéis al fugitivo, el cual habría de

---

[14] *Gen.*, 22.
[15] *Jdt.*, 12, 13.

ser matado por vosotras, si os saliese al encuentro. *Devolved el manto al que os quita la túnica* [16]. Su dinero sea para su perdición a aquellos que ofrecieron a Cristo el dinero [17]. Una vez que habéis salido de Gomorra, entregad todo a las llamas. Ved el ejemplo de la mujer de Lot incurriendo en la ira del Señor precisamente porque miró para atrás. Geroncio no quiere tener parte con vosotras en el cielo, ¿por qué vosotras deseáis tener parte de su fortuna en la tierra? Si él desprecia tanto vuestras cosas gloriosas, ¿por qué vosotras no habéis de despreciar también las cosas deshonrosas de él? Os ruego que soportéis con paciencia los signos de la fe, los estigmas cristianos, la pobreza de la Iglesia. Soportad, digo, vosotras que sois las herederas de la virginidad el testamento de los impúdicos. Reconoced que habéis sido visitadas y que, glorificadas precisamente con tan gran visita, no deberéis tener parte con los infieles. Este mundo no os reconoció, lo mismo que a vuestro Señor. Si fuereis del mundo, el mundo os amaría. Los reyes del siglo no exigen tributos a sus hijos. *En las moradas de los reyes están los que visten con molicie* [18]. El Zebedeo no sigue a Santiago y a Juan. Dejad a Geroncio que permanezca en la barca con sus redes, con tal de que vosotras permanezcáis en el pecho de Cristo con los apóstoles.

V. *Ay de los ricos, porque ya recibieron su consuelo* [19]. A vosotras, pues, hijas, se os debe vuestro consuelo en el futuro; aquella vuestra desheredad consiguió el

---

[16] *Lc.*, 6, 29.
[17] *Act.*, 8, 20.
[18] *Mt.*, 11, 8.
[19] *Lc.*, 6, 24.

aumento de la herencia futura en el cielo; a vosotras el mundo mismo os sustrajo las cosas que eran suyas, al conocer que vosotras no le pertenecíais; sin embargo, el rico está atormentado con espantoso fuego, mientras que Lázaro descansa en el seno del padre Abrahán [20] ¿Y qué tiene de extraño el que Abrahán, pobre y peregrino, comprase a los hijos de Jeth un sepulcro en tierra ciertamente ajena? ¡Oh verdad! No pudo callar sin exclamar: *Oh profundidad de la sabiduría y de la ciencia de Dios* [21]. ¿El patriarca peregrino compró para sí un sepulcro? ¿Y qué es el sepulcro? Es el lugar de descanso en donde, en opinión del mundo, se colocan los cuerpos de los difuntos. Con verdadera inteligencia, pues, el padre Abrahán, con su fe y con desprecio del dinero, adquirió para sí el lugar del descanso [22]. No ha mucho que nuestro mismo Paulino compró este sepulcro con sus riquezas juntamente con su madre, y ambos, muriendo a los principios del siglo, descansan ya de las obras del mundo, según dice el apóstol: *estáis muertos, y vuestra vida está escondida con Cristo en Dios* [23]. Y otra vez: *Si hemos muerto con Cristo, también viviremos con El* [24]. Aquel doble sepulcro es esto, el descanso único del hombre exterior e interior. Porque si el hombre consta de dos sustancias, con razón deberá tener un doble sepulcro, de tal modo que cuando ambas sustancias se disocien y vuelvan a encontrarse en su propia naturaleza, no le falte el descanso a ninguna de ellas. Y puesto que el hombre consta de alma y cuerpo, sin embargo, ni el alma sin

[20] *Lc.*, 16, 25.
[21] *Rom.*, 11, 33.
[22] *Gen.*, 23, 17.
[23] *Col.*, 3, 3.
[24] *Rom.*, 6, 8.

cuerpo puede llamarse hombre, ni el cuerpo sin el alma
es hombre, porque el hombre es alma y cuerpo. Pero este
nombre, que consta de dos nombres, y que de la unión
de estos dos nombres resulta un tercero, no bien se
realiza la separación de los mismos, se asigna a cada uno
su lugar de descanso, porque uno y otro vive y uno y
otro muere. Y así como además de esta vida existe también la vida de los bienaventurados, del mismo modo,
además de esta muerte, se da también la muerte de los
impíos. Pero entre esta vida y muerte de los impíos y
aquella otra vida y muerte hay una diferencia en cuanto
que estas pertenecen a la naturaleza y aquellas a los méritos. Estos personajes de los que hemos hablado antes,
se proveyeron de un doble espulcro. Los que abandonando el Senado, los honores y las riquezas, aparentaban
estar muertos a todas estas cosas, realmente son vistos
ante las mismas como muertos, aun cuando vivan todavía. He aquí un sepulcro en el cual se esconde la conducta del hombre viejo con los atavíos de su nobleza.
El otro sepulcro será aquel cuando el mismo cuerpo, caduco por ley de la naturaleza, vuelva ya a la tierra dis-
gregado en sus partes, según está escrito: *polvo eres y
al polvo volverás* [25], descansando el alma en el lugar del
refrigerio. Quien no quiera adquirirse un doble sepulcro,
tal vez tendrá aquel que corresponde al cuerpo mortal
por ley de la naturaleza, pero, en cambio, carecerá de
aquel otro en el que descanse el alma por la ley de sus
merecimientos. Porque ciertamente se ha establecido que
esta muerte, que procede de la separación del alma y
del cuerpo, sea el intermedio entre las dos muertes y

---

[25] *Gen.*, 3, 19.

las dos vidas. Es necesario, pues, que el hombre muera dos veces, y por eso dos veces se le debe la vida. Por eso el bienaventurado Pablo indicó brevemente estas dos vidas, diciendo: *la piedad es útil para todo y tiene promesas para la vida presente y para la futura*[26]. Y el bienaventurado Juan también señaló dos muertes en el *Apocalipsis,* diciendo: *sobre ellos no tendrá poder la segunda muerte*[27]. Si habla de una segunda muerte, es porque existe una primera.

VI. Hemos de tratar ahora con gran ponderación y solucionar al mismo tiempo con diligente circunspección, si preferimos morir a este mundo antes de esta muerte que, como dije, se produce por la separación del alma y cuerpo (anatemizando, si es que así puede decirse, a todos los deleites que proporcionan las riquezas del mundo, exceptuados aquellos que son necesarios para la vida), o después de esta destrucción natural que separa el alma del cuerpo. Quien muere en este mundo, no usando de los deleites del mundo y aplastando los aguijones del cuerpo, parece que está sepultado con Cristo[28]; y si está sepultado, ciertamente lo está en el sepulcro, sin el cual no puede haber sepultura. A éste le es debida aquella otra muerte común, que desata y libera el alma de los vínculos del cuerpo, y a este cuerpo se le debe igualmente su sepulcro y su sepultura. A estas dos muertes, después de la doble sepultura, le sucede aquella perpetua y bienaventurada vida. Por lo demás, quien ganase aquí toto el mundo ambicionando y arrebatando violentamente, puesto que éste tal despreció mortificar la carne, después

[26] *I. Tim.,* 4, 8.
[27] *Ap.,* 20, 6.
[28] *Rom.,* 6, 11.

de esta muerte natural, que no podemos descuidar, de
éste tal con razón se dice que está sepultado en único
sepulcro, y entonces incurre miserablemente en la segunda muerte que está llena de eternidad de dolores y de
perpetuidad de lágrimas.

VII. Estos son, pues, los dos sepulcros que adquirió
para sí, a imagen del patriarca, el varón singular y muy
solícito Paulino: uno, donde sepultó al hombre viejo des-
pojado de sus actos; y aunque no hubiese aún depositado en él su cuerpo, no tenía las cosas carnales en su
carne; otro, en el que expuesto ya en él su cuerpo,
cuando venga el Señor a destruir la tierra, coloque su alma en el descanso. Esto lo hizo a ejemplo de aquel padre
de la fe que, con desprecio del dinero, como dijimos,
adquirió este sepulcro para sus hijos en el que no pueden descansar el rico y el pobre. Este lugar de descanso
recibirá para siempre a todos los peregrinos del mundo,
a todos los necesitados y también a todos los deshere-
dados por causa de Cristo. Por eso no tuvo huellas en
esta tierra, ya que nadie fue hallado que lo siguiese. Sin
embargo, vosotras ahora, hijas, tened confianza, puesto
que desde el momento en que empezásteis a no ser de
la tierra, desde ese mismo instante sois la descendencia
de Abrahán. Someteos a la voluntad de vuestro padre,
ya que no os habéis sometido a su depravación; vuestro
padre os compró el sepulcro de los hijos de Jeth, sepulcro que no quiso adquirir ni para sí ni para los demás. Ciertamente que estáis muertas ante ellos, al no
tener lo que ellos poseen mientras viven en este mundo.
Dad gracias siempre a vuestro padre que ha hecho el
que no tengáis esta huella, sino la impronta de Abrahán

juntamente con Lázaro. En consecuencia, posea vuestro padre el dinero, vosotras el sepulcro; él la imagen de lo perecedero, vosotras el descanso de los profetas.

(Texto latino en PL 30, 45-50.)

FUENTES Y ESTUDIOS

PL. 30, 45-50 y 188-210; G. Morin, *Etudes, textes, découvertes*, I (París 1913), 81-150; L. Tria, *De similitudine carnis peccati. Il suo autore e la sua teologia*, (Roma 1936); J. Madoz, *Herencia literaria del presbítero Eutropio*, "Est. Ecles.", 16, 1942, 27-54; G. Morin, *Brillantes découvertes d'un jésuite espagnol et rétractation qui s'ensuit*, "Rev. d'Hist. Ecclés.", 38, 1942, 416; F. Cavallera, *L'héritage littéraire et spirituel du prêtre Eutrope*, IV-V ss., "Rev. d'Ascet. et Mystique", 24, 1948, 60-71; P. Courcelle, *Un nouveau traité d'Eutrope, prêtre aquitain*, "Rev. des Etudes Anc.", 56, 1954, 377-90.

MARTÍN DE BRAGA

Una de las figuras más destacadas de la Iglesia latina en el siglo VI es Martín de Braga. No es oriundo de las Españas, aunque sí fue hispano por opción personal. Nació en Panonia, la actual Hungría, según nos dice él mismo en el epitafio que compuso para su sepulcro. Este epitafio, junto con el prólogo de la *Formula vitae honestae* y el cap. 22 del *De viris ill.*, de Isidoro de Sevilla, son las fuentes más seguras para hablar de este gran obispo.

Buscando cultura, particularmente religiosa, viajó a Palestina. De su gran erudición se hacen eco tanto Gregorio de Tours como Venacio Fortunato. Más equilibrado que estos autores, Isidoro se contenta con decir que Martín era esclarecido por su fe y por su ciencia. Probablemente fue monje desde su juventud. Por designio providencial, nos dice en su epitafio, cambió el suelo palestinense por el hispano. Ya sacerdote sale de Palestina, y hacia el 550 llega a su nueva patria, España. Fundó muy pronto el monasterio de Dumio, del que fue su primer abad, en las cercanías de Braga. Hacia el 556 fue consagrado obispo de Dumio y, sin dejar de ser obispo de este territorio, pasó como metropolitano a la Iglesia de Braga.

Realizó una memorable actividad entre los suevos de índole cultural y pastoral. En realidad Martín abarcó todas las actividades de este pueblo. Renovó la vida monástica, la vida clerical, las costumbres del pueblo y dio nuevo influjo renovador a la cultura, sin descuidar la esfera de los gobernantes. San Isidoro le califica de promotor de las virtudes. Martín era un espíritu abierto a todas las corrientes de pensamiento de sus días del que estaba bien informado. Utilizó para su actividad los escritores cristianos y a Séneca. Es el gran propagador del senequismo en la Península, como lo fue asimismo de traducciones de obras griegas en su patria. Murió en 580.

Sus escritos son variados, teniendo todos ellos el denominador común de moralizantes con su nota también de espiritualidad. *Pro repellenda iactantia, De superbia* y *Exhortatio humilitatis,* obra en tres partes, la dedicó probablemente al rey Miro, tal vez antes de 556. A petición de este mismo rey escribió, después del 570, *Formula vitae honestae,* compendio de ética dedicado de modo particular a los laicos. *De ira,* centón de textos senequistas tomados de la obra homónima del filósofo cordobés. Por fin *De correctione rusticorum,* escrita después del concilio II de Braga en 572 para eliminar la superstición y mejorar las costumbres de la gente del campo. Es su obra más original [1].

TEXTOS

I. Por el carácter de nuestra obra elegimos como primer texto el refrente a la humildad. Al contrario de los otros escritos martinianos de inspiración netamente senequista, la Exhortación a la humildad es estrictamente cristiana. Su razonamiento es bíblico y por eso S. Martín lo dirige a un cristiano revestido de autoridad, tal vez el rey suevo o alguno de sus consejeros influyentes. Martín censura y reprueba la adulación y la lisonja, porque no dejan ver al cristiano lo que realmente es y lo que tiene. Se oponen tan directamente a la obra de Dios en el hombre, porque impiden verla y percibirla. La humildad consiste en reconocer lo que somos y lo que tene-

---

[1] Sobre ulteriores escritos véase URSICINIO DEL VAL, *Herencia literaria de Padres y escritores españoles de Osio de Córdoba a Julián de Toledo,* "Repertorio de Hist. de las Cienc. Ecles. en España", I (Salamanca, 1967), 14-17.

*mos: todo viene de Dios. La humildad es garantía de victoria
sobre todo vicio.*

Exhortación a la humildad

I. Tú quienquiera que por voluntad de Dios brillas
en la dignidad de algún cargo, a fin de que aventajes
a los demás en la utilidad de un buen gobierno, te suplico acojas con cariño esta insignificante exhortación
mía. No busques en ella las pomposas espumas de la
retórica, porque la virtud de la humildad no se encuentra en la elevación de las palabras, sino en la pureza de
la mente. Y si parece tal vez que hablo con alguna dureza, la culpa es de la verdad y no mía. Hay efectivamente ciertas cosas duras y ciertas suaves; pero, aunque ambas sean debidas a la naturaleza humana, yo de-
clararé libremente la verdad. A nadie se ha de decir
más verdad que a aquel que tiene muchos a su cargo,
al cual, aunque en algunas ocasiones se le ofrezca —como
suele acontecer— alguna verdad desagradable, ha de be-
berla como un antídoto, aunque sea fuerte y amargue,
porque es saludable.

II. Ante todo te exhorto a que profeses un temor
constante a los halagos exageradamente lisonjeros de los
hombres. En este asunto se ha de poner tan hábil vigilancia cuanta en rechazar aquellas frases que, además
de enervar el alma con cierto deleite de mentiras, se
abren paso para ganarse las voluntades no mediante el
mérito de las acciones, sino con la sutileza de la adulación. Así pues, dispensa mejor acogida a las palabras
útiles que a las de condescendencia, atiende más a las
rectas que a las afables y a las complacientes. Es de-

fecto de reyes tener complacencia con los aduladores; lo mismo que es servil el adular. Mas, aunque el complacerse en los aduladores sea de reyes, a pesar de todo, por el uso, éste es defecto de bufones, cuyo oficio propio consiste en seguir principalmente la palabra de los poderosos y en hacer frases según el antojo de aquéllos; porque si casualmente alaban algo y ven que no lo escuchan de buen grado, inmediatamente se convierten en acusadores de lo que poco antes alababan. Y, por el contrario, si censuran algo, no tienen inconveniente en alabarlo nuevamente, con tal que así le parezca a su señor. Por consiguiente, entre tales individuos el ánimo del adulado es llevado y traído como la nave entre el soplo de diversos vientos, porque no tiene por donde escapar y no sale de sus vacilaciones. Entre éstos, cuya mayor ganancia consiste principalmente en vivir a costa de los caprichos ajenos, sujeta tu ánimo con la medida de una suma discreción, para que cuando numerosos aduladores de una y otra parte no te insinúen sino lo que saben te halaga, ofreciéndote ciertas frases de glorificación, en las cuales se te dice lo que a Dios, comprendas que de ellas no hay nada propio tuyo, sino lo que ha de quedar contigo cuando salgas de esta vida.

III. Así pues, en todas las cosas en que la excesiva adulación traspase los límites convenientes al hombre, recuerda aquella enseñanza de David, en la que previniendo contra el veneno de la adulación, dice: *Me corregirá el justo con misericordia, y me reprenderá: pero el aceite del pecador no engrasará mi cabeza* [2] El aceite del pecador es la adulación, la cual como ungiendo con

---

[2] *Sal.*, 140, 5.

una leve y suave untura, da brillo a la cabeza del hombre interior que es el corazón. El profeta David afirmó que era mejor para él ser reprendido o amonestado por un hombre que ser ensalzado por un adulador cualquiera. Con mucha razón llamó al adulador con el nombre de pecador, del cual la más grande y detestable falta ante los ojos de Dios consiste en tener una cosa en el corazón y manifestar otra con la boca. De tales dice en otro salmo: *Sus palabras están más suaves que el aceite, y son dardos*[3]. Sin embargo, acerca del justo dice: *Habla la verdad en su corazón y no trae engaño en su lengua*[4]. Ahora bien, a fin de que en este asunto no arrastre al consentimiento la credulidad de tu mente cualquier sutileza de los hombres con la suave provocación del elogio, dirige tu mirada hacia los hechos evangélicos de nuestro Señor Jesucristo, y encontrarás que el *Señor de los que mandan*[5] nos dio el mayor ejemplo de humildad en medio de las humanas alabanzas. Cultívala, tenla como maestra y póntela como juez en medio de los hechizos de las alabanzas. Por ficticia, no consentirás oír con plácidos oídos la parte de ellas que los hombres te tributan en sus ponderaciones, o mientras que de ti dependa.

IV. Finalmente, esta santa humildad, apartados de ti todos los atractivos de las mentiras, te abrirá el cielo cuando te diga al oído: *Porque eres tierra*[6]*:* entonces te introducirá en la verdadera sociedad de la herencia de Dios, cuando en todo te haga la advertencia: *Porque*

---

[3] *Sal.*, 54, 22.
[4] *Sal.*, 14, 3.
[5] *Apoc.*, 19, 16.
[6] *Gen.*, 3, 19.

eres hombre pecador. Y cuando te dieres cuenta que todas las razones que se aducen en cuanto a ti atañe, están cimentadas en este plano de humildad —estoy diciendo una cosa sorprendente—, descubrirás que los hombres en este empeño por aumentar tu honor lo rebajan, y que la humildad rebajándolo lo aumenta. *Cuanto mayor seas* —como dice Salomón—, *tanto más debes humillarte*[7], supuesto que por el hecho de que gobiernes a muchos, no por ello has llegado a la perfección, si precisamente no llegas a conseguir lo más grande que es gobernarte a ti mismo. Entonces podrá en verdad decirse que estás al frente de los otros, cuando antes lo hayas estado de ti mismo. Y no lo digo precisamente cuando se trata de malos, sino muy en especial cuando se trata de buenos. Pues si paras tu atención a las enseñanzas de Dios, estos preceptos han sido dados no sólo al pecador, sino también a los santos. Se les dicen, pues, aquellas palabras de verdad no tanto para que sean buenos —cosa que ya lo son—, cuanto para que no se hagan malos —cosa que no lo son—. Creo, no obstante, que ha de agradar más a los buenos lo que es puro y sincero, porque nuestro Dios se aplaca no tanto con las dulces oraciones de sus adoradores cuanto con la sencillez y la inocencia. Mucho más hacia sí lo atraen quienes le ofrecen un alma pura y sin mancha que quienes le presentan la blanda suavidad de las oraciones. No me ha parecido bien hablar de la vanagloria y de la soberbia a otro sino a ti, quienquiera que seas y estás al frente de otros: a ti, a quien —aunque no lo aceptes— todos te rinden esta pleitesía, todos adulan, todos en-

---

[7] *Ecles.*, 3, 20.

salzan, sin que ninguno de ellos te ofrezca nada que no sea tan agradable que no esté lejos de ser un peligro. Y no me sorprendo de que todos estén dispuestos a esto, porque en alabar al poderoso, lo mismo que no hay trabajo, tampoco hay miedo.

V. Por ello he creído conveniente el facilitarte estos instrumentos de humildad y añadirte —aunque ya lo tengas— el repuesto de este timón de mando, porque donde mayor es la altura para los hombres, sopla siempre con más fuerza el viento de la soberbia. Deseo, por tanto, que siempre andes con corazón humilde ante los ojos de Dios, para los cuales está al descubierto el abismo de la conciencia humana, porque está escrito: *¿Sobre quién* —dice el Señor— *descansará mi espíritu sino sobre el humilde y el que teme mis palabras?* [8]. Deseo ahincadamente que observes todos los mandamientos de Cristo; y una vez que los hayas cumplido con buenas obras, recuerdes también lo que se dijo a los apóstoles: *Y cuando hubiéreis hecho todas estas cosas que os mando, decid: Siervos inútiles fuimos; hicimos lo que debimos hacer* [9]; o sea, no por recompensa, como libres, sino por deuda, como siervos. Ningún hombre, por perfecto que sea en todo, en alguna ocasión se anticipó a Dios en las cosas que le son agradables, de manera que le prestase de antemano algo, no siéndole deudor, sino ejecutor. ¿Quién, pues, tiene algo que no se le haya dado? O *¿quién* —como dice el Apóstol— *le dio antes a él, y se le pagará? Porque todo es del mismo, por el mismo y en el mismo: a él la gloria por los siglos. Amén* [10].

---

[8] *Is.,* 66, 2.
[9] *Luc.,* 17, 10.
[10] *Rom.,* 11, 35-36.

VI. He aquí que esta es la verdadera y cristiana humildad. Con ella gobernarás excelentemente a aquellos que tienes a tu cargo. Con ella podrás merecer la victoria de todo vicio, atribuyendo a Dios y no a ti el haber vencido. Pues el que algunas veces, vencida la paciencia, los vicios recobren fuerzas nuevamente, no es otra cosa —créeme— sino el no haber dicho a Dios lo que aquel luchador David peleando las batallas del Señor: *En ti* —dice— *aventamos a nuestros enemigos, y en tu nombre desdeñamos a los que se levantaban contra nosotros* [11]. Y nuevamente: *Que el hombre no es poderoso en su fuerza; Dios es el que debilita a su adversario.* Pero acaso se me objete: ¿Es por ventura que no damos las gracias a Dios, que no le tributamos alabanzas? Creo que le damos las gracias, pero puede acontecer que sea sólo de palabra y en nuestro interior. A Dios le damos las gracias privadamente y a nosotros en público; a Dios le tributamos alabanzas con los labios, a nosotros con los labios y con el corazón. Esta es la razón por la cual la mayor parte de las veces se levanta de nuevo el enemigo postrado, porque en el pecado de nuestra soberbia radica su fortaleza. Por tanto, la sola humildad de corazón que se declara débil es la que todo lo puede y la que todo lo obtiene de Dios, atribuyéndoselo siempre a Dios y no a sí propia; en la cual si alguno sube, no tiene posibilidad de caer. Todas las otras virtudes nos pueden conducir a su perfección a través de ciertas alturas y pasos difíciles, ésta es la única que lo hace por terreno llano; y aunque parezca más baja que las otras, es, no obstante, más alta que los cielos,

---

[11] *Sal.*, 43, 6.

porque conduce al hombre a su reino, no subiendo, sino descendiendo. Por ella alcanzaron los santos la recompensa de la futura bienaventuranza, cumpliendo aquel dicho del Señor: *Bienaventurados los pobres de espíritu porque de ellos es el reino de los cielos* [12]. Es, efectivamente, humilde aquel que está lleno de espíritu, mientras que el engreído rebosante de flato de soberbia es como el vientre.

VII. Mas ahora tu caridad reflexione un poco acerca del modo de alcanzar esta virtud. Ante todo, si pretendes dar comienzo a alguna buena obra, no lo hagas con el propósito de conseguir alabanzas, sino por el afán de empezar a practicar el bien. Luego, cuando la obra esté acabada, cualquiera que ella sea, mantén bajo estrecha vigilancia tu corazón, no sea que condescendiendo con el favor humano, valorizándote por ello, te complazcas en ti mismo; o busques alguna gloria por otro cualquier acto, porque la naturaleza es para la gloria como la sombra del cuerpo, que huye si la sigues, y te sigue si la huyes. Júzgate siempre, por el contrario, el más pequeño de todos, y acuérdate de atribuir a Dios que te lo dio y no a ti que lo recibiste todo lo bueno que en la vida te aconteciere, convencido por aquel testimonio de Pablo: *¿Qué tienes que no recibiste? Si, pues, lo recibiste, ¿por qué te glorías como si no lo hubieras recibido?* [13]. E igualmente aquel otro del apóstol: *Todo don excelente y todo don perfecto es de lo alto, proveniente del Padre de las luces* [14]. Y una vez que con

---

[12] *Mt.*, 5, 3.
[13] *I Cor.*, 4, 7.
[14] *Sant.*, 1, 17.

estas preciosísimas piedras de la santa humildad adornes en tu corazón el templo al Espíritu Santo, al orar entonces en él, haciendo tuyo el cántico del profeta David, no sólo de palabra sino de obra, cantarás: *Señor, no se ha engreído mi corazón ni sublimado mis ojos; ni anduve en las cosas grandes, ni en las maravillosas sobre mis fuerzas* [15]. Entonces será cuando verdaderamente podrás ofrendar a Dios —a quien con tus humillaciones tributas alabanza—, aquel verso que sinceramente con todos los fieles tú a diario recitas glorificándolo: *Te conviene la alabanza* [16].

(C. W. BARLOW, *Martini episcopi bracarensis opera omnia* [New Haven 1950], 74-79.)

II. El segundo texto forma parte de Formula vitae honestae *de marcado sabor senequista. Aunque tenga un fondo bíblico, no habla aquí directamente la Escritura, sino ese sentido común práctico que caracteriza al filósofo de Córdoba y al hombre de acción, Martín de Braga. El santo obispo da unas normas prácticas y seguras para la adquisición de la honradez natural y humana que ha de caracterizar al hombre profundamente religioso y honesto. Toda su argumentación es de razón natural igualmente válida para el creyente e incrédulo. Exposición sencilla sin sofismas. La influencia de esta obra en la Edad Media fue enorme a partir del siglo XII. Corría bajo el epígrafe* De las cuatro virtudes cardinales. *Nadie podrá considerarse en posesión de las buenas costumbres y honradez si no practica las cuatro virtudes básicas en la vida del hombre: prudencia, magnanimidad, continencia y justicia. Esta es la ter-*

---

[15] *Sal.*, 130, 1.
[16] *Sal.*, 64, 2.

minología martiniana. La magnanimidad corresponde en otra
terminología a la fortaleza y la continencia a la templanza.

Cap. I

LA PRUDENCIA

Tú que aspiras a alcanzar la prudencia, llegarás a vivir
justamente conforme a razón, si previamente lo examinas
y sopesas todo y fundas la dignidad de las cosas no en
la opinión de la mayoría, sino en su naturaleza. Porque
debes saber que hay cosas que parecen ser buenas y no
lo son, y las hay, por el contrario, que no parecen buenas y lo son. No profeses admiración a las cosas tran-
sitorias que posees, ni estimes en mucho lo que es caduco; ni guardes como ajeno lo que tienes en tu poder,
sino gástalo y úsalo en favor tuyo, como tuyo que es.
Si practicas la prudencia, en dondequiera que estés serás
el mismo; y según las exigencias de los tiempos y la diversidad de asuntos lo requiera, acomódate a las circunstancias y, más bien que mudarte, procura adaptar-
te en algunos momentos, al igual de la mano que es la
misma cuando se abre en palma que cuando se cierra
en puño. Es propio del prudente examinar sus decisiones y no lanzarse a lo falso con fácil credulidad. No de-
finas acerca de lo dudoso, sino mantén en suspenso tu
opinión. No afirmes nada que no tengas probado, porque
no todo lo verosímil, por ser tal, es verdadero; lo mismo que a menudo lo que parece increible a primera vista,
luego no resulta falso. En más de una ocasión la verdad
se disfraza con apariencias de mentira, lo mismo que

ésta se oculta tras el semblante de la verdad. Pues del mismo modo que alguna vez el amigo se nos muestra con rostro triste y el adulador con amable, así la verdad toma color de verosimilitud, y lo hace precisamente o para engañar o para introducirse insensiblemente.

Si deseas ser prudente, dirige tu mirada hacia el futuro, y pare atención tu ánimo en las cosas que puedan acontecer. No se presente nada súbitamente, sino que a manera de entretenimiento estudia los asuntos de antemano. Porque quien es prudente no dice: "No pensé que esto pudiera acontecer", porque no duda, sino que espera; no sospecha, sino que se previene. Indaga la causa de cualquier acontecimiento: cuando dieres con el principio, pensarás en la salida. Ten entendido que en algunas cosas debes perseverar, por el mero hecho de haber comenzado: en otras, ni empezar siquiera, cuando el perseverar sea nocivo.

El prudente no quiere engañar ni puede ser engañado. De hombres buenos es no engañar a nadie ni aun en la muerte. Sean tus opiniones juicios. No des cabida a pensamientos inútiles y vanos y semejantes a un sueño, en los cuales si tu alma se entretiene, quedará sumida en tristeza, cuando arregles todo: antes por el contrario sea tu pensamiento estable y seguro, y no se aparte de la verdad, ya delibere, ya investigue, ya medite atentamente. No sean tampoco frívolas tus palabras, sino que aconsejen, persuadan, o amonesten, o consuelen, o manden. Sé parco en las alabanzas y mucho más en los vituperios, pues en igual manera que es reprensible la adulación desmesurada, lo es el vituperio excesivo. Ambas cosas dan lugar a sospecha, la una por lo que tiene de lisonja, la otra por su malignidad. Sirve de testimonio a la verdad y no a la amistad. Promete con reflexión y da con más amplitud que prometiste.

Si tu ánimo es prudente, repártelo en tres tiempos: Ordena el presente, prevee el futuro, recuerda el pasado. Porque quien no medita acerca del pasado, pierde la vida; y el que no reflexiona de antemano sobre el futuro, incautamente tropieza en todo. Propón a los ojos de tu alma los bienes y males futuros, los unos para poder sostenerlos, los otros para poder refrenarlos. No estés siempre en actividad, sino de vez en cuando da descanso a tu alma: y llena este mismo descanso con estudios de sabiduría y con buenos pensamientos, pues jamás el prudente languidece en la ociosidad; a veces afloja las bridas a su alma, pero nunca la deja a rienda suelta. Acelera lo lento, da solución a lo dudoso, ablanda lo duro, allana lo difícil. Sabe el camino por donde ha de acometer sus empresas, y todo lo ve con precisión. Valoriza el consejo de los sabios, lo oscuro por lo manifiesto, lo grande por lo pequeño, lo remoto por lo próximo, el todo por las partes. No te impresione la autoridad del que habla, y no te fijes en quién sino en qué dice. Piensa en lo que agrada no a muchos sino a quienes. Busca lo que puedes encontrar. Aprende lo que puedes aprender. Desea lo que puedes desear ante los buenos. No te pongas al frente de una cosa más alta que tus posibilidades, donde sea terrible el mantenerte, y donde al subir hayas de caer. Busca en tu ayuda consejos saludables. Cuando en la vida te sopla favorable la fortuna, detente y párate como en un terreno resbaladizo y, en vez de dar libre salida a tus ímpetus, reflexiona sobre a dónde y hasta dónde has de llegar.

Cap. II.

LA MAGNANIMIDAD

Libre, intrépido, alegre y con plena confianza has de vivir, si en tu alma se aposenta la magnanimidad —que también se llama fortaleza. Es un bien propio del magnánimo no vacilar, mantenerse siempre el mismo y esperar sereno el fin de la vida. No hay nada más grande en las cosas humanas que el alma que siente desprecio por las grandezas. Si eres magnánimo, jamás pensarás que se te hacen afrentas. De los enemigos dirás: No me perjudicó, sino que tuvo intención de perjudicarme; y cuando lo veas bajo tu poder, estima como venganza el haber podido vengarte. Ten entendido que el perdonar es un honroso y excelente modo de vengarse. No ataques a nadie con delaciones, a nadie socaves el terreno; acomete abiertamente. No resuelvas conflictos si no los has provocado; porque son de cobardes el fraude y los engaños. Serás magnánimo, si no buscas temerario los peligros, ni tímido les tienes horror, porque nada infunde timidez al ánimo como la conciencia de una vida reprensible. Por consiguiente, la medida de la magnanimidad consiste en no ser ni tímido ni audaz.

Cap. III

LA CONTINENCIA

Si amas la continencia corta todo lo superfluo y encadena fuertemente tus deseos. Medita contigo mismo cuanto es lo que la naturaleza exige y cuanto pide la pasión. Si eres continente, llegarás a estar contento de ti mismo. Porque quien se basta a sí mismo ha nacido entre riquezas. Pon freno y límite a tu concupiscencia y rechaza todos los halagos que arrastran consigo placer oculto. Come sin llegar a la indigestión, bebe sin embriagarte. Ten cuidado en los convites o en cualquier reunión para no aparecer como condenando a aquellos a quienes no imitas. No te apegues a las delicias presentes ni suspires por las ausentes. Sean tus manjares sencillos y siéntate a comer no para el placer sino para alimentarte. Sea el hambre el estímulo de tu paladar y no los sabores exquisitos. Satisfaz con poco tus deseos, porque únicamente debes procurar el que cesen: y como ajustándote al divino modelo, apresúrate, en cuanto te sea posible, a pasar del cuerpo al espíritu. Si te esfuerzas por adquirir la continencia, haz vida saludable y no deleitosa, y no pretendas que conozcan al señor por la casa sino a la casa por el señor. No te irrogues aquello que no serás ni aun lo que no eres, ni quieras aparentar más de lo que eres. Cuida principalmente de que no te resulte asquerosa la pobreza, ni sórdida la economía, ni descuidada la sencillez, ni lánguida la mansedumbre; y si las cosas te parecen pequeñas, no por ello te resulten estrechas. Ni te lamentes de lo tuyo ni te admires de lo ajeno. Si amas la continencia, huye de las cosas torpes antes de que se te acerquen, y no temas a ningún otro más que a ti mismo. Cree que todo es tolerable menos la impureza. Abstente asimismo de las palabras torpes, porque su empleo fomenta la imprudencia. Ten preferencia por las conversaciones útiles más que por las chistosas y amables, más por las de justicia que por las de condescendencia. Intercala entre lo serio algún chiste, pero moderado y sin detrimento de la dignidad y de la vergüenza. Porque la risa es reprensible, si es desmesurada, si tiene acento pueril o corte femenino. Hace igualmente odioso al hombre la risa o soberbia o ruidosa o malintencionada o furtiva o provocada por las desgracias ajenas. Si eres tú el que chanceas, hazlo también con digna discreción, a fin de que no te tachen de desabrido ni te desprecien como vil. No muestres chocarrería sino cortesía amable. No lleguen tus gracias a la mordacidad, tus chistes a la vileza, tu risa a la carcajada, tu voz al griterío, tu andar al atropello: ten descanso pero no pereza; cuando otros juegan, tú empléate en algo santo y honesto.

Si eres continente, evita las adulaciones: debe resultarte tan desagradable el que te adulen los torpes como el que te adulen por cosas torpes. Debes sentirte satisfecho cuando disgustas a los malos, y toma como verdaderas alabanzas los juicios despectivos de los malos acerca de tu persona. La empresa más difícil de la continencia consiste en rechazar las lisonjas de la adulación, cuyas frases enervan de placer el alma. No te grajees la amistad de nadie por medio de la lisonja, ni para merecer la tuya abras la puerta por ella.

No seas audaz ni arrogante: sométete, pero no te arrastres; conservando la serenidad, recibe de buen grado las amonestaciones y con paciencia las represiones. Si con razón alguien te reprende, ten entendido que fue para tu provecho; si inmerecidamente, sábete que fue su intención el favorecerte. No has de temer las palabras amargas sino las amables.

Huye de los vicios propios, y no seas escudriñador de

los ajenos ni su áspero represor, sino corrígelos sin crudeza, de manera que envuelvas la admonición en cierto matiz de alegría, y fácilmente concedas el perdón al error.

No ensalces a nadie ni lo rebajes. Sé atento oyente de los que están hablando, y presta pronta acogida a los oyentes. Responde sin dificultad al que pregunta y cede sin resistencia a quien te tiene en menos, a fin de que no pases a la discusión y al insulto.

Si eres continente, cuida de que los movimientos de tu alma y de tu cuerpo no sean indecorosos; y no dejes de echar cuenta de ellos por ser ocultos, pues no importa nada el que nadie los vea, si eres tú mismo el que los ve. Sé activo, pero no frívolo; constante, pero no pertinaz. No debe serte molesta ni desconocida la posesión a fondo de la ciencia de alguna cosa. Todos deben ser para ti iguales: no desprecies enorgullecido a los inferiores. Viviendo con rectitud, no tengas miedo a los superiores. No te muestres ni descuidado ni exigente en la devolución de las atenciones. Sé amable con todos, blando con nadie, íntimo de pocos, justo con todos. Sé más severo en el juicio que en las palabras, más en la conducta que en el semblante: partidario de la clemencia, abominador de la crueldad, ni sembrador de buena fama, si de ti se trata, ni envidioso de la ajena. Nada de crédulo ni maligno en los rumores, crímenes y sospechas, sino más bien sal al paso a aquellos que, bajo apariencia de simplicidad, restan algo a los otros para perjudicarlos. Tardo para la ira, pronto para la misericordia, firme en la adversidad, cauto y humilde en la prosperidad: disimulador de virtudes lo mismo que otros de vicios. Menospreciador de la vana gloria, y no exigente ejecutor de los bienes que se te dieron en dote. No menosprecies las imprudencias de nadie. Siente cortas tus palabras, soporta a los habladores. Severo, no cruel; mas no desprecies al que sea alegre. Ambicioso y dócil para el saber, imparte sin arrogancia a quien te los pide, tus conocimientos; pide que se te comunique lo que desconoces sin ocultar tu ignorancia. El sabio no perturbará las costumbres públicas, atraerá sobre sí las miradas del pueblo con novedades de vida. Tras esto viene la virtud de la justicia.

Cap. IV

LA JUSTICIA

¿Qué es la justicia sino un tácito concierto de la naturaleza descubierto para ayuda de muchos? Justicia no es constitución nuestra sino ley divina, vínculo de la sociedad humana. En ella no hay que sopesar qué es lo que conviene: te conviene cuanto ella dictare. Todos aquellos, por consiguiente, que deseais practicarla, ante todo temed a Dios y amadlo, para que seais amados por Dios. Serás amable a Dios si lo imitas en querer favorecer a todos y no perjudicar a ninguno. Entonces todos te llamarán varón justo, te seguirán, venerarán y amarán. Para ser justo no sólo no harás daño, sino que estorbarás que lo hagan: porque el no hacer daño no es justicia, sino desinterés por lo ajeno. Empieza, pues, por no robar, por subir a mayores cosas y por restituir lo quitado a los otros. Castiga y frena a los ladrones mismos para que no les teman los otros. No tejas controversias sobre ambigüedad de palabras, sino para tu atención en las cualidades del alma. Nada te importen la firma o el juramento. Dondequiera que se trate de la verdad, aprende a obrar conforme a lealtad y religión: pues en el supuesto de que Dios sea invocado en el juramento, y no sirve de testigo para el que invoca, no atrapases, a pesar de ello la verdad, no sea que traspases también la ley de la justicia. Y si en alguna ocasión te ves obligado a emplear la mentira, hazlo siempre no en favor de la falsedad sino de la verdad; y si acontece que has de salvar la lealtad por medio de la mentira, no mientas sino más bien excúsate: porque tratándose de una causa honesta, el justo no descubre los secretos, guarda silencia sobre lo que debe callar y manifiesta lo que debe hablar: y tiene la evidente y segura tranquilidad de que, mientras los otros son vencidos por el mal, el mal es vencido por él. Si procuras, por tanto, consagrarte a la práctica de estas cosas, alegre y sereno esperarás el final de tu carrera, contemplarás con alegría las tristezas de este mundo, tranquilo las turbulencias, seguro las postrimerías.

Cap. V

MEDIDA Y RÉGIMEN DE LA PRUDENCIA

Con la observancia de estas reglas, cuatro clases de virtudes te harán un varón perfecto, si observas la justa medida de su rectitud hasta el fin de la vida. Porque si la prudencia excede sus límites, penetrarás en el terreno de la astucia y de la timidez, serás tachado de investigador de secretos y escudriñador de toda clase de culpas, serás tildado de cobarde, receloso, atento buscando siempre algo, siempre temiendo algo, siempre dudando sobre algo, y despertarás las más sutiles sospechas cuando quieran penetrar tu pensamiento. Lleno de astucia, señalarán con el dedo, taimado y enemigo de la sencillez, crítico de defecto, te llamarán todos al fin con un solo nombre, el de mala persona. A estas infamias conduce la desmesurada prudencia. Quien mantenerse pretenda en el fiel de su balanza, no tenga en sí nada de confusión ni de astucia.

Cap. VI

RÉGIMEN DE LA FORTALEZA

Si la magnimidad sale fuera de sus límites, vuelve al hombre amenazador, inflado, turbulento e inquieto: y con descuido del decoro, proclive a toda clase de engreimientos en palabras y en hechos: quien en todo momento con el ceño arrugado y falto de razón, excita aún lo más sosegado, hiere a unos y ahuyenta a otros. Pero aunque el agresor sea audaz, no podrás, sin embargo, soportar muchas cosas que pueden más que él y, o alcanzará un fin desgraciado o dejará tras sí un mal recuerdo. La medida, pues, de la magnanimidad será no ser ni demasiado tímido ni audaz.

Cap. VII

LÍMITE DE LA TEMPLANZA

La continencia debe constreñirse a estos límites: procura no ser mezquino ni apretar cicatero y tímido la mano. Ni tu punto de mira en las cosas pequeñas, porque tal y tan reducida integridad será juzgada como vileza. Observarás la continencia en esta línea media, en no aparecer pródigo y lujurioso por tu entrega a los placeres, ni sórdido y sin reputación a causa de tu mezquina tacañería.

Cap. VIII

Cómo se ha de dirigir la justicia

Finalmente, por el camino de esta línea media has de dirigir la justicia, para que el descuido no siga de continuo con frívolo impulso el dictado del alma, siempre inconmovible, y no aparezcas duro ante la sociedad humana, por tu demasiada rigidez y aspereza no dejando margen alguno para el perdón o la benignidad, al no tener que ejercer vigilancia y corrección sobre los grandes o pequeños defectos de los que van fuera de camino, o dar permiso para pecar a los que de ti se burlan apaciblemente o con malicia. Por consiguiente, la justicia ha de ajustarse a la norma de que el respeto a su disciplina no se envilezca menospreciado por el excesivo descuido común, ni de que a causa de su atroz severidad habitual pierda la gracia de la amabilidad humana.

Conclusión de lo antes dicho

Si alguien endereza su vida no sólo a la utilidad sino que desea también arreglar la de otros de un modo irreprochable, siga esta fórmula de las mencionadas virtudes conforme a las circunstancias de tiempo, de lugar, de personas y de causas, insistiendo en esta línea media, para, entre los abruptos precipicios de uno y otro lado, o evitar la caida alocada del cuerpo o castigar su efectiva desidia.

(C. W. BARLOW, *ob. cit.*, 238-50.)

FUENTES Y ESTUDIOS

C. W. BARLOW, *Martini episcopi Bracarensis opera omnia* (New Haven, 1950). Es la primera ed. crit. de conjunto, pero no es definitiva; C. P. CASPARI, *Martin von Bracar's Schrift "De correctione rusticorum"* (Cristiana, 1883); E. BICKEL, *Die Schrift des Martinus von Bracara Formula vitae honestae,* "Rhein. Museum", 60, 1905, 505-51; A. C. AMARAL, *Vida e opusculos de S. Martinho bracarense* (Lisboa, 1803); J. MADOZ, *Una nueva recensión del "De correctione rusticorum" de Martín de Braga,* "Est. Ecles.", 19, 1945, 335-53; Id., *Martín de Braga,* "Est. Ecles.", 25, 1951, 219-42; A. DE JESÚS DA COSTA, *S. Martinho de Dume* (Braga, 1950); M. FERREIRA DE SOUSA, *De ira S. Martini Dumiensis et L. A. Seneca,* "Rev. Port. de Filosofía", 6, 1950, 338-97; M. MARTINS, *Correntes da filosofia religiosa em Braga dos sec. IV a VII* (Porto, 1950), 215-86; A. LIEFOOGHE, *Les idées morales de S. Martin de Braga,* "Mélanges de S. Religieuse", 11, 1954, 133-46; D. DE AZAVEDO, *S. Martinho de Dume como teologo,* "Bracara Aug.", 8, 1957, 9-28; A. GARCÍA GALLO, *El testamento de Martín de Dumio,* "An. de Hist. del Der. Español", 26, 1956, 269-85; J. PÉREZ DE URBEL, *S. Martín y el monaquismo,* "Bracara Aug.", 8, 1957, 50-67; F. ELÍAS DE TEJADA, *S. Martín Dumiense como pensador político,* "Bracara Aug.", 8, 1957, 98-104; F. FERNANDES LOPES, *Comentario a Formula vitae honestae,* "Bracara Aug.", 8, 1957, 314-27; L. DE PINA, *Os canones de S. Marti-*

nho de Dume e a medicina luso-germánica, "Bracara Aug.", 8, 1957, 328-66; U. Domínguez del Val, *Patrología española* (Madrid, 1962), 485-88; L. Ribeiro Soarse, *A linhagem cultural de S. Martinho de Dume, I, Fundamentos* (Lisboa, 1963); J. L. Moralejo, *Los helenismos en el léxico de S. Martín Dumiense,* "Compostel.", 22, 1967, 157-99; G. Martínez Díez, *La colección canónica de la Iglesia sueva. Los capitula Martini,* "Bracara Aug.", 21, 1967, 224-43; E. Elorduy, *La cuestión jacobea en S. Martín de Braga,* "Associaçao portuguesa para o progresso das ciencias filosoficas e teologicas", 57-106.

LEANDRO DE SEVILLA

Leandro es la gran figura de la Iglesia visigoda, eclipsado posteriormente sólo por su hermano Isidoro. Dentro del período visigodo ocupa el segundo plano a pesar de haber sido el promotor más caracterizado del movimiento intelectual, moral y hasta político de aquella época. Su densa actividad en tantos aspectos no ha sido recogida por ningún escritor, ni siquiera por su hermano Isidoro al que debemos un modesto elogio en *De viris ill.* 28, documento ciertamente básico para hablar de Leandro. Otros datos sobre este gran obispo nos los ofrece él mismo en *De institutione virginum* y la correspondencia con Gregorio Magno.

Nació en Cartagena, tal vez el 540. Conoció la tragedia del destierro de sus padres, según parece sugerirlo en el cap. 31 *De virginitate.* Profesó la vida monástica. Hacia 577-78 pasó como obispo a la sede metropolitana de Sevilla. Leandro fue el actor y artífice principal de la conversión de Hermenegildo y Recaredo y sufrió, lo mismo que otros obispos, la persecución de Leovigildo. Con ocasión de la lucha político-religiosa entre éste y su hijo Hermenegildo tuvo que desplazarse a Constantinopla en misión diplomática por encargo de la Iglesia visigoda y tal vez de Hermenegildo.

En esta ciudad imperial conoció a Gregorio, futuro pontífice romano, en misión allí, lo mismo que él. A juzgar por el cariz de los acontecimientos posteriores, la misión de Leandro ante el emperador no tuvo éxito. La amistad, en cambio, con Gregorio fue profunda y un bien para las letras. A ruegos e instancia de Leandro escribió el romano *Los Morales,* tan influyente en nuestra literatura. Gregorio Magno quedó impresionado por la personalidad de Leandro, y Leovigildo, gravemente enfermo, le encomendó a Leandro a su hijo Recaredo, al que convirtió al catolicismo y con él a su pueblo godo, hecho transcendental para la vida ulterior de España. Ratificóse la conversión en el concilio III de Toledo, (589), obra de la fe e industria de Leandro en expresión de Isidoro. Leandro es el apóstol de los visigodos como Martín de Braga lo fue de los suevos.

Leandro era, efectivamente, un hombre de acción, pero era también por temperamento un intelectual. Mucho es lo que debe a Leandro de Sevilla el movimiento cultural visigodo. Las difíciles circunstancias en que vivió le impidieron consagrarse al estudio en la medida de su capacidad. Escribió poco y la gran parte de lo que escribió se ha perdido. El elogio isidoriano habla de sus escritos, de carácter dogmático unos, litúrgicos otros y ascéticos los restantes. Dentro de esta actividad literaria se conserva la *Homilia in laudem Ecclesiae* en la que Leandro derrama lo que tan íntimo llevaba en el corazón. Es un delicado y encantador tratado eclesiológico esmaltado de textos bíblicos.

Pero su obra más importante es *De institutione virginum et contemptu mundi,* escrita siendo obispo y dirigida a su hermana Florentina. Ha llegado a nosotros en dos recensiones: una breve, con veintiún capítulos, y otra extensa con treinta y uno. Esta última recensión la descubrió A. C. Vega en 1948 en un códice de la Biblioteca de El Escorial [1]. J. Madoz la perfeccionó con la publicación de un códice Casinense que contiene una nueva transmisión de la obra, si bien fragmentariamente [2]. No es admisible que esta obra leandrina sea una refundición del *De laude virginitatis* de Osio de Córdoba, según quiere P. B. Gams [3].

---

[1] El *"De institutione virginum"* de S. *Leandro de Sevilla* (El Escorial, 1948).

[2] Una nueva transmisión de *"Libellus"* de institutione Virginum de S. Leandro de Sevilla, "Anal. Bollandiana", 67, 1949, 407-24.

[3] *Kirchengeschichte von Spanien,* II, 2 (Graz, 1956), 66.

TEXTOS

Aunque dirigida inmediatamente a su hermana, el De institutione virginum *tiene unas fronteras de mayor amplitud. En
la mente de Leandro quiere ser un código monástico para monasterios de mujeres e incluso de vida ascética y pastoral. No
parece exagerada la afirmación de quienes consideran este libro como una joya de la literatura ascética*[4]. *Tiene estilo elegante y muy personal. A pesar de esto se descubren en él pensamientos de Cipriano de Cartago, Ambrosio de Milán, Jerónimo, Agustín y Casiano.*

*La parte general representa uno de los escritos de la Iglesia
antigua en los que se elogia la virginidad. Es el que fundamentalmente hemos elegido para esta antología. Es una joya de
admirable factura, tanto por las ideas que expone, con expresión fina y delicada, como por ser el reflejo del apasionado corazón de Leandro que vive lo que sale de su pluma. El arzobispo de Sevilla insiste en la vanidad y falsa apariencia del
mundo para que el cristiano dirija su corazón y su espíritu
hacia el cielo, donde está precisamente Cristo. Leandro es otro
autor que ancla su espiritualidad en la persona del Redentor.*

*Y si centra su espiritualidad en Cristo es para imitarlo. Para
Leandro el cristiano ha de vivir con Cristo, permanecer unido
a Cristo, dándole gusto en todo. Esta vivencia debe ser vigoro-
sa y hasta ardiente como el fuego que envió Cristo a la tierra.
Pero siempre la unión y la vivencia será la imitación de Cristo,
imitación que es la que franquea las puertas del cielo y sólo
podrá franquear estas puertas quien refleje en sí la persona de
Cristo. Leandro incorpora también a su espiritualidad a la Virgen María.*

LEANDRO POR LA MISERICORDIA DE DIOS OBISPO A MI MUY
AMADA HIJA EN CRISTO HIJA Y HERMANA FLORENTINA

Buscando, queridísima hermana Florentina, de qué

---

[4] B. ALBERS, *Aforismi di Storia Monastica*, "Riv. di Storia
Benedictina", 9, 1914, 338.

cúmulos de tesoros hacerte heredera, con qué clase de
patrimonio enriquecerte, se me ocurrían numerosas re-
presentaciones de cosas falaces, a las que yo, alejando
de mí con la mano de la mente como importunísimas
moscas, me repetía en silencio: el oro y la plata vienen
de la tierra y a la tierra vuelven; la heredad y el patrimonio de renta son viles y transitorios, *pasa la figura
de este mundo* [5]. Nada de cuanto vi bajo el sol, hermana, lo hallé digno de ti; nada estimé de tu agrado para
regalártelo; advertí que todo había de ser mudable, caduco y vano. De donde me di cuenta de que es verdadera la sentencia de Salomón que dice: *Rodeé de magnificencia mis empresas, me construí palacios, planté vi-
ñas, hice jardines y huertos y los sembré de toda clase
de árboles, construí estanques de agua para regar los
planteles. Tenía criados y criadas y mucha familia; rebaños y corderos de las ovejas, manadas también de cabras, en cantidad mayor que todos los que me precedie-
ron en Jerusalén. Acumulé oro y plata y haciendas de
reyes y provincias; me preví de cantores y cantoras y de
placeres de los hijos de los hombres, de copas y de án-
foras para el servicio del vino. Y aventajé en riquezas a
todos los que hubo antes de mí en Jerusalén* [6]. Para cerrar toda esta pompa de cosas mortales en esta conclusión, diciendo: *Y al encararme con cuanto habían hecho mis manos y con los trabajos en los que inútilmente
había usado, no vi en todos más que vanidad y aflicción del alma, y que nada es permanente bajo el sol* [7].
Y nuevamente dice: *He detestado toda mi diligencia,*

---

[5] *I Cor.*, 7, 31.
[6] *Ecl.*, 2, 4, 9.
[7] *Ecl.*, 2, 11.

que puse en juego afanosamente bajo el sol, con el fin de tener un heredero, que ignoro si será sabio o necio, el cual se posesionará de lo que sudé con mis esfuerzos y de lo que me preocupé, y ¿hay algo tan vano? De aquí que mi corazón cesara y renunciara a trabajar en adelante bajo el sol [8].

Informada con tal oráculo, oh hermana, no pensarías que yo era un verdadero padre, si te enriqueciera con cosas que no tienen ninguna consideración que —sujetas a las vicisitudes humanas— te defraudarían abandonándote y te dejaría desnuda. Asimismo te colmaría de quebrantos y te entregaría al temor y al miedo, si creyera que a título de hermandad podía entregarte las cosas que el ladrón puede robar, roer la polilla, devorar el moho, consumir el fuego, cubrir la tierra, borrar las aguas, quemar el sol, afear la lluvia y comprimir el hielo. Enredada en estas cosas humanas, el alma se separa de Dios y se aparta de aquella inmóvil y permanente regla de verdad. Ni puede dar dentro de sí acogida a la dulzura de la divina palabra o a la suavidad del Espíritu Santo el pecho agitado de tantas molestias humanas y aguijoneado por tantos estímulos de preocupaciones temporales. Si te atara a estas ligaduras y te abrumara con tales cargas y te abatiera bajo el peso de los pensamientos terrenos, me deberías tener por un enemigo más que por un padre; considerarme como un asesino y no como un hermano. Ea, pues, hermana queridísima, supuesto que cuanto está encerrado bajo la capa del cielo, se mantiene sobre cimientos de tierra y se desliza sobre su superficie, no lo estimo digno de poder enriquecerte con

---

[8] *Ecl.*, 2, 18-20.

ello, hay que buscarlo sobre los cielos de donde recibiste el don de la virginidad, para que allí llegues a encontrarte con su patrimonio y recompensa. El mérito de la integridad se pone de relieve en su compensación y se mide por su recompensa. Cuanto más vil se consideraría la virginidad, si se enriqueciera con dones terrenos y transitorios, tanto más esclarecida y excelente sería la que, pisoteados y despreciados los placeres mundanos, al conservar en la tierra la pureza de los ángeles, le cupo en suerte al mismo Señor de ellos. ¿Cuál es, pues, la herencia de la virginidad? No es acaso la que dice el Salmista: *El Señor es la parte de mi herencia*[9]. Y nuevamente: *Mi parte es el Señor*[10]. Para la atención, hermana, sobre tus adelantos, sobre la elevada cumbre a que has llegado, a fin de que encuentres la gracia de tantos beneficios en uno solo; el mismo Cristo. Es esposo, hermano, amigo, porción de la herencia, compañero, Dios y Señor. En él tienes un esposo a quien amar: *Es de exquisita hermosura sobre los hijos de los hombres*[11]. Es un verdadero hermano que te pertenece; por adopción tú eres hija de Aquel de quien él es Hijo por naturaleza. Es un amigo del cual no debes dudar, pues él mismo dice: *Una sola es mi amiga*[12]. En El tienes una herencia que ambicionar, porque él es la porción de tu herencia. En El tienes un precio que reconocer, porque su sangre es tu redención. En El tienes un Dios que te gobierne, un Señor a quien temer y honrar. Todas sus prerrogativas le provienen de la virginidad de Cristo, en

---

[9] *Sal.*, 15, 5.
[10] *Sal.*, 118, 57.
[11] *Sal.*, 44, 3.
[12] *Cant.*, 6, 8.

forma tal que aquél ante el cual los ángeles tiemblan, a quien sirven las potestades, obedecen las virtudes y ante el cual doblan las rodillas los cielos y la tierra, a éste es al que la Virgen toma por esposo, a cuyo tálamo se acerca vestida de virtudes y al cual da calor en la casta alcoba de su corazón. ¿Y qué más se le puede dar a quien Cristo se dio por esposo y entregó su sangre a título de dote y de recompensa? Acostumbran los que toman esposa dar dote, otorgar premios y, a condición de perder la vergüenza, entregar su patrimonio, de manera que más parecen comprar las esposas que tomarlas. Tu esposo, oh virgen, te dio por dote su sangre, con ella te redimió, con ella te asoció a su unción, a fin de que no pierdas el pudor y alcances la recompensa. Tanto más es inmenso el amor cuanto más espléndido el premio de la dote. Mucho ama quien te desposó con su propia sangre. Y por esto prefirió que su cuerpo se abriera con herida a golpe de lanza y a filo de espada, para comprarse con ello tu pureza y conservar tu honestidad. En sentido contrario puso remedio en el hombre; para que del mismo modo que su muerte es nuestra vida y su humildad la medicina de nuestra soberbia, así se compró nuestra integridad por medio de las heridas de aquél que quiso ser herido precisamente para permitir que se nos hiera con el martillo de toda la tierra. *A precio fuisteis comprados* —dice el Apóstol— *no queráis haceros siervos de los hombres* [13]. ¿Por qué, oh virgen, quieres dar al hombre un cuerpo que ya está redimido por Cristo? ¿Te redimió uno y quieres casarte con otro? Andas libres a costa del precio de otro y te condenas

---

[13] *I Cor.*, 7, 23.

a una espontánea servidumbre. Si todo el mundo se adscribiera a título de dote, ¿qué más valioso que la sangre de Cristo por la cual el mundo fue redimido? Sopesa la paga y el peso para darte cuenta de que vale más el que redimió que lo redimido. Cuán perseverante discurre la virgen que, despreciando al comprador, sigue la mercancía y, posponiendo la sangre de Cristo, se abraza con el mundo que fué redimido.

No soy digno, amantísima hermana, de exponer los premios de la virginidad; es un don inefable, escondido a los ojos, cerrado a los oidos, misterioso para la inteligencia. Vosotros ya sois lo que esperan ser los santos y aquello en que la iglesia espera se conviertan todas las cosas. *Esto corruptible* —dice el Apóstol— *se revestirá de incorrupción* [14]. Pero evidentemente después de la resurrección del cuerpo, mientras que ya vosotras conocéis la gloria de la incorrupción. Ya vosotras en el siglo presente estáis en posesión de esta parte de la gloria. ¡Cuánta es la bienaventuranza que os aguarda en el futuro! ¡Qué coro se os prepara para siempre, qué gracia de incorrupción poseéis aquí al par que otros muchos ambicionan llegar a ella! Gózate en ser tal como saliste formada de las manos de Dios. El remata en toda su integridad a la que enriqueció íntegramente y a la que preparó para el premio de la integridad. Los hombres perversos corrompen la naturaleza que Dios formó pura. Y ésta fue la primera ofensa, éste fue el origen de la condenación de nuestros primeros padres, el no querer ser para lo que habían sido criados, por lo que merecieron ser condenados en sí y en su descendencia.

---

[14] *I Cor.*, 15, 53.

Vosotras, oh vírgenes, sois la reserva de la cantidad restaurada, que perdieron en el paraíso los primeros hombres. Vosotras que os mantuvísteis tal como ellos fueron creados, sois las que conserváis su condición primera. Mas guardaos de seguir su ejemplo. ¡Oh dolor, hermana muy querida! Huye las enseñanzas de los primeros padres, y ten horror a los silbidos de la antigua serpiente, no sea que la tierra viciada comience a producir para ti espinas y abrojos, y la que debe hacer brotar como bandera de la virginidad lirios y rosas, produzca espinas y paja, las unas que desgarren, la otra que queme.

Vosotras sois la primera ofrenda del cuerpo de la Iglesia, obligación agradable a Dios de entre toda la masa del cuerpo de Cristo y consagrada en los celestiales altares. Gracias a vuestros propósitos y a su fe, toda la Iglesia, obligación agradable a Dios de entre toda la masa del cuerpo de Cristo, y consagrada en los celestiales altares. Gracias a vuestros propósitos y a su fe, toda la Iglesia hizo suyo el nombre de la virginidad, ya que en ella la mejor y más sana parte, que sois vosotras, ofrendáis a Cristo íntegramente vuestro cuerpo y alma. Y aunque por la fe permanezca virgen en todos sus miembros de un modo general, no obstante, en parte de sus miembros, que sois vosotras, con razón también virgen de cuerpo, empleando aquella figura de palabra por la cual se designa el todo por la parte o la parte por el todo.

Medita, virgen santísima, como la paloma, sobre la gloria que te espera en el futuro, por no haber condescendido con la carne y con la sangre, ni arrastraste aquel cuerpo santísimo en la corrupción. Ea, pues, piensa, con-

jetura, entiende con qué abrazos Cristo te desea, a ti
que pisoteaste los halagos del mundo; con qué deseos
te espera el coro virginal, a ti a quien ven acelerada-
mente escalar las cumbres del cielo por los mismos pasos con que el mismo coro de vírgenes llegó hasta Cristo. Alégrase igualmente María, la madre de Dios, vér-
tice y modelo de virginidad, madre de la pureza, que os
engendró con su ejemplo y se mantiene pura; os parió
con sus enseñanzas, y no sintió dolores; engendró a su
esposo y es no obstante virgen. Dichoso aquel vientre,
que supo lo que es engendrar, sin corromperse. Bienaventurada aquella fecundidad, que pariendo llenó el
mundo, heredó a los cielos y no perdió los velos de la
virginidad. Arda tu corazón, hermana, en aquel fuego
que Cristo envió a la tierra. Anímete la llama de este
fuego y aquel coro de vírgenes que siguen a María.
Cáptala con los ojos de la inteligencia, acompaña a estos
coros, únete a ellos con los anhelos del alma, apresúrate allí, corre hacia allá donde está depositada la *corona de justicia que te entregará aquel día el Señor,
justo juez* [15].

Date cuenta de que el alma de tu hermano no tiene
más deseo que el de tu aprovechamiento, de que la mayor ambición de tu hermano es que tú estés con Cristo.
Y aunque en mí no tengo lo que en ti deseo ver cumplido, duélome de haber perdido lo que anhelo que tú tengas. Entretanto me servirá en cierto modo de alivio el
que tú —que eres la mejor parte de nuestro cuerpo— no
andas por el camino de los pecadores y el que conser-
vas con firmeza lo que posees. ¡Ay triste de mí, si otro

---

[15] *II Tim.,* 4, 8.

llega a recibir tu corona! Tú, queridísima, mi refugio ante Cristo, tú mi prenda, tú mi hostia sacratísima, por medio de la cual no dudo hallaré la expiación de la mezcla inmunda del pecado. Si tú eres agradable a Dios, si tú con Cristo reposas en un casto lecho, si tú te unes a Cristo con sus abrazos en fragantísimo olor de virginidad, evidentemente que al acordarte del hermano pecador, alcanzarás por el reato del hermano la indulgencia que pidieres. No te causará pesadumbre quien te asoció a sí. *Su mano izquierda, en la que están el honor y la gloria, bajo tu cabeza* [16]; *y su derecha, donde reside la longitud de la vida, te está abrazando* [17]. Entregada a tales abrazos del Esposo, alcanzarás mi perdón si lo pides. Tu amor en Cristo será mi gracia...

Busca las cosas de arriba, donde está tu vida, allí están tus deseos; donde está tu esposo, allí está tu tesoro. No quiero que te muevas por los placeres del siglo, no quiero que te adornes con el fulgor de la carne. Rápidamente despierta la pasión ajena la carne engalanada y provoca sobre sí la mirada de los jóvenes la que se arregla para aparecer hermoseada. El querer agradar a los ojos ajenos es inclinación de meretrices, e infieres injuria al esposo celestial si andas buscando agradar a los ojos libidinosos. Te ruego hagas de juez entre las que se casan y las vírgenes, considera las esperanzas de ambas y sopesa cuál es el camino de cada una. La virgen se afana por agradar a Dios, la casada al siglo. La virgen conserva la pureza en que nació, la casada se corrompe. ¿Y qué llega a ser la naturaleza cuando no se conserva íntegra como al principio de su existencia?

---

[16] *Cant.*, 2, 6.
[17] *Prov.*, 3, 16.

Primeramente se irroga una injuria a la obra divina, porque, lo que El formó puro, se corrompe con las pasiones y con ellas se mancha. Dios conoce en vosotros su obra, porque teniéndoos el siglo, no os corrompe, porque Dios os recibe tal como os hizo. Todo cuanto ahora perece del cuerpo ha de ser restaurado en la resurrección. La virginidad, una vez perdida, ni aquí se repara ni se recobra en el futuro. Es cierto que Dios mandó el matrimonio; mas precisamente para que de allí naciera la virginidad, con el objeto de que multiplicada por la sucesión de las vírgenes, se lucrara en la descendencia lo que había perdido el casamiento. La raíz y el fruto del casamiento es la virginidad. Evidentemente que del matrimonio nace la virgen, la cual, si no se corrompe, es recompensa que se añade a las nupcias. Tienen motivos para alegrarse las casadas, si se guardan sus frutos en el celestial granero. Tú también acumularás sobre ti los méritos de tus padres; a ambos se les computarán tus honores; al unirse su hija a Cristo, ellos recibirán en el fruto lo que perdieron en el verdeo.

Repasa, hermana mía, la serie de desdichas del casamiento entre los hombres y cierra los ojos para no ver su vanidad. Los primeros peligros del casamiento son: la corrupción, las molestias de la corrupción, el peso del vientre embarazado, el dolor del parto que la mayor parte de las veces llega hasta el peligro de muerte, en donde suele perecer el premio y el fruto del casamiento, pues al morir la madre juntamente con la prole y toda aquella pompa nupcial queda frustrada al ponerle remate la muerte. ¿Quién descubrió que era ocasión de perdición la que pensaban ser causa de alegría? La que quiso agradar al hombre y no a Dios, ¿qué hará al salir de la vida? ¿Qué parte puede tener con Cristo la que sólo tuvo la preocupación de agradar al mundo? Las que en un principio no se separan acertadamente de los hombres, pierden la libertad juntamente con la vergüenza, supuesto que a cambio del dote venden como esclava a la virginidad. ¿Qué es lo que le queda a la desdichada que pone en venta el pudor? Y si por casualidad —como suele acontecer— pierde la donación del mundo, se queda entonces sin el pudor y pierde además el precio. Date cuenta de lo desnuda y despojada que en ambos casos queda. Expuesta a un doble peligro de temor a causa del hombre, tiene miedo a perder un bien, tiene miedo a cargar con un mal. ¿Qué término medio queda, por tanto, en esto para la alegría? ¿Qué nuevas formas de prostitución medita para agradar a los ojos? ¿Con qué olores más peregrinos perfuma sus vestidos? Y para recreo de los sentidos simula un cutis que no es el suyo. Con tintes adultera su rostro embadurnado de numerosos aceites, a fin de no resultar tal como nació, y así engañar al hombre con hermosura ajena y no con la propia. Mira a ver si no es una clase de maleficio el pensar en un arte que provoque la liviandad ajena. La que de tal manera desfigura el rostro, ¿no crees que tiene corrompida la inteligencia? Cometió un triple adulterio; de pensamiento, con haber concebido tal engaño; de cuerpo, con cambiar su apariencia con ficciones; de vestido, con no oler a su propio olor sino a otro ajeno.

La virgen no enfrascada en estos inconvenientes, tiene sexo, pero desconoce sus exigencias. Olvidada de la fragilidad femenina, se mantiene en viril entereza y da robustez al sexo débil con la virtud y no somete a servidumbre el cuerpo que por ley de naturaleza está sometido al varón. ¡Dichosa la virgen que hereda de Eva el cuerpo, pero no la pena! Esta, en virtud del pecado, oyó: *Estarás sujeta bajo la potestad del varón, y parirás con dolor* [18]. Tú, gracias a la virginidad, te sacudiste tal yugo y no te inclinarás hacia la tierra oprimida por el yugo del matrimonio sino que, erguida hacia arriba, miras a los cielos, de manera que tú despreciando lo lícito subes allí de donde ella cayó por coger lo prohibido. Eva gustó lo vedado y perdió la virginidad. A la virgen le estaba permitido casarse, mas precisamente por no hacerlo, se puso en igual categoría que los ángeles. *En la resurreción no se casan, ni toman esposas, sino que serán como los ángeles de Dios* [19]. Mira por dónde la virgen que no se casa, es comparada a los ángeles. Es lícito engendrar hijos; pero las que despreciaron esta necesidad, oyen a Cristo que les dice: *Bienaventuradas las estériles que no engendraron, y los pechos que no amamantaron* [20]. Por el contrario, allí se dice a las casadas: ¡Ay de las preñadas y de las lactantes en aquel día! Y supuesto que las sensaciones de la virginidad se reputan como si fueran hijos, ¿para qué buscar parirlas con dolor aquella que las experimenta en sentido piadoso y puede gozarse meditando sobre ella? *Por tu temor —dice— oh Señor, hemos concebido y hemos parido el Espíritu de salvación* [21]. He aquí una feliz concepción, una incorrupta descendencia, un parto útil en donde, además de dar a luz el fruto de un buen pensamiento, se desconoce por

---

[18] *Gen.,* 3, 16.
[19] *Mat.,* 22,30.
[20] *Luc.,* 23, 29.
[21] *Is.,* 26, 18.

completo el dolor. Tantos gérmenes felices, cuántos pensamientos santos, concibe tantas veces cuantas recibe en santa meditación al Espíritu Santo. La concepción divina da a luz virtudes. Y no pienses en que eres estéril, pues tendrás tantos hijos cuantas virtudes alumbres. Una sola concepción por parte del Espíritu Santo produce muchos partos. El primer parto de una virgen es la virtud de la modestia; el segundo de la paciencia; el tercero de la sobriedad; el cuarto de la templanza; el quinto de la caridad, el sexto de la humildad, el séptimo de la castidad, para que se cumpla lo que está escrito: *La estéril parió siete*[22]. He aquí que mediante una sola concepción del Septiforme Espíritu tuviste siete partos. No digas: *Yo soy un leño seco, porque esto dice el Señor a los eunucos; a los que guarden mi descanso y eligieren lo que yo deseo y mantuvieren mi alianza, les daré en mi casa y dentro de mis muros un lugar y un nombre mejor que el de los hijos de las hijas; les daré un nombre sempiterno que no perecerá*[23]. ¿Ves, oh hermana amantísima, qué lugar más principal tienen las vírgenes en el reino de Dios? Y muy justamente. Por haber despreciado los hábitos mundanos, llegaron al reino celestial. Las que desconocieron el engendrar hijos con dolor, empezaron aquí la bienaventuranza de la vida celestial; y las que menospreciaron el contagio de la liviandad y los rastreros engaños del matrimonio, con justicia alcanzaron las nupcias con Cristo. No quiero que te impresiones por los pomposos desfiles de las casadas ni con su cortejo y acompañamiento de servidores. A

---

[22] *I Re.*, 2, 5.
[23] *Is.*, 56, 3.

menudo entre ellos se mezclan los que ponen acechanzas a la pureza, aunque se les consideraba como guardianes de la castidad. Al verse rodeadas de varones de tan diversas figuras, les viene a la mente lo que hacen en el lecho con sus propios maridos y aplican a los otros lo que singularmente cada una experimentó con el suyo. No temo el que me odien por haber dicho la verdad. Llénenme de vergüenza aquellas a quienes remordiere la conciencia, con tal que lo que digo las sirva de provecho para precaver lo que deben evitar en aquellas cosas que sólo brillan por el resplandor de la carne. Es evidente, hermana mía, que aquella que arreglase el lucimiento de sus vestidos, se perfumase con raros olores, se diera humo en los ojos, se emblanqueciera la cara con aceites postizos, se llenara los brazos con doradas pulseras, se cargara de anillos los dedos e hiciera resplandecer sus manos con fulgor de estrellas por las muchas piedras preciosas, cargara sus orejas con metales, cubriera su cuello con una capa de margaritas y de diversas piedras y sobre su cabeza pusiera una carga de oro; en verdad —repetiré— ésta no es casta, supuesto que se arregló en tal jaez a fin de impresionar los ojos de muchos, para soliviantar sus espíritus y para atraer sus pensamientos. Esta, aunque por miedo a su marido no cometa abiertamente el estupro, es realmente una fornicaria en su interior. Por el contrario, es casta aquella que agrada al varón por su aire sencillo y sus buenas costumbres, y a Dios por el bien de la castidad. El apóstol Pedro describe el porte de éstas y traza el estilo de sus atuendos o la justicia de sus costumbres, cuando dice: *No se preocupe la mujer del excesivo ornato exterior de oro o de vestidos, sino del cultivo del cora-*

zón[24]. Lo mismo inculcó el apóstol Pablo diciendo: *Del mismo modo las mujeres se adornen con honestidad y sobriedad, no con cabellos rizados, ni con oro o con piedras preciosas o con ricos vestidos; sino de aquel modo conveniente a las mujeres que profesan la piedad mediante sus buenas obras*[25]. A las que descubras no estar acordes con estas prescripciones y discrepar de ellas, aléjalas de tu lado como a capitanas del infierno y compañeras del demonio. Aconsejarán aquello que por dentro les rebosa y, aunque no con palabras, en su comportamiento descubren sus crímenes. Apártate de la que brillare entre oro y resplandeciere entre piedras preciosas; considérala como un ídolo, no como una persona, que tuvo la presunción de afear con diversos afeites la figura bien delineada por Dios. De aquí que la Escritura también diga: *Engañosa es la apariencia y vana la belleza, la mujer temerosa de Dios se alaba por sí misma*[26].

Capítulo I

Evítese el trato con las mujeres laicas

Te ruego, hermana Florentina, que no admitas a tu trato las mujeres que no profesaron contigo. No hacen más que sugerir aquello que les gusta e insinuar en tus oídos las cosas sobre las que versan sus deseos. Ay, hermana mía, *las malas conversaciones corrompen las buenas costumbres*[27]. *Serás santo con los santos* —lejos de

---

[24] I Pe., 3, 3.
[25] I Tim., 2, 9.
[26] Prov., 31, 30.
[27] I Cor., 15, 33.

ti, hermana— *y te pervertirás con el perverso* [28]. ¿Qué hacen juntas la casada y la virgen? La que ama al marido, no va en pos de ti. Escapa a tus intenciones, y aunque finja que te ama, miente para engañarte. ¿Qué hace en tu compañía la que contigo no lleva en su cuello el yugo común de Cristo? Es diferente a ti en la conducta y diferente en los afectos. Instrumento de Satanás, te susurrará lo que te impresione con los atractivos del siglo y te facilite los caminos del demonio. Desoye el canto de las sirenas, hermana mía, no sea que mientras te recreas en escuchar con oídos curiosos los pasatiempos terrenos, te apartes del recto camino, y o a la derecha te estrelles con un escollo, o a la izquierda te traguen las fauces de Caribdis. Huye del canto de las sirenas y tapa tus oidos a la lengua, mala consejera. Defiende tu corazón con el escudo de la fe cuando veas a alguna de propósitos diferentes a los tuyos, y arma tu frente con el trofeo de la cruz contra aquella que es contraria a tu profesión.

Capítulo II

EVÍTESE EL TRATO CON LOS SANTOS VARONES

Ya te puedes hacer cargo, hermana Florentina, de cómo has de huir de los hombres, si con tanta solicitud debes apartarte de las mujeres del siglo. No tenga familiaridad contigo varón alguno, aunque sea santo, no sea que con la continuidad de las entrevistas o se desacre-

---

[28] *Sal.,* 17, 26.

dite o perezca la santidad de los dos. Se aparta la caridad de Dios, la que da ocasión para ejecutar una mala obra; se aparta de la caridad del prójimo, la que, aun sin hacer nada malo, fomenta la mala fama en la opinión. Puestos cerca los sexos diferentes, despiertan los instintos con que nacieron y préndese la llama natural cuando se ponen en contacto sus componentes. ¿Quién almacenó fuego en su seno, que no se quemara? El fuego y la estopa, contrarios entre sí, al juntarse dan pábulo a las llamas. Los sexos diferentes del hombre y de la mujer, al encontrarse, provocan la natural conmoción.

(De *De Institutione virginum et de comptentu mundi*. Ed. A. C. Vega, *ob. cit.*)

FUENTES Y ESTUDIOS

A. C. Vega, *El "De institutione virginum" de S. Leandro de Sevilla* (El Escorial 1948); J. Campos, *Santos Padres Españoles. Libro de la educación de las vírgenes y del desprecio del mundo de S. Leandro de Sevilla*, II (Madrid 1971), 7-76 (ed. crit. y versión castellana); F. Görres, *Leander Bischof von Sevilla und Metropol. der Kirchenprovinz Bätica*, "Zeitschr. für wissenschafliche Theologie", 29, 1886, 36-50; L. Serrano, *La obra "Morales" de S. Gregorio "en la literatura hispanovisigoda"*, "Revista de Arch. Bibliot. y Mus.", 29, 1911, 482-97; J. Pérez de Urbel, *Los monjes españoles en la Edad Media*, I (Madrid 1945), 194-203; J. Madoz, *Varios enigmas de la "Regla" de San Leandro descifrados por el estudio de sus fuentes*, Misc. Giovanni Mercati, I (Citta del Vaticano 1946), 265-95; Id., *Una nueva transmisión del "Libellus de institutione virginum" de San Leandro de Sevilla;* Mélanges Paul Peeters "Anal. Bolland", 67, 1949, 407-24; F. de B. Vizmanos, *Regla o libro de la formación de las vírgenes y desprecio del mundo, Las vírgenes cristianas en la Iglesia primitiva* (Madrid 1949), 923-60; V. BEJARANO, *Observaciones sobre el latín de S. Leandro,* "Emerita", 28, 1960, 43-73; V. VIGUERA, *El concepto de fe en las oraciones sálmicas leandrinas,* "Rev. Esp. de Teología", 28, 1968, 297-318; A. LINAGE CONDE, *Algunos aspectos biológicos de la "Regula Leandri",* "Cuad. de Hist. de la Medic. Española", 11, 1972, 309-24; J. PINELL, *Liber orationum Psalmographus. Colectas de Salmos del antiguo rito hispánico* (Barcelona-Madrid 1972); J. ALDAZÁBAL, *La doctrina eclesiológica del Liber orationum Psalmographus* (Zurich-Roma 1975); J. CAMPOS RUIZ, *La virginidad consagrada en el pensamiento de S. Leandro Hispalense,* "Homenaje a Fr. Justo Pérez de Urbel", II (Abadía de Silos 1976), 25-38.

SAN ISIDORO DE SEVILLA

Durante varios siglos fue Isidoro de Sevilla la figura más representativa en el mundo cristiano. No parece hiperbólica la afirmación de que toda obra científica medieval que tocaba temas sobre la antigüedad tiene algún parentesco isidoriano. De familia originariamente cartaginense (Cartagena) Isidoro nació probablemente en Sevilla entre 560-570. Era el menor de los cuatro hermanos: Leandro, Fulgencio, Florentina e Isidoro y probablemente hispanogodo. La muerte prematura de sus padres obligó a Leandro a encargarse de la formación de Isidoro. Y no sólo lo educó bien intelectualmente sino que además Isidoro recibe de su hermano la experiencia del difícil gobierno de los hombres. Conjugando la cultura con la acción transcurre la juventud isidoriana. A la muerte de Leandro, hacia el 600, Isidoro ocupa la sede arzobispal de Sevilla iniciándose el período áureo de su activa vida cultural y pastoral. Fue gran preocupación suya durante los casi cuarenta años de su episcopado reorganizar la Iglesia española y atender también a las inquietudes de su época que, tanto en lo espiritual como en lo intelectual, político y social, se hallaba en plena evolución. Llevó a cabo este su programa con la celebración de concilios —II de Sevilla y IV de Toledo— presidido por él, con su actividad literaria y con sus cartas.

Isidoro es, antes que nada, un obispo-pastor. No escribe por delectación, sino por acudir a alguna necesidad colectiva o individual. De ahí que sus escritos vayan siempre ligados a la vida y problemas acuciantes de la época; las obras isidorianas no son monumentos arqueológicos. Para casi todos los estamentos sociales Isidoro tiene un manual orientador y al mismo tiempo sistematizador. El influjo isidoriano en la Edad Media es ingente porque el hombre medieval ve en él al obispo de acción que está muy cerca de ellos, no sólo en cuanto a sus inquietudes, sino también en cuanto a la manera de exponerlas.

No es el caso de enumerar aquí todas sus obras. El catálogo de las mismas puede verse en M. C. Díaz y Díaz [1] y en U. Domínguez del Val [2]. Isidoro muere en 636. El emocionante episodio de la misma lo recoge su diácono Redento en el *Liber de transitu sancti Isidori*. Diecisiete años después de su muerte en el concilio VIII de Toledo (653) lo declara "doctor egregio de nuestro siglo, honra reciente de nuestra Iglesia católica... no el menor por su doctrina... el doctísimo de todos los tiempos, el digno de ser nombrado con reverencia" [3].

TEXTOS

1. Isidoro, precisamente porque escribió para todos los estamentos sociales, para todos tiene sus notas de espiritualidad. Pero dentro de sus escritos hay uno que reviste un carácter especial acaso por su proyección universal. Nos referimos a los Sinónimos *de los que tomamos este primer texto. Es éste el único libro que Isidoro dedicó expresamente a la vida espiritual. El carácter de la obra lo consigna Braulio en la* Renotatio: para consuelo del alma y para fomentar la esperanza del perdón. *Lo mismo que otras obras de Isidoro es también ésta un manual orientador en la vida espiritual dirigido a sus clérigos sevillanos sin excluir los alumnos de la escuela de Sevilla.*

Varios autores lo insertan dentro de la ascética, otros dentro de la teología dogmática, unos terceros entre las obras de gramática y por fin otros lo consideran como una introducción general a la espiritualidad, pero conectado con la gramá-

---

[1] *Index...*, n.º 101-33.
[2] *Herencia literaria...*, 55-65.
[3] J. Vives, *Concilios visigóticos e hispano-romanos* (Barcelona-Madrid 1963).

tica. A nosotros nos parece que todos estos aspectos se interfieren en los Sinónimos, *pero creemos que más bien sería una obra de teología pastoral en la que se señala el método a seguir por el clérigo que desea llevar al pecador a la práctica de la vida cristiana, poniendo de relieve el esfuerzo personal del mismo.*

En el primer libro se intenta la conversión del pecador y en el segundo se le propone un plan de vida con las virtudes más esenciales de la vida cristiana.

Sinónimos

Libro II (PL 83, 845-68)

Te ruego, te pido, suplico e imploro, oh alma, que en adelante nada hagas frívolamente, ni te comportes en nada sin consideración, ni obres con temeridad cosa alguna, no sea que el mal se repita, o renazca el pecado, o vuelva la iniquidad, o retorne súbitamente la malicia, o surja de nuevo la maldad, o recobre fuerzas la injusticia.

Conócete a ti mismo, hombre; entérate de quien eres, por qué has tenido principio, por qué has nacido, para qué destino has sido engendrado, por qué has sido hecho, en qué condiciones has salido a luz, o por qué se te ha engendrado en este siglo; acuérdate de tu estado; guarda el orden de tu naturaleza. Sé lo que has sido hecho, cual Dios te formó, cual el Hacedor te configuró, cual el Creador te instituyó.

Conserva la fe recta, mantenla sincera, guárdala inmaculada, persista en ti inconmutable, y no sea viciada en su manifestación. No te engañe ninguna doctrina necia, no te corrompa ninguna religión perversa, ni maldad alguna te aparte de la solidez de la fe, no niegues con tus obras la santidad de conducta que invocas con la fe, abstente de todo lo que veda la ley, y guárdate de todo lo que la Escritura prohibe.

Perfecto en la fe, no faltes en las obras. No mancilles la fe viviendo torpemente, no corrompas su integridad con depravadas costumbres, nada hagas contra los preceptos de Dios; vive en el bien, sin adición de mal alguno; la mala conversación no contagie las buenas costumbres, ni hechos torcidos mancillen las buenas obras; no mezcles el vicio con las virtudes, no juntes el mal con los bienes, pues la mezcla de lo uno y de lo otro contamina muchos bienes. Un solo mal echa a perder muchos bienes. Ten entendido que quien pecare en una sola cosa, éste se encuentra sujeto a todos los vicios[4].

Por un solo pecado se malograron muchas justicias. Por un solo mal pueden venirse abajo muchos bienes. No inclines tu ánimo hacia lo que deleita al cuerpo, no prestes consentimiento al deleite carnal. No entregues tu alma al poder de la carne, contra sus apetitos, refrena tu pensamiento. Examina a diario tu corazón, haz su crítica y recorre sus más escondidos rincones con una inspección de tus propios ojos. Guarda tu alma de todo mal pensamiento, ninguna idea torpe entre subrepticiamente en tu inteligencia; señala límites a tus pensamientos en lo que has de evitar, en lo que has de hacer; purifica de pecado a tu conciencia.

Limpio esté tu ánimo de toda mancha. Sea pura tu mente, no deposite en ella inmundicia alguna. Límpiate del vicio de tal manera, que ni aun en pensamiento quede en ti nada de él. Ten entendido que has de ser juz-

---

[4] *Sant.*, 2, 10.

gado hasta de los pensamientos, Dios juzga las conciencias. Dios examina no sólo la carne, sino la mente. Dios
es juez y juzga el alma hasta de los pensamientos. Cuando sientas la atracción de un mal pensamiento, no consientas en él, ni en él te detengas cuando te sugiera
algo ilícito; contén la primera sugestión del pecado y
no la dejes permanecer en tu corazón. Arrójata en cualquiera hora que venga y aplástala como si hubiera aparecido un escorpión. Pisa la cabeza de la serpiente, sujeta el comienzo de la maligna sugestión.

Corrige la culpa allí donde nace; resiste en el principio al pensamiento y escaparás a lo demás. Lucha contra el comienzo del pensamiento y vencerás; corta la
cabeza del mismo y superarás lo restante. Si arrojas del
corazón el pensamiento, no se traducirá en obra. Si no
consientes con el pensamiento, prontamente resistirás a
la obra; pues al que no arrastra el deleite, no domina
el consentimiento, porque no puede ser corrompido el
cuerpo, si antes no lo fue el ánimo. Cuando el alma se
derrumba, la carne al punto está dispuesta para el pecado. El alma precede en el crimen a la carne, y ésta
no puede hacer sino lo que desea aquélla. Limpia, por
tanto, tu alma de pensamiento, y no pecará la carne;
porque si tú no quieres, no te podrá vencer.

Oye, alma, lo que digo, escucha lo que hablo, atiende
a lo que te aviso: No te manches ya con ninguna inmundicia ni te ensucies con liviandad, abstente de toda
corruptela de la carne y substráete a toda corrupción de
ella. En adelante no domine en ti la lujuria, ni te venza
más la sensualidad. Guarda tu cuerpo de la fornicación.
No te manches jamás con pensamiento carnal alguno;
y piensa que contaminarse con pensamiento carnal es

peor que ningún otro pecado, pues la fornicación es el mayor de ellos.

Es un grave pecado la fornicación y excede a todos los males. La fornicación es más grave que la muerte; es preferible morir a fornicar; morir es mejor que mancharse con la lujuria, mejor entregar el alma que perderla por la incontinencia. La continencia transforma al hombre en allegado de Dios, lo aproxima a él. Donde la continencia se encuentra, allí permanece Dios.

La castidad acerca el hombre al cielo y a él lo conduce. A la castidad se promete el reino de los cielos. La castidad hace que logremos la herencia de los cielos. La sensualidad, en cambio, precipita al hombre en el infierno y lo hunde en el tártaro y lo arrastra hacia sus penas.

Y si todavía sientes las molestias de la carne, si aún te sientes espoleado con su aguijón, si te sientes movido de sus sugestiones, si el recuerdo de la fornicación todavía bulle blandamente en tu memoria, y te combate la carne, y la lujuria te tienta, y el deseo te invita, represéntate el recuerdo de la muerte, pon ante tus ojos el día de tu fallecimiento, y no apartes de ellos el término de tu vida. Medita en el juicio futuro, los tormentos y suplicios que han de venir, represéntate el fuego perpetuo y las horribles penas del infierno.

Ora continuamente con lágrimas, sin desfallecer, ruega a Dios día y noche, sean incesantes tus oraciones, sean frecuentes. Sean tus contiuas armas las de la oración. No te falte, insiste una y otra vez en ella, continuamente. Gime y llora siempre. Levántate de noche para orar; vigila y ora; pernocta en oración y en plegaria; dedícate a las nocturnas vigilias. No bien hayas cerrado un poco los ojos, vuelve de nuevo a la oración. Su frecuencia desvía los dardos del demonio.

La oración continua vence los dardos del demonio. Las súplicas repetidas alejan a los espíritus inmundos y la insistencia en ellas los vence. Con la oración se vencen y superan los demonios. La oración prevalece sobre todo mal.

Prívate asimismo de toda hartura de comida, castiga tu cuerpo con la privación; conságrate a los ayunos y a la abstinencia; lleva pálido el rostro y arrastra un cuerpo flaco. Pasa hambre y sed, prívate y quédate enjuto; no puedes vencer la tentación si no lo aprendes en el ayuno. La sensualidad crece con los manjares. La saciedad de alimentos suscita la lujuria de la carne, sus tentaciones crecen con el vicio de la voracidad; a él siempre va unida la lujuria, la cual, por el contrario, se restringe y supera con el ayuno. Suprimida la hartura, no domina la lujuria.

La abstinencia domina a la carne, frena la lujuria, quebranta el ímpetu de la liviandad. La abstinencia deshace la fuerza de la liviandad; la sed y el hambre destruye la lujuria de la carne y superan su lascivia. También con el vino se carga la inteligencia. El vino es ponzoña para el alma. Con él se excita la lujuria, y es pábulo al fomento de la liviandad. Llenas de vino las venas, la lujuria se extiende por los miembros, pues las copas son instrumentos de lujuria. Añadiendo pábulo al fuego crece mucho más el incendio, y la llama se aumenta al agregarle materia.

Los primeros dardos de la lujuria son los ojos; la visión de la mujer es su primer deseo, pues la inteligencia se capta con los ojos. El aspecto exterior lanza dardos de amor y fomenta la lujuria de la concupiscencia, seduce la mente, provoca blandamente el alma y causa heridas en el corazón. Aparta, pues, la mirada, reprime tus ojos de la provocación y no los fijes en las apariencias de la carne. En ninguna te fijes para desearla, no mires a ninguna con esta intención de desearla; quita la ocasión de pecar, retira la materia de delinquir.

Si quieres permanecer a seguro de la fornicación, sé discreto en el cuerpo y en el mirar, porque, al alejarte con el cuerpo, te retiras de la intención de pecar. No estarás mucho tiempo ileso junto a la serpiente; sentado ante el fuego, aunque seas de hierro, algún día te derretirás; cerca del peligro, no estarás mucho tiempo a seguro; pronto peca el hombre por la repetición de actos.

Frecuentemente la familiaridad enreda a muchos y en la mayoría de los casos es la ocasión la que acarrea la voluntad de pecar. A menudo la asiduidad venció a los que no lo fueron por la voluntad. Pronto la lujuria se señorea del ocioso, pronto lo domina. Al que encuentra ocioso la lujuria quema con más fuerza. Pierde fuerza la lujuria ante los asuntos, ante el trabajo, la diligencia y el afán, porque con frecuencia el trabajo domina la lujuria de la carne, ya que el cuerpo cansado se deleita menos con la torpeza.

Por lo cual, prevente contra el ocio, no lo ames, ni pases en él tu vida. Cansa el cuerpo a fuerza de trabajos; ejercítate en la ocupación de una obra cualquiera, búscate un trabajo útil, en el cual se fije la atención de tu espíritu. Juntamente con el trabajo, conságrate a la lectura, ocúpate en la ley de Dios y en la meditación de las Escrituras. Frecuenta los libros divinos; sea asidua y constante la lectura, y diaria la meditación en la ley. La lectura quita a la vida sus errores, aparta de las vanidades del mundo y aumenta la percepción y la inteligencia; enseña lo que has de evitar y muestra hacia dónde te has de dirigir. Haces gran servicio a muchos cuando lees, a condición de que hagas lo que lees... (col. 849).

(col. 858). Haz el bien que prometiste. No seas fácil en las palabras y difícil en las obras. No prometas con facilidad ante Dios, ni hagas voto alguno sin haber medido tus fuerzas; no prometas lo que no has de poder hacer. De mucho serás reo ante Dios si no cumples lo que prometiste. Desagradan a Dios los que no cumplen sus promesas.

Son considerados como infieles quienes prometieron y no cumplieron; mejor es no prometer que no cumplir la palabra prometida; *mejor es no hacer voto que después de haberlo hecho no atenerse a lo prometido* [5]. En las malas promesas anula la fe empeñada, cambia la determinación en las torpes promesas; no hagas lo que ofreciste incautamente. Es impío el ofrecimiento que se cumple mediante el mal.

Nada hay oculto ante Dios. No digas una palabra inicua ni siquiera dentro de tu corazón: no creas que una mala palabra puede guardarse en silencio. No quedará oculta ni aun la palabra más recóndita, pues se pone de manifiesto cuanto se disponga en secreto. Piensa en que ha de ponerse de manifiesto lo que interiormente haces o dices. No ocultarán las piedras lo que en complicidad con ellas hemos hablado, y las paredes mismas descubrirán lo que oyeron. Si callan los hombres, hablarán

[5] *Ecl.*, 5, 4.

los jumentos. Así pues, apártate del pecado como si no pudieras ocultarlo. Peca allí donde no sepas que está Dios: nada hay oculto ante Dios, y ve lo oculto aquel que hizo lo más escondido.

Serás reo ante el divino juicio, aunque te escondas a los ojos humanos. Dios está presente en todas partes y su espíritu lo llena todo: su majestad penetra en todos los elementos y todo lo toca la presencia de su poder y fuera de su poder no existe lugar alguno. Nada escapa a su conocimiento, la fuerza de su poder irrumpe en todos los secretos, no consiente que nada oculto le pase inadvertido, ningún obstáculo impide su penetración. El es quien conoce los pensamientos y escudriña el corazón; él contempla cuanto interiormente se ejecuta o anda oculto, comprende lo que reservadamente se dispone y conoce lo que aún el hombre mismo ignora.

Nadie puede escapar del juicio propio, y aunque no te condene la fama pública, lo hace la propia conciencia: no existe castigo más grave que la conciencia. ¿Quieres, sin embargo, no estar nunca triste? Vive bien. La mente segura soporta como peso leve la tristeza, la vida buena siempre tiene alegría, en cambio, la conciencia del reo continuamente está en pena. El alma culpable nunca está segura, porque el pensamiento de la mala conciencia está agitado por los propios estímulos. Si te mantienes en el bien, se alejará de ti la tristeza; si perseveras en la justicia, no saldrá a tu encuentro la tristeza; ni la desgracia ni la muerte te causarán terror si vives bien y piadosamente.

Endereza continuamente a Dios todos tus proyectos y todas tus obras. En todas tus empresas pide a Dios su auxilio. Atribuye todo a la divina gracia, a la liberalidad divina, y nada a tus méritos. No presumas en tu virtud ni pongas nada en la audacia. ¿Quieres aumentar tus virtudes? No las pongas de manifiesto. Oculta las virtudes en lugar de envanecerte, esconde los buenos hechos en vez de vanagloriarte, huye de aparentar lo que merecías ser. Guarda callando lo que puedes perder hablando. Revela, en cambio, los defectos de tu corazón; pon al instante de manifiesto tus malos pensamientos. Pronto tiene remedio el pecado manifestado; en cambio, callando, se aumenta el crimen. Al hacerse patente el vicio, de grande se convierte en pequeño; si se encubre da lugar a creerlo mayor. Conviene, por tanto, prevenir mejor que curar; mejor es evitar el vicio que enmendarlo, no sea que una vez que en él cayeres, no te sea posible volver pies atrás.

Difícilmente se vence el hábito. Apenas si es posible soltarse de los lazos de la costumbre. Tarde se corrigen las costumbres arraigadas. Delibera largamente sobre una sentencia dudosa. Piensa con detención antes de obrar, medita con tiempo antes de ejecutar, madura el plan para poderlo llevar a término. Detenida y cuidadosamente examina y pon a prueba lo que piensas hacer, y entonces obra. Después de haberlo pensado mucho tiempo, haz lo que decidieres. Nada grande sale de la precipitación. Es mucho mejor la lentitud de la reflexión. Sin embargo, en las cosas ciertas debes excluir la tardanza en el bien obrar. Déjate de dilaciones, no dejes nada para mañana. La dilación en el bien es perjudicial, sirve de estorbo en lo que conviene. Lejos de las cosas buenas la lentitud, la torpe negligencia. Lejos el vicio de la lenta pereza. Pronto los vicios cautivan a los perezosos. Las fuerzas y el ingenio se escapan a través de la indolencia.

Ella y la pereza anulan el ánimo. La naturaleza se corrompe con la desidia y con ella el ingenio pierde calor... (col. 860).

(col. 860).   Nada hay mejor que la sabiduría, nada más dulce que la prudencia, nada más suave que la ciencia. Nada hay peor que la necedad, nada más desastroso que la tontería, nada más torpe que la ignorancia. La ignorancia es madre de los errores y alentadora de los vicios. El pecado cobra más fuerza por la ignorancia. Esta no advierte lo que es digno de culpa, ni conoce cuando delinque. Así muchos pecan por impericia. El necio peca continuamente, lo mismo que el indocto es engañado con facilidad. Pronto el necio cae en el vicio. El prudente, por el contrario, descubre con rapidez las insidias, reconoce con más prontitud los errores. No evitamos los peligros si no es por la sabiduría.

La ciencia se abtiene del mal. El sabio todo lo examina con prudencia y con inteligencia juzga entre lo bueno y lo malo. Es un bien supremo saber de qué has de guardarte y suprema desgracia ignorar a dónde te diriges. Ama, pues, la sabiduría y se te manifestará; acércate a ella y se acercará a ti, trátala asiduamente y te instruirá.

Aprende lo que ignoras para no ser tenido por maestro inútil. Oye primero y después enseña. Acepta el nombre de maestro por lo que enseñas. Difunde lo bueno que oyeres, enseña lo bueno que aprendas. No hagas poco aprecio del afán de aprender y de enseñar. Difunde con la boca la ciencia que aprendieres de oidas. Aumentas el caudal de tu ciencia al compartirla con otros, porque tanto más abunda la doctrina cuanto más ampliamente se distribuyere. Cuando se distribuye, la sabiduría se hace más caudalosa, mientras que se aminora cuando se la retiene. La liberal distribución de la ciencia la hace rebosar: cuanto más se da, más abunda.

Precedan, sin embargo, las obras a las palabras. Cumple con las obras lo que digas con la boca; muestra con ejemplos lo que enseñas con palabras; y sé no sólo maestro de virtud, sino imitador de ella. Si enseñas y obras, serás tenido por digno de alabanza. No basta alabar lo que dices, si no juntas las palabras con los hechos. En la misma enseñanza guarda moderación para la humana alabanza. Instruye a los demás de manera que te guardes a ti mismo. Enseña de tal modo que no pierdas la gracia de la humildad. Cuida de que mientras enseñando a otros los levantas, no te hundas tú por el apetito de alabanza. Cuando enseñes no emplees términos oscuros, y habla de tal manera que seas entendido y no desagrades a los sencillos ni ofendas a los prudentes... (col. 861).

(col. 862). No des tu consentimiento si te mandan hacer el mal, no te avengas a ello. No consientas para el mal con potestad ninguna, aunque te empuje el castigo, aunque te amenacen los suplicios, aunque se recurra a los tormentos. Mejor es morir que cumplir perniciosos mandatos, mejor es ser inmolado por los hombres que condenado en juicio eterno. No sólo son cómplices del pecado los autores, sino también los que lo saben, así como tampoco está libre de maldad el que obedeció para que se hiciera. El que obedece en lo malo es semejante a aquel que lo lleva a cabo, y pena igual castiga tanto al uno como al otro.

Procura que tus súbditos te veneren más que te teman: que te tengan apego más por atracción de amor que por fuerza de condición. Muéstrate con tus subditos tal, que te amen más que te teman. El amor nace de la reverencia y el temor engendra odio. El miedo resta confianza y el afecto la restituye. El temor no mantiene una lealtad duradera. Donde hay temor, sigue la audacia; donde existe el miedo, se presenta la desesperación.

Templa, por tanto, el rigor del mando, gobierna a los súbditos con suma bondad y no seas terrible para con ellos. Domínalos de manera que encuentren placer en el servicio, y guarda moderación en la disciplina y en la templanza. No seas indulgente ni con exceso ni con defecto. Ten moderación en todos tus actos, frena el temperamento y no hagas nada con intemperancia, ni en más ni en menos, ni más ni menos de lo que conviene; así como también es conveniente no ser inmoderado en lo bueno.

(col. 867). Proporciona al pobre de lo que te rindan tus justos trabajos. No quites a uno para dar a otro, ni te muestres caritativo a costa del despojo ajeno. De nada aprovecha el que mejores a uno con lo que restas a otro. Esta clase de compasión condena, no beneficia. Tal misericordia no limpia los pecados sino que los aumenta. Por misericordia y no por jactancia sea el bien que hagas; nada planees por las alabanzas, nada por la opinión temporal, nada por la fama, sino por la vida eterna. Cuanto obres, sea por la vida eterna, cuanto haces sea por la recompensa futura, y sea tu mayor preocupación la esperanza de la retribución eterna. Ni busques lo que aprovecha a la gloria de esta vida sino a la vida eterna.

Si aquí se busca la alabanza, allí se pierde el premio. Los justos no reciben aquí el premio sino en lo futuro. No la presente sino la recompensa futura es la que se promete a los justos. En el cielo, no en la tierra, se promete la remuneración a los santos. No se debe esperar aquí lo que se promete en otra parte.

He aquí que has recibido los avisos, y se te ha dado una norma de vivir. Ya no hay ignorancia que te excuse de pecado, ya no eres desconocedor de la vida, ni imprudente, ni ignorante. Expuse la ley que has de seguir. Describí cómo debes ser. Tienes conocimiento de los mandamientos. Ya sabes qué es vivir rectamente. Mira no faltar en adelante, ni despreciar en lo futuro el bien que has conocido. Mira no sea que desprecies en tu vida lo que has apreciado en la lectura. Guarda el don de ciencia recibido. Cumple con los hechos lo que has aprendido con la predicación.

Gracias doy, mi agradecimiento muestro, pago y tributo acciones de gracia. Profeso y tengo profundo agradecimiento; celebro cuantas gracias puedo y según mis fuerzas doy gracias. Muchas cosas me han sido concedidas por ti, muchas dadas y conferidas con especial conmiseración. Todas me placen, todas me son gratas, todas quedaron impresas en mi alma, todas me halagan, todas me consuelan. ¿Qué remuneración daré? ¿cómo podré compensar tus dones, sino usando de tus preceptos, obedeciéndote siempre, sometiéndome siempre, cumpliendo tus órdenes?

Tú eres guía de la vida, maestra de virtud. Tú me conduces derechamente como una regla. Tú eres la que nunca te apartas de lo justo, ni te separas de la verdad. Tú descubridora de los bienes, tú maestra de costumbres, investigadora de virtudes, sin la cual nada es la vida del hombre. Por mediación tuya se da a todos la regla del vivir. Por conducto tuyo los hombres desde su maldad son conducidos a una vida mejor.

Con tus preceptos se forman las almas. Si hay algo torcido, tú lo enderezas; si algo que corregir, tú lo enmiendas. Más que tú nada para mí más querido, más dulce, más suave, más agradable, más llevadero, más santo. ¡Me eres más agradable que mi misma vida!

2. *Los dos textos siguientes los tomamos de las* Sentencias, *la obra más importante de S. Isidoro en el aspecto doctrinal. Por las palabras con que empieza se denomina también* De summo bono. *Escribió la obra probablemente para instrucción del clero, aunque no se descarta la posibilidad de que estuviese destinada para utilidad y uso del gran público. La escribe en plena madurez intelectual y pastoral hacia el 612-615, aunque no hay dificultad en admitir para el libro III el 618-619. Son las* Sentencias *la mejor obra teológica del siglo VII no sólo por sintetizar el saber teológico sino porque es la primera síntesis en la que se organiza seriamente y por vez primera la teología. Marca un paso positivo en esta materia.*

Cuando decimos teología entiéndase dogma, moral, ascética, pastoral. Precisamente el libro III tiene marcado sabor ascético. De él tomamos los dos textos sobre la oración y sobre la contemplación y acción. Son, por tanto, estos dos capítulos la primera sistematización sobre la materia.

SENTENCIAS

Capítulo VII

LA ORACIÓN

1. Este es el remedio para el que es asediado por el incentivo de los vicios: aplicarse a la oración cuantas veces le asalta algún vicio, ya que la oración frecuente neutraliza el ataque de éstos.

2. Conviene aplicar nuestro ánimo a la oración y la súplica con tal perseverancia, que lleguemos a superar con firmísima voluntad las molestas sugestiones de los deseos carnales que se insinúan a través de los sentidos, e insistir todo el tiempo hasta que las venzamos con nuestra tenacidad, ya que una súplica negligente ni siquiera logra conseguir de los hombres lo que desea.

3. Cuando uno ora, invoca la asistencia del Espíritu Santo. Mas tan pronto como él llega, al punto se desvanecen las tentaciones de los demonios que asaltan el alma humana al no poder soportar la presencia de Aquél.

4. Orar es propio del corazón, no de los labios, pues Dios no atiende a las palabras del que suplica, sino mira al corazón del que ora. Pero si el corazón ora en secreto y la voz se calla, aunque (la plegaria) se oculte a los hombres, no puede ocultarse a Dios, que está presente en la conciencia. Efectivamente, es preferible orar interiormente en silencio, sin sonido de palabras, que con solas las palabras, sin aplicación de la mente.

5. Nunca se ha de orar sin lágrimas, pues el recuerdo de los pecados engendra aflicción; mientras oramos recordamos las culpas, y entonces nos reconocemos más

culpables. Así pues, cuando comparecemos ante Dios, debemos gemir y llorar al acordarnos cuán graves son los crímenes que cometimos y cuán terribles los suplicios del infierno que tememos.

6. El alma, cual se presenta en la oración, así debe mantenerse después de ella. Porque de nada arovecha la oración si reiteradamente se comete el pecado del que nuevamente se pide perdón. Aquel, sin duda, percibe el fruto que espera de la plegaria que no reitera con sus faltas lo que pide se le perdone en la oración.

7. Nuestra alma es celestial, y entonces contempla rectamente a Dios en la oración cuando no está embarazada por ninguna preocupación o extravío terreno. En su propio ambiente está dispuesta para el bien, en otro distinto se turba.

8. Es pura la oración cuya práctica no impiden los cuidados del siglo, más está lejos de Dios el ánimo que durante la oración se halla distraído con pensamientos terrenos. Entonces, pues, oramos sinceramente cuando no pensamos en otra cosa. Pero son muy pocos los que practican tal clase de oración. Y, aunque se da en algunos, es difícil, no obstante, que siempre sea así.

9. El alma que antes de la oración, alejada de Dios, se entretiene con pensamientos torpes, cuando se entrega a la oración le asaltan las imaginaciones que recientemente tuvo, dificultándole el fácil acceso a la plegaria, a fin de que su espíritu no se eleve libremente al deseo celestial.

10. Por ello, en primer lugar se ha de purificar el ánimo y apartarlo de la consideración de los asuntos

temporales, para que con pureza de intención se dirija a Dios verdadera y sinceramente. Porque entonces en realidad confiamos poder conseguir los dones divinos cuando nos presentamos en la oración con sencillez de efecto.

11. De múltiples maneras se distrae la atención en la plegaria cuantas veces las vanidades del mundo invaden el ánimo de quienquiera que practica la oración. Pero entonces el diablo sugiere con más ahinco al espíritu humano el pensamiento de los cuidados temporales cuando se da cuenta que uno está orando.

12. De todos modos se impide la oración a fin de que uno no pueda alcanzar sus peticiones, esto es, cuando uno todavía comete pecados, o cuando no perdona al que le ofendió. Doble vicio que, si uno aleja de sí, al punto se consagra seguro a la práctica de la oración y alza libremente su ánimo hacia aquellas peticiones que espera conseguir con la plegaria.

13. El que es injuriado no deje de orar por los que le injurian; de no hacerlo así, conforme a la sentencia del Señor, peca el que no ora por los enemigos [6].

14. Como ningún remedio aprovecha para la herida si todavía tiene dentro la metralla, así de nada sirve la oración de aquel en cuyo ánimo persiste el dolor, y el odio en su pecho.

15. Tan grande debe ser el amor a Dios del que ora, que no debe desconfiar del resultado de la plegaria, porque en vano hacemos oración si no tenemos confianza

---

6 *Mt.*, 5, 44.

en ella. Así, pues, pida cada uno con fe, sin titubear lo más mínimo, pues el que duda se asemeja al oleaje del mar, que el viento provoca y dispersa a la vez[7].

16. La desconfianza en conseguir las peticiones se origina cuando el ánimo siente que todavía conserva el afecto al pecado. En efecto, no puede albergar segura confianza en su súplica quien todavía es indolente en el servicio de Dios y se deleita con el recuerdo del pecado.

17. No merece recibir lo que pide en la oración quien se aparta de los preceptos de Dios, ni puede conseguir el favor que pide a Aquel cuya ley no abedece. Si realizamos lo que Dios manda, sin duda conseguimos nuestras peticiones, porque, como está escrito, es abominable la oración de aquel que se aparta de la ley[8].

18. En el servicio de Dios se encarecen necesariamente estas dos cosas: que las obras se apoyen en la oración, y la oración en las obras. Por lo cual dice también Jeremías: *Alcemos nuestros corazones a Dios junto con nuestras manos*[9]. Así alza corazón y manos el que eleva la oración acompañada de las obras, pues todo el que ora y no trabaja, alza el corazón, pero no las manos. En cambio, el que trabaja y no ora, alza las manos, pero no el corazón. Mas, puesto que es indispensable trabajar y orar a un tiempo, con razón se han dicho ambas cosas a la vez: Alcemos nuestros corazones y nuestras manos a Dios, no sea que el corazón nos reprenda por la negligencia en cumplir los mandamientos

---

[7] *Sant.*, 1, 6.
[8] *Prov.*, 28, 9.
[9] *Lam.*, 3, 41.

en el caso de que pretendamos alcanzar nuestra salud o sólo con la oración o sólo con las obras.

19. Después de realizar la buena obra, derrámense lágrimas en la oración, para que la humilde plegaria alcance el mérito de la acción.

20. Levanta sus manos a Dios de forma vituperable quien publica sus obras con jactancia, como el fariseo, que oraba en el templo con vanidad y que pretendía se alabase a él más que a Dios por sus buenas obras [10].

21. La oración de algunos se convierte en pecado, como se lee acerca de Judas el traidor; pues la plegaria del que ora con arrogancia, buscando la alabanza de los hombres [11], no sólo no borra el pecado, sino que ella misma se convierte en pecado. Como sucede con los judíos y herejes, quienes, aunque parece que ayunan y oran, sin embargo, su oración no les sirve para merecer el perdón, antes bien se transforma en pecado.

22. A veces, la oración de los elegidos, en medio de sus tribulaciones, tarda en ser escuchada, a fin de que aumente la perversidad de los impíos; mas, cuando los justos son escuchados oportunamente, ello acontece para la salvación de quienes les persiguen, a fin de que, mientras a ellos se les brinda el remedio temporal, los malvados abren sus ojos y se conviertan. Por esta razón, el fuego encendido para los tres mancebos resultó inactivo [12], a fin de que Nabucodonosor reconociera al verdadero Dios. Como dice el profeta en los Salmos: *Líbrame por causa de mis enemigos* [13].

[10] *Lc.*, 18, 11 s.
[11] *Sal.*, 108, 7.
[12] *Dan.*, 3, 50.
[13] *Sal.*, 68, 19.

23. Así, pues, las oraciones de algunos son escuchadas más tarde, para que, impulsadas con mayor fuerza, en tanto no se las atiende, acumulen mayores premios. Sirvan de ejemplo los inviernos en el retraso de los cosechas, durante los cuales, cuanto más tarde aparece la simiente sembrada, tanto se desarrolla con más plenitud en orden al fruto.

24. Cuantas veces en nuestra oración no somos al punto escuchados, pongamos ante nuestra consideración nuestras obras, a fin de atribuir el hecho mismo de la tardanza a la justicia divina y a nuestra culpa.

25. A veces es para nuestro provecho y no para nuestra desgracia que, orando con perseverancia, no seamos al instante escuchados. Porque con frecuencia Dios a muchos no les atiende según su deseo, para atenderles en orden a la salvación.

26. Muchos no son escuchados cuando oran, pero Dios les procura bienes mejores de los que piden, como suele suceder con los pequeñuelos, que suplican a Dios para no ser azotados en la clase. Mas no se les concede el favor que piden, porque atenderles es un obstáculo para su perfeccionamiento. No de otra suerte acontece en algunos elegidos: suplican a Dios por ciertas ventajas o contrariedades de esta vida; mas la Providencia divina no se cuida de sus aspiraciones en este mundo, porque les reserva bienes mejores para la eternidad.

27. La oración se practica con más provecho y consigue mejores resultados en recinto privado, por cuanto se realiza siendo sólo Dios el testigo.

28. En cambio, es propio de los hipócritas darse a

conocer a los presentes, cuyo propósito no es el de agradar a Dios, sino el de recabar la gloria de los hombres.

29. Dios no escucha a los hombres porque hablen mucho, como si se empeñaran en conmoverle con muchas palabras. Pues no grangea su favor la verbosidad del que ora, sino la recta y sincera intención de la plegaria.

30. Es cosa saludable orar siempre en el corazón, es también saludable con el tono de la voz glorificar a Dios con himnos espirituales. De nada sirve cantar con sola la voz sin la intención del alma, sino, como dice el Apóstol, *cantando en vuestro corazón* [14]; esto es, salmodiando no sólo de palabra, sino también de corazón. De ahí que afirme en otro lugar: *Oraré con el espíritu, mas oraré también con la mente* [15].

31. Como la oración nos guía, así el estudio de los salmos nos deleita, pues la práctica de salmodiar consuela los corazones afligidos, hace los espíritus más agradecidos, deleita a los melancólicos, despierta a los negligentes, invita al llanto a los pecadores. En efecto, por más duros que sean los corazones de los mundanos, tan pronto como suena la melodía del salmo, impulsa su alma a la práctica de la piedad.

32. Aun cuando no sea la inflexión de la voz, sino las palabras divinas que en la salmodia se pronuncian, lo que debe conmover al cristiano, no sé de qué manera nace de la modulación del canto una mayor compun-

---

[14] *Ef.,* 5, 19.
[15] *I Cor.,* 14, 15.

ción. Pues son muchos los que, impresionados por la suavidad del canto, deploran sus crímenes, y en aquel pasaje se mueven más al llanto en el que se percibe muy suave la modulación del salmista.

33. La oración sólo se practica en esta vida para la remisión de los pecados, mas la recitación cantada de los salmos refleja la alabanza perpetua de Dios en la gloria eterna, tal como está escrito: *Bienaventurados los que moran en tu casa, Señor; te alabarán por los siglos de los siglos* [16]. Y todo el que lleva a cabo la ejecución de esta obra con fidelidad y atención, se asocia, en cierto modo, a los ángeles.

(Sentencias, III, 7; en *Santos Padres Españoles,* II, BAC [Madrid 1971], 421-28.)

Capítulo XV

LA CONTEMPLACIÓN Y LA ORACIÓN

1. La vida activa consiste en la rectitud de las buenas obras; la contemplativa, en la meditación de las verdades celestes; aquélla es común a muchos, ésta sólo a pocos.

2. La vida activa hace buen uso de los bienes del mundo, mas la contemplativa, renunciando al mundo, se complace en vivir sólo para Dios.

3. El que previamente se perfecciona en la vida activa, con facilidad alcanza la contemplación, pues jus-

---

[16] *Sal.,* 83, 5.

tamente se alza con ésta quien en aquélla es hallado fiel. Todo el que aún busca la gloria mundana o la concupiscencia de la carne, será apartado de la contemplación, para que, dedicado al trabajo de la vida activa, se vaya purificando. Porque en ésta hay que eliminar primeramente todos los vicios mediante el ejercicio de las buenas obras, a fin de que uno pase a la contemplación de Dios renovado ya el vigor del alma. Y, aun cuando el converso desee elevarse rápidamente a la contemplación, la prudencia le obliga a ocuparse primero en las obras de la vida activa.

4. Ejemplo de la vida activa y contemplativa puede tomarse de Jacob, quien, como se decidiese por Raquel, esto es, la visión del Principio [17], que simboliza la contemplación, a ésta la suplantó Lía, a saber, la vida laboriosa, que significa la vida activa.

5. Como el que está sepultado queda libre de todo cuidado terreno, así el que se consagra a la contemplación se aparta de toda ocupación activa. Y como los que progresan en la vida activa se sumergen en la quietud de la contemplación, así la vida activa toma a su cargo, como para sepultarlo, a los que se retiran de la actividad mundana; y por esto, la vida activa es el sepulcro de la vida mundana, como la vida contemplativa lo es de la activa.

6. Del mismo modo que los varones santos salen del retiro de la contemplación para actuar en público, así, a la inversa, de la actividad externa vuelven al retiro de la contemplación interior para alabar a Dios en la inti-

---

[17] *Gen.*, 29, 16-30.

midad, donde recibieron la fuerza con que trabajar en el mundo para su gloria.

7. Como es costumbre del águila fijar la vista en los rayos del sol y no desviarla sino para conseguir la presa, de modo similar los santos de la contemplación se vuelven a veces a la vida activa, pensando que aquella elevación es de tal modo útil que no excluye, sin embargo, que esta humilde realidad sea un tanto necesaria a nuestra indigencia.

8. En el género de la vida activa, la voluntad humana avanza sin cesar, mas en la contemplación se recupera a intervalos, ya que se fatiga por la duración prolongada de la contemplación.

9. La visión en Ezequiel de los vivientes que marchaban sin volver para atrás, corresponde a la perseverancia de la vida activa; y, asimismo, aquellos vivientes que iban y volvían [18], corresponde a la índole de la vida contemplativa, que, cuando uno la pretende, vuelve atrás rechazado por su debilidad, y, sin embargo, luego, renovada la intención, se eleva otra vez a la altura de la que había caído. Lo cual no puede suceder en la vida activa, de la cual, si no uno se aparta, aunque sea poco, al instante sucumbe en el desenfreno del vicio.

10. El ojo derecho que escandaliza, y que el Señor manda arrancar [19], simboliza la vida contemplativa. Los dos ojos en el rostro, la vida activa y la contemplativa en el hombre. Así, pues, el que, a causa de la contemplación, enseña un error, es mejor que arranque el ojo

[18] *Ez.*, 1, 12-14.
[19] *Mt.*, 5, 29.

de la contemplación, conservando para su bien la sola visión de la vida activa, a fin de que le sea más fácil caminar hacia la vida por la simple acción que ser arrojado al infierno por el extravío de la contemplación.

11. Con frecuencia, el alma se alza de lo ínfimo a lo más alto, y con frecuencia también, de la suprema altura desciende a lo más bajo abrumada por el peso de la carne.

12. A muchos de los hombres carnales les visita Dios con su gracia y los eleva a la cúspide de la contemplación; y a muchos, por justo castigo, los despoja de la contemplación, y, una vez caidos, los abandona a las ocupaciones terrenas.

(Sentencias, III, 15; en *Santos Padres Españoles*, II, BAC [Madrid 1971], 440-42.)

FUENTES Y ESTUDIOS

F. Arévalo, *Sancti Isidori Hispalensis episcopi Hispaniarum doctoris opera omnia* (Roma 1797-1803); W. Lindsay, *Isidori Hispalensis episcopi Etymologiarum sive Originum libri XX* (Oxford 1911); P. Sejourné, *Saint Isidore de Séville, son rôle dans l'histoire du droit canonique* (París 1929); *Miscellanea Isidoriana* (Roma 1936); P. J. Mullins, *The spiritual Life according to saint Isidore of Sevilla* (Washington 1940); J. Pérez de Urbel, *Isidoro de Sevilla, su vida, su obra y su tiempo* (Barcelona 1945); J. Fontaine, *Isidore de Séville et la culture classique dans l'Espagne wisigothique* (París 1959); J. Madoz, *San Isidoro de Sevilla. Semblanza de su personalidad* (León 1960); *Isidoriana* (León 1961); G. Martínez Díez, *La colección canónica Hispana, I. Estudio* (Madrid 1966). Además de la bibliografía que se señala, tanto en Misc. Isidoriana como en Isidoriana y en Madoz puede verse A. SEGOVIA, *Informe sobre bibliografía isidoriana* (1936-1960), "Est. Ecles.", 36, 1961, 73-126. M. MENÉNDEZ PELAYO, *San Isidoro*. Ed. Nacional de las *Obras. Estudios de Crítica Histórica y Literaria*, t. I, C. S. I. C., 1941, 107-118.

Otros estudios parciales pertinentes a la doctrina isidoriana: J. R. GEISELMANN, *Die Abendmahlslehre an der Wende der christlichen Spätantike zum Frümittelalter. Isidor von Sevilla und das Sakrament der Eucharistie* (München 1933); J. HAVET, *Les sacraments et le rôle de l'esprit Saint d'aprés Isidore de Séville*, "Ephem. Théol. Lov., 16, 1939, 32-93; J. SAGÜÉS, *La doctrina del cuerpo místico en S. Isidoro de Sevilla*, "Est. Ecles.", 17, 1943, 227-57; 329-60; 517-46; PH. DELHAYE, *Les idées morales de saint Isidore de Séville*, "Rech. de Théol. anc. et médiév", 26, 1959, 17-49; A. VAÑAYO, *Angustia y ansiedad del hombre pecador. Fenomenologia de la angustia existencial de los "Soliloquios" de San Isidoro*, "Studium Legion", 1, 1960, 137-56; L. ROBLES, *Teología del episcopado en San Isidoro*, "Teol. Espirit.", 7, 1963, 131-67; J. FONTAINE, *Isidore de Séville auteur "ascétique": les énigmes des Synonyma*, "Studi Medievali", 6, 1965, 167-95; Id., *Isidore de Séville (saint)*, "Dict. de Spirit." (París 1971), 2105-16; L. ROBLES, *Isidoro de Sevilla, escritor monástico*, "Homenaje a Fr. Justo Pérez de Urbel", II (Abadía de Silos 1976), 39-72; F. J. LOZANO SEBAS-TIÁN, *San Isidoro de Sevilla. Teología del pecado* (Burgos 1976).

SAN FRUCTUOSO DE BRAGA

Es el representante de una espiritualidad rígida y austera en pleno siglo VII. La *Vita s. Fructuosi,* escrito anónimo de finales del siglo VII y de carácter histórico, nos informa sobre la actividad más fundamental de Fructuoso. Era hijo de un oficial del ejército visigodo instalado en la región del Bierzo y emparentado, probablemente, con la familia real, cuyo miembro más distinguido es Sisenando. En su juventud se educó en la escuela episcopal dirigida por Conancio de Palencia. Terminada esta formación vuelve al Bierzo, en donde funda el monasterio de Compludo; después, el de Rufiana, Visunium y el Peonense, que algunos autores conjeturan que se trata del monasterio de S. Juan de Poyo (Pontevedra). A través de Mérida baja al sur de la Península y funda otros dos monasterios en las proximidades de Sevilla y Cádiz. Entre 654-56 es nombrado obispo-abad de Dumio en las cercanías de Braga, asistiendo como tal al concilio X de Toledo (656), siendo designado en esta asamblea metropolitano de Braga, sin perder la anterior dignidad. Murió hacia el 665 después de fundar el monasterio de Montelios, entre Dumio y Braga.

OBRAS

Además de los *dos poemas* y de las *dos cartas,* dirigida la primera a Braulio de Zaragoza hacia el 651, interesándose por problemas bíblicos y por determinados libros, y la segunda al rey Recesvinto, pidiendo clemencia para los prisioneros políticos, escribió Fructuoso su obra capital: *Regula monachorum,* escrita para el monasterio de Compludo. Según la última edición de J. Campos, consta de 24 capítulos. Escribió, en colaboración con otros abades, la *Regula communis*. Esta Regla recoge las decisiones de unos abades sobre problemas que afectaban por igual a sus monasterios de cuño fructuosiano.

TEXTOS

I. Tomamos el primero de la Regula monachorum, *recogiendo lo que es función esencial del monje: la práctica de las virtudes y particularmente de la caridad con su inseparable vida de oración conforme a las exigencias de toda la tradición monástica. No falta en esta* Regla *la severidad cuando se trata de la penitencia y de los castigos.*

Regla de S. Fructuoso

En el nombre del Señor

Después del amor al Señor y al prójimo, que es vínculo de toda perfección y cima de las virtudes, se determinó, además, observar en los monasterios lo siguiente de la tradición regular. Primero, vacar a la oración noche y día y observar la distribución de las horas establecidas y no eximirse nadie en manera alguna o entibiarse en los ejercicios espirituales por la práctica de los trabajos durante largo tiempo.

I. De las oraciones

Se estableció que se observase la hora de prima, puesto que dice el profeta: *Por la mañana estaré presente ante ti y te veré, porque tú eres Dios que desecha la iniquidad*[1]; y en otro lugar: *Oraré a ti, Señor, por la*

---

[1] *Sal.*, 5, 5.

mañana; escucharás mi voz [2]. Se ha establecido también entre prima y tercia una hora segunda, como un tránsito de una a otra, de modo que los monjes no la pasen ociosos. Por eso se determinó que se celebre con el rezo de tres salmos, para que sirva de cierre al oficio de prima y dé entrada al de tercia. Asimismo se estableció que en las demás horas se guarde el mismo orden; es decir, en tercia, sexta, nona, duodécima y además vísperas, de modo que antes y después de esas tres horas canónicas se dirijan ofrecimientos de oraciones peculiares. Asimismo, por la noche, la primera hora nocturna se ha de celebrar con seis oraciones, y después se ha de concluir con el canto de diez salmos con laudes y *benedictus* en la iglesia. A continuación, despidiéndose mutuamente y ofreciéndose satisfacción y reconciliación unos a otros, se perdonan mutuamente las deudas con la piedad del Padre Eterno. Los que habían sido separados de la comunidad fraterna por sus faltas merecen perdón.

Por último, marchando después a sus dormitorios y yendo todos unidos por la paz que se han dado y la absolución de los culpables, después de cantar los tres salmos como de costumbre, recitarán todos al unísono el símbolo de la fe cristiana, con el fin de que, mostrando ante el Señor su fe pura, si, lo que no es dudoso, se diera el caso que alguno fuera llamado de esta vida mortal durante la noche, pueda presentar ante el Señor su fe ya confesada y su conciencia purificada de todo escándalo. Después, dirigiéndose a su dormitorio con gran silencio y con continente recogido y paso tranquilo, sin

---

[2] *Sal.*, 5, 4.

acercarse a otro menos de un codo, o al menos sin atreverse a mirarle, irá cada uno a su cama, y en ella, orando en silencio, rezando salmos y acabando con el *miserere* y su oración, sin hacer ruidos, ni murmullos, ni escupir con sonoridad, cogerá el sueño en el silencio de la noche.

(De *Santos Padres españoles. San Leandro, San Fructuoso, San Isidoro,* II, BAC [Madrid 1971], 137-39.)

Cap. IX.   *De la recepción de los huéspedes*

A los monjes huéspedes y forasteros se les ha de prestar con el mayor respeto las atenciones de caridad y servicio; a la caída de la tarde se les ha de lavar los pies, y, si están extenuados del viaje, se les ha de untar con aceite y ofrecerles blando lecho con su lámpara de cama; además, al marchar se les entregará el viático según las posibilidades del monasterio. Los enfermos deben ser tratados con toda compasión y lástima, y sus dolencias aliviadas con los servicios convenientes. Con todo, han de escogerse tales enfermeros que puedan preparar con esmero los alimentos y atenderles con generosa entrega. Con lo que sobra de los enfermos no cometan ningún fraude, ni se manchen ilícitamente comiendo de ello a ocultas.

(Ib., p. 149.)

Cap. X.   *De la prudencia del monje*

La prudencia, moderación, pudor, fidelidad y sinceridad son adornos del hábito monacal. El siervo, pues, de Cristo en manera alguna ha de usar de doblez, sino ha de ser veraz, sencillo y humilde y sin el aspecto de un orgullo arrogante. Ninguno al andar se adelante a su superior, ni tome asiento, ni hable sin su permiso; al contrario, debe dar muestras de honra y respeto, como lo exige el conveniente decoro.

(Ib., p. 149.)

II. La Regula communis recoge el caso singular de familias enteras que transformaban en monasterios sus dominios. Tal fenómeno lo enjuician así los autores de este documento monástico.

REGLA COMÚN

Que ninguno pretenda establecer monasterios a su arbitrio si no consultare a la conferencia general y lo confirmare el obispo según los cánones y la Regla.

Suelen efectivamente algunos organizar monasterios en sus propios domicilios por temor al infierno, y juntarse en comunidad con sus mujeres, hijos, siervos y vecinos bajo la firmeza de juramento, y consagrar iglesias en sus propias moradas con título de mártires, y llamarlas bajo tal título monasterios. Pero nosotros a tales viviendas no las denominamos monasterios, sino perdición de almas y subversión de la Iglesia. De ahí provino la herejía y el cisma y gran controversia por los monasterios. Y de ahí dicha herejía, por el hecho de que cada cual elija a su gusto lo que le pareciere, y crea que lo elegido es santo y lo defienda con sofismas. Cuando encontréis a estos tales, habéis de tenerlos no por monjes, sino por hipócritas y herejes; y éste es nuestro deseo y lo que rogamos encarecidamente a vuestra santidad y mandamos: que no tengáis trato alguno con esos tales ni los

imitéis; y porque viven a su capricho, no quieren estar
sometidos a ningún superior; no entregan a los pobres
nada de sus bienes, sino que incluso tratan de quedarse
con lo ajeno, como si fueran pobres, para lograr con
sus mujeres e hijos mayores lucros que en el siglo. Y
en medio de tales obras no se cuidan de la perdición
de las almas, de modo que obtienen más ganancias que
los seglares, no de las almas, sino de los cuerpos. Se
duelen por sus hijos como los lobos; y no deploran día
tras día los pecados pasados, sino, con escándalo, ponen
siempre en juego su pasión de rapacidad; y no piensan
en el castigo futuro, sino se inquietan hondamente por
los medios de alimentar a sus mujeres e hijos. Enfria-
dos con los mismos vecinos con quienes se habían ligado con juramento para esto, se separan unos de otros
con fuertes riñas y disentimientos. Y se arrebatan unos
a otros, no simplemente, sino con insultos, los bienes
que habían juntado anteriormente, llevados de una caridad ilusa, para emplearlos en común. Pero, si alguno
de ellos adoleciere de debilidad, recurren a los parientes
que dejaron en el siglo para que les presten auxilio con
armas, palos y amenazas. En los primeros tratos de tiempo atrás piensan ya cómo romper esa mancomunidad, y
como son vulgares e ignorantes, se procuran para gobernar un abad tal que cumpla sus caprichos para lo que
se les antojare, como si para ello les diera la bendición;
dicen lo que les viene en gana decir, y juzgan a otros
como apasionados, y desgarran a los siervos de Cristo
con sus colmillos caninos. Y obran así para mantenerse
siempre bien unidos a los seglares y a los príncipes de
este mundo, y amar, como el mundo, a los seguidores
del mundo, y perecer con el mundo, como los munda-

nos; con tales ejemplos inducen a otros muchas veces a vivir de semejante traza y ponen tropiezo a los espíritus débiles. De ellos dice el Señor en el Evangelio: *Guardaos de los hermanos falsarios que se os llegan con piel de ovejas, pero por dentro son lobos que devoran. Los conoceréis por sus frutos* [3], *porque el árbol malo no puede dar frutos buenos* [4]. Con el fruto dio a entender las obras; con las hojas, las palabras; y para que los reconozcáis por sus obras, podéis pesar sus palabras, pues no pueden igualarse a los pobres de Cristo, inflamados como están por el fuego de la codicia; en cambio, los pobres de Cristo tienen este comportamiento: no ansían poseer nada en este mundo, para poder amar con perfección al Señor y al prójimo; y, para poder escapar de algún modo a los dichos lobos, conocen las palabras del Señor: *Mirad que os envío como ovejas en medio de lobos. No habéis de llevar bolsas de viaje ni alforja* [5]; por lo mismo el siervo de Cristo que desea ser su verdadero discípulo, debe subir desnudo a la cruz desnuda, para que, muerto al siglo, viva para Cristo crucificado; y, después de dejar la carga del cuerpo y ver postrado al enemigo, entonces se pueda considerar vencedor del mundo y equiparado con los santos mártires en el triunfo.

FUENTES Y ESTUDIOS

Sobre la Regla.—J. CAMPOS, *La Regla de los monjes de S. Fructuoso de Braga*, "Santos Padres Españoles", II, BAC (Madrid 1971), 129-62 (ed. crít.); Id., *Regla común o Regla de*

[3] Mt., 7, 15-16.
[4] Mt., 7, 18.
[5] Lc., 10, 4.

los abades, íb. (165-208). Ambas Reglas con versión castellana y texto latino.

Sobre la Vita Fructuosi.—F. C. NOCK, *The Vita sancti Fructuosi* (Washington 1946); M. C. DÍAZ Y DÍAZ, *La vida de S. Fructuoso de Braga. Estudio y edición crítica* (Braga 1974).

Estudios.—J. PÉREZ DE URBEL, *Los monjes españoles en la Edad Media* I (Madrid 1932), 377-450; A. C. VEGA, *Una carta auténtica de S. Fructuoso*, "La Ciudad de Dios", 153, 1941, 335-44; M. MARTINS, *A vida cultural de S. Fructuoso e seus monges*, "Broteria" 44, 1947, 58-69; Id., *A vida economica dos monges de S. Fructuoso*, íb., 391-400; Id., *O monacato de S. Fructuoso de Braga* (Coimbra 1950); M. C. DÍAZ Y DÍAZ, *A propósito de la "Vita Fructuosi"* (Bibliotheca hagiographica latina, 3194), "Cuad. de Est. Gallegos" 8, 1953, 155-78; M. MARTINS, *Correntes da filosofia religiosa em Braga (seculos IV-VII)* (Porto 1950), 287-324; J. ORLANDIS, *Los monasterios familiares en España durante la alta Edad Media*, "Anuario de Hist. del Der. Español" 26, 1956, 5-46; E. A. THOMPSON, *Two notes on St. Fructuosus of Braga*, "Hermathena" 90, 1957, 54-63; A. MUNDÓ, *Il monachesimo nella Penisola iberica fino al secolo VII*, Il monachesimo nell'alto medioevo e la formazione della civilta occidentale (Spoleto 1957), 97-108; M. C. DÍAZ Y DÍAZ, *Fructueux de Braga (saint)*, "Dict. de Spir." 5, 1964, 1541-46; *San Fructuoso y su tiempo* (León 1966) (varios autores); A. LINAGE CONDE, *En torno a la Regula monachorum y a sus relaciones con otras Reglas*, "Bracara Aug." 22, 1967, 123-63; R. GREGOIRE, *Valeurs ascétiques et spirituelles de la Regula monachorum et de la Regula communis*, "Bracara Aug." 21, 1967, 329-45; J. ORLANDIS, *El movimiento ascético de S. Fructuoso y la congregación monástica Dumiense*, "Bracara Aug." 22, 1968, 81-96; J. PINELL, *San Fructuoso de Braga y su influjo en la formación del oficio monacal hispano*, "Bracara Aug." 22, 1968, 128-40; J. OROZ-RETA, *Saint Augustin et saint Fructueux. Paralleles doctrinaux de leurs Règles monastiques*, "Studia Patristica" 10 (Berlín 1970), 407-12; U. DOMÍNGUEZ DEL VAL, *Fructuoso de Braga*, "Diccionario de Historia ecles. de España" II (Madrid 1972), 963.

SAN ILDEFONSO DE TOLEDO

Las noticias sobre S. Ildefonso son más bien escasas. Pero dentro de esta parquedad algunas de ellas son seguras, como el *Beati Ildefonsi elogium* de Julián de Toledo. Nació probablemente a principios del siglo VII y es posible también que fuese de origen godo y de alta alcurnia. Desde muy joven profesó la vida monástica en el monasterio de Agali; en él probablemente se formó, y en él fue abad. Como abad asistió a los concilios VIII (653) y IX (655) de Toledo. En 657 sucede a Eugenio en la sede toledana como arzobispo. Durante diez años gobernó la iglesia de Toledo, muriendo en 667. Estos diez años del pontificado de Ildefonso fueron de verdadera inquietud política por lo turbulentos. Julián nos dice que a causa de ellos dejó sin concluir varias obras.

Con mentalidad de estudioso él mismo catalogó sus escritos en cuatro secciones: teología, cartas, liturgia, epitafios y epigramas. Desgraciadamente muchos de estos escritos son títulos vacíos, porque se han perdido. La primera de sus obras es el célebre tratado *De virginitate sanctae Mariae contra tres infideles,* obra no de su juventud, sino de plena madurez teológica. En ella se abusa de los sinónimos. Escrita por propia iniciativa tiene un carácter más bien positivo que polémico. Con ella Ildefonso es el primer mariólogo español y promotor de la devoción mariana en España y en Europa. Tiene también mucha doctrina cristológica.

El *Liber de cognitione baptismi* sólo nos es conocido a partir del año 1711, año en que lo descubrió el erudito francés

Esteban Baluze en una biblioteca francesa. El *Liber de itinere deserti* no sólo está ligado al precedente en cuanto a su descubrimiento por el mismo autor, sino que es su complemento en la mentalidad de Ildefonso. Continuando la obra de Isidoro, el capellán de la Virgen escribió el *De viris illustribus*, registrando en él catorce autores, siete de los cuales pertenecen a la sede primada de Toledo. Probablemente pretendía Ildefonso exaltar esta Iglesia.

TEXTOS

1. De gran valor para la historia del bautismo en España, De cognitione baptismi *es un tratado muy teológico de pastoral catequética, dirigida la primera parte a los catecúmenos y la segunda a los competentes; en ésta hace una exposición del símbolo de la fe. Rebosante de espiritualidad. Los capítulos 132-35 los dedica a la exposición del Padrenuestro, y significa el primer comentario de la oración dominical en la ascética española y preciosa síntesis de lo que debe ser la oración de los hijos de Dios. Esto es precisamente lo que hemos elegido para nuestra antología.*

DE COGNITIONE BAPTISMI

Capítulo 132

CÓMO HA DE INSTRUIRSE AL BAUTIZADO PARA QUE APRENDA A ORAR

Después del baño de la fuente, después de la nueva vida, después de la unción del Espíritu, debe el hombre ser enseñado a orar con palabras de verdad, para que el que era hijo de ira en el hombre viejo, ya desde el momento de la regeneración celestial sepa invocar al Padre con piedad. No manifestará su deseo con muchas palabras en lo que no podrá evitar pecado, sino que abrirá su petición con intención llena de afecto, siguiendo la regla de la enseñanza del Señor, cuya eficacia, si la conserva espontáneamente al orar, la aumenta muy copiosamente al disfrutarla, al decir del salmo: *Haz de Yahvé tus delicias, y te dará lo que desea tu corazón*[1]. Y por esto, así como no se han de ocultar las intenciones santas si no pueden perdurar, así, si perdurasen, no deben interrumpirse inmediatamente, pues debe evitarse en la oración la palabrería, pero no han de faltar los muchos ruegos, si persevera la ferviente intención. El hablar mucho supone el empleo de palabras superfluas al pedir cosas necesarias. El rogar mucho, en cambio, es llamar a la puerta de aquel a quien rogamos con largo y piadoso afecto del corazón. Muchas veces este negocio se trata más con gemidos que con discursos, más con lágrimas que con palabras. El que todo lo creó por medio del Verbo y no busca precisamente las palabras humanas, tiene ante sus hojos nuestras lágrimas y no se le ocultan nuestros gemidos. De ahí que las palabras nos sean necesarias para darnos cuenta y ver lo que debemos pedir, no porque creamos que Dios va a ser enseñado ni doblegado por ellas.

Capítulo 133

SOBRE EL PADRENUESTRO

Cuando decimos, por consiguiente, *Padre nuestro, que estás en los cielos,* conocemos por el orden de las cosas creadas al Creador, veneramos con derecho al Señor, in-

---

[1] *Sal.*, 36, 4.

254 ANTOLOGIA DE LA ESPIRITUALIDAD ESPAÑOLA

vocamos con piedad al Padre. Y no nos consumimos ya bajo el miedo de la esclavitud, precisamente porque confiamos en la piedad del Padre. No obstante, las palabras de esta oración las dirigimos a toda la Trinidad, porque nosotros y todas las cosas existimos por El, por medio de El y en El[2]. Por eso hemos de confesar que Dios existe en todas partes por la presencia de la divinidad, pero no en todas partes por la gracia de la inhabitación. Precisamente también por esta inhabitación, en la que indudablemente se reconoce el don de su amor, no decimos: *Padre nuestro, que estás en todas partes,* aunque ciertamente es verdad, sino: *Padre nuestro, que estás en los cielos,* para conmemorar en la oración más bien su templo, que hemos de ser nosotros mismos, y en cuanto lo somos, en tanto pertenecemos a su familia de adopción. Si, pues, el pueblo de Dios, que todavía no ha sido puesto en el mismo estado que sus ángeles, ya es llamado templo de Dios en esta peregrinación, ¡cuánto más es su templo en los cielos, donde está el pueblo de los ángeles, a los que hemos de ser un día agregados y equiparados una vez que, terminada esta peregrinación, hayamos alcanzado lo que está prometido! De igual modo, cuando decimos: *Sea santificado tu nombre,* expresamos el deseo de que su nombre, que es siempre santo, también sea considerado santo por los hombres, es decir, que no sea despreciado, lo cual es provechoso no para Dios, sino para los hombres. Y cuando decimos: *Venga tu reino,* que, queramos o no queramos, siempre vendrá, avivamos nuestro deseo de aquel reino, a fin de que llegue a nosotros y merezcamos reinar en él. Cuan-

---

[2] *Rom.,* 1, 36.

do decimos: *Hágase tu voluntad como en el cielo, así en la tierra,* le pedimos para nosotros la obediencia de que se cumpla en nosotros su voluntad, como la realizan sus ángeles del cielo. Cuando decimos: *Dadnos hoy nuestro pan de cada día,* con la palabra *hoy* se significa *en este tiempo,* en que, o pedimos eso necesario, por ser lo más excelente, es decir, significando con el nombre de pan *todo,* o el sacramento de los fieles, que en este tiempo es necesario, no para la felicidad de esta vida, sino para conseguir la felicidad eterna. Cuando decimos: *Perdónanos nuestras deudas, así como nosotros perdonamos a nuestros deudores,* nos advertimos a nosotros mismos qué es lo que pedimos y qué es lo que hacemos para merecer recibirlo. Cuando decimos: *No nos dejes caer en la tentación,* nos advertimos asimismo que pedimos esto para no consentir, engañados, en alguna tentación, o, atacados, ceder a ella sin la ayuda de Dios. Cuando decimos: *Líbranos del mal,* hemos de pensar que todavía no estamos en aquel bien donde no padecemos ningún mal. Y esto último que se ha puesto en el Padrenuestro se extiende a tanto que el cristiano que se encuentra en cualquier tribulación, para eso debe lanzar gemidos, para eso debe derramar lágrimas, por ahí empiece, en eso se detenga, por eso concluya la oración. Era preciso, por tanto, encomendar a la memoria las peticiones con tales palabras.

Capítulo 134

Efectivamente, aunque digamos algunas otras palabras que el afecto del orante o bien puede formar de antemano para ver claro o bien las tiene presentes después para aumentarlo, no decimos otra cosa que lo que está puesto en esta oración del Padrenuestro, si oramos recta y congruentemente. Todo el que dice que no puede corresponder a esta oración evangélica, aunque no ora ilícitamente, ora carnalmente. Y no comprendo cómo no se va a decir ilícitamente, dado que los renacidos por el espíritu no deben orar sino espiritualmente.

Capítulo 135

El que dice, por ejemplo: *Sé glorificado en todos los pueblos, como has sido glorificado entre nosotros, y tus profetas sean verdaderos* [3], ¿qué otra cosa dice sino que tu nombre sea santificado? El que dice: *Dios de los ejércitos, restablécenos y muéstranos tu rostro y nos salvaremos* [4], ¿qué otra cosa dice sino *venga tu reino*? El que dice: *Dirige mis pasos según tu oráculo y no dejes que me domine inquietud alguna* [5], ¿qué otra cosa dice sino *hágase tu voluntad así en el cielo como en la tierra?* El que dice: *No me des ni pobreza ni riqueza* [6], ¿qué otra cosa dice sino *danos hoy nuestro pan de cada día?* El que dice: *Acuérdate, Señor, de David y de todos sus afanes* [7], o: *Señor, si hice yo esto, si hay injusticia en mis manos, si pagué con mal a los que estaban en paz conmigo* [8], ¿qué otra cosa dice sino *perdónanos*

---

[3] *Eclo.*, 36, 18.
[4] *Sal.*, 79, 4.
[5] *Sal.*, 118, 133.
[6] *Prov.* 30, 9.
[7] *Sal.*, 131, 1.
[8] *Sal.*, 7, 4.

nuestras deudas, así como nosotros perdonamos a nuestros deudores? El que dice: *Suprime en mí los placeres del vientre y no me domine el deseo lascivo*[9], ¿qué otra cosa dice sino *no nos dejes entrar en la tentación?* El que dice: *Líbrame de mis enemigos, protégeme contra los que se alzan contra mí*[10], ¿qué otra cosa dice sino *líbranos del mal?* Y, si recorre las expresiones de todas esas santas peticiones cuanto yo creo, no encontrará nada que no contenga y encierre esta oración del Señor. De ahí que sea libre emplear otras palabras distintas al orar, con tal de expresar lo mismo; lo que no es libre es decir otras cosas. Estas son las peticiones que se han de orar para nosotros, para los nuestros, para los extraños y para los mismos enemigos sin vacilación alguna, aunque pueda hacer o prevalecer en el corazón del que ora un afecto por éste o por aquél, según las mayores o menores relaciones de parentesco o amistad.

2. *Una vez que el alma ha sido regenerada por el bautismo y comprometida al mismo tiempo con las renuncias bautismales, ya está el cristiano dentro de la Iglesia con todos los derechos de los hijos de Dios. El cristiano emprende entonces un viaje a través del desierto de este mundo, mirando a Jesús, que no sólo es guía y luz, sino que además facilita el camino hacia el cielo con su gracia. Recuerda Ildefonso los beneficios y gracias que Cristo ofrece al cristiano por el bautismo para emprender el viaje y sostenerle en él. Con exposición alegórica aclara el tema básico de su catequesis: las virtudes con las que el cristiano debe presentarse para entrar en la verdadera Jerusalén. El cedro, el mirto, pelícano, etc., son presentados por Ildefonso como símbolo de los diversos estados del hombre*

---

[9] *Eclo.*, 23, 6.
[10] *Sal.*, 58, 2.

interior y de la acción misteriosa que la gracia realiza en las almas, indicio todo ello del alma mística y contemplativa del autor.

Del adelantamiento en el desierto del espíritu

Capítulo LXXXII

Hermanadas la fe y las obras, salvan al hombre; separadas, no lo salvan

La agregación de las obras a la fe perfecta está ligada con un estrecho parentesco de virtud, porque si ambas cosas no están unidas entre sí, resultarán confusas en sus dos extremos, según frase del Apóstol: *¿Deseas saber, hombre necio, que la fe sin obras está muerta? ¿Acaso nuestro padre Abraham no se justificó por sus obras al ofrecer sobre el altar a su hijo Isaac?* [11]. Ya estás viendo cómo la fe cooperaba con sus obras y en ellas hallaba el complemento, cumpliéndose así la Escritura que dice: *¿Creyó Abraham en Dios, y se le computó a justicia, y fue llamado amigo de Dios?* [12]. *¿Ya estás viendo, pues, cómo el hombre se justifica por las obras, y no solamente por la fe?* [13]. ¿Qué, pues, dado el que con su división ambas cosas se destruyen, que ambas también hayan de construirse por medio de su conexión, por lo que según Abraham la fe recomienda las obras, y según el Apóstol las obras vivifican la fe? Por consiguiente, revelándonoslo el Evangelio, solamente la fe de Cristo avalora la herencia de la vida eterna, dicien-

[11] *Gen.,* 22, 9.
[12] *Gen.,* 15, 6; *Rom.,* 4, 3.
[13] *Sant.,* 2, 20-24.

do: *Esta es vida eterna, el que crean que sólo tú eres el verdadero Dios, y tu enviado Jesucristo tu Hijo* [14]. El mismo Señor, además, impone a los creyentes la obligación de unir las obras a la fe, y que con ella sola sin la dignidad de las obras no es posible salvarse, diciendo: *No todo el que dice Señor, Señor, entrará en el reino de los cielos, sino el que hiciere la voluntad de mi Padre que está en los cielos; ése entrará en el reino de los cielos* [15]. En consecuencia, para el estado de salvación la fe y las obras han de permanecer unidas, porque está comprobado que separadas contribuyen a la pérdida de la salvación.

Capítulo LXXXIII

De las comparaciones de cosas aplicadas a la fe y a las obras

De la misma manera que la calidad de alguna cosa de artesanía no consiste solamente en la belleza del metal si la mano del artesano no le imprime prestancia de hermosura por medio de la ordenada configuración, así la fe no hermoseada por las obras resulta no sólo indecorosa, sino hasta muerta: de este modo la lámpara de la fe, si carece del alimento de las buenas obras, prontamente se apaga. Otro tanto acontece a la vida corporal del hombre, que si no se reafirma mediante los alimentos competentes, viene a dar en la corrupción de la muerte. Y, por último, si no da fuerzas este espíritu vital, estará muerto el cuerpo. Igualmente, la plantación

---

[14] *Jn.*, 17, 3.
[15] *Mt.*, 7, 21.

de un bosque, si no echa raíces junto a las aguas de los arroyos, pronto se extingue por las quemaduras de la sequía. Lógico es, por tanto que las obras sigan a la fe que va delante, porque el edificio de las obras no puede levantarse sin los cimientos de la fe, y el de ésta resulta vacío sin la estructura de las obras. La gran felicidad del hombre estará, por tanto, completa cuando aquella fe, que opera por medio del amor, tenga su refuerzo en la operación del amor mismo, de manera que si ama el que cree, lo pruebe por medio de la mostración de las obras.

Capítulo LXXXIV

QUE LA ESPERANZA NO VERSA SINO SOBRE COSAS BUENAS Y FUTURAS

La esperanza no puede versar sino sobre cosas buenas y futuras y atañentes a aquel que se muestra esperanzado en ellas. De donde dice el Apóstol: La esperanza que se ve, no es esperanza. *Pues ¿quién espera lo que está viendo? Mas si esperamos lo que no vemos, lo esperamos mediante paciencia* [16].

Capítulo LXXXV

DE LA FE NACE LA ESPERANZA

De confesión de la fe, brevemente contenida en el Símbolo —y que considerada carnalmente es la leche de los niños, y espiritualmente tratada el manjar de los

---

[16] *Rom.*, 8, 24.

fuertes—, nace la buena esperanza que lleva a la caridad por compañera.

Capítulo LXXXVI

POR QUÉ SE LLAMA ESPERANZA

Por ser pie *(pes)* para correr se le llama esperanza *(spes)*. Por ella avanzamos y pacientemente soportamos, en medio de las tentaciones de este siglo, el que nos aplacen los bienes prometidos, hasta que dueños de nuestras almas por la paciencia, libres del mal mediante el auxilio divino, lleguemos a la bienaventuranza prometida, en la cual viviremos en medio de toda clase de bienes.

Capítulo LXXXVII

LA DESESPERACIÓN ES LO CONTRARIO DE LA ESPERANZA

Contraria a la esperanza es la desesperación. Falta el pie del ánimo para avanzar y para sostenerse. Mientras el malo siente apego al pecado, ni soporta la tentación ni espera la corona de la vida.

Capítulo LXXXVIII

SENTENCIA DE PABLO EN LA CUAL NOS MUESTRA CONVE-NIENTEMENTE UNIDAS LA FE, LA ESPERANZA Y LA CARIDAD

Con palabras y hechos adecuados, Pablo recomienda este acercamiento a la fe y este estado de esperanza encaminados a la recompensa de la bienaventuranza, cuando dice: *Justificados por la fe, tengamos paz con Dios por Jesucristo nuestro Señor, por medio del cual tenemos acceso en esta gracia, en la que estamos, y nos gloriamos en la esperanza de la gloria de los hijos de Dios. Pero no sólo esto, sino que nos gloriamos en las tribulaciones, sabiendo que la tribulación ejercita la paciencia, la paciencia la prueba y la prueba la esperanza. Esta, sin embargo, no causa confusión, porque la caridad de Dios se ha derramado en nuestros corazones por el Espíritu Santo que nos fue dado* [17]. Todo este pasaje está compuesto y condensado con tal intención instructiva que todo este conjunto triple que son la fe, la esperanza y la caridad, en su arranque, desarrollo y complemento, se completan en su alcance o se enlazan completándose.

Capítulo LXXXIX

Exposición de esta misma sentencia de Pablo

Propone que el punto de partida para la salvación humana está en la fe, diciendo: *Justificados por la fe, tengamos paz con Dios.* Y, como si se preguntara cómo se podría lograr este efecto de la paz, añade: *Por Jesucristo nuestro Señor.* ¿Y qué es lo que en esto hace nuestro Señor Jesucristo? Prosigue: *Por medio suyo tenemos acceso en esta gracia, en la cual estamos, y nos gloriamos en la esperanza de la gloria de los hijos de Dios.* He aquí que predijo el arranque de la fe, que siendo en Cristo, es justificación para el creyente. Tras la justificación viene la paz con Dios, a la cual se llega

---

[17] *Rom.*, 5, 1-5.

ordenadamente por medio de la gracia de Dios, en el
cual ya todo el que cree permanece inconmovible contra
todas las adversidades, y se gloria en la esperanza de
los hijos de Dios. Y a partir de entonces empiezan a
ser sólidos los medios, de los cuales los primeros empezaron a ser los seguros. En primer lugar, justificado
por la fe, porque el justo vive de la fe [18]. Luego, en paz
con Dios por medio de la justificación, porque los pa-
cíficos serán llamados hijos de Dios [19]. Y esto tiene lugar no por otra fe, sino por la que se tiene en Jesucristo, por la cual tenemos acceso a la gracia de esta
misma fe en la cual permanecemos y nos gloriamos, que
es dispuesta por Dios en buena voluntad para el creyente, y de la que se dijo: *El creyente se mantiene
afianzado sobre la piedra, que es Cristo, y se gloria esperando la herencia de los hijos de Dios que le ha sido
prometida* [20]. Y esto en medio de las luchas que mantiene
con la adversidad y entre las batallas de las pasiones,
porque cuando el hombre es torturado por las tentaciones ocultas o por los obstáculos de abierta persecución,
es cuando afirmado en la verdadera fe tiene la esperanza puesta en las cosas invisibles, confía en que tendrán
lugar las que aún no se ven, y en espera segura comprende al presente lo que en el futuro tendrá por recompensa, y evidentemente ya espera el que para percibirla en realidad no duda que ha de percibirla algún
día. De aquí que añada: *Pero no sólo esto, sino que
nos gloriamos en las tribulaciones.* ¿Qué significa *no sólo
esto?* ¿Luego existe alguna otra cosa en la cual cabe

[18] *Gal.*, 3, 11.
[19] *Mt.*, 5, 9.
[20] *Gal.*, 3, 11.

gloriarse? Evidentemente que se gloría en haber recibido
la fe, de la cual espera como recompensa la vida eterna.
Pero también se gloría en otra ganancia, que son las
tribulaciones que se esfuerza en soportar: *Sabiendo que
la tribulación ejercita la paciencia.* Por eso se dice: *La
paciencia os es necesaria* [21]; porque si la paciencia no
atenúa la tribulación, al extinguir su agobio la fuerza
de la paciencia, no hace la lucha cuestión de prueba,
sino que la aborta para posterior reprobación. Y la paciencia, que se ejercitó en la tribulación, se extiende hasta la prueba, de modo que lo que se soporta —si se en-
camina al amor de la eternidad—, se considere verdaderamente probado; no sea que en el fondo del sufrimiento ande oculto el murmullo de una voz miserable, y lo
que estaba sólido bajo el peso de la aflicción, se de-
rrumbe arrastrado por la corriente del murmullo; y de
esta manera carezca del tono digno de probidad lo que
se alega en reprobación del murmullo. La prueba que
tuvo buen resultado ya se incorpora a la esperanza de
los buenos, la cual trasciende en tal dulzura del autor
que no desea otra cosa que la disolución de su cuerpo
y vivir con Cristo; con tanta robustez y firmeza en sí
que no es posible confundirla. Por tanto, aquella esperanza que comenzó por la fe, que halló la justificación,
que llegó a la paz de Dios, que afianzada en Cristo encontró el acceso a la gracia, en la cual manteniéndose
firmemente se gloria en verdad; aquella esperanza que
la tribulación ejercitó, que la prueba hizo adecuada, luego sin confusión conduce a la recompensa de la eternidad; así y no de otro modo, sino porque la última y

---

[21] *Heb.*, 10, 36.

mayor de ellas, la caridad de Dios, se ha derramado en nuestros corazones por medio del Espíritu Santo que nos ha sido dado [22]. En este tiempo que media entre la fe y la caridad, sin hacer jamás separación de la fe y de la caridad, tiene lugar el ejercicio de las buenas obras, a fin de que éstas recomienden a la fe, para que no se la tenga por muerta sin ellas; con el objeto de que la fe sin tregua alguna informe las obras, llevando la intención hasta la salvación de la perseverancia, soportando cuantas adversidades sobrevengan o por tentación o por las pasiones. Y de esta manera todo lo sufre con ánimo sereno para gloriarse entre las angustias de los sufrimientos, tanto en la presente alegría como en la espera de la futura gloria.

Capítulo XC

SOBRE LA CARIDAD Y SU NOMBRE

¿Qué es lo que uno puede decir acerca del don de la caridad cuando basta y sobra con lo que ha dicho Pablo? Quien en el estudio de sus cualidades las ha compendiado en tanto número cuanto calculó que era el de sus excelentes frutos. El nombre de caridad es de origen griego, y en latín equivale a *dilectio* —amor—. Tiene la caridad dos puntos de partida: el hombre y Dios o, en presencia de Dios, el hombre y el prójimo. No hay posibilidad de que la experiencia de la caridad se ponga de manifiesto en uno solo, porque no puede darse singularidad en el acto de relacionarse uno con otro o con algo. Esto se observa primeramente de Dios

---

[22] *Rom.*, 5, 5.

para con los hombres en frase de Juan: *No porque nosotros amemos a Dios, sino porque Dios primero nos amó a nosotros, dándonos la prenda del espíritu a fin de que le amemos con obras de piedad*[23]. De aquí que para manifestar el amor a Dios haya que mostrar el amor al prójimo. Porque como dice el Apóstol: *Si no amamos al prójimo que estamos viendo, ¿cómo podremos amar a Dios al que no vemos?*[24]. Testimonio, por tanto, del amor a Dios es el amor al prójimo. Y entonces se probará que verdaderamente amamos a Dios, cuando en buena amistad con Dios, por él se ama al enemigo. Cuando la caridad es verdaderamente tal, no admite solución de continuidad; porque no tiene interrupción lo que ha de permanecer en la herencia de la eternidad: tan adecuada es en la efectividad de su operación que sin buscar las cosas suyas[25] hace suyos los peligros de los prójimos y cuanto tiene de ganancia, complaciéndose en compartir la propia prosperidad o sirviendo de defensa frente a la adversidad que se viene encima: enemiga de la violencia y ávida siempre del bien del prójimo, no deja perder lo que ganó o con sincera compasión se lamenta de lo que no pudo ganar, jamás desprovista del premio a la bondad.

ACABA EL LIBRO DEL ADELANTAMIENTO EN EL DESIERTO DEL ESPIRITU.

(Fragmento del tratado *De progressu spiritualis deserti*, de S. Ildefonso. Ed. Santos Padres españoles, I, 427-36.)

---

[23] *Il Jn.*, 4, 10.
[24] *Ib.*
[25] *I Cor.*, 13, 5.

FUENTES Y ESTUDIOS

Santos Padres Españoles. San Ildefonso de Toledo, BAC (Madrid 1971) (V. Blanco y J. Campos editan en ed. crít. con versión castellana los libros *De virginitate, De cognitione baptismi* y *De Itinere deserti);* A. BRAEGELMANN, *The Life and Writings of Saint Ildefonsus of Toledo* (Washington 1942); L. BROU, *Les plus anciennes prières liturgiques adresées à la Vierge en Occident,* "Hisp. Sacra" 3, 1950, 371-81; J. MADOZ, *San Ildefonso de Toledo,* "Est. Ecles." 26, 1952, 467-505; Id., *Arcipreste de Talavera. Vidas de S. Ildefonso y San Isidoro* (Madrid 1952); J. M. CASCANTE, *Doctrina mariana de S. Ildefonso de Toledo* (Barcelona 1958); J. M. CANAL, *Fuentes del "De virginitate sanctae Mariae" de S. Ildefonso de Toledo* († 667), "Claretianum" 6, 1966, 115-30; I. LOBO, *Notas histórico-críticas en torno al "De cognitione baptismi" de San Ildefonso de Toledo,* "Rev. Esp. de Teol." 27, 1967, 139-58; J. M. CANAL, *Tradición manuscrita y ediciones de la obra de San Hildefonso de virginitate sanctae Mariae,* "Rev. Esp. de Teol." 28, 1968, 51-75; A. C. VEGA, *De patrología española. San Ildefonso de Toledo,* "Bol. de la R. Acad. de la Hist." 165, 1969, 35-107; L. ROBLES, *Anotaciones a la obra de S. Hildefonso "De cognitione baptismi,* "Teol. Espiritual" 13, 1969, 379-457; C. CODOÑER MERINO, *El libro de "viris illustribus" de Ildefonso de Toledo,* "La Patrología Toledano-visigoda" (Madrid 1970), 337-48; J. M. CASCANTE, *El tratado "De virginitate" de S. Ildefonso de Toledo,* "Patrol. Toledano-Visig." (Madrid 1970), 349-68; J. SOLANO, *San Ildefonso de Toledo y la Inmaculada,* "La Patrol. Toled.-Visig." (Madrid 1970), 369-88; J. FERRERO ALEMPARTE, *Las versiones latinas de la leyenda de S. Ildefonso y su reflejo en Berceo,* "Bol. R. Acad. Española" 50, 1970, 233-76; J. FONTAINE, *El de viris illustribus de S. Ildefonso de Toledo: tradición y originalidad,* "Anales Toledanos", III. Estudios sobre la España Visigoda (Toledo 1971), 59-96; U. DOMÍNGUEZ DEL VAL, *Personalidad y herencia literaria de S. Ildefonso de Toledo,* "Rev. Esp. de Teología" 31, 1971, 137-66; 283-334; J. GIL,

*El tratado de virginitate beatae Mariae de S. Ildefonso de To-
ledo*, "Habis" 6, 1975, 153-66; A. ROBLES SIERRA, *Sl tratado
"De progressu spiritualis deserti" de Ildefonso de Toledo*, "Homenaje a Fr. Justo Pérez de Urbel" II (Abadía de Silos 1976),
73-91.

SAN JULIAN DE TOLEDO

El sucesor de Julián en la sede toledana, Félix, nos ha dado unos datos entusiastas, pero fehacientes, sobre S. Julián de Toledo. Probablemente de origen judío y padres cristianos, debió nacer en Toledo aproximadamente en 642. Teológica y humanísticamente fue educado por Eugenio, el poeta,, y por S. Ildefonso de Toledo. A pesar de sus anhelos de hacerse monje, su consagración a Dios la hizo en la vida clerical. En 680 pasa a la sede toledana por iniciativa de Wamba. La actividad de Julián demostró lo acertado de la elección. Murió en 690.

Durante los diez años de su pontificado asistió, como presidente, a cuatro concilios toledanos, XII-XV, a pesar de no ser el metropolitano más antiguo. Félix lo caracteriza como prudente, limosnero, defensor del pobre, justo, hombre de oración y conspicuo por sus costumbres. Es, después de Isidoro de Sevilla, la personalidad más destacada de la España visigoda, si bien como escritor y en cuestiones doctrinales bien puede decirse que lo supera.

Erudito y gran conocedor de la tradición eclesiástica se esforzó en los años de su episcopado en que aumentase el florecimiento intelectual en que había vivido. Junto con Isidoro de Sevilla y Tajón de Zaragoza contribuye ampliamente al progreso de la teología en su aspecto de sistematización. La historia, la teología y la liturgia, reconocen en Julián un excelente promotor de las mismas. La inclusión en el calendario mozárabe y el culto que se le da poco después de su muerte, delatan el recuerdo del santo entre su pueblo.

De las diecisiete obras de Julián, registradas por Félix, sólo se conservan actualmente cinco. Cronológicamente escribió la *Historia del rey Wamba*, escrita tal vez a petición del monarca. Describe en ella primordialmente la campaña del rey contra la rebelión de Pablo. Además de estar bien documentada, tiene esta *Historia* un sentido marcadamente moralizante. *De comprobatione sextae aetatis* es una apología contra los judíos escrita a petición del rey Ervigio. El tiempo actual es la Edad sexta, es decir, la mesiánica, en la que tienen su realización los vaticinios veterotestamentarios. La controversia de Julián con la sede romana y sus teólogos con ocasión de la controversia de los *Tres Capítulos* la recoge Julián en el *Apologeticum fidei*, tan diversamente juzgado[1]. Esta obra se incorporó a las actas del concilio XV de Toledo.

El *Liber prognosticorum futuri saeculi*, dedicado al obispo de Barcelona, Idalio, es la primera sistematización sobre el problema escatológico. Y el *Antikeimenon* trata de armonizar ingeniosamente y con gran cultura las contradicciones aparentes de la Escritura[2].

TEXTOS

El Prognosticon *de Julián de Toledo es la decisión de un diálogo habido en el Domingo de pasión del año 688 entre Idalio y Julián. Discute Julián en tres libros el origen de la muerte, el estado de las almas antes de la resurrección de los cuerpos y la resurrección de los mismos cuerpos. Recoge en este libro lo más selecto de cuanto había dicho la tradición cristiana sobre el tema, pero no en plan de mera antología, sino de comentario extenso de las mismas. Fue muy popular*

---

[1] Sobre esta controversia puede verse U. DOMÍNGUEZ DEL VAL, *Patrología* (Madrid 1962), 115-17; J. MADOZ, *San Julián de Toledo*, "Est. Ecles." 26, 1952, 46-55; y más ampliamente A. C. VEGA, *El pontificado y la Iglesia española en los siete primeros siglos* (El Escorial 1942), 110-41.

[2] Sobre otros escritos menores de Julián véase U. DOMÍNGUEZ DEL VAL, *Herencia literaria de Padres y escritores españoles de Osio de Córdoba a Julián de Toledo*, "Repertorio de Hist. de las Ciencias eclesiásticas en España" I (Salamanca 1967), 77-78.

en la Edad Media a juzgar por el número de manuscritos, y X
por eso es justo reconocer en esta obra una de las fuentes prin-
cipales que alimenta el pensamiento medieval. Por otra parte,
la cantidad grande de material sobre una materia tan del agrado
de la época medieval está asimismo sistematizada con buen sen-
tido práctico. Por el método y por la materia se hizo el Prog-
nosticon un manual imprescindible. En el texto recogemos lo
que Julián dice sobre el estado del hombre después del juicio.

LIBER PROGNOSTICON FUTURI SAECULI

Capítulo XLV

UNA VEZ CELEBRADO EL JUICIO, CAMBIARÁ LA FORMA DE
SIERVO EN LA QUE CRISTO CELEBRÓ EL JUICIO, Y DE ESTA
MANERA EL MISMO CRISTO ENTREGARÁ EL REINO AL DIOS
Y PADRE

La forma de siervo en que Cristo ha de venir a celebrar el juicio, conforme al estilo tradicional, dejará de
existir, una vez celebrado el juicio, porque exclusivamente para su celebración se presentó con ella. Efectivamente, para nosotros el Señor, después del juicio, se transforma, según lo que dice San Gregorio [3], *porque desde
la forma de su humildad nos eleva a la contemplación
de su divinidad. Y su tránsito consiste en conducirnos
a la contemplación de la claridad, supuesto que aquel a
quien vimos en humanidad durante el juicio, después de
él, hemos de verlo también en divinidad.* Ahora bien,
después del juicio saldrá de aquí y se llevará consigo el
cuerpo del cual es cabeza y ofrecerá el reino al Dios y
Padre suyo [4]. ¿Cómo, pues, habría de entregar el reino

---

[3] *In Evang. lib. I homil.,* 13, 4.
[4] *I Cor.,* 15, 24.

al Dios y Padre suyo sino mostrando a sus amadores la visión de su deidad, en la cual es una sola cosa con el Padre? Y cuando abiertamente nos conduzca a nosotros, sus miembros, al conocimiento y visión por la cual se cree que es igual al Padre y al Espíritu Santo, entonces será cuando con toda claridad los elegidos lo verán en aquella forma en que a los réprobos no les fue posible contemplarlo.

Capítulo XLVI

DEL INCENDIO DEL FUEGO POR EL QUE SE DICE QUE ESTE MUNDO HA DE DESAPARECER

Clara y concluyente es la tradicional opinión de que después del juicio dejarán de existir este cielo y esta tierra y empezará la existencia de un nuevo cielo y una nueva tierra, porque con la sola transformación de las cosas no acabará en una ruina total este mundo. Entonces la figura de este mundo perecerá en el incendio del fuego material, al igual que sucedió con el diluvio por la inundación de las aguas materiales. Por tanto, en aquella conflagración del mundo —como he dicho— las cualidades de los elementos corruptibles, acordes con la corruptibilidad de nuestros cuerpos, acabarán abrasadas por completo en aquel incendio; y la substancia en sí, mediante una admirable mutación, se investirá de las cualidades que convienen a los cuerpos inmortales, a fin de que el mundo cambiado en mejor convenientemente se adapte a los hombres también carnalmente cambiados en mejor.

Capítulo XLVII

UNA VEZ CELEBRADO EL JUICIO EMPEZARÁ LA EXISTENCIA
DE UN NUEVO CIELO Y DE UNA NUEVA TIERRA

Tal como el bienaventurado San Agustín afirma (*De civ. Dei.,* lib. XX, cap. 16), celebrado y concluido el juicio, dejarán de existir este cielo y esta tierra, empezando entonces la existencia de otros nuevos, porque con el solo cambio de cosas este mundo no acabará por completo. De aquí que diga el Apóstol: *Pasará la figura de este mundo*[5]; pasa por tanto la figura, pero no la naturaleza.

Capítulo XLVIII

EN EL NUEVO CIELO Y EN LA NUEVA TIERRA NO ESTARÁN
TODOS LOS QUE RESUCITEN, SINO SOLAMENTE LOS SANTOS

Conforme a lo que leemos en algunos códices, los pecadores e impíos —aunque hayan resucitado y sean inmortales e incorruptibles— estarán por completo excluidos de aquella tierra nueva, ya que han de ser ajenos en absoluto a aquella mutación de los santos; como dice el Apóstol: *Todos, en verdad, resucitaremos, pero no todos seremos transformados*[6], insinuando que a pesar de que la resurrección ha de ser general para todos, únicamente serán los santos contados en esta transformación de gloria.

---

[5] *I Cor.,* 7, 31.
[6] *I Cor.,* 15, 51.

Capítulo XLIX

CONTRA LOS QUE AFIRMAN SI, UNA VEZ CELEBRADO EL
JUICIO, SOBREVIENE EL INCENDIO DEL MUNDO, DÓNDE
ENTONCES PUEDEN ENCONTRARSE LOS SANTOS; ÉSTOS
ESTARÁN INMUNES DE SUS LLAMAS

San Agustín resuelve esta cuestión de la forma siguiente[7]: "Alguno —dice— tal vez pregunta si, verificado el juicio, este mundo arderá, y antes de que en su lugar se ponga un nuevo cielo y una nueva tierra, ¿dónde estarán los santos en el preciso tiempo de su incendio?". Supuesto que es preciso tengan sus cuerpos en algún lugar material. Podemos responderles que estarán en los lugares superiores a donde no llegan las llamas del incendio, lo mismo que ni las olas del diluvio. Serán los cuerpos tales, que podrán estar donde les pluguiere. Pero además, al ser inmortales e incorruptibles, no tendrán que temer el incendio de aquel fuego, de la misma manera que pudieron vivir ilesos en el horno ardiente de los cuerpos corruptibles y mortales de los tres jóvenes[8].

Capítulo L

DE LA RECOMPENSA Y REINO DE LOS SANTOS CUANDO
CRISTO, CIÑÉNDOSE, PASE A SERVIR A LOS SUYOS

La recompensa de los santos consiste en la visión de Dios, que nos proporcionará un gozo inefable, como, se-

---

[7] *De civ. Dei*, XX, 18.
[8] *Dan.*, 3, 24.

gún creo, decía el profeta: *Ni el ojo vio, ni el oído oyó, ni el corazón del hombre sospechó lo que Dios preparó para aquellos que lo aman* [9]. Igualmente la verdad misma, poniendo en lugar de esta recompensa la manifestación de su visión y prometiéndola a sus amadores, dice: *Quien me ama, guardará mis mandamientos; y el que me ama será amado por mi Padre y yo lo amaré y me manifestaré a mí mismo a él* [10]. Así pues, conforme a las palabras de la misma santa Verdad, entonces se ceñirá y nos hará sentar y pasará sirviéndonos [11]. "Se ceñirá —como dice San Gregorio [12]—, esto es, prepara para la recompensa. Nos hará sentar, esto es, recrearnos en el descanso eterno, porque nuestro asiento es descansar en el reino. Pasando el Señor nos sirve, porque nos sacia con la ilustración de su luz". Al decir *pasa* es como si del juicio volviera al reino.

Capítulo LI

LOS MALOS NO SABRÁN ENTONCES QUÉ ES LO QUE SUCEDE EN EL GOZO DE LOS BIENAVENTURADOS; ÉSTOS, EN CAMBIO, SABRÁN LO QUE ACONTECE EN LOS SUPLICIOS DE LOS CONDENADOS

Los que están entre sufrimientos ignorarán qué es lo que sucede en el interior de la alegría del Señor; pero quienes se encuentren en aquel gozo tendrán conocimiento de lo que sucede fuera en las tinieblas exteriores. Por

---

[9] *Is.*, 64, 4; *I Cor.*, 2, 9.
[10] *Jn.*, 14, 21.
[11] *Luc.*, 12, 37.
[12] *In Evang. lib. I, homil.*, 13, 4.

eso dice el profeta acerca de los santos: *Saldrán y verán los miembros de los hombres que prevaricaron en mí* [13]. Mas al decir *saldrán* indica que han de salir como por conocimiento, supuesto que también tendrán conocimiento de aquellos que están fuera. Si, pues, los profetas pudieron conocer aun sin haberse realizado todavía estas cosas, por motivo de que Dios estaba en alguna manera en las inteligencias de aquellos mortales, ¿cómo será posible que los santos inmortales ignoren entonces cosas ya realizadas, cuando Dios sea todo en todos? [14].

Capítulo LII

Podremos ser transportados y habitar en los cielos en este cuerpo en el que ahora estamos

Noblemente discutiendo con los platónicos que dicen que el cuerpo humano no puede ascender a los cielos, San Agustín [15] explica y con admirables ejemplos de razones demuestra que nuestros cuerpos, convertidos en inmortales después de la resurrección, tengan por morada los cielos; porque efectivamente a los santos en carne después de la resurrección se les ha prometido la ascensión a los cielos, al decir Cristo al Padre: *Quiero que donde yo esté, ellos estén conmigo* [16]. Luego si somos miembros de una cabeza y Cristo es uno solo en sí y en nosotros, evidentemente que nosotros hemos de subir a donde él subió.

[13] *Is.,* 66, 24.
[14] *I Cor.,* 15, 28.
[15] *De civ. Dei,* XXII, 11.
[16] *Jn.,* 17, 24.

Capítulo LIII

ACERCA DE SI ENTONCES TENDREMOS MOVIMIENTOS DE CUERPO MÁS SUTILES Y SI LOS TALES SERÁN TAL COMO AHORA PARECEN SER

Temeroso San Agustín de sentar una doctrina definitiva acerca de los movimientos del cuerpo, dice así [17]: "No me atrevo a definir cuáles hayan de ser allí los movimientos de tales cuerpos, porque ni siquiera alcanzo a imaginármelos. No obstante, el movimiento, el estado y la misma apariencia, cualesquiera que sean, resultarán decorosos allí donde no tiene cabida lo inconveniente. Evidentemente que allí donde quisiere el espíritu, inmediatamente se encontrará el cuerpo; y el espíritu no podrá querer lo indecoroso ni para él ni para el cuerpo".

Capítulo LIV

ACERCA DE SI POR ESTOS OJOS CORPORALES CON LOS QUE AHORA VEMOS EL SOL Y LA LUNA, SE VERÁ A DIOS ENTONCES

Agudamente disputando [18] San Agustín acerca de estos ojos corpóreos y acerca de si por medio de ellos podremos contemplar a Dios en la vida futura, dice así: "Cuando me preguntais qué han de hacer estos ojos en aquel cuerpo espiritual, no digo que ya veo, sino que digo lo que creo según lo que leo en el salmo: *Creí, por lo cual he hablado* [19]. Afirmo, por consiguiente, que han de contemplar a Dios en este cuerpo. Pero existe

---

[17] *Ib.*, 30.
[18] *Ib.*, 29.
[19] *Sal.*, 115, 1.

una importante cuestión en si, por medio del cuerpo, lo veremos tal como ahora por él contemplamos el sol, la luna, las estrellas, el mar y la tierra y cuanto en ella existe. Resulta muy duro creer que los santos tengan entonces cuerpos tales que no puedan cerrar o abrir los ojos cuando quieran; más duro el que no vea a Dios quien allí cierre los ojos. Lejos de nosotros, por tanto, el afirmar que los santos en aquella vida con los ojos cerrados no han de ver a Dios, al cual siempre están contemplando en espíritu. Mas la cuestión estriba en si verán a Dios con estos ojos del cuerpo cuando los tengan abiertos. Porque si en un cuerpo espiritual y asimismo también unos ojos espirituales pueden tan sólo lo que estos que ahora tenemos, sin duda que Dios no podrá ser visto por medio de ellos. Por consiguiente, tendrán que ser de muy diversa virtud si por medio de ellos ha de verse aquella naturaleza incorpórea que no está limitada por ningún lugar, sino que está completa en todas partes". Por lo cual, conforme a lo que el mismo doctor afirma: "Puede acontecer, y es muy creíble que entonces nosotros veamos los cuerpos del mundo del nuevo cielo y de la nueva tierra, así como al mismo Dios presente y gobernándolo todo, aun lo material, por medio de los cuerpos de que seamos portadores, y que contemplemos con clarísima evidencia las cosas que veamos donde quiera que volvamos los ojos. No como ahora cuando se comprenden las cosas invisibles de Dios por medio de las cosas criadas [20], en enigma y en parte como en un espejo [21], en donde puede en nosotros la fe con la que creemos mucho más que la apariencia corporal

[20] *Rom.*, 1, 20.
[21] *I Cor.*, 13, 12.

de las cosas contempladas con los ojos materiales. Pero de la misma manera que ahora vivimos entre hombres vivos y dotados de movimientos vitales, y luego, porque lo vemos no creemos sino que los que vemos vivir, supuesto que nos es imposible ver sin los cuerpos su vida, que, no obstante, en aquéllos contemplamos sin duda alguna a través de sus cuerpos; de este modo adonde quiera que dirijamos aquellos ojos espirituales de nuestros cuerpos, aun también por ellos veremos a Dios incorpóreo rigiendo todas las cosas. Luego o aquellos ojos verán a Dios de forma tal que tengan en tanta excelencia de la mente algo semejante por medio de lo cual pueda ser contemplada aquella naturaleza incorpórea, extremo difícil o imposible de demostrar con algunos ejemplos o testimonios de las divinas Escrituras; o lo que es más fácil de entender, de tal forma Dios por entero nos será visible, que será visto por cada uno de nosotros y en cada uno de nosotros será visto por los unos en los otros, será visto en sí mismo, será visto en el nuevo cielo y en la nueva tierra y en todo lo que entonces exista, será visto en las criaturas, y a través de los cuerpos en todo cuerpo, adonde quiera que los ojos del cuerpo espiritual se dirijan con su penetración. Estarán asimismo de manifiesto de unos para con otros hasta los mismos pensamientos. Entonces se cumplirá lo que dijo el Apóstol: *No queráis juzgar antes de tiempo,* añadiendo: *Hasta que venga el Señor e ilumine los escondrijos de las tinieblas, y ponga de manifiesto los pensamientos del corazón, y entonces Dios tributará a cada cual su alabanza* [22]".

---

[22] *I Cor.,* 4, 5.

Capítulo LV

ENTONCES VEREMOS A DIOS CON LA MISMA VISIÓN CON
QUE AHORA LO VEN LOS ÁNGELES

Leemos que Cristo dijo en el Evangelio: *Mirad, no despreciar a uno de estos pequeños; pues os digo que sus ángeles de continuo están viendo el rostro de mi Padre que está en los cielos* [23]. Por consiguiente, de igual modo que ellos lo ven nosotros lo hemos de ver, pero no todavía. Por eso dice el Apóstol: *Vemos ahora por un espejo en enigma, entonces cara a cara* [24]. Se nos reserva por tanto como premio esta visión de fe, de la cual habla el Apóstol Juan, diciendo: *Cuando aparezca seremos semejantes a El, porque lo veremos tal cual* [25]. Se ha de entender por rostro de Dios su manifestación, no un determinado miembro como nosotros lo tenemos en el cuerpo, al cual designamos con este nombre. Seremos, pues, entonces semejantes a los ángeles, porque tal como ellos ahora van, nosotros veremos a Dios después de la resurrección.

Capítulo LVI

TODOS LOS SANTOS DISFRUTARÁN DE MAYOR LIBERTAD DE
ARBITRIO QUE EN ESTA VIDA, Y SIN EMBARGO NO PODRÁN
PECAR

Unánimemente insinúan los doctores que gozaremos de mayor amplitud de libre albedrío en aquella vida que

---

[23] *Mt.*, 18, 10.
[24] *I Cor.*, 13, 12.
[25] *I Jn.*, 3, 2.

actualmente. Porque si —como alguno afirma— la mayor parte de los hombres gozan de libre voluntad en esta vida, en la cual, aunque pueden evitarse los pecados, no pueden vivir sin cometerlos, ¿cómo no ha de tener allí mayor libertad de ánimo cuando de tal manera han de unirse a su Dios que le será imposible hacerse responsable de ningún pecado? Tanto más libre es uno cuanto más ajeno a los pecados. Y de este modo en aquella vida bienaventurada serán tanto más libres cuanto que no podrán pecar. Pues a lo que me figuro, si se nos promete la igualdad con los ángeles, ¿cómo no hemos de tener entonces el libre albedrío de que ellos disfrutan alabando a Dios sin interrupción? Es dudoso no obstante el que lo tengan los réprobos; porque conforme al parecer de alguno que se planteó dudas acerca de esta cuestión, no sé si en aquellos que están alejados de la vida de los santos puede existir el libre albedrío, porque ni el alma ni el cuerpo de ninguna manera son libres entre los aherrojados en el fuego de las llamas vengadoras.

Capítulo LVII

Allí se tendrá memoria lo mismo que olvido

En lo que atañe al conocimiento racional, cada cual se acordará de sus males pasados, pero tendrá el más absoluto olvido de ellos en cuanto a la sensación de experiencia. El médico muy experimentado tiene conocimiento de casi todas las enfermedades porque se aprenden con arte; pero desconoce otras muchas tal como se sienten en el cuerpo por no haber pasado por ellas.

Así pues, lo mismo que existen dos ciencias de los males, una por la cual la inteligencia los descubre, y otra por la experiencia que los percibe por medio de los sentidos (uno es el conocimiento de los vicios por la doctrina de los sabios y otro por la depravada vida de los necios), así también existe un doble olvido. De una manera los olvida el docto y erudito, y de otra el que los experimentó y pasó: el uno si descuida la pericia y el otro si sacude la miseria. Según el olvido que hemos puesto en último lugar, los santos no se acordarán de los males pasados: estarán ajenos a todos los males, de modo que casi se les borrarán de sus sentidos. En virtud de este poder de conocimiento, que será extraordinario en ellos, no sólo recordarán su pasado, sino descubrirán también los castigos sempiternos de los condenados. De lo contrario, si han de ignorar que fueron desdichados, ¿cómo según el Salmo: *Cantarán por siempre las misericordias del Señor?* [26].

Capítulo LVIII

Diversidad de méritos y premios en la cual nadie ha de envidiar a otro

"¿Quién es —en frase de San Agustín [27]— competente para imaginar, cuanto más para explicar los grados de honores y de glorias que ha de haber en aquella vida? Lo que no se puede poner en duda es que existirán. Y además aquella ciudad santa tendrá de bueno en sí el que ningún inferior sentirá envidia del superior, como

---

[26] *Sal.*, 78, 1; S. Agustín, *De civ. Dei*, XXII, 30, 4.
[27] *Ib.*

ahora sucede realmente con los ángeles y los arcángeles, como si nadie quisiera ser lo que no recibió, a pesar de que se encuentre ligado con muy estrecho vínculo
de concordia con aquel que lo recibió, al igual que en
el cuerpo quien es dedo no quiere ser ojo, siendo así
que la ordenada trabazón de toda la carne contiene a
ambos miembros. Por tanto unos tendrán mayor cantidad de bien que otros, con esta buena particularidad
también, la de no querer más.

Capítulo LIX

LOS SANTOS ALABARÁN A DIOS INCANSABLEMENTE

Entonces no será para los santos pesada la alabanza
en el alabar a Dios, porque según lo que el Profeta dice
de ellos, *no se cansarán ni se fatigarán* [28]. Gozarán de la
felicidad de la bienaventuranza, contando para ellos en
la recompensa de la bienaventuranza el disfrutar incansablemente del júbilo de la alabanza, pues dice el Salmo:
*Bienaventurados, Señor, los que habitan en tu casa, pues
te alabarán por los siglos de los siglos* [29]. Por tanto, el
premio de la virtud será el mismo que la dio.

Capítulo LX

VEREMOS A DIOS SIN FIN POR LO MISMO QUE EL ES EL FIN DE NUESTROS DESEOS

Si, conforme a lo que dice el Apóstol, siempre esta-

[28] *Is.*, 40, 31.
[29] *Sal.*, 83, 5.

remos con el Señor [30], es cierto que lo veremos sin interrupción. "Así, pues, entonces el fin de nuestros deseos será Cristo, al que se verá sin límite, se amará sin fastidio y se alabará sin cansancio. Común para todos, lo mismo que la vida eterna será este don, este sentimiento, este acto" [31].

Capítulo LXI

Para nosotros será entonces la recompensa el mismo Señor y el que nuestros honestos deseos se cumplan de un modo maravilloso

El que nos creó nos hizo la promesa de que nos daría en recompensa Él mismo, mejor que lo cual no hay cosa alguna. ¿Qué otra cosa es la que dice el Señor por el Profeta: *Yo seré su Dios, y ellos serán para mí el pueblo* [32], sino que: Yo seré de lo que se ha de saciar. Yo seré todo lo que los hombres honestamente desean, y la vida, y la salud, y la paz, y todos los bienes. De este modo se entiende perfectamente aquello que dice el Apóstol: *Para que Dios sea todo en todos* [33] (San Agustín, *Ibid.*).

Capítulo LXII

Del fin sin fin en el cual infinitamente alabaremos al Señor

Cristo perfeccionándonos será nuestro fin; Él mismo será nuestro alimento, nuestra alabanza; a Él le tribu-

---

[30] *I Tes.*, 4, 16.
[31] S. Agustín, *De civ. Dei*, XXII, 30, 1.
[32] *Lev.*, 26, 12.
[33] *I Cor.*, 15, 28.

taremos alabanza por los siglos de los siglos y alabándolo lo amaremos sin fin. Allí verdaderamente tendrá realidad, como dice el santísimo doctor San Agustín[34], el sábado más grande que no conoce ocaso. La recomendación que el Señor hizo en las primeras obras del mundo, donde se lee: *Y descansó el Señor el día séptimo de todas sus obras*[35], y los santificó porque en él descansó de todas sus obras. Nosotros también seremos día séptimo cuando estemos llenos y colmados de sus bendiciones. Entonces se cumplirá el: *Descansad y ved que yo soy el Señor*[36]. Entonces tendrá verdaderamente realidad para nosotros nuestro sábado, cuyo fin no será la tarde, sino el día del Señor u octavo, que nos preparó la resurrección de Cristo. Allí descansaremos y veremos, veremos y amaremos y alabaremos. He aquí lo que habrá en este fin sin fin. ¿Acaso nosotros tenemos otro fin que el de llegar al reino que no tiene fin?

(Del *Liber prognosticon futuri saeculi*, de San Julián de Toledo. PL 96, 518-24.)

FUENTES Y ESTUDIOS

F. DE LORENZANA, *SS. PP. Toletanorum quotquot exstant opera*, II (Madrid 1785). De aquí pasó a PL 96; P. WENGEN, *Julianus Erzbischof von Toledo. Seine Leben und seine Wirksamkeit unter den Königen Erving und Egica* (St. Gallen 1894); J. F. RIVERA, *San Julián, arzobispo de Toledo* (Barcelona 1944); F. X. MURPHY, *Julian of Toledo and the condemnation of Mo-

---

[34] *De civ. Dei*, XXII, 30.
[35] *Gen.*, 2, 2.
[36] *Sal.*, 45, 11.

nothelism, Mélanges J. de Ghellinc (Gembloux 1951), 361-73; Id., *Julian of Toledo and the fall of the visigothic Kingdom in Spain*, "Speculum" 27, 1952, 1-27; J. MADOZ, *Fuentes teologicoliterarias de S. Julián de Toledo*, "Gregor." 33, 1952, 339-417; J. N. HILLGARTH, *Towards a critical edition of the Works of St. Julian of Toledo*, "Studia Patristica", I (Berlín 1957), 37-43; Id., *El Prognosticon futuri saeculi de S. Julián de Toledo*, "Anal. Sacra Tarracon." 30, 1957, 5-61; J. CAMPOS, *El "De comprobatione sextae aetatis libri tres" de S. Julián de Toledo*, "Helmant." 18, 1967, 297-340; L. GALMÉS, *Tradición manuscrita y fuentes de los "Antikeimenon" libri II de S. Julián de Toledo*, "Studia Patristica", III (Berlín 1961), 47-53; C. POZO, *La doctrina escatológica del "Prognosticon futuri saeculi" de S. Julián de Toledo*, "La Patrología Toledano-visigoda" (Madrid 1970), 215-43; A. ROBLES SIERRA, *Prolegómenos a la edición crítica del Antikeimenon de Julián de Toledo*, "Anal. Sacra Tarrac." 42, 1970, 111-41; Id., *Fuentes del Antikeimenon de Julián de Toledo*, "Escritos del Vedat" 1, 1971, 59-135; J. N. HILLGARTH, *Las fuentes de S. Julián de Toledo*, "Anales Toledanos", III (Toledo 1971), 97-118; J. MIRANDA CALVO, *San Julián, cronista de guerra*, "Anales Toledanos", III (Toledo 1971), 159-70; J. N. HILLGARTH, *Sancti Juliani Toletanae Sedis episcopi opera omnia*, Part I, "Corpus Christianorum" 115 (Tournholt 1976), 115-25.

SAN VALERIO DEL BIERZO

Ejemplo admirable de ascetismo y eremitismo es Valerio del Bierzo. Lo mismo que de otros autores antiguos, los datos sobre Valerio son escasos y los debemos en gran parte a su autobiografía. Oriundo de Astorga, nace hacia el 630. Entró en el monasterio de Compludo, se interna después en las montañas del Bierzo, vive a continuación en Ebronauto y posteriormente se establece de un modo más estable y definitivo en aquella celda que poco antes había santificado San Fructuoso en el monasterio de S. Pedro de los Montes. La estancia en este monasterio la describe él en su *Ordo querimoniae*.

Su formación, mezcla de lo profano con lo religioso, es muy considerable. Su esfuerzo personal influye, más que las escuelas, en esta su formación. No le falta a Valerio la nota de autodidacta. Su carácter, marcadamente duro e independiente, explica en parte el conflicto con su obispo de Astorga, Isidoro, y con otros personajes, y determina asimismo su ascetismo y hasta puede decirse que su estilo literario. Escritura, teología, hagiografía y liturgia son las notas de la cultura valeriana.

Su actividad literaria la forman pequeños opúsculos ordenados principalmente para utilidad de los monjes. Tuvieron una cierta difusión en la Península e incluso fuera de ella, como lo comprueba el hecho de que Benito de Aniano incluyese en su *Concordia Regularum* una obra suya: *De genere monachorum*. Unos dieciocho títulos constituyen el patrimonio literario de Valerio [1]. Muere hacia el 695.

---

[1] Este catálogo puede verse en M. C. Díaz y Díaz, *Index...*

TEXTOS

Dentro de esta variada literatura valeriana elegimos el opúscu-
lo De Bonello monacho *porque cae de lleno dentro de la espi-*
ritualidad típica del asceta del Bierzo. El rasgo esencial de su
peculiar ascesis es la imitación. Con este fin de parenesis Va-
lerio escribe y recoge vidas edificantes para presentarlas a los
monjes. En este sentido Valerio representa, dentro de la espi-
ritualidad española y monástica, el autor más destacado hasta
el siglo VII. Valerio no se repite, y por eso en cada opúsculo
hagiográfico presenta a sus lectores una faceta peculiar que
imitar o recoger. Los monjes jóvenes conocían en la hagiogra-
fía valeriana personas destacadas que imitar y que les podían
ayudar en el camino de la salvación. El opúsculo De Bonello
monacho *lo dedica, probablemente, al abad Donadeo. Nos da*
una descripción del infierno contrapuesto al lugar de la felici-
dad, el cielo, que describe al principio.

ACERCA DEL MONJE BONELLO

Al referir estas cosas a tu Beatitud, se me viene a la
memoria otro caso semejante. Cierto religioso por nombre Bonello, hace tiempo, vino a mí con la angustia de
una profunda tristeza, y por la ventana de la primer
prisión fue contándome al detalle cuanto inmediatamente vas a oír. Estando, tiempo ha —decía—, encerrado
en los estrechos claustros de mi reclusión, y temiendo
con suma diligencia el juicio del Señor, me mortificaba
con muy severa penitencia y, cumpliendo con todas mis
obligaciones de devoción con suma penuria, cierto día,
arrebatado en éxtasis, fui conducido por un ángel a un

(Salamanca 1958), núms. 285-303; U. DOMÍNGUEZ DEL VAL, *He-*
rencia literaria de Padres y escritores españoles de Osio de Cór-
doba a Julián de Toledo, "Repertorio de Historia de las Ciencias Ecles. en España", I (Salamanca 1967), 51-55.

lugar amenísimo de felicidad. Allí me introdujo en una celda de oro purísimo, construida de piedras preciosas muy resplandecientes y de diversas gemas y coruscantes margaritas. De manera admirable los demás aposentos de uno y otro lado tenían igual belleza y un lucero de inmensa luz despedía sus rayos por todas las cámaras y pilares adornados con piedras refulgentes y preciosísimas margaritas. ¿Qué diré más o qué pensaré? Pues la belleza de aquel lugar y de aquella morada es incomparable e inestimable; porque ni la boca del hombre ni su pensamiento puede encerrarlos en sus alabanzas. Así me dijo, por fin, aquel ángel: Si perseveras hasta el fin, te acogeré en esta morada. Pasado algún tiempo después de esto, sintiendo el espíritu inundado por la amargura de un pésimo y vehemente deseo de vagar, arrastrado de una dañina ligereza, escapándome, abandoné mi primitiva morada. De aquí que, al fin, en un nuevo arrebato de mi mente, de nuevo fui arrebatado en éxtasis por el ángel maligno que me precipitó en el abismo, en el cual no había boca de pozo o tierra cavada hacia abajo, sino más bien en forma de pináculo. Y como al primer impulso descendiera como una piedra arrojada a lo profundo, a través de un inmenso espacio, quedándose mis pies pegados con una desmesurada amarra, me quedé de pie en la parte más elevada de la misma pared. Y mientras allí me reanimaba un poco, sonó una voz que me decía: Márchate. Y precipitado de nuevo, descendí más en un largo trecho. Y segunda vez me detuve en un escalón un poco más amplio. Encontré allí a un pobre, al cual conocí inmediatamente, porque hacía poco había venido enfermo y mendigando a mi prisión antes mencionada. Y lo retuve conmigo du-

rante muchos días. Y sirviéndole mis propios criados de
la misma pobre comida que la piedad divina nos facili-
taba por medio de las almas buenas, reanimé su espíritu
derrumbado por el hambre, hasta que recobró su primitiva salud. En favor mio pidió a aquellos inicuos y crueles esbirros que me conducían que me concedieran aunque fuera una corta tregua. Y mientras me reanimaba
un poco, volví a escuchar aquella voz que clamaba: Már-
chese. Y tercera vez precipitado, bajé al doble de tan
honda profundidad, hasta llegar a lo profundo del infierno. Y así me condujeron hasta la presencia del muy
impío diablo. Era éste horroroso y temible, atado con
muy fuertes cadenas. Un ave de hierro, parecida a un
cuervo, se asentaba en su cabeza, en lo alto de la cual
estaban prendidos los extremos de las cadenas. Respecto a la inmensidad de las penas haré saber lo que pueda
recordar, como él decía. Ardía un inmenso e inenarra-
ble fuego, a modo de una gruesa tea encendida. Y sobre
aquel fuego próximo a él y no a mucha altura, una cubierta a manera de chapa de bronce, sobre la cual tro-
pezaba la llama que salía. De aquel fuego brotaba un
mar de pez, que en su inundación ocupaba una inmensa extensión, que se movía hirviente con crueles y ho-
rrorosos borbotones. Estando en presencia de aquel atro-
císimo juez, repentinamente hicieron su aparición tres
ángeles malísimos. Uno de ellos era un gigante extraordinariamente desmesurado. El segundo, algo menor, le
llegaba hasta los hombros al primero. Y el tercero, mucho más pequeño, hasta la mitad. Estos dos primeros le
ofrecieron dos almas de dos pecadores. El tercero, en
cambio, no presentó nada. Por lo que le reprendió con
gran energía, y ordenó a los que habían traído las almas

que las arrojaran en aquel ardentísimo fuego. Y así lo hicieron ellos. Después me condujeron más abajo junto a aquel mar de fuego y me mostraron el pozo inferior del abismo, que es la más grave y cruel de todas las penas. Cuando estaba mirando sobrecogido de pavor, se levantaron muchos arqueros y empezaron a dispararme flechas que yo iba sintiendo como gotas de agua muy fría. Y al hacerles resistencia en derredor con la señal de la cruz, vino uno que me sacó de sus inícuos dominios, y me restituyó a la luz de la parte de arriba.

Después de referirme estas cosas, decía: Quiero hacerme una especie de cárcel o retiro con las dimensiones estrictas de mi estatura, con el fin de no caer en adelante en tan pésima ruina. Y yo le dije: Procura comenzar lo que libremente y sin peligro de desesperación puedas llevar hasta la perfección; porque está escrito: Es mucho mejor no empezar una cosa que llevarla a una conclusión detestable.

Así pues, se marchó a la ciudad de León, y de nuevo se encerró junto a los cuerpos de los santos mártires. Y allí continúa hasta hoy.

(De S. VALERIO, *Obras*. Edición Fernández Pousa [Madrid 1942], 116-118.)

FUENTES Y ESTUDIOS

R. FERNÁNDEZ POUSA, *San Valerio (Nuño Valerio). Obras. Edic. crítica...* (Madrid 1942); D. DE BRUYNE, *L'hèritage littéraire de l'abbé S. Valere*, "Rev. Bénéd." 32, 1920, 1-10; Z. GARCÍA VILLADA, *Las obras de Valerio, monje del Bierzo*, "Est. Ecles." 1, 1921, 252-56; 1922, 5-58; M. TORRES, *Una olvidada autobiografía visigótica del siglo VII*, "Spanische Forschungen der Görresges." 3, 1931, 439-49; I. ARENILLAS, *La autobiografía de S. Valerio (siglo VII) como fuente para el conocimiento de la organización eclesiástica visigótica*, "An. de Hist. del Der. Español" 11, 1934, 468-78; E. BERMEJO GARCÍA, *San Valerio. Un asceta español del siglo VII*, "Bol. de la Univ. de Santiago", 1940, 9-54; J. FERNÁNDEZ, *Sobre la autobiografía de S. Valerio y su ascetismo*, "Hisp. Sacra" 2, 1949, 259-84; M. C. DÍAZ Y DÍAZ, *Sobre la autobiografía de San Valerio y su ascetismo*, "Hisp. Sacra" 2, 1949, 259-84; C. M. AHERNE, *Valerio of Bierzo, an Ascetic of the late visigothic Period* (Washington 1949); M. C. DÍAZ Y DÍAZ, *Anecdota Wisigothica*, I (Salamanca 1858); A. ROBLES SIERRA, *San Valerio del Bierzo y su corriente de espiritualidad monástica*, "Teología Espir." 9, 1965, 7-52.

BEATO DE LIEBANA

Con certeza conocemos muy poco sobre este presbítero asturiano. Es posible que lo acogiese entre sus miembros el monasterio de S. Martín de Liébana entre 756-68. Llegó a Asturias en 713 con el fin de defender por escrito y de palabra la creencia de aquellos cristianos que, sometidos a la dominación musulmana, no parecía ser suficientemente sólida. Promovió el estudio de la Escritura en los monasterios. Murió hacia el 798 en el monasterio de Valcavado, donde se había retirado. Se le veneró rápidamente como santo.

Su actividad literaria es escasa. Escribió un *Commentarium in Apocalypsin,* inspirándose en escritores extranjeros: Primasio, Ticonio, Jerónimo y Gregorio Magno, y en los españoles: Isidoro y Apringio. En supuesta colaboración con Heterio escribió contra Elipando su *Adversus Elipandum libri II* (PL 96, 893-1030) bastante superficial. Beato es más bien un erudito.

TEXTOS

Recogemos el comentario de Beato sobre el capítulo 21 del Apocalipsis. *Con exégesis alegórica y parenética, el comentario presenta al cristiano viviendo comunitariamente en la Iglesia. Es una proyección muy a tono con el mensaje del Evangelio. La entrada en la Iglesia se realiza por una sola y única puerta, Cristo, que a su vez tiene tres accesos que son las tres virtudes teologales: fe, esperanza y caridad. Una vez que el cris-*

tiano está en la Iglesia, cuerpo místico, el Liebanense señala el camino ascensional para llegar al culmen de la perfección. Son los dones del Espíritu Santo.

El hombre que desde las cosas terrenas se eleva a las celestiales ha de empezar por el temor de Dios para llegar a la sabiduría que da la madurez espiritual. Es la catártasis de la Iglesia peregrina en el mundo. Complemento y perfección de esta Iglesia es la otra, la Iglesia celeste, patria definitiva del cristiano y de quien esté unido a Cristo por la fe y por la caridad. Beato habla de las cualidades y transformación del hombre en esta mansión celeste.

COMENTARIUM IN APOCALYPSIN

L. XII.   Capítulo XXI

Y VI UN CIELO NUEVO Y UNA NUEVA TIERRA

Llama a la Iglesia, esta Jerusalén y hace una recapitulación desde la pasión de Cristo hasta el día en que resucite y sea coronado en la gloria juntamente con Cristo. Mezcla los dos tiempos, el presente y el futuro; y explana con más amplitud con cuánta gloria será acogida por Cristo y puesta al abrigo de toda acometida de los malos. Recapitula desde el origen, diciendo: *Vi un cielo nuevo y una nueva tierra. Primero desapareció el cielo y la tierra y dejó de existir el mar.* Que esto fue así tal como se escribe, lo sabemos por el testimonio de Isaías, quien por boca del Señor habla, diciendo: *He aquí que creo un nuevo cielo y una nueva tierra; y no quedará recuerdo de los primeros, y no suben más allá del corazón. Sino que os alegraréis y saltaréis de gozo por siempre en estas cosas que yo creo* [1]. El nuevo

---

[1] *Is.*, 65, 17.

cielo es la Iglesia, porque desde el momento que Cristo tomó carne, creó un cielo nuevo y una tierra nueva. Decimos espíritu en el cielo y carne en la tierra. El primer Adán [2] fue hecho de alma viviente: el segundo Adán, de espíritu vivificante. Cumplido el tiempo, subió a la cruz y murió por la salvación de todo el mundo. La Iglesia, siguiendo sus ejemplos, se renueva día a día en el conocimiento de la verdad; por cuya renovación del siglo presente resplandecerá en el día del juicio, cuando se renueve en esta carne que padece, pero ya no en la tempestad del mar de este siglo, sino en gloria, conforme dice: *Y vi una nueva santa ciudad de Jerusalén descendiendo desde el cielo de Dios, compuesta como una esposa adornada para su esposo.* La celestial Jerusalén es la multitud de los santos que se dice ha de venir con el Señor. Conforme dice Zacarías: *He aquí que vendrá el Señor mi Dios y todos los santos con él* [3]. Estos preparan una mansión limpia a Dios y para los que con él habitan: como esposa adornada para su marido, así adornados de santidad y justicia irán para unirse con su Señor y para permanecer eternamente en Él...

El Profeta, pues, que hablaba de las cosas celestiales refiriéndolas a las terrenas, comenzó por la sabiduría para descender hasta el temor. Pero nosotros que desde las cosas terrenas nos elevamos a las celestiales, contamos estos mismos grados en sentido ascendente para poder llegar desde el temor hasta la sabiduría; porque en nuestra inteligencia el primer grado de ascensión es el temor de Dios, el segundo la piedad, el tercero la ciencia, el cuarto la fortaleza, el quinto el consejo, el

---

[2] *I Cor.*, 15, 45.
[3] *Zar.*, 14, 5.

sexto el entendimiento y el séptimo la sabiduría. El temor de Dios, pues, está en la inteligencia; pero, ¿cuál es el temor de Dios, si con él no va la piedad? Porque aquel que no sabe compadecerse de su prójimo, quien con él no comparte sus tribulaciones, a los ojos de Dios omnipotente tiene un temor nulo y vano, porque no lo endereza hacia la piedad. En muchas ocasiones la compasión suele errar por desordenada misericordia, y así acaso perdona por negligencia lo que es imperdonable. Los pecados que pueden ser castigados con el fuego del infierno han de corregirse con el azote de las disciplinas. Pero la piedad desordenada, cuando temporalmente perdona, arrastra hacia el fuego eterno. Así pues, para que la piedad sea verdadera y ordenada, ha de elevarse a otro grado, es decir, a la ciencia, para saber qué es lo que ha de castigar y corregir conforme a la justicia o qué es lo que ha de perdonar por misericordia. Mas si alguno sabiendo lo que tiene que hacer, no tiene, empero, poder para llevarlo a cabo, de nada vale. Por eso nuestra ciencia es digna de elevarse hasta la fortaleza, para que cuando se percate de lo que ha de hacer, pueda realizarlo por medio de la fortaleza de la mente, para que no tiemble de miedo y, anonadada de pavor, no pueda defender las cosas buenas que siente. Pero a menudo la fortaleza —si es poco previsora y no muy circunspecta contra los vicios—, viene a caer ella misma en el peligro de su propia presunción. Elévese, pues, hasta el consejo a fin de que, previniéndose, tome las precauciones necesarias sobre lo que puede realizar con fortaleza. Mas no puede haber consejo allí donde no hay inteligencia, porque aquel que no llega a entender el mal que pesa sobre el que lo hace, ¿cómo podrá dar solidez

al bien que presta ayuda? Por tanto, desde el consejo
ascendamos al entendimiento. Pero, ¿qué vale que el entendimiento esté vigilante con suma agudeza si no sabe
regirse por medio de la madurez? Desde el entendimiento, pues, súbase hasta la sabiduría; a fin de que lo que
el entendimiento agudamente descubrió, la sabiduría lo
estructure madurándolo. Por consiguiente, en virtud de
esta septiforme gracia se dice que todos los santos por
las cuatro partes del mundo —esto es, desde Oriente,
desde el Aquilón, desde el Mediodía y desde Occidente— entran en la Iglesia por doce puertas. Por la puerta
oriental primitivamente entró el pueblo judaico, de cuya
carne nació aquel que se llama Sol de Justicia. En la
puerta del Aquilón está figurada la Gentilidad, que se
quedó pasmada en el frío de su perfidia y en cuyo corazón reinó aquel que, en testimonio del Profeta, dijo
de sí mismo: *Pondré mi asiento hacia el Aquilón*[4]. Desde Judea, pues, y de la Gentilidad se levantaron —como
se ha dicho— a la cumbre de la santidad; aunque por
el Oriente y el Aquilón puedan también entenderse los
justos y los pecadores. Oriente, en efecto, se llaman los
justos. Con razón, como nacidos en la luz de la fe por
el bautismo, se mantuvieron en la inocencia. Justamente entendemos el Aquilón por los pecadores, quienes
abandonados al frío de su inteligencia, helados quedaron
a la sombra de sus pecados. Pero como la misericordia
de Dios omnipotente también por medio de la compunción los llama a penitencia, los lava con lágrimas, los
enriquece con virtudes y los eleva hasta la gloria de la
perfección, no sólo están incluidos en el oriente de la

---

[4] *Is.*, 14, 13.

perfección en el número ciento, sino que también entran en el Aquilón, supuesto que juntamente con los justos, los pecadores llegan a la perfección por medio de los dones y de la penitencia. En consecuencia, se dice que tiene una puerta al Aquilón, la que tiene una puerta al oriente, porque los pecadores convertidos son enriquecidos con virtudes en igual grado de riqueza que lo son los que evitaron caer en pecado. Por donde el Señor dice por boca del Salmista: *Comía ceniza como pan* [5]. En la ceniza significó a los pecadores; en el pan a los justos. Porque igual acogida dispensa a los penitentes que a los justos. Acerca de los pecadores se ha escrito: *¡Ojalá otro tiempo hubieran hecho penitencia en silencio y ceniza!* [6]. Como pan, pues, se come la ceniza cuando el pecador por medio de la penitencia vuelve a la gracia de su Hacedor como un inocente. Todo esto ya se ha dicho en la puerta Oriente y del Aquilón: no conviene repetir la explicación. Hay que notar, sin embargo, que en el edificio espiritual existe una puerta a oriente, otra al Aquilón y otra al austro. Y así como por el frío del Aquilón se designan a los pecadores, de igual manera por el camino austral a los fervorosos de espíritu, que enardecidos por el calor del Espíritu Santo, van creciendo en virtudes como a la luz del mediodía. Abrase la puerta de Oriente para que quienes después de la fe no se sumergieron en la profundidad de los vicios, lleguen a los sempiternos goces. Abrase la puerta del Aquilón para que aquellos que, después de iniciarse en la luz y calor de la fe, se sumergieron en la obscuridad y el frío de sus pecados, vuelvan al perdón por medio de

---

[5] *Sal.,* 101,10.
[6] *Mt.,* 11, 21.

la compunción de la penitencia y lleguen al conocimiento de cuál será la alegría sin fin de la verdadera retribución. Abrase la puerta del Mediodía para que aquellos que arden en santos deseos y en virtudes penetren en los misterios del gozo interior mediante la inteligencia cotidiana del espíritu. Mientras tanto, se puede preguntar ¿por qué siendo cuatro las partes de este mundo, no se hace mención más que de tres puertas en este edificio? La pregunta sería adecuada si se tratara de un edificio corporal y no espiritual.

La santa Iglesia, esto es, el edificio espiritual, tiene únicamente tres puertas, a saber: la Fe, la Esperanza y la Caridad. Una al oriente, otra al Aquilón y la tercera hacia el Mediodía. La puerta de Oriente es la Fe, supuesto que por ella nace en la inteligencia la luz verdadera. La puerta del Aquilón es la Esperanza, porque todo el que está en pecado, si desespera del perdón, perece definitivamente: de donde es necesario que aquel que por su inicuidad se extinguió, vuelva a vivir por la esperanza de la misericordia. La puerta del Mediodía es la Caridad, porque arde en el fuego del amor. En la puerta del Mediodía el sol alcanza su máxima altura, supuesto que merced a la luz de la caridad se eleva, mediante la fe, en el amor de Dios y del prójimo. A través de estas tres puertas de la fe, de la esperanza y de la caridad se llega a los sempiternos goces. He dicho, pues, todo esto en razón de que ya expuse que por la puerta se significaba al Señor, o a los predicadores, o a la Sagrada Escritura, o a la fe; y donde quiera que en este libro se lea *puerta,* no se debe entender ninguna otra cosa.

Por consiguiente, al hablar con más detención de una

puerta, ha de entenderse justamente que se trata de la
fe, porque una sola es la fe de todos los elegidos. Cuando se nombran las otras puertas, puede entenderse las
bocas de los predicadores, por medio de cuyas lenguas
se conoce la verdadera vida y por medio de los cuales
se eleva al conocimiento de los sacramentos o secretos
espirituales. Por tanto, un estadio que tiene de extensión ciento cuarenta y tres pasos, comprende en el número cien la perfección de los santos y la fe del lado
derecho. En el número cuarenta se pretende que esté
contenida la cuádruple doctrina de los Evangelistas, ple-
nísimo decálogo de la ley. En el tres, el misterio de la
Trinidad. Así pues, como los estadios que nos faltan
para completar los doce requieran la comprensión de los
entendimientos racionales a la disciplina de la ley del
Señor bajo este misterio de los números para la que
dijimos puede contribuir para que pueda contarse en la
medida de la ciudad del Señor, así también los cinco
estadios que se extienden en setecientos quince pasos,
hacen cien veces cien, a fin de que puedan persistir en
la extensión de la semana actualmente como norma de
lo perfecto. Porque, en efecto, Dios hizo el cielo y la
tierra en seis días, y el séptimo descansó de sus trabajos. Y vemos que el mundo consta de siete días. Porque
el Señor en el Evangelio dice acerca del último día:
*Vigilad y orad para que vuestra huida no tenga lugar
en el invierno o en el sábado* [7]. Cuyo número hace que,
repetido *siete* veces el cien, muestre que toda la plenitud de los santos en esta semana de que consta el mundo, va creciendo con el misterio de la dicha fe. Los

---

[7] *Mt.*, 24, 20.

quince que restan significan en nuestro Señor Jesucristo la plenitud de la divinidad. Como dice el Apóstol: *En él habita corporalmente toda la plenitud de la divinidad* [8]. Y por tanto el cinco en tres partes separadas demuestra que nuestro Señor Jesucristo permanece hombre elevado por encima de los sentidos humanos y sobre toda la inteligencia, para que nadie se atreva a pensar que tomar Él carne es algo semejante a lo que sucede en nosotros, sino para que conocieras que en esa misma carne resplandeció sobre todo cuerpo por muy digno que fuera y sobre toda inteligencia de los santos, porque en Él está la plenitud de la divinidad, como Él dice: *Yo en el Padre y el Padre en mí está* [9]; y en el cual hay tanta virtud, que jamás existirá nada semejante entre los mortales. Sin embargo, aunque se diga que se iguala por haber tomado carne, hay que creer que está sobre toda carne, porque dice el Apóstol: *Aunque hemos conocido según la carne a Cristo, ya no le conocemos* [10]; no fuera que nos atreviéramos a considerarlo como un hombre común.

Los muros y la ciudad oro puro, semejante al limpio cristal. Sabemos que el metal del oro brilla con fulgores mejor que todos los metales; es condición del vidrio que, visto exteriormente, brilla con pura claridad interiormente. En otro cualquier metal no se ve lo que interiormente contiene; en el cristal, sin embargo, cualquier líquido se muestra al exterior tal cual se contiene en el interior y, por así decir, todo líquido encerrado en un vaso de cristal está como de manifiesto. ¿Qué

[8] *Col.,* 2, 9.
[9] *Jn.,* 14, 10.
[10] *II Cor.,* 5,16.

otra cosa, pues, vemos nosotros en el oro o en el cristal sino aquella patria celestial, aquella reunión de los bienaventurados, cuyos corazones mutuamente para sí resplandecen con claridad y se transparentan con pureza? A tal ciudad Juan había visto en esta Apocalipsis, cuando decía: *Y eran en su estructura sus muros jaspes: y la misma ciudad oro puro, semejante al limpio cristal;* y porque todos los santos resplandecerán en esta suma claridad de la bienaventuranza, se dice que está hecha de oro. Y como la misma claridad de ellos está de manifiesto de los unos para con los otros recíprocamente en sus corazones y como cuando se mira el rostro de uno cualquiera de ellos se penetra al mismo tiempo en su conciencia, este mismo oro se dice que es semejante al limpio cristal.

Allí, pues, la corpulencia de los miembros no esconde a los ojos de los otros el pensamiento de cada uno; sino que, por el contrario, el pensamiento de cada cual estará de manifiesto a los ojos corporales, juntamente con la misma armonía del cuerpo. De esta suerte cada uno será entonces visible a otro, mientras que ahora no lo es entre sí. Ahora nuestros corazones, mientras que estamos en esta vida —como no pueden verse recíprocamente— están encerrados, no dentro de vasos de cristal, sino de barro. Así dice el Profeta: *Sácame del lodo* [11]. Allí también la santa Iglesia se describe con oro y cristal: fúlgida en oro, transparente en el cristal. Mas aunque en ella todos los santos resplandezcan con tanta claridad, luzcan con tanta transparencia, no pueden igualarse a Cristo. Todos aquellos efectivamente

---

[11] *Sal.*, 68, 15.

vienen a estos goces eternos, para poder ser semejantes a Dios, conforme está escrito: *Cuando aparezca, seremos semejantes a él porque lo veremos tal cual es* [12]. No obstante, se ha escrito también: *¿Quién es semejante a Dios entre los hijos de Dios?* [13]. Digamos por consiguiente: ¿En qué serán los santos semejantes a Dios y en qué no semejantes?; en que serán semejantes a esta sabiduría en imagen, y no, empero, semejantes hasta la igualdad. Atendiendo, pues, a la eternidad de Dios, hace que sean eternos; pues cuando perciben el don de su visión, en virtud de la percepción de la bienaventuranza imitan lo que ven. Son, por consiguiente, semejantes, porque son bienaventurados; y, sin embargo, no son semejantes al Creador, porque son criaturas. Y tienen cierta semejanza con Dios, porque no tienen fin; pero no tienen igualdad con Dios incircunscrito, porque ellos tienen circunscripción. Por mucha que sea la claridad y la transparencia con que brillen los santos, una cosa es que los hombres sean sabios en Dios, y otra el que el hombre sea la sabiduría de Dios: cuya sabiduría, en efecto, conoció en su realidad aquel que no se atrevió a comprar a ninguno de los santos con el mediador entre Dios y los hombres.

Y midió su muro ciento cuarenta y cuatro codos, medida del hombre, que es la del ángel. Ahora hemos de mirar por dentro la medida en el mismo muro. El muro de esta ciudad es nuestro Señor Jesucristo, porque para protección de los santos, para sostén de toda la bienaventuranza, sirve el haberse hecho hombre. Por consiguiente, la misma *medida del hombre* se dice que es

---

[12] *Jn.*, 3, 2.
[13] *Sal.*, 88, 7.

del ángel, porque él es el ángel del Testamento, del cual se dice: *Vendrá de improviso a su templo el Señor a quien buscáis y el ángel del Testamento a quien vosotros queréis* [14]. Veamos el misterio que encierra el que su altura se levante 144 codos. El ciento, agrupado en diez décadas, pasa a la diestra del Padre. Por donde se demuestra que toda la plenitud de los santos y toda justicia que del cumplimiento del decálogo y por el vaticinio del Evangelio se alcanza, está felizmente contenida en la diestra de nuestro Señor Jesucristo.

(Sancti Beati, presbyteri hispani Liebanensis, in Apocalypsin, ac plurimas utriusque foederis paginas commentaria, ex veteribus, nonnullisque desideratis patribus, mille retro annis collecta, num primun edita. Opera et studio R. P. Doc. Henrici Florez. Matriti, Apud Joachim Ibarra, 1770, 4.º. XLVIII-584p., pp. 549-565.)

FUENTES Y ESTUDIOS

H. FLÓREZ, *Sancti Beati, presbyteri hispani Liebanensis, in Apocalypsin ac plurimas utriusque Foederis paginas commentaria...* (Matriti 1770); H. A. SANDERS, *Beati in Apocalypsin libri duodecim* (Roma 1930); A. BLÁZQUEZ, *Los manuscritos de los Comentarios al Apocalipsis de S. Juan por Beato de Liébana,* "Rev. de Arch. Bibliot. y Museos" 10, 1906, 257-73; R. D'ABADAL, *La batalla del adopcionismo en la desintegración de la Iglesia visigoda* (Barcelona 1948), 61-69; 88-92; J. PÉREZ DE URBEL, "Anuari Cat. español", II (Madrid 1953), 977-79; E. P. COLBERT, *The martyrs of Cordoba* (Washington 1962); C. ROMERO DE LECEA, *Trompetas y cítaras en los códices de Beato de Liébana* (Madrid 1977); *Actas del Simposio para el*

---

[14] Mal. 3, 1.

estudio de los códices del "Comentario al Apocalipsis" del Beato de Liébana I (Madrid 1978); NEUSS (Wilhelm), *Spanische Forschungen der Görresgesellschaft.* Zweite Reihe, 2 und 3 Band; *Die Apokalypse des Hl. Johannes in der altspanischen und altchristlichen Bibel-illustration* (das problem der Beatus-handschriften), Munster in Westfalen 1931, CLXVIII tafeln; MARÍN MARTÍNEZ (Tomás), *La escritura de los Beatos,* Madrid, Edilan, S. A., 1976, págs. 173-209; J. FONTAINE, *Fuentes y tradiciones paleocristianas en el método espiritual de Beato,* "Actas del simposio... de Beato de Liébana", I (Madrid 1978), 77-105.

SIGLOS X-XI

Al presentarnos en los umbrales de los siglos X-XI se impone recordar el hecho bien conocido de que nos encontramos ante dos siglos "oscuros", o siglos de hierro, en lo que va de finales del siglo IX a la segunda mitad del XI. La decadencia abarca al campo de lo moral y de lo intelectual. Si esto acontecía dentro de la historia universal, en la Iglesia hispana con más razón aún. Oprimida en casi su totalidad por los musulmanes, los tiempos no podían ser más aciagos para la promoción de las ciencias y de las letras. Puede decirse que, a pesar del legado recibido de los visigodos, la cultura y la espiritualidad cristianas apenas si existen en este período. Con todo, los hispanos nunca perdieron un aspecto de la espiritualidad: el culto y devoción a sus santos. Esto es lo que condiciona primordialmente la obra de los escritores, y por eso sus escritos pertenecen la mayor parte a la hagiografía. Dentro de la brevedad que nos impone una obra como la nuestra, nos limitamos a recoger tres textos con diverso matiz: un *pasionario,* una *vida de un santo* y un *sermón.*

A) ACTAS MARTIRIALES DE SAN ACISCLO
Y SANTA VICTORIA

El culto a San Acisclo, mártir cordobés, goza de una vene-
rable antigüedad en nuestra liturgia. Prudencio lo recuerda en
Perist. IV, 19-20. De Santa Victoria, en cambio, prácticamente
nada sabemos. Se la supone de Córdoba. El testimonio más ve-
tusto sobre Acisclo y Victoria, compañeros de martirio, pro-
cede del Martirologio de Lión, *escrito antes del 806. Autores*
españoles, como San Eulogio y Recemundo, citan a San Acis-
clo, pero desconocen a Santa Victoria. Esto quiere decir que
el culto de esta santa empieza muy tarde en la liturgia hispá-
nica, y que el texto del Pasionario *español que recogemos a*
continuación no ha podido ser redactado más que en el siglo X,
bien avanzado ya. El escrito contiene algún dato histórico, pero
en lo sustancial es imaginario y de concepción fantástica. In-
cluso puede decirse que el enfrentamiento duro de los márti-
res con sus jueces nos pone en presencia de un Pasionario *tí-*
picamente hispano [1].

TEXTO

1. Martirio de los bienaventurados santos mártires
Acisclo y Victoria que padecieron en la ciudad de Córdoba bajo el prefecto Dión el día quince de las calen-
das de diciembre. Gracias a Dios.

2. En aquellos tiempos, cuando vino por vez primera a Córdoba Dión, inicuo perseguidor de los cristianos,
decretó en esta ciudad una persecución contra los cristianos, imperándoles que sacrificasen a los dioses, pues
en todo el orbe hervía el furor de los paganos de que
si alguno despreciaba el culto de los ídolos, sufriese di-

---

[1] Véase A. Fábrega Grau, *Pasionario Hispánico* (siglos VII-XI)
(Madrid-Barcelona 1953), 58-63.

versos géneros de tormentos. Había en el aquel entonces en la predicha ciudad quienes temían y veneraban
a Dios, tales como Acisclo y Victoria, muy cristianos y
santísimos, que desde los primeros años permanecían en
las alabanzas del Señor. Enterado un cierto Urbano, en
virtud de su oficio, de la vida santa de éstos, lo comu-
nicó al impiísimo prefecto, diciendo: He hallado a algunos que desprecian tus preceptos, y dicen que nuestros dioses son piedras, y no deben someterse en nada
a aquellos que les dan culto. Oyendo esto el prefecto
mandó que compareciesen en su presencia estos santos
hombres.

3. Habiéndoseles llevado ante sí, les dijo el prefecto:
¿Sois vosotros precisamente los que despreciais la religión de nuestros dioses, y los que, además, inducís a
todo el pueblo a que se abstenga de ofrecerles sacrificios? A esto el bienaventurado Acisclo respondió: Nosotros servimos al Señor Jesucristo, y no a los demonios
ni a las piedras inmundas. El prefecto Dión dijo: ¿Conocéis las penas que hemos mandado imponer a quienes no quisieron sacrificar? S. Acisclo respondió: ¿Has
oído tú, prefecto, el castigo que tiene preparado el Señor Jesucristo para vosotros y para vuestros príncipes?

4. Oyendo esto Dión empezó a bramar contra el
mártir de Dios con horrible furor, y mirando a la bienaventurada Victoria, dijo: Me compadezco de ti, Victoria, como de una hija mía; acércate, pues, a los dioses
y adóralos para que te sean propicios a tus pecados, y
te libren del error en que estás. Si no quieres hacerlo,
te impondré cruelísimos tormentos. Santa Victoria dijo:
Me haces un gran favor, oh prefecto, si realizas contra

mí lo que has dicho. Entonces Dión dijo a San Acisclo: Acisclo, piensa en tu juventud, no sea que mueras. A esto San Acisclo respondió: Mi pensamiento está en Cristo, que me plasmó de la arcilla de la tierra. Tú, en cambio, por ignorancia pretendes obligar a los hombres a adorar a estatuas hechas por mano de hombre, que ni ojos ni inteligencia pueden tener en sí.

5.   Entonces, encolerizado Dión, los mandó recluir en lo más profundo de la cárcel. Al entrar en ella, meditaban la palabra de Dios. Y he aquí que aparecieron en su presencia cuatro ángeles que les llevaron el alimento de salvación, la eucaristía. Viendo los bienaventurados mártires a los ángeles del Señor, dijeron: Señor, Dios nuestro, que eres rey celestial y médico de llagas ocultas, sabemos que no nos abandonas, sino que te has recordado de nosotros, enviándonos desde tus alturas, y por medio de tus ángeles, el alimento, saciándonos con el manjar de la redención.

6.   Cuando se realizaba todo esto, ordenó Dión sacar de la cárcel a los santos de Dios. Llevados ante su presencia, les dice Dión: Escuchadme y sacrificad a los dioses, no sea que os veáis afectados con dolorosísimas torturas. A esto respondió San Acisclo: ¿A qué dioses te refieres, Dión? ¿A Apolo y Neptuno, falsos e inmundos demonios? ¿O a qué dioses nos obligas a adorar? ¿A Júpiter, príncipe de los vicios? ¿Acaso a la impúdica Venus? ¿Tal vez al adúltero Marte? Lejos, pues, de nosotros el que podamos venerar, a quienes nos horrorizamos de imitar. Clamo ante el presente pueblo que has congregado, y repito los nombres de los santos de

cuya compañía gozo, a fin de que todos oigan lo que
voy a decir. ¿A quién haces semejante, Dión, al bienaventurado Pedro, príncipe de los apóstoles, y que es
columna de la Iglesia? ¿Hemos de escuchar a éste o
a Apolo, que es la perdición del mundo? Dime, Dión,
¿con quién comparas al príncipe de los profetas y de los
mártires? ¿Acaso con el luchador Hércules que vivió
criminalmente y que cometió tan abominables cosas sobre la tierra? Dime, Dión, ¿a quién quieres venerar con
más brillantez? ¿A Jezabel, asesina de inocentes, o
a María, Virgen santa, que engendró a nuestro salvador
Jesucristo, permaneciendo virgen antes del parto, y virgen siempre gloriosa después del parto? Avergüénzate,
Dión, porque no es Dios a quien adoras, sino que son
ídolos sordos y mudos.

7. Mandó entonces el crudelísimo Dión atormentar
a los bienaventurados mártires, y así a San Acisclo lo
castigó con azotes, y a la bienaventurada Victoria ordenó golpearla con vehemencia en la planta de los pies.
Cumplido esto, mandó que de nuevo se les encarcelase,
diciendo: Encerradles hasta que piense la pena con la
que he de castigarles. Al día siguiente, sentándose públicamente, ordenó sacar de la cárcel a los siervos de
Dios. Fueron los soldados y los trajeron. Viendo el pueblo que los santos de Dios, maniatados, eran conducidos al pretorio, clamaban con gran voz diciendo: Señor,
Dios de ellos, ayúdalos, porque confiaron en ti. Dión dio
órdenes para que los llevasen ante el tribunal. Mirán-
dolos con rostro pavoroso, ordenó a sus servidores allí
presentes que encendiesen el horno y que precipitasen
en él a los santos de Dios.

8. Encendido el horno, son llevados los bienaventurados mártires alegres levantando los ojos al cielo esperando con confianza la misericordia del Señor. Y cuando se acercaban al horno, protegiéndose con la señal de la cruz, se introdujeron en el fuego. Y cuando entraron en él, estaban alegres y bendecían al Señor. Incluso los ángeles del Señor, que les asistían en medio del fuego, glorificaban al Señor juntamente con ellos con voz agradable, hasta tal punto que su eco era percibido por casi todos los asistentes. Inmediatamente le fue comunicado al prefecto por quienes encendían el horno: Hemos oído desde el horno, señor prefecto, muchas voces que cantan y dicen: Gloria a Dios en las alturas y en la tierra paz a los hombres de buena voluntad.

9. Oyendo esto el prefecto ordenó inmediatamente que los santos de Dios fuesen sacados del horno de fuego. Viendo el muy perverso Dión que el fuego no les había perjudicado, y que ni siquiera les había tocado en parte alguna del cuerpo, se quedó muy admirado, y con confusión en su rostro, les habló, diciendo: Oh infelices, ¿dónde habéis aprendido tanta arte de maleficios, de tal modo que ni el fuego os perjudique? Dad de mano ya a vuestra arte mágica y venid y adorad e inmolad a los dioses para que os sean de nuevo favorables. Y dime tú, Victoria, ¿en quién ponéis vuestra confianza, vosotros que persistís en tanta soberbia? ¿O qué decís de vosotros, o qué esperáis? Le contestó Santa Victoria: ¿No te hemos dicho, espíritu inmundo, verdugo, gusano, que nuestro padre y nuestro Señor y Salvador es Cristo, que nos da la victoria para vencer a quienes no le conocen y para vencer también vuestras

abominaciones que os seducen a dar culto a los falsos dioses?

10. Ordenó entonces el prefecto a sus subalternos que atasen a sus cuellos unas grandes piedras y los echasen al río.

Hecho esto y arrojados al río, fueron recibidos por ángeles, y se paseaban sobre las aguas del río, alabando y bendiciendo a Dios; y mirando al cielo y orando, dijeron: Señor Jesucristo, rey de todos los siglos, que siempre acudes en ayuda de quienes te invocan y nunca abandonas a los que te buscan; asiste ahora a tus siervos, y, manifestando tus maravillas, manda recibirnos en esta hora, y pon sobre estas aguas tu sagrada cruz, y los vestidos de la inmortalidad, que eres tú mismo, que paseaste sobre las aguas del río y las bendeciste, y recibiendo el lavado de la regeneración, para que merezcamos quedar limpios del pecado, que nos ha sido puesto encima. Ilumínanos, Señor, con tu santa claridad y vístenos del esplendor de tu gloria, para que te demos gloria por los siglos de los siglos.

11. Y cuando sucedía todo esto, y asistidos los santos casi hasta media noche sobre las aguas del río, les habló una voz del cielo, diciendo: Ha escuchado el Señor vuestra súplica, oh fidelísimos, y se cumplió lo que pedísteis. Inmediatamente vino sobre sus cabezas una nube resplandeciente, y viendo de repente la gloria de Cristo que venía, y ante él sus santos ángeles con la suavidad de inciensos aromáticos, y cantando himnos. Mirando los santos mártires, alegres dijeron: Hijo de Dios vivo, Jesucristo, invisible, inmaculado, que bajaste hoy de las alturas de los cielos sobre estas aguas del

río con mucha gloria de ángeles, dándonos el vestido de la inmortalidad y de la renovación, te bendecimos, te alabamos, te damos gloria, que junto con tu Padre y el Espíritu Santo en indivisible majestad posees el reino, ahora y siempre y por los siglos de los siglos. Amén.

12. Después de la oración volvieron al lugar de la cárcel, en donde fueron introducidos por los santos ángeles. Informado el prefecto de que habían vuelto a la cárcel, mandó traerlos a su presencia. Ordenó entonces que llevasen las ruedas, que fuesen atados a cada una de ellos, poner llamas debajo y derramar aceite en el fuego, para que los santos mártires se quemasen más pronto. Preparado todo esto, las ruedas volteaban y los cuerpos de los santos se hacían pedazos. Mirando al cielo dijeron los santos: Te bendecimos, Señor Jesucristo. No nos abandones en esta lucha, extiende tu mano, toca este fuego que nos abrasa, y extínguelo, no sea que el impío Dión se gratule de todo esto.

13. Diciendo ellos estas cosas, repentinamente saltó el fuego y mató a mil quinientos cuarenta de los varones que daban culto a los dioses. Los bienaventurados mártires reposaban sobre las ruedas como sobre lechos. Estaban allí los ángeles asistiéndolos. Viendo el impiísimo Dión tantas maravillas, mandó quitar de las ruedas a los santos de Dios. Una vez separados de las ruedas, mandó que los condujesen a su presencia y les habló, diciendo: Basta ya, infelices, porque ya habéis puesto de manifiesto todas vuestras artes mágicas. Venid ya y acercándoos sacrificad a los dioses invictos, que os soportan. A esto contestó San Acisclo: Insensato y sin sentido y sin temor de Dios, con tus ojos ciegos no per-

cibes las grandezas de Dios que realizó el Padre celestial con el unigénito y coeterno Hijo suyo el Señor Jesucristo que libera a todos sus siervos de vuestras manos mancilladas.

14. Lleno de ira Dión, retirando a San Acisclo, mandó cortar los pechos de Santa Victoria. Una vez cortados, dijo la santa: Dión, corazón de piedra y carente de toda virtud cristiana, mandaste cortar mis pechos: mira con atención y ve, cómo sale leche en lugar de sangre. Y mirando al cielo dijo la bienaventurada Victoria: Te doy gracias, Señor Jesucristo, rey de los siglos, que te has dignado concederme el que por tu nombre me hayan quitado todos los impedimentos de mi cuerpo. Sé que ha llegado la hora de ordenarme abandonar este mundo y llegar a tu gloria. Al decir esto, ordenó el inicuo Dión llevarles de nuevo a la cárcel. Habiéndose cumplido esto, se acercaron a ella todas las matronas, después de haber oído los castigos sufridos, llevándole muchas cosas de sus bienes con el fin de consolarla, y la encontraron sentada y meditando la palabra de Dios. Postrándose inmediatamente a sus pies, los besaron. Y la bienaventurada Victoria hablaba con ellas de santos martirios. Oyéndola las matronas, se admiraban de su sufrimiento, de tal manera que siete de ellas creyeron en el nombre de nuestro Señor Jesucristo.

15. Llegada la mañana, el impiísimo Dión mandó llevarles a su presencia. Llegados ante él, dijo a Santa Victoria: Tu tiempo, Victoria, ha llegado; acércate y conviértete a los dioses. Si no quieres hacerlo, te quitaré la vida. La venerable Victoria dijo: Impío Dión, a partir de este momento no tendrás descanso ni en este

mundo ni en la eternidad. Ante esto Dión, no soportando la injuria, ordenó que se le cortase la lengua. La bienaventurada Victoria, levantando sus manos al cielo, dijo: Señor Dios mío, creador de toda bondad, que no abandonaste a tu sierva, mira ahora desde tu santo trono, y manda que me extinga en este lugar, porque se ha acercado la hora de que descanse en ti. Y cuando se hacía esta oración, se oyó una voz del cielo que decía: Inmaculados e incontaminados, que tanto trabajásteis, venid: se os han abierto los cielos y el reino de los cielos os está reservado. Todos, pues, glorifican y bendicen al Padre por vosotros, porque desde el principio mucho sufrísteis por mí, y todos los justos se alegrarán, conociendo vuestro combate. Y de nuevo se oyó una voz para ellos que les decía: Venid a mí, santos míos, y tendréis eternas coronas.

16.   Oyendo Dión esta voz que partía del cielo, mandó cortar la lengua de Santa Victoria, porque mientras sucedían todas estas cosas aún no se había realizado lo que antes había decretado que se hiciese. Cortada la lengua, cogiendo el pedazo cortado lo arrojó a la cara de Dión y golpeándole el ojo quedó ciego, clamando con gran voz y diciendo: Permaneced en tinieblas, impúdico Dión, tú que deseaste comer un órgano de mi cuerpo y cortar mi lengua, que bendijo a Dios; justamente perdiste tu vista, porque la palabra de Dios vino sobre tu rostro y te cegó.

No soportando Dión esta injuria, mandó saetearla, enviándole dos saetas, una contra su cuerpo y otra contra su costado, y así entregó su espíritu en la confesión del Señor.

17. A San Acisclo le mandó decapitar en el anfiteatro.

Después de haber sido decapitado, vino una cierta mujer muy cristiana, llamada Miniciana, que había amado a Dios, y cogiendo con respeto los cuerpos de los santos, sepultó a San Acisclo en su propia casa, y a Santa Victoria, en cambio, cerca del puerto del río; y así colocó con honor los cuerpos de los santos Acisclo y Victoria, donde se realizan muchas maravillas para alabanza del nombre de Cristo.

18. Con la ayuda de nuestro Señor Jesucristo, a quien sea el honor y la gloria, la potestad y el imperio por los siglos de los siglos. Amén.

(Texto latino en A. Fábrega Grau, *Pasionario Hispánico*, II [Madrid-Barcelona 1955], 12-18.)

B) VIDA O GESTAS DE SAN ILDEFONSO, OBISPO METROPOLITANO DE LA SEDE TOLEDANA

No es este documento una preciosa biografía de Ildefonso de Toledo, como quiere García Villada, sino un escrito enteramente legendario, según lo comprueban sus inexactitudes históricas. El autor pretende enaltecer la personalidad del capellán de la Virgen y con este fin centra todo su contenido en dos apariciones: la de Santa Leocadia y la de la Virgen María. Es muy discutible el autor de esta Vita. *Es inadmisible la opinión de J. F. Rivera Recio cuando la atribuye al obispo toledano, Cixila, del siglo VIII, así como la de B. de Gaiffier, que hace autor de la misma al obispo de Oviedo, Pelayo (s. XIII); el mismo autor retractó posteriormente esta su opinión. La tradición manuscrita la registra a nombre de Cixila o Eladio. Bajo el influjo de Tamayo Salazar hoy se atribuye a Cixila, pero creemos, con Díaz, que este Cixila no es el obispo toledano del siglo VIII, sino el Cixila, obispo mozárabe del siglo X que presidió la Iglesia de León. Así lo sugieren la lengua utilizada en el escrito y los santorales de la época*[2].

TEXTO

He aquí los manjares melifluos de aquel señor Ildefonso que, arrancándolas del paraíso de Dios, y esparciéndolas por toda España, sació nuestra inedia con su ingente elocuencia. No fue desigual por sus méritos a aquel santísimo señor Isidoro, de cuya fuente, siendo aún joven, bebió licores purísimos. Porque enviado por el santo y venerable obispo Eugenio, obispo metropolitano de la Sede toledana al susodicho doctor hispalense, metropolitano a su vez de obispos, y cuando ya parecía un semisabio, tanto tiempo lo retuvo y tanto lo perfeccionó, y según se dice obligándolo durante algún tiempo, que si algo le faltaba a sus conocimientos, perfectamente instruido, lo devolvió a su señor pedagogo Eugenio. Pocos días después, ostentando todavía el oficio de diácono, es nombrado abad en la Iglesia de los santos Cosme y Damián, situada en los suburbios de Toledo. Habiendo alcanzado una cierta celebridad en este su oficio, compuso dos *misas* en honor de sus dos patronos con excelente música para que se cantasen en su festividad; estas misas se encuentran anotadas más abajo.

Luego, habiendo muerto Eugenio después de mucho tiempo, es nombrado obispo de la sede toledana. Muy

---

[2] Véase Ursicinio Domínguez del Val, *Personalidad y herencia literaria de San Ildefonso de Toledo*, "Rev. Esp. de Teología", 31, 1971, 140-43.

pronto brilló por su virtud en esta sede, y como tea ardiente se extendió por toda su España. Hasta hoy brilla la Iglesia por su doctrina como el sol y la luna, y su memoria se tiene en bendición de honor y en perfume de incienso. Desde su nacimiento y desde su niñez permaneciendo célibe preparó en sí una gran morada para el Señor, no llevada a cabo con instrumentos materiales, sino con la espada divina, y no refrenó la sensualidad con el ingenio de herramientas, sino que mereció la santidad por don celestial. Inspirado precisamente con este don de arriba, igualó pronto a tantos y tan grandes de sus predecesores, de tal modo que lo que a éstos estaba cerrado, a éste se lo abrió.

De tal modo actuó su huésped, el Espíritu Santo, que lo que éste ocultaba interiormente, aquél lo manifestase al exterior, acudiendo en todo momento aquel poderosísimo auxiliador para ordenarle lo que había de manifestar éste en loor de las vírgenes, y revelándole al mismo tiempo lo que patentizaría algo admirable en el atleta, y pondría de relieve ante los hombres el mérito de su fe. De tal manera actuó, que aquello que durante tantos años había deseado el pueblo y que todavía no se le había comunicado, se le diese a conocer a Ildefonso por vez primera, cual fue la de presentar a todo el pueblo allí presente, y en el día de su festividad, las reliquias de su santa virgen y confesor, Santa Leocadia, consagrada a Dios; y además, postrado de rodillas ante su sepulcro, el sarcófago, en el que yacía enterrado hasta hoy su corpúsculo, se levantó apresuradamente y la cubierta, que apenas si treinta hombres la pueden mover, se levantó, también y no por manos de hombres, sino

de ángeles, y el velo que cubría en vida el cuerpo de
la santa virgen apareció al exterior, y como extendido
por manos de hombres, la pulquérrima y complaciente
virgen se dejó ver, aclamando los obispos, príncipes,
presbíteros y diáconos, el clero y todo el pueblo: *gracias a Dios en el Cielo, gracias a Dios en la tierra.* Nadie estaba callado. Ella por su parte estrechando y apre-
tando las manos se cuenta que dijo gritando y clamando
con todo el pueblo: *Demos gracias a Dios que vive mi
Señora por la vida de Ildefonso;* y repitiendo esto mismo el clero cantaba entusiásticamente: *Alleluia,* y el
cántico que hacía poco había compuesto el mismo Ildefonso: *Speciosa facta est, alleluia: et odor tuus velut
balsamum non mixtum,* y otras cosas que había tomado
de la misa compuesta en su honor y que anotamos abajo.

Clamaba, como bramando, en medio de las voces del
pueblo, que le llevasen algún instrumento cortante para
seccionar lo que tenía en sus manos, pero nadie acudía
allí, porque el pueblo estaba frenético con sus cantos.
Mientras tanto, la santa virgen que voluntariamente se
había manifestado, con el fin de acrecentar los deseos
del pueblo, violentamente se retiraba. Pero Recesvinto,
príncipe en aquel tiempo, depuesta su gloria y su fero-
cidad terrena, el cual no miraba con buen ojo a Ildefonso, porque le había reprendido sus iniquidades, ofre-
ció con lágrimas un pequeño cuchillo que tenía en su
estuche, y humillado y con manos suplicantes y exten-
didas desde su trono rogaba insistentemente que se lo
llevasen, suplicando que no considerasen indigno lo que
con lágrimas ofrecía. Cogiendo Ildefonso, cortó con la
mano derecha lo poco que tenía apresado con la izquier-

da, y el cuchillo mismo, juntamente con las reliquias del velo, lo puso en los relicarios de plata, considerando indigno de profanar en adelante el objeto tan santo que había cortado...

Terminados todos estos acontecimientos, no muchos días después, el Espíritu Santo realizó otros milagros por medio de Ildefonso en un domingo de Adviento. Pero como se haría muy largo registrar todo lo que cuentan Urbano y Evancio sobre la obra realizada por Ildefonso en la ciudad de Toledo, de todo ello tan sólo recogeré algunas cosas, de tal modo que quienes, lo mismo que yo, conocen estos acontecimientos, cuando lo lean, sentirán el que haya omitido tantas y tan grandes cosas, que conocen lo mismo que yo.

Celebrándose el día de la Santa y siempre Virgen María, recitó las letanías en los tres días precedentes, y dio la última mano a la misa reseñada más abajo, y que es la séptima, para que se cantase en su honor. Cuando llegó la santa solemnidad, el susodicho rey, menos solícito del temor de Dios, y menos consciente aún de sus iniquidades, se acercó a presenciar la solemnidad, vestido según costumbre real. El siervo de Dios Ildefonso, confiando aún más en su cargo y recibiendo jubilosamente el día de su Señora, a la que como obispo servía; después de haber compuesto con todo el afecto de su corazón en alabanza de la Madre de Dios la misa antes indicada y haberle puesto la música; y después de haber editado asimismo el *Libelo de la Virginidad* con el uso de sinónimos y lleno de testimonios del A. y N. Testamento; y después de haber enaltecido con digna elocuencia la grandeza de la ya predicha Señora suya; levantándose, según costumbre, antes de las horas matutinas para celebrar las alabanzas de Dios y consagrar sus vigilias al Señor, iban delante de él con velones encendidos el diácomo, subdiácono y el clero. De repente se abrieron las puertas del atrio, entraron en la Iglesia y fijando los ojos en el resplandor celestial, no pudiendo soportar la luz, huyeron con temor, abandonaron las lámparas que tenían en las manos, y por donde habían venido volvieron, casi muertos, hacia sus compañeros. El pueblo, con gran diligencia, quiso saber lo que hacía el siervo de Dios y lo vieron, efectivamente, con los coros angélicos. Los guardianes se llenaron tan pronto de miedo que, volviendo las espaldas a las puertas de la iglesia, regresaron a sus propias casas.

Pero Ildefonso, consciente de sí mismo, postrándose ante el altar de la Santa Virgen, halló sentada a la misma Señora en la cátedra de marfil, donde solía el obispo sentarse y saludar al pueblo; ningún obispo intentó acercarse a esta cátedra, a no ser posteriormente Sisberto, el cual inmediatamente perdió su sede y fue desterrado. Ildefonso, levantando los ojos, miró a su alrededor y vio todo el ábside de la iglesia lleno de multitud de vírgenes cantando algo de los cánticos davídicos con suave acompañamiento musical. Y mirándola, como él mismo refería a sus más conocidos y más íntimos, le habló a él de esta manera: *acércate, siervo carísimo de Dios, y recibe de mi mano este pequeño obsequio que te he traído del tesoro de mi Hijo. Es necesario que uses esta capa que te he traído sólo en mi día; y porque permaneciste siempre en mi servicio con los ojos fijos de la fe, y porque grabaste tan dulcemente en los*

corazones de los fieles mis alabanzas con la gracia de-
rramada en tus labios, es necesario que estés ya ador-
nado en esta vida con los vestidos de la gloria y que
en el futuro te alegres en la gloria con otros siervos
de mi Hijo.

Diciendo esto, desapareció de sus ojos junto con las
demás vírgenes y con el resplandor que había traído.
Permaneció el siervo de Dios tan solícito de obtener la
gloria, cuanto consciente de habérsele dado la palma de
la victoria.

(Texto latino en E. Flórez, *España Sagrada*, 5 [Ma-
drid 1763], 504-509.)

C) SERMON EN LA DEDICACION DE LA IGLESIA
DE SANTA MARIA DE RIPOLL, TENIDO EN EL
AÑO DEL SEÑOR 1032

El tercer texto es un testimonio de la escasez de documen-
tos literarios de la época, no siempre ricos en doctrina. De
todos modos es buena prueba de la fe y credulidad de aque-
llos tiempos. Como tal deberá tomarse este texto, al que no
faltan atinadas pinceladas teológicas y una seria invitación a
la santidad, imitando los santos cuyas reliquias se conservan
en el templo. Es de notar el puesto de preeminencia que tie-
nen en el sermón tanto Cristo como su Madre. Por Cristo se
inicia la santidad y a través de la Virgen la deben entroncar
con él los miembros del cuerpo místico.

TEXTO

El 18 de las kalendas: celebridad de la dedicación de
la iglesia de la santa madre de Dios del convento de

Ripoll, la cual, obispos de diversas sedes, junto con
Oliva, prelado de veneranda memoria de la misma diócesis, dedicaron con la asistencia de gran multitud de
pueblos de ambos sexos, edad y grado, y con muchas
reliquias de venerables cristianos, dadas con divina caridad, y según sus posibilidades, consagraron el templo
al Señor animados de espíritu celestial. Asimismo eri-
gieron el venerando altar con los místicos carismas de
simbolismos espirituales y con las unciones del sagrado
crisma para inmolar la hostia de nuestro Redentor con
la invocación de su nombre y con las grandes alabanzas
de pueblos de toda clase. En este altar se colocaron
también, y para promocionar la santidad, muchas reliquias de santos, en las que abundaba el templo, reliquias que se unieron a las que antes aludimos, otorga-
das asimismo por los cristianos. Por eso conviene ver
con los ojos de nuestra mente cómo sobresale este altar
por la plenitud de la divina gracia, y cuanto se distinga
por la debida veneración de todo el orbe, pues posee
la misma consagración y las mismas reliquias que tenía
en su primera erección, posee asimismo plenamente la
perfección de la segunda, y retiene la de la tercera. En
este altar, posteriormente, el precitado obispo colocó
tantas venerables reliquias de diversos santos, que ex-
cederían todos los miembros de un hombre, si se pre-
sentasen por partes. Por fin, tiene esta última bendición,
de la que estamos hablando, y superior a todas las demás, en la cual se colocaron todas las reliquias de los
santos que habían sido dadas por los fieles...

Se pusieron también allí reliquias de la cruz del Señor,
de aquella cruz en la que el mismo Dios sufrió carnal-

mente por nosotros la muerte, y de la crucifixión de
aquella santísima carne, y de la teñidura de la sangre
que corrió para nuestra redención, se dan tantos misterios de santidad que ninguna palabra ni ningún cona-
to humano puede explicarlo. De la excelencia de esta
cruz es mejor creer respetuosamente lo que en verdad
no puede comprenderse, que querer comprender lo que
no se sabe; o mejor aún, es mejor sentir los beneficios
del don que querer reflexionar profundamente sobre la
inmensidad de la virtud de esta cruz. Hay también allí
incrustadas partes del sepulcro del Señor traídas hasta
nosotros por la laboriosa e infatigable fe de los fieles.
Que este venerable sepulcro sea dignísimo de toda adoración y culto, y que brille por una gran santidad no
puede explicarse humanamente. Sobre su venerada gloria se profetizó mucho tiempo antes por los oráculos de
los profetas, aquello que fue consagrado en aquel triduo
con el sacratísimo cuerpo de nuestro Salvador: lo que
fue ennoblecido posteriormente con frecuentes visitas de
los santos ángeles, y lo que ha de frecuentarse aun con
la veneración y visita de todo el mundo mientras éste
exista. Hay también allí reliquias del pesebre de Cristo,
el cual se cree santificado maravillosamente en el principio de su admirable nacimiento, puesto que al nacer
fue puesto en él por la madre del mismo Dios, que era
virgen al mismo tiempo. Existen asimismo pequeñas partes de aquella toalla con la que el mismo Señor nuestro limpió los pies de sus discípulos, cuando hecho par-
tícipe de nuestra humanidad, quiso dar a los mortales
ejemplo de perfecta humildad. No faltan tampoco allí
algunas pequeñas partes del vestido de la santa Virgen

María santificadas con la gloria y contacto de su cuerpo virginal e inviolado. Hay también allí guardados en el mismo altar reliquias del propio cuerpo de los bienaventurados apóstoles Pedro y Pablo y de sus vestidos: es decir, del que tiene la llave del reino de los cielos, del príncipe de los apóstoles, el que tiene plenísimamente la potestad de atar y desatar en la tierra después de Dios; y el de su compañero de gloria, el principal doctor de las gentes y eximio predicador de la verdad. El gran esplendor de santidad que todo esto significa, ningún creyente lo duda. Se guardan también allí las reliquias del venerable obispo y mártir Saturnino, que fue el primero después de los apóstoles que limpió con la predicación del evangelio las tinieblas de la ignorancia de nuestra región, y después, coronado con la gloria del martirio en Tolosa, migró con el desenlace de una gloriosa muerte. Están también allí las venerandas reliquias del bienaventurado mártir de Gerona, Félix, el cual regó nuestras regiones con la iniciación de la verdadera luz, y consagró a la ciudad de Gerona tanto con su martirio como con la sepultura de su sagrado cuerpo. Igualmente están allí escondidas las reliquias del glorioso mártir y obispo Narciso, el cual, lleno de santidad y gloria, vino aquí desde lejanas tierras para manifestar a los pueblos occidentales la luz de la verdadera fe, muriendo en Gerona con gloriosa muerte. No faltan tampoco las reliquias del bienaventurado mártir de Cristo, Poncio, quien sin la compañía de los hombres, pero con la ayuda de Dios, venció el imperio del mundo, siendo el primero que convirtió a la fe de Cristo a los emperadores romanos, y que posteriormente decorado con la gloria del

martirio subió para reinar perpetuamente entre los se-
nadores de la corte celeste. Asimismo están allí las reliquias venerandas de los bienaventurados mártires Dionisio, Rústico y Eleuterio, que emigrando desde Atenas
hasta las Galias, y predicando incansablemente la fe de
Cristo, permaneciendo en París en la confesión pertinaz
de la Trinidad, fueron martirizados juntamente y deco-
rados con trino martirio. Se conservan también allí las
sacratísimas reliquias de los mártires de la santa legión
tebea, los cuales, confesando con un mismo espíritu la
divinidad de la sempiterna Trinidad, detenidos y despe-
dazados por lobos acometedores como grey del Señor,
subieron al reino celeste con la palma del martirio bajo
el emperador Maximiano. Se hallan en el mismo lugar
las venerables reliquias del mártir Sebastián, acepto a
Dios, el cual, en los días de Diocleciano y Maximiano,
bajo la clámide del imperio terreno de tal manera se
mostró acepto a Dios, que convirtió a muchos a la fe
de Cristo de las tinieblas de la ignorancia, a otros que
titubeaban en la fe los confortó con saludables consejos
y con afortunados consuelos, y él entró después en la
corte celeste victorioso y coronado. Y tratando justamente lo que resta, hay también allí reliquias escondidas de otros bienaventurados mártires, tales como Vicente, Víctor, Desiderio, Primo, Marcelino, Geminiano,
Alejandro, Félix, Justo, Víctor, y otro Víctor, Felícula,
y de San Urbico, venerado mártir de nuestra patria;
de San Hipólito y de aquellos santos que están en los
nichos; de San Marcial, mártir que fue ejecutado en
Aquis, donde se dice que existen termas; también de
San Salvio y de su madre Leónidas, que fueron marti-

rizados en Oximo y descansan junto al río denominado Sado; de los santos inocentes, de los santos cuarenta mártires, y de los santos Cornelio y Valentín y de San Donato obispo; todos ellos, perseverando en la confesión de Jesucristo hasta el suplicio cruel de la muerte, se hicieron coherederos inseparables de los ángeles. Están también allí escondidas las venerandas reliquias del bienaventurado obispo Martín de Tours, cuya vida está cargada de innumerables milagros y prodigios, y los huesos radiantes de maravillas, celebérrimos por las visitas de todo el orbe, descansan honoríficamente sepultados en Tours, nobilísima ciudad de las Galias. Y entre todas ellas están también, en el mismo altar de la santidad, las reliquias del propio cuerpo del bienaventurado padre Benito, admirable legislador, que posee la plenitud del espíritu de todos los santos. Muy semejante en santidad y milagros a los padres del A. T., no es inferior a los que vivieron bajo la gracia del evangelio. Realizador de obras admirables, cuales casi ninguno de los mortales pudo perpetrar, deponiendo el peso de la carne en Monte Casino, Italia, acompañado de una caterva de ángeles, migró felizmente a Cristo. Su venerable cuerpo, por revelación divina, fue trasladado a las Galias y consta que está enterrado en el monasterio floriacense con manifestaciones de muchos milagros. Allí están asimismo las reliquias del bienaventurado Ambrosio, obispo de la sede de Milán, varón acepto a Dios y laudable en todo, y de otros confesores Gregorio, Lamberto, Gaudencio, Justo, Aurencio y Rómulo. Para aumento también de múltiple y excelente santidad se encuentran en el mismo venerable altar las venerandas reliquias de los cabellos de la bienaventurada Cecilia, gloriosa virgen y mártir. Esta, siguiendo la inspiración del divino espíritu, convirtió a la fe de Cristo a su esposo Valeriano y al hermano de éste Tiburcio, y finalmente subió a la gloria celeste con el esplendor de la virginidad, victoriosa y coronada con la palma del martirio. Descansan también allí las reliquias de la santa virgen Escolástica, hermana del bienaventurado Benito; las de Santa Eulalia, virgen y mártir barcelonesa, natural de nuestra región y patrona, así como las reliquias de Santa Felicidad, madre bienaventurada de siete hijos mártires.

Este es, pues, aquel cúmulo de santidad, este es el sacratísimo día escogido para celebrar las reliquias de diversos santos, es el día que reunió en uno las solemnidades de tantos bienaventurados, es el día que pone de manifiesto las venerables reliquias en un solo altar. Este es el día que manifiesta tantos deseos de santidad convergentes en el altar y en el templo. Este día representa el esperado gozo de este recuerdo anual. Por eso, según nuestras posibilidades de alma y de cuerpo, hemos de dar gracias a Dios, realizar grandes actos de alabanza, precisamente por conceder a los miserables mortales tantas alegrías alternándose con gozos, y por otorgar, asimismo, por pura benevolencia, la protección de tantos santos a un mundo necesitado.

(Texto latino en JAIME VILLANUEVA, *Viage literario a las iglesias de España,* VIII [Valencia 1821], 210-15.)

SAN EULOGIO DE CORDOBA

Escritor cordobés del siglo IX, nació de una familia noble hacia el 800. Se educó en la escuela parroquial de San Zoilo bajo la dirección del célebre abad Speraindeo. En estos años conoció y fue amigo íntimo de otro joven apasionado por los estudios, Paulo Alvaro. Ordenado de sacerdote, su vida corría entre la contemplación de los monasterios cordobeses y la solicitud pastoral.

Por razones de familia viajó, hacia 845, por varias ciudades españolas: Zaragoza, Calahorra, Compluto, Toledo. Viaje de gran utilidad por hacer conocido la mentalidad de los cristianos libres del yugo sarraceno y por haber enriquecido las escuelas cordobesas con no pocos volúmenes que faltaban en estos centros. Restaura y promueve, entre los monasterios y en las escuelas de la región, el estudio de la lengua y literatura latinas. Sin pretenderlo, Eulogio provocó un enfrentamiento entre el cristianismo y el islamismo. En este enfrentamiento murieron algunos cristianos. Eulogio, y un sector de cristianos, consideraban a estos cristianos como mártires. Otro sector se oponía a este movimiento. Por negarse a renegar de sus creencias religiosas Eulogio fue decapitado el 11 de marzo de 859. Su culto se extendió rápidamente por la Península.

Escribió varias obras referentes al martirio. En la primera de ellas, titulada *Memoriale sanctorum,* se expone en tres libros lo que es el martirio y se ataca al islamismo. Además de esto es de valor esta obra porque, mediante ella, conocemos unos 46 relatos martiriales. Con el fin de preparar para el martirio a las vírgenes Flora y María, escribió en 851 el *Documentum martyriale,* en el que describe el martirio de las dos vírgenes. Su obra más importante a nivel doctrinal es el *Liber apologeticus martyrum* en el que insiste sobre el tema del martirio. Escribió también varias cartas.

TEXTOS

Eulogio veía vacilantes a los cristianos en su enfrentamiento con los musulmanes, lo mismo que veía también a aquel otro grupo, incluida parte de la jerarquía, que no quería registrar entre los mártires a quienes, por causa de este enfrentamiento, morían por Cristo. Ante esto escribe con decisión para salir al encuentro de unos y otros. Eulogio quiere ofrecer alimento a los que luchan. No es un alimento nuevo, sino el alimento de la doctrina tal como la recibieron de los Santos Padres. Al faltarles a estos cristianos la comida saludable de nuestro gobierno, en expresión de Eulogio, estimulado este mártir cordobés por la caridad y por la solicitud pastoral de la grey católica, escribe estas páginas cálidas y de aliento a fin de que estos cristianos no ingieran los mortíferos alimentos suministrados por los sarracenos. Es una buena apología de la palabra de Dios y prueba del conocimiento y uso que hace de la Biblia, así como de la solidez de su doctrina.

DOCUMENTUM MARTYRIALE

Previsión de los hombres más doctos debe ser el velar siempre el que no sea menospreciado el bien de la Iglesia católica y el no desistir nunca del logro de su perfección; y si por vicio de cualquier debilidad se entremezclan algunas invenciones extrañas a la piedad religiosa, en modo alguno deben consentir que prosperen a mayor desdicha con la ímproba y descuidada complicidad de su silencio. Porque cuanto más la santa Iglesia con los méritos de excelentes conversaciones y avances de santa doctrina se levanta hacia lo alto, sube hasta lo sublime y con el crecimiento de la fe doquiera se dilata, tanto también —o mucho más— se rebaja por negligencia de los descuidados, es sacudida miserablemente por los impulsos de éstos y por desidia de algunos es lanzada hasta lo profundo. De aquí proviene el que siempre ocasionen perjuicio a los buenos las fuerzas acrecidas de los malos y menoscaben la reputación del pequeño rebaño a quien el Padre se complació en entregar el reino[1], mientras que encerrados todos en silencio algunas veces vergonzoso o sumergidos con veloz caida en el más profundo abismo de los vicios, no se encuentre ningún redentor ni un salvador[2], diciendo el Profeta: *No os levantasteis frente al contrario ni opusisteis un muro en defensa de la casa de Israel, para estar presentes en la batalla en el día del Señor*[3]. Asimismo en un terrible vaticinio de aquel Profeta, en donde el Señor reconoce el descuido de los pastores inútiles, se dice: *He aquí que vosotros os alimentáis de leche y os cubrís con lana, mientras que los lobos acometen a mis ovejas*[4] (ibid., XXXIV, 3, 5): y mientras no procuráis pastos saludables para ellas, los enemigos les buscan mortíferas hierbas.

Por ello para que el Señor no me llamara perro mudo e imposibilitado para ladrar[5], o bien para escapar al juicio que ha de recaer sobre los negligentes, he procurado sacar algunas cosas de los menguados archivos de mi ciencia y saciar el hambres de los fieles con platos de

---

[1] *Luc.*, 12, 32.
[2] *Sal.*, 7, 3.
[3] *Ez.*, 13, 5.
[4] *Ib.*, 34, 3-5.
[5] *Is.*, 56, 10.

hortalizas, aunque preparadas al gusto católico, para que
aquellos que con sana fe conservan, tal como la recibieron de los Santos Padres, la verdad del dogma cristiano,
al faltarles la comida saludable de nuestro gobierno, no
ingieran los mortíferos alimentos suministrados por nuestros enemigos. Así pues, en fuerza del estímulo de la
caridad divina, y mirando por el bien de la grey católica a la que he tenido ocasión de ver vacilante en los
combates de los soldados de Cristo, o bien deseoso de
salir armado con la espada de la palabra de Dios, al
paso de aquellos que no sólo no quieren contarlos entre
los mártires, sino que también con sacrílega boca aco-
metiendo con ultrajes y blasfemias, aplican a los muertos, haciéndolo revivir, si es posible, el suplicio de los
santos: o bien con el deseo de dar digna satisfacción al
recuerdo de los bienaventurados que, reinando en el cielo, dejaron a los mortales el ejemplo de sus victorias,
tuvo a bien, conforme a la medida de la pequeñez de mi
ingenio insistir en tales asuntos, y en mi estilo, aunque
rústico, informar a los menospreciadores, atacar a los
adversarios y levantar hasta el cielo los hecho de los
santos.

Mas ignoro hacia dónde podrá encaminarse mi mente
pecadora, a la cual le sale al paso la autoridad legal por
boca del Señor, diciendo: *Dijo Dios al pecador: ¿Por
qué tú explicas mis justicias y tomas en tu boca mi testamento?* [6]. Fue entonces cuando me decidí a callar,
cuando creí mejor desistir de este propósito, porque es-
timaba una iniquidad que una boca sin el menor fundamento de santidad explicara los hechos de los santos

---

[6] *Sal.*, 49, 16.

con la mayor audacia, o bien porque consideraba que la poca consistencia de nuestro ingenio podía sucumbir ante la majestad del asunto a tratar. Porque de la misma manera que los temas divinos exceden los límites de los humanos esfuerzos, así también la lengua, ocupada en las cosas terrenas, no puede describir los misterios celestiales. E igualmente como no sabe predicar con libertad, quien no esté al menos libre de vicios, así tampoco se da crédito a los dogmas de aquél, cuya vida está plagada de defectos. ¿Mas acaso perderá su recompensa ante Dios la inteligencia entretenida en estos afanes? ¿O se verá privada de la gracia de estos dones terrenos? Quien planea lo que es grato a Dios, aunque no lo lleve a cabo, ya ha tenido ciertamente un piadoso movimiento de ánimo. ¿O es que no tendrá recompensa ante Dios el que aquellos que armados del celo por Dios hacen contra el enemigo abierta y pública guerra en la cual nos arrebata la alegría de los goces eternos? Pues de la misma manera que tengo el convencimiento de estar expuesto al pecado y enredado en los crímenes, así también en modo alguno desconfío de la clemencia de mi Redentor, el cual reprobando a los pecadores el que se consagren a predicar —porque no está permitido *echar a los perros las cosas santas del Señor*[7]—, no rechaza, sin embargo, la buena voluntad de los pecadores en aquello que le es grato. Finalmente, hay que execrar las obras de los réprobos; pero no se deben despreciar los buenos deseos de los pecadores. Porque del mismo modo que los hechos siniestros nos hunden donde quiera que sea, así nunca desprecia el Señor los piadosos afectos en nos-

---

[7] *Mt.*, 7, 6.

otros. A causa de esto, rápidamente se levanta la inteligencia hundida y, en cierto modo, se reanima con la esperanza de una posibilidad, al recordar las enseñanzas y promesas de Cristo que dice: *Abre tu boca y yo la llenaré* [8]. Y en otro lugar: *Dios dará palabras de mucho poder a los que evangelizan* [9]. Por consiguiente, una vez logrados mis deseos, creo que el mismo auténtico Maestro que hizo a un animal irracional hablar con los hombres [10] se dignará concederme elocuencia de predicador para la conveniente instrucción de los católicos para la mayor alabanza de los santos y para la más eficaz refutación de los adversarios. Y de la misma manera que me confieso indigno de una obra tan grande, así también confío en que, llevándola a cabo, no sólo me libraré de mis culpas, sino que absuelto de mis penas, por su mediación espero hallar ante Dios mayor gracia, según aquel adagio filosófico: *Puede ser que algún día esta obra me libre del fuego.*

Así pues, dispuesto a decir algo de la memoria de los mártires, quiero dirigir el exordio de este nuestro discurso a vosotros, santos hermanos nuestros y bienaventuradas hermanas en Cristo, del seno de cuyos colegios se ofrendó al sacratísimo Dios la victoria inmaculada, sin avergonzarme de la rudeza de mis palabras y sin la afectación de refinamiento y belleza de los estudios liberales, ya que no tuve maestros que me enseñaran: principalmente porque tengo experimentado que en estas materias ha de atenerse uno más a la verdad que a la hinchada pompa resonante de las musas. Hablo tam-

---

[8] *Sal.*, 80, 11.
[9] *Sal.*, 77, 12.
[10] *Num.*, 22, 28.

bién para ti, oh congregación de la santa Iglesia universal, para que las palabras de verdad que salen de mi boca, acogidas en el blando regazo de las inteligencias, no rechaces la doctrina de nuestra predicación que, basada en la autoridad apostólica, difundo para enseñanza de todos, empleando distinto criterio para enardecer a cada oyente según sus alcances, aun dentro de la unidad de la fe, con los diversos oráculos de preceptos; así apacigua al temperamento más impulsivo con el espíritu de paciencia, o estimula otro más calmoso con el acuciante imperio del que manda, diciendo al uno: *Arguye, ruega, increpa en toda paciencia y doctrina* [11]; o mandando al otro: *Arguye con toda autoridad que nadie te desprecie* [12]. Por consiguiente, estad dispuestos para dar a todos los que pedíroslas quieran explicaciones acerca de aquel resto de esperanza que en ellos queda [13]; no sea (lo que Dios no permita) que, al despreciar los dogmas por haber oído la explicación de la santa doctrina realizada de una manera estúpida, se os juzgue incluidos en aquellas frases de acusación que pronunciara el Apóstol: *Vendrá un tiempo, en efecto, cuando no sufrirán la sana doctrina: sino que, conforme a sus propias pasiones, acumularán sobre ellos mismos maestros, haciéndose recrear los oídos y de la verdad apartarán las orejas, antes bien se volverán hacia las fábulas* [14]. Porque de igual modo que a nosotros nos incumbe la obligación de predicar, sobre vosotros pesa la urgencia de oir. Y no penséis que se ha de despreciar la palabra de Dios, por

---

[11] *II Tim.,* 4, 2.
[12] *Tit.,* 2, 15.
[13] *I Pe.,* 3,15.
[14] *II Tim.,* 4, 3-4.

aquello de que nosotros nos comportemos desordenadamente y porque la relajemos en conversaciones torpes: pues más de una vez hemos visto al padre de familia de una casa grande rodearse abiertamente de un cortejo de gente de mala vida, por mediación de los cuales en algunas ocasiones se resuelven problemas familiares atañentes a las mujeres. Asimismo a los emperadores del mundo se les lleva el agua por cañería de plomo; e igualmente entre los vasos sagrados del Señor fundidos en oro y plata y adornados con piedras preciosas, también se tienen sin despreciarlos otros de barro. Acostumbra el pecador, mezclándose en las decisiones divinas, a contar a diario en los oidos del pueblo: Dice el Señor: *Publica a los cuatro vientos: reprende al pueblo en sus transgresiones de la ley de Dios: da testimonio de la severidad del juicio que se hará a los excesos de los pecadores: amonestadlos sobre la dispensación del perdón y sobre la esperanza de merecer la divina clemencia; siendo así que él ni se pone límite en sus crímenes, ni tiene miedo al horror del juicio futuro, y contradice con su conducta lo que predica a otros; sin embargo, algunos, atentos a sus palabras, se abstienen de lo ilícito e inclinan hacia lo más perfecto.* De ellos se dice en el Evangelio: *Observad y cumplid todo lo que os dijere:* No queráis, sin embargo, obrar conforme a su conducta, porque dicen y no obran; preparan cargas pesadas e insoportable y las echan sobre los hombros de los otros, pero ni con un dedo siquiera quieren ellos moverlas [15]. Por donde es conveniente que, cuando la Iglesia tiene un rector que deja que desear en sus cos-

---

[15] *Mt.,* 23, 3-4.

tumbres, estime que no se ha de despreciar su predicación, aunque él mismo la impugne con sus actos depravados. La obligación del pueblo es oir al que predica, atender al sermón, y cumplir con sus obras las enseñanzas del doctor, y no emitir juicios por su cuenta acerca de los méritos de sus autoridades, a las cuales Dios se reserva para examinar en severo juicio ante El, diciendo: *El profeta y el sacerdote están manchados y en mi casa encontré sus maldades, dice el Señor.* Por tanto su camino será como un resbaladero en las tinieblas; se les empujará y caerán en él. *Acarrearé males sobre ellos, el año de la inspección sobre ellos* [16]. Y nuevamente: *La venganza está a cargo mío y yo daré el merecido, dice el Señor* [17]. Y aunque esta autoridad que hace poco aducí, requiera la defensa de mis méritos y ponga de manifiesto que no me es posible escapar a la ley de los justos, más bien aspira no obstante, a caldear el ánimo sencillo de las personas piadosas para que no hagan menosprecio de las cosas santas, aunque sea pregonera de ellas una boca malvada.

Así pues, en estas luchas de los confesores hemos de regocijarnos con ánimo tanto más gozoso, hemos de llenar la carrera gloriosa de la victoria con tanta mayor libertad de corazón y de palabra cuanto que por ellos la voz de la benignísima promesa proporciona verdadero consuelo de salvación, diciendo: *El que perseverare hasta el fin, éste será salvo* [18]. Porque en realidad estamos convencidos de que la recompensa se debe, no a los que empiezan, sino a los que perseveran. En manera tal ellos

---

[16] *Jer.,* 23, 11-12.
[17] *Deut.,* 32, 35.
[18] *Mt.,* 10, 22.

han practicado aquella primordial renuncia a las cosas y aquel desprecio del mundo con sus más ardientes votos y afanoso empeño, que eran sus mayores deseos el ver cuanto antes a Dios y el gozar de la compañía de los bienaventurados, y el apetecer ahincadamente el ocaso de esta vida transitoria; pensando que era mucho mejor soportar la sentencia de los hombres en un fugaz instante que, inmediatamente y sin dilación alguna, los llevaría hasta el cielo, que sufrir con grave molestia las diversas y largas vicisitudes de los años y las astucias del demonio. Y en efecto, el Señor, instruyendo a sus discípulos en el ministerio de la predicación de la verdad, les manda que estén contentos con esa impávida audacia, diciendo: *Andad por todo el mundo y predicad el Evangelio a toda criatura bautizándolos en el nombre del Padre y del Hijo y del Espíritu Santo. El que creyere y fuere bautizado, será salvo; y el que no creyere, será condenado* [19]. Y nuevamente: *No queráis temer a aquellos que matan el cuerpo, pues luego ya no tienen nada más que hacer; sino más bien temed a aquel que puede a la vez haceros perder el cuerpo y el alma, y enviaros al infierno* [20]. *Vosotros sois la luz del mundo. No puede esconderse la ciudad colocada sobre un monte, ni encienden una candela y la ponen bajo el celemín* [21]. *Lo que os digo a vosotros en las tinieblas decidlo en la luz, y lo que habéis escuchado al oído predicadlo sobre los tejados* [22]. Lo que habéis conocido con misterio, decidlo públicamente; lo que aprendisteis ocultamente publicad-

[19] *Mt.*, 28, 19; *Mc.*, 16, 16.
[20] *Mt.*, 10, 28.
[21] *Mt.*, 5, 14-15.
[22] *Mt.*, 10, 27.

lo a los cuatro vientos; lo que enseñé en un pequeño lugar de Judea, con valentía proclamadlo en todas las ciudades y en todo el mundo. Enseñad la confianza en la predicación, a fin de que los apóstoles no se escondan por miedo y sean semejantes a las candelas bajo el celemín; porque aquellos que recibieron la potestad divina de predicar a los pueblos, en modo alguno deben retraerse de la predicación de la verdad, aun bajo la inminencia de los peligros para que no se les compare con las candelas bajo el celemín, sino con las que están sobre el candelero.

Y aunque a los demasiado tímidos se les concede la facultad de soslayar el furor de la persecución, esto, sin embargo, no debe ser la regla general ni la norma de los perfectos que ya previamente fueron señalados e incluidos en filas por la autoridad del Redentor, como escogidos de entre inmensas legiones para luchar en las batallas del Señor. Y si les sobreviene la muerte por causa de la verdad, no hay que preocuparse de la pérdida o mutilación de los miembros, cuando de manera indubitable se consigue para el alma el gozo de la vida perenne, diciendo el Señor: *Si alguno quiere venir en pos de mí, niéguese a sí mismo, tome su cruz y sígame. Quien perdiere su alma por mí, la encontrará en la vida eterna* [23]. Por tanto los santos varones, al escuchar la verdad evangélica con oidos complacidos, se esfuerzan en cumplir con todo empeño, en la firme creencia de que únicamente la virtud de este pregón es el camino de la santa confesión. Estos, en efecto, abandonadas las ciudades, y todo lo que los apega a los afectos mundanos,

[23] *Mt.*, 16, 24-25.

ardiendo en ávidos deseos de alcanzar el reino de Dios, anduvieron de un lado para otro disfrazados con cubiertas de ovejas y con pieles de cabra, necesitados, atribulados, de los cuales no era digno el mundo: errantes por los desiertos, en los montes, en las cuevas y en las cavernas de la tierra [24] esperando al Señor para que los salvara de la depresión de ánimo y de la tempestad [25]. Pero todo esto lo tienen en nada, antes por el contrario, librando cada día la dudosa batalla contra el enemigo de maligno espíritu, por voluntad de Dios se enfervorizan con inesperada mortificación de la vida temporal, y conforme al Apóstol *desean disolverse y estar con Cristo* [26]*:* buscando el camino más breve por el cual, sacados de este cuerpo mortal, rápidamente lleguen a la celestial patria y mediante una piadosa violencia se apoderen del reino de Dios. Asimismo, armados con la coraza de la justicia, saltan a las plazas, predicando el Evangelio de Dios a los príncipes y a las naciones del mundo. Levantados por medio de la contemplación sobre el monte excelso, que es Cristo, los bienaventurados confesores aprendieron de los oráculos del Salmista que debía ser anunciada en la Iglesia universal la justicia del Señor [27]; y levantándose con odio cumplido contra los adversarios de la Iglesia, arguyen a los impíos de su falsa doctrina de ciencia profana, llena de imposturas, de sacrilegios y de vanidades del siglo; detestan igualmente e impugnan con maldiciones al autor de tanta perversidad y condenan con perpetuo anatema a las

---

[24] *Heb.,* 11, 37, 39.
[25] *Sal.,* 54, 9.
[26] *Fil.,* 1, 23.
[27] *Sal.,* 39, 10.

asambleas que están al servicio de tales enseñanzas. Y
así levantando impertérritos las banderas contra el enemigo público y descarado de la verdad, ante las puertas
del pretorio y ante la misma entrada de palacio le cantan su testimonio contra el capitán de perdición, de confusión y de ignominia, sin temor a soportar tormentos
en favor de esta misma verdad y a sucumbir en cualesquiera peligros de la vida. Aquellos en efecto, a quienes
arrebataba un inmenso ardor por subir al cielo, con toda
rapidez llegaron a la visión de aquel a quien sirvieron.
El celo por la venganza acucia a la inicua cohorte de
gentiles y surge la defensa rápida y vigilante contra los
detractores de su secta, ignorando que aquellos, para
alcanzar esta rápida muerte, presentándose espontáneamente hicieron frente con libertad de palabra al enemigo
de la justicia y de la Iglesia de Dios, hablando de los
testimonios del Señor en presencia de los reyes[28], y sin
temor a nada —porque en la creencia de que para ellos
su muerte no era otra cosa que la vida eterna— desean
espontáneamente la disolución de su carne, ofreciendo
voluntariamente a Dios el sacrificio de sus almas. De
ellos la voz del profeta canta: *Los que espontáneamente
de entre los de Israel ofrecisteis vuestras almas al peligro, bendecid al Señor*[29]. Y por ello me parece que son
verdaderos imitadores de Pablo, que dice: *Si alguno de
vosotros evangeliza algo fuera de lo que habéis oído, sea
anatema*[30]. Adoctrinados con los testimonios de este
oráculo, se levantan contra el ángel de Satanás y aban-
derado del Anticristo, abiertamente confesando las cosas

[28] *Sal.*, 118, 46.
[29] *Jue.*, 5, 2.
[30] *Gal.*, 1, 9.

que son santas, que ahora también predica toda la Iglesia de España, aunque clandestinamente, a fuer de oprimida.

La providencia de Dios, finalmente, opera los milagros no tanto por la fe de los que ya creen, cuanto por la futura credulidad de los presentes al hecho. No debemos contentarnos con mostrar nuestra estupefacción al admirarnos, cuanto observar previsoramente si los que realizan tales signos, desterrados los vicios, han sobresalido por la honestidad de sus costumbres; si muertos para el siglo, viven para Dios; si tienen en nada todas las afecciones del mundo en comparación con aquella verdadera caridad que sobrepasa todos los dones de los carismas; si la virtud que han recibido la refieren, no a su gloria, sino en beneficio del dispensador; si después de recibir las admoniciones del verdadero maestro saltan de alegría, no porque los demonios les estén sujetos [31], sino que se alegren de que sus nombres estén escritos en los cielos. Y por consiguiente se ha de admirar esta relación de virtudes en los autores de tales prodigios, más bien que el efecto de tales signos, y cual es el camino más expeditivo para buscar el reino de los cielos, y no el que el vulgo nos presente como abanderados y personas notables. Porque la santidad, el temor de Dios y el cultivo del reino celestial no proceden sino de los que no producen otra cosa que vaguedades o alguna vez noticias de los hombres idóneos y perfectos. Porque los signos y prodigios pueden realizarse tanto por los santos como por los réprobos. De aquí resulta que aquel que fuere muy conocido de los hombres, si no es justo,

---

[31] *Luc.*, 10, 17, 20.

llegue a ser condenado a los eternos suplicios. Pero aquel que ilustrado por la gracia celestial, viviere santamente en el conocimiento de su Creador, aunque desconocido para los hombres, llegue sin embargo a ser contado entre el gozo de los santos.

La raíz y fundamento de todas las virtudes y signos de victoria es la fe, por la cual viven los justos [32], por la cual todos los *santos vencieron los reinos, obraron la justicia, alcanzaron las promesas, taparon la boca a los leones, extinguieron el ímpetu del fuego, escaparon a la punta de la espada, convalecieron de enfermedades, se hicieron fuertes en la guerra* [33]. Siguiendo realmente los pasos de aquéllos, estos santos dando testimonio con intrépida confesión de Dios y del Señor Jesucristo ante el Tribunal de los príncipes, detestándolas y maldiciéndolas como de ladrones y salteadores, rechazan todas las profecías que la autoridad del Evangelio no acepta. Por lo cual, bramando aquella turba de gentiles con furor de inaudita crueldad, envían a golpe de espada hacia el cielo a todos ellos, a presbíteros, levitas, confesores, vírgenes bienaventuradas, y haciendo que todos aquellos de la misma confesión que enmendándole la plana públicamente a su profeta, rechazara su culto, cayeran decapitados. Y para demostrar que no quedaba en ellos siquiera un rastro de humanidad, a algunos de los que obligaron a trasponer los umbrales de esta vida con la vengadora espada, los dejaban sin enterrar en las mismas puertas de palacio, exponiéndolos allí para que fueran devorados por los perros, al mismo tiempo que ponían vigilantes para que si alguno de los católicos, movido

---

[32] *Habac.,* 2, 4.
[33] *Heb.,* 11, 33-34.

a piedad, quería dar sepultura a aquellos cadáveres despojados de sus carnes, no se les permitiera hacerlo; como si las almas de los que ya disfrutaban de la tranquilidad del paraíso, hubieran de sentir los tormentos que les infligía el perseguidor; o como si fuera un obstáculo para las almas que reinaban en los cielos el castigo de tormentos temporales aplicados a sus cuerpos; o como si se pudieran ocupar de sus miembros sin enterrar, quienes sabían muy bien que de la misma manera que nada hay más cómodo para los impíos que la sepultura, solemnemente preparada con reverente afán, así en nada afecta a los santos y a los bienaventurados el alcanzar una vil sepultura o no tener ninguna. También los poetas hablaron de esto al decir: *Se cubren con el cielo que no tiene cobertura...* [34].

(Del "Documentum martyriale", de Eulogio de Córdoba. Ed. J. Gil, *Corpus scriptorum muzarabicorum,* II [Madrid 1973], 369-82.)

ESTUDIOS Y FUENTES

A. S. Ruiz, *Obras completas de S. Eulogio* (Córdoba 1959) (en latín y versión castellana con notas); J. Gil, *Corpus scriptorum muzarabicorum,* II (Madrid 1973), 363-505, donde se ofrece el mejor texto crítico de sus obras (sin versión castellana); E. Flórez, *España Sagrada* 10, 411-71; W. W. von Baudissin, *Eulogius und Alvar...* (Leipzig 1872); J. Pérez de Urbel, *San Eulogio de Córdoba* (Madrid 1942); entre las obras de carácter general pueden verse: F. J. Simonet, *Historia de los mozárabes en España* (Madrid 1903), 321 ss.; González

---

[34] *Lucano, Fars.* VII, 819.

PALENCIA, *Historia de la España musulmana* (Barcelona 1929), 24 ss.; F. R. FRANKE, *Die freiwwilliger Märtyrer von Cordoba und das Verhältnis der Mozaraber zum Islam*, Spaniche Forschung... 13 (Münster 1958), 1-170; E. P. COLBERT, *The Martyr of Córdoba* (Washington 1962); R. JIMÉNEZ PEDRAJAS, *San Eulogio de Córdoba, autor de la Pasión francesa de los mártires mozárabes cordobeses Jorge, Aurelio y Natalia*, "Anthologica Annua", 17, 1970, 465-583; J. PÉREZ DE URBEL, *Eulogio*, Diccionario de Hist. Ecles. de España, II (Madrid 1972), 883-86.

ESPAÑOLES EN EL IMPERIO CAROLINGIO

No debemos omitir, en una síntesis de textos sobre espiritualidad española, aquellos grandes escritores que por diversas causas, pero fundamentalmente huyendo de la persecución sarracena, salieron de su patria instalándose en la nación vecina allende los Pirineos. Nos referimos, por ejemplo, a Agobardo de Lyon, Claudio de Turín, Prudencio Galindo y Teodulfo de Orleáns. Los cuatro son españoles. Su influencia y notable actividad en el imperio carolingio es archiconocida. Ellos mismos miran hacia su patria en determinadas ocasiones. Recogen la tradición hispana representada en ellos por Isidoro de Sevilla, al que citan con frecuencia y con grandes elogios.

Entre los cuatro escritores hemos elegido solamente dos: Prudencio Galindo y Teodulfo de Orleáns. El primero como representante de la espiritualidad bíblica, y el segundo de la espiritualidad sistematizada y ordenada, recordando aquella trayectoria de los influyentes concilios toledanos.

PRUDENCIO GALINDO

Hesperia genitus, nos dice él mismo, señalando su origen hispano. Lo encontramos primeramente en la corte de Ludovico Pío como capellán palatino. Sin embargo, su actividad más destacada se realiza en tiempo de Carlos el Calvo. Entre los años 843-46 se le nombra obispo de Troyes, firmando como tal en el concilio de París del 846. Con Loup, abad de Ferrières, restauró la vida monástica en algunos monasterios. Murió en el año 861.

TEXTOS

Su actividad se enmarca dentro del cuadro de la teología, porque Prudencio Galindo era un teólogo prestigioso en su época. No pudo sustraerse a los temas que sobre la gracia y la predestinación se discutían en sus días con ocasión de la doctrina de Godescalco y de Escoto Erígena. Contra éste escribió el escritor hispano su De praedestinatione contra Joannem Scotum cognomento Erigenam *el año 852, refutando el libro de aquél punto por punto. Es uno de los mejores tratados, si no el mejor, de los que se escribieron entonces sobre la materia.*

Además de otras varias obras de carácter teológico e histórico, escribió su Breviarium Psalterii *a petición de una dama que se encontraba atribulada. Es una de las pruebas de su actividad pastoral y el opúsculo que recogemos aquí, registrándolo precisamente como un buen modelo de espiritualidad bíblica. Como tal debe considerarse.*

BREVIARIO DEL SALTERIO

Prólogo

Encontrándose oprimida por muchos capítulos una noble matrona, tanto en ciudades como en pueblos, rodeada de no pocas tribulaciones, como es conocido de todos, y afectada asimismo por el tedio, se dirigió a mí rogándome esforzadamente que compusiese a base de breves versillos del Salterio un algo que la pudiese consolar. Y yo por mi parte, compartiendo no sólo esta petición, sino también la de todos aquellos que peregrinan por las diversas provincias, montes y valles, de los que navegan por ríos y mares, y de cuantos temen el peligro, peligro, como dice la Escritura, de los ríos, peligros del mar, peligros de la ciudad, peligros de los ladrones, peligros de la soledad, etc., pero que todos desean liberarse de ellos y que Dios les salve, para todos ellos, digo, va dirigido este opúsculo de mi pequeñez, opúsculo en el que me he esforzado por recoger en síntesis las flores del prodigioso prado de los salmos.

Y aunque hay muchos, según sabemos por experiencia que, siguiendo el ejemplo de los santos Padres, recitaban diariamente el Salterio como alabanza de Dios, no obstante, como las personas que piden esta obra por encontrarse en dificultades no pueden recitar todo el Salterio, incluso los que están obligados a las horas canónicas, estos tales no se avergüencen de releer estos versillos con el corazón y con la boca, dejando todos aquellos otros en los que, tanto por parte de los judíos como de otros también pérfidos, permanecen abierta y claramente conocidos; como son las que contiene el salmo segundo, tercero, quinto, décimotercero, vigésimoprimero, así como el trigésimocuarto, trigésimoquinto y trigésimosexto, o Quid gloriaris (51), o sexagesimoséptimo, sexagésimoctavo y sexagésimonono y Deus laudem meam (108) u otros, los cuales, aunque consecuentes con su propio sentido, no son, sin embargo, los más apropiados para estas situaciones de angustia.

Por eso, a fin de no perder inútilmente tu tiempo, ocupándolo todo en las cosas de aquí abajo, he aquí que te ofrezco estos versillos del Salterio para que los recites cuando puedas y tengas un tiempo libre. En ellos, según está escrito de tomar la parte por el todo y el todo por la parte, puedes, con el auxilio de Cristo Nuestro Señor, recitar los ciento cincuenta salmos del Salterio. Y para que no te olvides, divide el tiempo de tus horas diarias en siete espacios y así podrás alabar a tu Dios siete veces al día, como dice el bienaventurado David: *Oh Dios, te alabaré diariamente siete veces,* etc.

Pero emprendamos ya la obra comenzada, engarzando entre sí el primero con el último salmo: Bienaventurado el varón que medita día y noche en la ley del Señor y cuyo espíritu alaba al Señor desde las alturas del cielo, porque todo espíritu alaba al Señor. Tú que vas a ser el destinatario o destinataria de esta tan útil empresa, has de comenzarla así diciendo con David: ven, oh Dios, en mi ayuda, repitiéndolo tres veces junto con el Gloria al Padre, etc.

Encontrándote, pues, en la tribulación y unido íntimamente a Dios, recita con ánsias de oración y coge en tus manos con una confianza jubilosa estas flores davídicas para entonarlas al Señor, empezando así con el primer salmo:

Oración.—Dígnate recibir, Señor Dios Omnipotente, estos versillos consagrados que yo suplicante deseo recitar en honor de tu nombre, por mí miserable e indigno pecador, por mis pecados, por mis pecados de obra, de palabra, pensamiento, deseo y por todas mis negligencias grandes y pequeñas. Que estos versillos me sean útiles para la vida eterna, para la remisión de todos mis pecados, para llevar una vida buena y para una verdadera y condigna penitencia. Amén.

Empieza el Breviario del Salterio

Escucha mis palabras, oh Señor; oye mis gemidos. Atiende a las voces de mi súplica, Rey mío y Dios mío, cuando te suplico. Señor, no me castigues en tu ira, no me aflijas en tu indignación. Ten misericordia de mí, oh Señor, pues que soy débil. Sáname, Señor; tiemblan todos mis huesos. Está mi alma toda conturbada. Y tú, Señor, ¿hasta cuándo? Vuélvete, oh Señor, y libra mi alma. Sálvame de cuantos me persiguen, líbrame. Acordóse el Señor de mí; me vio reducido por mis enemigos a la angustia. Mírame ya, óyeme, Dios mío. Alumbra mis ojos, no me duerma en la muerte. Mantén firmes mis pies en tus caminos. Te invoco porque sé, ¡oh Dios!, que tú me oyes. Inclina tus oídos hacia mí y oye mis palabras. Ostenta tu magnífica piedad, tú que salvas del enemigo a los que a ti se acogen. Guárdame como a la niña de tus ojos, escóndeme bajo la sombra de tus alas, ante los malos que pretenden oprimirme.

Límpiame, Señor, de mis pecados ocultos, y perdona a tu siervo los pecados ajenos. No apartes, Señor, tu misericordia de mí. Libra mi alma de la espada, y mi vida del poder de los perros. Sálvame de la boca del león, sálvame de los cuernos de los búfalos. Muéstrame, Señor, tus caminos, adiéstrame en tus sendas. Guíame en tu verdad y enséñame. Acuérdate, oh Señor, de tus misericordias, de tus gracias, que son imperecederas. No te acuerdes de los pecados de mi mocedad y de mis faltas; acuérdate de mí conforme a tu misericordia y según tu bondad. Por tu nombre, Señor, perdona mis culpas, por grandes que son. Mira mi pena, mi miseria y perdona todos mis pecados. No juntes con los pecadores mi alma, ni mi vida con los sanguinarios.

Oye, Señor, el clamor con que te invoco, ten de mí piedad y escúchame. No me escondas tu rostro, no rechaces con ira a tu siervo. Sé mi socorro, no me rechaces, no me abandones, ¡oh Dios, mi salvador! Muéstrame, oh Señor, tus caminos, guíame por recta senda, a causa de mis enemigos. No me entregues a la rabia de mis adversarios.

A ti clamo, ¡oh Señor, mi roca! No te desentiendas de mí, pues dejándome tú, vendría a ser como los que bajan al sepulcro. Oye la voz de mi súplica cuando te invoco, cuando alzo mis manos hacia tu santo templo. No me arrebates juntamente con los malvados, con los obradores de la iniquidad. Salva, Señor, a tu pueblo y bendice a tu heredad, sé su pastor y condúcelos por siempre.

En ti, oh Señor, confío. No sea yo nunca confundido, líbrame en tu justicia. Inclina a mí tus oídos, apresúrate a librarme, sé para mí Roca inexpugnable, ciudadela de mi salvación. En tus manos encomiendo mi espíritu. Tú me has rescatado, oh Señor, Dios de verdad. Líbrame de la mano de mis enemigos y de mis perseguidores. Haz resplandecer tu faz sobre tu siervo, y sálvame en tu misericordia, Señor, que no sea confundido, pues te invoco. Sea, oh Señor, sobre nosotros tu misericordia, como esperamos en ti.

Oponte, oh Señor, a cuantos a mí se oponen; combate a los que a mí me combaten. Echa mano al escudo y a la adarga y álzate en ayuda mía. No calles, Dios mío, no te alejes de mí. Despierta, álzate en favor mío, Dios mío, Señor mío, en mi defensa. Hazme justicia según tu justicia, Señor mío, ¡Dios mío!

Extiende tu misericordia a los que me conocen, y tu justicia a los rectos de corazón. No me pise el pie del soberbio, no me eche fuera la mano del impío. No me abandones, ¡oh Dios!, no te estés alejado de mí, Dios mío. Corre en mi auxilio, Señor mío, mi salud. Oye, oh Dios, mi plegaria; da oídos a mis clamores, no seas insensible a mis lágrimas. Porque yo no soy más que un extranjero para ti, un advenedizo, como todos mis padres. Déjame que me reconforte un poco antes de que me vaya y ya no sea.

No apartes de mí, ¡oh Señor!, tu misericordia. Tu piedad y tu justicia me guardarán eternamente. Porque me rodean males sin número, se echan encima mis iniquidades y no puedo levantar la vista. Superan en número a los cabellos de mi cabeza, y por eso desfallece mi corazón. Agrádete librarme, ¡oh Dios! Corre, ¡oh Señor!, en mi ayuda. Cuanto a mí, pobre y menesteroso, Dios cuidará de mí. Tú eres mi socorro y mi libertador. ¡Dios mío, no te tardes! Yo digo, ¡oh Señor!, ten piedad de mí. ¡Sana mi alma, que pequé contra ti!

Despierta. ¿Cómo es que estás dormido, Señor? Despierta, no nos dejes del todo. ¿Por qué escondes tu rostro, olvidado de nuestra aflicción, de nuestra opresión? Levántate y ayúdanos. Rescátanos por el amor de tu nombre.

Apiádate de mí, oh Dios, según tus piedades. Según la muchedumbre de tu misericordia borra mi inquietud. Lávame más y más de mi iniquidad y límpiame de mi pecado. Aparta tu faz de mis pecados y borra todas mis iniquidades. Crea en mí, ¡oh Dios!, un corazón puro, renueva dentro de mí un espíritu recto. No me arrojes de tu presencia y no quites de mí tu santo espíritu. Devuélveme el gozo de tu salvación, sosténgame un espíritu generoso. Abre tú, Señor, mis labios, y cantará mi boca tus alabanzas.

Sálvame, ¡oh Dios!, por el honor de tu nombre; defiéndeme con tu poder. Da oídos, ¡oh Dios!, a mi oración; no te escondas a mi súplica. Con el favor de Dios celebraré su promesa. En Dios me confío y nada temo. ¿Qué podrá el hombre contra mí? Yo te debo, oh Dios, mis ofrendas votivas, te ofreceré sacrificios eucarísticos. Porque tú arrancas mi vida de la muerte, y tú libras mis pies de falsos pasos, para que pueda andar en la presencia de Dios, en la luz de la vida. Ten misericordia de mí, ¡oh Dios!, ten misericordia de mí, porque a ti he confiado mi alma, y me ampararé a la sombra de tus alas, mientras pasa la angustia.

Líbrame de mis enemigos, oh Dios mío; defiéndeme de los que se alzan contra mí. Líbrame de los que obran la iniquidad, sálvame de los hombres sanguinarios. Porque ya ves que ponen asechanzas a mi vida, y se conjuran contra mí los poderosos. Yo por eso oro a ti, ¡oh

Señor! En tiempo oportuno, oh Dios, por la muchedumbre de tu misericordia, óyeme; por la verdad de tu salud. Sácame del lodo, no me sumerja; líbrame de los que me aborrecen, de lo profundo de las aguas. No me anegue el ímpetu de las aguas, no me trague la hondura, no cierre el pozo su boca sobre mí. Oyeme, Señor, que es benigna tu misericordia. Mírame según la muchedumbre de tus piedades. No escondas de tu siervo tu rostro, porque estoy en angustia; apresúrate a oírme. Acércate a mi alma y redímela, líbrame por causa de mis enemigos.

Ven, oh Dios, a librarme. Apresúrate, oh Dios, a socorrerme. Yo soy un pobre menesteroso. Socórreme, oh Dios. Tú eres mi ayuda y mi libertador. Oh Señor, no te detengas. En ti, Señor, he esperado; no sea nunca confundido. En tu justicia líbrame y sálvame, dame oídos y socórreme. Sé para mí roca de refugio donde pueda ampararme. Tú has resuelto mi salvación. Tú siempre fuiste mi seguro asilo. Llénese mi boca de tus alabanzas, de tu gloria continuamente. No me rechaces al tiempo de la vejez; cuando ya me falten las fuerzas, no me abandones. Oh Dios, no te alejes de mí. Acude presto, Dios mío, en mi socorro. Yo siempre esperaré y a tus alabanzas añadiré nuevas alabanzas. Proclamará mi boca tu justicia; todos los días, tus prodigios salvadores.

No entregues a las fieras el alma de tu tortolilla, y no tengas por tanto tiempo en olvido a tus desvalidos. Socórrenos, oh Dios, Salvador nuestro, por el honor de tu nombre; socórrenos y perdona nuestros pecados por tu nombre. Despierta tu poder, ven y sálvanos. Oh Dios, restáuranos, haz esplender tu rostro y seremos salvos.

Vuélvete a nosotros, Dios, nuestra salvación, y haz

cesar tu ira contra nosotros. ¿Vas a estar siempre irritado contra nosotros, y vas a prolongar tu cólera de generación en generación? ¿No vas a devolvernos la vida para que tu pueblo pueda gozarse en ti? Haznos ver, oh Dios, tus piedades, y danos tu ayuda salvadora.

Inclina, Señor, tus oídos y óyeme, porque estoy afligido y soy un menesteroso. Guarda mi alma, pues que soy tu devoto; salva, mi Dios, a tu siervo, que en ti confía. Ten misericordia de mí, oh Señor, pues te invoco todo el día. Alegra el alma de tu siervo, porque a ti alzo mi alma. Pero tú, oh Señor, eres Dios misericordioso y clemente, magnánimo y de gran piedad. Mírame y ten piedad de mí, fortalece a tu siervo y salva al hijo de tu esclava. Haz conmigo muestra de ti para bien, y viéndola confúndanse los que me odian, vean que tú eres Dios, que me socorres.

Oh Señor, Dios mi Salvador. Día y noche clamo a ti. Llegue mi oración a tu presencia, inclina tu oído a mi clamor. ¿Dónde están tus antiguas piedades, oh Señor, las que por tu verdad juraste a David? Acuérdate, Señor, del oprobio de tus siervos y de cómo llevo yo en mi seno las afrentas de muchos pueblos. Vuélvete, oh Señor, ya por fin y ten compasión de tus siervos. Sea sobre nosotros la suavidad del Señor, nuestro Dios, y dirige la obra de nuestras manos; sí, dirige la obra de nuestras manos.

Escucha, Señor, mi oración y llegue a ti mi clamor. No escondas de mi tú rostro, mientras estoy en aflicción; inclina tus oídos a mí: cuando te invoco, apresúrate a oírme. No me lleves en la mitad de mis días; tú, cuyos años son por generaciones y generaciones. Y tú, Señor, protégeme por el honor de tu nombre, defiéndeme tú según la bondad de tu misericordia. Pues soy un mísero desvalido. Voy desapareciendo como sombra que se alarga, soy sacudido como la langosta. Ven en mi socorro, Señor, Dios mío, sálvame en tu piedad.

Concede a tu siervo vivir y que guarde tus preceptos. Abre mis ojos para que pueda ver las maravillas de tu ley. Soy peregrino en la tierra, no me encubras tus mandamientos. Levántame tú según tu palabra. Apártame del camino de la mentira, y dame, clemente, tus enseñanzas. Haz que vaya por la senda de tus mandamientos, que es mi deleite. Inclina mi corazón a tus consejos, no a la avaricia. Aparta mis ojos de la vista de la vanidad y dame la vida de tus caminos. Cumple a tu siervo tu palabra, la que a quienes te teman prometiste.

Enséñame y dame la dicha de saber y conocer, pues que creo en tus mandamientos. Tú eres bueno y bienhechor: enséñame tus estatutos. Consuéleme tu piedad, según tu palabra a tu siervo. Venga a mí tu misericordia y reviviré, porque tu ley es mi delicia. Sea íntegro mi corazón en tus estatutos, no sea confundido. Soy sobremanera afligido. Oh Señor, vivifícame según tu palabra. Acepta benignamente, oh Dios, las oblaciones voluntarias de mi boca y enséñame tus decretos.

Sostenme según tu palabra y viviré, y no permitas que sea frustrada mi esperanza. Susténtame para que sea salvo y me convierta siempre a tus preceptos. Haz con tu siervo según tu piedad y enséñame tus decretos. Siervo tuyo soy; dame entendimiento para conocer tus mandamientos. Vuélvete a mí y seme propicio, como haces con los que aman tu nombre. Dirige mis pasos con tus palabras y no dejes que me domine iniquidad alguna. Líbrame de la opresión de los hombres para que pueda guardar tus preceptos. Muestra tu serena faz a tu siervo, y enséñame tus preceptos. Oye mi voz según tu misericordia, oh Señor, y haz que viva según tus decretos.

Ve mi aflicción y sácame de ella, pues no he olvidado tu ley. Defiende mi causa y protégeme; según tu palabra dame vida. Llegue mi súplica a tu presencia, oh Señor, según tu palabra dame inteligencia. Venga mi deprecación a ti y, según tu palabra, sálvame. Mis labios te cantarán alabanzas, si me enseñas tu ley. Cantará mi lengua tu palabra, porque justísimos son todos tus mandamientos. Sea conmigo tu mano para ayudarme, pues he elegido tus preceptos. Deseo tu salud, oh Señor, pues tu ley es mi deleite. Viva mi alma para alabarte y denme ayuda tus decretos. Si errare como oveja perdida, busca a tu siervo, pues no me he olvidado de tus mandamientos.

Ten misericordia, oh Señor, ten misericordia de nossotros, porque estamos del todo hartos de menosprecios. Haz, oh Dios, bien a los buenos, a los rectos de corazón. Restaura, Señor, nuestra suerte, como a los arroyos del Mediodía. De lo profundo te invoco, oh Señor. Oye, Señor, mi voz; estén atentos tus oídos a la voz de mis súplicas. Cuando te invoqué, me oíste y fortaleciste grandemente mi alma. Condúceme, Señor, por las sendas de la eternidad. Pon, Señor, guarda a mi boca, centinelas a la puerta de mis labios. No dejes que se incline al mal mi corazón. Atiende a mis lamentos, pues estoy sobremanera necesitado. Líbrame de los que me persiguen, pues son ellos los más fuertes. Saca mi alma de la cárcel para que pueda alabar tu nombre. Me rodearán los justos si benignamente me fueres propicio.

Oye, Señor, mi oración, y escucha mi plegaria según tu fidelidad, óyeme en tu justicia. No entres en juicio con tu siervo, pues ante ti no hay nadie justo. Persigue el enemigo a mi alma: ya ha postrado en tierra mi vida. Apresúrate a oírme, Señor, que ya desmaya mi alma. No me ocultes tu rostro; sería semejante a los caídos en la fosa. Haz que conozca pronto tu favor, pues en ti espero. Dame a saber el camino por donde ir, porque a ti alzo mi alma. Líbrame de mis enemigos, oh Señor, porque a ti recurro. Enséñame a hacer tu voluntad, pues eres mi Dios. Tu espíritu es bueno, llévame por camino llano. Por el honor de tu nombre preserva mi vida, y en tu justicia saca mi alma del peligro de muerte. Haz con tu piedad que cierren su boca mis enemigos y que perezcan cuantos persiguen mi alma, pues soy siervo tuyo.

Gloria al Padre, al Hijo y al Espíritu Santo. Como era en el principio, ahora y siempre y por los siglos de los siglos. Amén.

(Edición: *Patrología Latina,* 115, 1449-56.)

FUENTES Y ESTUDIOS

M. Menéndez Pelayo, *Historia de los Heterodoxos españoles,* BAC, I (Madrid 1956), 435-50; Z. García Villada, *Historia eclesiástica de España,* III (Madrid 1936), 394-99; "Dict. de Theol. Cathol." 13, 1079-84.

TEODULFO DE ORLEANS

De origen ciertamente hispano, nace a mediados del siglo VIII. Huyendo de los sarracenos llegó a la corte carolingia, y Carlomagno le nombró obispo de Orleáns antes del 798. Relacionado con la corte, no fue ciertamente un obispo aulico. Teodulfo es el obispo modelo del pastor celoso entregado a sus funciones pastorales. Aunque se ocupó de la vida monástica, no consta que fuese monje. Se esmeró en la formación del clero y socialmente realizó la interesante labor de dotar de escuelas a gran parte de los pueblos de su diócesis. Por Alcuino sabemos que intervino en el caso de Félix de Urgel y del adopcionismo, pero desconocemos su postura. Su intervención en la controversia del Filioque fue muy activa, escribiendo sobre la misma un erudito libro.

Teodulfo no se mezcló en política, aunque exaltó mucho la misión de Carlomagno, contribuyendo, junto con otros, a su coronación en el año 800. A pesar de estar al margen de la política, se le acusó de haber tomado parte en la revolución de Bernardo, rey de Italia, contra el emperador. Fue desterrado con otros consejeros de Carlomagno. De su inocencia puso por testigo al papa. Con gran finura de espíritu no quiso comprar su libertad a costa de cualquiera bajeza. Murió probablemente en el destierro hacia el 821.

TEXTOS

Teodulfo es el gran poeta de sus días, según lo comprueban sus Carmina *divididos en seis libros con unos 4.600 versos.*

Influenciado por nuestro Prudencio, por Virgilio y por Ovidio escribe sobre los temas más variados, como es la lucha de pájaros en la región tolosana hasta el Gloria laus *de la liturgia del Domingo de Ramos. La poesía de Teodulfo es muy interesante para conocer su propia persona y algunos aspectos de la corte de Carlomagno.*

Como asceta y como pastoralista nos ha dado el De ordine baptismi, *explicación detallada del rito bautismal, con gran doctrina ascética, y los* Capitula *y* Capitulare, *dirigidos a los sacerdotes de su diócesis. Son de gran interés para el conocimiento de la legislación religiosa y organización diocesana y parroquial de la época. De aquí tomamos el siguiente texto, muestra de la espiritualidad de este gran obispo.*

Capitula

Cap. XXI. *Instrucción sintética de la vida cristiana*

Encontrándose las páginas todas de los libros sagrados cargados de medios sobre la práctica de las buenas obras, medios que pueden hallarse en los diversos campos de la Escritura como armas para reprimir los vicios y fomentar las virtudes, nos ha parecido conveniente insertar en este nuestro *Capitular* la doctrina de un padre sobre los instrumentos de las buenas obras, registrando con la mayor brevedad posible lo que ha de hacerse y lo que debe evitarse.

En primer lugar ha de amarse a Dios con todo el corazón, con toda el alma, con todas las fuerzas, y luego al prójimo como a ti mismo. Después, no matar, no cometer adulterio, no robar, no envidiar, no decir falso testimonio, honrar a todos los hombres, no haciendo a los demás lo que no quieres que te hagan a ti. Negarse

364 ANTOLOGIA DE LA ESPIRITUALIDAD ESPAÑOLA

a sí mismo para seguir a Cristo, mortificar el cuerpo, no seguir los placeres, amar el ayuno, socorrer a los pobres, vestir al desnudo, visitar al enfermo, enterrar al muerto, ayudar en la necesidad y consolar al afligido.

Mostrarse ajeno a todo acto mundano, no anteponer nada al amor de Cristo, ni airarse ni encolerizarse, no tener dolo en el corazón, no dar falsamente la paz y no abandonar la caridad.

No jurar, no sea que caigas en el perjuro, decir la verdad con el corazón y con la boca, no devolver mal por mal, no injuriar, pero, si te injurian, sopórtalo con paciencia. Amar a los enemigos, y no maldecir a los que maldicen, sino hablar bien de ellos. Soportar la persecución por la justicia.

No ser soberbio, ni dado al vino, ni a las comilonas; no conceder demasiado tiempo al sueño, huir de la pereza y no ser ni murmurador ni detractor. Poner la esperanza en Dios, y cuando se vea algo de bueno en uno, atribuirlo a Dios y no a sí mismo, pensando que el mal es lo que hace el hombre y al hombre debe atribuírsele.

Temer el día del juicio y horror del infierno, desear con todas las fuerzas la vida eterna, proponiendo diariamente ante tus ojos la muerte. Vigilar en todo momento las acciones de tu vida y pensar que Dios te mira ciertamente en todo lugar. Cuando vengan pensamientos malos a tu corazón, expónselos a Cristo y manifiéstalos a una persona espiritual.

Guardar tu boca de toda palabra mala o perversa, no ser muy amante de hablar mucho, nunca decir palabras vanas o tendentes a provocar la risa, ni hacer reír, ni amar mucho la risa.

Escuchar con agrado la lectura piadosa, entregarse con

frecuencia a la oración, confesar a Dios diariamente en la oración los pecados pasados con lágrimas y gemidos. Corregirse del mal y no seguir los deseos de la carne. Odiar la propia voluntad, obedecer en todo los preceptos del sacerdote o del maestro, aunque él haga, lo que no es de desear, lo contrario, pero no hagáis lo que ellos hacen (Mt., 23, 3).

No llamar a nadie santo antes de que lo sea, ya que primeramente ha de realizarse una cosa y luego llamarla por su realidad. Cumple diariamente con hechos los preceptos del Señor, ama la castidad, no odies a nadie, no tengas ni celos ni envidia, no ames la disputa, huye del orgullo, respeta a los mayores y ama a los jóvenes. Dentro del amor de Cristo ora por tus enemigos. Con los que tengas discordias ponte con ellos en paz antes de que termine el día, no desesperando nunca de la misericordia del Señor.

He aquí los instrumentos del arte espiritual, los cuales, si los cumplimos incesantemente día y noche, reconocidos en el día del juicio, el Señor nos lo recompensará con aquel premio que él mismo prometió: *ni el ojo vio, ni el oído oyó, ni vino a la mente del hombre lo que Dios ha preparado para los que le aman (I Cor., 2, 9).*

(Edición: *Patrología Latina,* 105, 196-97.)

FUENTES Y ESTUDIOS

MGH, poet. I, 437-579; Ch. Cuissard, *Théodulfe, évêque d'Orleáns, sa vie et ses oeuvres* (Orleáns 1892); L. Delisle, *Les bibles de Théodulfe,* "Bibliot. de l'Ecole de Chartes" 40, 1879, 73-137; E. Power, *Corrections from the Hebrew in the Theo-*

dulfian Mss. Of the Vulgata Biblica 5, 1924, 233- 58; Z. GAR-
CÍA VILLADA, *Historia ecles. de España,* III (Madrid 1926), 399-
400; D. CHALLER, *Philol. Untersuchungen zu den Gedichten
Theod. von Orleans,* "Deustsches Archiv für Erfoschung des
Mittelalters" 18, 1962, 13-91; M. VIELLARD-TROIEKOVROFF, *Les
Bibles de Théodulfe et leur décor aniconique,* "Etudes Legé-
siennes médiévales (París 1975), 345-60.

PEDRO COMPOSTELANO

Personaje enigmático y en realidad desconocido. Cultivó la filosofía. La identificación con el maestro compostelano, Pedro Micha, no es muy convincente. Su producción literaria es más bien modesta. Hacia 1150, y a imitación de Boecio, escribió una obra curiosa y original al mismo tiempo, a pesar del influjo de Plinio, Solino e Isidoro. La dedicó al arzobispo de Santiago, Berenguer I, con el epígrafe de *Sobre la consolación de la razón*. La escribió en prosa y verso. El autor estructura su obra a base de un diálogo entre la carne y la razón. El conflicto entre las virtudes y los vicios recuerda asimismo la *Psychomachia* de Prudencio.

TEXTOS

El texto que trascribimos caracteriza siete virtudes básicas en la vida cristiana. Cual resumen y consecuencia de este diálogo, su autor asienta la ciencia de la vida en servir a Dios despreciando, como algo inmundo, las cosas de aquí abajo. De este modo conseguirá el cristiano alzarse hasta el nivel de los santos.

SOBRE LA CONSOLACIÓN DE LA RAZÓN

La razón

Ya después de haber dado el encargo de calmar mi tristeza al grupo de doncellas y compañeras suyas, cuya

presencia exterior era magnífica, dijo: No sólo con estas doncellas de inocente belleza pongo delante de tu
pesadumbre un antídoto de recreo, sino que también no
desdeño limpiar interiormente las lágrimas de tu inestimable llanto con unas inmaculadas vírgenes, hermana-
das por cierta consanguinidad, que viven en la morada de
mi inteligencia y sellan el secreto de propio pecho con
títulos de virtudes. De las cuales la primera, que cautí-
sima discrimina con atenta circunspección la diferencia
de todas las cosas, tomó el nombre de prudencia; en
cuya corona va representado el carbunclo que, siendo
imagen del sol, ahuyenta las sombras de la opaca tene-
brosidad. Su hermana, que a todos da lo suyo y no se
complace en inquietar a nadie, se llama justicia; en cuya
corona va por la parte de fuera el ágata que, sellada
con la semejanza de Júpiter, transforma en favor las
enemistades de los que la rodean. La tercera, digna de
elogio sin medida por sus acordados dones, recibe el
nombre de templanza de costumbres; sobresale en su
corona el diamante que, imitando la imagen de Satur-
no, más lenta que las hermanas en movimiento, parecía
impregnar los cuerpos con el hielo de su frialdad. La
cuarta, la más fuerte en tolerar todas las adversidades,
siempre inquebrantable y preparada asimismo con la resistencia corporal a soportar los dolores, mereció la denominación de fortaleza; llevaba en su corona un ama-
tista que, dotada de la naturaleza de Marte, amenaza-
ba a los inferiores con la imperiosa ruina de su calor.
La quinta, más allá de la medida de mi indignidad,
con sola la credulidad se levanta únicamente hasta el
poder divino y se distinguía con la palabra: fe; en su
corona había un zafiro de color celeste, tomando la figu-

ra de Venus, a muy corta distancia, servía de precursora con la claridad de su luz, al sol en su nacimiento. La sexta, con el solo instinto del alma, señalaba la existencia de las cosas que aún no se tenían, y tomaba el nombre de esperanza; prendíase en su corona un jacinto que, dotado de las cualidades de Mercurio, en virtud de cierta familiaridad común con el sol, nunca dejaba de verse. La séptima, que más excelsa aventajaba en majestad a todas sus hermanas y, notable por amplia entrega de sí, compraba en la tierra las cosas eternas, era llamada con el nombre de caridad; llevaba en su corona un crisolito semejante a la luna que, fecundada por los rayos del sol, reparte las riquezas de su influencia sobre los inferiores.

Serenada con la nobleza de estas vírgenes, la diligencia inquebrantable de mi propia maestra me incita a tu pleitesía, y si llego a introducirte en el jardín de mi morada, te maravillará por su quintaesencia el influjo de sus diversos y fecundos frutos. No existe allí ningún cambio extraño, sino que en fuerza de la grandeza de su virtud trasmuta los elementos inferiores y los obliga a producir en formas diversas, de manera que acontece como si de su propia área brotaran los elementos acuosos, aéreos e ígneos, porque existe la creencia de que toman del cielo los movimientos vivíficos. En virtud de cuya intervención el calor solar de la tierra, infundido en los gérmenes de las cosas, por mediación de los cuales, infundiendo la virtud de Dios el espíritu al animal, produce la generación común, de manera que de género en especie, de especies en individuos y de individuos nuevamente a su principio, parece que la divina providencia por ciertos rodeos de circulación va haciendo rebotar el origen de las cosas. La tierra, efectivamente, no se mueve, porque sus partes tienden doquiera a su propio centro; inmóvil existe, aunque no se vea privada de los efectos de la alteración y de la generación.

En este jardín, en efecto, aparecen sembrados árboles diversos y de diferente influencia. El primero de ellos, que abarca la morada de la vida, adornando el hemisferio con las partes de trece frutos, se distingue con el nombre de Aries. El segundo, que está en el mismo lugar, adornado con los brotes de siete frutos, en la imagen del Toro parecía tener sed de guerra. El tercero, que ocupaba el lugar de la primera cosecha, mostraba su fecundidad con los distintivos de dieciocho frutos, imitando la figura de Géminis. El cuarto, dueño de la casa de su padre y de su madre, rodeado de diecisiete ramas, representaba la imagen de Cáncer, que anda hacia atrás. El quinto, que asentaba su domicilio en el de sus hijos, engalanado con diecinueve pomas, presentaba la efigie del León. El sexto, siguiendo el signo de sus hermanos, ceñida la frente con las ramas de trece pomas, suntuoso con excesivo esplendor, gozaba de las prerrogativas de Virgo. El séptimo, que cerraba la morada de los siervos, adornado con los frutos de dieciocho pomas, se revestía de la imagen de Escorpión de aguijón amenazador. El octavo, adoptando la figura de un varón, fecundado con trece pomas, en la inflexión del arco simulaba la efigie de Sagitario. El noveno, que alcanzaba al domicilio de la muerte, parecía que pretendía tejer la túnica de Capricornio con lana de cabra. El décimo, que había plantado su casa en el camino, con la corriente de las aguas, simulaba la efigie de Acuario. El undécimo, viviendo en casa de los enemigos, desempeñaba el papel de Piscis. Y el duodécimo, asentado en casa de los amigos, mantenía el fiel de la balanza en Libra.

Estas son, en efecto, los doce signos que Febo anualmente recorre como inquilino suyo, diseminando en los seres inferiores según su diversidad producciones diferentes. En virtud de cuya presencia —conforme se aproxima más o menos al cenit de nuestra cabeza— se produce la diversidad de tiempos, entrando o el estío o su contrario el invierno.

Si, pues, como opino, tu pensamiento por medio de la meditación sobre mí se levanta como desde las profundidades hasta las alturas, se apaciguarán las acometidas de tu tristeza, ni nada caduco o transitorio corromperá los arcanos de tu alma inquieta. Pero ¡ay!, dijo, a lo que veo sólo tu sencillez, desconocedora del mal y aun inexperta en la astucia, que vale más que el nombre del feliz oro, ha tomado aposento en tu alma, y por ello la pesadumbre toma la delantera a tu juicio y le quita la facultad de hacer tentativas. Y habló de la inquietud de mi corazón de esta manera:

Llanto de la razón

¡Oh dolo!, en ti no se encuentra ni un soplo de vida.
La gramática de las palabras de que le faltan frases
Se lamenta; a la lógica poner en juego la razón
Apenas si se le permite; desconoce lo propio; taciturna
                                                    [se va enfriando;
Soporta la violencia física; de que pierde todo movi-
                                                    [miento

Se da cuenta; necia, a conocer la verdad de las cosas
Renuncia; se envilece por completo y en absoluto va
[entre vacilaciones.
No siente veneración por cuadrivio ni el trivio, como
[antes.
Rápida vas al envilecimiento, oh vida, mediante la culpa,
y así tanto son dueñas de ti, como no, las intrincadas
[matemáticas.
Tú mismo, despreciando al Dios de los cielos, te lanzas
[hacia el abismo,
quebrantado por las enfermedades, tú te envileces en el
[bochorno del mundo,
ni ves tus propios defectos, supuesto que andas vacilan-
[do en tu inteligencia,
la corrupción de la carne, sucísima podredumbre de
[placer,
halaga en el rodar del mundo, que por entero de niebla
está cubierto, y cuya peste no bastan a contrarrestar las
[cosas honestas.
Tengo pena —prosigue— de aquel a quien veo sin lucha
dar las espaldas y por igual razón no se rinde al cielo.
Con fiel pensamiento contempla los serenos astros del
[firmamento.
Descubrirás si agitas las riendas de la razón,
qué son las Pléyades, qué las Hadas, qué la Casa Pía,
qué Therión, qué Orión, qué Vía Lactea.
Sobrepasan y ceden a ellas estas cosas perecederas.
Ya debes preocuparte más de los blancos semblantes
[celestiales,
que están ocupados sin cesar jamás en alabar al pode-
[roso,
sublime Dios del cielo, sin fin asentado sobre los astros.

De esto gozarás, lejos de las miserias, caminando so-
[bre los cielos,
Si dispones tu atención en servir al Dios celestial,
si en todo desprecias al mundo como cosa inmunda;
podrás entonces unido a los santos colocarte sobre lo
[más elevado.

(De "Petri Compostelani libri duo de consolatione ra-
tionis", ¿1140 a 1147? Publicado por el P. Pedro Blanco
Soto, en *Beiträge zur Geschichte des Philosophie des
Mittelalters*. Band VIII. Herf. 4. Münster i. w. 1912.)

FUENTES Y ESTUDIOS

P. Blanco Soto, *Petri Compostellani de consolatione rationis* (Münster 1912); N. Antonio, *Bibliotheca Hispana Nova*, II
(Madrid 1783), 121-22; A. Bonilla y Sanmartín, *Historia de
la filosofía española*, I (Madrid 1908), 308; M. Manitius, *Geschichte der lat. Literatur des Mittelalters*, III (München 1931),
155; J. Climent, *El primer escolástico que propugnó el privilegio inmaculista de María fue un español*, "Ilustración del
Clero" 32, 1939, 17-20; 57-63; 90-95; G. M. Roschini, *Il
primo scholastico che propugnó el privilegio dell'Inmmacolata
Concezione*, "Marianum" 4, 1942, 130-31; L. Modric, *De Petro Compostelano qui primus assertor Inmmaculatae Conceptionis dicitur*, "Antonianum" 29, 1954, 563-72.

DIEGO GARCIA

Escasos datos l os que poseemos sobre este autor, y a veces inseguros. Oriundo de Tierra de Campos, *ortus de Campis* en expresión del propio autor, debió nacer hacia el 1140. Tal vez pasase sus primeros años en Caleruega, y la formación primaria en el monasterio de Santa María de Huerta, en los confines de Castilla y Aragón. Desde joven sintió vocación por los estudios. Parece que estudió teología en París. El mismo nos dice que fue clérigo, aunque debió ordenarse en edad avanzada.

Además de la teología y la Escritura, conocía el Derecho civil y canónico, que pudo aprender en España. Por su propio testamento sabemos que fue canciller del rey de Castilla, pero no de San Fernando, sino de Alfonso VIII y de su hijo Enrique I. Asistió en 1215 al concilio IV de Letrán con el obispo don Rodrigo Jiménez de Rada. Murió hacia el 1218.

TEXTOS

Emparentado con hombres de la época, insignes por su santidad, Diego García era a su vez un notable asceta. Trabajó por la formación religiosa de su época. Dentro de su herencia literaria es su mejor obra el Planeta, *terminada de escribir hacia el 1218, pues él mismo afirma que escribía en esta fecha. De los siete libros de que consta la obra, los tres primeros tratan de Cristo-rey; el cuarto, de la Virgen; el quinto, de los ángeles, incluidos los ángeles custodios; el sexto, del alma, y el séptimo, de la paz. La devoción a Cristo-rey y a la Virgen, de cuya mediación universal habla, fueron las líneas maestras de su ascética. La obra la escribió en latín, dedicándola a don Rodrigo Jiménez de Rada. La erudición del autor es notable. En el texto que transcribimos se habla con calor de la realeza de Cristo, comentando el Cristo vence, Cristo Reina, Cristo impera. La exégesis es esencialmente bíblica. Diego García conocía bien la Escritura.*

DIEGO HISPANO, QUÍMICO DEL REY Y NACIDO EN CAMPOS, LEÍ MUCHO, SÉ POCO. EN EL NOMBRE DE JESUCRISTO EMPIEZA EL "PLANETA"

Libro Primero

> Cristo vence
> Cristo reina
> Cristo impera

¡Oh materia más bien adorable que tratable! ¡Investigadora de los secretos celestiales! ¡Conocedora de la naturaleza! ¡Arca inestimable del tesoro de los cielos! ¡Gazofilacio de la Trinidad y algo más que aposentadora del Salvador! Si el profundo Jerónimo, si el perspicaz Agustín, si el pulido Ambrosio, si el perfecto Gregorio sudaran en tus yunques, se podrían aunar en feliz matrimonio la piedra preciosa de la elocuencia con el oro de la materia. Allí irían acordes la obra y el martillo, el grano con el bieldo, el cinabrio con el pincel, el alabastro del vaso con el perfume. Allí se acompasarían el ciprés de tan excelsa materia con la azuela del ar-

quitecto. Allí la gubia tallaría cedros del Líbano para
vigas del templo de Salomón, diferenciando los arteso-
nados por cipreses. Por eso cuanto más razonable es,
tanto más avergonzado y tembloroso digo: *Dame entendimiento y escudriñaré, Señor, tu ley*[1]. No está tri-
llada la senda en que entro; la tela que comienzo no
está reparada por los bataneros. La presente materia no
está ventilada por los Santos Padres, por no decir ex-
plicada; ni tratada por los doctores modernos, cuanto
menos discutida. En verdad que, en testimonio de la
Sagrada Escritura: Hay que cerrar el pozo para que en
él no caiga el buey o el asno[2]. De aquí que el rey Eze-
quías ofendió al Señor porque abrió a los egipcios los
tesoros, los aposentos sagrados reservados a las más escondidas riquezas del templo[3]. Asimismo se lee que Oza
fue castigado por el Señor por haber pretendido levantar el arca que se inclinaba a un lado con sus manos no
autorizadas para ello[4]: La bestia que toque el monte
será apedreada[5]. Según Lucas, yo mismo me juzgo por
mi boca como mal criado[6], supuesto que, conforme a la
parábola de Salomón, me constituyo en mi propio acu-
sador[7]. Se me ha de dar crédito aunque sea en contra
mía, como se prueba en esta ocasión. Pues hombre rudo
y agreste —y para que haya oposición en lo adjetivo—,
hombre bruto, ¿con qué lengua, con qué conocimiento,
con qué semblante tengo la osadía de abrir el pozo de

[1] *Sal.*, 118, 34.
[2] *Ex.*, 21, 33.
[3] *4 Re.*, 20, 16.
[4] *2 Sam.*, 6, 6-7.
[5] *Hebr.*, 12, 20.
[6] *Lc.*, 19, 22.
[7] *3 Re.*, 3, 16-28.

la Sagrada Escritura cerrado para mí? El pozo es alto, y no tengo con qué sacar agua. Asimismo, ¿con qué criterio, con qué presunción, y más aún, con qué temeridad me atrevo —yo egipcio manchado con la aspereza de los vicios y la negrura de los pecados— a tratar con mis manos las riquezas espirituales y místicas del templo? Por último, ¿con qué audacia, o más bien, con qué imprudencia, y todavía más, con qué demencia, yo —aunque no bestia, al menos perteneciente a ellas— no sólo toco, sino que manoseo el monte sacratísimo de las Escrituras? Porque el monte de Dios es un monte fértil, en el cual plugo a Dios habitar. Más todavía: es como incurrir en crimen de lesa majestad —lo que Dios no permita— poner las manos sobre el mismo Señor, quien por medio de Jeremías llama a las Escrituras su vientre, diciendo: *Mi corazón se hizo como cera que se derrite, en medio de mi vientre*[8]. E Isaías: *Me duele mi vientre*[9]. Igualmente los étnicos llaman sus entrañas a las escrituras que componen de su mano. ¡Oh, qué mal retuve, a qué pecho tan olvidadizo, a qué memoria tan escurridiza confié las palabras de Sidón Apolinar!, que así decía: "Mientras que la naturaleza absorba a la ciencia, no es mayor gloria decir lo que se sabe, que el callar lo que se ignora". Especialmente en la actualidad, cuando la fragilidad de mi insuficiencia queda al desnudo ante tantos próceres del sacro palacio. Y en especial ante mi prelado, como prefecto del pretorio del príncipe celestial, de cuya sentencia no me será lícito hacer apelación, sino únicamente súplica. Pido, pues, perdón a aquel que es su dispensador y amador de la salvación humana

---

[8] *Sal.*, 25, 15.
[9] *Is.*, 21, 3.

—propio del cual es compadecerse siempre y otorgar el perdón, y que demuestra su poderío principalmente perdonando y compadeciéndose, al cual está abierto todo corazón y habla toda voluntad y no se le oculta ningún secreto, que es Dios que escudriña los corazones y las entrañas—, para que en el presente asunto me perdone lo que teme la conciencia y añada lo que la oración no puede apropiarse por sí. No me anticipé por arrogancia, sino que me apresuré por diligencia, y lo que cogí el primero, fue comprado a la devoción. Sin embargo, a vosotros, hermanos y señores, cuya reverencia temo haber ofendido con mi repentina audacia de exposición, a vosotros —digo— os ruego, suplico y pido, reiterada e insistentemente, no consideréis el cuánto sino de cuánto, no el saco sino la intención, no el estilo sino la devoción, no la facundia sino la diligencia, no la ciencia sino la conciencia. Pues en testimonio de San Gregorio —y ojalá que él sea mi ayuda—: La caridad acaso suministra las fuerzas que niega la impericia. Poder tiene el Señor para sacar hijos de Abraham aun de una piedra insensible. Implorada, pues, y ojalá que conseguida la licencia del Crucificado, empecemos.

Cristo vence. Cristo reina. Cristo impera

Estas palabras así puestas y dispuestas y tal como se han enunciado, jamás recuerdo haberlas leído ni en el Nuevo ni en el Antiguo Testamento. Pero la piadosa madre Iglesia, como conocedora de los secretos de su esposo y clavígera del arcano celestial, de entre las diversas y variadas reconditeces de la Sagrada Escritura y de sus opulentísimos tesoros recogió estas sacratísimas palabras y con ellas formó una elegantísima joya ambarina que suele fundirse en una amalgama de oro y preciosísimas piedras. Es palabra de verdad pronunciada por boca del Señor: *Confiad, porque yo he vencido al mundo*[10]. Y aquí tenemos el *Cristo vence*. También en el trance de su agonía él mismo dijo: *Mi reino no es de este mundo*[11]. Y aquí tenemos el *Cristo reina*. Él mismo igualmente mandó a los vientos y al mar, y al instante cesó la tempestad[12]. He aquí el *Cristo impera*. Además Isaías dice: *Venció el león de la tribu de Judá*[13]. Este león es Cristo, y así tenemos el *Cristo vence*. Y en Mateo se lee que Cristo dijo así a sus discípulos: *Yo os preparo a vosotros, lo mismo que me lo preparó a mí el Padre, un reino, para que comáis y bebáis en mi mesa, en mi reino*[14]. Y así tenemos el *Cristo reina*. En Lucas se lee igualmente que Cristo mandó a la fiebre que dejase al que la tenía, y al punto desapareció[15]. Y así tenemos el *Cristo impera*. Asimismo, vencido el rey del mal, volvió de los infiernos coronado de victoria. He aquí el *vence*. Y en otro lugar: *Rey de Reyes*[16]. He aquí el *Cristo reina*. Y *Señor de los que dominan*. He aquí el *Cristo impera*. Y Pablo: *Gracias a Dios que nos concedió la victoria por Jesucristo nuestro Señor*[17]. He aquí el *Cristo vence*. Y Mateo: *Venid, benditos de mi Padre, y recibid el reino que se os ha pre-*

---

[10] *Jn.,* 16, 33.
[11] *Jn.,* 18, 36.
[12] *Lc.,* 8, 24.
[13] *Ap.,* 5, 5.
[14] *Lc.,* 22, 29-30.
[15] *Lc.,* 4, 39.
[16] *I Tim.,* 6, 15.
[17] *I Cor.,* 15, 57.

parado [18]. He aquí el *Cristo reina*. Y de nuevo: *Id, malditos, al fuego eterno* [19]. He aquí el *Cristo impera*. Deduce estos tres conceptos de estas palabras: *He aquí que viene el dominador Señor y en su mano el reino y la potestad y el imperio.* De esto y de otros muchos testimonios se pone de manifiesto y aún está más claro que la luz del sol de cuánto peso sea esta autoridad, basada en tantos y tan contundentes testimonios, y muy especialmente cuando para dar autenticidad a estas palabras hubiera bastado la universal costumbre de la Iglesia. De donde dice Agustín: Hemos recibido algunas instituciones eclesiásticas por las Escrituras, otras por la tradición apostólica, a otras las reforzó la costumbre y a otras las aprobó el uso. A las cuales se les debe igual reverencia y el mismo afecto de piedad. Instruidos, pues, con saludables mandatos y formados en las instituciones divinas, nos atrevemos a decir: Cristo vence, Cristo reina, Cristo impera.

Cristo vence en el infierno, reina en el mundo, impera en el cielo. Cristo vence en el leño, reina en el sepulcro, impera en el huerto. Cristo vence en el alma, reina en la carne, impera en deidad. Cristo vence en la pasión, reina en la resurrección, impera en la ascensión. Cristo vence por los hombres, reina entre los hombres, impera sobre los hombres. Cristo vence en el infierno. Justamente se dice: *Se levanta Cristo del sepulcro y vuelve del infierno vencedor.*

Cristo reina en el mundo. Y por ello alimentó a cinco mil hombres con cinco panes y dos peces [20], como dice

---

[18] *Mt.*, 25, 34.
[19] *Mt.*, 25, 41.
[20] *Mt.*, 14, 17.

Mateo. De aquí que las turbas quisieran imponerle la diadema; pero Cristo renunció a la corona de oro[21], porque había de recibir la de espinas. También al decirle: *¿Luego tú eres rey?*, respondió: *Tú lo dices, soy rey*[22]. No es obstáculo el que Cristo nos dijera: *Mi reino no es de este mundo*[23]. Una cosa es reinar en el mundo, y otra cosa tener un reino del mundo, esto es, de cosas mundanas. En el mundo estaban los discípulos a quienes dijo el Señor en el Evangelio: *Si fuerais del mundo, el mundo amaría lo que es suyo*[24]. Y en otro lugar: *Ya el príncipe de este mundo será arrojado fuera*[25], esto es, el príncipe de los mundanos. Cristo impera en el cielo. Al mandar —como arriba se ha dicho— sobre los vientos y el mar, es claro que debe ser el emperador del cielo, pues Él mismo es quien saca los vientos de sus tesoros[26], como dice el Salmista. Y ésta fue circunstancia bien anotada por el maestro al principio de sus historias cuando dice: Nuestro general que impera sobre los vientos y el mar. Igualmente Paulo, arrebatado no hasta el primero, sino hasta el tercer cielo[27], nos trajo la médula de los secretos celestiales, el cual como naufragó por tres veces, por cada uno de los tres naufragios fue arrebatado al tercer cielo; acaso esto a la letra exacta, bien hasta la hermosura de la tercera visión, o sea de la intelectual, o más bien fue arrebatado hasta la inteligencia de esta tercera cláusula: Cristo impera. No

---

[21] *Jn.*, 6, 15.
[22] *Lc.*, 23, 3.
[23] *Jn.*, 18, 36.
[24] *Jn.*, 15, 19.
[25] *Jn.*, 12, 31.
[26] *Sal.*, 134, 7.
[27] *II Cor.*, 12, 2.

solamente entendió Pablo en su rapto cómo Cristo vence en el infierno, cosa que ya es grande, y cómo reina en el mundo, que es algo todavía mayor, sino también cómo impera en el cielo, que es grande en grado superlativo. Pero esto mismo hace que, en testimonio de Gregorio, cuando la Magdalena buscó dos veces al Señor en el sepulcro, no lo encontrara, sino que a la tercera lo halló en el huerto; como si dijera: Entonces es cuando finalmente vemos a Cristo en el huerto, cuando se acaba de entender cómo Cristo impera en el cielo, que tiene por árboles a los santos, por goces las hojas, por flores las dotes, por frutos los premios. De nuevo, Cristo vence en el leño. De donde aquello de: *Cuando fuere exaltado sobre la tierra atraeré todo hacia mí* [28]. Y aquello otro: *Al ascender Cristo hacia lo alto, se llevó cautiva consigo a la cautividad* [29]. Reina en el sepulcro. Por lo que: *se asustaron los centinelas y quedaron como muertos* [30], como dice Mateo. Impera en el huerto. Por eso le respondió a María Magdalena que lo llamaba Rabbuní: *No me toques. Todavía no he ascendido a mi Padre y Padre vuestro, mi Dios y Dios vuestro* [31]. Asimismo Cristo vence en el alma. De aquí que Miqueas diga: Oh muerte, seré yo tu muerte, yo seré tu mordedura, oh infierno [32]. Porque consta que, no la carne de Cristo, sino el alma, fue la que descendió a los infiernos. Reina en la carne, por lo que Lucas: *Bendito el que viene en nombre del Señor, rey de Israel* [33]. Manda en deidad.

---

[28] *Jn.,* 12, 32.
[29] *Ef.,* 4, 8.
[30] *Mt.,* 28, 4.
[31] *Jn.,* 20, 17.
[32] *Os.,* 13, 14.
[33] *Lc.,* 13, 35.

Dice el Salmista: *Tu trono por los siglos de los siglos, la vara de la dirección vara de tu reino*[34]. Del mismo modo Cristo venció en la pasión. En Tobías cuando se trata del desentrañamiento del pez[35], dice el expositor que estando el Señor en la Cruz, el diablo se puso sobre uno de los brazos de ella, y fue entonces cuando comprendió que Cristo era Dios, y vencido se retiró. Cristo reina en la resurrección. Por lo que Marcos dice: *Ahora me ha sido dada toda potestad en el cielo y en la tierra*[36]. Cristo impera en la ascensión, según aquello de: *Marchando por todo el mundo, predicad el Evangelio a toda criatura. El que creyere, y fuere bautizado, será salvo*[37]. De lo cual se desprende claramente que Cristo vence por los hombres. Pues como dice Anastasio en su Símbolo mayor: *por nosotros los hombres y por nuestra salud descendió de los cielos.* Y después: Fue crucificado también por nosotros bajo Poncio Pilato. Reina entre los hombres, según aquello de Jeremías: *Son sus delicias estar con los hijos de los hombres*[38]. Impera sobre los hombres, según aquello del Salmista: *Tu dominio en toda generación y generación*[39]. Cristo vence en el alma, reina en la carne, impera en la deidad. Vence en el alma al enemigo ante los infiernos, en pública subasta. Reina en la carne llevando un manto de púrpura y corona de espinas[40]. Manda en deidad sembrando en los elementos signos y prodigios. En el cielo oscurecien-

---

[34] *Sal.*, 44, 7.
[35] *Tob.*, 6, 16.
[36] *Mt.*, 28, 18.
[37] *Mc.*, 16, 15.
[38] *Prov.*, 8, 31.
[39] *Sal.*, 144, 13.
[40] *Mt.*, 27, 28-29.

do el sol, en el aire condensando tinieblas impalpables,
en la tierra produciendo movimientos terribles.

Elegantemente también se puede decir: Cristo vence,
Cristo por entero vence, Cristo convence. Cristo vence
a la muerte. Cristo vence por entero al padre de la muerte, Cristo convence a los hijos de la muerte. Vence a la
muerte peleando, vence al padre de la muerte despojan-
do, convence a los hijos de la muerte alegando. Cristo
vence a la muerte peleando en el patíbulo. De donde el
Salmista: *El que asciende sobre el poniente, Señor es
su nombre* [41]. E Isaías: *Yo solo apisoné en el lagar* [42].
Cristo venció al padre de la muerte, esto es, al diablo,
despojándolo, porque venciendo al diablo libertó a los
fieles que estaban en el limbo del infierno. Por ello se
dice en el Evangelio: *Mientras que el hombre fuerte
armado monta la guardia en su atrio, están en paz todas las cosas que posee. Mas cuando llega otro más fuerte que él y lo vence, le quitará todas las armas y distri-
buirá todos sus despojos* [43]. Y en los Cantares: *Subiré
a la palma y recogeré sus frutos* [44]. Lo que es: Subiré a
la cruz por la cual obtengo la palma, esto es, la victoria
del diablo. Cuál fuera el fruto de esta palma se declara
cuando se dice: Los primeros y purísimos frutos suyos.
De aquí que Cristo diga en el Evangelio: *Cuando fuere
exaltado de sobre la tierra, atraeré hacia mí todas las
cosas* [45]. Cristo convence a los hijos de la muerte, esto
es, a los judíos, acusándolos en el juicio supremo, en el
cual el mismo Cristo ha de ser el juez. La lanza, las

---

[41] *Sal.,* 67, 5.
[42] *Is.,* 63, 3.
[43] *Lc.,* 11, 21-22.
[44] *Cant.,* 7, 9.
[45] *Jn.,* 12, 32.

espinas y los clavos serán los acusadores. Las heridas harán de acusadores, y entonces espiritualmente los Santos entonarán: *Avanzan las banderas del rey*. Y los judíos *comprenderán a quién transversaron* [46], tal como se lee en el Nuevo y Viejo Testamento. Justa y merecidamente, pues, deben decir todos los cristianos: Cristo vence, Cristo reina y Cristo impera.

Cristo vence en los campesinos o agricultores. Reina en los defensores. Impera en los prelados. Cristo vence en los escolares, reina en los claustrales, impera en los sabios. O así: Cristo vence en los incipientes, reina en los que aprovechan, impera en los perfectos, Cristo vence en los penitentes, reina en los justos, impera en los bienaventurados. Atemos todos estos capítulos en serie con el lazo de la brevedad. Cristo vence en los agricultores, cuando perdiendo en mala perdición a los malos, entregó su viña a otros agricultores [47]. Cuando venciendo la malicia de los primeros jornaleros, comenzando por el último le entregó a cada uno un denario por día [48]. Cuando los mismos labradores trabajando tesoneramente con el sudor de su rostro la tierra maldita, vencieron la maldición por medio de jornaleros y asalariados. Obligan y fuerzan a la tierra, pronta a parir abrojos y espinas, a producir frutos ubérrimos. De manera que parece especialmente aplicada a las faenas de los agricultores aquella frase: El trabajo ímprobo todo lo vence. Cristo, por tanto, vence en los agricultores, cuando Él mismo da testimonio de que es hijo de un labrador, diciendo:

---

[46] *Jn.*, 19, 37.
[47] *Mc.*, 12, 1-2.
[48] *Mt.*, 20, 2.

Yo soy la verdadera vid y mi Padre es un labrador [49].
Para que con más claridad que la luz del sol resplandezca el que Cristo reina en los defensores, séame permitido hacer con mi pluma un ligero recorrido por los campos del Nuevo y del Viejo Testamento. Cristo reinó en los defensores, cuando Abraham —defensor de la fe, de su nieto y de su patria— puso en fuga a los cuatro reyes de la Pentápolis [50], y repartió sus despojos. Cuando Moisés dio muerte a Seón, rey de los Amorreos y a Og, rey de Basán, y subastó todos los reinos de Canaán [51]. Cuando Josué colgó a Hay, rey de Jericó, y casi de raíz extirpó de la tierra de promisión a los siete pueblos nefandos... [52].

(De *Planeta,* de Diego García. Edición, introducción y notas por el P. Manuel Alonso, S. J. Madrid, 1943 [Cons. Sup. Inv. C.].)

FUENTES Y ESTUDIOS

M. Alonso, *Diego García, natural de Campos.* Edición, introducción y notas de Manuel Alonso (Madrid 1943). Tiene un estudio introductorio hecho con esmero, pp. 15-152. La edición crítica de *Planeta* la hace a base de tres manuscritos, pp. 153-494; M. Alonso, *Diego García y su obra ascética llamada "Planeta",* "Rev. Esp. de Teología" 2, 1942, 325-56; Id., *El canciller Diego García de Campos y el Cantar del Mío Cid,* "Razón y Fe" 126, 1942, 477-94; Id., *Diego García,* "Dict. de Spirit." 3 (París 1957), 871-73; Sandalio Diego, *La mediación de María en Diego Campos,* "Miscelánea Comillas" 1, 1943, 43-69.

---

[49] *Jn.,* 15, 1.
[50] *Cien.,* 14, 14.
[51] *Jos.,* 12, 2-4.
[52] *Jn.,* 6, 7 ss.

SAN PEDRO PASCUAL

Nació en Valencia hacia el 1227, cursando sus estudios en la Universidad de París. De regreso a su ciudad natal es nombrado canónigo de la Iglesia valenciana, pero poco después abandona esta dignidad para ingresar en los mercedarios en 1251, si bien este hecho no puede garantizarse con absoluta certeza. En 1296 ocupa el obispado de Jaén. Haciendo la visita pastoral a sus fieles cayó en poder de los sarracenos, llevándole éstos cautivo a Granada. Gozó allí de cierta libertad y se ocupó en predicar a los cristianos, judíos y musulmanes la fe del Evangelio. No era esto del agrado de los moros, y por eso, en diciembre de 1300, le decapitaron mientras celebraba la misa. Su fiesta aparece en el martirologio romano el 6 de diciembre

Durante los años de su prisión escribió obras apologéticas en provenzal y castellano.

TEXTOS

Una de las varias obras la consagró su autor a comentar el Padrenuestro. Titulado este escrito Glosa del Pater Noster, *él mismo nos dice que la escribió estando preso en la ciudad de Granada, por tanto entre el 1296-1300. Con ello quería defender, según él mismo dice, la ley de Dios y demostrar que ni judíos ni moros pueden llamarse hijos de Dios; sólo los cristianos pueden honrarse con este nombre. El comentario se hace sobre el texto de S. Mateo. Reduce a siete las peticiones de la oración dominical, relacionándolas curiosamente con los siete dones del Espíritu Santo. Las relaciones del hombre para con Dios no son las del siervo con el señor, basadas en el temor, sino las de hijo y padre fundamentadas en el amor. Puede considerarse esta obra como el segundo eslabón de la cadena de autores hispanos que comentan la oración evangélica; el primero es Ildefonso de Toledo.*

GLOSA DEL PATER NOSTER

I

Aquí comienza la glosa del *Pater Noster* que fizo don Pedro, Obispo de Jaén, yaciendo preso en la cibdad de Granada; e fízolo e ordenólo e compúsolo en razón de defensión de la ley de Dios, e por razón de que ningunos moros ni judíos non se pueden llamar fijos de Dios, sinon aquellos que laudan el su santo nombre que es Cristo.

Porque algunos moros e judíos dicen que también pueden ellos decir el *Pater Noster* segund su seta, como nos los cristianos segund nuestra ley, por ende, yo don Pedro, obispo de Jaén, yaciendo preso en la cibdad de Granada e con muy grand cuidado de esta dicha porfía, romancé el *Pater Noster*.

II

E debedes saber que romanzar el *Pater Noster* segund la letra ligero parece; mas exponelle e declaralle e entendelle así como se debe entender e así como lo entendieron los santos doctores de los cristianos, non es ligero de entender.

III

Ende debedes saber que esta oración, que nos mostró
el nuestro Señor Jesucristo en el Evangelio que escribió
San Mateo, conviene saber, el *Pater Noster*[1], en que son
contenidas siete peticiones, segund que son siete dones
de Espíritu Santo, los cuales dones todo home que es
en edad debe puñar en haberlos en sí.

IV

E son éstos que se siguen: Sapiencia, Entendimiento,
Consejo, Forcedumbre, Ciencia, Piedad, Temor de Dios.
E debedes saber e entender que non debemos temer a
Dios así como el siervo teme a su señor, mas así como
el buen fijo teme a su padre con verdadero amor, e con
reverencia convenible.

V

De las siete peticiones que se contienen son éstas que
siguen en esta oración del *Pater Noster* segund la letra;
la primera es ésta: "Oh nuestro Padre, que eres en los
cielos". La segunda petición es ésta: "Oh nuestro Padre, que eres en los cielos, el tu nombre sea santificado".
E la tercera petición es ésta. "Oh nuestro Padre, que eres
en los cielos, el tu reino venga". E la cuarta petición es
ésta: "Oh nuestro Padre, que eres en los cielos, la tu
voluntad sea fecha e complida en la tierra, así como es
fecha e complida en los cielos". La quinta petición es

---

[1] *Mt.*, 6, 9.

ésta: "Oh nuestro Padre, que eres en los cielos, da hoy a nos el nuestro pan de cada día". La sesta petición es ésta: "¡Oh nuestro Padre, que eres en los cielos, perdona a nos los nuestros pecados!". La séptima petición es ésta: "¡O nuestro Padre, que eres en los cielos, non nos adugas a tentaciones, mas líbranos del mal!"[2].

VI

E de estas peticiones, las cuales son siete, las tres pertenecen a la vida perdurable e a la esencia divinal, segund el misterio e la significanza de la bendita Trinidad; e las cuatro ordenan e aparejan la presente vida de cada un home para ir a la vida perdurable, segund la ley que es contenida, predicada e demostrada en los cuatro Evangelios de nuestro Señor Jesucristo, los cuales escribieron San Juan e San Mateo e San Lucas e San Marcos, así como dicho es desuso.

Aquí comienza la glosa del *Pater Noster* e la primera petición: ca todos estos viesos son glosados, e dice qué quiere decir cada vieso.

1. *Pater Noster, qui es in coelis*[3]. E dice esto: "Oh nuestro Padre, que eres en los cielos". Mas esta palabra non la pueden decir los moros, nin los judíos, nin los malos cristianos; esto se prueba por lo que dijo nuestro Señor Jesucristo en el Evangelio a los judíos cuando les dijo: "Vos todos fijos de padre diablo sedes, e deseades facer los deseos de vuestro padre"[4]. E otrosí por las

---

[2] *Mt.*, 6, 9-13.
[3] *Mt.*, 6, 9.
[4] *Jn.*, 8,44.

palabras que son escriptas por el profeta Lucas, en que dijo en persona de Dios. *"Engendré fijos, e ensalcélos, e ellos despreciaron a mí, e escogieron el diablo por padre"* [5].

2. Onde cierto es, que los que obran obras del diablo e dejan de ser fijos de Dios, e fácense fijos del diablo, non por natura, mas por asemejamiento, e por ende non pueden decir *Pater Noster, qui es in coelis,* "Oh nuestro Padre, que eres en los cielos", porque non siguen al Padre que es en los cielos, que los fizo, mas siguen al diablo que es en los infiernos, que los engaña.

3. Mas los buenos cristianos pueden decir con verdadera palabra: "Oh nuestro Padre, que eres en los cielos"; e esto se prueba por lo que dijo nuestro Señor Jesucristo en el Evangelio: *Nolite vocari vobis Patrem in terra, unus est enim Pater coelestis* [6]; *vos autem fratres estis;* en que dice: "Non llamedes vos Padre en la tierra, ca uno es vuestro Padre celestial, e vos sedes hermanos".

4. Mas ¿quién podrá pensar cuán grande es la dignidad que el nuestro Señor Salvador dió a los sus creyentes, cuando les mandó que en su oración nombrasen a Dios Padre? Mas si pensades e entendedes que es grand dinidad, e la honra, puñalda en merecella, ca el mismo nuestro Señor Jesucristo dice: "Para ser salvos non abasta señeramientre alabar a Dios por la boca, mas por las obras; ca escripto es: sin ley non puede

---

[5] *Is.,* 1, 2.
[6] *Mt.,* 23, 8-9.

home facer placer a Dios [7]; bien así es escripto que la ley sin las obras muerta es [8].

5. E por ende dice el nuestro Señor Jesucristo que los que facen la voluntad del su Padre eran sus hermanos [9], non por natura en cuanto Jesucristo era e es Fijo de Dios, e una cosa con su Padre; mas en cuanto semejaban a Él en faciendo e encumpliendo la voluntad de Dios su Padre, dice que eran sus hermanos; e a esto pertenece de demandar e de ser lo que se sigue.

III. Aquí comienza la segunda petición del *Pater Noster,* e dice de cómo Dios sea santificado.

1. *Sanctificetur nomen tuum,* e dice esto: "Oh nuestro Padre, que eres en los cielos, el tu nombre sea santificado" [10]. E ésta es la segunda petición que facemos en esta oración. E semeja que esta petición non es convenible, ca el nombre de Dios siempre fue e es e será santo, onde escripto es: *Sancti estote, quoniam sanctus ego Dominus Deus vester* [11], e dice esto: "Sed vos santos, ca yo vuestro Dios santo so", e muchas otras Escripturas dicen esto mesmo.

2. E por ende los nuestros santos e sabios doctores esplicaron e declararon esta palabra, que se entiende que el nombre de Dios Padre oramos e deseamos que sea santificado en guardando a nos e manteniendo a nos en la santidad e en la limpieza, que recebimos por la gracia e por la virtud de Dios en el santo sacramento del bautismo.

---

[7] *Heb.,* 11, 6.
[8] *Sant.,* 2, 17.
[9] *Mt.,* 12, 50.
[10] *Mt.,* 6, 9.
[11] *Lev.,* 19, 3.

3. E porque las ánimas santas son dichas templos e moradas de Dios, cuanto más crece el cuento de las buenas ánimas fieles e santas, tanto más el nombre de Dios Señor es alabado e más conocido, e por lo tanto más santificado: conviene saber, por que por más muchos es el santo nombre loado e glorificado e bendicho así como santo.

4. E esto es cierto, ca todo home pecador puede entender que más loado e más nombrado es agora el nombre de nuestro Señor Dios el que nos nombramos Padre e reconocemos e creemos que Él es el criador de todas las cosas, que eran antes que recebiese carne nuestro Señor Jesucristo, cuando todos los homes adoraban a los diablos por dioses, sino los judíos, e creían que eran muchos dioses, e así la honra que deben facer a un Señor Dios, facíanla a muchos dioses que no eran dioses, mas que eran diablos.

5. E por ende dijo el rey e profeta David: *Omnes dii gentium daemonia; Dominus autem coelos fecit* [12], e dice esto: "Todos los dioses de los gentiles son demonios, e el Señor fizo los cielos"; e en otro salmo dice que este Señor fizo todas las cosas por su Palabra [13], que es el su bendito Fijo, nuestro Señor Jesucristo, e dice que debemos orar que el nombre de este Señor sea siempre bendito.

6. E así concuerda la palabra de este rey e profeta David con las palabras de nuestro Señor Jesucristo, onde nos dice e nos manda que oremos que el nombre del

---

[12] *Sal.*, 95, 5.
[13] *Sal.*, 32, 6.

Padre, que es en los cielos, sea santificado[14]. Ca en que el su nombre sea santificado e sea bendicho e glorificado e honrado e loado conveniblemente, lo podemos honrar e orar e desear, que así lo oraron e desearon los santos profetas e los santos sabios que vinieron después de ellos.

IV. Aquí comienza la tercera petición del *Pater Noster,* e dice así de cómo.

1. *Adveniat regnum tuum*[15]. E dice esto: "Oh nuestro Padre, que eres en los cielos, el tu reino venga", e ésta es la tercera petición que facemos en esta oración, en la cual oramos e deseamos que el su reino venga. E debedes entender que el reino de Dios, que nos oramos que venga, es el nuestro Señor Jesucristo, que es nuestro Rey, que nos prometió que si nos deseamos e obrásemos como nos Él mandó, e mostró por palabra e por dicho, que nos faríe particioneros en el su reino, e ser herederos en el reino de nuestro Señor Jesucristo, el cual es haber gloria perdurable, a la cual todo home que y va es rey.

2. E por ende deseamos e oramos que venga el reino de Dios, en el cual si fuéremos dignos de haber parte, reyes seremos e haberemos todo bien sin todo mal, e sin tristeza, e placernos ha de la justicia que veremos, cuando nuestro Señor Jesucristo diere sentencia contra los descreídos e contra los desconocidos que irán en pena perdurable[16].

---

[14] *Mt.,* 6, 9.
[15] *Mt.,* 6, 10.
[16] *Mt.,* 25, 41.

3. E en esta manera se entiende que serán reyes los que serán herederos en el reino de Dios, non carnalmientre, como los reyes de este mundo reinan, mas espiritualmente e perdurablemente.

4. E otrosí oramos que el poder de Dios sea siempre conusco para nos defender de los enemigos, que son los diablos e los deleites del mundo e la propia carne, e que nos gobierne e nos guíe, e que digamos e fagamos las cosas que placen a Él, ca esto es oficio de rey: defender e reger. E después de esto síguese en la dicha oración.

V. Aquí comienza la cuarta petición del *Pater Noster,* e dice así de que nuestro Padre que es en los cielos, e de cómo.

1. *Fiat voluntas tua sicut in coelo et in terra* [17]*;* e dice: "Oh nuestro Padre, que eres en los cielos, la tu voluntad sea fecha e complida en la tierra, así como es fecha e complida en el cielo. E esta es la cuarta petición, que facemos en esta oración, en la cual oramos e demandamos a Dios que las nuestras voluntades en loor, e en alabanza, e en servicio de Dios, concuerden con las voluntades de los espíritus celestiales.

2. E por el cielo entendemos las voluntades de los espíritus celestiales, e conviene saber: Angeles e Arcángeles, Virtudes, Potestades, Principatus, Tronos, Dominaciones, Querubín, Serafín; e por la tierra entendemos los homes, que así como la tierra, que es corporal e es morada de los homes, en cuanto son corporales;

---

[17] *Mt.,* 6, 10.

así los cielos es morada de los espíritus buenos angélicos e de los glorificados.

3.   E porque las voluntades de esos espíritus buenos son siempre en gloria, e cobdician laudar e bendecir el nombre de Dios, que los crió para facer la voluntad de Dios su Criador; e por ende nuestro Señor Jesucristo mostró a nos en esta oración que orásemos e pidiésemos merced a Dios nuestro Padre, e nuestro Criador, que Él nos dé gracia, que las nuestras voluntades concuerden con los dichos espíritus en alabar e bendecir el nombre de Dios, e facer siempre la voluntad de Él, e entonces es complida la voluntad del Señor en nos, cuando facemos lo que place al Señor.

4.   E otrosí por el cielo entiéndese el espíritu e por la tierra entiéndese la carne, así como dice el apóstol San Pablo, e cada uno de nos, si entendimiento ha en sí, siente que es gran lid entre el espíritu e la carne, que el espíritu desea facer e complir los mandamientos de Dios, e la carne cobdicia las cosas terrenales que deleitan a ella [18].

5.   E por ende oramos que, así como el espíritu desea cumplir la voluntad de Dios que nos crió, e por ende es dicho nuestro Padre, bien así en la nuestra carne complimos la voluntad e los mandamientos de Dios, así que non sea lid entre el espíritu e la carne, mas concuerde con la voluntad de Dios nuestro Padre. E después de esto síguese en la dicha oración segund oiredes adelante.

---

[18] *Rom.*, 7, 23.

VI. Aquí comienza la quinta petición del *Pater Noster,* e dice: Da a nos el nuestro pan de cada día.

1. *Panem nostrum quotidianum da nobis hodie* [19]; e dice: "¡Oh nuestro Padre que eres en los cielos, da hoy a nos el nuestro pan de cada día!" E ésta es la quinta petición que facemos en esta oración. E debedes saber que la Escriptura fabla de doble pan, conviene saber: de pan material e corporal, e de pan espiritual.

2. E pan material es este que comemos, e de este pan fabló Salomón: *Domine divitias et paupertates ne dederis mihi, sed tantum victui meo tribue necessaria* [20]. E dice esto: "Oh Señor, non me des riquezas, nin pobrezas, mas dame tan señeramientre las cosas que me son menester a mi vianda". E pues Salomón demandaba en su oración a Dios las cosas que le fuesen menester a su vianda, non es cosa non convenible, si nos demandamos a nuestro Señor Padre, que es en los cielos, pan para cada día.

3. Mas los nuestros santos sabios doctores escribieron que el nuestro pan de cada día es el nuestro Señor Jesucristo, que dijo en el Evangelio: *Ego sum panis vitae, qui de coelo descendi;* e dice: "Yo so pan de vida que descendí del cielo, e el pan que yo daré la mi carne es,* e quien come la mi carne e bebe la mi sangre, habrá vida perdurable, en Mí está e Yo en él, e éste es el pan que descendió del cielo, e quien este pan comiere, vivirá para siempre, e Yo resucitarlo he en el postri-

---

[19] *Mt.,* 6, 11.
[20] *Prov.,* 30, 8.

mero día; que la mi carne es verdadero comer e la mi sangre es verdadero beber" [21].

4. E dijeron los judíos: *"Dura es esta palabra, e ¿quién la puede entender?* [22]. ¿Ca cómo puede Él dar su carne a comer?". E respondió nuestro Señor Jesucristo: *"Las palabras que yo vos fablo espíritu e vida son* [23], e si las entendedes espiritualmente, darvos han vida perdurable".

5. Onde éste es pan espiritual, que es sacrificado en el altar cada día, del cual pan espiritual non pueden comer aquellos que non creen en nuestro Señor Jesucristo, non lo pueden comer, que así como nos mandó nuestro Señor Jesucristo que orásemos al nuestro Padre, bien así nos mandó que demendásemos el nuestro pan, non de los descreídos, mas de los fieles, que fielmiente creemos en él por las obras.

6. Onde cierto es que los descreídos e desconocidos e los non creyentes non puedan decir esta oración a su provecho, nin participar de este pan espiritual.

7. E demás que puede ser dicho precioso Sacramento, e de gran amor e de muy grand valor, e de gran caridad, ca ¿quién podríe pensar nin entender el grand amor que nos hobo este nuestro Padre, que non perdonó a su propio Fijo, mas diólo en precio por nos redimir?

8. E tan grand fue el amor que nos hobo el su bendito Fijo, nuestro Salvador e nuestro Redemidor, que

[21] *Jn.,* 6, 35, 41, 43-58.
[22] *Jn.,* 6, 60.
[23] *Jn.,* 6, 63.

non abastó la pasión e los martirios e la muerte que
sufrió en la su preciosa carne, mas sobre todo esto dió-
nosla cada día en sacramento so semejanza de pan e
de vino.

9. E este maravilloso e glorioso sacramento es el
bendito pan espiritual que nos mandó nuestro Señor Jesucristo que demandásemos e que nos fuese dado cada
día, por que siempre viviésemos con Él, e siempre ho-
biésemos memoria de Él e siempre creyésemos en Él,
e por que cada día participando de Él fuésemos de Él
siempre santificados por Él.

10. Onde los apóstoles después que recibieron la gracia del Espíritu Santo, entendieron complidamente el
misterio e la dignidad de este altísimo sacramento, e co-
mulgaron cada día, e los otros otro que tal; mas porque
después que creció el cuento de los fieles contecía que
eran algunos pecadores, e por ende el apóstol San Pablo dice en la Epístola que escribió a los de la cibdad
de Corinto, entre las otras cosas, dijo fablando de este
bendito sacramento, *Epistola ad Corintios: "Itaque quin-
cunque manducaverit hunc panem vel biberit calicem
Domini indigne, reus erit corporis et sanguinis Domini.
Qui enim manducat et bibit indigne, iudicium sibi manducat non diiudicans corpus Domini*[24].

11. E la sentencia de estas palabras es ésta: Que el
que debe recebir este bendito e precioso sacramento dé-
bese primeramientre purgar e alimpiar de los pecados,
e en otra manera non reciba el cuerpo de nuestro Señor
nin la su sangre, que si dignamientre non lo recibe, a

---

[24] *I Cor.,* 11, 28-29.

juicio e a daño de sí lo recibe; porque non face al cuerpo del Señor la reverencia que se debe.

12. E por esta razón dejan muchos de recebir este santo sacramento, porque se veen envueltos en pecados mortales, mas ninguno non debe perseverar en pecado mortal; e estableció la iglesia de Roma que todo cristiano e toda cristiana que, después que fuere en edad, que se confiese en las tres Pascuas del año, en la Natividad, e en la de la Resurrección, e en la de la Cinquesma, e que reciba este bendito sacramento en las dichas tres Pascuas, o a lo menos en la Pascua de Resurrección.

13. E quien así non lo face dase por sospechoso en herejía, o por desobediente; e manda el papa quel descomulguen, que si después que fuere amonestado tres vegadas non se emendare, que caya en la dicha pena.

14. Mas si alguno dice que, pues el cristiano non recibe este sacramento cada año nin cada día, cómo ora nin demanda al Padre celestial quel dé este pan espiritual cada día, pues que lo non quiere recebir. A esta demanda responden los doctores sabios que el cristiano que firmemientre e fielmientre cree en la creencia, e persevera cada día, e recibe este sacramento, pues lo cree; onde dijo San Agustín: *Crede, et manducasti*, e dice esto: "Cree e recíbel".

15. E fablar complidamente de este precioso sacramento, e sobre todos los otros sacramentos es sacramento alto e noble; que yo so cierto que bendito será todo aquel que en la su fin lo recibirá dignamente e con complida devoción e reverencia. E este sacramento es de

mayor valor e de mayor precio que ningún valor non lo podría apreciar, nin mano de home non lo podría escrebir, nin corazón pensar nin entender. E después de esto se signe en la dicha oración.

(De las *Obras de San Pedro Pascual,* Glosa del Pater Noster. Vol. III, págs. 18-30. Biblioteca Nacional: 291.190.)

FUENTES Y ESTUDIOS

A. VALENZUELA, *Obras de S. Pedro Pascual, mártir, obispo de Jaén y religioso de la merced en su lengua original con la traducción latina y algunas anotaciones* (Roma 1905-1908); M. DE ULATE, *Vita Divi Paschasii* (Madrid 1709); F. FITA, *Bulas de Bonifacio VIII acerca de S. Pedro Pascual,* "Bol. de la R. Acad. de la Hist." 20, 1892, 32-61; Id., *Sobre la biografía de S. Pedro Pascual,* "Bol. de la R. Acad. de la Hist." 46, 1905, 259-69; R. RODRÍGUEZ DE GÁLVEZ, *San Pedro Pascual, obispo de Jaén y mártir. Estudios críticos* (Jaén 1903); M. MARTINS, *A explicaçao dos dez mandamentos, por San Pedro Pascoal, em portugues,* "Estudos de literatura medieval" (Braga 1956), 74-80; SAN PEDRO PASCUAL, *Biblia pequeña. Traduzione napolitana inedita tratta del codice XII F.3 della Biblioteca Nazionale di Napoli* (Torino 1959); P. BOHIGAS, *El repertori de manuscrits catalans de la Fundació Patxot,* "Estudis Universitaris Catalans" 15, 1930, 92-139.

RAIMUNDO LULIO

Gran escritor y misionero, nació el Doctor Iluminado en Palma de Mallorca hacia el 1232. De familia noble recibió educación esmerada. Casado y cortesano con Jaime II, llevó una vida de verdadero desarreglo moral. Su conversión a la vida cristiana se realizó hacia 1263. Vende sus bienes, peregrina a Santiago de Compostela, estudia filosofía, teología, latín y árabe para dedicarse de lleno a la conversión de los musulmanes mallorquines. Durante este período (1265-1274) compuso algunas obras fundamentales en la carrera literaria de Lulio: *Libro de la contemplación, Ars magna* (Ars compendiosa inveniendi veritatem) y el *Ars demostrativa*. Con fines misioneros y, a petición de Lulio, fundó D. Jaime en 1276 el monasterio de Miramar, en Mallorca, para el estudio del árabe. Después Raimundo Lulio emprende una carrera de misionero por Europa y norte de Africa sin descuidar las Universidades para exponer en ellas su *Arte,* particularmente en la de París. Siempre permaneció lego. Tuvo relaciones con dominicos y franciscanos.

San Raimundo de Peñafort influyó en él pero, según una tradición que data del siglo XIV, se hizo terciario franciscano en 1295. De hecho los franciscanos celebran su fiesta el 3 de julio. Muere en Mallorca hacia el 1316. Pío IX confirma el culto de Beato en 1858.

La vida de Raimundo Lulio queda polarizada por tres hechos fundamentales: enseñanza de su *Arte,* reunificación de toda la humanidad en Cristo mediante la unión de la iglesia Oriente-Occidente, y la predicación contra el Islam y el Judaísmo. Un instrumento valioso de este apostolado fue la pluma. Escribió más de 290 obras, de las que se conservan unas 256.

TEXTOS

El Arte de contemplación, *aunque viene formando parte de* Blanquerna, *es una obra realmente distinta. Fue redactada hacia 1285. El fin de la obra aparece muy claro en el prólogo: promover la verdadera contrición del corazón para que se eleve el hombre a un mejor conocimiento de Dios. La contemplación es difícil precisamente por la distancia que separa al hombre y a Dios. Salvar esta distancia supone un arte, unas orientaciones, un método. De ahí este tratado sobre el arte y método de contemplar, en el que Raimundo Lulio expone las condiciones para llegar a la contemplación divina. Tanto las condiciones como la materia de contemplación las expone Lulio claramente en el prólogo del* Arte de Contemplación.

Blanquerna *puede considerarse como una novela de carácter filosófico-social, en donde no sólo se recoge la mentalidad de su época, sino que se pone también de relieve el gran espíritu evangélico y reformista de su autor. La escribió en Montpellier entre 2183-85. Es una obra de las más originales y bellas del escritor mallorquín.*

Respira anhelos de perfección, de reforma religiosa, social, política y moral. El hilo que da unidad a sus páginas es el deseo ferviente del autor de unir a todos los pueblos en la unidad de la fe cristiana. Los dos capítulos que recogemos de esta obra son una aplicación práctica de lo que se expone en el prólogo a que hemos aludido.

ARTE DE CONTEMPLACIÓN

Prólogo

1. Tan alto y excelente es el Soberano Bien y tan ínfimo el hombre por sus culpas y pecados, que por

esto acontece muchas veces a los ermitaños y santos
varones experimentar gran dificultad y trabajo en elevar su alma a la contemplación de Dios; y como el arte
y el método sea muy conducente para ello, por eso
consideró Blanquerna cómo compusiese un *Arte de Contemplación,* para que con él se ayudase a tener en el
corazón verdadera contrición y en sus ojos abundancia
de lágrimas y lloros, y que su entendimiento y voluntad
ascendiesen más altamente a contemplar a Dios en sus
honores y dignidades y cuanto tiene en sí.

2. Habiendo Blanquerna bien meditado esta consideración, compuso este *Libro de contemplación* por arte,
y lo dividió en doce partes, a saber: virtudes divinas,
esencia, unidad, Trinidad, Encarnación, "Pater noster",
"Ave María", mandamientos, "Miserere mei Deus", sacramentos, virtudes y vicios.

3. El arte de este libro consiste en que las virtudes
divinas sean primeramente contempladas las unas con
las otras, y después sean contempladas con las demás
partes de este libro, proponiéndose el alma del devoto
contemplador por su objeto a las virtudes divinas en su
memoria, entendimiento y voluntad, y sepa concordar
en su alma las virtudes y divinas dignidades con las
demás partes del libro, en tal manera que todo se en-
camine a mayor honra y gloria de las divinas virtudes,
que son éstas: bondad, grandeza, eternidad, poder, sabiduría, amor, virtud, verdad, gloria, perfección, justicia,
larqueza, misericordia, humildad, señorío y paciencia.

4. Todas estas virtudes pueden ser contempladas de

diferentes modos, porque el un modo es contemplar una virtud con otra solamente, o una virtud con dos, o tres, o más virtudes. Otro modo es cuando el hombre contempla las virtudes de la esencia, o en la unidad, o en la Trinidad, o Encarnación, y así de las demás partes del libro. Otro modo es cuando en las virtudes contempla la esencia, o la unidad, o la Trinidad, o la Encarnación. Y otro modo es el contemplar en las palabras del "Pater Noster" o del "Ave María", etc. También puede el hombre contemplar en Dios y en sus obras con todas las dieciséis virtudes expresadas, o con algunas de ellas, según quisiere el hombre abreviar o prolongar su contemplación y conforme que el modo de la contemplación se conviene y conforma mejor con unas virtudes que con otras.

5.   Las condiciones de este arte son éstas, a saber: que el hombre esté en buena disposición para contemplar, y en lugar a propósito y conveniente; pues que por sobrada reflexión o por demasiada afición o por si en el puesto en que se halla hay mucha prisa y ruido de gente, o mucho calor, o frío puede ser impedida la contemplación. Pero la más fuerte condición de este arte es que el hombre se halle libre de los cuidados y embarazos de las cosas temporales, en su memoria, entendimiento y voluntad, cuando entra en la contemplación.

6.   Y por cuanto yo me hallo muy ocupado en escribir otros libros, por esto trataré brevemente del modo con que Blanquerna contemplaba por este arte. Y, primeramente, empezemos por la primera parte de este libro.

Capítulo I

Del modo con que Blanquerna contempla las virtudes de Dios

1. Lenvantóse Blanquerna a la media noche, y púsose a mirar el cielo y las estrellas, echando de su pensamiento todas las cosas del mundo. Y poniéndose todo en la meditación de las virtudes de Dios, primeramente quiso contemplar la bondad de Dios; en todas las dieciséis virtudes, y todas éstas en la bondad de Dios, y por esto, puesto de rodillas, levantó las manos al cielo y su pensamiento a Dios, y dijo estas palabras con su boca, y las meditó en su alma con todos los poderes de su memoria, de su entendimiento y de su voluntad.

2. "¡Oh Soberano Bien, que eres infinitamente grande en eternidad, poder, sabiduría, amor, virtud, verdad, gloria, perfección, justicia, largueza, misericordia, humildad, señorío y paciencia! Adórote, recordando, entendiendo, amando y hablando en ti y en todas las virtudes antedichas, las cuales son contigo y tú con ellas una esencia y una misma cosa sin diferencia alguna."

3. "¡Soberano bien, que eres grande, soberano grande que eres bien! Si no fueres tú eterno, no serías tan grande bien que pudiese mi alma llenar, en ti, a su memoria de memorar, y en ti, a su entendimiento de entender, y en ti, a su voluntad de amar; pero, siendo tú bien infinito y eterno, puede llenar toda mi alma y todas las almas racionales de gracia infusa y bendición,

memorando, entendiendo y amando en ti, Soberano Bien, infinito y eterno."

4. Por aquel poder que Blanquerna recordaba en soberana bondad, tenía poder y virtud de elevar su consideración sobre el firmamento, y consideraba una grandeza tan grande que tuviese movimiento infinito, como un relámpago formado en seis rectitudes generales, que son éstas: alto, bajo, a la derecha, a la izquierda, delante y detrás, y que no podía encontrar término ni principio ni fin. Admirado se quedó Blanquerna de tal consideración, y mayormente cuando la dobló considerando aquella bondad tan grande en eternidad que no tiene principio ni fin. Mientras Blanquerna estaba todo absorto en este pensamiento y consideración, acordóse cuán grande bien es el poder divino, que puede ser tan grande y tan durable y que puede saber y querer infinitamente y eternalmente, y puede tener virtud, verdad, gloria, perfección, justicia, largueza, misericordia, humildad, señorío y paciencia infinita y eternal.

5. Perseverando Blanquerna en esta contemplación, empezó su corazón a calentarse y sus ojos a derramar lágrimas por el placer que sentía por el recordar, entender y amar tan nobles virtudes en la suprema bondad. Pero antes que Blanquerna pudiese perfectamente llorar, bajó su entendimiento a la potencia imaginativa, y con ella empezó a pensar y dudar cómo podía ser que antes que fuese el mundo tuviese Dios justicia, largueza, misericordia, humildad y señorío. Y por la participación del entendimiento con la imaginativa, aquella duda enfrió el calor de su corazón y disminuyéronsele las lágrimas en sus ojos, y entonces Blanquerna desnudó

su entendimiento de la potencia imaginativa, subiéndole sobre ella, acordándose que el Soberano Bien es infinito en toda perfección y, como tal, por su propia virtud y por su propia gloria puede y sabe tener tan perfectamente justicia, misericordia, largueza, humildad y señorío, como todas las demás virtudes antedichas, así antes que fuese el mundo como después que es creado; por esto faltaba, o no había, quien pudiese de aquel Soberano Bien recibir los efectos de su gran misericordia ni la influencia de las demás virtudes referidas.

6. Agradó mucho a la voluntad de Blanquerna la acción que hizo el entendimiento cuando dejó acá abajo la potencia imaginativa que le impedía y subió arriba a entender, sin ella, el poder infinito de Dios, el cual conviene que sea en justicia, largueza, etc., antes que fuese el mundo, porque, si no lo fuese, se seguiría que en la Suprema bondad habría defecto de poder, grandeza, eternidad, virtud y verdad; pero siendo imposible que en Dios haya defecto alguno, por eso la voluntad inflamó tanto el corazón de Blanquerna, que sus ojos se llenaron de lágrimas muy copiosas.

7. Mientras Blanquerna contemplaba y lloraba de este modo, allá en el interior de su alma se hablaban mentalmente su memoria, entendimiento y voluntad, y se complacían con grande alegría en las virtudes de Dios, según significaban las siguientes palabras: —Memoria— dijo el entendimiento—, ¿qué recordáis de la bondad y de la sabiduría y amor de Dios? Y vos, voluntad, ¿qué amáis de ellas? —Respondió primero la memoria diciendo: —Cuando yo en mi recuerdo he visto y pienso cuán grande bien es saberse a sí mismo mayor y más

noble en esencia y voluntad que todas las cosas, no me siento tan grande ni tan elevada como cuando recuerdo el Soberano Bien ser infinito en saber y querer; y cuando a este mi recuerdo junto yo, según mi consideración, la eternidad, poder, virtud, verdad, gloria, perfección, etcétera, que son en él una cosa misma, entonces me siento engrandecer y exaltar, memorando estas cosas, y me parece que voy creciendo sobre todas cosas. Con estas y otras muchas palabras respondió la memoria al entendimiento y después la voluntad la respondió de semejante modo, diciendo que ella no se sentía tan alta y tan grande cuando amaba al Soberano Bien por ser más sabio y más amante que ninguna otra cosa, como entonces cuando le amaba por tener sabiduría eterna e infinita. El entendimiento después dijo de sí mismo a la memoria y a la voluntad que él se hallaba en el mismo estado y semejante al de las dos potencias en la contemplación del Soberano Bien.

8.   Acordaron entre sí la memoria, entendimiento y voluntad de contemplar a la divina bondad en la virtud, verdad y gloria; y recordó la memoria virtud de bien infinido, existiendo la virtud infinida en verdad y gloria; y el entendimiento entendió todo aquello que la memoria recordó; y la voluntad amó todo aquello que la memoria recordaba y el entendimiento entendía. Otra vez volvió la memoria a su recuerdo, y recordó verdad infinida del supremo bien, existiendo en la verdad, virtud y gloria infinida; y el entendimiento entendió gloria infinida existiendo en la gloria virtud y verdad, que son supremo bien y glorioso; y la voluntad lo amó todo junto en una actualidad y en una misma perfección.

9. Preguntó Blanquerna a su entendimiento, diciéndole: — Si el Soberano Bien me da la salvación, ¿qué entenderás tú? — Y respondió el entendimiento: — Yo entenderé la misericordia y la humildad y la largueza de Dios. Y tú, ¡oh memoria!, si el Soberano Bien me condena, ¿qué memorarás? — Respondió: — Amaré aquello que la memoria recordará, si estuviere en lugar que lo pueda amar, puesto que las virtudes del Soberano Bien por sí mismas son amables.

10. Después de todo esto, Blanquerna se acordó en sus pecados, y entendió cuán grande bien es haber en Dios paciencia, porque si no la hubiera, cuan presto el hombre comete el pecado, sería castigado y privado de este mundo. Y por esto preguntó a la voluntad qué gracias daría a la paciencia de Dios, que le sufría y había siempre sufrido. Respondió la voluntad, y dijo que ella amaría en el Soberano Bien la justicia, aunque fuese posible que el entendimiento pudiese saber que le había de condenar por sus pecados. Agradó mucho a Blanquerna la respuesta que dio la voluntad, y la boca de Blanquerna, con todas las tres potencias de su alma, loaron y bendijeron mucho la paciencia del Soberano Bien por todas las virtudes divinas.

11. Según este modo contemplaba Blanquerna las virtudes divinas desde la media noche hasta la hora de maitines, haciendo gracias a Dios que se había humillado a él en haberle guiado y enderezado en su contemplación. Y cuando quiso finir la contemplación y tocar a maitines, empezó a acordarse de que no había contemplado la paciencia de Dios tan altamente como las otras virtudes, por cuanto la había contemplado

solamente en respecto a sí mismo, según que arriba va expresado, y por esto le fue conveniente volver otra vez en la contemplación, y dijo que él adoraba y contemplaba a la paciencia de Dios en el ser una misma cosa con la suprema bondad y con las demás otras virtudes, sin diferencia ninguna. Por lo cual el entendimiento se admiró en gran manera cómo podía ser la paciencia una cosa misma en esencia con las otras virtudes. Pero la memoria recordó que las virtudes en Dios no tienen diferencia alguna las unas de las otras; pero por cuanto las obras que tiene en las criaturas, por las cuales ella son representadas como por su efecto, son diversas [por esto parecen diversas], así como parece diversa la vista cuando mira en dos espejos y el uno es recto y el otro oblicuo, y la vista en sí es una sola en cada uno de los espejos, sin diferencia alguna.

(Del *Arte de Contemplación,* de R. Llull, en "Obras literarias", de la BAC, t. 31, págs. 524-529.)

Libro de Evasty Blanquerna

Capítulo XCVIII

De la vida que Blanquerna hacía en su ermita

1. Estando Blanquerna en su eremitorio, levantábase a media noche y abría las ventanas de su celda para ver el cielo y las estrellas, y empezaba a orar con la mayor devoción posible, a fin que su alma estuviese toda en Dios y sus ojos en lágrimas y llantos. Después de haberse ocupado hasta maitines en contemplar y

llorar copiosamente, entrábase en la iglesia a tocar maitines, y luego venía su diácono y le ayudaba a rezarlas, y al romper el alba celebraba devotamente misa y después decía algunas devotas palabras al diácono, a fin de enamorarle de Dios; y estando así hablando de Dios y de sus obras, lloraban juntos, por la devoción que sentían en estos espirituales coloquios. Entrábase, pues, el diácono en el jardín, y se ocupaba en cultivar los árboles, y Blanquerna salía de la iglesia para recrear su alma de las fatigas que había sostenido en su persona, y esparcía su vista por los montes y por los llanos a fin de tomarse algún recreo.

2. Luego que Blanquerna se sentía recreado, entraba en oración y contemplación, o leía la Sagrada Escritura y el gran *Libro de contemplación* hasta la hora de tercia, y después, rezaba la tercia, sexta y nona. Y concluidas estas horas, íbase el diácono a guisar algunas hierbas o legumbres para la comida de Blanquerna, quien al entretanto entraba en el jardín y cultivaba algunas hierbas para evitar el ocio y conservar con el ejercicio la salud. Entre medio día y hora de nona comía, y después de haber comido, se volvía solo a la iglesia, y allí hacía gracias a Dios. Concluida la oración, empleaba una hora en el recreo o en el jardín o en la fuente, paseándose por aquellos parajes donde mejor se alegrase su alma, y después dormía para poder más fácilmente soportar las fatigas de la noche. Después de haber dormido, lavábase las manos y la cara, y se estaba así hasta que tocaba vísperas, y luego acudía al diácono; y después de haber dicho las vísperas decían las completas, y el diácono volvía a su celda, y Blanquerna se

quedaba solo, pensando y considerando aquellas cosas que más le agradaban y le parecían más a propósito para disponerse a entrar en oración.

3. Después de puesto el sol, subía Blanquerna sobre el terrado de su celda, y allí, hasta la primera hora del sueño, estábase en oración mirando con sus ojos llorosos el cielo y las estrellas y con el devoto corazón considerando los honores y grandezas de Dios y las faltas que contra él cometen los hombres de este mundo. Con tanta afección y tan gran fervor estaba Blanquerna contemplando desde puesto el sol hasta la hora del primer sueño, que cuando estaba echado para dormir le parecía estar tratando con Dios en aquel punto, según antes había sido el de su meditación y oración.

4. Este modo de vida tan feliz logró Blanquerna hasta que las gentes de aquella comarca empezaron a tener particular devoción en visitar el altar de la Santísima Trinidad que había en aquella iglesia, por lo que concurría mucha gente a hacer allí sus vigilias, estándose las noches en oración, y estorbaban la contemplación y oración de Blanquerna, quien no osaba decir ni prohibirles que viniesen, por no dar motivo que la gente perdiese la devoción que tenía en visitar aquella iglesia; por cuyo motivo mudó su celda en otro puche distante una milla de la iglesia y de la casa que habitaba su diácono, y allí dormía y estaba Blanquerna, excusándose de ir a la iglesia mientras había concurso, sin permitir que ningún hombre ni mujer alguna entrase en aquella celda que antes habitaba y había dejado después.

5. Así vivía y estaba el ermitaño Blanquerna, considerando que jamás había gozado de vida tan alegre y

gustosa, ni había logrado nunca tan buena disposición para exaltar su alma en contemplar a Dios, quien por su santa vida bendecía y enderezaba a todos los que tenían devoción en frecuentar aquella santa iglesia; y el Papa y los cardenales, como también todos sus oficiales, mejor se conservaban en su estado y en la gracia de Dios por la santa vida y oraciones de Blanquerna.

Capítulo XCIX

De la manera cómo Blanquerna ermitaño compuso el "Libro del amigo y del amado"

1. Aconteció un día que el ermitaño que había en Roma, según llevamos dicho, anduvo a visitar los ermitaños y religiosos que vivían retirados en los montes dentro de Roma, y halló que en algunas cosas tenían muchas tentaciones, porque no sabían portarse de la manera que más convenía a su modo de vida; por lo cual pensó ir al ermitaño Blanquerna a rogarle hiciese un libro que tratase de la vida eremítica, para que los otros ermitaños se enseñasen con este libro a saber estar en contemplación y devoción. Estaba Blanquerna en oración un día, cuando aquel ermitaño vino a su celda y le rogó por caridad le compusiese y arreglase aquel libro. Mucho discurrió Blanquerna sobre la materia y el método que elegiría para esta obra.

2. Y mientras lo estaba discurriendo, le vino en voluntad de entregarse con mayor esfuerzo a la oración y contemplación, para que en ella Dios le enseñase la

materia de que había de componer el libro y método que había de observar en él. Y continuando así en sus lágrimas y oración, Dios fue servido de exaltar a la suprema elevación de sus fuerzas su alma, que le contemplaba, y sintióse Blanquerna fuera de sí por el gran fervor y devoción en que estaba, y de aquí pensó en que la fuerza de amor no sigue método ni modo cuando el amigo ama fuertemente al amado. Por lo que le vino en voluntad de hacer un *Libro del Amigo y del Amado,* entendiendo por amigo cualquier fiel y devoto cristiano, y por el amado, a Dios nuestro Señor.

3. Mientras Blanquerna estaba en esta consideración, se acordó de que en cierta ocasión, siendo él Papa, le refirió un moro que entre ellos había algunas personas religiosas, los cuales son muy respetados y estimados sobre todos los demás, y se llaman sofíes o morabutos que suelen decir algunas parábolas de amor y breves sentencias que influyen al hombre gran devoción y necesitan de exposición y por la exposición sube el entendimiento más alto en su contemplación, por cuya elevación asciende la voluntad y multiplica más la devoción. Después de haber considerado todo eso, resolvió Blanquerna componer el libro según el dicho método, y dijo al ermitaño se volviese a Roma, que en breve le enviaría por su diácomo el *Libro del Amigo y del Amado,* con el cual podría multiplicar el fervor y la devoción en los ermitaños, que deseaba enamorar de Dios nuestro Señor.

(De *Libro de Evast y Blanquerna,* Lulio, *Obras BAC,* t. 31, capítulos XCVIII y XCIX, págs. 475-478.)

FUENTES Y ESTUDIOS

SALZINGER, *Opera Omnia*, 8 vols. (Maguncia 1721-42); M. BAT-LLORI y M. CALDENTEY, *Obras literarias de Raimundo Lull* (Madrid 1948); FR. STEGMÜLLER y otros, *Raimundi Lulli, Opera omnia* (Palma 1959-67); E. A. PEERS, *Ramón Lull, A Biography* (Londres 1929); E. LONPGRÉ, *Lulle, Raymond (Le bienheureux)*, "Dict. de Théol. Catholique", 9, 1 (París 1926), 1072-1141; F. SUREDA BLANES, *Bases criteriológicas del pensamiento Luliano* (Santander 1935); T. y J. CARRERAS ARTAU, *Historia de la filosofía española. Filosofía cristiana de los siglos XIII al XV*, I (Madrid 1939), 237-647; J. XIRAU, *Vida y obra de R. Lull. Filosofía y mística* (México 1946); J. TUSQUETS, *Ramón Lull, pedagogo de la cristiandad* (Barcelona 1954); H. HATZFELD, *Influencia de R. Lulio y Ruysbroeck en el lenguaje de los místicos españoles*, "Estudios Literarios sobre mística española" (Madrid 1955); M. DE MONTOLIU, *Ramón Llull i Arnau de Vilanova* (Barcelona 1958); F. A. YATES, *The Art of R. Lull*, "Journal of the Warburg and Courtauld Institutes" 17, 1954, 115-73; M. BAT-LLORI, *Introducción a Ramón Llull* (Madrid 1960); R. D. F. PRING-MILL, *Grundzüge von Lulls Ars inveniendi veritatem*, "Archiv für Gesch. der Philosophie", 43 1961, 239-66; Id., *El microcosmos lullià* (Palma-Oxford 1962); E. W. PLATZECK, *R. Lull, sein Leben, seine Werke, die Grundlage seines Denkens*, 2 vols. (Roma-Düsseldorf 1962-64); A. LLINARES, *Raymond Lulle philosophe de l'action* (Grenoble 1963); J. N. HILLGARTH, *Ramon Lull and Lullism in fourteenth-century France* (Oxford 1971); J. SÁIZ BARBERÁ, *Raimundo Lulio, genio de la filosofía y mística española* (Madrid 1963) (con abundante bibliografía); E. ROGENT i E. DURÁN, *Bibliografía de les impressions Lul·lianes* (Barcelona 1927); J. AVINYÓ, *Les obres autentiques del Beat Ramon Llull* (Barcelona 1936); R. LLULL, *Libro de amigo y amado. El Desconsuelo* (Barcelona 1950); J. M. MILLÁS VA-LLICROSA, *El "Liber praedicationis contra judaeos" de Ramón Lull* (Madrid-Barcelona 1957); M. CRUZ HERNÁNDEZ, *El pensamiento de Ramón Llull* (Valencia 1977).

ARNALDO DE VILANOVA

Fue Arnaldo de Vilanova un laico impuesto en medicina y en teología. Nació a mediados del siglo XIII en la diócesis de Valencia. En la Universidad de Montpelier estudió medicina, ciencia que simultaneó, durante seis meses, con la teología que se explicaba en el convento de los dominicos. Conocía bien el árabe y el hebreo, pero sus conocimientos más profundos eran los de la medicina. Fue médico de los reyes de Aragón y Sicilia y de los pontífices romanos Bonifacio VIII y Clemente V. Aprovechó sus misiones diplomáticas para difundir ideas erróneas sobre escatología que llevaban consigo reformas de una falsa espiritualidad. Pensaba Arnaldo haber recibido por revelación divina el encargo de anunciar al mundo la venida del anticristo. Estas ideas le acarrearon disgustos políticos y religiosos. Siendo embajador en París con Jaime II de Aragón, la Universidad parisiense, además de reprobar sus teorías, lo hizo encarcelar. No otra suerte le cupo con Bonifacio VIII y con Benedicto XI. Murió en Génova en 1311.

A pesar de sus errores, la buena fe del escritor parece no ha de ponerse en duda. Es difícil precisar las obras teológicas de Arnaldo, en parte porque algunas se han perdido y en parte porque otras están inéditas. Sobre el testamento del autor pueden verse R. Chabas [1] y F. Fita [2].

---

[1] *Testamento de Arnaldo de Vilanova,* "Bol. de la R. Acad. de la Hist." 28, 1896.

[2] *Observaciones sobre el testamento de Arnaldo de Vilanova,* "Bol. de la R. Acad. de la Hist." 28, 1896.

TEXTOS

*1. Hombre evidentemente espiritual y honrado, difundió sus
ideas también con la pluma. Sus relaciones con los reyes de
Aragón y Sicilia le sugirieron la utilidad de dar a estos mo-
narcas, y en ellos a todos los príncipes cristianos, unas orientaciones válidas para toda actuación gubernativa.*

*El autor ofrece un programa de acción bastante completo
que el gobernante debe tener en cuenta como rey y como cristiano. El programa alcanza a la reina y a los príncipes. El lector
podrá ver en el texto normas sensatas de bien común y, sobre
todo, percibirá el carácter eminentemente social de la doctrina
de este célebre médico. Contiene un mensaje muy útil en nuestra época.*

[INFORMACIÓ ESPIRITUAL AL REI FREDERIC III DE SICÍLIA]

[Messina (?), verano del 1310]

[S]enyor: vós sóts tengut de fer algunes coses pròpriament en quant sóts rey, e algunes pròpriament en
quant sóts rei crestià, e altres comunes a la dignitat
real e al crestianisme.

Per la dignitat real pròpriament, devets aver diligència de dues coses.

La una és promoure la utilitat pública, e en tot lo
regne e en cascú dels membres, axí com porets. Axí que
la utilitat privada vostra devets sotsmetre a la comuna
en dues maneres: la una, que de la comuna siats pus
diligent que de la privada; l'altra, que si la privada co-
neixíets que fos en re contrària a la comuna, que del tot
la lexets per aquella. Altrament no obraríets com rey
just, mas com tyran.

La segona cosa que devets fer pròpriament per la dignitat real, és fer agual[ment] justícia a richs e a pobres, e privats e estrayns, e metre diligència que en neguna part del regne no sie na[fr]ada ni ofegada. E per aquesta diligència devets, per divers[o]s temps de l'an, visitar los locs del regne, e escr[ut]ar e encercar si re s'hi fa contra justícia pública e temporal, la qual pertayn a vostra dignitat. E, a enformament vostre, sobre aquesta matèria vos tramès Déus un tractat qui comence *Volens Déus*... [3], e quar en la segona part d'aquell tractat vos enforme sobre açò, devets ordenar, per zel de justícia, que almenys aquella segona part ligiats, o us façats legir, dues vegades lo mes.

En quant sóts rei crestià, devets metre diligència, per amor e per zel de Christ, de promoure la veritat del crestianisme, ço és, la veritat evvangelical, segons vostre estament, dins vostra casa e defora.

Dins vostra casa, la devets promoure principalment en los pilars o en la substància d'aquella, ço és en vós e la regina, e.ls infants, per tal que vostra casa sie, a tots los de fora, myrall e forma de ver crestianisme, per manifestar en ella la veritat de Crist a compliment de la paraula sua, quan dix: *Sic luceat lux vestra coram hominibus, ut videant vestra bona opera et glorificent Deum* [4]. Quar offici propri de crest[i]à és axí manifestar si la veritat de Christ que tota la Trinitat divinal, que és cap e font del c[r]estianisme, ne sie loada e honrada públicament, quar açò és g[l]orificar Déus en terra.

La diligència de manifestar aquesta [v]eritat en vostra casa mostrarets primerament en vós; e enformarets

---

[3] *La Allocutio christiani seu de dignitate creaturae rationalis,* dedicada por A. de V. a Frederic de Sicilia en 1304-1305.
[4] Mt., 5, 16.

la regina que la mostre en si; e, aytant com en vostre poder seran, puynarets que sie manifestada en los infants.

En vós meteyx farets tres coses:

La primera, que per vera penitència satisfarets a Déu de las offensses que feytes li avets, e atressí al proïxme, segons la veritat evvangelical.

La segona cosa que devets fer per manifestar e promoure en vós la veritat del crestianisme, és fer obres seynalades, en les quals sien remembrats e representats e glorificats los principis e la fi del crestianisme, quar en aquestes dues coses és fermada la veritat del crestianisme.

Los principis són tres: lo primer és la fontana d'on mana, ço és, la Trinitat eterna o divinal, Pare e Fyll e Sent Esperit; l'altre és axí com fundament, ço és, la humanitat del Fyll de Déu eterne, per la qual és apellat Christ; lo terç principi és lo col.legi dels apòstols, qui són axí com mur de crestianisme.

La fi del crestianisme és que.l crestià torn, aprés aquesta vida, primerament en esperit, puxes en cors e en ànima, a la Trinitat eterna, qui.l creà, e.l formà per lo benefici d'aquella trinitat que li donà per venir a ell. Quart Déus, qui és plena trinitat de persones en una deïtat, qu[a]n per gràcia del crestianisme volc a ssi revocar la creatura humana, donà-li lo seu propri segell, per tal que, gardan e miran la figura de la sua majestat, anàs volenterós e alegre a segur a Ell; e donà-li fe e esperança e caritat, axí que caritat tengués per regina o per mare, les altres dues per donzeles de caritat, o per sors del crestià.

Aquests principis e aquesta fi deu representar en tota
sa vida lo ver crestià, en tal manera que.ls principis
ne sien glorificats en terra, e.l procés que farà lo crestià per lo cours d'aquesta vida conseguesque la dita fi.
E açò no.s pot representar per obra de figura, quar, per
pintar en les parets d'esgleya o de qualque casa la Trinitat e les tres vertuts dites e Jesuchrist e la Verge e els
apòstols, o en cortines o en taules o en casuylles o altres
draps, ab seda o ab aur, o en obres embotides, no és
loada ni glorificada la Trinitat ni.ls altres principis; quar
aquelles coses mudes són e sens tot esperit, ni per aquelles conseguiria lo crestià la fi damunt dita, [n]i són
ú[t]ils sinó a representar e recordar la veritat d'aquelles
cos[e]s. Mas lo crestià que vol que per sa obra sien aquelles cos[e]s no tan solament recordades e representades,
mas encara glor[i]f[i]cades, ab gran devoció les due recordar e representar per obra de veritat evvangelical, ço
és, obra de pietat, de les quals obres seran principalment jutgiats los crestians al dia del juí. E aytals obres
són celles per les quals amdues les trinitats damunt dites són recordades e representades, e Jesuchrist e la
Verge e.ls apòstols, a gran laor e glorificament en terra,
quar, segons que diu sen Paul, tota la veritat de l'Evvangeli és de pietat o segons pietat [5].

Per q uè, senyor, a clara representació e glorificació
de les coses damunt dites, devets observar que .XII. o
.XII. pobres mengen davant vós quan vós mengiarets;
o almenys los .III. d'aquells, e.ls altres en altra part.
E quar en la setmana sancta bec Jesuchrist per sos amics
lo càlice de la passió, e.n féu beure a tots los apòstols;

---

[5] *I Tim.*, 4, 8.

quar aquell sanc qui en aquella setmana los donà a beure significave la passió que per la sua amor soferrien e
per la sua veritat; per ço en aquella setmana los darets
aygaamans, e.l digious de la Cena los lavarets los peus
e exugarets, e, per recorda[r] l[a] humilitat de la passió
de Christ, los besarets. E tres vegades l'an, a honor de
tota la Trinit[a]t, ço és, en les uytaves de Nadal (quan
Déus lo Pare donà son Fyll als hòmens), e en les uytaves
de Pascha (quan lo Fyll gità d'infern los justs qui.y eren
e[n]carcerats), e en les uytaves de Pentacosta (quan lo
Sent Esperit visità e omplí de gràcies los primers crestians), en cascú d'aquests terminis visitarets los malautes del pus sol.lempne espital que si en lo loc, e de
vostra mà darets a cascú qualque almoyna.

La terça cosa que devets fer en vós mateyx, és que,
pus que serets cert que la regina serà preyns, vos lu-
ynets d'ella, e no.us hi acostets entrò que hage enfantat
e sie complidament porgada; quar en aytal cas l'acostament no és a servii de Déu, anç és al contrari en dues
maneres: la una, quar és a pol.lució dels acostants; l'altra, quar la criatura, per la qual era l'acostament en offici
e servii de Déu, ne pren qualque corrompiment, o en
complexió o en composició. E conjugat qui en aquell
cas discipline son cors per ésser continent a reverència
de Déu e conservament de les sues obres, puge a grau de
mèrit inestimàbil.

La reg[ina] enformarets, per lo damunt dit en[t]eni-
ment, de tres coses:

La primera, que per fer plaer a vós no face re que
sie desplaer a Déus. E dir[et]s-li que Déus vos ha ajustats per tal que l'u am l'altre, e face plaer l'u a l'altre,
en Déus. Per què li féts saber que l'amor d'ella e.l asaut

tant més crexerà en vostre cor, e aytant aurets major
plaer d'ella, com conexerets que més s'esforçe o esforçarà de fer lo plaer de Déu; e, per lo contrari, aytant
descrexerien la amor e.l plaer, o minvarien, e.us luyna-
ríets d'ella, com conoixeríets que, afaytan o feén coses
que Déus no à ordenat, volrria plaentejar a vós.

La segona cosa de què la enformarets és que ella con-
form si metexa a la Regina del cel en dues coses:

Primerament en l'àbit, ço és, que tot sie sant e ho-
nest, e que neguna cosa que no sie necessària a protec-
ció del cors o a salut no.y pusque hom notar, axí com
és tirar coa; quar la Mare de Déu anc no tiraça roba,
anç havie les vestedures talars ab un replec a les ores
que li cobrien lo tal.ló e la punta del peu, axí com la
regina sa mare les porte encara huy e portave d[a]munt
lo... [6]. Quar a[x]í com Déus ordenà e volc que Je[su-
christ] f[o]s forma e regla de tots los elets mascles, axí
volc e ordenà que la M[a]re d'ell fos regla e forma de
totes les eletes fembres. Per la qual cosa dien acordada-
ment tots los sents que el primer seynal del crestià que
sie elet és que, si és mascle, conforma si meteyx a Jesuchrist, e, si és fembra, conforma si metexa a la Mare
d'ell en portament e en obres. E sen P[au] diu e amones-
te tots los crestians que, pus que saben cert que Déus
los ha apellats a si per lo crestianisme, que ells s'esfor-
çen de fer vida e obres per què sien certs que són elets;
e açò mostre ell en aquella epístola, e la soma és aquesta: de conformar-se a aquelles dues persones.

La segona cosa en què especialment se deu conformar a la Mare de Déu, són obres de caritat e d'umili-

---

[6] *damunt lo:* lección dudosa.

tat. E axí com la Verge, tan tost com ac concebut lo
Fyll de Déu, ysqué de son alberch e de la vila on estave,
e anà lluny, per visitar sa cosina, e li serví prop de tres
meses, tro que ac enfants; axí deu la regina fer[7]. Sa
cosina girmana és pietat, quar dignitat real e pietat són
fylles de dues sors, ço és, de la saviea de Déu, de la
qual nax la dignitat, e de la bontat de Déu, de la qual
nax pietat. E per complir aquesta visitació a forma de
la Mare de Déu, farà axí com fa la muyller de son avi,
en França, en un espital que... a... orre, ço és, que al-
meyns .IIII. vegades l'an, en les uytaves damunt dites,
farà's portar tro a l'esgleya que serà pus prop del pus
sol.lempne espital; e allí ella, ab dues donzelles o servi-
cials sues, v[e]stir s'an, desob[r]e lur roba, sengles ca-
mises romanes de bella tela, primera ella en persona de
caritat, e les altres en persona de fe e d'esperança, quar
en aquesta forma fo mostrat en visió a algunes persones
que la Mare de Déu entrava en un loc de misèria per
consolar aquells qui.y eren; e d'aquella esgleya iran a
peu, a vista de les gents, a l'espital; e, a la intrada, les
dues donzeles, ab sengles tovaylles blanques per lo coll,
portaran de bell pa e bé apareyllat; e la regina primera
e les altres aprés passaran per tots los malautes, e la
regina de sa mà darà a cascú un pa, e dir-los ha que
sien membrança de la passió de nostre senyor Jesuchrist.
E si Déus li dóne gràcia que més hi vuylle fer, face-ho,
axí com fa la dona damunt dita.

La terça cosa de què l'enformarets és que en sa casa
no tingue ne sofira que y sien llegits romançes o libres
de les vanitats mundanes; mas a digmenges e festes,

---

[7] *Lc.*, 1, 56.

en ores convinents, farà legir, en audiència de ses fylles e de sa compa[yna], les Escriptures, [on] la veritat evvangelical serà en romanç expressada, purament e clara, quar alí trobarà pus fins [ser]mons que en al[t]re loc.

Los infants mascles devets, de .VI. ans a amunt, fer nodrir en l'escola de la vida evvangelical, ab los altres, per tal que no aprenguen en començament alre a conèxer e amar, sinó Jesuchrist.

L'altra compayna vostra que veurà les damunt dites coses, en qualque manera s'esforçarà de conformar-se a vós. E, si negú n'i avie tan obstinat que del tot fos contrari a les vies vostres, per re no.l sofirats en la compaynia.

Servades les coses damunt dites dins vostra casa per promoució de la veritat evvangelical, obrarets defora per aquell meteyx zel en les maneres davall escrites.

La primera és que restituïscats o façats restituir totes les esgleyes despuyllades de lur dret, per qualsque pressones sotsmeses a vós sien despuyllades, encara que coneguéssets que.ls ministres de l'Esgleya mal usassen dels béns.

Item, decaçarets o gitarets de tota vostra seynoria devins e devines o sorcers, o qualsque superticioses, mayorment si p[ú]blic... no... que d'aytals cu[ro]sitats contràries a la fe cristiana se['n t]rameten.

Item, en cascú loc farets [v]enir los catius sarra[ÿ]ns davant vós o vostre loctinent, e fer-los ets proposar la veritat. E, si el senyor de qui serà lo vol retenir, que q[u]e.ls comprets e fassats bateyiar e enformar en la veritat. E, si el senyor de qui serà lo vol retenir, que tantost com serà bateyiat li enjungats que se'n captingue axí com sen Paul mostre a Fylomeno, e al novell crestià

que axí servesque a son seynor com mostre sen Paul a
Thimoteu. E, si per aventura n'i avie negú que lonc
temps agués desijat d'ésser crestià, e que son seynor li
agués contrastat, devets repenrre lo seynor e mostrar-li
com és estat traïdor a Jesuchrist, axí com Judas, e en
quantes maneres ha falssat lo crestianisme, e donar-li a
conèxer que ell ni és ver crestià, ni ha lig humana, quar
piyor és en crestianisme que serraïns en lur lig; quar
aquells no tan solament conviden los catius crestians de
fer-se serraïns, mas encara.ls en forçen, e a cells qui.s
fan serraïns fan més de gràcia e d'ajuda que als naturals serraïns.

Item, farets cert ordenament sobre la provisió espe-
rital e corporal dels neòfits; e que sie publicat.

Item, apellarets los prelats o prelat ab sos savis e ab
religioses, e de[m]anar-los [et]s que.s certifiquen q[uan]t
er[r]en contra Christ e la sua veritat aquells qui di[en
re]negats a aquells qui de pag[ani]sme vénen a crestianisme; e trobat que és blasfèmia d'infidelitat o de la
mayor eretgia, per ço car renegat és aquell qui lexa la
veritat e passe a la error; e axí cell qui renegats apelle los damunt dits, apertament diu que paganisme és
veritat e crestianisme és error. E axí, contra aquesta
blasfèmia ordenarets ab los damunt dits pena tal e ir-
revocàbil, que tota persona sia curosa e diligent d'es-
quivar-la en si e en los seus, e que aprengue a apellar-los
axí com l'Apòstol e Jesuchrist los apelle, ço és, frares o
germans.

Item, farets manament als jueus que agen lur acord,
d'emfra un an, o de penrre lo crestianisme (per ço quar
vós los mostrarets clarament que són en error, e volets
lur salut e esquivar lo corrompiment dels crestians), o

d'estar a part, quar no soferríets que entre.ls crestians
habiten ni ab ells converssen, per la constitució dyabò-
lica que an en lo *Talmut* contra los crestians. E farets-
los saber que si a açò no s'acorden, finalment, axí com
lo rey d'Anglaterr[a] primer, [e] puyxes lo rey de França,
los gitarets de tota vostra seynoria.

Item, ordenarets que jueu, tant com en sa error per-
severarà, no gos, en pena de cors e d'aver, medicar
negú crestià; e si crestià lo requer, que sia punit en
certa quantitat.

Item, ordenarets que els infisels sotsmeses vostres sien
regits per perssones qui.ls tracten evvangèlicament, ço
és, en tal manera que no.ls donen exemple de re contra
l'Evvangeli; mas que al crestianisme los tiren tant com
poran. E si negú d'aquells qui no seran vostres sotsmeses
recorrie a vós, sie reebut e sostengut benignament e liberal, axí que en tractament, o en consell, o en consentiment, o en ajuda, no li dó hom exemple de re contra l'Evvangeli.

Item, ordenarets que en tots los locs famoses de vostra seynoria aya una casa on pusquen albergar e estar,
si.s volen, perssones pobres de penitència; e.ls altres
pobres, que vagen a l'espital.

Item, farets denunciar a tots cells qui tenen ostals
comuns, e vós metex, ells ajustats en vostra presència,
diligentment amonest[a]rets que sien diligents d[e l]eal-
ment reebre e humanament tractar to[t]s estrayns, e
que.s guarden que negú pelegrí crestià no age clam
d'ells; si no, pus greument los puniríets que homicides.

Item, farets qualque establiment de pietat evvangelical, salvant los ordenaments de Seylla Romana, per lo

qual los grecs catius que vendran en vostra terra reeben benefici de caritat, e.ls altres grecs ne sien edificats.

Per totes les obres damunt expressades serà manifestat lo zel que príncep crestià deu aver per promoure e mantenir la veritat del crestianisme. Quar devets saber que zel no és alre sinó ardiment e constància d'amor complida o fina, ço és, que no és tèbea, ni tan solament calda, mas bullent, así com en sen Pere e la Magdalena; e qui aytal amor à a Jesuchrist, res que sie a promoció de la sua veritat no lexe a fer per temor ni per amor de creatures ni per negú juí d'aquest segle.

Les obres que devets fer comunament per la dignitat real e per la veritat evvangèlica o de crestianisme, són aquestes que oïrets:

Primerament, gitarets de vostra casa tota superfluïtat de viandes e de vestirs e d'arnès, la qual ni a utilitat pública ni a veritat evvangèlica no servex.

Item, gitarets [de] vostra seynoria tot ús de daus entre crestians; así que, sots cer[t]a pena, esquivarets que negú no.ls y face, ni.ls hi aport, ni n'ús.

Item, gitarets usures e usurers crestians, e mayorment cells qui ab iniques barates frauden lo poble menut.

Item, gitarets-ne tota corsaria, así que, en pena del cors e de l'aver, negú no gos armar sobre negunes gents, si no.u faïe per exprés manament e consentiment vostre.

Item, farets establiment públic d'observar la prohibició eclesiàstica, ço és, que de vostra seynoria, ni vostre ni estrayn, per si ni per altre, no port vianda ni armes o altres coses vedades a sarraïns no sotmeses a vós. E d'açò darà cascú fermança per lo doble; de la qual pena no sie relevat o relaxat per neguna re.

Item, farets-vos certificar de tots los locs on la real majestat ha jus patronat, ço és, dels locs donats per los

reys, o lurs sotsmeses ab favor dels reys, sien monestirs
o priorats o espitals o altres locs; e certificar-vos et[s]
dels ordenaments que els dotadors feeren per obres pies,
[e vi]sts los ordenaments escrits, si trobats que no els
hagen o[bservat]s ni els observen, denunciat-ho al prelat
ordenari, e fet jutjar lo falliment per dret, a rectificar
l[o] negoci, a promoció de la pública utilitat e de la veritat evvangèlica.

Item, establirets un espital de cort per los pobres qui
seguiran la cort, per qualque necessitat, en lo qual sien
sostenguts sans e malautes; e que.y age ministres qui
lurs negocis meten a avant o promoguen ab justícia.

Item, procurarets diligentment que.ls vostres ministres o oficials sien conformables o acordants al vostre
enteniment, ço és, que lealment e diligent proseguesquen
la vostra voluntat e els vostres manaments. E si.ls po-
dets trobar que.s conformen a vós per zel, ço és, per
amor de la pública utilitat e de la veritat evvangèlica,
meted-y aquells sobre tots los altres, així que.ls altres
sien sotsmeses a aquests. E si, quant al zel, vos eren
contraris alguns, almenys fet que quant a l'exsecució
no.u sien, per temor de justícia; quar tota hora que
negun d'ells fallirà de certa ciència en l'exsecució, lo
farets jutgiar per Dret, e la pena que Dret li jutgiarà...
E així en farets molts útils a l'offici. Perquè diu l'Escriptura *"quod stultus serviet sapienti":* quar lo savi seynor,
ab sa saviea, sab trer de foll profitós servii. E, car l'Escriptura diu que un hom val mil, e a vegades .X. mília (e
pose exemple en cavalers, quar diu que David valie .X.
mília, no per força de cors ni per ardiment de cor, mas
per sen natural e noblesa de cor e indústria de regir
los .X. mília, en tal manera que per lo seu regimén pro-

fitaven en armes, e sens lo seu regimén fallien e.s perdien), tot axí devets, en los minist[r]es e oficials vostres, elegir tota hora cells qui més auran de virtuts morals e, si fer-se pot, de les evvangèliques.

E devets aver contínuament prop de vós una perssona de vostre zel qui especialment vos face membrant tots los documents dits e remembrats desús.

(De ARNAU DE VILANOVA, *Informació espiritual al rei Frederic de Sicília.* Barcelona 1947. Col.lecció *Els nostres clàssics,* vol. 53, pp. 223-239, Biblioteca Nacional: 6/12065.)

2. *El texto de* Sinopsis de la vida espiritual *es un resumen muy bueno de la espiritualidad de Arnaldo, espiritualidad eminentemente cristológica, porque toda la vida del cristiano, según él, ha de consistir precisamente en eso: en la imitación sincera de la vida de Jesús.*

Tiene afirmaciones que, tomadas materialmente, no son aceptables, pero que si se lee entre líneas y atendemos a lo que quiere decir, no tendría nada de reprobable. Nos referimos a las afirmaciones de que el diablo ha desviado ingeniosamente a todo el pueblo cristiano de la verdad de Jesucristo y lo ha dejado vacío sin otra cosa que la piel, es decir, la rutinaria apariencia eclesiástica (p. 167); y también hacemos alusión a su doctrina sobre el diablo engañando a los religiosos mediante la especial curiosidad de estudiar éstos las ciencias filosóficas, cuando lo único que deben aprender es la ciencia de la piedad (pp. 165-6). A pesar de todo, no puede negarse una sólida espiritualidad en la que no cabe el oropel en la línea de principios. Arnaldo es muy realista, aunque se le tache de utopista. Habría que distinguir y no generalizar demasiado.

Sipnosis de la vida espiritual [8]

Todos los que deseen llevar una vida espiritual deben observar principalmente una cosa, la cual es raíz y fundamento de esa vida, y deben evitar dos, por las cuales se corrompe y perece la vida espiritual.

El fundamento de la vida espiritual es la verdad de Jesucristo contenida en la Escritura evangélica, verdad que cada uno debe llevar escrita en su corazón tan firmemente que nada pueda borrarla ni hacerla olvidar, sino que, por el contrario, esté ante sus ojos, empleando todo el tiempo de la vida en su observancia [9].

Dicha verdad ofrece dos aspectos: uno es la obra y el ejemplo de Cristo; el otro, su promesa. Y el ejemplo que dio, conviviendo visiblemente con los mortales en la naturaleza humana, fue ejemplo de muchas virtudes. Y ante todo ejemplo de gran humildad, caridad y amor. Ningún ser creado podrá medir o estimar la grandeza de estas virtudes, si se aviene a comparar la excelsitud de la majestad divina con la bajeza y debilidad de la naturaleza humana, sobre todo en lo corporal.

Si un emperador o rey mortal, en plena corte, se le-

---

[8] Nos ha parecido preferible este título, tomado de la versión griega Σύνοψις βίου πνευματικοῦ, que los menos ilustrativos de *Lectio Narbone* o *Lliço de Narbona,* que encabezan las versiones italiana y catalana, respectivamente, o que el de *Informatio beguinorum,* que aparece en la Sentencia de la Inquisición. Además de por su mayor adecuación al contenido del escrito, nos hemos inclinado a ello porque el mismo Arnaldo refiere a esta obra suya, en *Per ciò che molti desiderano di sapere,* llamándola *Libro della vita spirituale.*

[9] Toda la argumentación de Arnaldo está basada en el Evangelio, interpretado reverencialmente, no en las "constituciones papales" —a las que luego aludirá desdeñosamente—, ni en la filosofía escolástica. Esta es la señal distintiva de los beguinos y espirituales franciscanos.

vantase de su trono, abandonando a los nobles que le rodeen, y descendiese hacia un pobre mal trajeado, le vistiera su púrpura y se cubriese a sí mismo con los andrajos del mendigo, y, además, le hiciese subir a sentarse en un trono junto a él, cualquier hombre no vacilaría en afirmar que daba con ello una prueba de grandísima humildad y amor, aun admitiendo que el emperador y el mendigo son de la misma naturaleza, mortales ambos, y de la misma materia, y que ambos fueron engendrados del mismo modo, por el vínculo entre la divinidad y la naturaleza humana [10].

Según esto, dado que Jesucristo unió en sí la humanidad con la divinidad, dejando la naturaleza de los ángeles y de los arcángeles, y alzando la humanidad al nivel de la divinidad, puede el hombre gloriarse de Él, Dios y Hombre verdadero, y es evidente por ello que su humildad y su caridad no conocieron fronteras. Y así muestra y da ejemplo a todos los fieles para que se esfuercen en vivir en la mayor humildad y en la mayor caridad que puedan manifestar y observar, tanto con Dios como con el prójimo.

Otro ejemplo que dio, en su convivencia con los hombres, fue la elección y el amor de la pobreza en este mundo, queriendo nacer de madre pobre, y donde nacen sólo los pobres; y quiso, en su nacimiento, ser envuelto en bastos andrajos remendados y colocado en un lugar vil, en el pesebre de las bestias de un establo, sin querer tener casa ni cobijo propio ni nada suyo. También al morir quiso ser sepultado en sepulcro y tierra ajena.

---

[10] Divinización de la naturaleza humana característica en el pensamiento de los espirituales franciscanos.

Dio ejemplo de despreciar y eludir el honor de este mundo al huir y esconderse de quienes le querían hacer rey. Dio igualmente ejemplo de despreciar y evitar los deleites carnales cuando hizo la cuaresma en el desierto. Y además, de tener gran paciencia en todas las adversidades, soportando ser escarnecido y despreciado, blasfemado y vituperado, preso, atado, encarcelado, golpeado y muerto de cruel muerte en la cruz.

Por la verdad de su ejemplo, debe cada uno mantenerse firme, esperar y desear la verdad de su promesa, puesto que prometió a todos los que creyesen en Él y siguiesen sus pasos, tenerles preparada una vida sin fin, llena de honor y rebosante de bienes y de todos los deleites puros, sin tedio ni corrupción. Y para confirmar la verdad de su promesa, quiso resucitar de muerte a vida, y subir con gran honor al cielo, y del cielo enviar a los suyos el Espíritu Santo que les había prometido.

En consecuencia, quien quiera llevar una vida espiritual cual corresponde a un auténtico y perfecto cristiano, debe hacer cuanto pueda según su estado por seguir y realizar en su vida los citados ejemplos de Jesucristo, en especial por cuatro razones.

La primera, para tributar la gloria debida a su Creador, en quien debe poner todo su corazón y su amor, lo cual es imposible si desea y ama las riquezas, los honores y los placeres de este mundo. Como dice San Pablo, en la medida en que el hombre pone su corazón y su amor en las cosas de este siglo, en esa misma medida se aparta y aleja de Dios [11].

La segunda, para conseguir la promesa antes citada,

---

[11] Cf. *I Tim.*, 6, 19.

la cual no puede conseguir si no sigue a Jesucristo, quien dice, en el evangelio de san Mateo, que el que no coja sobre sí la cruz espiritual y le siga, no es digno de estar con Él[12]. Es decir, se verá privado de su promesa, pues no es digno de estar con Él. En efecto, estando con Él, halla el hombre el cumplimiento de todos sus bienes, lo cual no puede alcanzar sino quien le sigue por la vía de sus ejemplos. Él mismo dice: *Ejemplo os he dado para que hagáis como yo he hecho*[13], y para corroborar esto mismo dice en el evangelio de san Juan: *Yo soy camino, verdad y vida*[14]. Por tanto, para los que caminan por este siglo hacia la ciudad del reino del cielo, Él es Camino, por su ejemplo y su doctrina. Y para los que no quieran andar según sus ejemplos y a la luz de su doctrina, Él será Verdad el día del juicio, juzgándolos con escrupulosa justicia. Pero para los que anden el camino siguiendo sus ejemplos y su doctrina, será Vida sin fin, como antes dijimos.

La tercera razón es para mostrar la verdad de su creencia, puesto que quien confiesa que cree en Jesucristo y no se configura con sus ejemplos, abiertamente muestra o que no cree que Jesucristo sea Verdad, o que es falsario de su verdad, como un falso doctor que dice lo que hay que hacer y hace todo lo contrario; y, por tanto, quien cree que Jesucristo es Verdad, y que cuanto hace por conducirnos lo hace con gran razón y justamente y con perfecta sabiduría, se configurará con sus

---

[12] Cf. *Mt.*, 10, 38.
[13] *Jn.*, 13, 15. Arnaldo aduce esta cita de memoria, sin percibir que el contexto evangélico en el que aparece no es una exhortación a la imitación de la vida de Cristo.
[14] *Jn.*, 14, 6.

ejemplos. Si no procediera así, será tenido por incrédulo, o por falsario, o por escarnecedor.

La cuarta razón por la que el hombre debe seguir los ejemplos de Jesucristo es para mostrar que tiene razón y sentido natural, y que no quiere proceder inconscientemente o como un animal. En efecto, la razón y el sentido natural muestran que el hombre debe creer la verdad y repudiar la mentira, mostrando también que nadie debe fabricar ni llevar la cuerda con la que le apresarán, atarán y arrastrarán. Y es igualmente claro que todo hombre debe intentar pasar sin peligro por aquel paso que sabe inevitable, lo quiera o no; y que mejor provisión debe hacer el hombre en aquel albergue, en el que permanecerá por siempre, que en éste, del que partirá en breve para nunca retornar. Del mismo modo, no debe poner el hombre su corazón o su tesoro en el armario, donde sin duda no puede estar a salvo y acabará por perderlo.

Quien desee ser un perfecto cristiano debe, pues, pensar que, si conforma su vida al deseo y al amor de este mundo y no a los ejemplos y a la doctrina de Jesucristo, desprecia el consejo y la doctrina del Veraz y cree a quien miente en lo que promete, es decir, a este siglo, que promete alegría y bienestar en las riquezas, en los honores y en los placeres, y a los que suscitan más deseos, aflicciones y pesadumbres, y terminan por embaucarle y engañarle, como un prestidigitador que guarda en un paño algo hermoso y agradable, y al quitar el paño aparece algo feo y desagradable.

Del mismo modo, el mundo, en esta vida, parece que procura alegría y bienestar y, cuando termine su vida, el hombre encontrará todo lo contrario. Por esta razón dice san Pablo que es sabio quien se hace tener por necio en este mundo [15], puesto que este mundo sólo tiene por sabios a quienes ponen en él su amor y se esfuerzan por conseguir y poseer honores y riquezas; pero tiene por necios a quienes, despreciando esas cosas, no se configuran con él. Ya decía Salomón que el necio que va por el camino tiene por necios a cuantos ve, puesto que no son como él [16]. Así hace en sus juicios este mundo falso y demente, por lo cual quien no se quiera configurar con él sino con Jesucristo, es, según el apóstol [17], verdaderamente sabio, por dos razones: la primera es porque Dios, que no puede mentir ni errar en su juicio, le tiene por sabio; la otra, porque hace lo que el sentido natural o entendimiento razonable le muestra que debe hacer.

Además, quien pone su amor en las cosas de este mundo, y no en la promesa de Jesucristo, es decir, en los bienes eternos y celestiales, él mismo fabrica y lleva la cuerda de su tormento. En efecto, aunque Dios no quisiese castigar en el otro mundo a los desobedientes, la razón natural muestra que quien pone su amor en los bienes de este mundo, se produce pesadumbre en el otro, al separarse de lo que más ama. En consecuencia, puesto que todos sabemos que dejaremos para siempre los bienes de este siglo, que ni nos seguirán ni volveremos jamás a ellos, cualquiera puede comprender con certeza que él mismo se ha provocado dolor y pesadumbre ilimitada en el otro siglo. Por el contrario, quienes hayan puesto su amor en Jesucristo y en su promesa,

---

[15] Cf. *I Cor.*, 3, 18.
[16] Cf. *Eccl.* 10, 3.
[17] Vd. *Rom.*, 1, 22.

hallarán lo que siempre amaron, y tendrán que abandonar solamente lo que han despreciado y odiado siempre. Podemos, pues, por razón natural, tener seguridad de que se ha procurado no tener nunca en el otro mundo dolor ni tristeza, sino alegría e ilimitado placer.

Y esta es la razón por la que el verdadero y perfecto cristiano, según dice san Agustín [18], no solamente no teme la muerte en su corazón, sino que incluso desea salir de esta vida a fin de poder conseguir lo que ama. Y por eso dice san Gregorio [19] que quien ama más permanecer en esta vida que morir y estar con nuestro Señor, muestra ciertamente que ama más este mundo que a Dios, pues naturalmente toda criatura desea más que nada estar con lo que más ama; y quien ama más la vida y los bienes de este mundo que la vida celestial y los bienes eternos, va de dos maneras contra la razón natural: primera, porque ama y prefiere el bien efímero más que el imperecedero, y hace como un niño, que prefiere una fruta o un pájaro antes que una ciudad o un reino; o como la bestia que sólo ama lo que ve y siente en su presencia, sin pensar en el porvenir ni preocuparse por él. Y le ocurre lo que al que va río abajo en una barca, y ve en la ribera una rama de higuera cuajada de hermosos higos y extiende la mano y tira y aferra la rama con tanta fuerza que se sale de la barca y se ahoga, perdiendo así todo lo que quería: la barca, los higos y a sí mismo. De igual modo exactamente, en la barca de su cuerpo va cada uno continuamente por el río de la mortalidad humana, y si extiende la mano para aferrar los placeres de este siglo, sin

---

[18] Cp. Migne, *PL,* XI, 676.
[19] Cf. *PL,* LXXV, 775.

cohibirla o esforzarse por retenerla en el amor de Dios, sin duda se ahogará, como antes dijimos. En segundo lugar, va contra la razón natural en el sentido de que naturalmente el hombre desea ver cosas bellas y agradables, y así es natural que el hombre desee estar presente en una boda o en la corte de un rey o de un gran señor. En consecuencia, quien no desee estar en aquella corte en la que podría mirar la belleza de nuestro Señor y de su bendita madre, la Majestad Divina, y la multitud ordenada de los ángeles, y la diversidad de las gracias que poseen, muestra una gran falta de sentido natural, y procede como un niño o como una bestia, al modo de los paganos, que no conocen ni tienen sentimiento de los bienes eternos y celestiales, sino únicamente de los presentes en este mundo. Y todos éstos son los que falsean la verdad y la religión cristiana, poniendo su entendimiento y su amor en los bienes de este mundo: los que se declaran cristianos por nombre y bautismo, pero en la vida y en el ansia de tener y de multiplicar los bienes de este siglo niegan, de hecho, lo que Jesucristo mostró con su ejemplo y su doctrina. Y por eso les llama san Pablo abominables, incrédulos y réprobos [20], puesto que nombran a Jesucristo, y oyen misas, y ayudan en cuaresma y los viernes y las vigilias, pero lo hacen más por costumbre o para plegarse al proceder común que por devoción, o por deseo y amor de los bienes eternos [21].

Muestra también carencia de sentido natural, y que actúa como un niño o como un animal, en las demás

---

[20] *Tit.*, 1, 16.
[21] "Invectiva contra les pràctiques externes, molt pròpia dels beguins heterodoxos" (BATLLORI, *o. c.*, p. 436).

cosas y en los modos antedichos. Primero porque está seguro de que debe pasar, lo quiera o no, por el paso de la muerte, y no se prepara para pasarlo sin peligro y sin temor. También porque en el albergue de esta vida o de este mundo se esfuerza por hacer gran provisión, mientras que en el otro, adonde sabe que debe ir para permanecer sin fin, no guarda nada. Y además, porque pone el tesoro de su pensamiento y de su deseo y de su amor en el armario de este mundo, donde sabe que perecerá y terminará por desaparecer; y no se preocupa de ponerlo en el armario de Dios, donde ni se estropea ni perece.

Y quien quiera entender el sentido y el desacierto de lo dicho antes, recuerde la historia de los dos compañeros de escuela, cada uno de los cuales volvió a su tierra. Uno vendió su patrimonio y lo entregó a los pobres por amor de Dios, y se hizo eremita; el otro se esforzó por incrementar y por multiplicar todos los bienes que su padre le había dejado. Este último, después de mucho tiempo, pasó por el lugar de donde era el que se había hecho eremita, y preguntó por él, y le dijeron que se había hecho eremita, y le fue a ver, y le preguntó cómo estaba. El eremita le respondió que pensaba que ninguna criatura mortal estaría mejor que él, puesto que se había asegurado la muerte. Al oír esta respuesta el otro se maravilló mucho, y le proguntó por qué decía que morir seguramente sería un gran bien. El eremita le respondió que lo podría entender si pensaba en el viaje que hacía continuamente. "Y para que lo entiendas —dijo—, pregúntate si sabes con seguridad que has de morir". Y le respondió que sí. Luego le preguntó si sabía cuándo, a lo que contestó que no. Y siguió preguntándole que cuánto había vivido, a lo que respondió que más de cuarenta años. Después le preguntó si en el tiempo pasado había obtenido placeres del mundo. Respondió que muchos. Le preguntó luego si sentía en sí mismo aquellos grandes placeres: "Y no te pregunto —dijo— si te acuerdas de ellos, sino si los llevas contigo". Respondió que no, ya que daba por pasados los que había tenido. "Dime ahora —dijo el eremita— si en el tiempo que esperas vivir tienes esperanzas de tener placeres y deleites". Respondió que sí. Y le preguntó si tenía esperanza de tener tantos como en el tiempo pasado; respondió que no, puesto que ya había pasado la flor y el vigor de su juventud. Al preguntarle si al menos tenía esperanza de que al término de sus días habían de volver a él los placeres que debiera tener si los llevara consigo, respondió que no. Preguntóle entonces si tenía esperanza de tornar tras la muerte a los placeres que había tenido, y dijo que no. "Entonces —dijo el eremita—, puesto que sabes ciertamente que has de morir, y que ninguno de los placeres de este mundo te acompañará ni te seguirá cuando pases al otro por el paso de la muerte, ¿qué te dará placer o consuelo cuando hayas pasado allá? Y puesto que sabes que has de atravesar aquel paso, ¿encuentras en tu corazón algo para poder pasar sin dolor, pesadumbre y miedo? Por tanto, ya que dolor y tristeza te acompañarán al pasar, y no tendrás ninguna certeza de placer que te acompañe, habrás llevado una vida completamente necia, pues no has previsto tener placer y consolación en el paso y después del paso". Comprendió el otro que le decía la verdad, y le rogó que le mostrase cómo podría tener en aquel trance, y luego, seguridad y consuelo. Y le respondió que si no amase los bienes que por la muerte debía perder y abandonar, y pusiese su corazón y su amor en los bienes que no podría conseguir ni tener si no hiciese el viaje de la muerte, no solamente no la temería, sino que incluso la desearía.

"Y así —dijo— he hecho yo, despreciando y abandonando todos los bienes de este mundo, y poniendo todo mi deseo y mi amor en lo que Jesucristo promete dar tras esta vida a los que le sigan. Y en esta vida no quiero tener sino lo necesario para subsistir y cubrir mi cuerpo, sin tener incluso demasiada ansiedad por esas cosas, ya que Dios provee de ellas copiosamente a sus amigos y se cumple en mí su palabra, la cual dice en el evangelio de san Mateo: *No estéis preocupados sobre qué comeréis, o beberéis, o vestiréis, pues vuestro Padre celestial, que alimenta a los pájaros, que ni siembran ni recogen, os alimentará a vosotros, y Él, que viste a los lirios, que ni hilan ni tejen, os vestirá a vosotros, pues bien sabe que esas cosas os son necesarias. Buscad, sin embargo, el reino del cielo y su justicia, y os será dado cuanto necesitéis* [22]. Esta promesa basta al cristiano fiel; y a quien no le basta es porque es incrédulo, o ignorante, o falsario de la verdad evangélica, al igual que todos aquellos que aparentan en su conducta atenerse a la perfección evangélica, es decir, a la vida y al ejemplo y a la conversación de Jesucristo y de los apóstoles y de los demás discípulos, y, por otra parte, hacen lo contrario para procurarse en lo posible cosas innecesarias, abandonando caridad, humildad, paciencia, verdad de justicia y obra de verdadera religión;

---

[22] Cp. *Mt.*, 6, 25-33.

de esa forma, bajo la apariencia de querer seguir a Jesucristo, están inflamados del deseo de ser apreciados y alabados y exaltados en este mundo, sin que les abandone la fiebre y el ardor de tener y acumular".

Y cuando el que había ido a ver al eremita hubo oído estas palabras, Dios le concedió la gracia de llevar la vida que había llevado el eremita, y terminó sus días con gran perfección.

Tras haber declarado el fundamento que deben principalmente observar quienes quieren llevar vida espiritual, nos queda por declarar cuáles son las dos cosas que deben evitar.

Una es la ociosidad, es decir que debe cada uno procurar no ser vagabundo y ocioso, sino cuidar de hacer alguna obra por la cual su corazón esté ocupado en buenos pensamientos y en buenos deseos, como orar, o leer la santa escritura, o vidas de santos, o escuchar palabras de santa doctrina. Y quien pueda decirlas y mostrarlas a los demás, que lo haga; y quien pueda oírlas, que las oiga diligentemente, y las retenga, y escriba algo sobre santa doctrina [23]. Y quien no pueda hacer estas cosas, que preste por caridad algún servicio corporal especialmente a los amigos de Dios, y sobre todo a los pobres necesitados, puesto que, según la verdad evangélica, debe estar más dispuesto y solícito a visitarles y consolarles corporal y espiritualmente, y mayor placer procura a Dios quien consuela a los pobres que quien consuela a los ricos. Y quien hiciese lo contrario, falsearía la verdad del evangelio, porque, como dice Santiago,

---

[23] Esta exhortación a los fieles, incluso seglares, a escribir cosas piadosas, es un rasgo característico de los beguinos, y una de las cosas que más chocaba en su época.

Dios ha elegido principalmente a los pobres en este mundo, ricos en fe [24].

Y, si lo que hemos dicho no le va bien, haga al menos algún trabajo material que pueda ayudar a él mismo y al prójimo; pero sobre todo debe procurar cada uno que su molino muela trigo. El molino es el corazón de la persona, que continuamente pasa de pensamiento en pensamiento, de deseo en deseo; y el grano de trigo es nuestro señor Jesucristo, según está escrito en el evangelio de san Juan [25]. Por tanto, si el corazón piensa y desea lo que pertenece a Cristo, sin duda muele trigo, lo cual puede producir un perfecto alimento de vida; y si piensa en ambiciones o desea riquezas, molerá mijo; y si anhela placeres carnales, molerá fuego, estiércol o pez; y si desea algo con odio o de mala voluntad, molerá arena.

Y todos estos desastres sobrevienen rápidamente al corazón de quien anda errante, porque el enemigo, que conoce la comprensión de cada uno, al punto le tienta en aquel pensamiento o en aquel deseo a que más inclinado le ve por su comprensión. Y quien pudiese limitar y cerrar su corazón a pensar puramente en la dignidad de Jesucristo, esa ocupación del corazón sería la más alta y la más digna y la mejor de todas.

La segunda cosa que debemos evitar es la curiosidad, es decir el ansia y solicitud diligente de tener o de saber o de ver lo que no es necesario para esta vida ni ayuda a la salvación del alma. En consecuencia, el verdadero cristiano, de nombre y de hecho, debe preocuparse únicamente de estas dos cosas; puesto que todo

---

[24] *Jac.*, 2, 5.
[25] Cf. *Jn.*, 12, 24 y sigs.

lo demás es superfluo, el verdadero cristiano debe evitarlo, y, si no lo hace, falsea ciertamente la verdad del cristianismo, y se relaja, y se asemeja a los paganos. Por eso dice san Pablo que los discípulos de Cristo quieren únicamente la vida y el vestir [26], y con gran diligencia y cuidado cada persona que quiera llevar vida espiritual debe esquivar este vicio. Por este medio el diablo ha descarriado y lleva a la perdición a todo el pueblo cristiano, laicos, clérigos y religiosos. Y así, a los laicos y a los clérigos seculares les hace hacer lo que no es necesario para la vida ni útil para la salud del cuerpo ni del alma, como llevar oro, plata, perlas y otras piedras preciosas en el vestido, en el cinturón, en el calzado, o en las espuelas, en la silla de montar, en los frenos, o incluso en delicados trajes polícromos que usan. En un principio los cristianos no usaban estas cosas, pues sabían que eran vacuas y superfluas. Pero el uso de lo vano y de lo superfluo ha hecho caer al pueblo cristiano, sobre todo a los laicos y a los clérigos seculares, en la ardiente ambición de acumular y de multiplicar riquezas incluso por medios desordenados, como usura, estafa, engaño, simonía, latrocinio y cualquier otro vicio, con tal de poder mantener su vano y superfluo modo de vivir [27].

Y así como el diablo tiene engañado y descarriado a todo el pueblo cristiano mediante la curiosidad, cada estamento de él ha sido conducido por igual a la perdición mediante algún aspecto especial de ese vicio,

---

[26] Cf. *I Tim.*, 6, 8.
[27] La crítica abierta contra la ostentación de riquezas y el afán de lucro de los clérigos, tópica en la obra de Arnaldo, está en la base de sus utopías reformistas y, en el fondo, fue lo que le valió la condena de la Inquisición.

como por ejemplo los laicos y los que tienen hijos pequeños: a todos les ha hecho Herodes, pues todos matan a sus hijos espiritualmente, así como Herodes les mató corporalmente. En efecto, el verdadero cristiano debe enseñar a sus hijos únicamente a conocer y a amar a Jesucristo y a seguir sus pasos, para que vivan eternamente. Y si, mientras la mente de sus hijos es nueva, la llenan del licor celestial, apenas podrá luego corromperla el licor terreno. Pero ellos hacen todo lo contrario, y tan pronto como pueden les enseñan, cada uno según su estado, a conocer y amar el siglo, para que se esfuercen por procurarse y guardar los bienes de este mundo; de esta forma, si alguno se hace clérigo, lo hace principalmente para tener beneficio eclesiástico. Y es tal la ceguera que les infunde el demonio, que dicen que los tales niños serán hombres y mujeres de encumbrada posición que tendrán riquezas y honores en este siglo. De esta forma, les quitan la salvación y la vida eterna, pues estando inflamados de amor por este mundo, no pueden luego inclinarse a seguir la vida de Jesucristo, ni hablan de ello por devoción, sino por plegarse al proceder común.

Dos son los modos de curiosidad especial mediante los que descarría a los clérigos seculares: primero, aconsejándoles que acumulen, guarden y multipliquen riquezas y jurisdicciones temporales; y a ello les inclina bajo la apariencia de bien, dándoles a entender que con ello crecerá el culto y el honor de Dios en la Iglesia; y no conocen y no quieren conocer que eso es mentira y engaño, según lo dice la Escritura abiertamente en muchos lugares, y especialmente en Isaías y Jeremías, en Ezequiel y en el *Apocalipsis*. Y cuando les ha arrojado a esta curiosidad, con ocasión de ella les lleva al deseo y preocupación de aprender ciencias jurídicas, para regir y mantener los antedichos bienes temporales. Y así les aleja del estudio de la santa Escritura, en la cual y sólo en ella deben estudiar, por expreso mandato divino en muchos lugares; de esto les reprende en el evangelio de san Mateo, cuando dice: *Bien profetizó Isaías de vosotros diciendo: "Este pueblo me honra con los labios, pero su corazón está lejos de mí; y siguen las doctrinas de los hombres y no de Dios* [28]. Lo mismo les recrimina cuando dice a Pedro: *Eres piedra de escándalo, porque no sabes lo que es de Dios, sino lo que es de los hombres* [29].

Esta perversión está tan arraigada en los clérigos seculares como en los reyes y en los hijos de los reyes, a los que nunca faltarían numerosos jueces civiles y doctores en los juicios temporales, y, sin embargo, estudian en las leyes de los emperadores y en las constituciones y decretos papales, que contienen sólo saber o ciencia de las cosas humanas, y dejan a un lado el estudio de la santa Escritura, que contiene saber de las cosas divinas, y toda la sabiduría que una criatura debe amar y desear y procurar, y además toda elocuencia y toda regla de justicia. Y los que Dios ha hecho para que sean estrellas en el cielo o águilas en el aire, tratan de ser carbón en la tierra o topo, que sólo quiere saber lo que es de la tierra y quieren actuar como abogados en la corte temporal quienes Dios quiere hacer sus asesores en la corte celestial. Esta perversión fue simbolizada mediante el pozo que hizo Isaac para dar agua a toda

---

[28] *Mt.*, 15, 8-9; cp. *Is.*, 29, 13.
[29] *Mt.*, 16, 23.

su casa, y los palestinos por la noche lo llenaron de tierra [30]. En Isaac, que quiere decir "risa", es significado nuestro señor Jesucristo, que es risa y alegría de vida eterna, y ha hecho el pozo del corazón humano y del intelecto del hombre, del que debe manar agua de sabiduría celestial para abrevar la casa de Dios, es decir, los fieles, como afirma san Pablo [31], y los palestinos, es decir, los amigos de este mundo, lo llenan de ciencia terrena por la noche, es decir, en las tinieblas y en la oscuridad de la ignorancia y del error.

Ha engañado y descarriado a los religiosos mediante la especial curiosidad de estudiar las ciencias filosóficas, dándoles a entender que no pueden aprovechar en la santa teología si no son buenos filósofos; y les ha obnubilado tanto que no pueden ver ni conocer el engaño y la mentira. El engaño estriba en que el cristiano (según dice el apóstol) [32] debe aprender sólo ciencia de piedad, único medio de producir para sí y para los demás fruto de vida eterna, y esa ciencia consiste, como el mismo apóstol expone, en el saber y la ciencia de la verdad de Jesucristo. Y por eso dice a los corintios que no quiere mostrar ante ellos otro saber que el de Jesucristo crucificado [33].

Y esos religiosos no se contentan con la ciencia de los apóstoles, sino que participan de la ciencia de los paganos, pues todas las ciencias filosóficas son comunes a los paganos, que las tuvieron antes que los cristianos. Pero la ciencia propia de los cristianos es aque-

[30] *Gen.*, 26, 15.
[31] *Heb.*, 3, 6.
[32] Vd. *I Tim.*, 4, 8, p 6, 20.
[33] *I Cor.*, 2, 2.

lla por la cual el hombre agrada y complace a Dios y mediante la cual crece su amor a Él. Es indiscutible que no por saber filosofía es el hombre más amigo de Dios, sino antes bien, más aficionado a discutir, a charlar y a protestar, y más mordaz, altivo e hipócrita. Y por esta razón les recrimina Jesucristo en el evangelio de san Mateo cuando dice *Ay de vosotros, hipócritas, que recorréis el mar y la tierra,* es decir, los clérigos y los laicos seculares, *para hacer un novicio de vuestra orden y cuando lo habéis logrado, le hacéis mayor hijo del diablo que vosotros* [34]. En efecto, si el novicio es listo y de linaje rico, no sólo le harán estudiar filosofía tres o cuatro años, sino diez o doce, y de esta forma, en lugar de mostrarle, como es su deber, la ciencia que le haría hijo de la gracia y de gran devoción, le llenan la cabeza de viento y de paja, haciéndole hijo de ira y fuente de vanidad. Luego, cuando le han hecho lector en teología o predicador, se esforzará sólo por ordenar y urdir, como dice Isaías [35], sutilidades filosóficas en lecciones, en disputaciones, y en sermones y pláticas, para ser alabado y tenido por gran maestro o por gran clérigo.

Por dos cosas es, para los que saben reconocer la verdad de Jesucristo, manifiesta esta mentira. Primeramente, a la vista de los apóstoles y de innumerables discípulos, hombres y mujeres, que nunca estudiaron filosofía, y supieron más de verdadera teología que todos los maestros actuales, por gracia y por infusión del Espíritu Santo, el cual, como claramente dice san Pedro

---

[34] Vd. *Mt.,* 23, 15; "interpretat per Arnau a sa manera" (BATLLORI, *o. c.,* 448).
[35] *Is.,* 19, 9.

en los *Hechos de los Apóstoles,* y san Juan en sus epístolas [36], concede Dios a todos los fieles. Y san Pablo añade que Dios da a cada uno en la medida en que debe ayudar o en la que quiere que produzca fruto [37]. En segundo lugar, porque dice san Juan en el *Apocalipsis* [38] que el libro de la santa Escritura contiene secretos puestos por Dios e impenetrables para la inteligencia, y que solamente Jesucristo puede abrirlo y cerrarlo a quien quiera. En consecuencia, es mentiroso quien afirma o da a entender que mediante la filosofía comprende el hombre los secretos de Dios o de la santa Escritura.

Queda, pues, evidenciado que el diablo ha desviado ingeniosamente a todo el pueblo cristiano de la verdad de Jesucristo, y lo ha dejado vacío, sin otra cosa que la piel, es decir, la rutinaria apariencia eclesiástica, cuya fe es (como dice Santiago) [39] igual que la del diablo, que sabe bien y cree que Jesucristo es Verdad, pero no haría nada de lo enseñado por Él. Y por eso Jesucristo compara al pueblo cristiano de este tiempo con un odre puesto sobre escarcha, porque dentro no tiene humor de gracia ni espíritu de vida, y por fuera está estropeado y roto, sin que sea posible echar nada en él ni calentarlo, ya que ninguna caridad lo calienta. Y por eso lleva a todos al infierno, según lo afirma Isaías cuando dice que el infierno se ha ampliado para recibir a los mayores y a los menores del pueblo que se jactaba de ser pueblo de Dios [40].

---

[36] Cp. *I Jn.,* 2, 20-27.
[37] Cp. *Ef.,* 4, 7.
[38] Cp. *Ap.,* 5.
[39] Cp. *Jac.,* 2, 14-25.
[40] *Is..* 5, 14.

Hemos declarado, pues, lo que deben observar y lo que deben evitar cuantos quieran llevar vida espiritual y de verdaderos cristianos. Deben, en suma, guardar siempre tres palabras de la santa Escritura. La primera es la que dice san Juan en su primera epístola: *Hijitos, no queráis amar el mundo y las cosas del mundo, puesto que quien ama el mundo no tiene en sí la caridad de Dios* [41]. La segunda está en la epístola de Santiago, cuando dice a los falsarios de la verdad cristiana: *Adúlteros, sabed que quien quiera ser amigo de este mundo se hará enemigo de Dios* [42]. La tercera palabra está en el Padrenuestro, cuando dice: *Hágase tu voluntad, como en el cielo, en la tierra* [43], en la que se da a entender que cada persona que quiera vivir y progresar en la verdad del cristianismo o de la vida espiritual debe en todos los aspectos y en todas las cosas conformar su voluntad con Dios; por eso no debe estar ansioso o preocupado por saber lo que ocurrirá, ni lo que Dios hará en él o en los demás, o quién será papa o emperador [44]; hágase la idea de que todos somos asnos propiedad de nuestro Señor, que puede mandarnos al molino, o a por leña, o a llevar piedras o arena o lo que

---

[41] *I Jn.*, 2, 15.

[42] *Jac.*, 4, 4.

[43] *Mt.*, 6, 10.

[44] Batllori indica (*o. c.*, pp. 404 y 453), probablemente con razón, que éste es un buen indicio para fijar la cronología de esta obra, viendo en él un reflejo de la problemática situación, planteada durante el pontificado de Clemente V, a propósito de la elección de Enrique VII de Luxemburgo. Entre la muerte de Alberto I (1 de mayo de 1308) y la elección de Enrique VII (27 de octubre de 1308), habrá verosímilmente que situar la composición de este opúsculo.

a Él le plazca, y por todo debe estar alegre y contento,
y decir: *Señor, no quiero que se haga mi voluntad, sino
la tuya, por los siglos de los siglos, amén.*

(ARNALDO DE VILANOVA: *Escritos condenados por la
Inquisición.* Ed. de Félix Piñeiro. Madrid 1976.)

FUENTES Y ESTUDIOS

ARNALDI VILLANOVI, *Philosophi et medici summi, Opera omnia* (Basilea 1585). Contiene las obras médicas y las alquímicas,
y aunque es la mejor entre las renacentistas, dista mucho de
ser edición crítica; M. BATLLORI, *Arnau de Vilanova. Obres
catalanes,* I (Escrits religiosos) y II (Escrits médics) (Barcelona
1947), con prólogo de J. Carreras Artau; Id., *Les versions ita-
lianes medievales d'obres religioses de mestre Arnau de Vilanova,* "Archivo Italiano per la Storia della Pietá", I (Roma
1951), 397-462; Id., *Orientaciones bibliográficas para el estudio de Arnau Villanova,* "Pensamiento", 311-23 (excelente para
información bibliográfica arnaldiana); NICOLÁS ANTONIO, *Bibliotheca Hispana Vetus,* II (Madrid 1788), 112-19; B. HAU-
REAU, *Arnauld de Villaneuve, médicin et chemiste,* "Histoire
Littéraire de la France" 28, 1881, 26-126; M. HAVEN, *La vie
et les oeuvres de maître Arnaud de Villeneuve,* ib., 1896;
E. LALANDE, *La vie et les oeuvres de maître Arnaud de Villeneuve* (París 1896) (poco crítico, pero con muchos datos); J. CA-
RRERAS ARTAU, *La llibreria d'Arnau de Vilanova,* "Anal. Sacra
Tarrac." 9, 1935, 63-84; Id., *Les obres teològiques d'Arnau de
Vilanova,* "Anal. Sacra Tarrac." 10, 1936, 217-31 (registra todos los manuscritos, indicando los códices en los que se encuentra y las ediciones disponibles. Estudio de gran importancia); Id., *La patria y la familia de A. de Vil. A propósito de
un libro reciente,* "Anal. Sacra Tarrac." 20, 1947, 5-75; Id.,
Arnaldo de Villanova, apologista antijudaico, "Sefarad" 7, 1947,
49-61; Id., *La Allocutio super Tetragrammaton de Arnaldo de
Villanova,* "Sefarad" 7, 1947, 75-105 (edición bien cuidada);

Id., *Del epistolario espiritual de Arnaldo de Villanova,* "Estudios Franciscanos" 49 (Barcelona 1948), 79-94, 301-406 (excelente selección de textos); Id., *L'epistolari d'Arnau de Vilanova* (Barcelona 1949), bastante completo para la correspondencia arnaldiana; Id., *La polémica gerundense sobre el Anticristo entre Arnau de Villanova y los dominicos,* "Anales del Instit. de Estudios Gerundenses" 5, 1950, 1-58; Id., *Relaciones de Arnaldo de Vilanova con los Reyes de la casa de Aragón* (Barcelona 1955); Id., *Un proyecto de edición crítica de las obras espirituales de A. de V.,* "Ciencias" (Madrid 1955), 181-88 (el proyecto está en marcha y ya ha aparecido el tomo I); Id., *Expositio super Apocalypsi* (Barcelona 1971); H. FINKE, *Aus den Tagen Bonifaz VIII* (Münster 1902); F. EHRLE, *Arnaldo de Vilanova ed i "Tomatiste",* "Gregor." 1, 1920, 475-501; H. FINKE, *Acta Aragonensia,* I (Berlín-Leipzig 1908), 450 ss.; II, 694-99, 701 ss., 870-79, 884-86 ss., 890-98; P. DIPGEN, *Arnald von Villanova als Politiker und Laientheologe* (Berlín 1909); J. POU Y MARTÍ, *Visionarios, Beguinos y Fraticelos catalanes* (Vich 1930), 34-99; MARTÍ DE BARCELONA, *Regesta de documents arnaldins coneguts,* "Estudis franciscans" 47, 1935, 261-300 (catálogo cronológico superior a los inventarios precedentes); M. MENÉNDEZ PELAYO, *Historia de los heterodoxos españoles* (ed. nacional) (Madrid-Santander 1947). Contiene muchos documentos; R. VERRIER, *Etudes sur Arnaud de Villeneuve (1240?-1311)* (Leiden 1947-1949), 2 vols. Estudia sobre todo el *Breviarium,* y sus razones no son siempre convincentes; M. DE RIQUER, *Un nuevo manuscrito con versión catalana de Arnau de Vilanova,* "Anal. Sacra Tarrac." 22, 1949, 1-20; J. M. MILLÁS VALLICROSA, *Nota bibliográfica de las relaciones entre Arnaldo de Vilanova y la cultura judía,* "Sefarad" 16, 1953, 149-53; S. DE LES BORGES, *Arnau de Vilanova, moralista* (Barcelona 1957); M. DE MONTOLIU, *Ramon Llull i Arnau de Vilanova* (Barcelona 1958). A pesar del título, sólo trata de pasada de la relación entre ambos autores; R. MINGHETTI, *Sulla conservazione della memoria di Arnaldo de Vilanova,* "Pagine di Storia della Medicina" 4, 1960, 46-57; L. DULIEU, *Arnaud de Villeneuve et la médecine de son temps,* "Montpellier Médicale" 62, 1963, 29-49; J. A. PANIAGUA, *El maestro Arnau de*

Vilanova médico (Valencia 1969); Id., *Vida de Arnaldo de Vilanova*, "Archivo Iberoamericano de historia de la Medicina y Antropología médica" 3, 1951, 3-83. Excelente biografía; *Arnaldo de Vilanova. Escritos condenados por la Inquisición*, preparado por Félix Piñero (Madrid 1976); M. BATLLORI, *El Pseudo-Lull y Arnau de Vilanova* (1240-1313). *Notas de manuscritos italianos*, "Bolleti de la Societat Arqueologica Lulliana" 28, 1942-1943, 441-58; Id., *Arnau de Vilanova en Italia 1267?, 1276?*, "Anal. Sacra Tarrac." 23, 1950, 83-191; R. VERRIER, *Etudes sur Arnau de Villeneuve, 1240?-1311*, II (Leiden 1949); R. MANSELLI, *Arnaldo da Vilanova e i papi del suo tempo tra religione e politica*, "Studi Romani" 7, 1959, 146-61.

INFANTE DON JUAN MANUEL

Nació este célebre personaje en Escalona (Toledo) en 1282. Era nieto de S. Fernando y sobrino de Alfonso X el Sabio. Muy jóven quedó huérfano, pero gozó de la protección de Sancho IV. Desempeñó altos cargos políticos y tomó parte en las sangrientas luchas entre la nobleza. Con no mucha honradez se inclinaba en estas contiendas a favor de sus propios intereses. En 1340 tomó parte activa en la batalla del Salado, y en la conquista de Algeciras en 1344. En la ancianidad se recluyó en Peñafiel en el convento dominicano fundado por él. Murió hacia 1349.

A pesar de su vida agitada, encontró tiempo para escribir. Espíritu verdaderamente refinado, se retiró a dicho monasterio para cuidar el estilo de sus obras. D. Juan Manuel es el primer escritor patrio que se preocupa de un estilo literario propio. Con el fin de que no se adulterasen sus obras, y después de haberlas limado, las depositó en el monasterio de Peñafiel; un incendio, sin embargo, las destruyó.

Su herencia literaria es abundante. Escribe con claridad a pesar de su esfuerzo por la síntesis. En el aspecto doctrinal encontramos en D. Juan Manuel un sistema de enseñanza moral para las distintas etapas del hombre. Su moral es básicamente cristiana, si bien en política puede ser considerado como un precursor de Maquiavelo.

A D. Juan Manuel le preocupa el hombre con sus problemas morales y, sobre todo, el problema de su eterna salvación. Este tema es el eje de sus escritos, que por lo mismo

tienen un matiz básicamente didáctico. Es el mejor representante de la prosa castellana en el siglo XIV.

TEXTOS

*1. Este primer texto es una defensa de Santo Domingo y
de su Orden con una exagerada apología, tal vez por agradecimiento. Pondera el criterio ecuánime de la Regla del obispo
de Hipona. Aborda con una perspectiva teológica la obligación
de la Regla y Constituciones, ofreciendo una solución satisfac-
toria. Da pruebas de conocimientos teológicos.*

LIBRO DE LOS FRAILES PREDICADORES

"Julio, dijo el infante, pues me habedes fablado en
los estados de los clérigos que son regulares, ruégovos
que me fabledes de aquí adelante en los estados de las
órdenes e religiones." "Señor infante, dijo Julio, como
quier que las órdenes e religiones son muchas e muy
antiguas e muy santas, sabed que dos órdenes son las
que al tiempo de agora aprovechan más para salvamiento de las almas e para ensalzamiento de la santa fe católica; e esto es porque los de estas órdenes predican
e han mayor afacimiento con las gentes, e son las de
los frailes predicadores e de los frailes menores; e como
quier que amas comenzaron en un tiempo, pero que comenzó ante la de los predicadores, e por ende vos fa-
blaré primero en ella. Señor infante, dijo Julio, esta orden de los predicadores fizo Santo Domingo de Caleruega, e bien creed que como quier que muchas órdenes
hay en el mundo muy buenas e muy santas, que según
yo tengo que lo es ésta más que otra orden; e non digo

esto por decir ninguna mengua de las otras nin contra
ellas, ni aun teniendo que esta orden haya más estrecha
regla ni más áspera que las otras porque deba ser más
santa, ca sin duda muchas más asperezas ha en las reglas de otras órdenes; mas dígolo por algunas cosas
maravillosas de gran entendimiento que Dios puso en
Santo Domingo e en los otros santos frailes, e si Dios
toviere por bien, yo vos lo mostraré adelante. E, señor
infante, porque sepades alguna cosa de esta orden, de-
cirvos he cuál fue la razón por que fue comenzada. Así
acaeció que un rey de Castiella que fue muy santo e
muy bienaventurado que hobo nombre don Ferrando, el
que ganó el Andalucía, e fue abuelo de don Joan, aquel
mío amigo, seyendo ya en tiempo de casar, envió el
obispo de Osma por aquella doncella que había a ser
su mujer, e era fija del rey Felipe de Alemaña, e hermana del emperador Fadrique; a este obispo, cuando
fue por aquella doncella, levó consigo a Santo Domingo
de Caleruega, que era entonces superior de Osma, que
era muy buen home e muy buen clérigo e de muy santa
vida, e era de Caleruega, e su padre había nombre don
Felices e su madre doña Juana; e yendo el obispo por
su camino, llegó a tierra de Tolosa e falló que era y
tanta la herejía, que ya manifiestamente pedricaban los
herejes como los cristianos. Cuando Santo Domingo esto
vio, pesol ende muy de corazón, e como santa criatura
de Dios puso en su talante de fincar en aquella tierra
por servir a Dios contra aquellos herejes; e como sería
muy luenga cosa de contar todo como acaeció, non vos
diré aquí ende más salvo tanto que fizo allí mucho servicio a Dios e ordenó esta orden e tomó la regla de
Santo Agostín; pero aquélla tenía él ante, e era canó-

nigo regular, e confirmógela el Papa, e porque la razón
de la su orden fue para pedricar a los herejes, ha nombre esta orden de los pedricadores; e como quier que
muchos homes de religión e seglares pedrican, non han
ningunos nombres de pedricadores sinon los de esta orden; e ellos son enquesidores de los herejes, e esta
orden es de pobreza e deben pedir por amor de Dios,
e non han de haber pro, nin todos en uno, nin cada
uno por sí; e porque Santo Domingo ge lo ordenó, e
los santos homes que y fueron eran muy cuerdos e muy
entendidos, catando lo que adelante podría acaecer,
quisieron escoger regla que todo home la pudiese mantener, e que fuese cosa sofridera con razón; pero sobre
la regla fecieron e facen constituciones que facen la
orden muy más áspera que la regla; pero porque en
toda orden son los frailes tenidos de faver voto e jurar
de guardar la regla que toman, e pues voto e jura facen, si non lo guardaren bien, podedes entender en cuál
estado están. Por ende Santo Domingo quiso escoger
tal regla a que facer voto que todo home la pueda guardar, e a esto facen el voto, e las constituciones son por
su buen talante; pero non facen voto nin jura de las
guardar so pena del voto; ante dicen en su regla: queremos que las nuestras constituciones non nos obliguen
a la culpa, si non a la pena, así que seamos libres, mas
no como siervos; pero ficieron voto de guardar tres
cosas, que son: castidad, e obediencia, e pobredad. E a
esto se obligaron por dos razones: la primera que todo
home que estas tres cosas non guardare en la manera
que las debe guardar, peca mortalmente; e non enten-
dades que digo que todo home debe guardar simplemente estas cosas, mas digo que todo home que las non

guardare como debe peca mortalmente, e todas las debe
guardar, mas non todas en una manera. E por ende las
puso Santo Domingo en su regla, porque aunque las non
pusiese, puestas deben ser, pues pecarían si las non guar-
dasen; e ésta es la una razón. La otra es, que pues que
orden tomaban, conveníales de facer voto de guardar
algunas cosas más estrechamente que los otros homes
que non se obligan a ninguna orden. E bien creer, señor
infante, que como quier que todos los buenos dichos
e buenos fechos vienen por gracia del Espíritu Santo,
que non tan solamente esta manera fue dicha por el
Espíritu Santo, ante creo que fue dicha por la gracia
de toda la Santa Trinidad que es Dios Padre e Fijo
e Espíritu Santo; ca en esta palabra mostró Dios Padre
su poder, e Dios Fijo su saber, e Dios Espíritu Santo
su talante, e en esta palabra se muestran los siete dones del Espíritu Santo, que son espíritu de sapiencia,
de entendimiento, de consejo, de fortaleza, de ciencia,
de piedad, de temor de Dios; e en estos siete dones del
Espíritu Santo se muestran las siete virtudes, que son
las cuatro cardenales e las tres teológicas. Las cuatro
cardenales son: prudencia, justicia, fortaleza, templanza; las tres teológicas son esperanza, fe, caridad. A estos siete dones de Espíritu Santo responden las siete
virtudes teológicas e cardenales, e responden en esta
guisa: a las tres que son teológicas, pongo primero porque son más allegadas a la vida activa; e la manera
cómo las virtudes teológicas responden a las tres del
Espíritu Santo es ésta: a la esperanza responde el temor de Dios; a la fe responde la ciencia; a la caridad
responde la sapiencia. E la manera cómo las cuatro virtudes cardenales responden a los cuatro dones del Es-

píritu Santo es ésta: a la prudencia responde el consejo; a la justicia responde la piedad; a la fortaleza responde la fortaleza; a la templanza responde el entendimiento; e por que lo podamos mejor entender decírvoslo he bien declaradamente. Señor infante, en esta santa y bendita palabra fallo yo tres partes; la una dice "queremos", la otra dice "que las nuestras constituciones non nos obliguen a culpa"; la otra que dice "si non a la pena". En esto que dicen "queremos" se muestra el poder complido que es puesto a Dios Padre; ca en cuanto dice "queremos" se da a entender que puede facer lo que quisiere; e non le pone en consejo diciendo: acordamos esto, mas dícelo pudiendo lo facer; ca nunca dice ninguno: esto quiero facer, sinon el que lo puede facer. Pues ya se muestra el poder complido que es puesto a Dios Padre. Otrosí muestra la sabiduría complida que es puesta a Dios Fijo en lo que dice "non nos obliguen a culpa"; ca en el mundo non puede seer tan grand sabiduría como ganar la gloria de paraíso, e foir de las penas del infierno, pues cierto es que si home por lo que ficiere non fuere obligado a la culpa, que non ha razón por qué haya el infierno. E, señor infante, debedes saber que la diferencia que ha entre culpa e pena es ésta: por la culpa es home en la ira de Dios, mas es obligado a pena de penitencia en este mundo; e si aquí non lo cumple, halo de complir en el purgatorio, pues cierto es que todo home que non vaya al infierno, que tarde o aína a la gloria del paraíso ha de ir. Pues parad mientes si fue grand sabiduría decir tal palabra por que gane el paraíso e sea guardado del infierno; ca todas las sabidurías e todas las ciencias no son para otra cosa sinon porque a la fin de todo por las ciencias puede ha-

ber home la gloria del paraíso. Pues ya se muestra la
sabiduría complida de Dios Fijo; otrosí se muestra el
buen talante complido que es puesto a Dios Espíritu
Santo, en que dice "si non a la pena"; ca en el mundo
non puede ser mejor talante que librar home de un mal
muy grande por otro daño pequeño; pues si el home es
partido de la pena del infierno por ayunar un día a pan
e agua o por una disciplina, parad mientes si es este
grand buen talante complido que es puesto a Dios Espíritu Santo. E agora, señor infante, tengo que con razón complida vos he mostrado que en esta palabra sola
se muestran todas las cosas que pertenecen a la Trinidad, que son poder complido e sabiduría complida e
buen talante complido; pues parad mientes si hobo
grand mejoría de todos los estados del mundo e de
todas las órdenes el que tanto sopo acabar por una palabra. Otrosí en esta bienaventurada e sabia e provechosa palabra se muestran los doce dones del Espíritu
Santo, en los cuales doce dones se muestran las siete
virtudes teológicas e cardenales, como ya desuso es dicho, e la manera en cómo estos siete dones e estas siete
virtudes se muestran en esta santa palabra, decírvoslo
he segund lo yo entiendo, e comenzaré en el temor de
Dios, que es el uno de los dones del Espíritu Santo. La
palabra dice: queremos que las nuestras constituciones
non nos obliguen a culpa sinon a pena; así que seamos
como libres, más non como siervos. El temor de Dios
se entiende en aquello que dice "que non nos obliguen
a culpa, sinon a pena", ca bien debedes entender que
por el temor de Dios responde la virtud de la esperanza, pues recelando la su saña non se quisieron obligar
a caer en la de Dios por yerro que pudiesen emendar

sin muy grand pena. Otrosí se entiende y la esperanza,
ca guardándose de caer en saña de Dios son en esperanza de haber la su gracia que es la gloria del paraíso.
La ciencia se entiende en aquello que dice "que las
nuestras constituciones", ca vos entendedes que la ciencia que responde a la virtud de la fe que es muy grande,
ca muy grand ciencia es saber ordenar pena convenible
e con razón a todos los yerros que cualquier fraire fe-
ciese, que guardando las constituciones como debe, o si
alguna les menguase, compliendo aquella pena que les
fuese puesta por aquel que ge la puede dar, e aun esto
fue ordenado con muy grand ciencia; ca en la orden de
los pedricadores el prior del convento a cualquier fraire
sacerdote a que lo acomiende a pedricar puede dar penitencia a absolver al fraire que cayese en yerro, también
de las cosas de la regla como de las constituciones, lo
que muchas órdenes non han, e por ende que non cae-
ríen en ninguna culpa. Otrosí han fe cierta e verdadera
que guardando la regla e las constituciones como deben,
que les fincará en salvo de haber los merecimientos que
han ganados, guardando como se debe toda su orden.
Otrosí la sapiencia a que responde la caridad se muestra en aquellos que dicen a culpa; e sin dubda podedes
entender que ésta fue grand sapiencia: poder el fraire
catar manera por que con razón e faciendo emienda,
asaz ligeramente pued ganar la gloria del paraíso e seer
sin recelo del infierno. Otrosí fue gran caridad en poder
fallar acorro a tan grand coita; ca si es caridad gobernar al fambriento, muy mayor caridad es acorrer al home
con pequeña premia tal acorro por que non vaya al infierno do ha tanto mal e tanta laceria para siempre. A
estos tres dones del Espíritu Santo responden las tres

virtudes que son teológicas, como es dicho, e a los cuatro dones responden las cuatro virtudes cardinales; a consejo a que responde la prudencia se entiende en aquello que dicen, "non como siervos"; e esto podedes bien entender que fue buen consejo saber escoger tal estado e decir tal palabra por que sea el fraire libre del poder del diablo; e esta fue la mayor prudencia que nunca puso seer segund aquí se dice. Otrosí la piedad a que responde la justicia se muestra en aquello que dicen "sinon a pena"; e ciertamente ésta fue gran piedad, ca si home tiene que es piedad dolerse de cualquier que está en cuita, muy mayor piedad es dolerse de cualquier que puede perder el alma. Otrosí es y la justicia; ca si justicia non es matar nin facer mal a ninguno, mas justicia es facer a cada uno lo que merece, pero siempre es justicia gualardonar el bien fecho complidamente e acaloñar el yerro con piedad e non tanto como merece; pues bien fue en esto guardada la justicia, ca por el bien fecho gana el fraire tan grand gualardón como el paraíso, e el yerro de las constituciones le es perdonado por penitencia que puede muy ligeramente complir, e non toma la pena duradera. Otrosí la fortaleza se muestra con aquello que dice "queremos", ca en diciendo queremos, se muestra que han fuerza e poder para tomar lo provechoso e dejar lo que les es grand daño. Otrosí el entendimiento a que responde la templanza, se muestra en aquello que dice "que seamos libres"; e bien tengo que non puede ser mayor entendimiento que guardarse el fraire en tal manera que pues Dios le libró por el bautismo del pecado original e por la su encarnación e pasión del pecado en que nuestro primero padre Adam cayó, que non faga nin diga al fraire cosa por que pierda ésta. Otrosí se muestra y la templanza, pues ha de facer penitencia temprada, si errase non guardando como debe las constituciones de la orden. Agora, señor infante, vos he dicho en cómo, segund yo tengo, que en esta palabra que dice "queremos", e que fue dicha por gracia especial de toda la Santa Trinidad, e que se entienden e se muestran en ella los siete dones del Espíritu Santo a que responden las siete virtudes; e aun tengo que puedo decir comparando esta palabra a la bienaventurada Virgen Santa María, en lo que santa Iglesia dice de ella. ¡Oh Virgen Madre de Dios! ¡Aquel home que en todo el mundo non pudo caber se encerró en el tu vientre! E tengo que a comparación de esto pueden decir que la bondad de Dios fue tamaña, que quiso mostrar esta palabra, e que en ninguna otra non se podría tanto mostrar el fecho de la piedad de Dios. Otrosí tengo, e es mi entención, que tan grande es el amor que Dios ha a esta orden que quiso poner a sí mismo e al su poder de non les poder más bien facer de cuanto les hizo en esta palabra, señaladamente si los fraires adrede e a mal facer non quisieren perder las almas. Por esta palabra son ayuntados a la gloria del paraíso, e son partidos de las penas del infierno; ca por las asperezas que son en las constituciones, demás de la regla son muy aparejadas a la gloria del paraíso tanto más que en cualquier otro estado; e por errar en las constituciones non son obligados a la pena del infierno. E por aventura algund home dirá que non digo verdad en esto que digo: que Dios que probó el su poder en que non pudo más bien facer en esta orden para salvamiento de las almas, ca más bien las ficiera en querer que nunca pecasen; e a esto respondo yo que en esto

non les ficiera bien, ante les ficiera mal, ca los privara
del libre albedrío, e si nunca pecaran non podría desmerecer, e si non pudieran desmerecer, non pudieran
merecer, e non les toviera pro cuanto bien facen, nin
cuanta lacería toman en servicio de Dios trabajando en
su orden: e así tengo que es verdad esto que yo digo.
E por todas estas razones dichas, e por otras muchas
bondades que ha en esta dicha orden que aquel mio entendimiento non alcanza de las contar ni de las entender nin de las saber todas, tengo que ésta es la orden
e la regla e la religión del mundo más aparejada para
se salvar en ella los que la bien mantovieren, e ser más
guardados de caer en caso por que puedan perder las
almas; e si alguno quisiere decir contra esto que he
dicho, ruego yo a los fraires que agora son e serán de
la orden que defiendan estas mis razones, ca pues verdaderas son, muy ligeramente se pueden defender; ca
todo esto que yo digo todo se puede mostrar por la
Santa Escriptura e como quier que yo non so letrado,
yo me obligo defender en toda la mi vida con razones
verdaderas todo lo que yo he dicho. E, señor infante,
pues yo he dicho esto que entiendo en la orden de los
predicadores, ruégoles que pues tanta merced les fizo,
que quieran parar mientes cuánto encargados son para
ge lo conocer, e que quieran guardar e preciar mucho
su orden, e que paren mientes, como dice la su regla,
que si las cosas pequeñas menospreciamos, que poco a
poco iremos cayendo; e otrosí les ruego que castiguen
bien e non sean muy piadosos contra los malos fraires,
e non cuiden que por encobrir el yerro e la maldad del
mal fraire será mal guardada la orden de mala fama;
ante crean ciertamente que esto sería ocasión para venir

ende muy mayor daño; ca cierto es que la ligereza del perdón da esfuerzo de pecar. E sobre todo ruego e pido a los fraires de la provincia de España, que pues que Santo Domingo que fizo esta orden fue de Castiella, e por reverencia del prior provincial de España es el más honrado por toda la orden, e en todo el mundo tienen que Castiella fue cabeza e comienzo de la orden, que rueguen a Dios que trabajen cuanto pudieren por que la provincia de España adelante en ciencia a en buenas vidas en servicio de Dios e aprovechamiento de la orden e de las gentes, e señaladamente en ensalzamiento e defendimiento de la santa fe católica que es razón por que esta orden fue fundada. E nuestro Señor por la su santa piedad e por los merecimientos de Santa María su Madre e de Santo Domingo e de los otros santos que son en la gloria del paraíso, lo quiera así complir. Amén.

(Del *Libro de los fraires predicadores,* de don Juan Manuel. Ed. B. A. E. [Gayangos], págs. 364-367.)

2. *Algunas personas honradas y muy letradas, nos dice D. Juan Manuel, que ponían en duda si Santa María estaba en el cielo con cuerpo y alma. Dolido por tal duda y empujado por el celo, escribe esta obra en la que,* racionalmente, *quiere demostrar la veracidad del dogma y la creencia de entonces. Es la razón teológica de Santo Tomás, cuya doctrina él conocía. La santidad de María, mayor que la de ninguna otra criatura, su maternidad divina, y la doctrina de la Iglesia avalan la doctrina asuncionista, según la pluma del Infante Don Juan Manuel. Es curioso observar cómo el escritor afirma que la Señora nunca erró ni en poco ni en mucho y nunca cayó en pecado. La ausencia del pecado personal en María está clara*

*en el texto, pero ¿hay alguna alusión a la carencia de pecado
original? Es éste el trabajo más breve del autor y el último
que salió de su pluma. Recibe distintos nombres. Algún autor
lo denomina* Tratado de Masquefa *por estar dedicado a Fr. Ramón Masquefa; otros, con el de* Tratado de la Beatitud. *Su
nombre más adecuado es* Tratado de la Asunción de la Virgen
María, *precisamente por su contenido. Es el que nosotros se-
guimos.*

TRACTADO EN QUE SE PRUEBA POR RAZÓN QUE SANTA MARÍA ESTÁ EN CUERPO E ALMA EN PARAÍSO

Don fray Remón Masquefa: yo don Joán, vuestro
amigo, vos fago saber que seyendo yo una vegada en
Valencia con el rey don Jaime, mío suegro, fablando sobre algunas cosas de nuestra facienda que acaeció el
hecho así, que me hobo a decir que una de las peores
cosas que el home podía haber en sí era non se sentir.
E díjome más, que por esta razón la peor dolencia del
mundo era la gafedad, porque así amortigua aquel logar
do llega la gafedad, quel facía perder el sentimiento. E
por ende el home que non se sintía que era hascas
como gafo, ca así como non sintía cuando le facían alguna cosa de que se debía agraviar, que así non sentía
cuandol ficiesen algún bien que debiera gradecer, pues
el home sin gradecimiento del bien quel facen, e sin
sentimiento del mal que recibe, con razón por peor es
que las bestias; e las animalias todas se sienten del mal
que reciben, e gradecen et conocen el bien que les facen.
E tengo yo que tan grand cosa es este sentimiento, que
debe llegar home a sentirse de todo mal que sea fecho
o dicho contra su prójimo. E esto debe ser segund más

e segund menos; ca segund fuere el debdo mayor, tanto debe seer mayor el sentimiento; e pues pocos debdos ha mayores que entre señor e vasallo, señaladamente si el vasallo ha recebido muchos bienes del señor, paréceme que si oye alguna cosa que sea mengua de aquel señor, que es muy desconocido e muy sin sentimiento si non se sintiere ende mucho. E tengo que todo cuanto pudiere decir e facer por mantener e lavar adelante la fama e la honra de su señor con verdad et non mirando al que lo debe facer. E tengo que lo debe facer en dos maneras: la primera , diciendo e mostrando cuantas buenas razones pudiere para desfacer aquellas cosas que dicen contra su señor, e enfestar la razón porque la fama e la honra de su señor pueda ir adelante. E la segunda, poniendo el cuerpo a cualquier peligro o muerte, si menester fuere, por defender con verdad lo que dicen o facen contra su señor. E tal sentimiento como éste llaman en latín en la Santa Escritura *zelus,* e de esto se dice *zelus domus tuae comedit me*[1], que quiere decir: "el celo de la tu casa me come". Otrosí dice en otros lugares *zelator zeli Dei,* que quiere decir: "Celador del celo de Dios", e en otros logares alabando a algunos dice: *Fecit tanquam zelator fidei,* que quiere decir: "fulán fizo así como celador de la fe católica". E debedes saber que entre celo et celo que hay esta diferencia: *celo* tómase por buena entención, ca siempre se entiende por el que ama de buen amor, e querría que aquella persona que ama acertase siempre en lo mejor, e pesaríele ende mucho, si él mismo nin otri ficiese ninguna cosa por que el su fecho nin la su fama re-

---

[1] *Ps.,* 68, 10.

cibiese ninguna mengua. Tal como esto llaman *celo;* mas
el celo nunca se toma por buena razón, e segund la gramática, celoso es mala significación que a error viene;
e así por al que ha *celo* dicen celoso, mas por el que
ha *celo* non dicen celoso, mas celador, que se toma
siempre por buena sinificación, ca celo verdaderamente
non se dice por ál sinon cuando el marido o el pariente
que lo debe facer veeye o entiende tal cosa en su mujer
o en su pariente de que puede venir grand menosprecio
o grand mengua en su buena fama. Pero tiene que como
quier que esto es mal, que seríe muy peor si el marido
o el pariente que lo debe facer fuese tan sin celo de su
mujer o de su parienta que non diese más por lo uno
que por lo ál. Mas el celo que se toma siempre e se
entiende por buena razón e por buena entención, éste
debe home siempre tener en su corazón e en su voluntad. E si este buen celo debe home haber de sí mesmo
o de su prójumo o de su señor, segund más o menos,
como desuso es dicho, por como fueren los debdos a
que el home fuere tenido de haber este buen celo, tengo
que entre todas las otras criaturas que en el mundo fueron criadas, non ha ninguno del cuerpo de Jesucristo
en afuera, a que tanto los homes sean tenudos, e señaladamente los cristianos de haber este buen celo como
de la Virgen bienaventurada, nuestra Señora e nuestra
Madre e nuestra Abogada Santa María. E entre todos
los pecadores tengo que só yo más tenudo a esto por
muchas razones que non quiero poner en este librete;
e por ende vos digo que el otro día que era la fiesta de
la Asumpción a que llaman acá en Castiella Santa María de agosto mediado, oí decir a algunas personas honradas e muy letrados que algunos poníen dubda si era

Santa María en cuerpo e en alma en paraíso. E bien vos digo que hobe de esto muy grand pesar, e movido por este buen celo dicho, como quier que entiendo que siendo tan pecador como yo só, e tan menguado de letradura e de buen entendimiento natural, que es grand atrevimiento e más mengua de entendimiento que ál, e aun entendiendo que según el mío estado que me cale más fablar en ál que en esto; pero por el gran pesar que hobe de esto que oí, pensé de decir e facer contra ellos según es dicho desuso que se debe el home haber con su señor. E por ende diré las razones que yo entendiere por que home del mundo non debe dudar que Santa María non sea en el cielo en cuerpo e en alma. E aun deque las razones que yo entendiere fueren acabadas, dívogos que querría tan de buena mente aventurarme a cualquier peligro de muerte por defender esto, como me aventuraría a morir por defendimiento de la santa fe católica, e cuidaría ser tan derecho mártir por lo uno como por lo ál. E como quier que lo que yo dijere que lo digo so la protestación desuso puesta, las razones que me mueven a tomar este atrevimiento son éstas.

Cierto es que muchos homes, también filósofos como otros sabios que non fueron en la fe católica, dijeron muchas cosas e muy verdaderas que alumbran mucho la santa fe católica; e pues cierto es que los pecados peores es no seer home fiel católico, ca el pecador faciendo penitencia como la debe facer, puédese salvar, mas el que non fuere verdadero católico en ninguna guisa non se puede salvar. E así, como quier que yo só muy pecador, só muy cierto que só fiel e verdadero católico; e ésta es una de las cosas que me facen atre-

ver a fablar de esta manera, e non lo dejar por recelo
que los míos pecados me embargaran a decir lo que
quería en esto. E otrosí tomo atrevimiento a non dejar
de fablar en esto por mengua de entendimiento nin de
letradura, ca en una palabra del Evangelio que dice
quando fueritis ante Reges et praesides[2], *etc.*, que quiere decir: "cuando fuéredes ante los Reyes e ante los
príncipes, non querades cuidar que así es lo que habedes de decir, que Dios vos dirá lo que digades", esto
es, non cuidedes por vuestro entendimiento, nin por
vuestro poder, nin por vuestra letradura, podedes decir
nin facer sinon solamente aquello que fuere voluntad
de Dios e Él quisiere e consintiere. E los moros han
un proverbio que dice: "cuando non sopieres qué decir, dí verdad, e siempre serás bien razonado". E porque
so cierto que es verdad que la bienaventurada Virgen
Santa María es en cuerpo e en alma en paraíso, por
estas razones me atrevo a fablar en esta manera. E pido
por merced a ella, que es llena de gracia, que la quiera
ganar a mí de su Fijo, que es verdadero Dios e verdadero Home, por que pueda decir con verdad algunas
razones por que los que verdaderamente creen lo que
es verdad que la dicha bienaventurada Virgen Santa
María es en cuerpo e en alma paraíso, lo crean cadal
día más firmemente, e acaben sos días en esta verdadera creencia; e los que toman en ello alguna duda
que salgan de ella e que non quiera Dios que por este
pecado e otros acaben en esta mala dubda, que yo tengo por a par de herejía. Ca vos sabedes que determinado es que *dubius in fide infidelis est,* que quiere de-

---

[2] *Mc.,* 13, 9.

cir: "el que duda en la fe non es fiel". E como quier que esto non sea de los articlos de la fe, con la merced de Dios yo diré algunas razones por que *indirecte* los que esta dubda tomasen serían herejes o muy cerca de creer en herejía. E pues estas razones son puestas porque me moví e me atreví a fablar en esta manera, daquí adelante porné las razones por que yo entendiere que home del mundo non debe dubdar que Santa María subió en cuerpo e en alma al cielo; e las que yo non dijere o non alcanzare el mío entendimiento para las decir, déjolo que lo digan aquellos que nuestro Señor Dios quisiere alumbrar los entendimientos para que lo entiendan e lo puedan decir.

Cierto es que ningún cristiano no dubda nin debe dubdar que Dios es poder complido e saber complido e de bondad complida, así que el su poder non ha medida nin linde, ca todas las cosas puede e non embarga de poder facer cuantas quisiere facer en uno; e eso mismo todas las cosas sabe e non embarga el un saber al otro, e todas las cosas e en todas las cosas quiere bien, así que siempre quiere lo mejor. E en Dios no puede caer ninguna mengua, ca siempre face lo mejor. E si alguno cuidase que Dios podía facer alguna cosa mejor e non lo fizo, esto sería dar mengua en Dios, lo que sería herejía en cualquier que lo cuidase. E pues esto es cierto, cualquier que cuidase que Santa María non es en cuerpo e en alma en paraíso, dirá contra el poder de Dios e contra el saber de Dios, ca dirá que pudiera facer mejor e non lo fizo, e las razones por qué son éstas.

Cierto es que mayor mengua de justicia es non dar galardón de las buenas obras que non dar pena por los

yerros; e pues que es cierto que Santa María fue la
más complida e la más santa criatura que nunca fue
engendrada de home e de mujer, ¿do sería la justicia
de Dios si el su cuerpo, en que hobo todos los bienes
complidos, e que fizo cuantas buenas obras pudieron
seer fechas más que ninguna criatura, e nunca en poco
nin en mucho erró nin cayó en pecado, si el su cuerpo
así hobiese a sofrir todas las vilezas e corrompimientos
que sufren los otros cuerpos de los homes que mueren?

Otrosí, pues el alma non puede haber gloria complida fasta que el cuerpo e ella sean ayuntados en uno,
¿o sería la justicia de Dios si a este alma que tanto
bien merecieron, alongase de les dar la gloria complida?
E ende cualquier que dubde de Santa María non sea en
cuerpo e en alma en gloria de paraíso, dice contra la
justicia de Dios, e dice que ha en él mengua de justicia, pues en Dios non la pudo haber, *indirecte* dice
que non ha Dios.

Otrosí cierto es que algunas personas son en cuerpo
e en alma en paraíso, e pues cierto es que ninguna de
ellas non fue tan acabada nin tan santa nin tan complida de gracia como Santa María. Pues si aquellas son
en cuerpo e en alma en paraíso e non Santa María,
¿o sería la justicia de Dios que da siempre mayor galardón al home de cuanto merece? Si dio este galardón
a aquellas personas que non lo merecieron tanto, ¿cómo
non lo dio a Santa María?

Otrosí, cierto es que Santa María fue madre de Jesucristo, que fue, es e será sin fin verdadero Dios. Pues
si Él sopo que otra criatura podía ser tan santa que
mereciese mayor galardón que Santa María, mucho men-
guó la su justicia contra sí mesmo en tomar a ella por

madre, e creer que en Dios puede haber ninguna mengua. Esto sería decir que non es Dios.

Otrosí, cierto es que la carne de Jesucristo e la carne de Santa María todo era una carne, ca Jesucristo
non hobo padre que fuese home de carne, e por ende
toda la su carne que hobo como home toda la tomó
de Santa María. E pues todo es uno, todo debe haber
una gloria. E pues si Jesucristo es verdadero Dios, e Él
es la gloria, e non se puede partir la gloria de Él, ¿o es
la justicia de Dios, si el cuerpo y la carne de Santa
María que es una carne con la carne de Jesucristo, e
está pudreciendo en la tierra como otro cuerpo? Esto
sería decir abiertamente contra la justicia de Dios e
contra la su verdad.

Otrosí, todos saben que Jesucristo dijo que non viniere Él por menguar la ley, sinon por complirla. E la
ley manda que honre home a su padre e a su madre;
pues si Jesucristo que es verdadero Dios dio a otro
que non mereció tanto mayor honra que a su Madre,
esto sería en Jesucristo que es Dios mengua de verdad
e mengua de justicia, lo que *indirecte* sería decir que
non es Dios.

Otrosí, es cierto que Jesucristo dijo *volo pater quod
ubi ego sum* [3], etc., que quiere decir: "Padre, yo quiero
que do yo só y sea él mi ministro". Pues cierto es que
Jesucristo que siempre quiso lo mejor como Dios, todo
lo que quiso todo se fizo, pues cierto es que nunca
persona tanto administró a Jesucristo como Santa María; e pues Él dijo *ministro* en singular e non *ministros,*
cierto es que debemos creer que lo dijo por Santa Ma-

---

[3] Cf. *Jn.,* 17, 24.

ría, pues non hay dubda que ella lo ministró más que ninguna otra persona: ¿o es la justicia de Dios si ante escogió a otro para darle esta honra? E esto sería dar mengua en Dios, lo que non puede ser, como dicho es.

Otrosí, cierto es que la Eglesia canta *assumpta est Maria in coelis,* que quiere decir: "tomada e recibida e subida es Santa María en el cielo". Pues cierto es que la Eglesia siempre dice verdad, e cierto es que nunca es home complido sino cuando son en un o el alma o el cuerpo por su cabo, e cuando non es así non es home, mas el alma e el cuerpo ayuntados en uno es home; e podedes lo veer en esto, que cuando algún home muere o llevan el su cuerpo a enterrar, nunca dicen "aquí lievan", "aquí va fulano", mas dicen "aquí va el cuerpo de fulano", e eso dicen porque ya aquél no es home, mas es cuerpo que fue home en cuanto el alma e el cuerpo estaban en uno ayuntados. E pues la Eglesia dice *assumpta est Maria in coelis,* que quiere decir: "tomada e subida e recebida es María en el cielo", cierto es que por el alma e por el cuerpo todo ayuntado en uno lo dicen; ca si el alma por su cabo fuese en paraíso, non sería Santa María en el cielo complidamente, e esto sería decir que la Eglesia non tiene nin creye nin dice verdad.

Si alguno tiene esta entención diciendo que San Hierónimo dice que el libro que fabla de la pasión e de la asumpción de Santa María, que es apócrifo e non auténtico, diyo yo que en cuanto dice que el libro es apócrifo, que dice verdad; mas si ellos tienen que San Hierónimo tuvo que Santa María es en cuerpo e en alma en paraíso, digo que en esto non tienen verdad; ca nunca mostrarán que San Hierónimo dice que Santa

María fuese en cuerpo e en alma en paraíso; e nunca Dios quisiese que tan santo home como San Hierónimo tal cosa dijiese, ca si lo dijiera nunca fuera santo, nin aun salvo, nin creo que lo fue nin lo será ninguno que esta entención haya; mas los que por sus pecados cayen en esta dubda, non entendieron lo que San Hierónimo dijo, e consiente Nuestro Señor Dios que por sus pecados los pueda engañar el diablo en cosa por que pierdan las almas, e aun por que estos mismos non sean tenidos por bien fieles católicos.

Como desuso es dicho, tantas razones buenas podría home decir para probar esto, que non cabrían en diez libretes tales como este; mas los que saben o entendieren más que yo, e les finca asaz logar para las decir, que las digan. *Magnificat anima mea Dominum* [4].

(Del *Tratado en que se prueba por razón que Santa María está en cuerpo e alma en paraíso,* por el infante don Juan Manuel. Obras en... B. de Autores Españoles de Rivadeneira. Tomo LI, págs. 439- 442.)

3. *En este tercer texto el autor precisa lo que es el amor y las clases del mismo. D. Juan Manuel señala hasta quince modos de amar. Sobre la base de estos quince modos, cada persona puede juzgar y precisar quién es el verdadero amigo y además las obligaciones personales para con este amigo. El autor, con una gran experiencia, aconseja cautela ante este delicado problema de la amistad. La amistad es un bien extraordinario, pero es, al mismo tiempo, un gran peligro. De cara a Dios, su conclusión no puede ser más honrada: Dios,*

---

[4] *Lc.,* 1, 46.

*que nunca engañó ni puede ser engañado, siempre guarda a
aquel que no quiere ser engañador. Los que quisieron engañar,
Dios consintió que fuesen engañados. La mentira no es leal.*

*Escribe el libro a petición de fray Juan Alonso, amigo de
su hijo. Pretendía con estas páginas aconsejar e instruir precisamente a este su hijo cómo debe actuar con el amigo. Para
ello le señala hasta quince modos de amar; en realidad, estos
quince modos bien pueden reducirse casi a dos. A pesar de
todo, D. Juan Manuel toma los quince modos de la vida real
y de sus experiencias personales. No carecen de una cierta
psicología.*

DE LAS MANERAS DEL AMOR

Lo que fallo yo en las maneras del amor es esto:
Primeramente qué cosa es amor; después cuántas maneras ha de amor, e cómo probaredes de cuál de estas
maneras de amor es el amigo, e cómo debedes obrar
con el amigo que vos amare por cada una de estas maneras. Dígovos que para probar e entender de cuáles
maneras de éstas es el amigo, que vos consejo que antes lo probedes e sepades por cuál de las maneras vos
ama, ante que mucho fiedes en él, nin mucho vos aventuredes por él. E de las maneras del amor vos digo:
que amor es amar home una persona sola solamente por
amor, e este amor do es nunca se pierde nin mengua.
Mas dígovos que este amor yo nunca lo vi fasta hoy, e
adelante oidredes las razones por qué yo cuido que non
ha tal amor entre los homes. E de cuantas maneras ha
de amor, vos digo que las que yo he probado son quince. La primera, amor complido. La segunda, amor de
linaje. La tercera, amor de debdo. La cuarta, amor verdadero. La quinta, amor de egualdad. La sesena, amor

de provecho. La setena, amor de mester. La ochena, amor de barata. La novena, amor de la ventura. La décima, amor del tiempo. La undécima, amor de palabra. La duodécima, amor de corte. La trecena, amor de infinta. La catorcena, amor de daño. La quincena, amor de engaño.

La primera manera de amor complido es la que desuso dije, que yo nunca vi; ca amor complido es entre dos personas en tal manera, que lo que fuere pro de la una persona o lo quisiere, que lo quiera la otra tanto como él, e que non cate en ello su pro nin su daño, así que, aunque la cosa su daño sea, quel plega de corazón de la facer, pues es pro e place a su amigo; este tal es complido amor. E a esto podrá decir alguno que esto non es amor, mas es locura del que así ama; e digo yo que non, ca si el amor fuere complido de cada parte, non sería esto; ca si la persona que demandase lo que non fuese pro de seu amigo amase de complido amor, non querría que su amigo ficiese por él cosa que fuese su daño. Mas porque los amigos non pueden ser eguales en amar, e en poder, e en entendimiento o en otras muchas cosas, porque el amor sería egual, por esto vos digo que yo nunca vi fasta hoy amor complido; mas do tal amor pudiese ser, éste sería el mejor de todos los amores, ca por éste son todos los otros; e las maneras que yo fallé fasta aquí de amor son quince, que son éstas desuso dichas.

La segunda manera de amor de linaje es cuando un linaje con otro conviene quel ame por el linaje, es mayor e más acabado; tanto debe ser el amor mayor. E este nombre de linaje es sacado, ca linaje quiere decir tanto como liña de generación. E como quier que naturalmente los que son de un linaje se deben amar, porque a las veces non lo facen todos como debríen, conséjovos que por muy pariente que sea, que ante probedes lo que tenedes en él, nin mucho vos aventuredes por él. E desque lo hobierdes probado, obrad con él como vierdes cual obra convusco, todavía faciendo vos más por él que él por vos, por que finquedes de él siempre sin vergüenza. E la prueba de esto es que cualquier que esto fizo se falló ende bien, e el contrario.

La tercera manera de amor de debdo es cuando un home ha recibido algún bien de otro, como crianza o casamiento o heredamiento, o aquel acorrió en algun gran mester o otras cosas semejantes de éstas; éste es tenudo de amar aquella persona por aquel debdo. Este nombre quiere decir que el que ha recibido alguna de estas cosas, que es debdo que ha de pagar, e debe amar por este debdo; pero porque algunas veces non catan estos debdos como deben, conséjovos que si de alguno tomardes alguna buena obra, que siempre ge lo conozcades por fecho e por dicho, e fagades en guisa que paguedes bien vuestro debdo. E si alguno hobiere de vos tomado alguna de estas cosas, probad ante lo que fará por vos, que mucho vos aventuredes por él. E la prueba de esto es que cualquier que esto fizo se falló ende bien, e al contrario.

La cuarta manera de amor verdadero es cuando algún home por debdo señalado o por buen talante ama a otro e lo ha probado en grandes fechos e peligros, e falló en él siempre verdad, e ayuda, e buen consejo. Cuando tal amigo como este falláredes, conséjovos quel amedes mucho e fiedes en él, e fagades por él, si acaesciere en qué, más que él fizo por vos. E gradeced mucho a Dios si vos diere tal amigo, ca digovos que fasta aquí maguer que he pasado cincuenta años, avés vos podré decir que fallé de tales amigos más de uno, e non lo quiero nombrar por non me perder con los otros. Mas dígovos que, si mi ayuda hobiese mester, que me doldades poco de aventurar por él el cuerpo e cuanto lo hobiese. E aún fío por Dios que yo vos diré quién es, por que fagades vos eso mismo por él e por los que de él vinieren. E la prueba de esto es que cualquier que esto fizo se falló ende bien, e el contrario.

La quinta manera de amor de egualdad es cuando un home ha egualeza con otro en entendimiento e en poder: este tal amigo debe home parar mientes a sos obras. E conséjovos que si tal amigo hobierdes, quel probedes ante que vos mucho aventuredes por él. E si fallardes en él buenas obras, guisad de ge la facer mejor. E si antes quel hayades probado mester hobiere vuestra ayuda, ayudadle bien, e falle él en vos talante en fecho, e en dicho, e buen consejo, todavía aventurando tanto de que vos non podades arrepentir. Las de quel hobierdes probado, faced por él como desuso es dicho. E la prueba de esto es que cualquier que esto fizo se falló ende bien, e el contrario.

La sexta manera de amor de provecho es cuando un home se cuida aprovechar de otro, del cuerpo e del haber e de su ayuda o defendimiento, e non lo faría si non por aquel provecho que de él espera o querría haber. Conséjovos que si tal amigo hobierdes, que tanto le amedes cuanto ficierde vuestra por con él, e guardadvos de facer por él vuestro daño, ca de tales amigos dicen los sabios *non diligo te per te, sed te tua ptn.*, que quiere decir: "non te amo por ti, mas ámote por lo que me cuido aprovechar de ti".

La setena manera de amor de mester es cuando home está en tal mester que cumplel' mucho el ayuda de su amigo por que acabe aquel mester en que está o salga de él así como cumple, e en cuanto está aquel mester muéstral' grande amor, e desque aquel fecho es acabado, vase enfriando e alongando de su amor. Cuando tal amigo tovierdes, conséjovos que nunca fagades mucho por le sacar de aquel mester, nin por que adobe mucho de su pro por vos: ca cierto creed que cuanto más ficiere su pro por vuestra ayuda, tanto lo tornará en vuestro daño cada que pudiere. E vos faced cuanto pudierdes por vos aprovechar de él al vuestro mester, e guardadvos del su amor, e non fagades por él cosa que se pueda tomar en daño. E la prueba de esto es que los que esto ficieron que se fallaron ende bien, e el contrario.

La ochena manera de amor de barata es cuando un home ama a otro e le ayuda porque el otro amó ante a él, e le ayudó, e falla que esto le es buen barato: este amor es semejante del amor del mester. Pero non es todo una cosa, ca ha departimiento entre ellos en muchas cosas que non face mengua de decir por non alongar el libro. E cuando tal amigo hobierdes, amadle e faced por él en cuanto sacáredes barata del su amor e de la su ayuda. Pero siempre guisad de facer por él lo que debredes, en guisa que finquedes sin vergüenza. E también en esto como en todas las otras cosas vos consejo que antes vos aventuredes al daño que a la vergüenza, seyendo por egualdad. E la prueba de esto es que todos los que esto ficieron se fallaron ende bien, e el contrario.

La novena manera de amor de la ventura es cuando un home ama a otro por quel va muy bien, e la ventura es en su ayuda. Mas pues no le ama sinon por la buena ventura, así que la ventura se vuelve, luego es el amor partido. E de tal amor como éste dijo un sabio: *cum fueris felix,* etc., que quiere decir: "cuando fuerdes bien andante, muchos fallarás que se farán tus amigos, e si te revuelve la ventura, fincarás en tu cabo". E cuando tal amigo como éste hobierdes, conséjovos quel amedes, non aventurando por él cosa que vos mucho duela. E mientra la ventura vos durare, aprovechadvos de ella lo más que pudierdes, todavía con razón e con guisado, e non afinquedes mucho la ventura. E la prueba de esto es que todos los que esto guardaron se fallaron ende bien, e el contrario.

La decena manera de amor del tiempo es cuando ve home que ama a otro porque en aquel tiempo le cumple el su amor, e desque aquel tiempo es pasado, olvida de ligero lo que el otro por él fizo. Cuando entendierdes que habedes tal amigo, conséjovos yo que vos aprovechedes de él en el tiempo. E si quisierdes facer una de las mayores corduras del mundo, pugnad en conocer el tiempo e aprovecharvos de él, e obrad en toda cosa según el tiempo lo demanda. E la cosa por que el buen tafur más gana, es por conocer bien su dicha. E la prueba de esto es que todos los que esto guardaron se fallaron ende bien, e el contrario.

La oncena manera de amor de palabra es cuando un home da a entender a otro por sos palabras buenas quel ama e le razona bien, e que faría por él cuanto pudiese.

Pero porque la obra non pareció si lo faría así o non, esta amor de palabra es buena, ca las buenas palabras siempre son de creder fasta que parece el contrario, e aun de las buenas palabras pueden venir los buenos hechos, en guisa que el amor de palabra torna en amor de obra e de fecho. E por ende conséjovos que cada que hovierdes amigo que vos diga buenas palabras e vos razone bien, que vos plega con su amor. E vos decidle buenas palabras e razonadle bien en peridad e en consejo, e facedle buenas obras, e non falle en vos ninguna mala obra de dicho nin de fecho. Pero non aventuredes por él tanto de vuestra facienda de que vos podades arrepentir mucho fasta que hayades probado su obra. E después, segund él ficiere por vos, así faced vos por él, todavía faciendo vos más por él que él por vos. E en esta manera podredes facer del amigo de palabra amigo de obra. E la prueba de esto es que los que esto ficieron se fallaron ende bien, e el contrario.

La duodécima manera de amor de corte es cuando un home se muestra por amigo de corte, e dicel buenas palabras e son acontemprados e convenidos en uno, e dándose sos donas. Este amor es mayor que el de palabra, e conséjovos que cuando tal amigo hobierdes, que obrades con él faciendo todavía en todas las cosas más e mejores obras contra él que él contra vos. E la prueba de esto es que los que esto ficieron se fallaron ende bien e el contrario.

La trecena manera de amor de infinta es cuando un home non ama a otro de talante, e por alguna pro que cuida sacar de él muestral quel ama mucho; éste es el mal amor e falso. Cuando tal amigo hobierdes, conséjovos que vos guardedes de él, e non aventuredes nin fagades por él cosa que sea vuestro daño; pero mostradle buen talante e non le dedes a entender quel tenedes por tal amigo nin quel entendedes. E por aventura, por estas maneras podrá tornar a ser vuestro amigo sin enfinta. Pero si luengo tiempo durare en su amor de enfinta, alongadvos de él; ca si grandes tiempos en uno morares, si non por gran maravilla será que habredes a consentir de facer vuestro daño, o habredes a haber con él desavenencia. E la prueba de esto es que los que esto guardaron se fallaron ende bien, e el contrario.

La catorcena manera de amor de daño es cuando un home muestra a otro quel ama, e es en tal manera su facienda de entramos, que lo que es pro del uno es daño del otro. E cuando tal amigo hobierdes, si fuere home con que vos non caya o cumpla desavenencia manifiesta, rogad a Dios que vos guarde de su daño, e vos guardadvos de él, e non le debes a entender que lo tenedes por tal amigo, e alongadvos de él. Mas si fuere home por que hayades a guardar estas cosas, non es mal que en buena manera entienda él quel entendedes alguna cosa. Pero pues vos da a entender que es vuestro amigo, non vos tiene pro del facer vuestro enemigo. E la prueba de esto es que los que esto guerdaron se fallaron ende bien, e el contrario.

La quincena manera de amor de engaño es cuando un home desama a otro e vee quel non puede empecer como él querría, mostrándose manifiestamente por su enemigo, e por lo engañar muéstrase por su amigo. Conséjovos que si tal amigo hobierdes, que roguedes a Dios que vos guarde de él. E si fuere que vos non cumple de pelear con él, encobrid cuanto podierdes que non entendedes su engaño. E guardadvos de él cuanto pudierdes que vos non pueda engañar de aquel engaño que vos quiere facer; pero no lo engañades sinon guardándovos de engaño; ca proverbio antigo es que *más val ser home engañado, que non engañador.* E Dios, que nunca engañó nin puede recibir engaño, siempre guarda a aquel que non quiere ser engañador. E siempre veemos que a los que quisieron ser engañadores, siempre Dios consintió que fuesen engañados; e por ende vos consejo que vos guardedes de ser engañado; mas por ninguna manera nunca engañades a amigo nin enemigo. E Dios nunca me defienda de engaño, si non es mi enteción de obrar yo así en los grandes fechos. E la prueba de esto es que los que esto guardaron se fallaron ende bien, e el contrario.

(De *De las maneras de amor* [*Obras* de don J. Manuel, B. A. E. I ⌈Ed. Gayangos⌉, t. 51, págs. 276-278].)

FUENTES Y ESTUDIOS

J. M. Castro y Calvo y M. de Riquer, *Obras de D. Juan Manuel* (Barcelona 1955); A. Giménez Soler, *Don Juan Manuel. Biografía y estudio crítico* (Madrid 1932); J. Carreras Artau, *Historia de la Filosofía española,* II (Madrid 1943), 499-522; J. M. Castro y Calvo, *El arte de gobernar en las obras de D. Juan Manuel* (Barcelona 1945); A. Doddis Miranda y G. Sepúlveda Durán, *Estudios sobre D. Juan Manuel,* 2 vols. (Santiago de Chile 1957); M. Gaibrois de Ballesteros, *El príncipe D. Juan Manuel y su condición de escritor* (Madrid 1945); F. Huertas Tejadas, *Vocabulario de las obras de D. Juan Manuel,* "Bol. de R. Acad. Española" 35, 1955, 85-132, 277-94, 453-55; 36, 1956, 133-50; A. Benito y Durán, *Filosofía del infante Don Juan Manuel. Sus ideas, su cultura, su espíritu filosófico* (Alicante 1972); F. HUERTA TEJADAS, *Un escrito mariológico del Infante D. Juan Manuel,* "Rev. Esp. de Teología" 8, 1948, 81-115; MARÍA R. LIDA DE MALKIEL, *Tres notas sobre D. Juan Manuel,* "Romance Philology" 4, 1950-1951, 155-94.

ALVARO PELAGIO

Nació en la provincia de Pontevedra hacia el 1280. Con el apoyo de Sancho IV de Castilla pudo frecuentar las mejores Universidades y maestros de Europa. Su formación fue esmerada. Cultivó el Derecho, enseñando algún tiempo en la Universidad de Bolonia, donde se había doctorado. En 1306 ingresó en Asís entre los franciscanos, viéndose implicado en la vidriosa controversia sobre la pobreza y observancia de la Regla, que tanto agitó a los frailes menores. En esta materia, Alvaro Pelagio tenía un criterio rigorista. En la lucha de Luis de Baviera contra el Papa le vemos a favor de éste. Juan XXII le nombró penitenciario suyo en la corte de Aviñón. Consagrado en 1332 obispo de Coran (Peleponeso) y luego de Silves (Portugal), a causa de las dificultades con el rey, clero y pueblo, se retiró a Sevilla, donde murió en 1352.

Alvaro Pelagio era un hombre culto. Escribió su obra maestra *De statu et planctu Ecclesiae,* obra que gozó de un gran prestigio, en su siglo sobre todo. En lo eclesiástico pasa revista a los diversos estados de la jerarquía eclesiástica, empezando por el Papa y siguiendo por los cardenales, patriarcas, obispos, abades, religiosos y clero en sus diversos grados.

Lo mismo que en lo eclesiástico, igualmente en lo civil hace examen de conciencia sobre todas las situaciones sociales. Ninguno se escapa a la pluma de Alvaro Pelagio, ninguna profesión queda excluida. Todos encuentran en esta obra el catálogo de sus defectos. Pero lo más destacable es que, en lo que escribe, no hay nada de superficial.

La última parte de la obra tiene un carácter más netamente

teológico y moral: habla de virtudes y sus vicios opuestos. Las páginas sobre la virginidad, dones del Espíritu Santo y vida de oración y contemplación, con las que termina el libro, son verdaderos tratados, aunque en síntesis, sobre estas materias.

TEXTOS

El tratado De statu et planctu Ecclesiae *es de gran valor para conocer las corrientes de pensamiento del siglo XIV. Habla en esta obra el profesor culto y ordenado. Por la Biblia y Padres, Alvaro Pelagio señala hasta doce ventajas de la vida contemplativa sobre la activa. Señala cuatro clases de contemplación y precisa bien la diferencia entre consideración y contemplación, para adentrarse después en la descripción de los ocho grados de contemplación, siguiendo la doctrina de S. Bernardo. Es una buena sistematización de todo este problema.*

DE PLANCTU ECCLESIAE

VENTAJAS DE LA VIDA CONTEMPLATIVA SOBRE LA ACTIVA

Hemos de hablar ahora de la vida contemplativa, puesta en práctica por la sabiduría. Y en primer lugar de la preeminencia de la vida contemplativa en relación con la activa. Doce son las cosas en que lleva ventaja la contemplativa; la primera en que tiende hacia Dios que es lo mejor, mientras que la activa tiende hacia el prójimo. De la contemplativa dice el Salmo LXXII: *Es bueno para mí unirme a Dios*[1]; Lucas, X: *Efectivamente sólo una cosa es necesaria*[2]; Beda en la glosa: *En efecto, estar a Dios unido constantemente.* Y en el mismo

---

[1] *Sal.*, 72, 28.
[2] *Lc.*, 10, 41.

lugar: *Me ha dejado a mí sola sirviendo*[3]. Agustín dice: "María estaba atenta a la dulzura de la palabra del Señor; Marta lo estaba a la comida que le había de servir. María atenta a con qué la apacentaría el Señor; Marta a prepararle el banquete, en el cual ya se había deleitado María. Así pues, estando María atenta suavemente a la dulcísima palabra del Señor y apacentándose de ella con abierto corazón, ¿por qué tras la interpelación hecha al Señor por su hermana, pensamos que ella temiera le dijese: "Levántate y ayuda a tu hermana"? Pues, porque era presa de una maravillosa dulzura; supuesto que, efectivamente, de mayor importancia es el alimento de la inteligencia que el del estómago. *No es justo que nosotros descuidemos la palabra de Dios para ponernos a servir las mesas*[4]. Y añade la glosa: "Porque son mejores los alimentos de la mente que los del cuerpo". E igualmente Agustín: "Se antepone una sola cosa a muchas; no una por muchas, sino muchas por una" *(Quest.,* al fin, cap. *fin.).* "Uno solo son el Padre, el Hijo y el Espíritu. A éste no nos lleva el uno, si no tenemos un solo corazón, siendo muchos" *(Quest.* 12, j, cap. 2 y cap. *scimus).* Y Teófilo: "Nos honra hasta el extremo de arrastrarnos hacia lo necesario" (34 dist. *sexto die* y 42 dist., c. 2 *hospitalitas):* Cuando empieza a servirnos de estorbo en las cosas más útiles, es evidente que es más honroso escuchar la palabra divina. E igualmente sobre esto mismo: *María escogió la mejor parte que no le será arrebatada*[5]. Agustín dice: "No es que tú hayas escogido la mala, sino que ella escogió la

---

[3] *Lc.,* 10,40.
[4] *Act.,* 6, 2.
[5] *Lc.,* 10, 42.

mejor. ¿De dónde es la mejor? Pues porque no le será arrebatada, mientras que a ti alguna vez se te quitará la carga de la obligación, pues cuando llegues a aquella patria no encontrarás un peregrino a quien dar hospitalidad[6], sino que de tu bien se quitará para dar lo que es mejor. Tú navegas; ella está en el puerto, pues es eterna la dulzura de la verdad. No obstante, es susceptible de aumento en esta vida. En la otra llegará a la perfección. Jamás le será arrebatada". Asimismo Ambrosio: "El afán de saber actuó en ti como en María. Ésta es la mayor, ésta es la más perfecta tarea. Ni aun las preocupaciones del ministerio te aparten del conocimiento de la palabra celestial. Ni acuses a aquellos que se consagran a las tareas de sabios ni los tengas por ociosos". Asimismo Gregorio (Moral)[6] dice: "Por María, que escuchaba sentada las palabras del Señor, se significa la vida contemplativa; por Marta ocupada en los servicios materiales, la activa. No se reprenden los afanes de Marta, pero se alaban las preocupaciones de María; grandes son los méritos de la vida activa, pero mejores son los de la contemplativa: una sola cosa y que nunca se puede arrebatar, se dice, es la parte de María, porque las obras de la vida activa pasan con el cuerpo; por el contrario, los goces de la contemplativa toman incremento en mejor por sus fines. De esto habla el Salmo 26: *Una sola cosa pedí al Señor*[7], etc. (sobre ambas en *Extra de renum,* excepto el párrafo *ne putes de Regula licet,* párrafo illa, 36. *Di. si quis.* 19 quest. 2, *duae* 8, cuest. 1. *qui episcopatum,* etc.). Isidoro en el *Libro de las diferencias* dice: "Entre la vida activa y

[6] *Lc.,* 10, 41-42.
[7] *Sal.,* 26, 4.

la contemplativa existe esta diferencia: La activa se ocupa en obras de justicia y en la utilidad del prójimo. La contemplativa, por el contrario, libre de todo negocio, se emplea únicamente en el amor de Dios: la una en tareas de conversación, la otra en la contemplación de la verdad inmutable" (8 cuest. j. *qui episcopatum*). Igualmente en el libro *De summo bono:* "La vida activa usa con rectitud de las cosas mundanas, mientras que la contemplativa, renunciando al mundo, encuentra su deleite en vivir únicamente para Dios". Esta diferencia está descrita con mayor extensión en Agustín, *super Joan.,* 21, en la homilía *Dixis Dominus Petro,* en la lectura del evangelio de San Juan, donde dice entre otras cosas: "La una es azotada con males para que no se engría con los bienes. La otra, con tanta plenitud de gracia, está libre de todo mal hasta el extremo de que se une al sumo Bien sin la menor tentación de soberbia. La una hace diferencia entre el mal y el bien. La otra atiende exclusivamente a lo que es bueno. En consecuencia, la primera es buena, pero aún es desdichada; la otra, en cambio, más excelente y bienaventurada. La primera ha sido representada por el Apóstol Pedro; la segunda, por Juan, y al ser figurada la vida contemplativa en el Evangelista Juan, se detiene la glosa en aquello *(Jo. ult.): Volviéndose Pedro vio al discípulo a quien amaba Jesús,* y sigue en la glosa: A ésta Cristo la ama plenamente y la guarda para siempre, refiriéndose a la vida contemplativa. Ambas vidas están figuradas por dos profetas, según Gregorio, por Isaías la activa; por Jeremías, la contemplativa (8, cuest. j. *in scripturis).* Igualmente Gregorio sobre Ezequiel dice: "La vida contemplativa es de más categoría que la activa, porque ésta trabaja en la tarea de lo presente; la contemplativa, sin embargo, con sabor íntimo toma el gusto al bienestar futuro" (Cap. *ad hoc.* i. cuest. ii. *si quis neque).* En segundo lugar porque ve con más claridad. Un detalle se nos dice de Lía, que figura la activa, como en *extra de renum,* párrafo *ne putes,* que era de los ojos legañosos [8]. Gregorio dice: "La inteligencia que desea la tranquilidad en la contemplación, ve más, pero crea menos" (cap. *qui episcopatum).* En tercer lugar, la limpieza o hermosura (30 quest. V. *foeminae).* De aquí que de Raquel, que significa la vida contemplativa (como en el precedente párrafo *ne putes),* se dice en el Génesis que era de bello aspecto [9]. En cuarto lugar, la seguridad: *Inútilmente se tiende la red ante la vista de los que tienen alas* [10]. Y en la glosa: "Fácilmente escapa del lazo en la tierra quien tiene los ojos en el cielo". En quinto lugar, el descanso. Se dice en Lucas: *María se sentaba a los pies del Señor; Marta estaba afanada en los trajines del servicio* [11]. De donde la glosa: "María estaba sentada, porque disfrutaba, en estado de contemplación, del apetecido descanso de la mente, ya apaciguados los tumultos de los pecados. Marta está de pie, porque en la actividad, se afana en tareas de sudor. *Bajo la sombra de aquel a quien deseaba me senté* [12], etc. Es decir, me senté para la tranquilidad de la contemplación. *Solitario se sentará y callará* [13], y se levantará sobre sí. En la sombra está significado el re-

---

[8] *Gen.,* 29, 16 ss.
[9] *Gen.,* 29, 17.
[10] *Prov.,* 1, 17.
[11] *Lc.,* 10, 39-40.
[12] *Cant.,* 2, 3.
[13] *Lam.,* 3, 28.

frigerio de la divina protección contra el fuego de la
tentación y de la tribulación. *A la sombra de tus alas* [14].
Glosa: "de las alas de la misericordia y de la caridad".
Advierte que dice: *Al que deseaba.* De la misma manera que *el ciervo desea la fuente de las aguas* [15], etc. El
ciervo acosado por los cazadores se cansa y acalora y
desea la fuente: Así el alma fiel hostigada por los cazadores infernales, esto es los demonios, y por los hombres depravados, desea la fuente que es Cristo [16]; la
fuente, en efecto, de la cual dice: *Ante ti está la fuente
de la vida* [17]. Advierte también lo que sigue en el Cantar: *Su fruto es dulce para mi paladar* [18]; verdaderamente dulce y más dulce que la miel. *Mi espíritu es dulce
más que la miel* [19], etc. Agustín dice: "Nos dio el Señor
la prenda del Espíritu en el cual sentimos su dulzura
y lo deseamos como fuente de la vida. De él gusta el
contemplativo, en el cual se extinguió la sed de este
mundo". Dice Agustín: "A quien bebiere del río del
paraíso, del cual una gota es mayor que el océano, le
resta extinguir en sí la sed de este mundo". En sexto
lugar: la alegría. Marta *se inquieta* [20], pero María se deleita, como dicen Agustín y Gregorio: Una se esfuerza
en los afanes del trabajo de momento, la otra gusta el
futuro sosiego con íntimo sabor. Séptimo: La permanen-
cia, porque la vida activa y su empleo acaba con el tiempo y con el cuerpo. La contemplativa, por el contrario,

---

[14] *Sal.,* 16, 8.
[15] *Sal.,* 41, 2.
[16] *Sal.,* 41, 2.
[17] *Sal.,* 35, 10.
[18] *Cant.,* 2, 3.
[19] *Eclo.,* 24, 27.
[20] *Lc.,* 10, 40.

empieza entonces y se completa en la gloria, según dice la glosa sobre aquel pasaje: *María escogió la mejor parte*[21], etc. Octavo: La devoción. Por esto se lee sobre María que *ungió* a Cristo[22]. Nono: La familiaridad, como se significó en el evangelista Juan. De aquí que la glosa sobre el pasaje aquel de Juan: *Vio al discípulo al que amaba Jesús*[23]. Jesús ama la vida contemplativa y la guarda para siempre. Décimo, por ser más preciosa y más rara (93 di) leemos: Todo lo raro —ii q. vii— para las cosas santas es preciso. Isidoro: "La vida activa común está al alcance de muchos; la contemplativa, en cambio, de pocos". De aquí que el arca no pasaba de un codo, aunque en la parte inferior fuera más ancha[24]. Undécimo: es más semejante a la vida celestial. Agustín (Lib. 22 de la *Ciudad de Dios);* "Cuando estemos libres, veamos y amemos, amaremos y alabaremos". El Salmo 12: *Descansad y ved que yo soy Dios*[25]. Duodécimo: porque es el fin de la vida activa, dado el que de ésta se pasa a aquélla, y el fin es más excelente. Gregorio dice: Quien desea subir al alcázar de la contemplación, es preciso que antes se ejercite en el campo de la acción. Precede, pues, la acción, como la espiga al grano, como el limo a la inspiración del alma, conforme a lo que afirma Isaac Enoch, del cual se dice: Anduvo con Dios, y no apareció más, porque Dios lo arrebató[26]. La activa, por su parte, está representada por Noé fa-

---

[21] *Lc.,* 10, 42.
[22] *Mt.,* 26, 7; *Lc.,* 7, 38; *Jn.,* 12, 3.
[23] *Jn.,* 21,20.
[24] *Gen.,* 6, 15 ss.
[25] *Sal.,* 14, 2.
[26] *Gen.,* 5, 22-24.

bricando el arca y plantando una viña[27]. Asimismo la contemplativa por Moisés hablando con el Señor. La activa por Aarón hablando al pueblo[28]. Igualmente la contemplativa por Jacob que se queda dentro de la tienda[29]; la activa por Esaú que se va de caza[30].

Cuatro clases de contemplación

Veamos ahora sobre qué debe versar la contemplación. Bernardo, en el libro *De la consideración,* pone cuatro especies de contemplación sobre aquellas cosas que son de Dios: Y ésta es la exposición de aquel pasaje del Apóstol a los Efesios 3: *Enraizados y fundamentados en la caridad, para que podáis comprender con todos los Santos cuál es la anchura, largura, altura y profundidad*[31]. Es la primera sobre la admiración de la majestad, que requiere un corazón limpio y libre de vicios, y sin la carga de las cosas terrenas, para que con facilidad se pueda levantar hacia las de lo alto, y, a veces, durante algunos instantes, estupefacto y en éxtasis de admiración, allí se mantenga. Esta se esfuerza en comprender en lo posible la sublimidad divina. La segunda versa sobre la variedad y ordenación de los juicios divinos, lo cual impresiona con gran vehemencia el ánimo de quien los considera. Esta ahuyenta los vicios, cimenta las virtudes, inicia en la sabiduría, guarda la humildad, que es el fundamento inconmovible de las

---

[27] *Gen.,* 6, 22; 9, 20.
[28] *Ex.,* 4, 30.
[29] *Gen.,* 25, 27.
[30] *Gen.,* 25, 27.
[31] *Ef.,* 3, 17-18.

virtudes, sin la cual el conjunto de ellas no es más que una ruina. Esta se esfuerza en conocer lo profundo. La tercera, sobre la largueza de los beneficios divinos, cuya consideración es un camino admirable para la contemplación de la divina bondad y que enciende sobremanera en su amor. Esta se afana por comprender la anchura de la caridad. El olvido es prueba de ingratitud, el recuerdo de agradecimiento. La cuarta, sobre la esperanza en las promesas, la cual, siendo una consideración de la eternidad, alimenta la longanimidad y da robustez a la perseverancia. Se preocupa también en comprender cuál es su largura por la eternidad, la anchura por la caridad, la sublimidad por la majestad, la profundidad por la sabiduría. Esta no discusión, sino santidad comprende, santifica esta santa pasión, que consiste en el temor y en el amor, con los cuales, como dotada de dos brazos, el alma abarca, abraza, aprieta, teme. ¿Qué cosa más temible que el poder al que no es posible resistir? ¿Más que la sabiduría a la cual no puedes esconderte? ¿Qué cosa más amable que el amor con el cual eres amado? Sorprendente, en efecto, la sublimidad de la majestad. ¡Pavoroso el abismo de sus juicios! La caridad exige fervor; la eternidad, perseverancia en sostenerse.

Diferencia entre consideración y contemplación

Y advierte que Bernardo distingue entre contemplación y consideración, diciendo: "No quiero que se entienda para todo consideración lo mismo que contemplación, porque la contemplación atañe más a la certeza de las cosas, mientras que la consideración se refiere a la investigación". Y conforme a este sentido la contemplación puede definirse así: Contemplación es la mirada verdadera y cierta del alma sobre cualquier cosa, o la aprehensión indubitable de lo verdadero. Consideración es el pensamiento atento a la investigación, o la intención del que no investiga la verdad; pero con frecuencia se emplea un término por otro. Estimo que sobre esto se pueden hacer cuatro consideraciones, lo que hay en ti, lo que está bajo de ti, lo que hay en derredor tuyo, lo que hay sobre ti. Tu consideración empiece por ti mismo, no sea que te desvíes hacia otras cosas, descuidándote a ti propio.

Clases de consideración

Según Bernardo, hay tres clases de consideración. La primera se llama dispensativa, que usa ordenadamente de los sentidos y de las cosas sensibles para hacer merecimientos ante Dios. La cual tiene lugar, en efecto, cuando alguno procura poner en juego el uso de los sentidos por medios auxiliares con fines de piedad únicamente para bien suyo y de otros muchos. La segunda es la existimativa, que analizando cauta y prudentemente las cosas, las pondera mediante la investigación; y se realiza cuando a través de las cosas visibles entrevé las invisibles. Esta es más perfecta, dulce y feliz que la primera. La cual, en cambio, es más útil y fuerte. La tercera, que es la especulativa, se reconcentra en sí, desprendiéndose de las cosas humanas, se levanta hacia la contemplación de Dios, en cuanto se lo consiente la ayuda divina. Y se pone en práctica cuando, despreciando, en lo que se le permite a la fragilidad humana, el uso de las mismas cosas y de los sentidos, se adquiere el hábito de remontarse hasta las sublimidades. Esto ya es propio de los perfectos en sumo grado. Lo que la primera desea y olfatea la segunda, lo saborea la tercera. A ello conducen todas las demás, aunque con más lentitud: la primera, sin embargo, llega con más trabajo; la segunda, con más reposo.

Grados de la contemplación

Igualmente, según Bernardo, ocho son los grados por los que se asciende a la contemplación. El primero, la perfecta obediencia a Dios y a los hombres. El segundo somete el cuerpo a esclavitud, para que deje el gusto a carne. El tercero consiste en convertir, mediante la discreción, el uso del bien en costumbre. El cuarto, en entender atentamente lo que se propone en la doctrina de la fe. El quinto, en conservar el alma limpia y pura. El sexto, en pasar del juicio de la razón al efecto de la mente. El séptimo, en contemplar a cara descubierta la gloria de Dios. El octavo, en transformarse *de claridad en claridad* [32], tal como Pablo fue arrebatado al tercer cielo [33]. Allí *la glosa* distingue tres especies de visión: corporal, imaginaria e intelectual. La corporal cuando por don de Dios se ve corporalmente algo que los demás no pueden ver, como Baltasar la mano [34]. La imaginaria, cuando alguno en sueños o en éxtasis ve, no los cuerpos, sino las imágenes de los cuerpos, y esto

---

[32] *II Cor.*, 3, 18.
[33] *II Cor.*, 12, 2.
[34] *Dan.*, 5, 5.

mediante la revelación de Dios, como Pedro el disco[35].
La intelectual, por la cual se ven, no los cuerpos ni las
imágenes, sino que la mirada de la mente en las sustancias corpóreas, se clava en los jardines del Señor, tal
como fue la visión de Pablo. De donde Agustín opina
que Pablo vio a Dios cara a cara, diciendo: ¿Por qué
no hemos de creer que Dios quiso mostrar a tan grande
Apóstol la vida de la cual, después de la presente, había
de verlo por toda una eternidad? Ni va esto contra
aquello: *Nunca vio a Dios nadie, fuera del Unigénito*[36], etc. *No me verá el hombre, y seguirá su vida*[37],
porque habla del hombre que viva a la manera humana. Por esto dice Agustín en el libro *De Trinitate*: "La
divinidad en modo alguno puede verse con los ojos humanos, sino que se contempla con aquella mirada con
la cual ven, no ya los hombres, sino los que son más
que hombres". Y Gregorio en la glosa sobre el pasaje
citado del Exodo[38]: *No me verá el hombre, y seguirá
viviendo,* dice: "Aun viviendo en esta carne la claridad
eterna puede verse con la penetración de la contemplación; pero aquel que contempla la sabiduría que es
Dios muere por completo a esta vida, para que su amor
no lo subyugue". Y advierte que quien verdaderamente
ha sido arrebatado, ya no usa de los sentidos.

Senderos hacia la contemplación

Hemos de meditar algo acerca de los medios prepa-
ratorios para la contemplación. Son doce, según Bernar-

---

[35] *Act.,* 10.
[36] *Jn.,* 1, 18.
[37] *Ex.,* 33, 20.
[38] *Ex.,* 33, 19.

do. El primero, el ejercicio activo en las obras, porque de la vida activa nace la contemplativa, ya que el pecador no se reconcilia con Dios tan rápidamente ni llega a ser digno de ver el rostro del Padre, como se representó en Absalón [39]. El segundo, la pureza de corazón. Dice Bernardo: "No siendo posible contemplar lo inefable sino inefablemente, el que lo pretenda ver, purifique el corazón, porque por ninguna otra razón que la de corazón limpio [40] y de amante humilde puede verse ni aprehenderse". Agustín en el libro de los Soliloquios: "Cuando llegues a ser tal que no encuentres deleite en nada terreno, créeme que en este momento, en ese punto podrás alcanzar lo que deseas". Y fray Egidio: "La pureza ve a Dios; la devoción se lo come". Por eso Aarón no entró en la *Sancta sactorum,* sino después de haberse lavado [41]. El tercero, la soledad. La conduciré a la soledad y allí hablaré en su corazón [42]. Y en la montaña los discípulos vieron transfigurado al Señor [43]. Sobre lo cual habla Remigio, enseñando que es necesario a los que desean contemplar a Dios, que no se enfanguen en los placeres rastreros, sino que siempre se levanten hacia lo celestial mediante el amor a las cosas de arriba. Y Bernardo: "¡Oh alma, quédate sola, para conservarte sola con aquel solo a quien elegiste de entre todos, porque el Hijo de Dios es amante vergonzoso y no quiere revelar en público los secretos de su esposa". Por eso Jacob luchó solo con el ángel [44]. Lucha en

---

[39] *II Sam.,* 14, 32.
[40] *Mt.,* 5, 8.
[41] *Lev.,* 8, 6; *Ex.,* 30, 19.
[42] *Os.,* 2, 14.
[43] Cf. *Mt.,* 17, 1-9; *Mc.,* 9, 1-12; *Lc.,* 9, 28-30.
[44] *Gen.,* 32, 25 ss.

la oración y la contemplación. De aquí que la glosa sobre Isaías —cap. 49— diga que Jacob peleó con el ángel, no con las manos, sino con la oración. Dice Bernardo: "Al alma que veas que, abandonándolo todo, se une con toda su alma al Verbo; que del Verbo vive; que por el Verbo se gobierna; que afanosamente se aparta de los sentidos corporales, para no sentirse mientras siente al Verbo, y en cierto modo se roba a sí misma derretida en la inefable dulzura del Verbo, y aún más, se arrebata y se desprende de sí misma, para gozar del Verbo, no dudes en tenerla por esposa del supremo Esposo". El cuarto es la desolación. *Te afligió con la penuria, y te dio el maná* [45]. El maná es la dulcedumbre de la contemplación, que se da al alma después de la tristeza de la desolación presente. Esto se hace notar en Isaías [46]: *Pobrecilla, arrastrada por la tempestad* y *sin consuelo alguno, yo iré derribando por orden tus piedras.* Jacob, contristado por el miedo a su hermano, mereció ser consolado por el ángel. De donde dice: "Vi cara a cara al Señor", etc. [47]. Por eso dice Gregorio: "Ahuyentada primero la tristeza, se disipa la niebla, y así, al resplandecer súbitamente una indeterminada luz, se ilustra la mente y en el gozo se infiltra cierta seguridad". El quinto es el silencio. Es bueno aguardar en silencio la salvación de Dios [48]. Se sentará allí solitario y callará (Ibid., 16, q. j. perlatum 2). De aquí que María calla [49], pues el prestar oídos atañe a la contemplación. En gran silencio desea ser oído: *Escucharé lo que*

---

[45] *Deut.*, 8, 3.
[46] *Is.*, 54, 11.
[47] *Gen.*, 32, 25 ss.
[48] *Lam.*, 3, 26.
[49] *Lc.*, 10, 38 ss.

me hable el Señor [50]. El sexto es la acción de gracias y las frases de alabanza. El sacrificio de alabanza me honrará; y allí está el camino por el cual le mostraré la salvación de Dios [51], esto es, a Cristo. Otras se refieren al Génesis, donde se dice: *Se apareció Dios a Abraham en el valle de Mambre* [52], de las cuales la primera es la humildad. La glosa interlineal dice: "Se apareció Dios a los humildes". Y según Gregorio: "las aguas descienden a los valles, esto es, la gracia a los humildes". Mambre se interpreta como claridad y diafanidad, y designa una doble humildad; la de la mente y la del cuerpo, por medio de la cual vemos a Dios. Bernardo dice: "Grande, oh hermanos, grande es la humildad, que promete lo que se nos enseña, y nos hace dignos de alcanzar lo que no logramos aprender. Con ojos soberbios no es posible ver a Dios sinceramente". Y el mismo añade: "Todo el que sienta curiosidad por saber qué se quiere indicar al hablar con esta palabra, no le prepares los oídos, sino la inteligencia, porque no es la lengua la que lo enseña, sino la gracia". Lo segundo es el descanso de la mente. Lo que se trata en el mismo lugar: *Sedenti* [53]: *Se sentará solitario,* etc. Y Jacob quedándose dormido en el camino vio una escala [54]. Acerca de lo cual Gregorio dice: "Dormirse en el camino es descansar en la senda de este siglo de los impedimentos de las acciones seculares". Acerca de este sueño, el Cantar de los Cantares dice: *Yo duermo y mi corazón*

---

[50] *Sal.,* 84, 8.
[51] *Sal.,* 9, 7.
[52] *Gen.,* 18, 1 ss.
[53] *Lam.,* 3, 28.
[54] *Gen.,* 28, 12.

vigila[55]. Y sobre este sueño de la contemplación, según Bernardo, se entiende aquello del Génesis, 2 ibid.: *Infundió Dios un sopor a Adán y cuando se quedó dormido,* etc.[56] *(de poenitent.,* dist. 2, párrafo *Romanos).* Lo tercero es el deseo de salir del cuerpo. Lo que se anota (ibid. *In ostio tabernaculi).* La puerta del tabernáculo es la salida del cuerpo *(poenit.* 2, c. j. ibid. *Velox est depositio).* En la puerta del tabernáculo están sentados los que tienen la muerte en deseos y la vida en paciencia. Deseo disolverme y estar con Cristo[57]. El cuarto es el fervor de la caridad, a lo que se refiere: *En el fervor de Dios.* De donde Aarón entra en el Santo de los Santos con el fuego y el perfume[58]. El amor, según Dionisio, transforma al amante en el amado, hasta decir: *Has herido mi corazón, hermana mía*[59]. Quinto, la elevación del corazón y la meditación sobre las cosas celestiales. De ello se habla: "Cuando levantó los ojos"[60]. Meditar acerca de la sabiduría es la acción de sentir más consumada. Sexto, la oración: "No pases de largo ante tu siervo", de donde: A la oración de Jesús *se abrió el cielo*[61]. Bernardo dice: "Cuando haya sido arrojada fuera toda la inmundicia y se realice el corte de las preocupaciones seculares y tenga lugar la aflicción de la carne, la contrición de corazón, la frecuente y limpia confesión de los pecados y el lavatorio del llanto, entonces es cuando nos levantan hacia lo alto la

---

[55] *Cant.,* 5, 2.
[56] *Gen.,* 2, 21.
[57] *Flp.,* 1, 23.
[58] *Lev.,* 16, 12.
[59] *Cant.,* 4, 9.
[60] *Sab.,* 8, 12.
[61] *Lc.,* 3, 21.

meditación de la admirable esencia de Dios, la contemplación de la pura verdad, la oración inmaculada y poderosa, el júbilo de la alabanza y el deseo ardiente de ver a Dios".

(De *De planctu Ecclesiae*, de Alvaro Pelagio, edic. de Venecia, 1560, cap. 91, fol. 226 v., col. b. Sobre la vida contemplativa y materia sobre la que debe versar.)

FUENTES Y ESTUDIOS

H. BAYLÄNDER, *Alvaro Pelayo, Studien zu seinen Leben und seinen Schriften* (Aschaffenberg 1910); A. AMARO, *Alvaro Pelagio. Su vida, sus obras...* (Madrid 1916); N. JUNG, *Un franciscain, théologien du pouvoir pontifical au XIV siècle: Alvaro Pelayo, évêque et pénitencier de Jean XXII* (París 1931) (el mejor estudio sobre este autor); A. DOMINGUES DE SOUSA COSTA, *Estudos sobre Alvaro Pais* (Lisboa 1966); V. MENEGHIN, *Scritti inediti di Fra Alvaro Pais* (Lisboa 1969); Id., *Theologia et Jus canonicum iuxta canonistam Alvarum Pelagium*, "Acta Conv. Intern. Canonistarum" (Romae 1970), 39-50; A. GARCÍA Y GARCÍA, *La canonística ibérica posterior al Decreto de Graciano*, "Repertorio de Historia...", 420-52; M. PINTO DE MENESES, *Frei Alvaro Pais, bispo de Silves. Colirio da fe contra as heresias. Estabelecimiento do texto e traduçao*, 2 vols. (Lisboa 1954-1956); M. PINTO DE MENESES, *Frei Alvaro Pais, bispo de Silves. Espelho dos reis. Estabelecimiento do texto e traduçao* (Lisboa 1955); A. DOMINGUES DE SOUSA COSTA, *Estudos sobre Alvaro Pais* (Lisboa 1966); M. MARTINS, *Frei Alvaro Pais e o poeta Afonso Geraldes*, "Estudos de Cultura medieval" II (Braga 1972).

BERNARDO OLIVER

Nace en Valencia en el último tercio del siglo XIII. Ingresó en los agustinos de su ciudad natal. Después de graduarse en teología en la Universidad de París, explicó en la de Valencia las *Sentencias* de Pedro Lombrado. En 1336 Pedro IV de Aragón le elige como predicador y consejero suyo, encomendándole la misión de embajador en Aviñón. Este mismo año Benedicto XII le escoge para obispo de Huesca, y en 1345 Clemente VI le trasladó a la de Barcelona, y dos años después, a la de Tortosa, donde murió en 1348.

No fue parco en la pluma. Escribió varias obras de carácter Escribió varias obras de carácter teológico, pastoral y ascético. Además de la obra incluida en esta *Antología* dejó algunos escritos manuscritos conservados en El Escorial y estudiados por el P. B. Fernández (O. S. A.). Su otra gran obra, de extraordinario interés para el estudio del problema judío en nuestra Edad Media, es su *Tractatus contre perfidiam judeaorum*, editada por F. Cantera, Burgos, Madrid, Barcelona, 1965, sobre la que existe una extensa bibliografía.

TEXTOS

El Excitatorium mentis ad Deum, *del que elegimos el presente texto, es su mejor obra ascética y puede incluirse ciertamente entre las buenas obras de la espiritualidad española medieval. Es un escrito éste que merece la pena leerse por la unción, efecto, suavidad que respira, y por su contenido doc-*

*trinal serio. No le falta el matiz de la literatura sinonimal. El
alma suspira por la presencia continua, permanente y transfor-
madora de Dios-Padre que es luz, vida, fuerza y apoyo; pero
sobre todo anhela la presencia de este Padre en la Jerusalén
celestial, la verdadera patria del hombre. Este libro es la expresión más sentida de un alma que aspira con una fe profunda a las vivencias íntimas de la vida trinitaria.*

ESPERTAMIENTO DE LA VOLUNTAD EN DIOS,
POR D. FR. BERNARDO OLIVER

Capítulo 4.°

En que home contempla e piensa en Dios

Señor, conocedor mío, conózcate. ¡Oh virtud de la
mi alma, conózcate! ¡Oh consolador mío, demuéstrate
a mí! ¡Lumbre de los mis ojos, véante e tomen e reciban mi lumbre de los mis ojos a ti, todo mi bien!
Ca tú eres mi delectación, mi folgura, mi placentería,
mi gozo, mi bienaventuranza, mi refrigerio, mi fermosura. Tú, Señor, eres toda cosa que pura e santamente e
aprovechosamente desea la mi alma. Ven, gozo del mi
espíritu, e vea e otéete, alegría del mi corazón. ¡Oh delectación mía grande, oh solaz mío dulce, oh Señor,
Dios mío, vida de toda gloria de la mi alma, parece a
mí, tu siervo! ¡Oh deseo del mi corazón, fállete, tén-
gate! ¡Amor de la mi alma, abrácete, ca tú eres mi esposo celestial, mi alegría de dentro e de fuera! ¡Oh
bienaventuranza verdadera e para siempre, háyate en posesión, poséate en medio del mi corazón, ca tú eres vida
bienaventurada! ¡Dulzor soberana de la mi alma, de-

muéstrate a mí, tú eres todo bien, aquel bien en el cual
es folgura pura, luz non mortal, gracia perpetua, heredad piadosa de las almas, mansedumbre e paz segura!
¡Oh Señor, virtud de la mi alma! Con todo corazón te
amaré; ca, Señor, tú eres mi fortaleza, mi acorro, mi
librador. Amarte he, Dios mío, ca tú eres mi ayudador,
torre de fortaleza, dulce esperanza mía en toda mi tribulación. Abrazarte he, ca tú eres bien sin el cual bien
non hay ningún bien. Delectarme he en ti, sin el cual
non hay ninguna delectación. Abre, Señor, las mis orejas, e la tu palabra entre dentro de mi corazón porque
oya la tu voz grande e fuerte, porque se muevan las mis
entrañas para amar e desear a ti siempre. ¡Oh luz e
claridad que non se puede comprehender! Alumbra los
mis ojos porque non vean vanidades con trabajos, porque parezcan en ellos fuentes de lágrimas e de aguas de
gran contrición e de amargura. Luz espiritual, da a mí
vista que te pueda ver; cría en mí olor de vida porque
en pos de tu olor pueda correr. Señor, sana en mí todos
sesos porque pueda saber e conocer qué tan grande es
la mansedumbre de la tu dulzor, la cual deseas que hayan aquellos que son complidos de la caridad. Pues,
Señor, agora dame corazón que te piense, voluntad que
te ame, memoria que me acuerde de ti, entendimiento
que te entienda, razón que me llegue a ti que eres todo
bien. ¡Oh vida por la cual todas las cosas viven, vida
que das a mi vida, vida que eres mi vida! ¡Oh vida
por la cual vivo, sin la cual muero, por la cual so resucitado, sin la cual perezco, por la cual me alegro, sin la
cual so atribulado! ¡Oh vida que das vida dulce e amable! Demándote ¿dó eres, dóte fallaré porque en mi
desfallecimiento en ti sea enfortalecido? Señor, vida de

los vivos, sey cerca de mi corazón, sey cerca de la mi
voluntad, sey cerca de la mi ayuda, sey cerca en la mi
boca; ca de amor tuyo enflaquezco, porque sin ti muero, acordándome de ti resucito, porque el loor tuyo me
esfuerza, la tu memoria me sana. ¡Oh vida de la mi
alma, oh gozo dulce, trae el mi corazón en pos de ti!
¡Oh dulce manjar mío, cómate la mi alma! ¡Oh cabeza
mía, enderézame! ¡Oh lumbre de los mis ojos, alúm-
brate! ¡Oh concordia e placentería mía, tiémprame e
ordéname! ¡Oh loor mío, alegra el alma del tu siervo!
¡Oh gozo mío, entra, entra en ella porque en ti se goce!
¡Oh dulzor mío, entra en ella porque la tu dulzor sepa
e goste! ¡Oh lumbre eternal, alumbra e resplandece sobre ella porque te entienda, te conozca, te sepa e a ti
ame! ¡Oh alegría mía deseable! ¿Cuándo te veré?
¿Cuándo compareceré ante la tu faz? ¿Cuándo del tu
cumplimiento, como pareciere la tu gloria, seré harto?
¿Cuándo de esta cárcel escura e tenebregosa me saca-
rás? ¿Cuándo iré e pasaré a aquella muy fermosa e
maravillosa tu casa, a do suena voz de alegría en los
tabernáculos de los justos? ¡Oh rey muy poderoso!
¿Cuándo me traerás suso a ti porque corra en pos de
ti e non desfallezca, tú trayéndome? Trae, Señor, la boca
de la mi alma que ha sed e desea venir a los soberanos
ríos de la eternal fartura. ¡Oh Dios mío, vida mía! Tráe-
me a ti que eres fuente viva, porque dende beba, porque siempre viva. ¡Oh fuente de la vida! Da a la mi
alma que ha sed siempre beber de ti, e cumple la mi
voluntad del arroyo de la tu placentería. Da el espíritu
tuyo, el cual figuraba e significaban aquellas aguas las
cuales prometiste de dar a aquellos que hobiesen sed
de ti cuando dijiste: *Todo aquel que ha sed venga a*

mí e beba [1]. Danos que con todo deseo e con todo estudio deseemos ir a aquel lugar a do creemos que después de la tu resurrección sobiste, porque en esta presente mezquindad solamente sea el cuerpo, contigo siempre por pensamiento e por toda acucia sea el mi corazón; ca, Señor mío, do tu estás, eres tesorero muy deseable e de muy gran amor. ¡Oh Señor todopoderoso e muy misericordioso! ¿Quién dará a mí que vengas en el mi corazón, e con la tu gracia lo embargues porque olvide los mis males, desampare los mis pecados, a ti abrace que eres todo bien? ¡Oh Dios dulce e amable! Ruégote por la tu gran piedad que el cálix de la devoción que embriaga e farta a los tu santos, que farte la mi sed, porque el mi espíritu te desee haber e arda e sea encendido del tu placentero amor, olvidando la mezquindad de este mundo e toda su vanidad. ¡Oh dulce Jesucristo bueno! Da a mí que, por la tu gracia, de dentro del mi corazón nazca fuente de lágrimas que toda vía mane, porque las lágrimas den testimonio que en mí es el tu amor: ellas parezcan, ellas fablen cuánto te ama la mi ánima, mientras que, por la tu gran dulzor, non puede estar que de sí non dé lágrimas. Abre a mí, Señor, que llamo a la puerta de la tu gran piedad, porque entre a ti e el mi corazón farto de ti que eres pan celestial, sea complido e abastado, sobre la mesa de la tu fartura, de los deleites e placenterías de las cibdades soberanas, e en el lugar de la tu pastura que está cerca de los ríos complidos de todo bien. Díos mío, fuelgue en ti el mi corazón que es así como mar lleno de ondas de pensamientos de las vanidades del mundo. Mas tú,

---

[1] *Jn.*, 7, 37.

Señor, que mandaste a los vientos e al mar, e luego fue cesada la tempestad[2], entra sobre las ondas del mi corazón porque la tempestad de los pensamientos vanos cesando, en ti que eres mi puerto de salud fuelgue, e a ti temple. Pues, Señor, dame péñolas de contemplación con las cuales comience a volar a ti, hasta que venga a la fermosura de la tu casa e al lugar de la morada de la tu gloria. Pero, Padre misericordioso, entre tanto con la tu gracia ten e ayuda la mi voluntad porque non caya nin se incline a las cosas bajas e vanas del valle tenebroso de aquesta mezquindad, nin venga la sombra de las cosas terrenales e me parte de ti que eres verdadero sol de justicia. Mas, Señor, por la tu gran piedad faz que todas las cosas que me embargan para venir a ti que non hayan ningun poderío en mí. Pese e olvide la mi alma a sí e a todas las cosas que son criadas, e venga a ti e en ti sólo que eres criador de todas las cosas, finque los ojos de la tu fe, a ti desee, a ti enderezca toda su entinción, a ti piense, a ti contemple, a ti ante los ojos ponga, a ti en el su corazón piense e resuelva, ca tú eres verdadero gozo para siempre jamás. E, Señor, porque la tu delectación es más fuerte que la muerte, sorba la mi voluntad de todas las cosas que son so el cielo, e la fuerza muy placentera del tu amor sea encendida en mí, porque a ti sólo me allegue e sea complido e abastado, habiendo memoria e acordándome de la tu placentería. Decienda en mi corazón el olor de la tu placentería, e entre el amor tuyo mellifluo las entrañas del mi corazón. Venga en mí mirra bien oliente del tu sabor que resucite cobdicias e deseos eterna-

---

[2] *Lc.*, 8, 24.

les, porque de él salga vena de agua que corra en vida
perdurable. Fazme, Señor, que deseando a ti, olvide e
desampare el mundo e todas las cosas vanas, de él;
porque, como quier que estas cosas criadas e bajas del
mundo hayan sus delectaciones e sus amores, empero
non en tal manera delectan como tú, Dios nuestro Señor. E por ende ¡guay del alma que con osadía loca de
ti se partiere por el su pecado e espera que habrá alguna cosa mejor sin ti! Ca tú sólo eres folgura, e en
todas las cosas del mundo hay dolor e tribulación. ¡Oh
amor que siempre ardes e nunca te amatas! ¡Oh Dios
mío, caridad verdadera! Para mientes a mí en el ojo de
la tu piedad; da a mí que te ame siempre cuanto quiero
e cuanto debo, porque tú sólo seas toda mi entención e
todo mi pensamiento, en ti piense todo el día, a ti sienta por sabor de delectación en toda la noche, a ti fable
el mi espíritu, contigo razone la mi voluntad. Alumbra,
Señor, el mi corazón con lumbre de la tu santa visión,
porque tú rigiéndome, en la tu gracia trayéndome, andes de virtud en virtud fasta que vaya e vea a ti, Dios
de los dioses, en la tu gloria. E ya, feriste con la tu
palabra el mi corazón, e amete; llamaste e dejiste a
voces e rompiste la mi soledad, e desde entonce, Dios
mío, aína fue fecho a mí placentero desamparar todas
las vanidades e mentiras e placenterías del mundo, las
cuales ante que llamases era a mí muy grave perder,
mas ya dejarlas e desampararlas es a mí alegría. Aún,
Señor, tú que eres soberana sabiduría e placentería, lan-
zaste de la mi alma los deseos del allegar riquezas e de
haber todas las placenterías mundanales. Señor, lanzas-
te estas cosas, e entraste en la mi ánima tú que eres
más dulce que toda placentería, tú que eres más claro

que toda la luz, tú que eres más alto e más noble que toda honra. E aquestas son, Señor, mis riquezas e mis placenterías, las cuales por la tu gracia me diste, e con las cuales por la tu misericordia la mi probedad acataste e oteaste. ¡Oh Dios oidor del corazón contrito e atribulado! ¿Qué es aquella que comienza a resplandecer en mí, e sin lisión fiere el mi corazón, e yo comienzo a espantarme, e el tu amor comienza a arder en mí, en cuanto semejante so a ti por la caridad? Tú, Señor, verdaderamente eres sabiduría clara, la cual comienzas por la tu gracia a resplandecer en mí, tajando e tirando el nublado del mi corazón, el cual a las egadas cubre la mi ánima porque desfallezca de ti. ¿Qué es aquella cosa que me trae en talante e deseo de ti, al cual deseo non había acostumbrado de haber? ¿Qué es aquella cosa dulce que suele teñer el mi corazón porque se acuerde de ti e tan fuertemente e placenteramente piense en ti, que todo yo comienzo a estar fuera de mí? Ca la conciencia es alegre, olvidando las cosas mundanales; la memoria, acordándose de las cosas pasadas, de menosprécialas; es alumbrado el mi corazón, los mis deseos son fechos placenteros, e ya no sé dónde me vaya, porque con abrazados del tu amor de dentro de la mi alma so tenido. ¡Oh alma mía! Verdaderamente aquel Jesús, tu Salvador, es tu esposo, el cual viene porque con la su gracia te tenga, e non viene porque en esta vida presente del todo sea visto de ti, mas porque algún poco gostándolo comience a estar en ti; non viene porque el tu deseo del todo cumpla, mas porque el tu talante e la tu voluntad en pos de él vaya. ¡Oh Señor, para mientes cuánto me oíste e cuánto por la tu gracia en mí obraste! Ca la mi alma ya sojuzga e somete los deseos

terrenales, ya todas las cosas que acata e ve e piensa
que han de pasar demenosprecia, ya de delectaciones
que son de las cosas de fuera mundanales es partida y
tirada, e aquellos bienes que non pueden ser vistos busca. E muchas vegadas faciendo aquesto, es arrebatada
en contemplar la tu soberana dulzor e pensando en la
tu gloria con deseo encendido del tu amor trabaja en
esta presente vida, e esfuérzase a los misterios e servicios espirituales de los tu ángeles, e con gusto de la tu
lumbre es apacentada e gobernada. Así que parece que
está fuera del cuerpo en la placentería, e non quería (tan
grande es el dulzor que siente) tornar a sí otra vegada,
ca contempla aquella grandeza e muchedumbre de la tu
dulzor, la cual tú maravillosamente inspiras e das e en-
vías en los corazones de los tus amigos. ¡Oh Señor, qué
maravillosa placentería del tu amor es derramada en los
corazones de aquellos, los cuales, sin ti, nin aman ninguna cosa, nin buscan si non a ti, nin otra cosa ninguna
non desean pensar! ¡Oh qué bienaventurados son aquellos a los cuales tú sólo eres esperanza e todo su bien!
¡Oh Señor, bienaventurado es aquel que puesto en esta
carne flaca en alguna manera puede pensar la tu dulzor! E por ende, conviene a mí entender e parar mientes a la tu claridad, ca los tus bienes me delectan, porque con muy acucioso corazón, cuanto puedo, e pienso
en ellos, e pensando del tu amor enfermo, e del tu deseo fuertemente me enciende, e de la tu memoria dulcemente me delecto. E por ende, conviene que en ti los
mis ojos levante, el estado de la mi voluntad me ende-
rece, el talante del mi corazón confuerte; conviene a
mí de ti fablar, de ti oír, de ti escribir, de ti pensar,
porque ansí poco a poco de los ardores e trabajos e pe-

ligros de aquesta vida mortal, con el refrigerio de la tu vida que dura para siempre, pueda pasar e pasando la mi cabeza cansada pueda algún poco en el tu seno reclinar. ¡Oh Señor, el deseo mío el cual diste a mí non tan solamente está encendido en mí, mas comienza a aprovechar a aquellos que son ayuntados en caridad, e veyes en el mi corazón que ansí es, que non tan solamente trabajé en esta obra por provecho mío, mas deseando a que el prójimo fuese edificado. E por ende, entraré en el mi cobil e cantaré a ti cantares del tu amor, acordándome de Jerusalén, la cual es mi tierra, la cual es la mi madre, e pensaré que tú reinas, tú relumbras sobre ella con la tu claridad, tú eres padre e tuctor de todos aquellos que por ti en este mundo pasaron tribulaciones, castas e limpias placenterías, e firme gozo e alegría; ca viendo a ti, veyen todo bien que eres uno, soberano e verdadero bien, que eres bendicho para siempre jamás. Amén.

* * *

Deo gracias. Amén. Acabóse este libro en la villa de Madrid a ocho días de mayo de 1478 años. Escribiólo Diego Ordóñez. Edición del P. Benigno Fernández. Madrid 1911.

FUENTES Y ESTUDIOS

B. Fernández, *Bernardi Oliveri Augustiniani Oscensis, Barcinonensis et Dertusensis quondam episcopi Excitatorium mentis ad Deum...* (Matriti 1911) (el texto de la obra según un manuscrito de El Escorial); F. Vendrell edita la obra de

B. Oliver *Contra perfidiam judeaorum con introd.* en "Sefarad" 5, 1945, 303-36; J. JORDÁN, *Historia de la Provincia Agustiniana de la Corona de Aragón*, I (Valencia 1704), 209-12; I. F. OSSINGER, *Bibliotheca Augustiniana* (Ingolstadt 1768), 642; F. TORRES AMAT, *Memorias para ayudar a formar un diccionario crítico de escritores catalanes* (Barcelona 1836), 449; A. LAMBERT, *Bernard Oliver*, "Dict. d'Hist. et de Géog. Ecclés." 8 (París 1935), 756-59; G. DE SANTIAGO VELA, *Ensayo de una biblioteca Iberoamericana de la Orden de S. Agustín* 6 (Madrid 1913-25), 74-88; I. MONASTERIO, *Místicos agustinos españoles*, II (Madrid 1929), 51-61; P. BORDOY-TORRENTS, *El "Excitatorium mentis ad Deum" de fray Bernardo Oliver*, "La Ciudad de Dios" 109, 1917, 476-86; F. CANTERA, *El obispo Bernardo Oliver y la traducción manuscrita de su tratado "Contra caecitatem judeaorum"*, "Estudios Eclesiást." 34, 1960, 413-18; I. RODRÍGUEZ, *Autores espirituales españoles en la Edad Media*, "Repertorio de Historia de las ciencias eclesiásticas en España" (Salamanca 1967), 246-47 (recoge datos sobre manuscritos).

PEDRO FERNANDEZ PECHA

Pedro era hijo de una familia de buena posición económica al servicio de la corte de Alfonso XI de Castilla. Sus padres eran naturales de Guadalajara. Desconocemos el año del nacimiento de Pedro. Sabemos, en cambio, que a la muerte de su padre, sucede a éste en el cargo de camarero de Alfonso XI. En la corte se encontró con Fernando Yáñez, hombre muy idéntico a Pedro. En adelante, su amistad fue tal que juntos vivieron hasta la muerte una misma vida.

Ambos son considerados como los fundadores de la Orden de San Jerónimo en España. Después de haber vivido una vida eremítica junto con otros compañeros, Pedro Fernández Pecha y Pedro Román se dirigen a Aviñón, donde estaba el papa Gregorio XI, para obtener de él la restauración de los jerónimos en Castilla, León y Portugal.

Lo consiguieron. El pontífice, en bula del 18-X-1373, les permite llamarse "frailes o ermitaños de San Jerónimo" con la obligación de vivir bajo la Regla de San Agustín. El mismo Gregorio XI les indicó el hábito que debían vestir y nombró primer prior a Pedro Fernández Pecha con el nombre de Fr. Pedro de Guadalajara.

Pedro estableció la vida monástica en Lupiana (Guadalajara), y después de haberla consolidado y dejar todos sus bienes al monasterio, renunció al priorato para seguir fundando otros monasterios de los cuatro que le había permitido Gregorio XI. Y, efectivamente, fundó otro en Toledo (1374), del que fue su prior hasta 1400, año en el que por enfermedad se retiró a Guadalupe, donde estaba de prior su amigo Fernando Yáñez. En Guadalupe murió en 1402.

TEXTOS

Era Pedro un hombre de mucha oración, mortificación y penitencia. No sabemos que fuese un religioso consagrado al estudio, por eso no escribió apenas nada. Sin embargo, después de su muerte se encontró un breve opúsculo trazado por su propia mano, opúsculo que el propio P. Sigüenza consideraba perdido. Gracias a la investigación del P. A. Custodio Vega hoy lo podemos leer, al menos en parte.

La obra se titula Soliloquios entre el alma y Dios y el alma consigo misma. *Parece que estos* Soliloquios *comprendían dos partes, o si queremos dos tratados: en el primero de ellos se establece un coloquio entre Dios y el alma, y en el segundo el alma habla consigo misma. El texto editado por Vega se hace a base de dos manuscritos de la Biblioteca de El Escorial: a.II.17 y a.IV.9, de mediados del siglo XV el primero y de finales el segundo. No parece seguro que esta segunda parte del texto que publica Vega sea obra de P. Fernández Pecha.*

J. H. S.

Soliloquio

Señor mío, Redentor piadoso: ¿Fasta quando sufrirá la tu muy benigna piedad la my muy grand tribulación en que yo biuo, mezquino e pobre, caresciente del tu muy dulce amor, el qual es bienauenturanza, e riqueza, e fartura a todos aquellos que lo han en uso, o a lo menos en deseo? Ca el uso dél es fartura, e el deseo alegre esperanza. Mas en mi, triste, nin ha uso nin de-

seo. E asy es a my, mezquino, abundosa mengua e lle-
nera mezquindad, como aquel que caresce de toda abun-
dança e de todo bien. Ca tu solo eres fartura a los que
te gostan, e abundamiento a los que te han, e lumbre
a los que te siguen, e defendimiento a los que ty se en-
comiendan.

¡O Señor, quán vacía es de ti la mi memoria, e quán
alongada la mi voluntad! Señor, ¿cómo llamaré, para
que me oygas? ¿O por dónde iré, para que te falle?
¿O qué faré, para que te aya?

Fallescida es la mi fuerza buscándote, e ronca es la
mi voz llamándote, e la mi voluntad ya cansa atendién-
dote. Mas creo que nin te busco con diligencia, nin te
fallo, nin me oyes, nin te tengo.

Falló el mi enemigo alongada de ti la mi alma, e esforçóse en la mi soledad, e poco menos que non so
fecho manjar a él. Mas tu, Señor, non apartiendo del
todo de mi la tu mano, traysteme del tu arremembra-
miento. E esforçóse en la tu grand caridad la mi anima,
e ensalcéme en la tu humildad, e esperé en la tu misericordia, e arredróse en mí el my enemigo, e oue ya
quenta del tu refrigerio.

* * *

¡O Señor mio! Non me acates segund el que yo
so; mas acátame segund el que tu eres, en cuya memoria non son siempre las injurias, e cuyo deseo non
es vengança, e cuyo plazer non es tormentar, e cuya
voluntad non es dura. Vey, Señor, la mi fealdad, e apiádate de my: vey la mi enfermedad, e sáname: vey la

mi tribulación, e duélete: vey la mi mezquindat, e gua-
résceme: vey los mis tormentos, e amercendéate: vey
la mi mengua, e abúndame.

Oye la mi boz, e entiende la mi petición, e cúmplela.
Finche, Señor, la mi memoria, alumbra el mi entendimiento, e endereça la mi voluntad. Sufra la tu paciencia los mis yerros. Enmiende la tu piedad los mis defectos. Enderesce la tu justicia las mis obras. Gaste el
fuego de la tu caridad las mis culpas. Consuela, Señor,
de la tu vista la mi alma. Non te llamo, Señor, como
digno; mas quéxome, Señor, como nescesitado.

Ruégote, Señor, que me digas, qué es la razón del tu
detenimiento. Sy atiendes por ventura al merescimiento de la mi obra, ¿cómo non acatas el fallescimiento de
la mi fuerça e la mengua del mi poder, non porque naturalmente non puedo, mas porque en el mi luengo uso
de la mi vida mala, asy se enfermó la mi voluntad en
malicia e en soberuia, que afoga e reprime la fuerça e la
nobleza del libre albedrío?

Asy que, lo que podía por don de gracia, perdilo por
razón de culpa; en guisa, que lo que es a mí posible
en potencia, es a mí como imposible en acto.

Pues, Señor, non atiendas al merecimiento de la mi
obra, que es en dubda; mas acata a la tu piedad que
es cierta; e dame por raçón de gracia segund la tu grandeza. O sy de todo en todo quieres el mi merescimiento por guardar orden de justicia, Señor, dame gracia,
que me abiue en tal manera, que sobrepuje la mi flaqueza e la mi negligencia.

* * *

Ea, Señor. Las tus primeras gracias non se compartan por mérito. Pues, Señor, lo uno e lo al non me lo niegues; ca non só en tiempo de esperar tiempo. Ca cerca es la mi postrimería, e yo so fallado vazío e syn provecho. E ¿qué será de mí, Señor, en la mi postrimera ora de la fin mía, sy el tu amor non cerca la mi ánima? ¿E con qué me defenderé del enemigo, pues non he esperança en las mis obras? ¿E quién irá con migo delante ti, si me desamparas? Pues, buen Señor, inclina la tu oreja e oye el mi ruego; abre el tu ojo e vey la mi mengua; estiende la tu mano e fazme limosna.

Fabla, Señor, e sana el tu moço. Toca el lugarejo, e resucitará el muerto. Llame la tu boz e derpertará el que duerme. Non te culpo, Señor, porque te partes; mas ruégote que me sufras. Ca vienes a mí e non te acoge la mi memoria. Paras te me delante e non te acoge el mi entendimiento. Abrázasme e non te recibo, mas desdéñate la mi voluntad. E tu, así como menospreciado, vaste. E por ende, Señor, non te replico por que te vas en paz e me dexas; mas agradézcote, porque non te ensañas e non me destruyes.

* * *

Ruégote que me perdonas, Señor, e non me requieras; si non, cuida, Señor, que ansy non te dexe nin me parta de ti tan de ligera. Ca non quedaré de pedir fasta que aya, nin quedaré de buscar fasta que falle, nin quedaré de llamar fasta que éntre. Ca tu por ti mesmo amonestas estas cosas, quando hablando por enxemplo, dexiste: *Pedit e daruos han, buscad e fallaredes, llamad e abrirvos han.* Pues, ahé que te pido, dame;

ahé que te busco, depáratme; ahé que te llamo, ábreme. ¿O para qué dexiste estas cosas, si non para que se fiziesen; o para qué las prometiste, si non para las cumplir?

Pues, ¿por qué razón a mí, que las fago, te detienes, que non me las cumples? ¿Quizás asy esperas la perseuerancia del que te llama, porque lo que por grado de amor non se deue, por razón de trabajo se gane? E pues yo de amor non soy digno, ¿cómo ganaré por trabajo (lo) que non puedo? Ca la mi flaqueza tú la sabes seer tanta, que nin la mano puede ferir con la piedra, nin la cabeza puede a dar bozes se esfuerçar.

* * *

Pues, ¿qué faré, mezquino, si non fiero? ¿O qué será de mí, sy non llamo? Ca si lo dexo, so necesitado; e quando lo quiera facer, ya non puedo. Estaré quedo a la puerta, callando, perseuerando, fasta que tú abras. Pues vey Señor, lo que te conuiene. Ca, muerto o viuo, aquí seré fallado. Fambre, o frío, o quequier que venga, o si quisyer la muerte, a todo me dispongo; ca todo lo tengo por bien empleado, porque yo pueda auer lo que quiero. Ca la tu bondad ya la sé seer tanta, que non sufrirás que yo trabaje en vano. La tu bondad es ansy begnina, que non dexarás asy morir al fambriento. La tu justicia non es tan cruda, porque des la muerte al que se pone en tu poder. La tu misericordia non es tan dura, porque non perdones al que te confiesa. El tu buen talante es tan umildoso, que nunca desdeñas al que te quiere. La tu largueza es tan estendida, que nunca se encoje a los que piden.

O buen Señor, Salvador piadoso: farta me a mí, que muero de fambre. O tu, juez justo, fuerte, paciente, que non te ensañas por todos los dias: non me mates a mí, Señor, que me rindo e te me ofrezco siempre por captiuo. O misericordioso sin toda dureza: perdona a mí que te me confieso. O Señor dulce, e manso, e humildoso: non desdeñes a mí, que te quiero. O Señor, largo dador sin medida: non cierres la mano a mí que demando.

* * *

Señor, non te pido dónde es conuenible esté, ca es el mi deseo que te ame mucho. Non te pido honrra, nin grand poderío; nin te pido riquezas e sobreabundancia; con día e vito, e vil vestidura, e pobre cama, me he por contento. Entre los tus sieruos seré yo el más chiquiello e sieruo dellos. Esta honrra quiero; e trabajar por ellos, helo por folgura. Seer dellos amado, helo por deleite.

Señor, non despreciaste a la Cananea, que se te echó delante ti con porfía; non a la Madalena, llena de demonios; nin al mudo, sordo e ciego en la carrera. Pues heme aquí, a quien atormenta el diablo, que te me echo delante ti con quanta humildat puedo. E pido que me libres con gran afincamiento, así como a una de las ouejas perescidas. Si non, asy como a sieruo a quien el pan es otorgado: si non, asy como a can que mendiga las migajas.

Heme yo aquí, otro sí, lleno de demonios, los quales concebí por el merescimiento de las mis obras. Héchalos de mí, Señor, e perdóname, e fazme fazer penitencia, qual quisieres, porque yo sea digno de loar el tu Nombre con los tus ángeles en voluntad pura. Heme yo aquí

mudo, que callo la tu alabarça; heme aquí sordo, que
no oygo la tu palabra; heme aquí ciego, que non veo
las tus carreras.

Cata, Señor, que do boces e te llamo: atiende un
poco e sáname enfermo. Fazme que fable palabras de
vida; fazme que oyga tu boz saludable; fazme que vea
las tus carreras de justicia, porque andando por ellas
con perseuerancia, llegue a ti, fin del mi deseo.

* * *

¿Qué faré, mezquino, o qué será de mí, que so en
tan gran tribulación e en tan grand cuyta, e en tan grand
angustia, que non me sé dar consejo, nin sé qué cobro
ponga? Véome cercado de tantas e de tan grandes debdas, las quales me conuiene pagar, que quiera o que
non, fasta la postrimera meaja, o ser echado en las cár-
celes de más fondón, donde sea atormentado cruelmente: o por ventura condepnado a la muerte. E por ventura non tengo, nin sé dónde las pague. Tengo de dar
luenga cuenta, e non la tenga concertada; e lo que es
peor, sé que aunque la concertase, que non me alcan-
çaría por ser tan grand quantía que en alguna manera
non la puedo pagar; ca me fallará alcançado de tan
gran quantía, que non sé dónde la pegue.

Véome tan apretado e en tan grandes angustias por
muchedumbre de tan grandes acusaciones que me son
fechas, a las quales por fuerça me conuiene responder
e dar razón de mi fecho; e non sé escusa, que por mi
ponga. Fallóme fecho e criado de otro; e después rede-
mido de ese mesmo; e deuerme todo a él; e so enage-
nado por las mis malas obras, por las quales me metí

en seruidumbre del pecado, e non me puedo dar a aquél que me deuo; ca me apremia aquél en cuya subgeción por mi propia culpa soy puesto en tal guisa en su poder, que non puedo fazer de mí lo que querría, nin me puedo tornar a aquél, cuyo deuo ser por derecho.

Dióme aquél, mi criador, en el comienzo que me fizo, alma noble e enformada a la su imagen e semejança; por la qual cosa yo era abto a toda bienandança en usamiento de los sus bienes de la gloria suya. E dióme ser parcionero en el heredamiento del su regno con los sus escogidos. Dióme, otro sí, memoria limpia, entendimiento claro, voluntad beníuola, begnina e caritatiua, e talante inocente, consciencia simple e pura e derecha. Apetitos castos. Poderío complido e libre.

Déuole tornar todas aquestas cosas, quales él me las dio; ca, a tal condición fue el donadío. E non lo puedo fazer, ca destruy el ánima desenformándola de la su imagen, en la qual él me la hauía dado enformada, e yo enformela en forma de aquél, en la subgeción del qual agora so metido. E soy cosa tan desemejable a El, que non pueden conuenir en uno. Ensucié la memoria, metiendo en ella espesamente cosas sucias e viles, de gran aborrescimiento. Turbé e escurescí el entendimiento, usándolo en cosas desuariadas e non ciertas, como una cosa que fuese nescesaria.

Entremetí en la voluntad malicia, e eché fuera la benignidad. Entremetí enbidia, e eché fuera la caridad. Consentí en el talante con la ira, e con la saña, e con la malquerencia, e con la mala sospecha, e perdí la ynocencia. Enfingí pensamientos, gestos, palabras, obras, significando, fablando, faziendo unas cosas por otras con entención doble, e assy se perdió la simpleza e pureza de la consciencia.

Fize las cosas manifiestamente malas e non derechas, e assy se perdió la justicia. Vsé de las cosas desatentada e desordenadamente, desigualando las cosas por grand sobrepujanza a las mis necesidades, e assy perdí la castidad de los apetitos. Sometí la libertad del poderío al querer del pecado por fazimientos contrarios e por luengo uso de tiempo, e assy perdí la libertad, e me metí en seruidumbre de aquél, que me apremia agora cruelmente sin toda piedad e sin toda mesura.

* * *

Pues, mesquino, cuitado, catiuo e malauenturado: ¿cómo tornaré agora todas estas cosas, quales las deuo a aquél que me las dio, quando me las demandare, pues las he assy perdido e destruido, mayormente el libre poderío, por razón del qual todas las otras eran en mi mano e en mi poderío por la gracia de aquél que me crió e fizo de la nada?

E otro sy. Después que me fizo nascer en el mundo, dióme algos que despendiese, e de que me mantouiese. Dióme, otro sy, compaña que regiese e mandase e gouernase. Dióme dignidad e parte de poderío entre los omes. Dióme la su santa ley, en la qual se contienen mandamientos e consejos e amonestaciones saludables, con las quales ordenase todas estas cosas; e dióme lugar e manera en que todas estas cosas complir pudiese.

Dióme, otro sy, cuerpo con que todas estas cosas obrase. Dióme, otro sy, raçón por la qual me guiase, porque en el cabo de la mi postrimería, de todas aquestas cosas cuenta buena, leal e verdadera le diese, quando él me la demandase. Los algos proueílos neglogentemente, e puse en ellos mal recabdo. E lo que dénde oue, espendílo en malos usos e en cosas superfluas, e desonestas, e vanagloriosas, e de grand soberuia, e de grand pompa; e poco dellos, o nada, en obras de piedad e misericordia. E aun, lo que peor era, tanta era la cobdicia del mi coraçón e desordenados apetitos, que para complir todas aquestas cosas segund el mi deseo, non me tenía por contento con lo que Dios justamente me daua. E procuraua yo quanto más podía contra honestidad e contra justicia de mala parte, con soberuia, e con fealdad, e con mentira, e con engaño, para fenchir el desordenado deseo del mi desordenado apetito. E lo que non tenía nin lo podía auer, cobdiciáualo con toda llanera voluntad. La compaña que me dio que rigiese e mandase e gouernase, el regimiento fue dessoluto e desordenado, consintiendo en las malas obras (que yo bien les pudiera bedar) o dejándoles en sus malas costumbres; e aun dándoles fauor en ellas por esfuerço e por loor e por mal enxemplo de vida. El mandar, fue ocuparlos en las cosas que yo me deleitaua, quier fuesen justas, quier non. E algunas vegadas, si eran segund justicia, como quier que pocas, esto era por ventura, e más las fazía por el deleyte de la cosa e por la vana gloria, que non por el bien de la justicia.

* * *

El gouierno, otro sy, fue desordenado; a las veces más de lo que era menester, a las veces de menos. E quando de más, por mostrar pompa e ser loado, o por

tenellos pagados para obrar con ellos soberuiamente e
ser dellos apompado, más que a entención de franqueza
ni de los satisfazer justamente sus trabajos. E quando
el gouierno era de menos, esto era más por razón de
cobdicia e de auaricia, e por escaseza, o por atijara, que
non por razón de justicia e de atemperanza de la dignidad.

Del poderío usé, otro sy, disolutamente e muy desordenadamente: todo soberuia e con vanagloria, sopean-
do e sometiendo a los menores, e esforzándome quanto
podía por sobrepujar e someter a los iguales, e deseán-
dome igualar con los mayores; e aun sobrepujarlos, si
pudiese, como a los menores. E todo esto con entención
desordenada e presumptuosa e loca e vanagloria e soberuia.

A los mandamientos del mi criador fui desobediente,
e a los sus consejos negligente, e a las sus santas amonestaciones menospreciante. Así que todas las sobredichas cosas que él me dió, las quales segund éstas oue
de ordenar, ordenélas por el contrario. El tiempo, otro
sy, espendílo en vanidad, en locura e en soberuia, segunt
suso dixe, o dexé lo pasar ociosamente.

*　*　*

La razón, otro sy, que deuiera ser mi guiador en todas
las mis obras, troquéla por el consejo de los apetitos e
de la voluntad, e seguí el juyzio de los sus desordenados deseos. E ansy, mezquino, usé de los beneficios del
Señor en tal guisa, que non sé cómo concertar pueda
la tal cuenta que he de dar dellos, quando me fuere
demandada, para que sin miedo e sin vergüenza pueda

parescer con ella ante tan justo juez, que tan ordenadamente e tan con justicia e tan con razón quiere que sean despendidos los sus algos.

E tan ajustada e apuradamente toma sus cuentas, que non tan solamente toma cuenta de las obras; mas de las palabras e cogitaciones occiosas entiende demandar razón. E aun non tan solamente quiere que los sus algos sean tornados simplemente, más demándalos con ganancia. E si assy non son tornados, nin absuelue la culpa nin quita la pena. Ca aquellos a quien fueron encomendados los talentos, el que tornó simplemente el talento que le fue encomendado, porque no añadió ganancia, fue dado a los tormentos.

El cuerpo, otro sy, que fue dado para que obrase las cosas susodichas, con el qual por ventura pudiera fazer enmienda, de que se contentase el juez segund la su piedad e misericordia, gastélo e dispendílo en obras e en trabajos delectables e desonestos, e en obras voluntarias e desordenadas respondiendo al desordenado deseo de la voluntad e de los apetitos de la carne, exercitándome en las cosas suso dichas, e en otras muchas, suzias e feas e aborrescibles, que non son dignas de nombrar nin aun tan solamente de traer a la memoria.

* * *

E por razón de estas cosas sonme fechas muchas e grandes acusaciones, de las quales yo non sé nin me puedo defender. Ca los mis contrarios son muy muchos, e muy sabidores, e muy sotiles, e andan muy afincados en el pleito. E demás, lo que es peor, que tienen verdad.

Accúsame Sathanás con otros muchos de su compañía, que le ayudan quanto pueden con gran saber, que parece que han de me dañar. E proponen contra mí muchas cosas, que qualquier dellas abonda para acabar su entención. Ca pruébase el fecho contra mí manifiestamente; ca traen por testigos las mis obras, e la mi memoria, e la mi consciencia, los cuales yo non puedo contradezir, ca son dignos de fe e de creer.

Proponen el pleito delante la razón e la justicia, e non puedo auer por sospechosos tales jueces; ca nunca se falla que juzguen tuerto, nin que sean corrompidos por amor nin por themor nin por cobdicia. Concluyen en su demanda, que sea sometido a su poder asy como fijo suyo, non natural mas de adopción, e otro sy como sieruo. Allegan por sí testigos del Evangelio. El uno dice: *cuyas obras fiziéredes, de ése seredes llamados fijos.* Pruébanlo adelante, e síguese la prueba; ca prueban yo auer fecho sus obras. E concluyen, que les deuo ser sometido en poder assy como fijo.

E el otro testigo es que dice: *El que faze el pecado, sieruo es del pecado.* De lo qual concluyen pidiendo sentencia e execución muy afincadamente, cerrando razones, sin más alongamiento. E yo, mezquino, non sé qué diga nin sé qué faga. Non puedo negar la verdad, nin puedo contradecir los testigos. Non puedo desechar los jueces, nin corromperlos por dones nin por falagos. Non tengo de qué pague las debdas, que me alcançan por la cuenta, nin tengo de qué, nin con qué fazer emienda dello.

* * *

El ánima es desechadera del Señor, ca perdió la forma noble de que era enformada por gracia, de la qual ella era aparejada de la rescebir e de la allegar a sy; e cobró otra vil e fea e digna de aborrencia. La memoria se ensuzió, el entendimiento se turbó e se escuresció, e la voluntad se corrompió e se enagenó, los apetitos perdieron la castidad, e fornicando con los vicios, tornáronse cosa vil e menospreciada. Los algos son mal espendidos; el poder del libre aluedrío perdido, porque perdió la libertad, e es metido en subjeción e en captiuerio.

Las debdas son muchas e grandes, segúnd paresce por la cuenta, e non ay de qué pague; soy alcançado, e non ayo con qué faga la emienda. Las acusaciones son muchas, e prúeuanse claramente. Los acusadores son acuciosos, e llégase el tiempo de dar la sentencia. Los jueces son derechos, e juzgarán contra mí. ¿Qué faré, mezquino, o a dónde iré? ¿óDnde me esconderé? ¿E qué cobro porné en tan grand cuita?

Llamo a la Penitencia que me ayude, e que vaya conmigo ante el juez con todas sus partes, que son: la contrición, las lágrimas, la confisión, la satisfación e el buen propósito, ca me dicen que aquestas cosas suelen valer a los cuytados en los tiempos de las tales tribulaciones. Mas la contrición non fallo. Las lágrimas dicen, que no irán syn ella. La confisión dize, que irá comigo, mas he en ella poca esfuerço, ca veo que va de mala mente; e va poco esforzada, porque dize, que syn las otras sus compañeras, que yo no puedo auer bien; e que non irá, ca muy poco o nada suele ella aprouechar en los tales fechos. La satisfazión dice, que irá; mas que la lieue

yo a cuestas, ca non sabe ella ir de otra guisa con alguno, e yo non la puedo lleuar, que so flaco. El buen propósito responde; tan flaco e tan pereçoso tengo el esfuerço...

* * *

Así que veo que me conuiene dezir lo que dize el
psalmista Dauid: *Ego dixi in dimidio... Dixe: En medio
de los mis días yré a las puertas del infierno.* Cato el
lugar donde reçelo ir, e cato la compaña, e cato su vida,
e cato su facienda; e todauía themo más, e siento mayor cuita, e mayor dolor, e mayor amargura. El lugar
véolo muy fondo, e muy lóbrego, e muy feo, e muy
fidiondo, e muy sin sabor, e muy espantoso, como quier
que siempre arde en llamas muy quemantes e muy grandes syn mesura. El ardor nunca cesa, nin se amata, nin
se atibia. El fuego mesmo es la forma fasziente, e los
mezquinos que y son, la materia padesciente. La materia nunca se gasta, la forma nunca se amengua, el tormento siempre es, sin otras muchas e desuariadas maneras de tormentos, que seríe luengo de contar e enojoso
de oyr.

La compaña es muy fea e muy espantable syn mesura,
ca son más negros que la pez, como aquellos que toman
la color del fuego, que es madre de todo negror. Las
sus caras son muy espantables e los sus ojos remellados.
Las narizes largas, e muy romas, e muy altas, e muy
delgadas, fuera de mesura. Las mexillas muy consomi-
das. Las bocas muy grandes e muy abiertas, como aquellas que siempre infingen tragar. Los dientes muy grandes e muy sonantes. Las gargantas muy anchas. E todas

las otras fechurías por esta mesma manera: todos son bocas, todos son uñas, de todos salen llamas de fuego quemante sin guisa por el cuerpo, como aquellos que están tan llenos de dentro, que no caben en ellos; e assy conuiene que salga fuera por todas partes.

En manera, que tan feos e tan espantosos son en sy mesmos, que tan solamente veerlos es gran tormento. Las sus boces son muy doloridas, e muy grandes, e muy sin fauor, e muy enojosas de oir: que tan solamente oirlas ponen al ome en gran espanto. Las sus condiciones son muy denostadoras: falsos, mentirosos, engañosos, suzios, desordenados, disolutos, luxuriosos, e escarnidores; tristes, amargos, doloridos, sin sabores, enojosos, contradecidores del bien, presumidores del mal, sospechosos, desmesurados, destemprados, desuergonzados, temerosos, auarientos, mendigos, mezquinos, riñosos, maldicientes, denostadores, descorables, inbidiosos, malpagados.

FUENTES Y ESTUDIOS

D. DE ECIJA, *Libro del monasterio de Guadalupe* (Cáceres 1953), 99-109, 185-86; J. DE SIGÜENZA, *Historia de la Orden de San Jerónimo* (Madrid 1907-9), 10-53, 159-67; A. CUSTODIO VEGA, *Los "Soliloquios" de Fr. Pedro Fernández Pecha, fundador de los Jerónimos de España,* "La Ciudad de Dios" 175, 1962, 710-63.

FRANCISCO EIXIMENIS

Nació en Gerona este gran escritor hacia el 1327. Acaso en esta misma ciudad entró en la Orden franciscana. Se graduó de maestro en teología en la Universidad de Tolosa. En 1383 fija su residencia de un modo estable en Valencia, donde ejerce su actividad y escribe la mayor parte de sus obras. Fue personaje influyente en el reino de Valencia tanto en lo civil como en lo religioso. Asesor de Martín I y uno de los teólogos de los consejos de Valencia, era al mismo tiempo confesor del príncipe Don Juan y director espiritual de la reina Doña María de Luna. No es de extrañar ver a Eiximenis implicado en los acontecimientos políticos y religiosos más destacados de su época. Durante el cisma de Occidente su actuación no es definida pues, mientras que en sus primeros escritos aparece indiferente y hasta incluso en alguno de ellos defensor del pontífice romano, en su conducta se muestra partidario de la corte de Aviñón. En 1399, por decisión del consejo de Valencia, en colaboración con otros dos teólogos, redacta el estatuto por el que ha de regirse la enseñanza de la ciudad valentina. Muere en 1409.

Escritor prolífico, dejó muchos escritos, según puede verse en la colección "Els Nostres Clàssics". Es una parte sólo de su herencia literaria, ya que otras obras se han perdido o no están identificadas. La obra de mayor renombre es *El Crestià,* gran enciclopedia de la vida cristiana, pero que desgraciadamente sólo se conserva en parte.

TEXTOS

Los escritos de Eiximenis son de interés para el conocimiento del problema social de sus días y para ver cómo evolucionan las ideas en su aspecto religioso. Eiximenis tiene una teología y tiene asimismo una mística. Dentro de ésta elegimos primeramente un texto de la Vida de Cristo, *en el que habla de la tentación y de la huida de la misma como medio de vencerla.*

Del Libro de los santos ángeles [1] *tomamos la curiosa y detallada descripción que hace de Cristo en su aspecto físico. Es la doctrina más corriente entre los escritores, si eliminamos la afirmación de que Cristo nunca rió. De este mismo libro tomamos también la acción diabólica y del ángel bueno en el hombre. El diablo creando engaños e ilusiones en las almas contemplativas, y el ángel bueno acercándolas a Dios con su acción benéfica y presentándolo como el gran amigo del alma. En orden a la unión íntima del alma con Dios hemos elegido del* Tratado de la contemplación *las condiciones preparatorias propuestas por Eiximenis para llevar el alma a este cúlmen de la vida de oración.*

I. Libro de los Santos Angeles

QUE POS ESTA SANTA DOCTRINA ES CONDEMPNADA LA HEREJÍA DE AQUELLOS QUE DICEN QUE EL HOMBRE PERFECTO SE DEBE OFRECER A LAS OCASIONES DE LAS TEMPTACIONES

(Vita Christi, cap. 303, ff. 188v a 189v. Granada 1496)

Algunos dijeron que el hombre perfecto se debe ofrecer a las ocasiones de las temptaciones, alegando que tanto mayor será el vencimiento delante de Dios e tanto será más aplacible a Él cuanto la tentación fuese mayor e más grande de vencer.

Mas los tales yerran muy malamente e su fundamen-

---

[1] A. IVARS, *El "Llibre dels Angels" de Fr. Francisco Eiximenis y algunas versiones castellanas del mismo,* "Archivo Ibero-Americano" 19, 1923, 108-24.

to no es de algund valor. Ca como quier que sea de gran merecimiento sofrir graveza por ser la obra en sí alta e grande, así como despreciar el siglo o recebir martirio por Jesucristo, e cosas semejantes, e ofrecerse a las tales cosas sea digno de loor, empero ofrecerse a las ocasiones e peligros de las temptaciones de los deleites carnales, como es ofrecerse a morar entre mujeres y a tener cargo y regimiento de ellas, o estar en convites a do hay muchas viandas preciosas e delicadas, confiando que guardarán allí toda honestidad e toda templanza, y aun ofrecerse a tomar perlacías e oficios de justicia e de regimiento de pueblos, lo cual todo tiene mucha graveza y dificultad y por eso pocas veces se hace debidamente, este tal ofrecimiento no trae consigo merecimiento, mas peligro e loco atrevimiento. Ca muy de ligero podría ser derribado en graves pecados el que se ofreciese a las tales temptaciones.

E por eso los varones santos nos dieron ejemplo de fuir las tales ocasiones e nos enseñaron que el vencimiento de ellas es la fuida. E que el que en las tales cosas confía de sí mesmo es loco e de grand presunción e atrevimiento. Onde muchas veces leemos e sabemos que cayeron mezquinamente los que no quisieron esquivar las ocasiones de los pecados que traen consigo delectaciones e dieron muchos malos enjemplos de sí mesmos. E de aquí parece asaz claramente que yerran los que dicen generalmente sin distinción que tanto es mayor el vencimiento de la temptación y de mayor merecimiento cuanto son mayores las graveza y el peligro. Ca no es esto verdad en las gravezas e ocasiones de los deleites carnales e de las honras mundanales que el hombre procura de su voluntad. E mucho mejor es fuirlas que ponerse a tal peligro, según parece en los enjemplos suso dichos.

E nota aquí Teófilo e dice: Tú, cristiano, que vees que te son grand ocasión de caer en pecado algunas obras de piedad o otras cualesquier obras que parecen ser buenas e de santidad, toma el consejo del soberano Maestro que dice que si tu ojo derecho, que es la buena entención, o tu mano derecha, que es la buena obra, te son ocasión de ofender a Dios, que eches de ti sin tardanza aquella buena entención o aquella buena obra, porque según dice el Señor, mucho te es mejor que te salves con pocas e con pequeñas obras buenas que no que te condempnes con muchas y grandes y al cabo no bien fechas. Ca muchos son los que se condempnan por no guardar aqueste santo consejo del Salvador. E hay muchos eclesiásticos que trabajan por alcanzar las dignidades e perlacías de la Iglesia diciendo que lo hacen por la salud de las ánimas de los prójimos, como lo fagan por cobdicia e les mueva a ello soberbia e deseo vano de honra o de otro provecho temporal. E aún son otros que se entremeten a oír de confesiones e a predicar e a administrar los bienes de los pobres diciendo que lo facen con buena intención, como los mueva a ello cobdicia e deseo vano de honra e loor.

E aún hay muchos seglares que trabajan por allegar dineros e haber algunos oficios, honras e dignidades, diciendo que han entención de aprovechar en obras de piedad e servir a la república e acrecentar en la honra divinal, como en la verdad no piensen ni trabajen por otra cosa sino por alcanzar loor y reputación o acrecentamiento de hacienda o de otra cosa mundanal. Pues como toda su entención sea falsa e mala, aunque ellos digan que es buena, todas sus obras son desplacibles a Dios e llenas de malicia. E al cabo llévanlos al infierno e demuéstrase al mundo el mal corazón e deseo que siempre tovieron escondido dentro. E valiera más a los tales mezquinos seguir el consejo del Salvador e dejar de trabajar por sobir en las perlacías, o dejar de seguir la predicación, o de procurar las honras e dignidades, e de allegar riquezas temporales, e de buscar fama e loor, como se dirá adelante que lo buscaron e alcanzaron las vírgenes locas, porque hobieran sin estas cosas salvación e no fueran derribados con ellas en perdurable condempnación.

E aún es de saber que no conviene a ninguno matarse o cortarse algund miembro porque le parezca escandaloso e dañoso a su conciencia, ca sería irregular el que lo hiciese, segund parece en el Decreto, en la distinción quincuagésima quinta, en el capítulo que comienza: *Si quis...* Puede empero el cirujano cortar al hombre sin pecado el miembro que está corrompido para guarda de la vida del que está llagado o ferido. E si se mató Samsón es escuchado porque lo fizo por amonestación especial del Espíritu Santo, según que lo pone San Agustín en el libro de la *Ciudad de Dios*. E aún por esta manera son escuchados algunos santos, como San Marcos e otros que ficieron algunas cosas semejables. E aún debes saber que diciendo el Salvador aquellas palabras mandó al hombre tajar e alanzar de sí el mal pensamiento o cualquier otra cosa que le pueda inclinar a pecar, así como es ver que no conviene con palabras males e que pueden inclinar al hombre a mal, e todas las otras cosas semejables.

CÓMO ERA E CUÁL LA HUMANIDAD DE NUESTRO
SALVADOR

(Libro de los santos ángeles, Trat. Tercero, cap. 24,
ff. 40v-41v. Burgos 1490)

Principalmente te inflamará el corazón al su amor e
reverencia si acatares a la forma del su fermoso e precioso cuerpo. Ca era grande en su estatura, mas no mucho; pero era bien alto, con cabeza bien formado e la
frente alta e asaz grande, e las cejas altas e bien cer-
cadas e prietas, e los ojos garzos, fermosos e grandes
e mucho lucientes, e con tanta virtud que súbitamente
provocaba a aquel que lo miraba a pavor e amor. Los
cabellos, luengos fasta los musclos de los brazos, en alto
e en bajo como color de avellana. La barba, corta e
abondosa, concordante con los cabellos.

La su cara era luenga e bazuela por la grande abstinencia que Él facía. La nariz, derecha e muy fermosa.
La su boca, chequita e dulce e graciosa; e los labios,
delgados e mucho placientes de ver. E la color de la
cara declinaba a bazuela, mezclada en alguna manera
con amarillez, así como suelen parecer las caras de los
hombres colóricos que facen grand abstinencia o penitencia.

Los dientes, mucho blancos, bien puestos y tajados.
Los brazos, bien compuestos; e las manos e los dedos,
luengos e mucho fermosos por excelencia. E el cuerpo
muy bien compuesto, e los pies grandes e siempre des-
calzos en invierno e en verano. No embargante que por
vigor de la su santa ánima que animaba aquel precioso
cuerpo en el soberano grado que se puede carne humana animar, e por la su complisión, que era en el más

alto grado en que puede ser humana carne complisionada, por estas dos razones. Él era por todo su cuerpo precioso, así vivo e así delicado e así sensible que más de mal le facía una espina o piedra que le firiese en la suela del pie que no faría a nos si una gran saeta nos travesase el ojo o el corazón.

Piensa otrosí cuántas penas sufrió en aquella su sagrada carne e cómo así andando descalzo e yaciendo así continuamente de noche al sereno, e peregrinando a pie, e ayunando e abstiniéndose por cabo, e viviendo entre tanta mala gente cruel e descomulgada, e sin todo solaz de la su preciosa carne. Sepas, fijo, que andaba vestido de vestiduras mucho anchas e de poco valor, e encima traía una vestidura casi morada, escura, ancha, con mangas luengas fasta las manos. E el cabezón era mucho ancho. E sobre todo aquesto traía una manta así como de buriel, abrigado en la manera que se pinta como traían los apóstoles.

Comúnmente jamás nunca rió, mas lloró muchas veces cuando yacía en los campos, e cuando los apóstoles dormían Él se alongaba de ellos e daba altas voces suplicando al Padre por los pecadores con tanta virtud que no es pensamiento de ningund hombre en aqueste mundo que lo pueda pensar, e lloraba en cuanto hombre." E así suplicando todo se estremecía, fincado de rodillas, e estendiéndose, e trabajándose delante del Padre por ganar misericordia a los pecadores. E nosotros los ángeles por consolarlo allegámonos a Él, adorándolo, e después faciendo aquello que su Señoría nos mandaba facer en aconsejar bien a los pecadores e gobernarlos.

E ninguno no le demandaba gracia que no ge la diese; todos los reis de la tierra deseaban ver la su faz e contemplar en su gloriosa vida; solamente aquel pueblo malvado de los judíos lo difamó e lo persiguió fasta la muerte.

Si en aquesta real e gloriosa persona, fijo mío, pensares muchas veces, sepas que la tu ánima concebiría en Él gran devoción e amor, que, como dicho he de suso, la su sagrada memoria e fablar de Él e pensar de Él muchas veces, vida es e gloria a toda ánima cristiana.

CÓMO LOS CONTEMPLATIVOS IMPRUDENTES SON ENGAÑADOS POR ILUSIONES DIABÓLICAS

(Libro de los Santos ángeles, Trat. Tercero, cap. 36, f. 48r-v. Burgos 1490)*

Otro encendimiento hay que no administran los ángeles, segund que pone Alanus en su *Tratado de los Angeles;* e esto es comúnmente en los engañados contemplativos que desean ver visiones e revelaciones celestials, e permite Dios que caigan en grandes decaimientos e engaños del diablo. E aquesto es porque los tales deseos están siempre raigados e fundados en ascondida soberbia. Por ende, el demonio tiene poder contra los tales, según que dijo el santo ángel, para los cegar e para darles arrebatamientos, lanzándolos de sí mesmos e dándoles a entender grandes mentiras, provocándoles a presunción de sí mesmos. Por razón de aquesto aconseja el dicho santo ángel que ningund verdadero contemplativo no haya atales deseos, antes si los ha que los mortifique con oraciones e con vigor de franco albedrío, humillándose delante Dios e reputándose mucho indigno de tales cosas, e se tenga por muy grand pecador, e debe pensar que los tales deseos le vienen por sus pecados; e aquesta humildad apagarle ha todos los tales encendimientos desordenados e volantes por el viento de la vanidad.

CUÁLES INFLAMACIONES NOS ADMINISTRAN LOS SANTOS ÁNGELES

(Libro de los santos ángeles, Trat. Tercero, cap. 37, f. 48v. Burgos 1490)

La inflamación o encendimiento que los santos ángeles nos administran es llamada inflamación de nuestro Señor Dios, e de aquí Él manda ser amado. E a las vegadas la tal inflamación viene súbitamente: ésta es llamada infusa. Otras vegadas viene de poco en poco procediendo, e estonces es llamada adquerida e ganada con trabajo.

E dice aquí Cipriano en el su *Contemplar* que el santo ángel, queriendo al hombre inflamar en el amor de nuestro Señor, primeramente le pone dentro en el su corazón la infinita bondad, nobleza, alteza, sabiduría e así las otras excelencias e dignidades. E así que el hombre entiende las perfecciones de nuestro Señor Dios ser en sí muy grandes e maravillosas, ya no se puede retener que no reciba en amor a nuestro Señor Dios.

E aquesto nos face que seamos atentos e demos tiempo especial a saber e pensar qué cosa es Dios, diciendo así por el psalmista: *Palpate et videte quam ego sum Deus,* que quiere decir: Acatad e ved que yo soy Dios. E dice Cipriano aquí mesmo que una de las principales cosas que mueve al nuestro corazón e amar mucho a nuestro Señor Dios es pensar e saber e contemplar en las excelencias e bondades suyas. Ca ciertamente lo que es principio e raíz de nuestro mal es inorancia de la alteza de Dios. Por eso se dice que dijo el Señor por Jeremías profeta: *No se gloríe el sabio en su sabiduría, ni el fuerte en su fuerza. Mas quien se quiere gloriar justamente gloríese en conocer e amar a Mí.*

Lo segundo, dice Cipriano que el santo ángel nos pone dentro en el corazón, para nos inflamar en amor a Dios, que acatemos cómo es nuestro caro amigo. Ca no ha amor en el mundo por grande que sea que se pueda comparar al amor que Dios nos ha, que, ya ante que lo amásemos, ya Él nos amaba eternamente; e antes que Él criase el mundo ni el tiempo, de necesidad nunca desfallece e ama vivo e muerto. E no ha menester cosa de lo tuyo, antes todo cuanto has es suyo, e de Él has habido corazón e ánima e conservación de ti mismo, e gobernación e redención de tus pecados, e esperanza de tus pecados e disimulación de muchas injurias que siempre le faces, indulgencias de tus males, bienes de natura, bienes de fortuna e de gracia. Esperas haber aún por la su grand misericordia los perpetuos bienes de gloria. E encima de todo aquesto recibes infinitos bienes que decir no se podrían por nuestra miseria. E dijo el santo ángel: ¿Cuál corazón es en el mundo por endiablado que sea e duro que no sea alegre cuando oye que tanto es amado e recebidor de tantos bienes por tan alto e tan grande como es nuestro Señor Dios? Pues ámalo con fervor de corazón, ca no le puedes mucho amar nin mucho servir. E finalmente, tornártelo ha a grand gloria, honor e provecho de tu ánima.

II. TRACTAT DE CONTEMPLACIÓ, llamado también SCALA DEI, ff. 98r-99v. Barcelona 1494

QUINES COSES SÓN AQUELLES EN LES QUALS L'HOM IL-LUMINAT SE DEU REPOSAR PER LEVAR-SE EN CONTEMPLACIÓ

Quines coses emperò són aquelles en les quals en especial l'hom il-luminat se deu posar per fer preparació a contemplar e inflamar-se en l'amor del Senyor, són les següents. Primerament, pensar com nostre Senyor Déu nos ha tots creats per haver lo seu regne, e quina cosa és aquella que Ell nos entén a donar. E açò leva molt lo cor a amar nostre Senyor Déu, qui, sens mèrits nostres, nos ha ordenats e deputats en haver tan grans béns. Segonament, pensa en les penes de l'infern, e aquí veuràs la rigor e la justícia de nostre Senyor Déu, qui molt te provocarà a tembre-lo tostemps, e d'aquesta temor vendràs a l'amor.

Aprés pensa los grans benifets e senyals de gran amor que lo Senyor t'ha fets e ensenyats e et fa totjorn, car aquest pensament t'encendrà molt a amar-lo, majorment si penses quants pecats t'ha leixats e dissimula totjorn; aprés pensa en lo Salvador e en les sues sanctes e altes obres e paraules, e aquí trobaràs matèria de gran contemplació, car tot quant ell féu tot és lum e regla nostra, segons que diu Sent Agustí. Pensa encara com és vida lètia e vergonyosa e perillosa viure e perseverar en pecat, e com és vida alta e maravellosa viure virtuosament, e com és cosa segura e honorable e digna de llaor. Pensa encara en les temptacions com són perilloses e dampnoses, e com profitoses a aquells qui ab esforç les vencen. Pensa en los nobles e excel-lents hòmens sancts passats e presents, qui tots foren e són d'una mateixa natura ab tu, perquè no ets escusat si no' ls sembles e no vius aixi altament com ells, o almenys que visques justament esquivant tot pecat mortal e faent tot ço a què Déus t'ha obligat.

Pensa que tot quant veus e has, tot ha a passar, e fort breu; e no et saps què serà de tu, e que ara pots fer per guisa que sies per a tostemps gran hom e paradís, on pots tot perdre si no et guardes.

Pensa en quanta dolor seràs tostemps si ara et leixes perdre, e com te serà coltell de perpetual dampnació e dolor quant pensaràs que per ta follia hages tant de bé perdut e tant de mal procurat. Doncs tramet totjorn una vegada o dues la tua ànima en l'altre segle, e aprés, pensant passa de paradís en infern, e veuràs quant t'ha Déus aparellat ara mentre vius de salvar o de dampnar-te; aixi apendràs de bé viure e de bé a morir.

Nota ací que a levar son propi enteniment a contemplar, aprés és il·luminat e endreçat, e legint certa matèria en què pens tres coses hi ajuden segons que posen los contemplatius. La primera, si és per pròpia subtilesa e indústria saber-se aplicar a pensar pregonament en la cosa, e aixi leven tost en alt aquells qui són subtils d'enteniment. La segona via, si és per art, e en quant la persona qui vol contemplar segueix les arts e maneres que los sants doctors ensenyant aquest sanct levament de cor han fet en esta matèria. La terça, si és per ús e continuació d'esta obra, car la persona veada de contemplar abans és arrapada e levada en alta contemplació per poca cosa que li sia proposada a contemplar, que altra que no hi sia aveada ni ajudada per especial ajuda de Déu, car aital basta la fe e la devoció comuna, el bon ús que haja de contemplar.

Emperò, jatsia que les dites ajudes sien bones e profitoses al contemplant, emperò la principal e la pus alta espècie de contemplació no és en lo contemplatiu per humanal astúcia, ans és per sola obra de nostre Senyor Déu qui leva la pensa de l'hom qui vol així altament levar així per si mateix en los seus secrets que res altre sots Ell no hi és bastant; d'açò emperò direm devall, quant parlarem de la vida unitiva e perfectiva. E deus ací saber que lo contemplatiu quant és sots esta via il·luminativa deu fer tot son poder de lunyar e foragitar de si amor de tota cosa, exceptat Déu; així que si res alre ama tot ho faça per amor de Déu, e així deu sa amor ajustar que no sia escampada per altres amors ne per negocis, ni per altres ànsies temporals, mas que li sia vijars que al món no ha altre sinó Déu e ell mateix.

E aprés açò deu l'hom si mateix inflamar per amor, atenent que la vera amor de Déu sopleix tota nostra indigència e fretura, e per amor ha en nos a ésser tota abundància de tots béns, e per amor ha en nos habitar nostre Senyor Déu, ens ha a dar de si mateix sentiment e de les sues ricors e alteses.

FUENTES Y ESTUDIOS

J. Massó Torrents, *Les obres de fra Francesch Ximeniç (1340?-1409?). Assaig d'una bibliografia* (Barcelona 1909-1910); A. Ivars, *El escritor Fr. Francisco Eximénez en Valencia (1383-1408)*, "Archivo Ibero-Americano" 14, 1920, 76-104; 15, 1920, 289-331; 19, 1923, 359-98; 20, 1923, 210-48; 24, 1925, 325-82; 25, 1926, 5-48, 289-33; M. de Barcelona, *Fra Francesc Eximenis, OFM (1340?-1409?)*, "Estudis Franciscans" 40, 1928, 437-500; T. Carreras Artau, *Fray Francisco Eiximenis. Su significación religiosa, filosófico-moral, política y social*, "Anales del Instituto de Est. Gerundenses" 1, 1946, 270-93; J. H. Probst, *Francesch Eximeniç, ses idées politiques et sociales,*

"Revue Hispanique" 39, 1917, 1-2; D. DE MOLINS DE REI, *Francesc Eiximenis. Regiment de la cosa pública* (Barcelona 1927); M. DE BARCELONA, *Doctrina compendiosa* (Barcelona 1929); M. DE BARCELONA y N. D'ORDAL, *Francesc Eximenis. Terç del Crestià* (Barcelona 1929); L. AMORÓS, *El problema de la Summa theologica del Maestro Francisco Eximenis, OFM (1340?-1409),* "Archivum Francisc. Historicum" 52, 1959, 178-203; A. LÓPEZ AMO Y MARÍ, *El pensamiento político de Eximeniç en su tratado "De regiment de Princeps",* "Anuario de Hist. del Derecho Español" 17, 1946, 5-139; J. J. E. GRACIA, *Cinco capítulos del Terç del crestià de Francesc Eximenis omitidos por el P. Martí en su edición de la obra,* "Anal. Sacra Tarrac." 46, 1973, 265-79; P. BOHIGAS, *Prediccions i profecies en les obres de fra Francesc Eiximenis,* "Franciscalia" (Barcelona), 1928, 23-38; Id., *Idees de fra Francesc Eiximenis sobre la cultura antiga,* "Estudis Franciscans" 42, 1930, 80-85; J. CALVERAS, *Una traducción castellana del "Vita" de Eximenis,* "Anal. Sacra Tarracon." 17, 1944, 208; C. BARAUT, *L'Exercitatorio de la vida espiritual de García de Cisneros et le Tractat de Contemplació de Francesc Eiximenis,* "Studia Monastica" 2, 1960, 233-65; ALBERT G. HAUF, *La "Vita Christi" de Fr. Francesc Eiximenis, OFM (1340?-1409), como tratado de Cristología para seglares,* "Archivum Franciscanum Historicum", 71 (1978), 37-64; J. RUBIÓ, *Literatura catalana,* en "Historia general de las literaturas hispánicas" I (Barcelona 1949), 720-725; M. DE RIQUER, *Història de la literatura catalana* II (Barcelona 1964), 133-196; J. A. MARAVALL, *Franciscanismo, burguesía y mentalidad precapitalista: la obra de Eiximenis,* "VIII Congreso de Hist. Corona de Aragón" II (Valencia 1969); P. BOHIGAS, *Idees d'Eiximenis sobre la cultura antiga,* "Miscel. Creixells" (Barcelona 1929); J. M.ª MADURELL, *Manuscrits eiximinians,* "Martínez Ferrando, archivero. Miscelánea de estudios dedicados a su memoria" (Barcelona 1968), 291-313; J. MONFRIN, *La bibliothèque de Francesc Eiximenis (1409),* "Bibliothèque d'Humanisme et Renaissance" XXIX (1967), 447-484; M. OLIVER, *Francesc Eiximenis, Contes i faules* (Barcelona 1925), con grafía modernizada; G. E. SANSONE, *Francesc Eiximenis. Cercapou,* 2 vols. (Barcelona 1957-58).

PEDRO DE LUNA

Aragonés de origen, nació en Illueca (Zaragoza) en 1342. De familia noble, una vez terminados los estudios humanísticos cursó los universitarios en la Universidad de Montpellier, de la que fue profesor y donde se doctoró en Derecho. En Aviñón recibió hasta el subdiaconato. A los treinta y tres años, Gregorio XI le creó cardenal-diácono en 1375. A su regreso a Roma, este Papa le llevó consigo. La muerte de Gregorio XI fue el principio del gran cisma de Occidente, del que fue protagonista caracterizado Pedro de Luna, elegido por unanimidad para suceder a Clemente VII y tomando el nombre de Benedicto XIII. Sobre la legitimidad de su pontificado nos remitimos a los estudios bibliográficos. Abandonado de todos y, después de haberse retirado a Peñíscola, aquí muere y aquí fue sepultado en 1422.

Hombre culto, con una buena formación y de vida ejemplar, a pesar de los avatares de su agitada actividad, sacó tiempo para escribir algunas obras, la mayor parte de ellas de carácter jurídico. Pedro de Luna era también humanista.

TEXTOS

La vida le enseñó mucho a Pedro de Luna. Y precisamente en el declive de la misma, y después de muchos desengaños y desilusiones en el retiro de Peñíscola, escribió su hermoso libro: Liber de consolatione theologiae et vitae humanae adversus omnes casus consolationes. *Aunque, a pesar de todo, Pedro de Luna nunca estuvo decaído, sin embargo, no es difícil pensar que en la exposición del libro se tuviese a sí mismo de ejemplo. En todo caso, la persona atribulada encuentra en este libro reglas áureas para superar la tribulación. Esta viene considerada por Pedro de Luna como un bien personal. En el texto que hemos elegido, su autor propone como remedio para superar la cruz la eucaristía y la oración. Los nombres de Ambrosio, Jerónimo, Agustín, Gregorio, etc., citados por el escritor delatan su buena formación. Abusa de las citas tanto patrísticas como de escritores espirituales de la Edad Media. Intercala simultáneamente textos de escritores paganos, destacando entre éstos Séneca. Este hecho influye notablemente en los escritores castellanos posteriores.*

La obra fue escrita en latín y traducida al castellano por un aragonés, probablemente distinto del mismo Luna. Restaurador de una tradición estoicocristiana, divide su obra en quince libros. Los cuatro últimos entran de lleno en la ascesis cristiana. En ellos estudia las tristezas del asceta en el camino de la contemplación y ejercicio de las virtudes. El autor ofrece los remedios oportunos para las mismas. En la bibliografía quedan citados los escritos del P. Alonso (O. S. B.) y de Stegmüller en los que se discute la atribución a Luna de la obra escogida para esta Antología.

LIBER DE CONSOLATIONE, THEOLOGIAE ET VITAE HUMANAE

SÍGUESE EL DOCENO LIBRO, EL CUAL CONTIENE REMEDIOS E CONSOLACIONES CONTRA LAS TRISTEZAS QUE LOS HOMES HAN EN AQUESTE MUNDO POR RAZÓN DELA CONTEMPLACIÓN E DEVOCIÓN E CONTIENE SEIS CAPÍTULOS

Primeramente que los oficios divinales, e especialmente la santa comunión, si fuesen entredichos a ti, muy mucho consolarían tu espíritu; e para mientes cómo e con qué manera sea a tu consolación; ca debes creer que este apartamiento de los sacramentos e de los oficios divinales, que es fecho a ti de los sus mayores, non es a ti entredicho sin causa e sin juicio justo de Dios, el cual permite aquestas cosas por alguna dispensación saludable a la tu salvación, lo cual es fecho conveniblemente,e consuélate por aquesto, ca Dios contigo es. Onde dice San Ambrosio: *Non te puede quitar ninguno a Jesucristo, si tú no lo alzares da ti.* E San Gregorio dice: *El que perfectamente desea a Dios, ciertamente ya tiene lo que ama.* E ansí entendió fablar Santa Inés cuando dijo: *El tu cuerpo ya acompañado es al mío, conviene a saber, por amor.* E aún debe ser a ti consolación e entredicho; ca ansí como a los miembros enfermos del tu cuerpo es quitado el tu manjar corporal por dieta e melecina, ansí a los miembros enfermos espirituales es quitado el manjar espiritual, que es la comunión, aunque non cuanto al su efecto, que es la gracia; ca puede comer home aquel santo par por deseo e por fe. Como dice San Agostín: *Si crees en el Santo Sacramento, ya lo has comulgado por devoción; eso mesmo lo puedes comer.* Ansí, como dice Santo Tomás de Aquino: *Ansí como algunos son bautizados por bautismo de Espíritu Santo por el deseo del bautismo del agua, bien ansí algunos comen aqueste Santo Sacramento espiritualmente, ante que lo coman sacramentalmente, por el gran deseo que tienen de él. E en aquesta manera son dichos algunos ser bautizados espiritualmente, e otros comen eso mesmo el santo pan espiritualmente ante que tales sacramentos reciban sacramentalmente, por el gran deseo que tienen de los recebir.* Fasta aquí fabla Santo Tomás.

Si fueres alanzado del estudio e de las escuelas, ansí

como descomulgado e entredicho, no te debes de turbar; ca es a ti señal de bien. Onde Hugo de San Víctor dice sobre aquella palabra que nuestro Señor Jesucristo dijo a sus discípulos: *Si yo non fuere el Espíritu Santo consolador, non vernía a vos*N *Por ende nuestro Señor Jesucristo se absentó de sus discípulos corporalmente, porque aprendiesen a le amar espiritualmente; ante de su pasión los consolaba con la su presencia corporal. Mas aquesta consolación era a ellos ansí como leche a niños chiquitos, lo cual por ende les fue quitada porque creciesen e fuesen fuertes para la perfección del amor espiritual. E por ende subió al cielo, porque los corazones suyos llevase consigo, e el amor de ellos subiese a lo amar. E más aún, nuestro Señor Jesucristo consuela hoy a los sus amigos, ansí como por la su presencia corporal en la Santa Escritura e en los sacramentos de la santa Madre Iglesia e en otras obras virtuosas, las cuales el Señor quita de los homes, porque tanto más puramente reciban la dulcedumbre del amor espiritual, cuando más apartan su corazón de las obras corporales virtuosas, en las cuales derramaron toda su atención.* Fasta aquí fabla Hugo.

Por lo cual, para la consolación ten aquesta señal, que el apartamiento de las obras sobredichas e de otras semejantes non te debe de turbar, ca es por mayor bien para ti, que si non fueses apartado o entredicho, e semejable es en la secura del corazón cuanto a la su devoción, ca muchas veces nuestro Señor Dios quita la devoción del corazón e quédase seco e desconsolado, e acuérdase de la devoción pasada e consolación partida, e recorre a la fuente de piedad, que es Dios, donde mana el humor de aquella devoción, e ruega con gran deseo llorando e deciendo: "Venga el mí amado al su huerto, esto es, a la conciencia, e fágala regar". E aun haya consolación el home si non puede alcanzar las lágrimas de la devoción en la espiritual alegría, como la desea ver; ca se puede esforzar para tener firme la fe, lo cual non es de poco merecimiento, antes algunas veces es de mayor merecimiento que tener la devoción e derramar las lágrimas.

De la voluntad

Item, non te turbes si non pueder orar o facer otra obra espiritual, por cuanto aquesto non procede de la tu voluntad como tú querrías el contrario, aunque algunas veces non puedas ansí orar e contemplar por algún trabajo corporal, en el cual tú estás ocupado por obedecer a tu mayor. E por ende consuélate, porque la voluntad acerca de Dios, ora buena, ora mala, por fecho o por obra es reputar. De la voluntad mala dice el Señor: *El que quiere la mujer para la cobdiciar, ya pecó con ella en su corazón*[1]. E San Gregorio dice: *Non es cosa a Dios más amada que la buena voluntad*. Mas ¿por ventura dubdas en aquello que dice el Apóstol: *Conviene siempre orar e non desfallecer?*[2]. Responde que aquel siempre ora, que siempre orar desea. E por ende el deseo del corazón es de Dios recebido. Onde dice San Agostín: *El deseo de bien obrar es oración, e si el deseo es continuo, la oración es continua*. Onde dice San

---

[1] Cf. *Mt.*, 5, 28.
[2] *Lc.*, 18, 1.

Ambrosio: *Nunca dejes de llorar si non dejas de ser justo; siempre ora el que siempre bien obra.*

De ser tarde oída la oración

Non te debes de turbar si te face grave de orar o tarda Dios para oír tu oración, ca todas aquestas cosas son para ti bien; ca Dios tardando de te oír secretamente date a entender el valor e el precio de aquella cosa que tú demandas. E dándote espacio de considerar el gran precio de aquella cosa que tú demandas, acrecienta el deseo para la recebir; en acrecentándote el deseo, acreciéntate eso mesmo e date a gustar el dulzor de ella, ansí como aquel que ha de dar de comer a algunos, si lo tardas, acreciéntale la fambre de ellos, la cual, cuanto es mayor, tanto es más sabroso e más dulce el manjar que han de comer. Onde dice San Agostín: "Como Dios da tarde, non niega lo que demandas; mas date a conocer lo que demandas, mas date a conocer de qué valor es, que la cosa cuanto más es esperada e considerada, tanto más es por dulce habida e amada; mas si luego es dada, por vil es reputada". Por ende busca e demanda, ca buscando e demandando crece en ti el deseo, e Dios guarda lo que demandas porque lo recibas, lo cual non te quiere dar luego porque tú aprendas a desear grandes cosas que debes demandar. Onde dice San Jerónimo: "Ciertamente los nuestros deseos con la tardanza se encogen; más extiéndete porque aprovechen, e aprovechan para las cosas que demandamos crezcan; e cuando peleamos despertamos para demandar, porque dende mayores galardones hallamos. E cuando Dios lo ha de dar, primeramente trabajamos e mucho peleamos porque hallamos corona de victoria[3]. Nin te quieras turbar si Dios en alguna manera non oye la tu petición que faciste por las cosas temporales de este mundo, porque si Dios te oyera non te aprovechaba; ca el Señor Dios que conoció todas las cosas ante que fuesen fechas, el cual es rico e de buena voluntad para todos aquellos que le aman, si él supiese primeramente que la cosa que demandas non usarás mal de ella, non te la negaría ciertamente, pues que era la tu salvación, e como más nos ame para la su salvación, que non para la condenación". Por ende si non te oye a tu voluntad oírte ha a tu salvación, como dijo San Paulo: *Abaste a ti la mi gracia*[4]. Onde dice San Agostín: "Como aquellas que Dios lo ha e promete demandas, demandad seguramente; ca por la piedad de Dios las recibiredes; mas cuando demandares las cosas temporales, pedidlas con temor e someted vuestra petición a Dios, si son provechosas que las dé e si sabe que han de dañar que non las dé; pues qué cosa es lo que daña o aprovecha, sábelo el físico, non el enfermo. E lo que nuestro Señor ve ser demandado contra la salvación, non lo oyendo o non lo otorgando, ansí se demuestra ser salvador; ca bien conoce el físico si lo que demanda el enfermo es para la salud, e por ende, non da a la voluntad del enfermo porque dé su sanidad.

Item, non hayas tristeza si por ventura eres ocupado en trabajos por la utilidad de tus prójimos e quitado del tu reposo por aquesto, si te será en gran bien. Onde

---

[3] Cf. *II Tim.*, 2, 5.
[4] *II Cor.*, 12, 9.

dice San Gregorio: *La caridad que suele ayuntar todos los corazones de los justos, costriñe al corazón del justo ser departido por muchos negocios, e tanto más a Dios es ayuntado, cuanto más por santos deseos en muchos logares es derramado.* Como dice Inocencio Tercio: *Non presuma alguno desamparar el obispado por cualquier ocasión sin licencia del Santo Padre, que ansí como el bien mayor es antepuesto al bien menor, ansí el provecho común debe ser antepuesto a la utilidad particular.* E en aqueste caso, razonable debe el home ante predicar que non callar o contemplar, e ante trabajar que non folgar; para lo cual demostrar nuestro Señor Jesucristo non quiso nacer de Raquel, mas de Lía, nin fue recebido en la casa de la Madalena, mas en la de Marta. Onde cuando el obispo puede tener el obispado, e ayudar e aprovechar con él, non debe demandar licencia para lo desamparar, nin ge lo debe el Santo Padre otorgar. Onde dice San Bernardo: *El corazón acostumbrado de bien obrar recibe consolación de folganza, aunque sea apartado de la contemplación, ¿cuál es el home que en esta presente vida pueda de continuamente contemplar en mucho tiempo? Epor eso como cae de la vida contemplativa, luego se recoge a la activa; e aquesta contemplación tiene esta propiedad, que cuanto más enciende el corazón en el amor divinal, tanto más trabaja a los sus prójimos a se a Dios ayuntar, e por aquestos deja muchas veces la contemplación e se acompaña en la predicación, e después tanto más ardiente se retorna a la contemplación, cuanto más fructuosamente se tardó en la virtuosa operación; e dende gustado el dulzor de la contemplación, retorna alegremente, como lo hobo por costumbre, a la doctrina de los prójimos e a la buena edificación.* Fasta aquí fabla San Bernardo. Ítem, mayor mérito e más deleitable espera mayor galardón; e pues que muchas veces acaece que el home más merece que las obras de la vida activa que non de la contemplativa, por ende muchas veces el home debe dejar la contemplación e débase ocupar en obras corporales de misericordia e en la predicación; e ciertamente lo que a Cristo es más placentero, debe ser mayor consolación al home bueno e justo. Onde nuestro Señor trabajó por la salvación del home, e nos debemos de trabajar. E según que dice Santo Tomás de Aquino: *Perfecta caridad es que el home deje la vida contemplativa e se ocupe en la activa por salvación de los prójimos, porque cuanto el bien es más común, tanto es más mejor.*

(De *Consolaciones de la vida humana,* de don Pedro de Luna. B. A. A. E. E., de Rivadeneyra, t. 51. Doceno libro.)

FUENTES Y ESTUDIOS

Biblioteca de Autores Españoles (Madrid 1860), 561-602; S. BALUZE-G. MOLLAT, *Vitae paparum avenionensium* (París 1914-22); N. VALOIS, *La France et le grand schisme d'Occident* (París 1896-1902); M. DE LUNA, *Don Pedro de Luna ante la historia y el derecho* (Madrid 1903); J. A. RUBIO, *La política de Benedicto XIII desde la substracción de Aragón a su obediencia hasta su destitución en el concilio de Constanza* (Zamora 1926); M. BETI BONFILS, *El papa don Pedro de Luna* (Valencia 1927); S. PUIG Y PUIG, *Pedro de Luna, último papa de Aviñón* (1388-1430) (Barcelona 1929); J. ZUNZUNEGUI, *La*

legación en España del cardenal Pedro de Luna (1379-1390),
"Miscel. Hist. Pontif." (Roma 1943), 83-127; A. CASAS, *El papa
Luna* (Barcelona 1944); A. GIMÉNEZ SOLER, *El carácter de don
Pedro de Luna* (Zaragoza 1926); P. GALINDO, *La biblioteca de
Benedicto XIII* (D. Pedro de Luna) (Zaragoza 1929); G. PILLE-
MENT, *Pedro de Luna, le dernier pape d'Avignon* (París 1955);
A. GASCÓN DE GOTOR, *Pedro de Luna. El pontífice que no cedió*
(Madrid 1956); A. MARTÍN RODRÍGUEZ, *Benedicto XIII*, "His-
pania" 19, 1959, 163-91; F. STEGMÜLLER, *Die Consolatio theo-
logiae des Papstes Pedro de Luna (Benedikt XIII)*, "Gesammelke
aufsätze zur kulturgesch. Spaniens" 21, 1963, 209 ss.; LAPEYRE,
Un sermón de Pedro de Luna, en BH, 49 (1947), 38-46; D. DE
MOLINS DE REY, *La biblioteca papal de Peñyscola*, "Estudis
Franciscans" 27-29 (1922); A. LUNA, *El papa Luna* (Barcelona
1944); A. GLASFURD, *The Antipope (Peter de Luna, 1342-1423)*.
A study in obstinacy (London 1965); E. BAYERRI, *Un gran aragonés: el papa Pedro de Luna* (Barcelona 1973).

SAN VICENTE FERRER

Quizá el más grande predicador de la Edad Media. Nace en Valencia en 1350. Ingresa en el convento valentino de los dominicos en 1367. Estudia en varias universidades y se consagra durante algún tiempo a la enseñanza de la filosofía y posteriormente a la teología. De esta época datan algunos de sus escritos filosóficos netamente aperturistas ante las corrientes filosóficas de entonces.

En el cisma de Occidente se declaró por Clemente VII, escribiendo su tratado *De moderno Ecclesiae schismate*, en el que defendía su postura. Durante el pontificado de Benedicto XIII estuvo en Aviñón llamado por el papa Luna. Tuvo gran influjo en la corte de Aragón bajo el reinado de Juan I. Pero su actividad más característica es su misión de predicador itinerante por España, Francia e Italia. Murió en Bretaña, entregado a una intensa actividad apostólica, en 1419; le enterraron en la catedral de Vannes. Fue canonizado por Calixto III. Su fiesta se celebra el 5 de abril.

Además de una extraordinaria obra de predicador en buena parte dedicada a la conversión de los judíos, es autor de un *Tratado de la vida espiritual* que, reimpreso por Cisneros en 1510, tuvo una extraordinaria influencia en la Prerreforma española. La edición de Cisneros es la quinta; la primera es de Magdeburgo, 1493. La edición cisneriana contribuyó a marcar, en la espiritualidad española, una huella profunda del santo valenciano.

TEXTOS

*La obra de S. Vicente Ferre es fundamentalmente pastoral
y evangélica. Su catequesis y predicación se sujetaba a un plan,
por lo que sus sermones tienen una cierta coherencia. De carácter parenético, el santo pretendía con sus sermones conven-
cer y renovar la vida cristiana. No tiene base la censura de
iluminismo con la que a veces se le califica. Predicaba en
equipo, y por su acción se extendía a catequesis, sacramentos,
liturgia, ayuda a los pobres y enfermos. A pesar de que la
transmisión del texto de sus sermones es bastante delicada y
compleja, parece, sin embargo, que conservan con exactitud el
contenido de su predicación.*

*Hemos elegido el sermón sobre S. Juan Bautista porque en
él se percibe bien la acción de Dios en el santo, fenómeno
que acontece diariamente y de diversas maneras en cada uno
de los hombres. Es un sermón de solidez doctrinal en el que
se conjugan los temas trinitarios, cristológicos, mariológicos y
sacramentarios con la moral y la ascesis.*

SERMÓ DE SANT JOAN BAPTISTA

Manus Domini erat cum illo [1]

Bona gent! Segons que la gran festa és hui de la
nativitat de mossènyer sent Joan Baptista, semblantment
serà lo nostre sermó present; mas per ço que el sermó
sia tot a glòria de Déu, primerament etc. *Ave Maria,* etc.

Manus Domini, etc. *(In libro et capitulo sicut ante.)*

Aquesta paraula proposada parla de mossènyer sent
Joan Baptista, dient que *manus Domini erat cum illo.*
Ara, sapiats que la virtut de Déu és infinida en les sues
creatures, car ell ha fetes totes les creatures corporals
e espirituals, corruptibles e incorruptibles, e de bones e

---

[1] *Luc.,* c. I.

; aquella virtut és apel-lada *manus Domini*.
bona raó. Quan algun hom vol fer una caixa,
a en la mà e obre-la: veus que amb la mà la
a ho dix lo filòsof: *Quia manus erat organus*
n. Ara, vejats nostre senyor Déus quinya casa
an gran: lo cel que està dessús (quinya coberta
lla!) e la terra (quiny sol de casa!). Veus ací la
e virtut infinida de Déu. *Item,* un escrivà, quan
ure una carta, pren la ploma e escriu; doncs,
nà ho fa. Així nostre senyor Déus féu un libre,
crit: la glòria de paraís; les letres són los órdens
els. *Item,* un pintor, quan vol pintar un bell re-
nb la mà fa les imatges. Així, guarda Déus quan-
tures ha creades, que ell les ha fetes totes ab la
nida virtut, e guarda quiny retaule és aquest
quan tu veus la imatge del crucifixi deus reduir
oria: "Oh, així fo crucificat mon senyor Jesu-
o la de la verge Maria: "Oh, així fo una verge
í lo Fill de Déu omnipotent!"; o la de sent
dels altres sants, com allò és causa que representa. E, doncs, si tu, hom, has a fer alguna cosa, així
com t'he dit, ab la mà ho has a fer, així Déus, ab la sua
virtut, féu tot aquest món. Vols-ne auctoritat? *Quis ig-*
norat quod haec omnia manus Domini fecerit? In cuius
manu est omnis anima [2].

Ara lo tema és declarat. Mas, vejam: enla mà de
nostre Senyor, cinc dits hi ha; així, en la mà de Déu,
que és la sua virtut, ha cinc obres que Déu ha fetes a
mossènyer sent Joan Baptista: la primera, anunciació
gloriosa; la segona, generació maravellosa; la tercera,

---

[2] *Job.,* c. XII.

santificació graciosa; la quarta, manifestació grandiosa;
la cinquena, nominació miraculosa.

La primera obra que Déus féu a mossènyer sent Joan,
fo anunciació gloriosa; que, ja ans que fos concebut ne
nat, fo anunciat per l'àngel a son pare, apel-lat Zacaries,
qui era molt noble hom de linatge, e era sacerdot, e la
mare se apel-lava Elisabet. Ara veus què diu lo sant
Evangeli: *Erant iusti ante Deum* [3]. *Iusti,* car servaven
los manaments de Déu; *iusti,* car servaven les cerimò-
nies de la Lei vella; eren justs davant Déu e lo proïsme, per dreta intenció que havien en les obres que faïen,
e davant lo proïsme per bon exemple. E veus què diu
sent Bernat: *Lucere tum pax est ardere, tum pax est,
sed lucere et ardere perfectum est;* e ells ho havien
tot. Veus, doncs, com eren justs. E per ço diu *et sine
querela,* ço és, que pagaven bé los escuders e los servi-
dors de la sua casa, son loguer e sa soldada a quiscú,
e no es retenien les soldades, mas pagaven a tots sens
querella.

E veus, doncs, que Zacaries e Elisabet estaven en son
bon matrimoni, e eren ja molt vells, de setanta o vui-
tanta anys; e santa Elisabet era estèril, que no podia
concebre per poder natural, per ço com era molt freda;
e ells, aprés que hagueren estat algun temps abdui, par-
tiren lo llit e dormia quiscú en sa cambra, e donaren-se
a Déu ab oracions, ab almoines e altres bones obres.
E veus que un dia Zacaries anà al temple per fer oració,
e així com faïa oració, l'àngel Gabriel li aparec al cap
del altar, e Zacaries hac-ne terror. *Ne timeas Zacaria*
(E sapiats que doctrina és certa, que quan apar l'àngel

---

[3] *Luc.,* c. I.

bo o la ànima a qualque persona, tantost li dóna terror, car la carn no ho pot sostenir; mas, tantost aconsola la persona, e per ço: "no temats"). E veus que l'àngel li parlà, denunciant-li la embaixada que hauria un fill, e aquell seria ja tan sant, que en lo ventre de sa mare seria santificat. E Zacaries dubtà. Sabeu per què? Car guardava e pensava: "Yo só tan vell e ma muller estèril e vella; no es poria fer". Guardava al poder de natura, e no al poder divinal. E dix l'àngel: "Yo só l'àngel Gabriel, qui tots temps estic davant Déu, qui só vengut de part de Déu per denunciar-te açò, qui no puc mentir, e tu no em vols creure, e per ço te dic que tu tornaràs mut, que no poràs parlar fins que sien complides totes aquestes coses que t'he dites". L'àngel girà l'esquena, quasi com tot corruscat, e desaparec-li, i tornà-se'n al cel. E, puix, Zacaries eixia del temple, e enterrogaven-lo, e no podia parlar sinó "Mu! Mu!", e cogueren que visió havia haüda. Veus ací la anunciació gloriosa que fo feta en lo temple e per àngel bo.

Havem ací doctrina que no siam així com Zacaries, qui dubtà en allò que l'àngel li deïa, per ço com Zacaries guardava al poder natural, e l'àngel denuncià-li per poder divinal, e ell creïa al poder de natura. Havia raó o no? Seria bona raó aquesta: en la casa del rei la esclava no pot fer cavallers; doncs, lo rei no en pot fer? Doncs, en aquest món, què és natura, sinó una esclava? E, doncs, ço que los rapaços poden fer, què no ho pot fer lo rei? Los elements són rapaços de Déu: la terra, l'aigua, l'aire, lo foc. E per ço, quan Zacaries guardà lo poder de natura, dubtà, e l'àngel denuncià-li per poder divinal. Ara, ho entendrets? Doncs, d'on pensau que sien vingudes tantes errors en lo món, sinó per açò

que guardaven al poder de natura? Així com ara, quan
los apòstols preïcaven que un Déu era tres persones,
tantost los filòsofs recorrien al poder de natura: "Com
se pot fer que un Déu, en una mateixa substància, sia
tres persones realment distinctes, e que el Pare no és
Fill, ne l'Esperit Sant no és Pare ne Fill?" Mas aquesta
és la veritat que havem de la boca de Jesucrist, que no
pot mentir. Depuix de la Incarnació: quan los apòstols
preïcaven que la persona del Fill de Déu havia presa
carn humana en lo ventre de una infanta verge, tantost
los filòsofs deïen: *Finiti ad infinitum nulla est propor-
cio;* e doncs, con Déu sia infinit e la humanitat sia cosa
finida, doncs ver és *equalitative,* mas bé és ver *substan-
tive,* com ara, si volem comparar la humanitat a la divinitat, així egualment no hi ha deguna proporció; mas
si volem parlar que la divinitat sosté en si la humanitat,
açò se pot fer bé. Així mateix del sagrament del altar:
que, quan deïen los apòstols *ut supra, in sermone* "*Pro-
digium et signum*". *Ideo:* "*Videte fratres, ne quis vos
seducat* [*per philosophiam, et inanem fallaciam, secundum tradicionem hominum, secundum elementa mundi, et non secundum Christum*]" (*Ad Colos.,* c. 2). Mas,
no vullau fer així com Zacaries, mas creure: *Videte
quia non est impossibile* [*apud Deum omne verbum (Luc.,*
c. 1)]. E veus la primera obra.

La segona obra que Déus féu en sent Joan Baptista
fo generació miraculosa. Sapiats que Zacaries e sa muller Elisabet no podien haver fills per poder natural;
mas Déus fortificà la virtut de abduis. E voleu veure
la pràtica? Quan lo bon hom se n'anà a casa seva, així
tot demudat, e la dona que el ve venir així descolorit,
pensat com li deïa: "Oh, senyor! E què haveu haüd?"

E ell no podia parlar. Pensat ella quinya dolor ne divie haver! "Ai, mesquina, e que haveu marit mut!" E quan venc al vespre, que la bona dona volia anar a fer sa oració, e a dormir a la sua cambra, lo bon hom la pren amb dues mans, dient: "Me, me, meee!" E ella: "E què voleu?" "Me, me!" Finalment, la bona dona, veent ço que el bon hom demanava, per ço com la tirava a si, a la sua cambra, per no pecar consentí de anar ab ell; e, quan fo en la cambra, ell usà ab ella, e, finalment, ell la emprenyà. E per ço sapiats que les persones que són en matrimoni, si lo marit requer la muller, de paraula o per signes, la muller deu consentir, encara que estigue en oració, e si no, peca mortalment; e per lo contrari del marit: deu retre lo deute a la muller, car deute conjugal és. E quan la bona dona hagué concebut, ella se cobria ab una gran cota tant com podia, per ço que no ho coneguessen les gents, e que no diguessen: "Ha, haa! Hom se cuidava que ere santa dona, e ella encara se ajusta ab lo marit. Si bé s'és vella, hom pensava que fos devota, e ella és prenyada". *Ideo, dicit sanctus Luca: "Quod quinque mensibus stetit absconsa"*, per tal que degú no ho conegués que fos prenyada. Mas ací pensat que, per ço com havia anar al temple, se féu fer una cota ampla, per ço que no ho coneguessen. E veus ací generació miraculosa.

E per ço havem doctrina que deguna persona no vulle tastar de aquella immundícia e pudor de luxúria, sinó marit e muller, qui n'han licència, e encar és ops que aquests tinguen la manera que Déus hi ha ordenada (bé és pec qui no ho entén), e lo matrimoni se deu tractar entre aquells, e perseverar honorablement, que sagrament és sant. Per ço diu la sancta Escriptura: *Honorabile connubium in omnibus, et thorus immaculatus. Fornicatores enim et adulteros iudicabit Deus (Ad. Hebr. ult. cap.).* Diu sent Pau que tu, hom, tractes ta muller honorablement, e no així com a bèstia, *et thorus immaculatus,* ço és, que *ad invicem* se serven lealtat, e no rompen la fe del matrimoni, que el marit no es mescle ab altra dona, ni la dona ab altre hom. Aprés, diu *adulteros;* aquests són aquells qui no són de matrimoni, qui no vullen tastar de aquella obra pudent. E dirà algú: "E, Senyor! E si a ella plau e a mi plau, e yo la'n pac bé, doncs, quiny pecat és?" Yo t'ho diré. Si tu pecaves ab la filla del rei, per bé que a ella plagués, què mereixeries que et fes lo rei per gran traició? E, doncs, les dones, no són filles del rei Jesucrist? Sí són. E, doncs, tu li fas traició. E per ço deïa sent Pau: *Haec est voluntas Dei sanctificatio vestra [ut abstineatis vos a fornicatione, ut sciat unusquisque vestrum vas suum possidere in sanctificatione et honore]* (*Ad Thesal.* c. IV). E dien alguns: "Eh, Sènyer, ús és, e així es fa". Eh! Veges què et diu lo profeta Isaïes: *Vae qui condunt leges iniquas, scribentes, iniustitias scripserunt, ut opprimerent in iudicio pauperes"* (*Is.* c. prim.º). E veus la segona obra.

La tercera obra que féu la virtut de Déu en sent Joan Baptista fo sanctificació graciosa. E veus com: quan la verge Maria concebé lo fill de Déu, e sabé que Elisabet havia concebut, que sent Gabriel lo li havia dit, ella anà a veure Elisabet. Açò diu lo test: *Exurgit Maria et abiit in montana [cum festinacione, in civitate Iuda, et intravit in domum Zacarie et salutavit] Elysabet"* (*Luc.* c. I). E quan la verge Maria entrà per la

casa, alguna serventa la véu venir e anà a dir a Elisabet: "Senyora, vostra cosina ve"; e ella ne hagué gran
plaer, e lleva's del loc on seia, e isqué-li a carrera. E la
verge Maria saludà-la, dient-li: "O, bon prou vos face
lo fill que teniu en el ventre". E en aquesta paraula
que dix la verge Maria, fo santificat sent Joan Baptista
de pecat original, així com la creatura per lo baptisme
és santificada <per lo baptisme> de pecat original,
quan lo prevere diu: *Ego te babtizo in nomine Patris,
et Filii et Spir[it]us sancti (Mat. ult. cap.). (Spiritus
sancti* una dicció és). Vet, deu paraules són que ixen
de la boca del ministre e santifiquen la creautra. E així,
eixint la paraula de la verge Maria, e entrant en les
orelles de santa Elisabet sent Joan fo santificat, *et sanctus Ioannes exultavit tam cito,* e ballà en lo ventre de
sa mare. Sabeu com? Si algú és pres e sentenciat a mort,
si algú li denuncia que el rei lo ha absolt, quinya ale-
gria hauria? Pensar ho podeu. Així, sent Joan, sabent
que era santificat per aquella salutació, *exultavit,* etc.
E sancta Elisabet fo plena del sant Esperit, e dix a la
verge Maria: *Benedicta tu in mulieribus, et benedictus
fructus ventris tui, et benedicta que credidisti.* E pensat que aplegaren-se per besar-se, e la verge Maria era
petita de catorze anys, e santa Elisabet era gran dona,
e, així, com se abraçaren, lo ventre de la verge Maria
estava baix, e lo ventre de santa Elisabet estava alt.
Ara, pensat com se devia retraure l'infant baix, per ço
que no estigués pus alt que son senyor; així com si
hom prenia un infant, e el posava al costat del rei, e
pus alt, què faria aquell infant? Levar-s'ia d'alt e posar-
s'ia als peus del rei, dient: "Senyor, no en só digne".
Així podeu pensar de sent Joan que s'abaixà.

Ara, moralment. Si sent Joan no es gosava atansar a l'altar de Jesucrist, al ventre de la verge Maria, doncs, quant més nos devem lunyar nosaltres de l'altar, e no atansar-s'hi. E antigament no s'hi gosava atansar degú, sinó los preveres: *Sacerdotes qui accedunt ad altare Domini, sanctificent (Ex.* c. XVIII); mester los era que fossen ben aparellats. Altra auctoritat: *Homo qui non est de genere Aaron et accedit ad altare meum, morte morietur (Num.* c. III) *(scilicet "alienus morietur").* E veus la tercera.

La quarta obra que féu la virtut de Déu en mossènyer sent Joan Baptista fo manifestació grandiosa, que quan sancta Elisabet hac celat molt lo seu prenyat, *finaliter* al part se hagué a descobrir, així com a vegades fan algunes malvades que conceben de pecat e cobrenlo, mas al part se descobre. Així ell, al part se hagué descobrir e manifestar, e *finaliter* ella parí. E pensat ab quanta dolor parí, que era vella! Mas, quant hac parit, *iam non meminit pressure propter gaudium, quia natus est homo in mundum (Io.* c. XVI). E veus que venien los parents e amics, *et congregabantur,* e deïenli: "O beneita, ara sou fora de la maledicció de la Lei". Car sapiau que la dona que no concebia, havia la maledicció de Déu: *Maledicetur venter qui non concipit (Deutero.* c. VII).

Ara, moralment. Qui és aquesta Elisabet? Vol dir, segons la interpretació hebraica, *Dei mei septima,* e són tres síl·labes, e signifique lo estat del món; e ella no hagué fruit de son matrimonio fins que fo vella, e significa la vida de l'hom que està en set etats: la primera fon de Adam fins a Noè, e les gents que vivien en aquesta

edat, vivien per lei natural; la segona edat fon de Noè
fins a Abraham, e vivien les gents en altra manera; la
tercera edat, de Abraham fins a Moisès; la quarta, de
Moisès fins a David, e vivien per Lei de Escriptura; la
quinta, de David fins a la transmigració de Babilònia;
la sexta, de la transmigraciò de Babilònia fins a Jesucrist; e la setena, de Jesucrist fins a la fi del món, que
les gents viuen en lei de gràcia. Mas, Elisabet, concebé
fill nou, estant vella; així ara la vella concep: lo món;
e lo fruit és aquell que diu Jesucrist: *Facite fructus
dignos penitencie (Luc.* c. III). Mas, aquesta vella Elisabet, molts la impugnen, així com la deurien alegrar,
e per çó com volen complaure a si mateixs e no volen
plaure a Jesucrist. Deïa sent Pau: *Obsecro vos [fratres,
per misericordiam Dei, ut exhibeatis corpora vestra hos-
tiam viventem, sanctam, Deo] placentem (Ad Rom.*
c. XII).

La quinta obra que féu la virtut de Déu en sent Joan
Baptista, fo nominació miraculosa; que quan venc lo
huitèn dia, que el volien circumcisir, vingueren los parents e amics e lo rabí a circumcisir aquell. E pensat
que alguns digueren com hauria nom; e digueren alguns: "E què, cal dir això? Que Zacaries, així com son
pare". E la mare, que oí açò, que jaïa en lo llit, cridà
fortiter: "Nequaquam, sed vocabitur Ioannes". E aquells
responeren: *Nemo est in cognatione nostra, qui voce-
tur hoc nomine.* E digueren alguns: "Demanem-ho a
son pare"; e ell encara era mut e sord, e per ço diu
innuebant ei, ço és, amb signes, com hauria nom, e ell
demanà lo tinter, *postulans pugillarem.*

Ara, moralment, de una qüestioneta. Per què Zacaries volgué més que fos apel-lat Joan que Zacaries? E

val més Zacaries que Joan? No cal sinó que vejam la interpretació hebraica: Què vol dir Zacaries? *Memorans Deum*. E Joan vol dir *habere graciam Dei*. Ara, veus ací: per moltes vegades l'hom se remembre de Déu a llur dampnació, comprant e venent. Quan tu compres: "Per quant me dareu açò?" "Per deu florins". "No n'haureu sinó cinc". *"Non per caput tantum de costitat mihi"*, etc. *Vel bibendo:* "Bevet". "No beuré primer". "Sí fareu, pel cap", etc. O menjant, o jugant; e, encara, sobre l'entrar de la església: "Vós entrareu primer", etc.; fins a renegar: "E yo renec de Déu si no entrau primer", etc. Mas Joan, vol dir hom on habita la gràcia de Déu. Açò és per contrició, o per confessió, o per penitència, o per bona vida. Auctoritat: *Gracia Dei,* [*vita aeterna, in Christo Jesu Domino nostro*] *(Ad Rom. c. III).* E del primer, Zacaries, *memorans Deum (Amos* p.° ca.°): *Tace et non memores nomen Dei tui.* Altra auctoritat *(Eccli.* c. XX): *Nominacio* [*Dei non sit assidua in ore tuo, et nominibus sanctorum non admiscearis, quoniam non eris immunis ab eis*]. E veus per què deïa lo tema: *Manus Domini,* etc.

(SANT VICENT FERRER: *Sermons.* Volum segon, pp. 13-22. Edit. Barcino. Barcelona 1934. 2.ª ed. 1971.)

FUENTES Y ESTUDIOS

ALMELA I VIVES, Francisco: *Sant Vicent Ferrer,* 1.ª ed. Barcelona, Col. Popular Barcino, 27, 1927.—ANTIST, V. Justiniano, O. P.: *La vida e historia del apostólico predicador Sant Vicente Ferrer, valenciano, de la Orden de Santo Domingo,* Valencia, por Pedro de Huete, 1575, en 8.°.—ALVAREZ, Paulino, O. P.: *San Vicente Ferrer,* Vergara (Guipúzcoa), Ed. La Tipografía, 1934, 160 pp.—BAJONA OLIVERAS, Ignacio L.: *San Vi-*

cente Ferrer y San Bernardino de Sena, "Bol. de la Sdad. Castellonense de Cultura" XXXI, 1954.—BELTRÁN DE HEREDIA, V.: San Vicente Ferrer, predicador de las sinagogas, "Salmanticensis" 2 (1955), 669-76.—BOIX, Vicente: Fiestas que en el siglo IV de la canonización de San Vicente Ferrer se celebraron en Valencia, Valencia, Imp. de José Ríus, 1855, en 4.º.—BRETTLE, S.: San Vicente Ferrer und sein literarischer Nachlass, Münster in W., 1924.—CUENCA Y CREUS, Vicente: San Vicente Ferrer. Su influencia social y política, Madrid, 1919, en 8.º, 158 pp.— CHABÁS LLORENS, R.: Estudio sobre los sermones valencianos de San Vicente Ferrer, "R. A. B. M." 6-9, 1902-1903.—DÍEZ, Isidro, O. P.: Manual vicentino, Valencia, Editorial FEDA, 1955, 348 pp.—DUDON, P.: Certaines pages des "Exercices" dépendent-elles de St. Vincent Ferrier? Arch. Hist. Soc. Iesu, IV (1935), 102-110.—ESCOBAR, F.: La columna de San Vicente Ferrer, Lorca, 1919.—FAGES, H. D.: Histoire de St. Vincent Ferrier, 2 vols., París, 1892-94; Procés de la canonisation de St. Vincent Ferrier, París, 1909; Notes et documents de l'histoire de St. Vincent Ferrier, 2 vols., París, 1904; Oeuvres de St. Vincent Ferrier, París, 1909.—FINKE, Heinrich: Der hl. Vinzens Ferrer un die subtraktion von Benedikte XIII, "Römische Quartalschrift" (1893); Drei spanische Publizisten aus den Anfängen des Grossen Schismas Matthäus Clementis, Nicolaus Eymerich, der hl. Vicente Ferrer, "Spanische Forschungen" I, Münster in W. (1928), 174-95.—GALDUF, Vicente, O. P.: Vida de San Vicente Ferrer, Valencia, Ed. FEDA, 1950, 226 pp.—GARCÍA SEMPERE, Lorenzo, O. P.: Los milagros de San Vicente Ferrer, Barcelona, 1913, ed. Luis Gili, 530 pp.—GARGANTA, J. M.: El tratado de "Vita spirituali" de San Vicente Ferrer, "Crist" 5 (1948), 231-74; San Vicente Ferrer, maestro de vida espiritual, "Rosas y Espinas" 358 (Valencia 1950); San Vicente Ferrer y el cisma de Occidente, "Timete Deum" I (Valencia 1950), p. 25; Biografía y escritos de San Vicente Ferrer, B. A. C., Madrid, 1956.— GAVALDA, Francisco, O. P.: Vida del Angel, Profeta y Apóstol valenciano San Vicente Ferrer, Valencia, por Jerónimo Vilagrasa, 1668.—GENOVÉS, V.: San Vicente Ferrer, apóstol de la paz, Barcelona, 1944; San Vicente Ferrer en la política de su tiempo, Madrid, 1953.—GHÉON, H.: San Vicente Ferrer, Madrid, 1945.—GÓMEZ, Vicente: Historia de la santa vida y heroycas virtudes, prodigiosos milagros y muerte gloriosa del varón insigne y predicador apostólico San Vicente Ferrer, honra de su patria Valencia y de la religión de Predicadores, Valencia, por Pedro Patricio, 1618, en 8.º.—LLORCA, Bernardino, S. J.: San Vicente Ferrer y su labor en la conversión de los judíos, "Razón y Fe" 152 (1955), 277-96.—MARTÍNEZ FERRANDO, J. E., y SOLSONA CLIMENT, F.: San Vicente Ferrer y la Casa Real de Aragón, Barcelona, 1955.—MERITA Y LLAZER, Tomás: Vida, milagros y doctrina del valenciano apóstol de Europa San Vi-

cente Ferrer, con la canonización, traslaciones de su cuerpo
y reliquias, cultos, apariciones y oraciones del mismo santo,
Valencia, por la Vda. de Juan González, 1755, 250 pp.—MEYER,
Pablo: Du manuscrit Douce et de la prédication de Vincent
Ferrier en France "Romania", vol. 10 (1881).—MILLAS Y VA-
LLICROSA, J. M.: San Vicente Ferrer y el antisemitismo, "Se-
fard", 10 (Madrid, 1950), 182-84; En torno a la predicación
judaica de San Vicente Ferrer, "Bol. R. A. H." 142 (1958), 189-
98.—MIQUEL, Serafín Tomás, O. P.: Historia de la vida de San
Vicente Ferrer, Apóstol de Europa, hijo de la nobilísima ciudad de Valencia, Valencia, 1713, 424 pp.—MIRALLES, Manuel G.,
O. P.: San Vicente Ferrer, anotador de Santo Tomás, V Cen-
tenario de la Canonización de San Vicente Ferrer, "Rev. Española de Teología" XV (Madrid, 1955), 445-458; Escritos filosóficos de San Vicente Ferrer, "Estudios Filosóficos" IV (Las
Caldas de Besaya, 1955), 279-84.—PINARD DE LA BOULLAYE, H.:
Aux sources des Exercices. Guillaume de Saint Thierry et Vincent Ferrier, "Revue d'Ascetique et de Mystique" XXVI (1950),
327-46.—RAMÓN Y RIBERA, M.: Vida de San Vicente Ferrer,
Valencia, 1777.—RICO DE ESTASEN, José: Las huellas de San
Vicente Ferrer en Vannes, "Anales del Centro de Cultura Valenciana" XXXV (1955), 33-37.—ROBRES, Ramón, Pbro.: ¿Un
manuscrito de sermones original autógrafo de San Vicente Ferrer?, "Bol. de la Sdad. Castellonense de Cultura" 31 (1955),
239-347.—RODRÍGUEZ DE LOS RÍOS, Francisco: La casa natalicia
de San Vicente Ferrer. Su historia, Valencia, A. López y Cía.,
1923, 103 pp.—ROUSSET, Mattheo-Joseph, O. P.: Opuscula Ascetica Sancti Vincentii Ferrerii, París, P. Lethielleux, 1899.—
SANCHIS Y SIVERA, J.: Historia de San Vicente Ferrer, Valencia,
1896; Quaresma de Sant Vicent Ferrer predicada a Valencia
l'any 1413. Introducció, edició y notes critiques por..., Barcelona, 1927; Sermons de Sant Vicent Ferrer, Valencia, 1935;
Sermons de Sant Vicent Ferrer. Selecció, pròleg, bibliografia i
notes de..., Valencia, sin fecha.—SAURAS, Emilio, O. P.: La Teología del Cuerpo Místico en los escritos de San Vicente Ferrer,
Valencia, Montepío del Clero Valenciano, 1951, 146 pp.—VE-
LASCO AGUIRRE, Miguel: Estampas de San Vicente Ferrer en
la Biblioteca Nacional, "Bol. de la Sdad. Castellonense de Cultura" 30 (1954), 278-82.—VIDAL Y MICÓ, Francisco, O. P.: Historia de la portentosa vida y milagros del valenciano apóstol
de Europa San Vicente Ferrer, con su misma doctrina reflexio-
nada, Valencia, en la oficina de Joseph Estevan Dolz, 1735.

CLEMENTE SANCHEZ VERCIAL

Escasos son los datos que poseemos sobre este autor. Nació hacia 1370. Ordenado sacerdote, fue arcediano en el pueblo leonés de Valderas. Murió verosímilmente en 1426. Su mayor renombre le viene de su escrito *La Suma* o *Libro de los Exenplos por a. b. c.* Es un repertorio de ejemplos o cuentos para utilidad de los predicadores, si bien otros creen que lo escribió para esparcimiento. Quizá sea más exacto decir que escribió la colección de cuentos para recrear y al mismo tiempo con carácter edificante.

Redactado entre 1400-21, se publicó primeramente con 395 ejemplos, pero en 1878 Morel-Fatio descubrió otros 72 más. Con 395 ejemplos se ha publicado en la B. A. E. Otros autores elevan a 542 estos ejemplos. Keller, en su edición crítica, los reduce a 438. Precedido cada ejemplo de una sentencia latina, el orden alfabético que tiene el libro se hace precisamente sobre estas sentencias latinas.

¿Es obra original de Sánchez Vercial, o es una simple traducción de los *Alphabeta exemplorum* que circulaban en la Edad Media? Esta es la opinión de Morel-Fatio, opinión muy discutible. El *Libro de los exenplos por a. b. c.* es la colección de cuentos más extensa que produjeron las letras españolas en la Edad Media. Sánchez Vercial escribió también *Sacramental en romance.*

TEXTOS

El Sacramental *en romance es la primera obra, al parecer, impresa en Sevilla en 1476. Es interesante desde el punto de vista histórico-pastoral. Así se desprende y lo sugieren los textos que transcribimos sobre la comunión y confesión. Refleja bien la moral y pastoral sacramental de la época: ideas obsesivas sobre los pecados de la carne; pero nada se dice, al hacer el examen de conciencia, de lo que es más básico en la vida del cristiano: la caridad y la justicia.*

Sánchez Vercial, sacerdote piadoso y ejemplar, estaba grandemente interesado en la instrucción de los clérigos poco cultos y en eliminar en los sacerdotes cualquier clase de abuso. De ahí que en su Sacramental *en romance instruya con todo esmero a los sacerdotes y al clero en general en la Sagrada Escritura y en los sacramentos. Una prueba son los textos que hemos elegido.*

SACRAMENTAL

DE LA COMUNIÓN QUE LOS HOMBRES DEBEN HACER DEL CUERPO DE DIOS Y CUÁNTAS VEGADAS Y EN QUÉ EDAD, Y QUE DEBEN ESTAR SIN PECADO

Título 48.—Libro segundo

Según suso en el comienzo del sacramento de la misa dice: Todo fiel cristiano debe recebir el cuerpo de Jesucristo tres veces en el año. Conviene a saber, día de Navidad, y día de Pascua de Resurrección, y el día de cincuesma, o a lo menos una vez en el año por la Pascua de la Resurrección. Cualquier que lo así no hiciese no será habido por católico cristiano después que fuese de edad legítima para lo recebir, y esta edad es desque sabe discerner y juzgar entre mal y bien, y manjar espiritual y temporal, que es después que llega a los diez o once años, salvo si de consejo de su confesor lo de-

jase de recebir, o por alguna otra cosa razonable. E
cualquier que lo así no ficiese no debe ser recebido en
la Iglesia, ni debe ser enterrado en cementerio. E todo
aquel que ha de recebir el cuerpo de Dios debe estar
en caridad y sin pecado mortal, en otra manera sería a
su damnación y perdimiento, según lo que escribe el
Apóstol[1]: *Qui manducat et bibit indigne, iudicium sibi
manducat et bibit.* El que indignamente recibe el cuerpo de nuestro Salvador Jesucristo, estando en pecado,
muerte o juicio y condenación toma y recibe para sí
mismo. *Et reus erit corporis et sanguinis Domini*[2]. Y
será culpado en la muerte de nuestro Señor Jesucristo.
E recebiéndolo, peca mortalmente.

Título 47.—Libro tercero

Qué manera debe tener el sacerdote cuando alguno se ha de confesar a él

Cuando alguno se viniere confesar al sacerdote, si no
le conociere, débele preguntar qué nombre es y de qué
condición y estado y oficio, y quién es su rector y cura,
y si tiene licencia de él para se confesar. E si no toviere
licencia, débelo enviar a su rector, salvo en los casos
susodichos en que se puede confesar al que no fuere
su rector. E si toviere licencia, o en algunos de los casos sobredichos, o fuere su parroquiano, débele enseñar la forma y manera de la confesión y debe considerar dónde es y dónde fue criado y nacido. E débele preguntar si sabe el Pater Noster y el Avemaría y el Credo,
y si los no sopiere débele amonestar que los aprenda

---

[1] *I Cor.,* 11, 29.
[2] *I Cor.,* 11, 27.

y débele decir los artículos de la fe, y cómo no debe creer otra cosa salvo lo que ende se contiene, ni dubdar en ellos. E los Diez Mandamientos cómo los debe guardar, y después los pecados mortales cómo se debe guardar de ellos y de caer en ellos. E débele amonestar cómo debe inclinar y hincar los hinojos a los pies del Señor, y si fuere mujer que no tenga la cara contra él. E debe inducir al pecador por buenas palabras y dulces a contrición y arrepentimiento, dándole a entender cuántos bienes Dios en este mundo le ha hecho y hace, y cómo nuestro Salvador Jesucristo descendió de los cielos a la tierra y tomó muerte y pasión por nos pecadores. E si viere que ha vergüenza, debe trabajar por gela quitar, diciéndole que no se confiesa a hombre, mas a Dios, y lo que allí encobriere que Dios lo descobrirá el día del juicio, y lo que allí revelare que Dios lo encobrirá y mucho mayor vergüenza le será el día del juicio, onde confesará todos los pecados que hizo de que no se confesó delante Dios y los ángeles y todo el mundo que no allí donde no está sino él solo. E dígale de las penas del infierno que han de sofrir los que no se confiesan y otras cosas semejables santas y buenas para inducirlo a devoción, y si sopiere la forma de se confesar débelo oír. E si la no sopiere debe ge la enseñar. Cual es ésta que sigue.

Capítulo 48

La manera cómo el hombre se debe confesar

Yo, pecador muy vil y indigno y culpado y lleno de pecados, confiésome a Dios, Padre poderoso, y a la

bienaventurada siempre Virgen Santa María, y a San
Miguel Arcángel, y a todos los ángeles, y a San Juan
Bautista, y a todos los patriarcas y profetas. E a San
Pedro y a San Pablo y a San Andrés y a Santiago y a
todos los apóstoles. E a San Esteban y a San Llorente
y a San Vicente y a todos los mártires, y a San Martín y
a San Agustín y a todos los otros confesores y doctores
de la Iglesia. E a Santa Caterina y a Santa María Magdalena y a todas las vírgenes. E generalmente a todos
los santos y las santas de la corte del cielo. E a Vos,
Padre espiritual, que tenedes lugar de Dios, todos mis
pecados cuantos fice y cometí delante mi Señor Dios
en malos pensamientos y en malas obras. Muchas cosas
de Dios espirituales que podiera facer y no las fice en
todos los días de mi vida. Primeramente me confieso
por pecador y culpado por tanto haber tardado de venir a confesión, y no se me miembra de todos mis pecados, ni he de ellos verdadera contrición y dolor como
debo, y me temo de aquí adelante de no haber firme
propósito de me quitar de pecar, ni rogué a Dios como
debía por que me otorgase estas cosas. Por ende vos
ruego, Padre espiritual, que roguedes por mí, mezquino
pecador, que Él me quiera dar y otorgar por su santa
misericordia las cosas que son necesarias a la verdadera
confesión.

De los cinco sentidos, y primero del ver

Otrosí me confieso y tengo por pecador porque no
usé de los cinco sesos que Dios me dio a su alabanza
y provecho de mis cristianos según que debía. Ante
para escándalo y lazo y engaño. Pequé por el seso de

la vista, ca vi muchas mujeres y las acaté con cobdicia de lujuria; de buena voluntad vi juegos, danzas y otras cosas vanas en que me deleité. E algunas veces hobe dolor porque las mujeres en que yo me deleitaba de ver no me acataban.

Auditus

Otrosí pequé en el oír, ca muchas vegadas de mala costumbre que tenía las palabras vanas y ociosas, torpes y de carnalidad y de maldecir, engañosas y de traición, falsas y mentirosas y de lisonja, sucias, y deshonestas, más de buenamente oí y escuché que las palabras que eran buenas y honestas y provechosas a la conciencia, y inducía a otros muchos para las oír.

Gustus

Pequé por el gusto en lo que atañe a fablar, ca estonces semejables de aquestas que oí, fablé y dije muchas cosas mentirosas y falsas, afirmé por juramento, de buenamente escuché y oí a los que tales cosas decían y las afirmé, y a otros inducía para las oír y so especie de amor y de verdad encobría algunos maldicientes, placiéndome más del daño de mi prójimo y de su difamación que no de su enmienda y de la justicia y verdad. En cuanto conviene a comer y beber pequé en el gusto comiendo y bebiendo con gran cobdicia y deleitándome mucho en el sabor y olor, o en el comer, y comiendo más de lo que la necesidad de la natura requería, y comiendo sin temor y sin alabar y dar gracias a Dios, y quebrantando los ayunos establecidos por la Iglesia y los que me fueron dados en penitencia, más por la voluntad que por necesidad. Y comiendo en los días de ayuno antes del tiempo y de la hora convenible, y por mucho comer y mucho beber fice vómito, y algunas vegadas procuré y busqué manjares delicados y deleitosos y sabrosos por comer más de lo que debía.

Odoratus

Pequé en el odorato, ca hobe delectación en el olor del vino y de otras especias, y muchas veces usé de olores deshonestos y sucios por cumplir la mala cobdicia de la carne.

Tactus

Pequé por el tañimiento, porque muchas vegadas tañí y contraté mujeres con intención de lujurias y por haber delectación, y procuré polución de mi propia voluntad y encendí y inducí a lujuria muchas mujeres, besándolas y abrazándolas. E en algunos lugares y tiempos no convenibles, así como en Iglesias y días de ayunos y de perdonanzas, cuando debiera estar en mayor devoción.

(Del *Sacramental en romance agora nuevamente impreso, emendado y con mucha deligencia corregido,* de Clemente Sánchez de Vercial. Burgos 1516. Biblioteca Nacional R/30201.)

FUENTES Y ESTUDIOS

B. A. E. 51, 447-542; A. MOREL-FATIO, *El libro de los exenplos por a. b. c.* (Romania 1878); T. DE PUYMAIGRE, *Les vieux auteurs castillans* (París 1890); E. DÍAZ JIMÉNEZ, *C. S. de Ver-*

cial, "Rev. de Fil. Española" VII, 1920, 358-368; A. H. KRAPPE, *Les sources du "Libro de los exenplos"*, "Bull. Hispanique" 39, 1937, 5-54; J. E. KELLER, *The Libro de los Exenplos por A. B. C.*, "Hispania. A. Teachers' Journal" (Baltimore) 40, 1957, 179-86; Id., *Libro de los Exenplos por A. B. C. Edición crítica* (Madrid 1951). Esta edición va seguida de un "Vocabulario etimológico documentado" por L. Jennings Zahn); F. VINDEL, *El arcediano Sánchez de Valderas y su libro "El Sacramental"*, "Artículos bibliográficos" (Madrid 1948).

RAMON SABUNDE

No son coincidentes los escritores en designar el nombre exacto de este autor. Según el manuscrito de la biblioteca de Tolosa, su verdadero nombre sería Sibiude o Sibiuda. Es español, a pesar de las infundadas conjeturas del sacerdote francés D. Reulet [1], y nacido probablemente en Barcelona. Fue maestro en artes, medicina, teología y profesor en la Universidad de Toulouse y, casi con toda seguridad, rector de la misma. Se ordenó sacerdote ya al final de sus días. Muere en Toulouse en febrero de 1436.

Según una tradición, Sabunde habría escrito varias obras, pero a nosotros sólo ha llegado el *Liber creaturarum,* al que posteriormente, y con impropiedad, se añadió el título de *Theologia naturalis.* Inicia su redacción en 1434 y lo termina en 1436. Lo escribió en latín. Se mueve dentro del pensamiento lulista. En 1559 esta obra fue prohibida por Paulo IV. Era considerada por el pontífice como excesivamente racionalista.

TEXTOS

Dos libros ha dado Dios al hombre perfectamente armónicos: el libro de la Naturaleza y el libro de la Sagrada Escritura. El primero, accesible a todos, es como una introducción al segundo. No obstante, para poder leerlo son necesarias previa-

---

[1] *Un inconnu célèbre: Recherches historiques et critiques sur Raymond de Sebonde* (París 1875).

*mente dos condiciones: iluminación divina y purificación del
pecado original. Es esta una idea muy típica del autor.*

*Todo el libro está sumergido en la idea del amor, pero es
sobre todo en su parte última donde nos ofrece explícitamente
el autor un valioso tratado sobre el mismo. Existen dos amores: el amor de Dios, suma de todo lo bueno, y el amor de
sí mismo, síntesis de todo lo malo. El gran bien del hombre
es el amor bueno; el gran mal es el amor malo.*

*El amor tiene fuerza unitiva y al mismo tiempo transforma-
dora entre los amantes. La cosa que se ama primeramente y
con más intensidad califica al amor. Si se ama la tierra, el
amor y la voluntad del hombre son terrenos; si ama a Dios,
su amor y su voluntad serán divinos. Por este procedimiento,
razona Sabaude, el hombre puede convertirse libre y espontáneamente en un ser o más noble o más degradante. Por sola
la vía del amor puede el hombre corresponder a su creador
que, libre y voluntariamente, ha depositado en él un inmenso
cúmulo de dones. Estas son algunas de las ideas que recogemos en los textos.*

El Liber creaturarum *ejerció un gran influjo en los místicos,
incluso en S. Francisco de Sales. Más que el mismo libro, el
influjo se realiza a través del compendio hecho por el cartujo
belga Pedro Dorland, y publicado en 1499. El profesor Révah
hizo un estudio muy interesante de la obra de Sabunde como
fuente de la mística del siglo XVI.*

UNICAMENTE LA PAGA EN AMOR ES LA MÁS CONVENIENTE Y AGRADABLE A DIOS

Título 110

Anteriormente se ha declarado que por parte del do-
nante, es decir, Dios, se han puesto dos cosas a saber,
el amor y sus dones exteriores y manifiestos; y como
el amor de Dios es anterior a todos los dones, porque

si no les precediera, Dios no hubiera dado nada, y por
consiguiente nada hubiera recibido el hombre: en consecuencia, lo primero que donó Dios al hombre es su
amor; y a partir de ahí, por amor todo se concede y
se recibe. Luego todo ha sido dado por amor.

Y como el amor requiere amor, y el amar requiere
ser amado por su propia naturaleza, y no hay modo alguno de satisfacer al amor sino con amor, es más, se
queja si no se le devuelve amor por amor, hay en consecuencia que devolver amor. Y como también el primer don de Dios es su amor, como igualmente es el
primer fundamento y la raíz de darlo todo, se sigue de
ello que lo que es lo primero ante todo, debe pagarse
y devolverse de manera conveniente por parte del hombre al mismo Dios, que es el primero en amar para que
se le pague amor con amor, y el hombre está en la obligación de corresponder a la raíz y fundamento y causa
de todos los dones, a saber, el amor del mismo Dios,
para que de la misma manera que Dios amó primero al
hombre antes de que se le diera nada, y luego por el
amor le dio cuanto se le dio, así el hombre debe primero amarlo sobre todo y darle su amor, y luego mediante el amor darle todas las otras cosas, con el fin
de corresponder a Dios de una manera proporcional y
conveniente; porque de lo contrario no habría proporción ni ordenada retribución, ni, por consiguiente, agrado para Dios, porque nada desordenado agrada a Dios.

Asimismo, también como el amor de Dios es incom-
parablemente mucho más liberal y precioso que todos
los otros dones exteriores y los aventaja hasta lo infinito, así también proporcionalmente el amor liberal del
hombre, sin comparación, es mucho más noble, precio-

so y amable que todo lo que el hombre pudiera dar y, sin comparación, excede a todo lo demás, luego lo primero que el hombre debe dar a Dios por su amor es el amor liberal, al igual que el amor de Dios es liberal. Una vez que el hombre tiene el fundamento y raíz de por qué lo debe amar, y es porque Dios primero lo amó a él, si lo amase de manera distinta, ni habría retribución, ni correspondencia, ni sería la causa conveniente ni aceptable para Dios.

Además para confirmación: el amor, de por sí agrada y es amable por sí, y por sí hermoso, por sí placentero, por sí dulce, mientras que ninguna cosa sin amor agrada, ni hay nada amable, ni aceptable, ni deleitoso, ni dulce sin amor. Sin amor no se aceptan ni el temor, ni el honor, ni los otros dones. El amor siempre es aceptable, nunca se rechaza, nunca desagrada. Y, por consiguiente, por mucho que sea uno poderoso, rico y lleno de todos los bienes, siempre quiere ser amado y siempre quiere tener amor: nunca, pues, rechaza el amor. Y por ello se sigue que aunque el mismo Dios sea poderosísimo y riquísimo y abundantísimo en todo bien, no obstante siempre quiere ser amado, y jamás rechaza el amor. Más aún, cosa grande en extremo es el amor, que por sí solo es amable, por sí aceptable y nunca rechazable. Debe, por consiguiente, devolver y dar a Dios una tal cosa sobremanera aceptable y preciosa, supuesto que la tiene en sí, y está obligado a dar a Dios todo lo mejor y más dulce y noble que tiene. Hay que concluir, por tanto, que sólo la retribución de amor es el don de Dios más conveniente y aceptable.

Título 111

*Sólo el amor es con lo que el hombre puede
corresponder a su Creador y pagarle a su vez
con algo semejante*

Grande es la dignidad del amor, su preciosidad y excelencia, porque sólo el amor es en lo que o de lo que el hombre puede corresponder a su criador, aunque a su vez no le pague con igualdad, justicia y con algo semejante. Por donde si Dios se irrita contra el hombre, el hombre no se contrairrita contra Dios, sino que se espanta; si Dios reprende al hombre, el hombre no le replica a Dios, y asimismo si juzga al hombre, no es juzgado por él, y así con todas las otras cosas. Pero vamos al amor. Cuando Dios ama al hombre no quiere otra cosa que el ser amado de nuevo. Quiere, pues, que el hombre le corresponda en amor, y que le pague a su vez con algo semejante; con lo cual se pone de manifiesto la máxima preciosidad del amor, aunque el hombre no pueda corresponder justamente, ni amar tanto cuanto es amado por Dios, a causa de ser menor la criatura, y por tanto ama menos; es más, aunque el hombre se convirtiera todo en amor, nada sería aun en comparación del amor de Dios hacia el hombre, porque el amor de Dios hasta lo infinito supera y vence al amor del hombre, por muy grande que éste sea. Sin embargo, debe el hombre, por sí mismo, con toda su mente, con todas sus potencias, con todo su corazón, corresponder al amor de su creador, amándolo cuanto pueda y cuanto de por sí mismo sea capaz de amar, y del modo mejor y más puro que le sea posible, porque Dios lo que principalmente quiere es que se le paguen con amor su amor y sus beneficios. Y por esto quiere que sea en sumo grado limpio, puro, sincero y santo, como su amor para con el hombre es purísimo, limpísimo, y así de todo lo demás. Pues de lo contrario, no habría correspondencia ni semejanza, porque sería sumamente inconveniente y torpe devolver a Dios por su amor purísimo y sincerísimo un amor inmundo y corrompido, sino que debe devolver amor por amor, en cuanto que lo tiene, y semejante por semejante en cuanto puede. Está claro, por consiguiente, cómo el hombre por amor puede corresponder a Dios y asemejarse a él, cosa que no tiene ninguna otra criatura de Dios. Por tanto, cosa sobremanera grande y digna es el amor, porque hace al hombre semejante a Dios.

Título 112

Orden y modo en que el hombre está obligado a dar amor a Dios y a amarlo

Como al llegar aquí hemos tratado de los débitos en especial, en virtud de los cuales el hombre está obligado para con Dios, y hemos investigado todo aquello que el hombre está obligado a dar a Dios, y como todo el conocimiento de todas las cosas que debe el hombre dar a Dios, nace de la obligación ya establecida para siempre, si queremos tener verdadera e infalible certeza sobre todo aquello que el hombre está obligado a devolver a Dios, es necesario recurrir siempre a esa misma obligación, porque ella es la raíz, el fundamento y origen y luz inextinguible para conocer qué debe el hombre hacer y dar a Dios. Por tanto, quien no cono-

ce esta obligación, no sabe qué es lo que está obligado
y debe dar a Dios. Y como la obligación nace del dar
y del recibir, porque sólo Dios da y sólo el hombre recibe, porque si Dios nada hubiera dado y el hombre
nada hubiera recibido, no existiría ninguna obligación,
ni modo, ni forma de devolver y dar a Dios lo debido.
Nace, pues, de la forma y modo de dar y de recibir.
Así pues, si queremos conocer el modo, la forma y el
orden de dar y devolver a Dios el débito de nuestra
obligación, conviene considerar de qué modo, forma y
orden el hombre recibió, porque el hombre está obligado precisamente por haber recibido. Del mismo modo
y manera que lo recibió, así de este mismo modo y manera está obligado a devolver lo debido. Y como el primer don que jamás el hombre recibió fue el amor de
Dios —porque Dios lo amó primeramente, cuando lo
formó de la nada—, el hombre, en consecuencia, a lo
primero que está obligado es a devolver y a dar su amor
a Dios, conforme se ha probado. Así pues, veamos el
modo, forma y orden en que el hombre está obligado y
debe dar a Dios el amor.

Y como todo lo bueno que tiene el hombre lo recibió de Dios, porque Dios lo amó, y no recibió el hombre nada de sí mismo ni de otro, sino de Dios, no está
obligado para con nadie sino para con Dios. Y ni siquiera para consigo mismo tiene obligación alguna, porque
no recibió nada de sí mismo, sino de Dios. Y por tanto
se sigue que el hombre debe dar su amor primeramente a Dios, y no a sí mismo el primero, porque todo lo
que tiene lo recibió de Dios, como se ha dicho. Debe,
por tanto, dar su amor a Dios, porque todo lo que tiene
de Dios lo recibió, y no debe dar parte a ningún otro,

porque de ningún otro recibió nada, y así, el primero a quien debe dar es a Dios. Y como el hombre continua e incesantemente es conservado por Dios, y de él continuamente recoge beneficio, porque sin él no podría existir, y porque todas las criaturas le prestan servicio y beneficio, sin los cuales no podría durar ni siquiera por un solo momento, se sigue de aquí que sin interrupción y sin tregua el hombre está obligado a devolver y dar a Dios su amor y amarlo en todo momento. Queda, pues, de manifiesto en qué orden y en qué modo el hombre está obligado a dar su amor a Dios y a amarlo: en primer lugar, total, incesante y continuamente y en todo momento.

Título 113

Todas las criaturas claman incesantemente al hombre que pague a Dios la deuda de amor que le debe y muestran cómo debe pagarla

No solamente el continuo amor de Dios, incesante y continuamente deja de clamar al hombre que debe pagar el beneficio y débito de amor primera, total y fuertemente, de por sí mismo por entero, de todo corazón y en cuanto pudiere y del mejor y más puro modo que le fuere posible (porque Dios amó primero al hombre; es más, en todo el mundo no amó primero sino al hombre, porque no hizo sino por el hombre a todo el mundo y a sus criaturas, y así únicamente amó al hombre), sino que también todas las criaturas y todo el mundo claman incesantemente al hombre esto mismo. Y de la misma manera que por precepto y por voluntad de Dios el mundo sirve al hombre, y todas las criaturas pagan

servicio y beneficvio de lo mejor que tienen y dan lo
mejor que tienen al hombre, como es manifiesto por la
experiencia, así el hombre debe servir a Dios y pagarle
y darle lo mejor que tiene. Pero todo lo mejor que tiene el hombre es el amor. Luego toda criatura proclama
que el hombre debe de servir a Dios y pagarle el débito y servicio de amor, como lo mejor, porque todas
las criaturas sirven y dan al hombre lo mejor que tienen, y, por consiguiente, el hombre debe servir voluntaria y libremente, como las otras criaturas sirven al
hombre, por voluntad y precepto de Dios del mejor,
más puro, más verdadero, más sincero que pueden. Así
también el hombre debe servir a Dios y darle el débito
de amor del mejor modo que puede, sincero y no fin-
gido. ¿Acaso todas las criaturas por ordenación de Dios,
en cuanto pueden, no sirven al hombre y le prestan beneficio con todas sus fuerzas, con todo su ser? Así también el hombre está obligado en cuanto puede, con todas sus fuerzas y con todo su ser, a servir a Dios y a
prestarle servicio y el débito de amor, que verdaderamente le debe. ¿Acaso, incesante y continuamente, todas las criaturas, sin cesar y por todos los modos, día
y noche y en todo tiempo, por mandato y voluntad de
Dios, no sirven al hombre? Así también el hombre debe
pagar a Dios la deuda de amor, indefectible e incesantemente, en todo tiempo, día y noche y en todo momento. ¿No es esto razonable? Más todavía: ¿acaso,
como todas las criaturas sirven sólo a Dios, no debe el
hombre servir solamente a Dios y no a ningún otro?
Porque lo que las criaturas hacen con el hombre, lo hacen por precepto y voluntad de Dios; y no pretenden
otra cosa ni están ordenadas a otro servicio sino al del

hombre. Debe, pues, el hombre obrar de igual manera y no tender a otra cosa ni ordenar su voluntad a nada fuera del servicio de Dios. ¿Por ventura todos los seres criados no prestan al hombre un servicio aceptable y grato? De este mismo modo el hombre debe prestar a Dios un servicio aceptable y grato. Mas no hay servicio alguno más deleitoso y acepto a Dios que el servicio del amor. E igualmente como las criaturas sirven al hombre conforme a la propia naturaleza que tienen y conforme a sus propios modos, así el hombre debe servir a Dios según su propia naturaleza y los modos propios de ella. Y así como las criaturas sirven al hombre naturalmente y por necesidad y como a modo de siervos, porque así es su propia naturaleza, porque no tienen libertad; así también el hombre debe servir libre y espontáneamente y de buena y libre voluntad, porque tal es su naturaleza para así obrar, porque de otra manera no actuaría como hombre. Y por tanto, como las criaturas sirven al hombre según lo que son y a su modo, así el hombre debe servir a Dios tal como es y a su modo. Por eso el servicio del hombre debe ser como de hombre y, por consiguiente, libre, espontáneo, voluntario y no obligado. Y así todo lo que el hombre debe dar a Dios, debe dárselo libre, espontánea y voluntariamente y no de manera obligada. Y porque nada hay más espontáneo y voluntario que el amor, que en modo alguno puede ser forzado, ni concedido por obligación, por ello sólo el servidor del amor es del hombre, y sólo a Dios aceptable.

Doble, pues, es el modo de servir, a saber: por necesidad de naturaleza y, al contrario, por voluntad o voluntario. El primero es el de las criaturas para con los hombres. El segundo debe ser del hombre para con Dios: aunque también el servicio de las criaturas por parte de Dios que lo manda, ordena y quiere, sea libre y voluntario. Ved, pues, cómo el mismo amor de Dios es en sumo grado veraz, puro, liberal y grato previniendo al hombre, y continuo para con el hombre, de una parte, y de otra, el servicio y beneficio, que hacen las criaturas sólo al hombre por voluntad y ordenación de Dios, con lo mejor que tienen, y del modo mejor, más puro y más sincero que pueden, y sin ficción, y lo más fuerte que pueden, con todas sus fuerzas, incesantemente, sin interrupción y continuamente, de todos los modos, lo más amable y aceptablemente que pueden, y conforme a su propia naturaleza y modo. Diré, pues, que estas dos cosas claman incesantemente al hombre, que él debe y está obligado a servir sólo a Dios y a darle a él sólo el debido amor, del modo mejor, más puro y sincero que pueda, sin ficción, y lo más fuerte que le sea posible, y con todas sus fuerzas, incesantemente, sin interrupción y de continuo, en todo momento, lo más amable y agradablemente que pueda, y según su propia naturaleza y modo y, por tanto, libre, espontánea y voluntariamente. Claman, pues, incesantemente las criaturas y dicen al hombre qué es lo que debe dar a Dios y la manera como tiene que dárselo.

(Edic. Francfort, 1635, títulos 110 a 113 de la *Theologia Naturalis sive Liber Creaturarum,* pp. 182 a 189.)

FUENTES Y ESTUDIOS

R. SABUNDE, *Liber creaturarum...* (Deventer 1480); J. SCHAUR, *Raymundus von Sabunde. Ein Versuch der Natürliche Theologie des Raymundus von Sabunde* (Dillingen 1850); D. REULET, *Un inconnu célèbre. Recherches historiques et critiques sur R. Sebonde* (París 1875); véase la contestación de M. MENÉNDEZ PELAYO, *La patria de Raimundo Sabunde*, "La Ciencia española", II (Madrid 1887); A. SCHUMANN, *Raymundus von Sabunde und der ethische Gehalt seiner Naturtheologie. Ein Beitrag zur Ethik des Mittelalters...* (Crefeld 1875); KLEIBER, *De Raymundi quem vocant Sabunde vita et scriptis* (Berlín 1856); G. COMPAYRÉ, *De Raymundo Sabunde ac de theologiae naturalis libro* (París 1872); S. BOVÉ, *Assaig critich sobre'l filosoph barceloni en Ramon Sibiude* (Barcelona 1896); SCHAARSCHMIDT, *Raimundus Sabieude*, "Realencyc. für Theol. und Kirche" 16 (Leipzig 1905), 415-21; J. H. PROBST, *Le lullisme de Raymond de Sebonde* (Ramón de Sibiude) (Tolosa 1921); J. AVINYÓ, *Breu estudi critic del filosof catalá Ramon Sibiude* (Barcelona 1935); B. DE R., *Centenari de Ramon Sibiuda*, "Criterion" 12, 1936, 46-51; J. ALTÉS ESCRIBÁ, *Raimundo Sibiuda y su sistema apologético* (Barcelona 1939); T. y J. CARRERAS ARTAU, *Historia de la filosofia española* (Madrid 1943), 101-75; M. MARTINS, *As origens da filosofia de Raimundo Sibiuda*, "Rev. Port. de Filosof." 4, 1948, 5-24; I. S. RÉVAH, *Une source de la spiritualité péninsulaire au XVI siècle: La Théologie naturelle de Raymond Sebond* (Lisboa 1953); M. DORER, *Montaignes Apologie de Raymund von Sabunde und ihre Bedeungtung für den Skepticismus*, "Philosophisches Jahrbuch" 40, 1927, 414-22; B. DE R., *Centenari de Ramón Sibiuda*, "Criterion" 12, 1936, 46-51; M. SCADUTO, *Lainez e l'Indice de 1559, Lulio Sabunde, Savonarola, Erasmo*, "Archivum Hist. S. J." 24, 1955, 3-32.

ALFONSO DE LA TORRE

Situado en el siglo xv, desconocemos las fechas de nacimiento y muerte. En 1437 encontramos a este filósofo burgalés como colegial de San Bartolomé. Por aquí sabemos que estudió y se graduó de bachiller en la Universidad de Salamanca. Además de *Metaphysica* y *Filosofía moral*, escribió *Visión delectable de la filosofía y artes liberales,* con la finalidad de iniciar en la filosofía al príncipe de Viana, don Carlos de Aragón. Esta sugerencia, que le había hecho el ayo del príncipe, la realizó en este escrito, inspirándose en el *De nuptiis Mercurii et Philologiae* de Marciano Capella y en el *De Consolatione rationis* de Pedro Compostelano. Es una síntesis de las enseñanzas universitarias de entonces en el ciclo filosófico de la clasificación de las ciencias: las siete artes liberales. Bajo la forma de diálogo y mediante alegorías se percibe el esfuerzo que hace el entendimiento humano para llegar gradualmente a la verdad. Si el escrito no es muy original, la síntesis doctrinal es excelente, y su prosa, exponiendo temas científicos, es de la mejor del siglo xv. La obra fue divulgada por su destinatario y editada probablemente en Burgos en 1485.

TEXTOS

No todo en esta obra es pura filosofía. Se aborda el problema religioso y de la revelación a nivel racional. No sólo existe Dios, existe el Dios uno, creador y sobre todo providente; la providencia divina es tratada ampliamente. Junto a la creación de los ángeles y su pecado, el autor trata el último fin del hombre, que éste ha de conseguir sin extraviarse. Este fin, vislumbrado por los antiguos sabios, se describe ampliamente en la Revelación cristiana y se registra en ella su esencia: consiste en la visión de Dios glorioso. En el camino que ha de recorrer el hombre hasta encontrarse con Dios, el autor presenta el entendimiento en forma de niño debilitado por el pecado original. A pesar de esta debilidad el hombre, con la ayuda de las siete artes liberales, logra penetrar en el reino de la verdad. En los textos que recogemos, el autor se esfuerza en demostrar la esencia de la felicidad del hombre y las condiciones exigidas al entendimiento y a la voluntad para obtenerla.

VISIÓN DELECTABLE

Capítulo 16

DEL FIN DEL HOMBRE, SEGÚN LA OPINIÓN DE LA RAZÓN, Y QUE BASTARON LOS PROFETAS DE LA ANTIGUA LEY E LOS SABIOS VERDADEROS A CONOCER DE AQUÉLLA

Dijo la Razón al Entendimiento: "Tú entraste aquí por saber el fin del hombre postrimero cuál era, y la Verdad ya te ha dicho en aquesto su intención, y ella nunca puede mentir ni mentirá; mas nosotros no alcanzamos lo que ella dijo. Esto ya lo has visto, que no fue por defecto suyo, mas fue por el nuestro e por no alcanzar más, e ya creo verdaderamente aquello que ella dijo, e no hay en ello duda; mas yo te diré mi intención en aquesto, según la opinión de los sabios que han sido en el mundo; e pienso, mas no lo afirmo, que mi intención desvaría muy poco de la de los profetas, y es muy semejante a aquélla; mas, si esto no es verdad, puédote afirmar ciertamente que ha sido la opinión de

todos los filósofos o sabios de las gentes, y en especial
ha sido la opinión de los sabios de los gentiles y de los
judíos, de los moros y de algunos cristianos; en los gentiles, Anaxágoras, Platón e Aristótiles; en los judíos,
rabí Aquiba e rabí Abraham e Benezra, e maestro Moisén de Egipto; en los moros ha sido opinión de Alfara-
bio, Avicena e Algacel; y de los cristianos ha sido, según pienso, Alberto Magno e Gil, ermitaño, e otros muchos; y es aquesta la verdad, que para ser hombre
bienaventurado ha menester dos cosas: la primera, que
el entendimiento sea purgado, e alimpiado de las torpes
fantasías e falsas imaginaciones, y que sea en él plantada e confirmada la verdad con firmeza muy fuerte,
y que no haya miedo ser lo contrario verdad, y de
aquesta certidumbre tú has habido complimiento en casa
de la Sabiduría y de la Natura; lo segundo que es necesario a la bienaventuranza es que, así como el entendimiento del hombre es verdadero en el comprender de
la verdad, que asímesmo sea su voluntad purgada de las
malas afecciones e apetito de las ilecebras concupiscen-
cias y arredrada de todas las viciosas costumbres, y no
solamente quita de las malas obras, mas que sea muy
arredrada de todos los torpes deseos; y aquesto se hace
por los hábitos de las virtudes, de las cuales fecimos
mención en lo susodicho; y aqueste hombre, después
que es hecho inteligente en acto y alcanza la perfección humana con los hábitos de las virtudes intelectuales e morales, llámase varón heroico, que quiere decir
divino, y aquestos tales son más perfectos que hombres,
e son semejantes a los ángeles, e aborrecen aquestos
tales las maldades de las gentes, y por tanto huyen de
las conversaciones vulgares, y recusan e fuyen los ofi-

cios que malvan la gente, y retráense del mundo, y el mundo los alanza de sí así como a los cuerpos muertos, y ellos aborrecen el mundo e las cosas que en él son así como a cosas corruptibles e malas, e van a buscar ocios e lugares solitarios donde vaquen a la contemplación de Dios bendito e glorioso. Mas los cuerpos en que están tales almas y entendimientos bienaventurados no cesan de impedirlas de la tal conjunción e adherencia con Dios glorioso fasta que se parten de ellos, e quitados los cuerpos, es quitado el impedimento. Así como un hombre cuando sale de un pozo o un lugar escuro en un campo o a una tierra donde claramente mire al sol; e así entienden las tales almas que Dios les ha hecho merced, que las ha librado de los cuerpos, que eran así como cárcel o cadenas al cuello, e así como catarata o tela delante de los ojos, e reciben entonces la bienaventuranza inestimable e gozo sin comparación, porque se allegan a Dios glorioso, y lo contemplan e lo alaban, y no hay obstáculo ni impedimento alguno que les turbe. Mas para que tú conozcas que en la tal visión de Dios glorioso es la bienaventuranza, e no en otra cosa alguna, habemos menester ciertas proposiciones, las cuales probaremos de nuevo ser verdaderas por demostraciones absolutas, e remembraremos algunas proposiciones de las pasadas, por las cuales se probará no estar la bienaventuranza sino en la visión de Dios glorioso e bienaventurado".

De las conclusiones necesarias e presupuestos para probar el fin del hombre ser la visión de Dios glorioso

Fabla la Razón e dice: "Lo primero que has de entender para saber cómo no hay otra bienaventuranza sino la ya dicha, es aquesto, conviene a saber, que toda virtud animal tiene delectación e bien propio e conveniente, e tristeza que le es contraria, nociente e mala; cuya declaración es, que la vista tiene por delectación propria ver cosas hermosas, así como gente de armas o mujeres o naves o árboles verdes, o otras cosas semejantes; e la nariz los olores, e la boca e gusto los sabores, e la ira la victoria, e la memoria acordarse de las cosas pasadas, e así de todas las otras potencias e las dañosas e nocientes de aquéstas son las contrarias a éstas. A la vista las cosas diformes, a la nariz e odorato los malos olores, de la memoria la olvidanza, del gusto los malos sabores, e así de las otras cosas; y aqueste es el primer presupuesto e conclusión. El segundo presupuesto e conclusión es, que la potencia cuya virtud es más perfecta e más viva e más dispuesta y el su objeto fuere mejor, la su delectación en el comprehender de la cosa a ella apropiada será mayor e más pura e muy más perfecta cuanto los dos son más perfectos, e por el contrario, e aquesta es la otra raíz. Tercero presupuesto es, que puesto que el hombre no intelectual no puede alcanzar la delectación, que es en el entendimiento en el aprehender del Señor de los siglos gloriosos e bendito, que por tanto no se sigue que él deba negar que ello no sea así; como el que es melancólico e frío naturalmente, si le dicen que hay delecta-

ción en el usar con mujer, no se sigue que no le digan
verdad, no obstante que él nunca haya sentido la delectación; y al que nació ciego, si le dicen que la delectación es el ver las cosas hermosas, puesto que él no lo
pueda imaginar, no lo debe negar; ni tampoco el sordo
no dudará que hay delectación en los sones, ni el mudo
en las palabras, cuando verán muchos oír a uno que habla o otro que tañe, imaginan que se deleitan, e los
otros, aunque ellos no sepan que tal es aquella delectación, por ser privados de la tal potencia; y por aquesto los hombres que han juicio deben entender que el
que trabaja toda su vida en alcanzar la verdad de las
ciencias e conocer el Señor de los siglos, que se debe
deleitar, pues le ven dejar las delectaciones sensibles por
aquélla. E no deben los hombres presumir que todas las
delectaciones son iguales a las de los asnos, ca torpeza
es grande, e deben imaginar que hay otra delectación
allende de la brutal que ellos entienden. Cuarto presupuesto es, que la potencia, puesto que tenga la cosa conveniente, aborrecerla ha, e deseará su contrario, si por
ventura hay algún obstáculo o impedimento, así como
algún enfermo, que aborrecerá los buenos sabores, e de-
leitarse ha en los amargos; e así como el que está in-
cierto o medroso que se vengará de su enemigo, e con
el temor o espanto que tiene no se deleitará en la victoria, a quésta es otra cuarta raíz. Quinto fundamento
es, que algunas veces la potencia e delectación conveniente son presentes, y la tal virtud potencia está incier-
ta de nocimiento contrario, e por tanto no se siente
aquella delectación, así, como el que ha habido grandísimo frío y está helado no siente la delectación ni la
calentura del fuego, por la ocupación que en él ha hecho

la frialdad; e cuando se quita el impedimento torna la
tal virtud en su naturaleza, así como el que come alguna cosa mucho amarga, que le hace amargar todo lo
que come en gran rato hasta que se quite el impedimento. Sexto presupuesto es, que el ánima del hombre
tanto es más perfecta que el cuerpo cuanto el hombre
es mejor e más perfecto que la piedra, e así como un
hombre vale más en perfección natural que todas las
piedras del mundo, asimesmo el alma de un hombre
vale más que todos los cuerpos sin alma. Séptimo presupuesto es, que tanto vale más el entendimiento que
la voluntad o memoria, cuanto vale más un hombre cuerdo y de buen entendimiento que un loco echapiedras,
que terná gran voluntad de traer huesos en el seno o
en hacer otra bestialidad, o que un asno que terná gran
memoria. Octavo presupuesto es, que el entendimiento
del hombre es imposible de corromperse, e abasta a esto
las pruebas que hizo la natura sobre aquesto. Nono presupuesto e conclusión es, que adveniente el ánima racional, la sensitiva se hace potencia suya, e no pueden
estar en un hombre muchas almas, mas una solamente.
Décimo presupuesto es, que la bienaventuranza perfecta
no puede estar, según las conclusiones que probamos en
el comienzo de la ética, sino en el entendimiento y en
Dios glorioso, el cual el uno será así como potencia, y
el otro así como forma y perfección suya".

Declaración de los presupuestos, en que prueba la visión de Dios ser el fin del hombre

Aquestas cosas habidas por presupuestos verdaderos
y necesarios e imposibles otramente ser por las prue-

bas ser manifiestas, digamos que Dios glorioso e bendito
es perfección e bondad absolutamente, en la cual es
complimiento de todos los bienes e delectaciones e gozos que la lengua no puede explicar, por no tener vocablos apartados de las cosas comunes; seguirse ha luego necesariamente que las cosas más cercanas e más
propincuas a la tal perfección e bondad inmensa serán
más gloriosas, más perfectas e más bienaventuradas; así
como decimos que los que son de linaje del rey e muy
cercanos e muy semejantes a él, y le están de cerca y
se deleitan en la bienaventuranza del rey, y él les da
honra y grandes estados e riquezas, decimos que aquestos son los más bienaventurados de aquella corte, puesto que la tal no se pueda ni deba decir bienaventuranza. Asimesmo acerca de Dios glorioso, rey de los
siglos invisible e inmortal, están los ángeles benditos e
bienaventurados, los cuales se deleitan en la su hermosura y en la su sabiduría y en la su bondad; y porque
Dios glorioso nunca fallece e los ángeles nunca fallecen,
es esta bienaventuranza eternal, segura e incorruptible;
y porque no tienen cuerpos que se fatiguen no están
en tiempo; y es aquella delectación tal a cabo de diez
mill cuentos de años como si comenzase en el instante
de agora. E por cuanto de parte de Dios glorioso influye la bondad e gloria sin medida ninguna, e los ángeles bienaventurados no tienen obstáculo ni impedimento que los estorbe de la recebir; y en aquella conjunción es la delectación tan grande, que sería gran
vergüenza compararla a delectación ninguna, por cuanto en infinito es mayor aquesta delectación que cualquiera delectación imaginada por los hombres; que la
delectación de un hombre cuando lo facen rey, compa-

rada a la delectación de un pollo cuando coge los granos
que le busca su madre, sin comparación la diferencia
de aquéllos es mayor que de aquéstos. Los segundos
que participan este bien después de las creaturas angé-
licas son las ánimas racionales de los hombres, las cuales son en tres diferencias o grados. Dios glorioso sea
alabado porque yo me atrevo a descobrirte los secretos
escondidos, los cuales exceden todo precio conocido. El
primero grado después de los ángeles es las ánimas y
entendimiento de los profetas bienaventurados, en la generación de los cuales incurrió la voluntad de Dios e
la obra de la natura, su sierva, e fueron ellos lo primero
complidos de cuatro cosas, las cuales son necesarias
preceder en todo hombre que ha de ser profeta. La primera fue que fueron de maravillosa complexión e composición natural, y de calidad muy igual; lo segundo,
que fueron complidos de virtud de la imaginación; tercero, que fueron hombres sabios e complidos de entendimiento, tanto, que fueron muy justos e muy habitua-
dos en las virtudes intelectuales e morales; e que aquestas cuatro cosas hayan habido, parece manifiestamente
por los testimonios de los sabios y por las razones naturales; que hayan sido de maravillosa complexión parece por las vidas muy largas que vivieron, porque
Abraham vivió ciento e setenta e cinco años, e Jacob
ciento e cuarenta e siete años, e Moisén vivió ciento
e veinte; e así es de los otros profetas, los cuales no
murieron por causa accidental o que los matase el pueblo o que los comiese alguna bestia fiera, o en otras
semejantes maneras; excepto los tales casos, todos fueron de muy luenga vida; y que ellos hayan sido de muy
buena imaginación parece por los sueños, lo cual es en

la virtud imaginativa que todos sus sueños eran verdaderos; y que ellos fuesen hombres letrados e muy sabios parece por Abraham, el cual era muy gran filósofo
natural e grandísimo astrólogo, e tanto era su saber,
que naturalmente vino en conocimiento de un primero
principio, de una causa primera, de un solo Dios verdadero; e que sea verdad que Abraham hobo la ciencia
adquirida ante de la profecía parece manifiestamente,
porque él enseñó a los egipcianos astrología e filosofía,
e ayuntar lo activo a lo pasivo, e la virtud de aquello, e
comenzóles a enseñar cómo había un solo Dios verdadero, e comenzó a predicar la destrucción de los ídolos,
de los cuales toda la tierra era inficionada a la sazón;
e también de Moisén habemos que era un grandísimo
astrólogo e muy grandísimo natural, e tanto fue sabio
en la virtud de las naturas y tan práctico en la ciencia
de las estrellas, que cuando casó con la etiopisa ante
que casase con la fija de Jeptro, fizo dos anillos escul-
pidos en el signo de Géminis, el uno de amor y el otro
de olvidanza; y que ellos hayan habido la cuarta cosa,
conviene saber, la rectitud de las obras, parece manifiestamente por la piedad que habían de los aflictos e
por las limosnas que daban a los menguados, y todas
sus obras universalmente eran justificadas, e mediante
el entendimiento faciente, con lo cual eran amigos de
Dios, e muy cercanos e muy semejantes a los ángeles.
Nuestro Señor habló con ellos, no con boca ni con dientes, así como las gentes entienden, ni tomando el cuerpo de aire, así como piensan otros; mas representando
en el su entendimiento claramente las cosas que habían
de ser, así como el hombre que tiene buenos ojos ve
las formas que están en el espejo representadas; por-

que el ojo es muy semejante en la claridad al espejo, y
en la forma representada en un punto es representada
otra vez en otro su semejante; y puesto que el espejo
esté lleno de formas fermosas, si paran delante un ciego no verá nada. Asimesmo era de Moisén, que hablaba con Dios e lo veía faz a faz, no con ojos corporales,
como los groseros piensan, ni con palabras de boca,
como piensan los más ignorantes; mas veíalo con los
ojos del entendimiento e representándose a él las palabras en el órgano de la virtud imaginativa, y eran allí
empresentadas las formas de la voluntad de Dios y de
sus santos e sus maravillas, así como decimos del espejo en el ojo cuando no está en el ojo impedimento.
E hobo en esos profetas diferentes grados de más altos
e más bajos; ca de ellos hobo que su entendimiento
fue tan alto e la imaginación tan buena e las obras tan
derechas, que velando eran arrebatados en la visión de
la profecía, e veían los ángeles transfigurados como que
fablasen con ellos, o a Dios glorioso e bendito. Y en
aquesta manera vio Noé la destrucción del mundo, e
Abraham los tres ángeles e la destrucción de Sodoma
e Gomorra; y en aquesta manera vio Moisén lo pasado,
porvenir y presente, e vido Josué la destrucción de Jericó, e vido Samuel el mal acuerdo de los judíos en
demandar rey; y en semejante visión fue el pujar de
Elías en carro e fuego, y en semejante visión vieron
Isaías e Hieremías los captiverios del pueblo de Israel
e las destrucciones de ambas las cosas. E así fueron
muchos de los profetas, los cuales fueron muy altos en
la profecía por la claridad grande e alteza de los entendimientos, e aquestos profetizaban continuamente y otros
hobo cuyo entendimiento no fue tan purgado ni tanto,

mas la su virtud imaginativa era muy buena e sus obras eran muy derechas, e continuadamente la profecía de aquestos era en sueños; e tal era la profecía de los viejos de Israel; e si lícito e conveniente fuese descobrir, yo te declararía cómo podía haber profeta malo e bueno, e la profecía del malo cuánto puede bastar, e qué profecía hobieron los idólatras, e porqué causa los profetas hacen miraglos, e por qué unos resucitan muertos, e por qué los unos niños e no los viejos, e por qué otros resucitan a todos, e por qué unos en presencia e otros en absencia. E descobrirte hía cómo la multiplicación de la masa tierna del pan y la multitud de aceite y de miel y de todas las cosas, cómo pueden ser con profecía e cómo pueden ser sin aquélla; e de aquí te descubriría las causas de maleficios de las fascinaciones, e cómo pueden destruir las cosas blandas e tiernas e cómo pueden desecar las medullas dentro de los huesos de los animales. Mas no son cosas lícitas de descubrir, porque pienso que Dios no lo habría por bien. Tornando al propósito, a ti baste cómo entre todos los hombres los profetas tienen el primer grado de perfección, e son señores de reyes e de los otros naturalmente, por ser más cercanos al primero principio, así como quien más se llega al fuego más se escalienta; y aquestos en su vida han la visión de Dios en su fruición, en la cual es la alegría y el gozo tan grande, que, excepto aquélla, todas las cosas del mundo les parecen un poco de lodo, en manera que de que aquella dulzura han gustado en menos tienen el fijo ni la mujer ni la riqueza, que se mueran o se pierdan, que el hombre tiene si se quebrase un vaso de vidrio o la muerte de un pollo. Y bien parece por Abraham que de que la hobo gustado que-

ALFONSO DE LA TORRE

ría degollar a su propio fijo por cumplir la voluntad de Dios; e aqueste es un gozo e un bien tan grande e un amor tan firme que luego que los tales hombres son desocupados de los cuerpos, sin impedimento o tardanza alguna vuelan a conjuntarse con Dios glorioso e bendito, y es el amor acrecentado y el gozo multiplicado en infinito. Y la segunda manera de los hombres después de los santos profetas es de aquellos que alcanzan buenos entendimientos asaz penetrantes e han habido principios en las artes liberales e han alcanzado los secretos de la natura, e con aquesto han proveído a la ciencia verdadera en conocimiento de Dios verdadero e glorioso e de sus ángeles e han habido complimiento de saber las naturas de las causas e causados, e aquestas causas están plantadas en las ánimas por multitud de ciencias y científicas demostraciones, e son purgadas sus fantasías de las fantásticas imaginaciones, e son arredrados sus entendimientos de torpes credulidades e falsas opiniones, e con aquesto su voluntad es conforme al entendimiento e muy obediente; e por aquesto son muy virtuosos e muy prácticos en todos los géneros de las virtudes. Y no es menos que algunas veces pase por sus entendimientos alguna claridad de las de la otra vida, así como relámpago; mas no queda porque los entendimientos ni las imaginaciones no son en tal grado como las de los profetas que dijimos. Mas ellos fuyen e aborrecen las maldades de las gentes, e buscan, como dejimos primero, lugares solitarios, e aman los hombres virtuosos e aborrecen los viciosos, e sojuzgan las pasiones; mas en esta vida, puesto que la su delectación sea en infinito mayor e mejor que la de todos los otros. Mas aun del todo no es perfecta por causa del impedimento del cuerpo, el cual impedimiento quitado, será la tal alma conjunta al rey de los siglos, e vencerá la delectación bestial e corporal, como veamos que la delectación, que es en el alma del hombre malo en aprehensión de alguna especie de conveniente, aunque sea mala, es mucho mayor en infinito que las otras delectaciones corporales. E pongamos ejemplo para declarar esto: cierto es que un hombre muy irado que toviese un gran enemigo, diciéndole que cual quería más, comer cierto manjar dulce e sabroso o vengarse de su enemigo, notorio está que escogería infinitamente más aína la venganza del enemigo; e ya vemos manifiestamente un hombre sofrir trabajos e aborrecer las delectaciones corporales infinitas por alcanzar honra o fama o dinero; e si estas delectaciones imperfectas son en el ánima imperfecta y en el apetito concupiscible, no hay duda que no sean en infinito mayores las delectaciones del entendimiento en la aprehensión de Dios glorioso, que es uno, inmenso e infinito por el primero presupuesto e segundo. Más los tristes de los hombres, por estar en este mundo envueltos en las delectaciones de los otros animales, tenemos malos entendimientos vueltos al envés; y no solamente no deseamos las cosas convenientes e perfecciones nuestras, mas aun aborrecémoslas, y deseamos las contrarias. Así como decía en el cuarto presupuesto, del enfermo que aborrece las cosas dulces y se deleita en las amargas; y piensan los tristes de los hombres que hay otra cosa en ellos mejor que el entendimiento, e piensan que el que entiende más no es más cercano a Dios ni más semejante, e por aventura imaginan que parecen los hombres a Dios en algunos de los accidentes corporales, y es gran falsía y error, que no trae daño pequeño consigo. La tercera manera de gentes es aquella que no tuvieron ser sabios ni pudieron alcanzar el grado de la profecía, ni fue complido el entendimiento en ellos para profundar e penetrar para entender la certidumbre de la verdad así como era; mas ellos tienen obedeciente el entendimiento para creer que aquello que les han dicho los profetas e les declaran los sabios de la esencia e perfección e sabiduría, poderío e bondad de Dios glorioso, y de su gloria y de sus obras y de sus maravillas; y es la credulidad verdadera de aquestas cosas plantada en sus ánimas, que no tienen duda cerca de aquello, e con tanto retifican la voluntad, e hacen justos sus actos e bonifican sus obras, e facen que sean directas e concordantes a aquel fin. E aquestas tres maneras de gentes, conviene a saber, los profetas, siervos e amigos de Dios, y los sabios (cuando digo sabios no digo de aquellos que no saben sino las leyes humanas e constituciones ordenadas por los hombres ni de aquellos que saben mucho en las astucias e maldades del mundo; que aquestos antes son ignorantes; mas digo de aquellos que saben la verdad conforme a todo entendimiento razonable, e imposible de ser en otra manera) y de los creyentes, no digo de aquellos que creen vanidades ni de los que hacen idolatría, ni de los que esperan gozos corporales en la otra vida; mas digo de aquellos que las cosas ya dichas creen, puesto que no las puedan entender, ca la gloria del cielo no se puede entender sino por el profeta o por el sabio en aquesta vida; ca ellos gustan parte de aquélla. Mas cuando viene que de aquestas gentes que habemos dicho se parte el alma de la carne, es manifiesto aquello que estaba oculto, y sale el grano de la

paja, e la luz de la tiniebla, e la centella del fumo, e
suben aquellas almas al siglo de las inteligencias e reciben aquella gloria e aquella lumbre e aquel bien, el
cual todas las cosas desean por la primera conclusión
de la ética, e aquel es el bien postrimero por el cual
son todos los bienes, y es el mejor en infinito que todos
los otros por la segunda e tercera conclusión, y es el
bien que según natura es perfectísimo, e todas las perfecciones se derivan de aquél, a aqueste es bien el cual
es útil y delectable e honesto, por las conclusiones cuarta e quinta. Y aqueste es el bien en el cual huelga
el deseo del hombre e cesa de cobdiciar otra cosa, y
es el último fin que nos mueve a inquirirlo, puesto que
seamos ciegos en buscarlo e conocerlo, por las conclusiones sexta e séptima, y octava, la cual nunca se mu-
dará ni quitará ni se corromperá, por la conclusión nona;
la cual, o en la cual, habrá copia e abundancia de los
bienes todos, y no habrá falta ninguna, por la conclusión décima; y en aquesta bienaventuranza perdurable
será inestimable alegría, la cual no se puede explicar,
por la conclusión undécima; e serán todos los bienaventurados poderosos e libres para hacer todo lo que
quisieren, con la conclusión duodécima; y será allí la
honra verdadera y el estado complido de todos los bienes, por las conclusiones decimatercia e decimacuarta;
el cual bien no podrán alcanzar los malos ni los que
brutalmente viven, por las conclusiones decimasexta e
decimaséptima; e aqueste fin es apartado de los otros
fines, por la conclusión decimaquinta; e no está en falsa
e corruptible hermosura e fortaleza corporal, por la conclusión decimaoctava; ni en multitud de los humanas
riquezas, por la conclusión decimanona; ni está en la

flaca nobleza del linaje, por la conclusión vigésima; ni en los temerarios honores ni en la vanidad de la fama ni en la potencia civil, muchas veces adquirida por tiranía, ni en alguna vanidad de este mundo corruptible e abominable, por las conclusiones vigesimaprima y segunda y tercera.

Mas aquesta bienaventuranza y delectación será en la mejor potencia e mayor virtud que es en el hombre, por el décimo presupuesto, el cual es incorruptible por el octavo presupuesto; y es infinito e mejor que todas las cosas del hombre, por los presupuestos sexto e séptimo; el cual no se estorba que no sea, aunque los hombres herejes e malvados con ignorancia no lo entiendan e lo nieguen, por el presupuesto tercero, e no obstante la imperfección de los vicios e la ignorancia ayuntada a aquélla, las cuales nos facen como paralíticos enfermos para que ignoremos e aborrezcamos el nuestro bien e perfección e salud e deseamos las cosas contrarias, por los presupuestos cuarto e quinto.

Empero, en la hora de la muerte verán los bestiales idiotas el fin e aquesta bienaventuranza para la cual eran criados, e verán que es a ellos de alcanzar imposible, e será por la privación una tristeza e un dolor infinito, semejante a la hija de un rey que veía a sus hermanas reinas e honradas, y ella ha sido privada de aquello por adulterar con un negro, e por aquesto el padre la ha echado en una cárcel muy escura, donde le manda dar cada día ciertos azotes, y espera aquesta pena por toda su vida. Así será de las ánimas tristes cuando verán que todas eran hijas de Dios glorioso, e podían haber aquel reino y aquella heredad, e por su culpa la han perdido, e ven a las otras hermanas poseer aquella gloria y aquel reino; y sola aquella tristeza por aquesta privación será infinitamente mayor que no es el helamiento del frío ni el quemamiento del fuego; empero habrá algunos que la substancia de sus entendimientos será complida, o por profecía o por sabiduría o por verdadera creencia; empero la voluntad suya habrá sido infecionada de algunos vicios, y aquestos hábitos de las sus infeciones irán con aquella ánima, e no la dejarán llegar a Dios glorioso fasta que aquellas oposiciones sean destruidas; e no será aquesta pena por siempre, porque aquel es accidente e su substancia es perfecta e complida; e será así como un hijo de un rey que era enamorado fuertemente de una mujer de pequeña manera, y el día de su coronación le dirán que es muerta, por lo cual habrá tristeza hasta que se le vaya olvidando.

E así será del entendimiento que era complido, aunque fuese infecionado y enamorado de las obras de la carne; y ves aquí, dijo la Razón, la bienaventuranza de los hombres y su malaventuranza, las cuales consisten en allegarse a Dios glorioso, o apartarse de él en este mundo y en el otro; y aquesta ha sido la intención de todos los profetas e sabios del mundo, aunque hasta hoy nunca ninguno tan claramente lo dijo, porque los profetas lo dijeron por figuras e los sabios lo declararon por comparaciones, e aquesto era porque el que no pudiera ver sino las cosas corporales no pudiera entender sino por ejemplos palpables, e así se partiera de la ley; e así fue necesario de poner e decir que haya gozos corporales y penas, porque el pueblo no entiende otro gozo ni otra pena sino la sensible e brutal. E aquesta gloria y pena de que habemos dicho son tanto mayores que las otras cuanto Dios glorioso excede y es más perfecto que todas las otras cosas criadas". Y esto acabado, la Razón hizo fin.

(De *Visión delectable de la filosofía y artes liberales...*, de Alfonso de la Torre. Cap. 16, págs. 397-402. B. A. E. de Rivadeneyra, t. 36.)

FUENTES Y ESTUDIOS

Biblioteca de autores españoles, ed. Rivadeneira, vol. 36 (Madrid 1855), 339-402; M. MENÉNDEZ PELAYO, *Orígenes de la novela*, I (Madrid 1908); J. P. W. CRAWFORD, *The "Visión delectable" of Alfonso de la Torre and Maimonides' "Guide of the Perplexed"*, "Publications of the Modern Lang. Association of America" 21, 1913, 188-212; T. y J. CARRERAS ARTAU, *Historia de la filosofía española*, II (Madrid 1943), 589-92; W. CRAWFORD, *The seven Liberal Arts in the "Vision Delectable" of Alfonso de la Torre*, "The Romanic Review" (Nueva York) 4, 1913, 58-75.

ALONSO DE CARTAGENA

Su nombre verdadero es Alfonso García de Santa María, aunque se le conoce por el de Alonso de Cartagena. De familia judía, hijo del célebre Pablo de Santa María, el Burgense, nació hacia el 1385, siendo bautizado, junto con su padre y hermano, en 1390. Al ser nombrado su padre obispo de Cartagena en 1402, se trasladó con él a esta ciudad. Estudió Derecho en Salamanca durante diez años, y en Cartagena consiguió el cargo de maestrescuela. En 1415 ganó el decanato de Santiago de Compostela, y cuatro años más tarde, el de Segovia. Fue consejero de Juan II, y en 1434 asistió al concilio de Basilea en calidad de representante del rey de Castilla, defendiendo la precedencia de su monarca sobre el rey de Inglaterra, Estando en el concilio conoció la muerte de su padre, obispo de Burgos, y su nombramiento como sucesor del mismo en la ciudad castellana. Su episcopado se prolongó hasta 1456, fecha de su fallecimiento. Contribuyó ampliamente al estudio de los clásicos en España con la publicación del *De officiis* y *De senectute,* de Cicerón, impresos en Sevilla en 1501. Su considerable actividad de escritor abarca la jurisprudencia, la moral y lo puramente literario. Entre las obras ascéticomorales podríamos registrar el *Memoriale Virtutum, Oracional* y la *Apología sobre el Salmo Judica me Deus.* En el campo de la teología, su *Defensorium unitatis christianae* es uno de los primeros alegatos teológicos contra aquellos que pretendían postergar socialmente a los conversos. Alonso de Cartagena es asimismo un divulgador del senequismo con la traducción que hizo de cinco tratados del filósofo cordobés, entre los que están *De beata vita* y *De providentia,* impresos en Sevilla en 1491.

El *Oracional,* escrito en 1454 a ruego de su amigo Fernán Pérez de Guzmán, es un tratado de cierta importancia sobre la oración. En ella comenta el Padrenuestro [1].

TEXTOS

Obra inferior y menos importante que el Oracional, *la* Apología *sobre el Salmo* Judica me Deus [2] *la escribió su autor en latín, aunque actualmente no poseemos más que su versión castellana. Alfonso de Cartagena hace exégesis de los cinco versillos del salmo comentándolo palabra por palabra. Realza la misericordia y piedad de Dios, así como su fortaleza, apoyando a las almas en su lucha por la adquisición de las virtudes.*

Apología sobre el Salmo Judica me Deus

Contemplación mezclada con oración, compuesta en latín e tornada en lenguaje castellano por el reverendo padre, virtuoso perlado don Alfonso de Cartagena, de laudable memoria, obispo de Burgos. Este psalmo dice el sacerdote cuando quiere llegar al altar para celebrar, o otro cualquier que quiera comulgar. E porque es larga puédela decir de mañana ante que vaya a la eglesia, o el día de ante; e porque mejor se sienta cómo se aplica e conforma con el psalmo, pónese aquí primeramente el psalmo todo enteramente tornado de latín en nuestra lengua. E tiene seis versos que dicen así:

---

[1] Sobre las obras de Alfonso de Cartagena véase la documentada obra de L. Serrano, *Los conversos D. Pablo de Santa María y D. Alfonso de Cartagena* (Madrid 1942).

[2] *Sal.,* 42.

Júzgame, Dios, e aparta la mi causa de la gente non santa, e del home malo e engañoso líbrame.

Porque tú eres Dios mío e fortaleza mía, ¿por qué ando triste cuando me angustia e enoja el enemigo?

Envía la luz tuya e la verdad tuya. Ellas me retrajieron e atrojieron al monte santo tuyo e a las moradas tuyas.

E entraré al altar de Dios mío e a Dios que alegra la mocedad mía.

Loaré a ti en la arpa, Dios, Dios mío, pues, ¿por qué estás triste, oh ánima mía, e por qué me conturbas?

Espera en el Señor, ca aún le loaré, a él es lo saludable de mi cara e Dios mío [3].

SÍGUESE LA CONTEMPLACIÓN E ORACIÓN

¡Quién me diese, oh divinidad perdurable, que yo resplandeciese de tanta limpieza e pureza de vida que osase con grand confianza de corazón decir aquella palabra que dice el Profeta David: *Júdgame, Dios!* [4]. Mas, ¿cuál fechor o pecador, si loco non es, llamara al juez para que le judgue? De guisa que aquello que por ventura pasa so disimulación si fuere llamado a judgar, le dé pena, señaladamente cuando tal es el juez a quien llama que non puede ser engañado por ignorancia nin puede de Él ser abscondida la certenidad del fecho. Ca tú, oh soberano de los jueces, conoces nuestras renes e nuestros corazones e sabes mejor e más enteramente cualquier cosa que en el homne es que el homne mesmo,

---

[3] *Sal.*, 42, III, 1-5.
[4] *Sal.*, 42, III, 1.

ni es menester que te digan lo que yace ascondido en el corazón del homne, ca tú sabes todas las cosas. ¡Oh muy grande escudriñador de las humanas entrañas e voluntades!, pues, ¿cómo osaré decir *Júdgame, Dios,* yo que sé que eres muy justo juez e conozco abiertamente que so pecador? Pero la confianza que me quita mi maldad la pura y clara confesión de ella me la da, ca tú, oh muy piadoso juez, non eres como los gobernadores e regidores de los humanos juicios, ca aquéllos a los que confiesan su maleficio luego los condempnan, e dando entera fe a la confesión del malfechor para en mal e dampno del que la face e quiere confesar, prestamente lo mandan penar, e contra los que niegan sus maldades e con falsas mentiras escusan sus maleficios dilatan de proceder, e si non son vencidos con testigos, absuélvenlos. Mas tú, Señor, non faces así, ante por el contrario, ca al que confiesa sus pecados recibes e a aquél das benigno perdón, e allégasle a tu bienaventurada compañía, e tal que refusa de lo confesar, como tú seas juez e testigo sin otro testimonio alguno ni probanza, le desprecias e desechas de ti e le judgas por digno de tu ira e venganza. Por ende, loco es el que non sigue aquel sano e saludable consejo de la Santa Escriptura que dice: *Non tardes convertirte al Señor e non lo dilates de día en día, ca a deshora verná la ira de él. En el tiempo de la venganza te destruirá* [5]. Onde yo llamaré homillmente a ti para que me judgues, non vengando mis pecados en mí segund el rigor de la tu justicia, mas habiendo merced e piedad de mí *segund la grande misericordia tuya* [6]; ca la tu misericordia non es

---

[5] *Ecl.,* 5, 8.
[6] *Sal.,* 50, 3.

contraria a la tu justicia, nin la tu justicia a la tu misericordia, mas ambas son infinidas e tú piadosamente e por una manera que non se puede por homne perfectamente decir las adaptas e usas de ellas con tus criaturas, faciendo relucir con piadoso resplandor las tus misericordias sobre todas las obras tuyas. Por ende non dejaré de decir, ante diré *Júdgame, Dios,* segund tu piedad, porque perdonadas mis maldades e cubiertos e quitados misericordiosamente todos mis pecados me quieras recebir entre aquellos de quien dice el Profeta que son perdonadas sus maldades e cobiertos e quitados sus pecados. E así me judgando diré: *Aparta la causa de la gente non santa* [7]. ¿E cuál otra gente non santa yo, mezquino homne, puedo decir sinon la desenfrenada e non domada muchedumbre de mis afecciones, que como una fiera gente continuamente cercan e turban mi corazón e le atraen e empujan como por una manera de fuerza a las cosas que me son dampnosas? Ca si la gente se llama turba porque perturba a los otros, ¿cuál ayuntamiento de gentes más reciamente perturba mi corazón que el tropel e montón de mis pasiones, pensamientos, afecciones? Ca éste como una escuadra de enemigos entra en los términos de mi ánima, e cual cosa de bien e de justicia que en ella desea nacer como enemigo armado trabaja por la derraigar e destruir. Por ende ésta es la gente non santa de que suplico que apartes la mi causa; ca de la una parte la batalla de la soberbia guarnida de diversas armas de exhortaciones e inducciones para ensoberbecer procura por me atraer a unas o otras maneras de soberbia. A aquellas a que en-

---

[7] *Sal.,* 42, III, 1.

tienden que más aína e más ligeramente me atraerá. E luego cerca de ella viene aquella negra e fea escuadra de la envidia que es su hermana e compañera. E so diversos colores me quiere atraer a unas o a otras maneras a que haya dolor e pesar de la prosperidad e bienandanza de mis prójimos, e me goce e haya placer de su adversidad e males e trabajos. Ca con la soberbia luego se ayunta la envidia, porque todo soberbio envidioso es, por cuanto el soberbio desea sobrepujar a los otros. E así necesario es que le desplega cuando otro alguno prospera de manera que él non pueda sobrepujar. E de la otra, la ardiente fambre de la avaricia procura de me inclinar a que ocupe las cosas ajenas, o si non las puedo ocupar, a lo menos que las desee e las cobdicie e las mías que las guarde allende de la medida de la razón. E que todo mi corazón ocupe e envuelva en cuidados e en pensamientos de guardar e acrecentar la temporal facienda e del otro lado non fallece el combatiente e turbado furor e movimiento de la ira, que por pequeñas causas o enojos me quiere mover a que tome grand saña. E aun de la saña procura que suba, o más propiamente fablando, que descienda o cayo de la saña en haber oido e malquerencia contra mis prójimos. E en cuanto que estas cuadrillas cercan e combaten mi ánima non fallecen otras que por comociones e movimientos corporales prueban de derribar el muro e cerca de mi conciencia. Ca la garganteria de la gula entrando so color de necesidad, como que sea necesaria la vianda para el mantenimiento, pásase poco a poco a lo tornar en delectación excesiva e mala e atrae mi corazón a que me escaliente e ardientemente desee muchedumbre superflua e dañosa de viandas e manjares más delicados e con más deligencia guisados que conviene; de guisa que non solamente el corporal fenchimiento faga daño al estómago, mas aun la culpa de ello dañe non poco al ánima; e demás de esto por otros movimientos de algunas otras partes del cuerpo la delectación carnal probando de entrar non deja cuanto puede de combatir mi corazón. E aun la mesma acidia e ociosidad que suele ser ociosa non quiere contra mí quedar en ocio, ante confederada con las otras hermanas, como adormeciéndome, conviene que faga tibiamente los bienes e me contriste e enflaquezca estando ocioso e non faciendo cosa e fuya e me aparte de los trabajos que de las obras honestas suelen nacer. E ésta es, Señor, la gente non santa de que pido que apartes la mi causa e ampares mi corazón, porque los ingenios de esta gente non santa non derriben los muros de él, más apartado e alongado de la turbación de estas pasiones e afecciones, seguro e libre contemple las cosas que tuyas son, desee las derechas, abrázese con las justas, siga las piadosas, busque las eguales e buenas e aparte sus pensamientos de las cosas malas, e tenga delante de sus ojos aquel dicho del Profeta: *Bienaventurado es el varón que non andovo en el consejo de los malos, nin estovo en la carrera de los pecadores* [8]. E para que más enteramente me socorras, Señor, non sólo aparta mi causa de la gente non santa, mas *aun del home malo e engañoso líbrame* [9]. E yo non siento algún hombre otro malo e engañoso más dampnoso a mí que yo mesmo. Ca si las otras pasiones que llamé gente non santa muchas veces las cognoscemos por malas, pero allende de aquéllas

_____
[8] *Sal.,* 1, 1.
[9] *Sal.,* 42, III, 1.

otra cosa a las veces se asconde dentro en nuestro corazón que so color de razón e bien nos quiere atraer a
cosas malas e vedadas, e así la gente non santa que dije
es la muchedumbre de aquellas pasiones e afecciones
que la razón humana cognosce, o si quisiere puede sin
dificultad cognoscer que son vedadas e malas, mas el
homne malo e engañoso se puede con razón decir el
nuestro entendimiento que está cercado de dentro de
nos, que muchas veces so color de bien engañado del
enemigo del humanal linaje declina a pecados espirituales, son muy peligrosos e de que tú solo puedes al homne librar. Ca ¿cómo se podrá emendar el que cuida
que face bien salvo si tú con la lumbre de tu claridad
aclarando su entendimiento le otorgares que conozca sus
errores? Por ende éste es, Señor, el homne malo e engañoso de quien con toda homilldad pido que me libres
socorriendo a mi entendimiento, e despertando e ayu-
dando al movimiento de mi voluntad, porque tempta-
dos de la malicia del enemigo non me mezclen tibiedad
en la caridad e amor de Dios nin desconfianza en la
esperanza nin dubda alguna nin flaqueza en la santa fe.
Ca non bastaría a mí que fuese mi causa aparta de la
gente non santa de las pasiones e afecciones e pecados
que se cognoscen o ligeramente se pueden cognoscer a
quien en sus actos considerare si non me librases del
homne malo e engañoso que es el sotil e malicioso modo
de temptar de la maldad espiritual. Por ende, oh Dios
Todopoderoso, para que enteramente tú consejes e socorras a mi ánima, júdgame e *aparta la mi causa de la
gente non santa e del homne malo e engañoso líbrame* [10].

---

[10] *Sal.*, 42, III, 1.

Porque non solamente del movimiento e combate de la gente non santa, que es los pecados cognoscidos, mas aún del homne malo e engañoso, que es el atraedor e temptador de los errores espirituales, seyendo yo liberado e escapado me pueda a ti allegar.

SEGUNDO VERSO

Para que yo pueda, oh soberana bondad, inclinar tu piedad a que me oya e me otorgue lo que pido, pues que de mi parte no hay cosa alguna nin merecimiento que deba mover la oreja de tu benignidad e mansedad, ¿qué otra causa para te inclinar puedo decir sinon porque tú eres Dios mío e fortaleza mía? ¿E a quién debo yo fuir más sanamente estando cercado de mis enemigos que a Dios mío? ¿E a quién recorriré enfermo e flaco salvo a ti que eres fortaleza mía? Ca tú dices por la boca de uno de tus profetas: *La perdición tuya es Israel, solamente de mí es tu ayuda*[11]. Por ende a ti que eres la ayuda mía. A ti que eres todo en todos e en quien nos movemos e somos es de recorrir cuando fuéremos combatidos de los ingenios e bombardas de las afecciones e trabajos cuando somos turbados de la enfermedad e flaqueza de nuestra naturaleza. Onde el profeta dicía que su ánima había sed de Dios, fuente viva, ca no hay otro Dios fuera de ti nin hay fuerte alguno como es Dios nuestro. E cuando tú nos sostienes entonce estamos, cuando nos consuelas entonce nos alegramos, cuando nos desamparas, luego caemos, cuando nos dejas somos angustiados e contristados. Ca tú eres

---

[11] *Os.,* 13, 9.

nuestro soberano bien e nuestro fin postrimero. Por ende necesario es que cuando nuestra voluntad se desvía de ti caya en lo bajo e fondón del dolor e tristeza. Pues, Señor Dios nuestro, no nos desampares, mas acátanos con los ojos de tu piedad. E oye la voz del profeta David que clama en persona del humanal linaje diciendo: *Dios, Dios mío, acata en mí por qué me desamparaste* [12]. Lueñe son de mi salud las palabras e fechos de mis pecados. E así el profeta propone la querella de su desamparo. E él mesmo responde la razón porque le desamparabas. Ca non hay otra causa alguna porque el homne sea desamparado de Dios, si non porque son lueñe de la salud del homne las palabras e actos de sus pecados. E así, Señor, non nos quejamos de ti porque nos desamparas como si nos ficieses alguna injusticia, mas decímoslo porque nos perdones misericordiosamente nuestros pecados que facen que nos desampares. Ca perdonados los pecados non nos desamparas. E así diré yo al mi Dios y a la fortaleza mía qué es el por qué me desamparaste. E como tú, Señor, seas fortaleza mía diré, pues, por qué ando triste cuando me angustia e enoja el enemigo. Ca cuando somos desamparados de Dios non solamente perdemos el bien, mas luego caemos en muy grandes males, porque nuestros antiguos enemigos que son los malignos espíritus cuando sienten que somos desamparados de Dios atorméntannos con grave dolor e tristeza. Por ende, levántate, Señor Dios mío e fortaleza mía, e otorga perdón a mis maldades, porque me desamparaste, e recíbeme para me defender so las alas de tu piedad porque non ande triste

---

[12] *Sal.*, 22, 2.

cuaido me enoja e trabaja e angustia el enemigo. Ca entonces cesará la tristeza e el trabajo e enojo se retornarán en folgura, cuando tú estovieres conmigo e me ayudares. Porque tú eres Dios mío e fortaleza mía. E ¿cómo puede estar delante tu acatamiento dolor e tristeza, pues tú eres soberano gozo, o qué poderío de cualquier enemigo nos puede enojar o trabajar si tu fortaleza le resiste e nos ampara? [13].

TERCIO VERSO

Pero yo que so escurecido de tiniebras de pecados non veo carrera por ende venga a recorrir a ti, yo abajado de los errores de mis maldades non puedo alcanzar la doctrina de la verdad. Salvo si tú que eres luz verdadera me alumbrares, tú que eres verdad y vida me enseñares mostrando la carrera de la verdad e me otorgares don de vida. Por ende, Señor, envía la luz tuya a la verdad tuya. O más propiamente fablando, tú que eres luz e verdad ven en mí porque el resplandor tuyo alumbre los ojos de mi entendimiento para que vean las cosas espirituales. La grande certenidad, que lengua humana non pueda exprimir, que procede de ti, que eres verdad, me faga allegar a lo verdadero e me abrazar con las cosas que traen a la verdad non mudable. Ca non puede andar sin entropezar el que non tiene luz nin fuir de error el que non es regido por la verdad. Por ende den lugar las tiniebras mías a la luz tuya, fuya los errores míos del acatamiento de la verdad tuya. Ca ¿cómo puedo yo escapar de las tiniebras si el rayo

---

[13] *Sal.*, 7 (todo).

de tu luz non resplandeciere en mí, o cómo me puedo
yo desenvolver de mis errores si tú que eres verdad
non me trajieres a cognoscer las cosas justas e verdaderas? Ca si alguna vez levanté algún tanto mi entendimiento a la cognición de tu alteza, si alguna vez fui
e me allegué a la firmeza de tu amparo, la luz tuya e
la verdad tuya lo ficieron. Ca ellas me retrajieron e atra-
jieron al monte santo tuyo e a las moradas tuyas. ¿E
cuál otro homne santo tuyo hay sino la altura de tu
santa fe? Ca éste es el monte santo tuyo en que nace
la fructuosa gordura de los santos sacramentos. Onde
dice el profeta: *El monte del Señor, monte grueso es* [14].
E por esto podemos bien contemplar, que tú, Señor,
la humana carne recibida e a ti unida cuando venías a
Hierusalem porque ende fueses recebido en el nombre
del Señor con muy solempne procesión e te bendijiesen
todos de un corazón diciendo: *Bendito el que viene en
el nombre del Señor* [15], quesiste cuando te acercabas ya
a la cibdad primero venir al monte de las olivas. E después, oh perdurable verdad, cuando acordaste de complir el misterio de la Santa Pasión quesiste ser preso
tras el arroyo llamado Cedrón. E esto todo no fue de
balde, mas porque nos dieses a entender que en estas
dos cosas, agua e olio, sería establecido la materia de
algunos muy altos e santos sacramentos, e aun esto más
claramente demostraste cuando recebiste con mucha homilldad el santo baptismo en las ondas del río Jordán [16].
E este es, Señor, el monte tuyo a que nos llama un profeta para que subamos en él diciendo: *Venid acá, su-*

---

[14] *Sal.,* 68, 16.
[15] *Mt.,* 21, 9; 23, 39; *Mc.,* 11, 10; *Jn.,* 11, 35.
[16] *Mt.,* 3, 13.

bamos al monte del Señor e a la casa de Dios de Jacob [17]. Él nos enseñará sus carreras e andaremos en los senderos suyos. ¿E cómo pueden ser enseñadas las carreras del Señor salvo si precede e tiene homne firme fe, ca sin fe imposible es placer a Dios? ¿E cuáles otros son las casas o moradas del Señor sinon las coberturas de los santos sacramentos? Ca so la sombra de éstos somos guardados de la tempestad de los vientos de la infidelidad e errores en la fe e de la niebla e turbones de diversos pecados. Por ende non sin razón San Pedro deseaba el tiempo de la su transfiguración que se ficiesen tres moradas [18]: una para ti, Señor, que es la fe del corazón, que debe ser primera e ir delante, las dos por caridad de amor e esperanza del galardón perdurable, lo cual todo se demuestra bien en la refección de los santos sacramentos cuando se reciben católicamente e con firme fe e habiendo grande homilldad e devoción en las cerimonias e observancias de la Iglesia, y éstas son, oh Señor, de las virtudes aquellas amadas moradas tuyas de que con razón dicía el Profeta: *Cuán amadas son las moradas tuyas, oh Señor, de las virtudes* [19] e desea el ánima mía ser en tus palacios [20]. Ca venir so estas moradas e morar en tales palacios soberana alegría es.

(De la *Contemplación mezclada con oración...*, de Alfonso de Cartagena. Esta obra fue impresa con el *Oracional* en 1487 [Haebler, núm. 124]. Se conserva en un manuscrito de El Escorial [*Catál.* de Zarco, I, 204-5] y

---

[17] *Is.*, 2, 3.
[18] *Mc.*, 9, 5; Cf. *Lc.*, 9, 33.
[19] *Sal.*, 84, 2.
[20] *Sal.*, 84, 3.

en otro de la Bibl. de Palacio [II, 631] transferido hoy, con otros de la misma procedencia, a la Bibl. Universitaria de Salamanca.)

FUENTES Y ESTUDIOS

A. DE CARTAGENA, *Defensorium unitatis christianae. Tratado en favor de los judíos conversos*, ed. M. Alonso (Madrid 1943); L. SERRANO, *Los conversos D. Pablo de Santa María y D. Alfonso de Cartagena* (Madrid 1942), 119-331; F. CANTERA BURGOS, *Alvar García de Santa María. Historia de la judería de Burgos y de sus conversos más egregios* (Madrid 1952), 416-64; K. R. SCHOLBERG, *Alonso de Cartagena: sus observaciones sobre la lengua*, "Nueva Rev. de Filología Hispánica" 8, 1954, 414-19; M. MARTÍNEZ BURGOS, *D. Alonso de Cartagena, obispo de Burgos. Su testamento*, "Rev. de Arch. Bibliot. y Museos" 63, 1957, 81-110; F. G. OLMEDO, *Don Alfonso de Cartagena (1384-1456), tratadista y hombre de oración*, "Manresa" 30, 1958, 31-48.

Para la célebre controversia entre A. de Cartagena con el Aretino, tan importante cuando se estudia la introducción del renacimiento en España, véase A. BIRKENMAIER, *Vermischte Untersuchungen zur Geschichte der mittelalterlichen Philosophie. V. Der Streit des Alonso von Cartagena mit Leonardo Bruni Aretino*, "Beiträge zur Geschichte der Philosophie des Mittelalters" 20, 129-210; L. HUIDOBRO, *Don Alonso de Cartagena (1435-1456)*, "Boletín de la Comisión Provincial de Monumentos de Burgos" 2, 1926, 96-100; C. CLAVERÍA, *Una fórmula alemana en Alfonso de Cartagena*, "Rev. de Filolog. Española" 26, 1942, 307-11.

TERESA DE CARTAGENA

Se discute si perteneció o no a la familia del converso Pablo de Santa María, debiendo nacer Teresa entre 1420-1435. Por sus escritos sabemos que estudió en Salamanca y que posiblemente era monja, tal vez agustina o franciscana. Padecía sordera total, según ella misma nos dice en su obra *Arboleda de los enfermos*. Cuando escribía el prólogo de esta obra llevaba veinte años con ese defecto físico, defecto que ella considera como un favor de Dios. Además de *Arboleda* escribió *Admiración de las obras de Dios*, dedicando uno y otro escrito a doña Juana de Mendoza, mujer de Gómez Manrique. Esta escritora puede considerarse como una precursora de la promoción femenina que aparece posteriormente en la Corte de Isabel la Católica. Desconocemos ulteriores actividades y la fecha de su muerte.

TEXTOS

Arboleda de los enfermos fue escrita, con mucha probabilidad, entre 1453-1460. Ella misma declara en el prólogo que escribió la obra en loor de Dios, consolación propia y de los que padecen enfermedades. Acusa bastante lectura. Sobre una base fundamentalmente bíblica, Teresa de Cartagena estudia las motivaciones que tiene el enfermo para excitar la alegría espiritual de cara a la enfermedad.

ARBOLEDA DE LOS ENFERMOS

Este tractado se llama Arboleda de los enfermos, el cual compuso Teresa de Cartagena seyendo apasionada de graves dolencias, especialmente habiendo el sentido del oír perdido del todo; e fizo aquesta obra a loor de Dios e espiritual consolación suya e de todos aquellos que enfermedades padecen, porque despedidos de la salud corporal levanten su deseo en Dios, que es verdadera salud.

Comienza así la Arboleda:

Grand tiempo ha, virtuosa señora, que la niebla de tristeza temporal humana cubrió los términos de mi vevir, e con un espeso torbellino de angustiosas pasiones me llevó a una ínsula que se llama: *Opprobium hominum et abiecio plebis*, donde tantos años ha que en ella vivo, si vida llamarse puede, jamás pude yo ver persona que enderezase mis pies por la carrera de paz, nin me mostrase camino por donde pudiese llegar a poblado de placeres. Así que en este exilio e tenebroso destierro, más sepultada que morada me sintiendo, plogo a la misericordia del muy Altísimo alumbrarme con la lucerna de su piadosa gracia por que pudiese poner mi nombre en la nómina de aquellos de quienes es escrito: *Los que moraban en tiniebras y en sombra de muerte, luz les es demostrada*[1]; e con esta *luz verdadera que alumbra a todo home que viene a este mundo*[2], alumbrado mi entendimiento, desbaratada la niebla de mi pesada tristeza, vi esta ínsula ya dicha ser buena

---

[1] *Lc.*, 1, 79.
[2] *Jn.*, 1, 9.

e saludable para mí, aunque poblar de vecinos no se puede, porque pocos amigos halláis que de su grado en ella quieran morar, ca es estérile de placeres temporales e muy seca de glorias vanas, e la fuente de los honores humanos tiene muy lejos en verdad; pero puédese poblar de arboledas de buenos consejos y espirituales consolaciones, de guisa que la soledad penosa de las conversaciones del siglo se convierta en compañía e familiaridad de buenas costumbres; e porque mi pasión es de tal calidad e tan porfiosa que tampoco me deja oír los buenos consejos, como los malos, conviene sean tales los consejos consoladores que sin dar voces a mi sorda oreja me puedan poner en la claustra de sus graciosos e santos consejos; para lo cual es necesario de recorrer a los libros, los cuales de arboledas saludables tienen en sí maravillosos enjertos, e como la bajeza e grosería de mi mujeril ingenio a sobir más alto no me consienta, atreviéndome a la nobleza e santidad, comienzo a buscar en su devotísima cancionera que Salterio se llama, algunas buenas consolaciones, y hallé amonestaciones; buscaba consejos y hallélos sin duda tantos y tales que si por ellos guiarme quisiere, poblaré mi soledad de arboleda graciosa, so la sombra de la cual pueda descansar mi persona y reciba mi espíritu aire de salud, porque en mi pequeño plato no todos [los manjares] sabrían, dejaré los que non dejan por eso de ser provechosos y más que buenos, e tomaré algunos para comienzo de mesa y otros para la mesma yantar, e reservaré algunos para levantar de la tabla, y de aquéllos me entiendo aprovechar que más hacen no sólo al propósito de mi pasión, mas al aumentación de mi devoción y consolación espiritual, aunque no desenvuelta la lengua y peor dispuesto el sentido, solamente por no dar lugar a estos dos daños, los cuales son, soledad e uciosidad; e pues la soledad no puedo apartar de mí, quiero fuir la ociosidad porque non pueda trabar casamiento con la soledad, ca sería un peligroso matrimonio, e si puedo así arredrar de mi diestro lado la soledad, la ociosidad del lado siniestro, non dubdedes que en ello afanar por descanso lo habría mi mano, ca según la calidad de mi pasión, si bien lo mirades más sola me veréis en compañía de muchos que non cuando sola me retraigo a mi celda. Es ésta la causa: cuando estoy sola soy acompañada de mí mesma, e de ese pobre sentido que tengo; pero cuando en compañía de otrie me veo, yo soy desamparada del todo, ca nin gozo del consorcio o fabla de aquéllos, nin de mí mesma me puede aprovechar; fuye de mí el sentido, ca está ocupado en sentir la desigual pena que siento; apártase la razón con el muy razonable tormento que siento que la aflige. La discreción es poca, pero aunque mucha fuese, asaz ternía que ver en provocar los movimientos humanos a paciencia. E donde el oír fallece, ¿qué tiene que ver el fablar?, ¿qué dará la presencia muerta e sola del todo? Así que por estas razones e por el ispirencia que las face dignas de fee, se puede creer de mí cuando estoy sola; pues así es que ésta tan esquiva e durable soledad apartar de mí no puedo, quiero hacer guerra a la ociosidad, ocupándome en esta pequeña obra, la cual bien se puede decir que no es buena nin comunal, mas mala del todo. Pero, pues, el fin porque se hace es bueno, bien se puede seguir otro mayor bien, e por la mi voluntad éste sea que aquel soberano Señor que más las voluntades que las obras acata, quiera hacer apacible e acepto delante los ojos de su gran clemencia lo que enojoso o digno de reprehensión a las gentes parece.

Folio 2 vº: Comienzo a la pequeña y defectuosa obra, por fundamento de la cual me place tomar las palabras siguientes: *In camo et freno maxillas costringe qui nen aproximat a te* [3].

Folio 5: E con el silencio ya dicho, inclinada la oreja del mi entendimiento, pues la del cuerpo mal me ayuda, paréceme que espiritualmente oí resonar aquellas palabras: *Oye fija, cata, e inclina tu oreja; olvida el pueblo tuyo y la casa de tu padre* [4].

Folio 8: Para mejor ver cómo e cuánto hace a mi propósito esta autoridad, es de considerar que este acatamiento de cabestro e freno es diputado para los animales brutos que carecen de razón, porque con estos artificiales acatamientos son traídos casi por fuerza a donde les cumple, e al servicio de su dueño conviene así que por el cabestro sean guiados.

Folio 12: Lo segundo que el azote ha de ser no peligroso ni mortal, mas enmendativo; tal en verdad es éste mío, que él mesmo se trae consigo la prueba.

Folio 14: Debe ser la oración propia aldaba para llamar a la puerta de la misericordia de Dios; su mesma palabra lo declara, donde dice que cualquiera cosa que orando pidierdes, creed que lo recibiréis.

Folio 16: Si por gloriarse hombre en sus pasiones, puede traer a su ánima tan buena güéspeda como la virtud de Cristo, ningún enfermo debe ser triste, ca dejando aparte los otros respectos, por este sólo nos debemos alegrar aquellos que en el convento de dolencias

---

[3] *Sal.*, 31, 9.
[4] *Sal.*, 44, 11.

tenemos hecha profesión, pero no se entiende que esta
alegría ha de ser en las cosas temporales, ca el alegría
temporal y humana yo no digo que es mala, pero si
bien que no es tan buena que se pueda llamar virtud,
pues, si virtud no lo es ¿cómo aparejará logar o morada a la soberana virtud de Cristo?, ca dicen, *porque
more en mí la virtud de Cristo* [5], e parece que a este
fin solamente nos debemos gloriar o alegrar en nuestras
enfermedades, porque [more] en nuestra ánima la virtud
del Señor; según esto no tiene que ver en ello la alegría
temporal aunque sea buena y honesta, ca non basta que
sea buena solamente, mas conviene que sea espiritual,
virtuosa e limpia; e de tal manera nos debemos gloriar
en nuestras pasiones e aflicciones que la virtud e limpieza de nuestra devota alegría apareje posada agradable a la virtud soberana, y a esta tal alegría convido a
los enfermos y deseo ser convidada, porque como somos iguales en las pasiones, seamos en las ruscirecio-
nes, donde me parece que el alegría temporal e humana
debe aquí perder sus fuerzas, e aun si las ha perdido,
no es mal, con tanto que demasiada tristeza no hay lograr, nin la tristeza demasiada si viniere non se debe
resistir con muchedumbre de placeres humanos, ca tal
resistencia como ésta ni es loable ni meritoria; ¿qué
mérito es vaciar la conciencia de un vicio y traer doce-
na de ellos a su casa?; ¿e qué vitoria se espera de pelear un pecado con otro?; la tristeza demasiada es pecado; pues los placeres humanos, ¿quién los llamará
virtud? Quien no los conoce ni sabe sus maneras, e por
ellos puedo decir, quien no los conoce los compre; así

---

[5] *II Cor.*, 12, 9.

que no es buena guerra de parientes a parientes, aunque la tristeza mala e superflua parece ser contraria de los placeres humanos, no es así, antes ha muy gran debdo con ellos, porque si bien mirarlo queremos, cada mala e inicua tristeza procede de menguamiento de placeres mundanos; pues bien parece tener con ellos grande amor e parentesco, e aun las más veces ellos mesmos la engendran y paren; por ende si alguno de los dolientes fuese gravado de tristeza tal que pecado consigo traiga, non se piense que la debe combatir con multitud de placeres, antes los debe fuir y temer de los llamar en su socorro, ca según el gran parentesco que con la ya dicha tienen, podrá ser que se vuelvan de su bando y se conviertan ellos mesmos en propia tristeza que sus dolencias le causan; ponen diligencia en procurar placeres y juegos, e allí de la mañana a la noche espienden su tiempo, e lo que peor es, que creen ser muy bien hecho y que es acto de virtud por apartar de sí tristeza y enojo; mas yo querría preguntar a tales como éstos, cuando ya fenecidos aquellos deportes y les conviene tornar al mundo, cuáles bien o provecho que dende reportan; e si me dicen que perdieron tristeza, sí me Dios vala, yo no ge lo creo, pues no perdieron la causa de aquélla, ca la causa de su enojo y fatiga es la dolencia; pues ésta no ge la pueden quitar los placeres mundanos, ¿cómo les puede quitar la tristeza? Tornen a mirar bien su Señor y si la dolencia hallasen consigo, créanme que la tristeza y enojo doblada se vuelve con ellos a su casa; ¿pues qué letigación dañosa y negro combate es que hace la tristeza? Si la piensan vencer, ellos quedan vencidos; no es ésta buena manera para desechar tristeza, ca mejor es y mucho mejor ser triste por causas honestas que no alegre por deshonestos placeres. **Por ende,** no conviene a los enfermos buscar tales remedios que redundan en daños e si resistencia queremos hacer a la tristeza, no tomemos por armas los vicios, mas las virtudes.

Folio 21: Dejando esto por decir lo que en suerte me cabe, conviene a saber de los trabajos que vienen de buena parte e por nuestro gran bien, que son solamente aquellos que vienen de la mano de Dios...

Folio 22: Segundo grado de paciencia y de mucho mayor excelencia y mérito me parece ser éste, que no solamente el padecedor sea prudente en sofrir sus dolencias y pasiones, habiendo acatamiento a los respectos, mas con toda diligencia reportar de los trabajos algunos bienes.

Folio 25: El primer marco que recebimos los dolientes que es el amor singular...

Folio 28: El segundo marco que recebimos los dolientes, que es la mesma dolencia e pasión corporal.

Folio 29: La primera raíz de soberbia, la cual es glorificación de grandes parientes, resiste en esta manera, aunque sea hijo de un duque, almirante o marqués.

Folio 31: Veamos si de la avaricia puede guarecer; sí en verdad; ca por avaricioso que alguno sería, si se ve enfermo, en este punto es hecho liberal.

Folio 34: El tercero marco que recebimos los dolientes, es mortificación que las dolencias hacen sentir en las fuerzas corporales.

Folio 38: El cuarto marco que recebimos los dolientes, digo que es la humiliación y desprecio que las dolencias nos causan.

Folio 39: El quinto y postrimero marco que recebimos los enfermos, es el tiempo que las dolencias embargan, no consintiendo ocuparse en cosas mundanas o vanas.

Folio 42: Mas porque un grosero juicio mujeril hace mis dichos de pequeña o ninguna autoridad, y aun por el grande deseo que tengo de paciencia... me contenta la interpretación de quien ella es.

Folio 44: E quien esta ya dicha paciencia toviere, sea triste o alegre, lloroso o risueño, yo digo que la verdadera paciencia... mas segura está donde lloran que no donde ríen.

Folio 46: Porque mejor sepamos qué es lo que pedimos... veamos de cuál número de las virtudes es la paciencia; no es de las Cardinales..., no es de las Teologales.

Folio 47: Ya es dicho y mostrado que el pasar de las tribulaciones... por sí sólo no vale nada, ni es paciencia entera, mas es comienzo de paciencia.

(De *Arboleda de enfermos,* de Teresa de Cartagena, según M. SERRANO Y SANZ en sus *Apuntes para una Biblioteca de Escritoras Españolas,* t. 1, págs. 220, 221 y 222.)

FUENTES Y ESTUDIOS

M. SERRANO Y SANZ, *Apuntes para una Biblioteca de escritoras españolas,* I (Madrid 1903), 218-23; L. RODRÍGUEZ MIGUEL, *Teresa de Cartagena (del s. XV, autora de "La arboleda de enfermos" y "Admiración de las obras de Dios") y Teresa de Jesús,* BT 2, 3, 1915, 106-108; F. CANTERA BURGOS, *Alvar García de Santa María. Historia de la Judería de Burgos y de los conversos más egregios* (Madrid 1452), 536-58; J. L. HUT-

TON, *Teresa de Cartagena. "Arboleda de los enfermos, Admiratio operum Dei". Introductory study and text* (Tesis de la Univ. de Princeton); resumen en DA, 15, 1955, 585-86. Aparece estudiada en diversas publicaciones referentes a la literatura femenina.

LOPE FERNANDEZ DE MINAYA

Datos imprecisos y confusos los que poseemos sobre este autor. De tenerse en cuenta la opinión de Amador de los Ríos, deberíamos decir que es canónigo regular; pero el manuscrito escurialense que contiene su obra, *Espejo del alma*, dice expresamente que esta obra fue compuesta por Fr. Lope, de la Orden de S. Agustín. El códice es contemporáneo del autor (siglo xv), por lo que su testimonio merece fe. No debe confundirse con Lope de Portugal, también agustino. Es, pues, Lope Fernández Minaya un religioso agustino que, además de la obra citada, escribió el *Tratado breve de penitencia y Libro de las tribulaciones,* dos obras de notable interés, publicadas por vez primera por Miguel Cerezal según un manuscrito escurialense.

TEXTOS

Escritor muy ordenado y muy claro, precisa bien el fin de su obra y lo que es el verdadero espejo del alma. El fin de la obra es alejar del alma todas las fealdades que ésta tiene en el rostro, presentándola ante un espejo. Este espejo es la conciencia buena, clara, derecha, aguda, discretamente ordenada según la voluntad de Dios, general y especialmente, en frase del autor. Todos estos términos calificativos son esenciales al espejo. El autor los explica uno por uno.

En el segundo texto se aborda el tema de la cruz en la vida cristiana. La tribulación tiene una función purificadora de la maldad, del pecado y de la suciedad del alma. Fernández de Minaya señala cinco maneras de purificación obtenidas por la experiencia. El autor explica cada una de ellas desde la perspectiva de Dios-Padre, que ama más que el padre carnal, cuando envía la tribulación.

Esta obra es un tratado austero, penetrante y sólido sobre I Jn., 2, 15-17. En su austeridad cabe la comprensión.

Espejo del Alma

Libro segundo en el cual se muestra cuál es el Espejo del ánima

Capítulo primero

Cualidades de la conciencia para que sea Espejo del alma

Acabada es ya, con la ayuda de Dios, la primera parte de esta obra pequeña, en la cual según la obligación suso fecha por mí de los tres ternos, de que prometí escrebir algún poco, que son aparejamientos para que de mejor mente vos catedes en este espejo, asaz creo que, cuanto vos cumple, breve e sumariamente vos es dicho. Agora en esta segunda parte, con esta misma ayuda de Dios, entiendo proseguir la prencipal entención de esta obra, que es mostrar cual es el espejo del ánima en que se ella acata o debe acatar para tirar de sí todas las fealdades que en rostro tiene, que es la voluntad, e para se afeitar e apostar la mejor que ella podiere, porque el su Esposo, que es Jesucristo, no falle en ella cosa sino de que se pague e enamore.

Espejo del ánima es la conciencia buena, clara, derecha, aguda, discretamente ordenada según la voluntad de Dios generalmente e especialmente. Ca, como todas estas condiciones son en la conciencia, entonces es espejo claro del ánima.

Lo primero, digo que la conciencia debe ser buena, esto cuanto a la fe, que sea fundada la conciencia sobre buena fe católica, verdadera, como la nuestra de los cristianos, ca estando fuera de la fe católica, no puede ser buena la conciencia, así como de los judíos o como de los moros o de los herejes o de los cismáticos.

Lo segundo, debe ser clara, alumbrada de Dios por inspiración o por revelación o por ciencia, porque no yerre en los juicios que diere, ca viene muy gran daño a las ánimas de los yerros de las conciencias, porque muchas cosas que no son pecado, si la conciencia las juzgase por pecado, aunque yerre, pecamos si las facemos contra la conciencia, en tanto grado cuanto la conciencia lo juzgare por pecado. Otrosí, lo que es pecado de suyo, aunque ella juzgue que no es pecado, no dejamos de pecar si lo facemos, e por esto conviene que la conciencia sea clara e alumbrada de Dios o por gran ciencia, porque no faga tan grandes yerros ni daño de las ánimas, e por ende esto conviene, que la conciencia sea clara e alumbrada de Dios, e por ende los que de Dios no son alumbrados, ni han en sí ciencia, nunca fagan ninguna cosa sin consejo de personas letradas e amigas de Dios, e nunca errarán.

Lo tercero, debe ser derecha, porque ansí como la razón entendiere la verdad, ansí, sin ningún parentesco de la voluntad que la falaga muchas veces, la juzgue.

Lo cuarto, debe ser aguda, porque no sea torpe, ni perezosa en reprender, como acaece muchas veces cuando hombre usa prolongadamente algunos pecados, adormécese la conciencia e no reprehende tan vivamente como debe. Por lo cual los muy grandes pecados, por ser flojamente e pocas veces reprehendidos de la conciencia, viene hombre a creer que son pequeños o que no son pecados.

Lo quinto, debe ser discretamente ordenada, porque según los tiempos e los estados de las personas o según los frutos o los daños e los peligros que de las cosas suso dichas pueden venir a nacer, ansí juzgue todavía aquella parte que viere que mayor gloria es de Dios e mayor fruto a la su ánima e provecho del prójimo, guardando las ocasiones e peligros en las personas flacas. Esto se entiende en las cosas que no son de suyo malas, como lo son los pecados, ca éstos luego se deben juzgar por malos e aborrecederos. Mas en otras que, según el uso de ellas puede hombre merecer o pecar (así como comer o ayunar, velar o dormir, fablar o callar, andar en palacio o no, ser lego o religioso, usar buenos paños o viles, andar cabalgando o de pie, e otras cosas muy semejantes), considerados o pensados los tiempos, las edades, los estados, los frutos e los daños e otras cosas muchas, juzgue siempre aquella parte que es mayor gloria de Dios e fruto de su ánima e provecho del próximo, aunque sea con menos consolación de su ánima y aun con peligro de ella, en tal que no sea manifiesto pecado, todavía no seyendo persona flaca para sofrir las tentaciones e simple para no se saber guardar de los peligros e de las ocasiones. Enjiemplo de esto es un rey o un obispo o un juez que, con grande temor de Dios, rigen sus súbditos e mantienen su tierra en justicia e en mucha egualdad, e dícele la conciencia que está en peligro, por que está metido en el mundo, e que más seguro le será ser ermitaño o fraile e dejar

aquello, no debe en tal caso como éste tal persona como
ésta oír la conciencia, porque no es discretamente ordenada, que aunque él sea más seguro e consolado de ser
ermitaño o fraile, más gloria es de Dios e más gana su
ánima e más provecho es de los prójimos que esté en
el estado que tiene, escusando mucho mal que se faría
sino por él e seyendo razón de mucho bien que se face
por tener él aquel estado, lo cual, por aventura, no se
faría si él lo dejase e otro lo tomase. E ansí, pues Dios
le dio gracia que se puede esforzar contra las tentaciones, e alumbramiento para que sabiamente se guarde de
las ocasiones e de los peligros en que podría caer, aunque no sea tan consolado como si fuese ermitaño o fraile, no debe dejar el estado que tiene regiéndolo bien.
Según este enjiemplo se pueden otros muchos entender.

Esta condición de ser ordenada discretamente la conciencia es una de las principales que a ella le conviene,
porque ésta le face conformar con la voluntad de Dios
en general e en especial, que es la postrimera condición de las que suso dichas son: la cual declara la discreción, porque, en general, comunalmente siempre se
conforma la voluntad de los que bien quieren vivir con
la voluntad de Dios.

Esta generalidad es facer bien o partirse del mal;
mas en las cosas espirituales algunas veces se descon-
forma por mengua de discreción, ansí como dar limosna, en general buena cosa es, pero caso ha[y] o lo puede
haber en especial en que es mal darla, ansí como en
los sanos e recios que pueden trabajar e ganar su mantenimiento e por haraganía e no trabajar quieren demandar limosna, porque más folgadamente sea su vida.
En tal caso como éste e semejantes otros se desconfor-

ma la conciencia e lo especial de lo general, e en todo ello concuerda con la voluntad de Dios, ca en general juzga que es bien dar limosna, e en tal caso como este especial juzga que no es bien darla. E según esto podemos decir que la conciencia, para que sea espejo verdadero del ánima, conviene que sea buena en el creer, clara en el entender, derecha en el juzgar, aguda en el reprehender, ordenada discretamente en conformarse en todas las cosas (las más que pudiere), en lo general e en lo especial, a la voluntad de Dios.

(Del *Espejo del alma,* de Lope Fernández de Minaya. Edic. del P. Miguel Cerezal en Biblioteca Clásica Agustiniana, vol. I, cap. 1.º de la Segunda parte, págs. 105-110. Biblioteca Nacional: 5/14143.)

LIBRO DE LAS TRIBULACIONES

Capítulo 3

Cómo la tribulación alimpia el ánima de toda maldad e suciedad

El tercero provecho, que la tribulación face al ánima o persona tribulada, es que la alimpia e purga de toda su maldad e pecado e suciedad mala. Cerca de lo cual es de notar que en cinco maneras leemos e vamos por experiencia que algunas personas son purgadas e limpiadas, las cuales maneras se pueden a la tribulación comparar.

La primera es purga o brevaje con que se purgan los cuerpos. La segunda es fuego con que se purgan los metales. La tercera es tajamiento o podamiento de los sarmientos o ramos o cosas superfluas porque se podan las vides o los árboles. La cuarta es tratamiento del trillo o los golpes de los azotes porque son purgados o limpiados los panes. La quinta es el torcimiento o pisamiento de las uvas por que sale el mosto o el vino purgado e limpio de los lagares. E ansí, de otras cinco maneras semejantes purga la tribulación a la ánima tribulada en este mundo.

Primeramente decimos que la tribulación es al ánima tribulada una purga de físico muy sabio e práctico que es nuestro Salvador Jesucristo, que de sí mismo dijo que era físico a curar los dolientes enviado, la cual confacciona e ordena para que purgue los humores malos del ánima, como por purga material se purgan los malos humores del cuerpo, pues según dice San Gregorio: Doliente está el ánima que tiene malos humores, que son malos pensamientos, malos deseos, malos amores; pues por ende el hombre con buen corazón recebir la purga e medecina que tan buen físico le envía, el cual conoce la su complexión e sabe cuánto e en qué peca el mal humor, e aunque le sepa amarga, súfrala por amor de haber salud, como ven que facen los enfermos que, por amarga que sea la purga, tómanla si son cuerdos, esperando por ella la salud.

E debe considerar que Dios es su padre e lo quiere bien, mucho más que su padre carnal, e no le envía sino medecinas que le pueden aprovechar. Onde el diablo fablando con el tribulado por mal pensamiento que él pone secretamente (como dije en este capítulo arriba) o algún miembro suyo, que es alguna mala persona, ge lo destorba que la no beba e trague la tal purga, dicién-

dole que tal tribulación que le ha venido es grande e
que se maravilla cómo la puede sofrir o cómo no se
venga, que si tal le viniese a ella, que faría tal e tal
cosa, debe el tribulado responder lo que respondió Jesucristo a San Pedro que le quería estorbar su Pasión
sacando la espada e queriendo ferir a los que le iban a
prender, que le dijo así: *Mete tu espada en la vaina.
Cómo, ¿no quieres tú que beba yo el cálice e brevaje
que mi Padre me envió?* [1], ca si dijese: "Pues me lo envía mi Padre, él me ama e quiere bien, no me lo da
sino por mi bien". Así debe cualquier tribulado a cualquier palabra necia que le dicha fuere o pensamiento
diabolical que le viniere, estorbándose que no sostenga
la tribulación con toda penitencia, decir: "Pues que mi
Padre Dios (que es buen físico, e me ama más que yo
mismo) me envía esta purga, para mi salud e para mi
bien me la envía". E por ende, es grande razón que
alegremente la sufra e la reciba, cuanto más que no
puede venir tribulación al hombre que no haya pasado
por Jesucristo, según que dice San Agustín así: "El
brevaje o purga amarga primeramente la bebió el buen
físico e maestro; porque después no la aborreciese ni
la refutase ni hobiese asco de ella el enfermo". Fizo
por cierto el Señor con nos, como face a las veces el
buen físico e piadoso con el doliente cuando ha miedo
o asco de beber la purga que le ha fecho, que la gosta
delante de él, dándole a entender que la puede bien
beber. Esto por provecho del doliente e no porque él
la haya menester. Bien así fizo nuestro Redentor e Señor que sufrió e gostó por nos amargas tribulaciones

---

[1] *Jn.*, 18, 11.

e pasión e el brevaje de la muerte no temiendo ni teniendo en sí humor malo, ni habiendo fecho, ni merecido porqué, como dice San Pedro Apóstol: *Jesucristo, el cual no fizo pecado ni en su boca fue fallado engaño* [2], e como dice Isaías: *Padeció por nuestros dolores e pecados* [3]. Para mientes cuán descortés e vil e de poco bien sería el servidor que no quisiese o se desdeñase de beber de la taza de vino que primeramente hobiese bebido su Señor, mandándoselo él con amor; por ende dijo el Sabio: *No deseches la disciplina del Señor ni te engañes cuando te tañiere o te redarguyere* [4]. Preguntó Jesucristo a Santiago e a San Juan, los cuales demandaban reinar con él: *Podredes vosotros beber el cálice que he de beber* [5]. Ca si dijiese: "Si conmigo queredes gozar, el cálice de la tribulación e amargura que yo sofriere el cálice de la tribulación e amargura que yo sofrirere habríedes de gostar". E ellos, como buenos e corteses respondieron deciendo: *Podemos* [6]. Lo cual entendían o entender debían con la ayuda de Dios. E éste es el cálice amargoroso pero saludable de que el Profeta decía: *El cálice saludable beberé e el nombre de Dios llamaré* [7]. En lo cual da a entender que el hombre debe el nombre e ayuda de Dios demandar e llamar, con la cual puede la purga de la tribulación beber e tomar, si, por sí, ve que no tiene esfuerzo para ello.

Item, es de notar que mucho yerra el doliente cuando mira mucho e huele e detiene la purga e masca las

[2] *I Pe.*, 2, 22.
[3] *Is.*, 53, 5.
[4] *Prov.*, 3, 11.
[5] *Mt.*, 20, 22.
[6] *Mt.*, 20, 22.
[7] *Sal.*, 115, 13.

píldoras que enteramente debía tragar (que entonce no bebe bien la purga ni la envía al estómago e al cuerpo para provecho de él, ante le face provocar vómito e le empece e face grande daño); bien así, cuando el tribulado mucho considera e afonda el pensamiento en la tribulación escodriñando, fusmeando, escarbando e juzgando cuán amarga cosa e triste e fea le es sofrir la tribulación tal, no la puede con paciencia beber, ni le face provecho, ante le face daño e mal provocando a vómito, faciéndole bosar las cosas ya pasadas e olvidadas, deciendo que bien es de llorar quien tantos males ha sofrido como él sofrió e padeció, contándolos por menudo con querella, e sobre todo le vino aquella tribulación, e concluye el mezquino que ésta no la puede ya llevar con paciencia, como fizo el doliente mirando e considerando la fealdad e amargura de la purga, que concluyó e dijo que no la bebería en manera del mundo; la cual, si cerrara los ojos e de un golpe la tragara, provecho le ficiera e de su enfermedad le sanara. Por ende, tú, ánima tribulada, no pienses muy fondamente en la tribulación, cuál e cuán grande daño corporal te face. E así, cerrando los ojos de la profunda cogitación traga e olvida luego la purga que te ordena el Señor, que es cualquier corporal tribulación, tomando el consejo de Séneca que dijo: "En las cosas que no pueden en otra manera ser ni se pueden cobrar o mejorar no ha tal remedio como olvidar". E tú faciéndolo así e volviendo la amargura de la purga con paciencia, que por tan buen físico e tan sabio es ordenada e atemperada, serás purgado de toda dolencia espiritual e humanal e humor malo, e así te dará el Señor ayuda de la tribulación.

La segunda manera de purgación es aquella por que se purgan los metales en el fuego, que metidos en él pierden la escoria e la orín e toda suciedad, e clarecen de él sacados e resplandecen. Bien así el tribulado, metido en el fuego e cocho en él, sale dende purgado e limpio de sus pecados e de la horrura e suciedad de la maldad, e resplandece por buenos pensamientos e palabras e obras. Esto entendió el Sabio cuando dijo: *Los metales prueba e limpia el fuego e a los hombres la tribulación e el tormento* [8]. E en otro lugar dijo: *La grave enfermedad face al ánima temperada e buena* [9]. Onde dice San Agustín: *Lo que face la luna al fierro e al oro el fuego, eso face la tribulación al hombre justo e bueno.* Ca si diga, así como al oro aparta el fuego de los otros metales e lo purifica e face lucir, bien así face la tribulación al bueno e paciente, ca le face apartar de entre los malos e lucir por buenas obras en esta vida. E por ende dice [de] los mártires que pasaron por este fuego, en el libro de la Sabiduría: *Dios los probó e fallólos dignos de sí* [10], e por este fuego fue probado David cuando decía: *Probóme el Señor así como oro que por el fuego pasa* [11]. E cerca de esto es de notar lo que dice San Agustín: "Lo que face al oro el fuego, face la tribulación al hombre justo, e quiere decir justo: bueno e señalado, dos cosas principalmente señalando la una a la otra; justo hombre e oro, no diciendo otro metal sino oro, ni diciendo otro hombre sino justo. Esto, por cuanto así como otro cualquier metal

[8] *Eclo.*, 2, 5.
[9] *Eclo.*, 31, 2.
[10] *Sab.*, 3, 5.
[11] *Prov.*, 17, 3.

echado en el fuego se regala e se consume o se estraga, salvo el oro, así todo hombre si justo no es, se regala en la tribulación e fallece e desmaya e se pierde, porque no toma lo que Dios le da en paciencia como debía, e toma grande defecto en se maldeciendo a sí, e a otro denostando que le no ha culpa, o murmurando de Dios que tal mal le dio e venir le permitió o porque no lo defendió. Por lo cual no solamente pudo ser comparado a cualquier otro metal como estaño o arambre, mas a escoria o paja que en el fuego cedo se quema e face ceniza e echa de sí fumo a los presentes e enojo"; e así lo dice este mesmo doctor: "En un fuego es metida la paja e estopa e oro, pero el oro luce e clarece e la paja se quema e fumea". Bien así, los malos se queman en la tribulación echando de sí fumo e fedor de las malas palabras sobredichas e de otras semejantes, las cuales enojan a los circunstantes e los face del lugar fuir, como el fumo face al hombre de la casa salir; por el contrario, los buenos echan de sí buen olor (como echa la buena vianda cuando al fuego cuece o asa), por las buenas palabras que dicen, confesando que el Señor no les face injuria o que le dan gracias porque, de lo mucho que merecen, poco les da. Item, que le agradecen porque aquí en este mundo les da su pena e tormento; item porque aun en la tribulación les da alguna consolación, como si les da tribulación o dolencia entre sus amigos en su tierra, o si les dio que despendiesen en ella, o si les deparó algún buen físico o buenos servidores o vecinos que piadosamente les sirviesen o tratasen, o otros semejantes solaces que Dios da cuando por bien tiene. Los cuales podrían ser que no toviesen más que, seyendo de una parte tribulados, no fuesen de otra parte consolados e recreados, que entonces llorarían e se quejarían de verdad más, como dice el **Profeta Jeremías** en persona de cualquier que es tribulado: *Por ende lloro yo e mis ojos envían lágrimas de sí porque estoy en aflicción e lueñe está de mí la consolación* [12].

Estos tales tribulados vemos algunos en este mundo que, de una parte son alongados e desterrados de su tierra e tienen cuita e pobreza, e de la otra parte son tribulados de dolencia e no tienen amigos que bien les quieren verdaderamente, ni casa, ni ropa, en que duerman, ni quien los sirva, ni dineros que despiendan. Pues considerando el lacerio e amargura de éstos puédense consolar e alegrar los otros que pasan e lievan su mal mezclado con algún bien e a Dios dar gracias por ello. E cuando así lo facen e semejantes palabras dicen e de su boca salen, toman placer e se alegran los oidores e toman buen ejemplo, como quien huele buen olor e de grado vesitan al tribulado decientes aquello que se escribe en el libro de los Cantares: *Tras el olor de los tus preciosos ungüentos e aromáticas especies nos venimos e corremos tras ti* [13], que quiere decir: por la suavidad e dulzura de tus santas palabras. Item, se delecta como quien mira oro, considerando e pensando la paciencia del tribulado. E cerca de lo cual es de notar que entre los metales el oro es el más precioso e el plomo más vil e refez e sucio; empero para purgarle en el fuego los plateros meten el oro junto con el plomo, porque lo alimpia, recibiendo en sí toda suciedad. Bien así, cuando Dios quiere alimpiar a los buenos, ajúntalos con los malos, metiéndolos en el fuego de alguna

---

[12] *Sam.,* 1, 16.
[13] *Cant.,* 1, 3.

tribulación que por manos de ellos sufran, e ellos levándolo con paciencia, purgándose de alguna poca suciedad, si en ellos ha o era, e enmiéndase de algunos yerros, e la suciedad e pecados fincan sobre los malos, que éstos corrigen del mal que solían facer a los otros no cesan de decir el mal que solían, a los cuales acontece como al perro que lambe las llagas del hombre e tira de ellas el veneno e la ponzoña e mételo en su boca e fíncase con ella. Bien así éstos con definiciones e juzgamientos facen enmendar a los otros e ellos fincándose en el pecado de la detracción e del fablar no cesan de decir mal. Esto dice San Agustín así: "Todo malo por ende vive porque se corrija o porque por él el bueno sea tentado e purgado e probado" [14]. Por ende dijo el Espíritu Santo por boca de Isaías fablando de los malos: *Todos éstos son así como plomo,* onde dice: si alguno preguntase cuál es el provecho que facen los malos a los buenos viviendo con ellos en aqueste mundo, podemos responder, que el provecho que face al oro el plomo en el fuego, que le tira la suciedad, lo purga e lo alimpia e saca consigo la vescosidad o suciedad del oro, e este servicio face el malo al bueno. Por ende dijo el sabio Salomón: *El mal hombre sirve* [15], que quiere decir: que aprovecha al bueno e sabio. Así servió Esaú a Jacob e con su malicia lo alimpió e purgó. E por ende dice la Escritura fablando de estos dos hermanos: *El mayor servirá al menor* [16], que quiere decir, aprovechará, lo cual no podemos entender del servicio corporal, que nunca leemos que Esaú haya servido a Jacob, mas

[14] *Tract. super Ps.,* LIV.
[15] *Prov.,* 11, 20.
[16] *Gen.,* 25, 23.

debémoslo entender espiritualmente, que de la persecución e enojo con que el mayor servía al menor se siguió e seguir debía espiritual provecho al menor. Por ende, tú, ánima atribulada, trabaja por ser oro cuando te vieres metida por mano del Señor en fuego de la tribulación, en el cual te mete por te purgar e alimpiar, porque luzas e resplandezcas así como el oro, e no quieras mal a los malos que te purgan e alimpian como face el plomo al oro. E si ansí lo ficieres, dejando en el fuego de la tribulación todas tus maldades e saliendo de él limpia e pura, sepas que serás digna de entrar en la folgura celestial e así te dará el Señor ayuda de la tribulación.

La tercera manera de purgación o alimpiamiento, la cual es comparada a la tribulación, es aquella por que son purgados los árboles e las vides, conviene a saber: tajando los ramos e pampillos que superfluamente crecen, que no dan fruto ninguno, mas antes dañan e enflaquecen e desmedran el árbol o la vid e no la dejan crecer en el tronco principal, ni en los ramos e sarmientos para su bien necesarios, e embargan que el fruto no sea tan bueno. Por lo cual el cuerdo labrador taja e poda e arranca al árbol las tales superfluidades, e ansí tajadas, el humor e gobierno que de la raíz sube o de la cepa extiéndese en el cuerpo del árbol e en los ramos que fruto lievan, lo cual no fuera, si el humor por los ramos superfluos se extendiera. Bien así face la tribulación al hombre que, según la manera por que viene, taja e arranca de él las cosas que tenía pujadas a sí en que se extendía su amor, las cuales no le dejaban crecer en el amor de Dios ni facer fruto espiritual placiente a él, lo cual en una de dos maneras es: la una cuando Dios quita al hombre e le face perder la riqueza o le mata sus fijos o hermanos o parientes en que se delectaba o ponía su amor, que según dice San Gregorio: "Tanto el hombre se desvía e parte del amor de arriba, cuanto más pone su amor o deleite en la cosa de acá deyuso". Las cuales cosas, así por la tribulación perdidas, ha de tornar a poner el amor en Dios e asimesmo faciendo cosas que aprovechen a él e plegan a Dios, no teniendo ya las cosas en que solía poner su amor, como el árbol echa la fruta en el tronco, como dijimos, tajados los ramos sin provecho e bajos en que los solía poner.

La segunda manera es cuando Dios da alguna tribulación al hombre, e sus falsos amigos e parientes e bien querientes se apartan e fuyen de él, los cuales no le querían bien, ni lo seguían, salvo por el bien que tenía temporal e habían o esperaban haber de él, lo cual perdido, no los pudo retener consigo, según dice Tulio: "Los que son amigos del bien e no del hombre, perdido el bien o la riqueza cuyos amigos eran, fuyen e apártanse del hombre". Así lo dice Boecio: "Que la tribulación que al hombre bienandante sobreviene face a los falsos amigos fuir, mas los suyos consigo los deja". Eso mismo el sabio Salomón cuando dijo: *Las riquezas allegan al hombre mucho, mas al que es pobre e no le va bien, aun los suyos se apartan e fuyen de él*[17]. Esto cuenta fermosamente Job diciendo: *Sobrevínome la tribulación e cercóme en derredor, alueñe apartó de mí mis hermanos e mis parientes e mis conocientes; así como de extraño se apartaron de mí e desamparáronme*

---

[17] *Prov.*, 19, 4.

mis prójimos e los que me conocían me olvidaron. Los
que vivían en mi casa, mis siervos e mis servientes, así
como ajeno me miraron, e extranjero soy en sus ojos.
A mi siervo rogaba que veniese e lo llamaba con cla-
mores de mi boca e no me respondía; e mi propia mujer
hobo asco de llegar a estar cerca de mí, e aborreció mis
resollos, mis propios fijos me desdeñaron e aun los
hombres necios me menospreciaron e cuando me apar-
taba de ellos decían mal de mí los que antes me alaba-
ban e me loaban [18]. E ansí acaece a muchos, e veyendo
el hombre cuerdo que sus amigos le desampararon en el
tiempo del menester e de la tribulación, ya de allí adelante no pone su amor en ellos ni face de ellos mención,
más arráncalos o tájalos de su corazón e estudia de servir a Dios, el cual es amigo leal que no desampara los
suyos en el tiempo de la tribulación, e cura de facer
buenas obras que consigo vayan, veyendo que tan falsos
le fueron los que tenía, lo cual cuando acaece así, taja
los ramos del árbol que en su amor no crezcan. Esto
prometió Jesucristo deciendo: *Todo árbol que en mí*
estoviere pegado, purgarlo ha mi Padre porque más
fruto faga [19]. E de los malos dice: *Todo árbol no tra-*
yente fruto en sí, será arrancado e será metido en el
fuego e quemado [20], lo cual vemos a ojo e a menudo
que, los que algunas buenas obras facen, en alguna manera Dios los atribula e aflige, e pasada la aflición o tribulación después son mejores que de antes eran, e facen
mejores obras que antes facían, cuando a un parte de
una viña verde e bella e allegóse a ella e no fallando

---

[18] *Job.*, 19, 8 y 13-18.
[19] *Jn.*, 15, 2.
[20] *Mt.* 7, 19.

su amor en los ramos estaba superfluo; e por el contrario, a los malos Dios los deja estar en paz a las veces en esta vida dándoles lo que desean, guardándolos, mas desque ve que ninguna buena obra facen, pasado ya el tiempo que, según la providencia divinal, debían ser esperados, e cuando más descuidados están los arranca e los echa en el infierno; de los cuales dice Job: *Espienden e traen sus días en gozo e en bien e en un punto descienden al infierno perdidos e dejando todo su bien* [21]. Esto significó nuestro Señor cuando pasando por un camino con sus discípulos vido una figuera en fruto en ella, maldíjola así: *Para siempre seques e fruto no nazca de ti* [22], *¿para qué ocupas la tierra en vano?* [23]. Ca si dijiese: "Sécate, pues no faces fruto porque no seas arrancada, e en la tierra que tú ocupas otro árbol sea plantado". Sobre lo cual dice San Gregorio: "Por el árbol que de balde ocupa la tierra se entiende cualquier malo que no face fruto de buenas obras en este mundo", que se entiende por la viña en que estaba la cepa, la cual ocupa la tierra de balde, que come e bebe e aprovéchase de las criaturas o cosas que Dios crió cuando esperando por la grande paciencia de Dios no face fruto debido, a deshora e cuando no cuida, lo mata el Señor e face e quiere que otro haya sus cosas e se aproveche e sirva de las cosas que él se aprovechó no faciendo buenas obras. Pues entiende, ánima tribulada, el bien que el Señor te face con la tribulación, tirando e tajando e arrancando de ti las cosas que no te dejaban crecer en el su amor, que según dice San Gregorio:

---

[21] *Job.*, 21, 13.
[22] *Mt.*, 21, 19.
[23] *Lc.*, 13, 7.

"Tanto ama [a] Dios más e lo busca e a él se convierte cuanto tiene menos cosas acá debajo en que se delecte", e por ende faz gracias al Señor que te da en la tribulación ocasión de crecer en el su amor, e faciéndolo así darte ha el Señor ayuda de la tribulación.

La cuarta manera de la tribulación es aquella por que se alimpian los granos del pan en la era, la cual puede ser comparada a la tribulación, porque según dice San Agustín: "Así como el trillo sobre el trigo e sobre la paja e los golpes que a las mieses son dados facen sortir e acaban de apartar el grano de la paja, e purgado e alimpiado lo envían a la cámara e las pajas menuzan e quebrantan e al establo e al fuego envían, así las tribulaciones facen al tribulado cuerdo salir e arrancar sus cogitaciones del amor de este mundo que aborrece sin tiento las amarguras de él", según dice San Agustín: "Amente, mundo, los que no te conocen, ni tus tribulaciones no sienten ni las consideran, que a los que las sienten, amar no te pueden". Item, desenvuelve la tribulación a los buenos e denuesta a los malos como el trillo desenvuelve a los granos de la paja, e así purgados e alimpiados envíalos a la celestial casa. E por ende dice este mesmo doctor: "Lo que face el trillo al trigo que con las pajas falla envuelto, eso face la tribulación al hombre justo e bueno; mas, a los malos que por las pajas se entienden, quebrántalos por la desesperación o impaciencia que han o porque cesan de facer algún poco de bien si antes facían, diciendo que, pues tal mal les vino, dende adelante que no farán tal bien, porque Dios no les excusó aquella tribulación o mal. E ansí quebrantados e fechos envíalos al fuego infernal. Esto es lo que dice nuestro Señor en el Evangelio que, *por la palabra te haberán* [24], que quiere decir, que por la sentencia serán apartados los buenos de los malos e los buenos serán metidos en el silo como el trigo limpio, e los malos serán quemados como las pajas, que nunca se apagarán, onde según sus malas obras son dignos de entrar, onde moran e están cerrados los que murmuran e blasfeman del Señor e arguyen e reprehenden sus obras e se querellan de sentencias e de juicios. Así lo dice el Apocalipsis: *Los malos, que en el infierno estaban con la fervedad e cochura de las penas del calor grande que los quemaba e atormentaba, blasfemaban de Dios* [25]. Con éstos son dignos de entrar los que acá comenzaron en la tribulación a facer blasfemias o denostar o murmurar o querellarse del Señor. E debemos de notar cerca de esto, que el trigo aventado en el aire cae de la paja dentro en la era, onde fue tomado con ella e el viento no le lieva ni le echa de fuera, mas la paja, alzada del suelo, liévasela el viento e échala fuera de la era. Bien así, cuando la tribulación viene al hombre bueno e lo tienta e lo escomueve, allí lo deja onde estaba purgado e limpio e más fermoso por virtudes ante el Señor, mas al malo liévaselo el viento de la tribulación e fácelo salir de su regla e manera, e ya si le buscaren, no le fallarán onde primero era, que quiere decir en aquel propio sitio o estado o fe o verdad o amor o esperanza o diligencia que de antes tenía, mas fincó modorro e atronado pasada la tribulación, deciendo que no sabe qué se face o qué se faga con Dios, querellándose a todos del mal que le vino, cuando se debía gozar del mal que Dios le había enviado, con que, si

[24] *Lc.*, 19, 22.
[25] *Apoc.*, 16, 9.

quisiera, podiera ser purgado, e más porque ya de la tribulación es salido.

Item, nota que si el trigo, ante que sea duro e sazonado, es puesto so el trillo, no se alimpia, mas antes se daña por ser tierno e confóndese pegándose más a la paja, bien así, cuando la persona es tierna e delicada e no fuere recia en el amor de Dios, la tribulación que le viene fácele daño e en lugar de se apartar del mundo, pégase a él más. Por ende tú, ánima tribulada, por ser trigo e no paja, no murmures del Señor que te purga trayendo sobre ti el trillo de la tribulación, mas dale gracias que, así como buen labrador, te quiere alimpiar e purgar porque te faga digna de entrar en el tálamo e cámara celestial, e faciéndolo así darte ha el Señor ayuda de la tribulación.

La quinta manera de purgación es aquella por que purga el vino el lagar, a la cual se puede la tribulación comparar. Vemos que las uvas e racimos son pisados e torcidos en el lagar porque salga lo bueno que en ellas es, que es el vino limpio e claro, e finque en el lagar lo que es malo. Bien así Dios face con sus escogidos, pónelos en el lagar (que quiere decir en la angustia e apretamiento de la tribulación) e los tuerce e atormenta fasta que lo bueno que en ellos es, que es el ánima, sale claro e limpio e digno de ser metido en el cielo, como dice la Santa Escritura en los Cánticos en persona de la ánima devota: *Metióme el rey en el cillero del vino* [26], que quiere decir: en el gozo del paraíso, *gozarme he e alegrarme he con él*. El otro que es no puro ni bueno, defensado e atormentado, fíncase en el lagar, lo cual es

---

[26] *Cant.*, 2, 4.

el cuerpo, que el ánima salida es, como el follejo de las uvas, salido el mosto, es echado fuera e en tierra soterrado. Así dice San Agustín fablando de los mártires que tantos fueron en esta vida, torcidos e atormentados, que la gruesa materia de ellos (que se entiende por los cuerpos) fincó en el lagar de los tormentos, e sus ánimas, como vino precioso, fueron alzadas e puestas en los cielos; por ende dice San Gregorio: "Las tribulaciones que aquí nos tuercen e apiertan, casi por fuerza a la gloria de los cielos nos lievan". E por ende, tú, ánima tribulada, no te enojes ni hayas a mal, si Dios te quiere con tus carnes meter en este lugar, que lo face por apartarte de toda suciedad, porque salida dende clara e limpia te meta en la celestial gloria, mas grandécegelo mucho e así te dará ayuda de la tribulación el Señor.

(Del *Libro de las tribulaciones,* cap. 3, de Lope Fernández de Minaya, págs. 216-235. Edit. en Biblioteca Clásica Agustiniana, vol. 1, con pról. del P. Miguel Cerezal. Escorial 1928. Biblioteca Nacional: 5/14143.)

FUENTES Y ESTUDIOS

Espejo del alma, "Biblioteca Clásica Agustiniana" (El Escorial 1928), 37-188; *Tratado breve de Penitencia,* ib., 189-96; *Libro de las tribulaciones,* ib., 197-278, ed. preparada por M. Cerezal; G. Santiago de Vela, *Ensayo de una biblioteca Iberoamericana de la Orden de S. Agustín,* II (Madrid 1913-25), 419-24; "Dict. de Spirit." 5, 178; F. Rubio, *Fray Lope Fernández de Minaya,* BAE 171 (Madrid 1964), xliii-xlix y 217-301. I. Monasterio. *Místicos agustinos españoles,* t. I. El Escorial 1929, págs. 63-69.

FELIPE DE MALLA

Nació hacia 1370. Canónigo barcelonés, maestro en teología por la Universidad de París, embajador de la corona de Aragón en el concilio de Constanza en 1418 y gran orador son todos los datos que conocemos sobre este escritor que muere en Barcelona en 1431. En Constanza contribuyó a la elección de Martín V y tuvo gran renombre.

Escribió *Memorial del pecador remut* y varios tomos de *Sermones y discursos*. En el *Memorial del pecador remut,* su obra maestra, hay muchas alusiones y citas de autores clásicos, tales como Aristóteles y Séneca. Ello pone de manifiesto su buena formación.

TEXTOS

María, modelo de caridad y ejemplo de almas contemplativas. La contemplación es esencialmente opuesta a la vida del mundo que pone la felicidad en el oro, en las cosas materiales, mientras que la contemplación la coloca en la unión con Dios mediante el amor. El amor es tan fuerte y unitivo que, al no poder ser esencial y sustancialmente las personas amantes una misma cosa, pretende, al menos, que las unas se transformen en las otras, el hombre, en este caso, en Dios. Es esta la función primordial de la contemplación de la que María es su mejor modelo. El autor se vuelca en loores a la Señora, porque Dios también se ha volcado en ella con sus dones. La Virgen supo corresponder por la línea del amor. Son los temas desarrollados por el autor en

este texto. El Memorial del pecador remut, *si no es la mejor
obra ascética de la literatura catalana, es ciertamente una de
las mejores. Diferentes aspectos de la vida de Jesús son el
pretexto de que se vale Malla para excitar delicados sentimientos morales en el hombre. Tanto la muerte como la pasión del
Señor los enfoca bajo el punto de vista de la contemplación.*

MEMORIAL

DEL

PECADOR REMUT

Capítol CCXIIII

*Com la verge Maria parla a vida contemplativa: e diu
coses marauelloses de la dita vida: y dels vers contempladors: y fa moltes disgressions: e singularment vna
reprenent los Reys e princeps: qui dexant de pensar en
les coses celestes no administren degudament la iusticia:
peruertint los regnes en tirannia*

[O] dona bella de gran y alt afer. O murada de seny.
O illustrada de vera sauiesa. O prudent e discreta elec-
tora del be: per la qual Magdalena elegi millor part: que
la sor Marta [1]. Car elegi mirar y remirar ab deuocio encesa de la manxa de amor pura y cordial la fas del meu
Jesus: fas merauellosa y de tota gracia plena y habon-
dosa: car a ell se poden per raho endressar les paraules
de Ester a Assuer [2]. E pres per heretatge adherir inseparablement e incessantment ab sobira objecte: dient

---

[1] Luce X, 42, Maria optimam partem elegit.
[2] ~~~ valde mirabilis es domine et facies tua plena es graciarum.
Es~~~ ~~~
~~~er, XV, 17. ~~~

ab Dauid: Deu es la part de mon heretatge y ma part
eternal y lo meu be es aderit en ell [3]. O vida immortal,
car no obstant la mort corporal passas tu sens la mort
de aquest segle en l'altre: car la tua operacio no es
per sa natura caduca ne temporal [4]. O enamorada dela
diuinal y eternal bellesa: Car no pots ne vols ne desiges
voler ton cor y tos vlls separar diuertir y alienar de la
alta granesa majestat y noblesa de la diuinitat en la
qual mes satura qui mes ne gusta [5]. Lo teu studi, lo
teu scrutini, la tua cura, lo teu offici es incessantment
tots los teus sentiments y totes les potencies de la anima tua en aquella girar, fermar y aplicar: prenent en
carrech, en greuge y en offensa lo bo y lo millor de tot
ço que'l mon dona, si de tal aplicació y coniunccio te
vol desuiar: car en hun sol loch, y no pas en molts, pot
lo cors reposar; vn tot sol es lo be, lo qual pot fer tota
persona rica, qui fa la set de tots desigs passar. Tu es
aquella brasa ardent y calda per calor penetrant: per
la qual lo carbo dela humana carn es inflamat de tal
deuocio que appar foch: qui en alt se auansa y per la
qual los sancts ermitans habitadors de les muntanyes
aspres y les dones rescluses son scalfats en la sola amor
dels bens qui no pereixen, y reputan delit esser lunyat
deles honors e dignitats del mon: les quals per lurs
virtuts sobre los altres mereixen axi com aquells qui per
amor en Deu son arrapats. Car amor es axi fort vnitiua
que com no pot fer que sian vna cosa essencialment y
substancialment les persones amants vol que almenys

[3] Psalmo XV, et LXXII.
[4] Luce X, 42. Que non auferetur ab ea.
[5] Sicut scriptum est ecclesiastici XXIIII, 29. Qui edunt me
adhuc esurient.

vns en altres sian transformats methaforiccament: y axi
colligats que sien concordes totes les voluntats. Amor
en los cels ha en lo spirit sanct ab pare y ab fill essencialment, no pas personalment: car es impossible
ydemptificat y amor en la terra vol que vn cor ab altre
sia colligat en tal manera que, iatzsia la substancia no
puixa esser vna, la voluntat sia vna. Car amor no es als
si no caritat y caritat es vnitat amorosa y cara: la qual
per preu del mon no volria lo objecte amat esser de si
lunyat, ni cambiat ne alienat: car qui ven per preu ço
que ha per amor comprat no ama tant com ia ha amat.
Mas quina marauella si la cosa creada variabla y vana,
la qual vuy es y dema no sera: la qual vuy ama y dema
altera: la qual vuy dona y dema tolra y demati es bella
y ans del vespre langor la abatra; si com la flor qui dins
hun iorn tres cares mudara, closa en alba, al mig iorn
vberta, y tost apres ço es ans de la nit, confusa y de-
serta. Car sobtament pot bellesa perir y fas rient en
tristor reuenir: quina, donchs, marauella si la cosa semblant pot fer tant impressio dilectiua y atractiua al cor
humanal per greu y vrgent malaltia corrosiua per tots
los intrinsechs spirits vitals, ço es desordonada e inho-
nesta passio d'amor, la qual de tant es pus pres de follia
com es lo mal pus plasent y mes desregle lo iuy y len-
tentiment y fa lo pascient suetlat y pensiu, arrapat y
catiu abcegat, enganat, perdut y atronat, y tot alterat
y alienat, confus, bascos, desuiat, ancios y ple de gelo-
sia: la qual, com a febre qui no ha repos, te exellat
tot tempre y tot moderat polç de spirit humanal si la
fa vera y casta a mort als seus elets lo diuinal objecte.
E si la dita viciosa amor pot al home mortal fer incor-
porar alguna altra humanal persona, si que de aquella

hora y moment separar nos volria, ans lo departir li
retrau a infern, qui no es als sino departiment sens
sperança del sobira be. E lo cohabitar li apar paradis,
tanta es la frenasia la qual es afixa a semblant amor,
quina marauella es si lo dit diuinal objecte, lo qual
pot la anima arrepar verament tro al terç cel, qui es
visio sua clara patent e nua, axi com fon arrapat XXXX
iorns Moyses en lo munt de Sinahi y sanct Pau en los
principis de la ley nouella, y pot repos al spirit donar,
repos vertader y no pas fantastich, tira a si mateix los
enteniments y voluntats dels contempladors y vers ama-
dors de la sua dignitat infinida, com ell sia be infinit
y ver paradis y total compliment del humanal desig. E
sia tot l'als a ell acomparat, si de ell se separa, be en-
camerat paradis infernat y sofisticat y pler dissimulat,
remey enuerinat, malalta sanitat, triaga metzinada y vni-
corn entuxegat, pau ab desacort, Justicia ab tort, lealtat de traicio armada y sperança tota desesparada, hoc
y temprança toda desmesurada, memoria obliuiosa; pro-
uidencia, mal curosa; paciencia furiosa; euidencia en-
cantada; amicicia desafiada, humilitat endemoniada; af-
fabilitat inconportabla; riquesa freturosa; sacietat tostemps fametant e insaciabla; calor congelada; humidi-
tat discecada y vn alt de tot baix; y longitud molt
curta: vn dextre tot sinistre; hun signe breu; huna
victoria per uensuts calcigada, discrecio mal aculimen-
tada y cruel pietat, misericordia tota enrabiada y seny
orat; repos treballos; ardida paor; luor entenebrada,
seguretat de perills assetjada: temprament tot ple de
fexuguesa: y sanctedat farcida d'aulesa; port ple d'es-
culls, vbert a tots los vents: prosperitat fortunal y aduersa: concordia diuersa: dretura enuersa, poder molt

flac: raho molt falça e verça: veritat ab barat e virtuos
peccat: y com vna chimera y hun cors impossible fingit
e ymaginat. O com frare sathan com se's vestit en abit
manleuat dela regla terça. Ah, com es foll, va e in-
censsat qui hauent Deu, per lo qual si bel ama sera tostemps volgut y ben amat en folla amor, tot be perdent
se smerça amant lo mon, inconstant en son cos, y tant
diuerç y de tantes colors que ades es bru, ades es plasent, ades ab la fas trista; y no te fe ni fa fermança
certes als seus creadors, ans lo volteia souint a ma cu-
berta: si que tots quants hi sembran perden lur gra,
lur pena y lauors, corrent tots iorns a la mort qui'ls
es certa. E vertaderament la ànima del ver contemplador, que mira lo be: en lo qual voluntat lo atura, se
marauella de les gents mundanals, les quals no aman
los celestials bens tant quant amar deurian y les repu-
ten esser illuses y greument descebudes, sabent que qui
no ama sino ço que veu, res gran no vol ne ama, ne
ama res que tenga en ferm. Encara mes ha admiracio
y considera que anima humana, la qual no es de aquest
mon n'es pot conptar entre los bens de aquell car Deu
tot sol la crea y la forma: y despuys la informa de
aquella gracia, la qual tot peccat tol, se adelita tant en
los bens qui pereixen, volent de aquells fruit ab tanta
cobeiança, car tal delicte es ydolotrar y a Deu furtar
dilectio deguda, la qual no's pot ab tal amor mesclar,
car no pot hom dos contraris senyors seruir y conpor-
tar, segons diu lo euangeli[6]. E no es sens raho la admiracio; car coratge generos y gran no.s deu aturar en
cosa vil y baixa, car home creat a diuinal semblança en
res sots Deu no ha ver paradis. Donchs en Deu sol meta

[6] Mathei, VI, 24.

sa sperança, car en loch freuol res flach no's pot tenir. Lo mon es freuol: la carn humana es flaca. Deu es aquell qui sap y pot home mortal regir. Partesque's donchs de la via errada y no's recoid de tot son pes sobre canya talayant se tota infernal manya: retorn a Deu qui raho li ha donada: car regnar es entendre en Deu seruir qui a deu serueix. Rey es de si mateix y, per conseguent, de tota creatura al home subiugada. No fon tant noble lo regne de Saturn en la edat la qual Passidonius apella daurada y benauenturada. Ne la senyoria de Minos. Ne de Apollo, ne dels Caldeus, ne de la gent Togada, com es de aquell qui regna sobre si obeynt ala ley, la qual Deu li comana. E qui de simateix no sab, o no vol hauer la potestat, no deu desijar ceptre ne principat, majestat ne batlia: car sobre los altres voler regnar y no voler simateix a virtut y a raho sotsmetre, ni als mouiments de la censualitat repugnar, specia es de cruel tirannia: aquell es Rey qui a la ley, maiorment a la ley diuinal, atorga senyoria, e qui los desigs de la sua carn te sots disciplina. O vida sens par, o vida viuent, vida vetlant e inuestigatiua. Vida inquisitiua de veritat y honoratiua de la majestat, de tots bens collatiua. E vida en la qual se's volgut Jesus delitar, prehicant de dia, y en les nits en contemplacio y oracio tant perseuerant. O sanct y precios thesor de aquell qui vol solitari star e simateix de tots dispendis dels richs y detriments d'aquest setgle retraure. Vida del home qui vol a Deu complaure y en los lochs alts ab les aguiles del superior ayre, ço son los antichs prophetes y doctors be fundats en scriptures sanctes, lo seu niu fabricat[7]. Ull celestial per

---

[7] Job XXXIX, 27. Ponet in arduis aquila nidum suum.

les superiors magnificencies remirar. O riquesa, la qual
per millor en aquest mon no's pot cambiar, y la qual
per mort no's pot perdre ne alienar: la qual atura ab
vera pobretat de spirit sabent que no fa esser home rich
molt possehir dels bens terrenals, mas poc desijar y
aquells menysprear, e si no, en squiuar y fugir y a pobres donar y Jesuchrist seguir, y amar aquells bens de
gracia e virtut los quals Rey no pot donar, ni Tiran tolre,
ni ladre furtar: car mes es ço que virtut vol de bon
grat leixar per Deu seruir, que ço que mar e terra poden produhir. E per tant lo ver contemplatiu en grans
prelatures, principats, administracions, ocupacions no desige lo seu temps retenir. Ne lo seu studi girar y conuertir: car home occupat atart es que no visca confus
y destorbat, y lo spirit souint per peccat de ira apassio-
nat assats per magnitud y multitud deles occorrents
cures. Les naus excessiuament grans no poden esser per
los mariners seruades ne regides: y, per conseguent, dis-
corrents per la mar son pus perilloses de ferir o trebu-
car, car ço qui no's pot regir no pot molt durar. No va
home azit quant porta soberch carrech; excessiua soma-
da no perue a desijat port; pes vltra mesura cuyta a la
mort lo fort. Axi es de tot regiment y occupacio mundanal que lo tróp, ço es, lo exces, es desolatiu de tota
virtut. Vida actiua hi troba mitja, mas la contemplatiua
n'i troba poch: a la qual sembla assats si mateixa regir y
custodir, y forçar lo cors a raho obeyr y en la tranquilitat y repos dela sua pença incessantment. E per aço, en
la guarda dela anima sua entendre y aduertir per no esser improuisament per vici scarnida o subuertida: car
virtuts les quals tenen feries y leixen lur guarda y tala-
ya, cuydants per alguna lur victoria esser assegurades en

aquest segle desleal y ostil, facilment poden esser per
cars fortuit trahides y enganades de dominació en exili
y captiuitat relegades. Virtut la qual vol en aquest mon
contra peccats regnar deu esser occulada denant y de-
tras a semblança dels quatre animals del propheta Ezechiel[8]. E hauer cent vlls y aquells de Argo: axi com
aquell qui en patria naturalment a senyors rebelle terra
de molts tirans y de conquesta vol son ceptre fermar.
Encara mes lo ver contemplador en los bens mundanals no vol la sua voluntat diuertir, sabent que no es res
en aquest setgle tan prosperat ni tant gran que no puixa leugerament caure y perir, y que no es res que pus
tost vinga a decrepitud de vellesa que'l goig de aquest
setgle: y que ab aquell no's pot la celestial felicitat ob-
tenir ne ab tal via aconseguir; axi com no's pot trobar
ço que no es sercat per la sua via. Sabent mes auant
que de tots los treballs de aquest mon qui no son a Deu
referits es breu lo vsdefruyt y penitencia longa, y que
les prosperitats terrenals no sehen en ferm ne stan en
segur. Car qui en roda seu qui es pus alt y pus eleuat
deu mes duptar lo caure, y mes arrodola: qui de pus
alt allisa; y que tot quant fortuna premou y exalça leua
per abixar[9] e axi com iuga souint lo peix entre los hams
y l'ocell entre lo laç, es lo perill maior en aquell loch en
lo qual la persona no apersebuda del perany de la mort,
o de altre aguayt cuyda esser segur. E sabent e recogi-
tant que tota mundana y transitoria prosperitat es inconstant y semblant a lagot y falagadura de ladre o tiran, qui tol lo vespre ço que demati dona, y lo qual
manasse e sglaya com riu y te lo cor bru, irat e squiu,

---

[8] Ezechielis primo, 5-28.
[9] Tragitus quitquid in altum fortuna, tulit riufurna leuat.

com afranqueix ab traicio la cara del cor, del qual es
souint lo pus luny aquell qui al seu cors pus familiar-
ment se atança. E que prosperitat ab molt treball y pena
aconseguida, y ab congoixa y entreuall de temps, pereix
en breu per alguna aduersiat repentina: la qual, vinent
com a diluui impetuos, impremeditat y tempestuos, abat
y confon no solament aquella, mas encara mata o smor-
teix la humanal sperança, en tant que no spera son reues
corregir ne iamay reuenir; vertaderament, axi com souint
son de rael arrabassats los arbres, e los lochs hon stauen
o tornan erms o son goretats per rebre en si stranya
lauor, son transladades, passen e's mudan les fauors y
potestats mundanes, y tornan souint totes les summes y
compendis y restes y fruyts y premis de treballs antichs,
a semblansa del Ylion de Troya, en cendre y en pols.
Ladonchs lo mon engana com se mostra plasent: dolç
exarop es preparatiu a porga amarga; com se presenta
denant los vlls la fortuna rient sclareix als prosperats la
cara, diu sauiesa gara, gara, vetlau, pensau y teniu be
sment: car desots l'erba iau la falsa serpent: la qual no
te treua, ni tem dret, ni empara verdaderament la mar
ladonchs para lo cors al ardit mercader e coart mariner: com es suau, reposada y blana y no la veu hom
bauar, ne tremolar, ni scumar sus la arena ab grans cis-
cles bramar per ira y fellonia: car si fos tostemps ella
tempestuosa, e dins lo tou dela concouitat dela sua gran
conca ressonas y tronas: y fos ensemps vallada y mun-
tanyosa, ades lo fons, ades lo cel cercant, no haguera
tant home enganat, ne fora sepulcre de tant or y argent,
ne's fora de tanta carn humana tant peix sadollat, tren-
cant deiunis e diuendres y coresma: per ço bonança es
enza de naufragi, tranquilitat es lo brillador del deu

Neptunus: segons han dit los poetes antics, com se vol deportar en la cassa dels homens. Aquest Neptunus es lo dimoni, qui (com Deu lo permet) perturba la mar per fer lo cors mortal, qui es format de terra, languir o morir en loch innatural. Per tant ha dit vn saui de aquest setgle que marauella es com aquell se gosa altra vegada en la mar fiar qui per alguna vegada per aquella es stat scarnit, pus ha experimentada la sua infidelitat; dient mes auant que a gran tort repta aquell la mar qui vna vegada en naufragi de Nau es scapat de fortuna y altra vegada pert la persona o bens; si donchs necessitat o gran vtilitat de la cosa publica no'l costreny o no'l for-sa[10]. E be que yo no vulla condempnar ni reprendre lo nauegar: pus Jesus mon fill es en la mar intrat y ha homens de mar elegits en apostols. Vull empero la humanal euiditat, a la qual terra ne mar no basta blasmar ne castigar, per comparació dela fas dela mar, la qual dins tant breu temps se altera e's muda, la inconstancia de les proprietats de aquest mon declarar. Mas axi com lo mariner, com reue la bonança oblida la furor de la tempestuosa fortuna y no li recorda tro ssus altra vegada, periclitant y naufragant, al cel los vlls gira ab iunctes mans cridant a Deu aiuda. Axi la humanal fragilitat, obli-uiosa en les coses prosperes y alegres, no sap los mun-danals enluernaments menysprear y en Deu les sues co-gitacions fermar, tro ssus atant que fortuna aduersa la comença ab importuna instancia sollicitar fahentla es-ser membrant dela miserable y fragil sort humana: y per tant no deu esser blasmada la tribulacio, la qual lig

---

[10] Dicit enim quod improbe. Neptu(n)um acusat qui iterum naufragium facit.

y amostra tant bona lisso, y fa remembrar la cosa obli-
dada, y conforta lo seny y la raho, y torna la salut (com
fa caltiri medicinal al cors) a l'anima discresiada[11]. Encara mes auant menyspreha la familiaritat y fauor dels
terrenals princeps, car souint s'esdeue que qui a ells es
car a si mateix y als altres es vil, y que per virtut y
offen ueritat aquell qui sens lurs uicis reprouar y repen-
dre uol ab ells aturar y leixa lo gran Rey, qui li pot la
anima matant lo cors dampnar, per lo Rey poch, qui
mort lo cors no ha als que li fassa[12]. Vici es uuy honrat
entre los ceptres, qui per aquells deu esser castigat: y
los Reys amen consellers mestreiats, mas no son Reys
si be son per les gents reys apellats: Car no es Rey qui
per uirtut y ab uirtut no regna e qui sobre tots thesors
y senyories no ama iusticia y pau y ueritat, a semblança del Rey Ezechies IIII[13]. O iusticia tudora y mare de
pau y gouern de la Nau de la cosa publica. O lucerna
dels Reys y recomanada singularment per Deu als princeps de la terra, com es axi calcigada per los magistrats
tu, pedra preciosa de les reals corones, y es als porchs
liurada y venuda y subiugada; Car vuy los Reys en pre-
mi de serueys per ells rebuts comanen lo teu exercici
a qui plasent los es, y ço qui pus car esser los deuria:
venen o donen a lur comprador o al demanador qui primer s'i troba. E com los sera cruu lo iorn que lo gran
iutge dira a cascu dels: com a procurador redde racio-
nem villicacionis tue. O Reys, O princeps, per que no
cogitau que Rey haueu major: qui de la administracio

---

[11] Sicut scriptum est Isaye XXVIII, 19. Tantummodo sola ve-
xacio dabit intellectum auditui.
[12] Luce XII, 4-5.
[13] Regum XX 19: Sit enim pax et veritas in diebus meis.

de la iusticia vos fara en lo dia darrer special demanda,
e que per aquella seheu en les cadires y sou auansats
en poder y honor sobre vostres pobles, y que principat
no es per natura, mas per gracia diuinal. Car natura
nuus y pobres vos ha produits ne haueu sobre ells por-
rogatiua de natural naxença: quia nemo ex regibus aliud
hauit natiuitatis inicium, sed vnus est introitus omnibus
ad vitam, et similis exitus, vt sapiens dicit. O Reys, tal
es bo en les armes y sab ferir de dall y de bordo, regir
ost y capdellar companya qui no es bo per tenir lo basto
ne tenir offici iusticier de batle o de veguer; bona es la
ma per esser ma, mas no es bona per veure, ni per
hoyr ni esser peu per lo cors sostenir. E mes auant
vosaltres Reys comanareu ofici de iurisdiccio a tal qui
no'l enten a seruir ni regir, mas vendre al mes donant.
O' com offeneu iusticia e virtut com aço sosteniu. Atart
es que no vena iusticia aquell qui la compra, y souint de
aquella fa major mercat aquell qui ha lo basto pus car
comprat per necessitat. Ah iusticia, saludabla medecina
del mon creada per Deu, a vtilitat comuna comanada
als princeps, als quals per vos es dat esser collocats en
alt tribunal, en quines mans veniu; e si us clamau als
reys aquells vos tenen la porta tancada: lo vostre nom
encasten en or, mas a vos leixen aturar en la fanga:
intren barats per los palaus dels princeps, fraus y en-
gans passegen per les sales qui antigament intrar no'y
podian si no desfrassats e dissimulats ab vestidura man-
leuada de virtut: mas vuy som en temps que la virtut si
ve en lo seu habit ha la porta tancada y no le hi leixan
intrar si no dissimulada la hora que per obuiar al studi
y als consells dels mals se fenyera lurs actes comportar:
axi com aturaua Lozi ab Absalon y, aturant ab ell, lo

consell de Architofel dissipaua [14]. O reys com vos engana la gloria del mon, la affectio dels vostres propis de-
lits y profits: y com vos fa mudar Regne en tirannia.
O vana gloria, mare de enueia: car la gloria pompatica
del mon o es objecta y causa de enueia [15]. Com metzines
axi los appetits reals, qui a tu treballen y viuan y vera
gloria squiuan, volents iusticia y tota virtut de lurs dominacions exellar y fer regnar peccat mortal, enemich de
aquell per lo qual regnan. O procuradors del diuinal imperi, no vullau contra vostre principal militar: car no
s'esten a tant vostra procura, car procuracio diuinal no's
pot stendre a obra indeguda: ne vullau pensar en ço
que no us es licit voler ni desijar, ni vullau vsurpar ço
que sens iniuria no podeu contractar: car cascu deu esser content de sos termens. E mes lo princep, car ha
ço de que's pot los desigs de liberalitat y de magnificencia y de moltes altres virtuts complir y contentar. Mas,
per tant com la vida dels reys es mes actiua que contemplatiua, no'm vull en lo present en lo parlar de aquella
dispondre, ans vull al home speculatiu tornar: lo qual
abdica y separa de si mateix occuppacio de temporali-
tats, amant mes ab Moyses lo imperi de terrenal pobresa
que los tesors dels Egipcians [16], sabent que vera riquesa
no es or ni peccunia, la qual es pus dificil de guardar
que de menysprear, y la qual volch Ligurgus de la ciutat
de Lacedomia bandeiar instituint que no gosas negu vsar
d'aquella: ans, sabent que vera riquesa es sauiesa, y lo
ver saui es lo ver rich, segons Marc Tulli, y que aquell
es oppulent y de vera riquesa circunuellat qui res tem-

---

[14] II regum XVII, 5-8.
[15] Salustius: post gloriam inuidiam sequi.
[16] Ad Ebreos XI, 26.

poral no cobeia e qui lo seu dona per Deu o ho ha ya
donat, car riquesa, la qual denota habundancia y sacietat, no sta ab cobeiança ne ab desig insaturable e in-
terminat; vera riquesa en aquest mon es amor de pobresa ab desig y sperança de perpetual sacietat, y vertaderament lo perfet speculatiu es amador de pobretat,
sabent que mes val al bon caualler que lo seu cauall ab
lo fre de ferro tinga dret cami que si desuiaua com a
desbocat ab les regnes daurades y ab lo mos smaltat: y
ha tant gran dupte de esser occupat y en negocis envis-
cat que desige viure sacret, com a home solitari y res-
clus en aspre o fragosa montanya: car foll es aquell
qui vol viure franc e no ix ne vol exir de carçer; certes
lo mon es carçer al home occupat hoc y al home de
alta y gran virtu, car no viu entre gents aquell qui per
gents no es distret de la sua speculacio y afers implicat
y ambarassat, qui stopa fila tostemps va de borres en-
ramat, axi com qui mel porta acompanyat es de mos-
ques: per la qual mel pot esser entesa la riquesa temporal. O com es incensat aquell qui ama la cadena d'or
ab la qual lo tiran lo te apresonat, y lo seu carçer, encara que sia de Jaspi o Porfi: qui mes hic posseeix ha
lo grillo pus ponderos y mes carregat. E mes deu desiiar
desexirse de carrech e viure en libertat. O vida beata, o
seraphica y tota alada, car ales portes y sembles sera-
phy, aço per tant com voles alt contemplant los cels y
habitant en aquells per cogitacio [17]. E algunes vegades
entre cel y terra (a semblança de Ezechiel) es la tua con-
sideracio y per conseguent la tua residencia: car alla es
cascu on es la sua ymaginacio: tal ha los vlls vberts y

---

[17] Iuxta illud Apostolus: nostra conuersacio in celis est, Phil.,
3,20.

eleuats qui a tu pert de vista, y aço per lo nuuol de la
terrenal contagio. Coue que hage los vlls no pas de tal-
pa, qui veu per pell, axi com aquell qui veu lo cel per
boyra o caliga, lo qui desige la tua participacio. O dona
gloriosa tostemps intenta per meditacio e, singularment,
de la veritat y bondat immutable volent a Deu y no pas
al mon viure. O com son belles les tues vies, car discor-
res sens offencio per tots los termens del celestial regne;
alla mires y veus les sanctes Jerarchies, los ordens dels
angels, dels archangels, dels princeps, potestats, virtuts,
dominacions, trons, dels cherubins y seraphins, qui son
a Deu pus acostats, y stas cogitant en la bella manera
de lur sacret parlar, de lur entendre, de lur amar, de lur
specular, del deuallar dels cels, del muntar y referir a
Deu los humanals actes; del remetre a ell lo diffinir y
pronunciar, del suplicar per la gent peregrina, del visitar aquella la qual se affina en lo foch de Purgatori: per
lo qual ha passat y aço per les restes de la penitencia y
pena dels peccats: lo qual no es stada per sacerdot in-
iuncta, ne en lo mon complida; y de lur stil en administrar la corporal y racional creatura; alla remires del cel
lo moure y lo girar: y del cel reposant qui es clar sens
stela y fet per fer dins ell tots los sancts habitar, la
altitud, la magnitud, la specitud, la capacitat, la vnifor-
mitat, la primitat, car es lo primer cors per Deu creat,
ço es abans del qual altre non fon format, la claritat, la
spiricitat y retonditat y la sua bellesa; lo firmament los
XII signes: Aries, Taurus, Geminis, Cancer, Leo, Virgo, Libra, Scorpius, Sagitarius, Capricornus, Aquarius,
Picis y les altres steles, y lo mouiment no descontinuat,
reglat y ordonat: y de les VII planetes Luna, Mercu-
rius, Venus, Sol, Març, Jupiter, Saturnus; y dels lurs

cels lo mouiment propi, lo cotidia, lo qual molts appe-
llan mouiment arrapat; e despuys, deuallant en la regio
iusana, consideres dels quatre elements: terra, aygua,
ayre y foch la sustancia, lo orde, la qualitat, la quantitat,
la actiuitat, la possibilitat, lo loch, la duracio: y deles
lurs parts la situacio: y dels mixtes la generacio, la cor-
rupcio, la alteracio, lo mouiment local, y qualseuol altre
(segons natura propria o comuna) opperacio e disposicio:
y de tot aço dones laor a Deu y benediccio, retent a ell
tot sol, lo cens y lo trahut de pura y vera adoracio, glo-
rificant aquell ab admiracio y confessant y regonexent
que sua es y a ell se pertany de totes coses la administracio, y que ell es lo rector general qui en cert orde,
pes y mesura ha constituida tota creada condicio, segons es escrit [18]. Mires mes auant la natura de lum, qui
scalfe y done contra tenebres clarificacio: pertant, car es
offici de saui contemplador y en totes les diuinals obres
pensar y meditar [19], y aço per donar a Deu actor gloria y
laor: per la qual cosa es scrit [20]. Adoctrinant te tostemps
la superlatiua sapiencia [21]. E contemplant ab los vlls de
la pensa y considerant mites les virtuts seminals, les qualitats virtuals y actuals, les concepcions y los parts dels
animals, les infusions de les animes rationals, les educ-
cions y produccions de les altres formes sustancials, los
concurriments materials. Les opperacions efficients e fi-
nals, les natures axi propries com comunes e vniversals,

---

[18] Sapiencie XIIII, 4-9.
[19] Iuxta illud meditatus sum in omnibus operibus tuis in
psalmo. Ps. 143, 5.
[20] Benedicite omnia opera Domini Domino, id est, benedicat
creatura rationalis pro omnibus operibus Domini Domino.
[21] Iuxta illud Sapiencie VII, 21: Omnium artifex docuit me
sapienciam.

les naxenses corporals, les corrupcions axi casuals com violentes y naturals, les composicions dels cossos axi humanals com brutals, los quals son axi organitzats que demostren esser fets per esser subjectes massips o instruments dela anima racional y noble; les latituts graduals, les perfections essencials, les duracions periodals, les circunstancies modals, les natures specifiques y generals, les singularitats indiuiduals, les ydemptitats reals, les distinctions essencials, rationals, personals y formals, les constitucions y denominacions suppositals, les relacions fundamentals, les afirmacions y negacions vocals, mentals y actuals, les cognominacions accidentals, les meditacions habituals, les abstrections methamaticals, les diferencies generals, les inclinacions corporals y entellectuals, les operacions voluntaries, necessaries o fortunals, les delectacions animals, censuals y carnals, les passions, reffeccions cordials, los actes iudicials y arbitrals y la error de aquells: dela qual se complany blasmant les miseries humanals [22]. Les veritals theologicals, canonicas y legals, metafisichas, artificials, medicinals, les doctrines morals, los furs deles arts liberals, la malicia deles arts prohibites, magiches e ydromencials [23]. Les generacions dels vents, axi quatre principals com VIII collaterals, los quals parteixen dels thesors diuinals in Psalmo. Les fluctuacions e agitacions pelegals, los terratremols e mouiments locals. Les vndacions e diluuis pluuials, los trons y fulguracions temporals; los incendis de les sulfurees fornals del munt Ethna de Trinaria y dels altres

---

[22] Vide de Ciuitate Dei, XIX, cap. VI.
[23] Quia sciencia mali bono deesse non potest. Boecius est iumentis in sapientibus et similis factus est illis, vt ait propheta in psalmo, 48, 13.

occidentals, les inflamacions del ayre auctumpnals; les
congelacions yuernals, les calors stiuals, les generacions
dels corals en la mar y los metalls en les entramenes
terrenals: y totes opperacions precipues y capdals, axi per
constillacions celestials com per altres disposicions mun-
denals en gloria y admiracio de aquell omnipotent reg-
nador qui tot lo vniuerç gouerna e administra, qui tanta
virtut ha en los vaxells de natura posada y a la creatura
ha tanta gracia atorgada que no es algu qui bast per
natura a compendre totes les perfections a la pus baixa
cosa del mon atorgades. Mas sobre les coses recitades
pensa en los premis celestials desiiant aquells per mise-
racio diuinal, y en les penes infernals, refugint aquelles
com aduersaries de saluacio eternal: y, sobre tot, pensa
en Deu contemplant la sua sancta vnitat essencial e trinitat personal, y los misteris de Jesus, ver Deu en mi
encarnat per tolre la miseria humanal: y vertaderament
son les contemplacions del meu glorios fill de refectio y
consolacio sobirana, y no son pas com la vista del sol,
qui pus se cela qui mes lo mira algu, y pus offen com
mes en lo mig dia es mirat o affigurat. Car qui mes en
Jesus se delita n'es pus aconsolat. E qui mes hi pensa
en la sua amor roman pus inflamat. E per totes aquestes coses y altre innumerables fahent al creant cantich
de benedictio y laor dins a tu mateixa, a ell empero la
meditacio destinant y endressant. O Rey de les fonts
babtismals. O princep dels caractes sacramentals, actor
dels premis essencials y accidentals, admirable en los
teus consells sobre tots los angels y homens: o iust y
dreturer en los teus iudicis sacrets y abisals [24]: los quals,

---

[24] Quia iudicia tua abissus multa, in psalmo et ad romanos,
XI, 33. O altitudo diuiciarum.

iatsia amagats, empero tots iustificats y aprouats. O Emperador trascendent Deu de virtut y eternitat. O penetrant e impenetrable, compranent e incomprensible, totes coses mouent e immutable y portant totes coses [25]. O infatigable e infalible e impreterible, totes coses sabent e incognoscible perfectament, ço es, segons la tua entitat per lo creat enteniment: be infinible e incircuscriptible, Deu de misericordia y de iusticia y de potestat, benediccio y claritat, sapiencia y accio de gracies, honor, virtut, fortalesa, gloria, triumphe y magestat a tu Deu de benedictio, claritat, sapiencia e accio en la eternitat, amen. A tu objecte dels elets, sobiranament intelligible, immortal, inuisible ab vll corporal, qui trespasses en virtut y en valor tota laor vocal y mental, honor y gloria per la creacio de tota la machina mundanal: a tu laor per la productio de la lum, axi spiritual, ço es, natura angelica, com corporal, illustrant e illuminant la vista. A tu benedictio per la fabrica celestial y terrenal y per la factura humanal a la tua ymage y semblança, a tu sapiencia, virtut e actio de gracies per la tua empresa de la sua redempcio, la qual faras per ma del teu fill y meu, predestinat (segons la tenor dels arguments dels Pares) a dura mort per mitja de dura passio. A tu honor per la humanal saluacio; a tu fortalesa, gloria, triumphe, per la diabolical debellacio y prostacio; a tu majestat sens fi de duracio. O dona insigna, digna de veneracio: tu es aquella la qual saps fer de tu mateixa rahonable discussio considerant que es stada, que es y que seras y que natura humana fon bella y bona y noble creada: la qual per culpa es stada derreriada y postergada, no conside-

---

[25] Ad ebreos primo, 11-12.

rant la sua condicio a Deu solament subiugada ne la obediencia a ella imposada: la qual condicio per elacio inflamada meresque: que de ella als bruts animals fos feta
comparacio [26]: e que aquella sera per mediacio del meu
fill a tota la Sancta Trinitat reconsiliada y pus bella reparada que no fon originalment formada, de tant com
gracia gratificant, lo qual es immediat mitja de la gloria eternal e's millor y pus sancta e que iusticia original,
la qual a la dita gracia gratificant la anima humanal dis-
ponia y preparaua. Encara mes es tu aquella la qual de
tu mateixa desiges hauer noticia e cognicio sabent que
res no sab qui si mateix no sab, per tant que, coneguda
la fi de la tua creacio, tota mundenal felicitat sia per tu
menyspreada: la qual souint es impeditiua de saluacio:
car per que volria res sobre la terra aquell qui contempla y que ten noble cadira li es eternalment preparada
en los cels [27]. O alegra rient consolada la hora que penses en la exhuberant misericordia del creador y en la
gran amor que ell ha y demostre a la sua factura e singularment a la humanal natura, per la qual saluar han
scrit los sancts pares que fara despesa gran. O merauel-
llada com contemplas en la felicitat: la qual entre los
angels li es aparellada en la magnificencia del donant y
del remunerant. O congoxada, temerosa y tostemps en
oracio perseuerant: com penses en lo foch eternalment
cremant y no consumint ne destrouint la anima damp-
nada; y conpuncta de pietat com penses en lo turment
y en la dilacio dela sperança dela anima en lo foch de

---

[26] Quia homo cum in honore esset non intellexit comparatus
est iumentis... Ps. 48, 13.

[27] Quid enim mihi est in celo et are quid volui super terram
in psalmo. Ps. 72, 25.

purgatori arrestada y retardada del degustament de la celestial manna per ella desiiada: lo qual turment trespassa tota pena en aquest mon per qualseuol mesqui experimentada[28]. O recreada e alimentada per spiritual refeccio, car aconsegueixs alguna scintilla de sacreta degustacio de la pau dels sancts y de lur delectatio en la deitat contemplada o destituida per vehemencia de meditacio, per arrapament de amor inflamada: la qual fa la pensa a certes coses dormir y a altres esser suetllada algunes hores de tot sentiment corporal y aduertiment terrenal, car no vius en tu ni a tu mas en aquell qui per lo seu liberal voler te ha enamorada y assi mateix tirada y acostada. O solta de greus sospirs e cures o deliura y de gran libertat rica y ben dotada, car la memoria de les coses mundanes es a tu passada: no ha loch ombra la on la lum spandeix sens obstable, no cura d'argent qui habunda en or, ni de stany ni de piltra qui habunda en argent. No ha obs lum de brando qui es illuminat del bell dia; aquel menysprea la terra qui es ric en lo cel, y aquell qui te denant si ço que ama leugerament oblida ço que no li cal. Axi es de tu, vida contemplatiua, que hauent Deu leixes als altres o comparteixs a ta vtilitat: mas be't plauria que en la tua part molts hi participassen, car no's diminueix aquell be que tu ames per esser a molts dat y comunicat, y per amar ensemps ab tu tot ço que tu per amor de ell ames. Basta lo sol per molts a dar lo dia, y reb mes de aquell qui te los vlls pus apurats y clarificats, mas aquell no's aminua per dar a mes claror ni per esser per molts remirat ab delit; axi es lo teu obiecte font de felicitat e immensitat sens diminuicio

---

[28] Quia orrendum est incidere in manus Dei viuentis. Ad Hebreos, X, 31.

y molt mes que'l sol, car es infinit e illimitat en virtut y
bondat, ha en si potencia beatificatiua de tot enteniment
elet y predestinat, y la beatificacio, per esser a vn largua,
no es necessaria al altre menys copiosa y menys abun-
dant: car cascu ha y reb de aquella tant com es la pro-
porcio dela gracia gratificant en la vida present, en la
qual sola a recepcio de aquella la gloria impreterible im-
mediatament se prepara. Per ço differentment han y
hauran tots los predestinats en paradis la lur dolça vida
y benauenturada tots contents y pagats. Empero vns sobre altres en magnitud de gloria y auansats segons lur
caritat es stada en aquest mon pus gran y mes intensa [29].
Mas vertaderament (axi com he dit) seran tots contents,
car hauran benauenturança. La qual per desig no pot
esser vençuda, ans se veuran millors y pus alegres que
no han desiiat; axi sera ladonchs lo humanal deiuni con-
tuertit en saturitat. Car mes sera lo be incomparablement
que no es stat lo mal qui en lo mon han passat [30]. Entre
los altres innumerables hauran vn be molt gran, que no
vull oblidar, que lo cor y los vlls tendran en vna part,
y es vn be que mes se leixa sentir que referir: no esser
luny del ver be, si hom lo ama y lo desig conuertir en
delit per la presencia del be aconseguit, la vista del qual
no diminueix la oppinio ni la fama, ans la aumenta mes,
car lo qui tocha la fama mes se inflama e si molt hi
atura torna de tot enses.

(FELIPE DE MALLA: *Memorial del pecador remut.* Gerona a costas de Mateo Vendrell, 1483. Vide Haebler,
núm. 389. Bibl. Nacional.)

---

[29] Johannis, XIIII: In domo patris mei mansiones multe sunt.
[30] Ad Romanos VIII: Quia non sunt condigne passionis huius
temporis ad futuram gloriam.

FUENTES Y ESTUDIOS

F. DE BOFARULL Y SANS, *Felipe de Malla y el concilio de Constanza. Estudio histórico biográfico* (Gerona, 1894); íd., *Felipe de Malla*, en "Revista de Ciencias Históricas" 2 (1881); MANUEL DE MONTOLIU, *Un nou poeta català medieval*, en "Estudis Romànics" (Barcelona) I (1916), 29-41; J. RUBIÓ BALAGUER, *De l'Edat mitjana al Renaixement: Figures literàries de Catalunya i València*, Barcelona 1948, pp. 210-212; J. GOÑI GAZTAMBIDE, *Los españoles en el concilio de Constanza. Notas biográficas*, "Hisp. Sacra" 15, 1962, 331-44; J. M. MADURELL I MARIMON, *Mestre Felip de Malla*, "Bol. de la R. Acad. de Buenas Letras de Barcelona" 30, 1963-64, 449-626; J. RUBIÓ, *Literatura catalana*, en "Historia general de las literaturas hispánicas", III (Barcelona 1953), 769-777; M. DE RIQUER, *Història de la literatura catalana*, III (Barcelona 1964), 387-425; MANUEL BALASCH RECORT, *El pensament bíblic de Felip de Malla*, "Revista Catalana de Teología", 3 (1978), 99-126; *Correspondència política de Felip de Malla*, vol. I (Barcelona 1978).

JUAN DE TORQUEMADA

Acérrimo defensor de la autoridad papal, nació en Valladolid en 1388. Hacia el 1403 ingresó entre los dominicos. Su formación la recibió en París y en París se graduó en teología. Nombrado maestro del Palacio Vaticano en 1435, fue el teólogo de Eugenio IV en el concilio de Basilea en 1432, defendiendo con tesón la supremacía pontificia. Asistió asimismo al concilio de Florencia (1439-43) distinguiéndose en la discusión con los griegos. Fue cardenal a partir de 1439 y obispo en diócesis romanas suburbicarias y posteriormente españolas: Cádiz, Orense y León. Murió en Roma en 1468.

Su actividad de escritor fue muy variada. Su obra más destacada es *Summa de Ecclesia* de la que se han servido ampliamente cuantos defendieron por aquellos días la autoridad del obispo de Roma contra cualquier forma de conciliarismo. Con su libro de *Meditationes,* Torquemada consagró unas páginas a la ascética.

Doctrinalmente su pensamiento es netamente tomista. Es un buen representante de la línea conservadora de su tiempo, haciéndose eco, además, de la postura oficial de la Iglesia de mantener el primado como monarquía absoluta frente a las corrientes democráticas de la época. Por eso sus intervenciones enérgicas en el concilio de Basilea en contra de los innovadores, enfrentándose con el Tostado.

TEXTOS

El teólogo rígido y severo aparece en estas piadosas páginas. En la meditación tercera hace un cuadro de color negro al relatar la caída del primer hombre en el paraíso y las consecuencias del pecado original allí contraído. Dejadas así las cosas, Torquemada expone una doctrina muy fronteriza con el pesimismo. Le falta la antítesis paulina de la encarnación y redención abierta hacia el optimismo.

La meditación 20 es mariológica. Está en la misma línea que la anterior. El retrato que nos da de la Señora, desfallecida en su espíritu, sin voz ni sentidos, apoyada por las piadosas mujeres, como muerta, ante el dolor de la muerte del hijo, no es la verdadera fisonomía de María a la luz del mensaje revelado.

Torquemada había establecido en Roma la piadosa asociación denominada la Annunziata. Pretendía con ello dotar anualmente a jóvenes romanas, carentes de recursos materiales, para que pudiesen contraer matrimonio honrado. Aquí tienen su origen las Meditationes *de Turrecremata, de las que tomamos ambos textos.*

MEDITACIONES

MEDITACIÓN 3

¿Quién dará a mis ojos una fuente entera de lágrimas para llorar la tan lamentable desgracia de nuestro primer padre? ¡Oh, qué lúgubre ruina! Había sido creado, efectivamente, por la inescrutable sabiduría del Hacedor en tal condición de ley, que si permanecía inconmovible ligado a su excelso Criador en aquel alcázar de rectitud en el cual había sido plasmado, sería dichoso en la robustez de tanta salud, afianzado en tanta solidez, que jamás decaería de la integridad de su innata salud ni por algún impulso de perjudicial evolución ni por ninguna enfermedad o debilidad de los años. Evidentemente que fue colocado en el paraíso —según testimonio de San Gregorio— a base de que si se mantenía por los vínculos de la caridad en la obediencia al Creador, algún día había de pasar a la celestial patria de los ángeles sin muerte de la carne. Mas, ¡oh dolor!, como al hacer vana la ley impuesta por la majestad, destruyó el amor de su Creador y el alcázar de su morada, viniendo a caer —arrastrado por el impulso de su resbaladiza mutabilidad desde su ingénita solidez— de la gloria de su estado y del esplendor de su dignidad; de tal modo que, a quien antes de la violación de la alianza, se le había concedido en el paraíso el no sentir ninguna molestia ni necesidad, tener a mano toda clase de olorosas frutas, rodearse de flores y coronado de gloria y de honor vivir en compañía de la muchedumbre de ángeles, inmediatamente empezó a caer en toda clase de miserias. A cuya caída aludiendo dolorosamente el Profeta, dijo: *Estando el hombre en honor, no se dio cuenta de ello: se comparó a las bestias de carga y se hizo semejante a ellas*[1]. ¡Oh triste y lamentable mudanza! El hombre, habitante del paraíso, señor de la tierra, ciudadano del cielo, de la casa del Señor Sabaoth, hermano de celestiales espíritus, y coheredero de las celestiales virtudes, por un cambio repentino trasmuta su gloria a semejanza del novillo que come heno. ¡Oh triste desgracia que tanto más ampliamente nos sobrevino cuanto mayor es el número de aquellos a quienes perjudicó; pues la mancha de este mal llegó a tomar tanto incremento, que se extendió hasta el mismo

[1] *Sal.*, 48, 21.

origen de toda la posteridad! Grande mal en extremo, efectivamente, fue el pecado original, que contrajimos en nuestro primer padre, en el cual todos pecamos, en el cual todos morimos, porque no sólo dañó al primer hombre, sino que perjudicó a todo el género humano, ya que por medio de él nosotros recibimos la condenación al par de la culpa. Por ellos David se dice concebido en las iniquidades, supuesto que todos desde Adán contraen la iniquidad y el vínculo de la muerte, de modo que todos, en testimonio del Apóstol, nacemos hijos de ira, a saber, hijos de venganza o hijos del infierno. ¡Oh triste legado de Adán, por el cual entró el pecado en el mundo, y por el pecado pasó a todos los hombres! ¡Oh herencia lamentable de los hijos de Adán! Somos engendrados en suciedad, nos gestan en las tinieblas y nos paren entre dolores. ¿Hasta dónde, oh madre Eva, se enardeció tu concupiscencia, que no te perdonaste a ti ni a tu marido, ni a los hijos, cargando de terribles maldiciones a todos los que habían de nacer? He aquí que nos engendraste hijos de dolor, hijos de amargura, de indignación y de llanto eterno. Tú, sin embargo, oh padre Adán, que en virtud de la sabiduría y de la dignidad por las cuales el Hacedor te había distinguido más que a tu esposa, estabas obligado a observar la ley con más firmeza. ¿Qué has hecho con nosotros? Hiciste vana la ley del cielo, y he aquí que nos has encaminado a todos hacia las sombras de una muerte horrenda. ¿Quién ya, ¡oh alma fiel!, con la meditación de estas desgracias será tan insensible o tan ajeno a todo sentimiento de piedad que no se mueva a llanto, que no se excite a las lágrimas con esta lúgubre caída del género humano? *¿Quién dará agua a mi cabeza*— exclama Je-

remías santificado en el vientre de su madre— *y a mis
ojos fuentes de lágrimas? Y lloraré día y noche a los
muertos de mi pueblo* [2].

MEDITACIÓN 20

No te descuides, alma fiel, en contemplar por medio
de la contemplación acompañar en su dolor a la Virgen
gloriosa, cuya alma atravesó cruelmente la espada de
su pasión. Piensa en cómo cuando vio a su Hijo, golpeado, abofeteado, coronado de espinas, se le conmo-
vieron todas sus entrañas y desfalleció su espíritu y no
tenía voz ni sentidos. Recuerda además, alma devota,
cómo, a la voz del pregón y al mandato de Pilatos, cuando su Hijo, tomando sobre sí la cruz al ser conducido al
suplicio, y tras él agrupada la multitud del pueblo, de
entre el cual unos, mofándose de él lo insultaban, otros
arrojaban lodo, limo y otras inmundicias sobre su cabeza, con cuánto dolor iba tras él su dolorosísima Madre
con las otras mujeres que la siguieron desde Galilea a
su servicio, las cuales la sostenían y sujetaban como a
una muerta hasta que llegaron al lugar en donde fue
crucificado en presencia de ella. ¡Oh, por qué inexpli-
cable dolor era atormentada en su alma al ver a su
Señor e Hijo pendiente de la cruz y muriendo muerte
tan vergonzosa! Por eso dice el Evangelista: *Estaba en
pie junto a la cruz de Jesús su Madre* [3]. De donde —
como dice Agustín — deshecha en llanto decía: "Veía

---

[2] *Jer.,* 9, 1.
[3] *Jn.,* 19, 25.

morir al que ama mi alma y me derretía toda por la angustia del dolor, lloraba diciendo y decía llorando: Hijo mío, hijo mío, ¡ay de mí! ¿Quién me dará el morir por ti? Oh desdichada, ¿qué hacer? Muere el Hijo, ¿por qué con él no morirá esta tristísima madre? Hijo mío, muera ésta tu madre. O muerte miserable, no me perdones, tú sola eres la que me agrada sobre todo, Haz acopio de tus fuerzas, mata a esta madre con su Hijo. Oh Hijo, única dulzura, singular gozo de mi vida y todo el consuelo de mi alma, haz que la misma que te engendró para la muerte, muera ahora contigo. ¡Oh Hijo, reconoce a la desdichada, escucha a tu madre que se lamenta, óyeme, te lo ruego, y acógeme en tu patíbulo, a fin de que en una misma carne vivan, sucumban con una misma muerte! ¡O verdadero Hijo, tú eres mi padre, tu mi madre, tú mi esposo, tú mi hijo, tú mi todo! Ahora me veo huérfana de padre, enviudo de esposo, me veo privada de la prole, pierdo todo. ¡Oh Hijo!, ¿qué haré, ay de mí, ay de mí, oh Hijo? No sé qué hacer, a dónde ir, ¡oh queridísimo!, ni hacia dónde volverme, ¡oh dulcísimo!". Y de esta manera se cree que siguió profiriendo muchas otras palabras llenas de dolor.

(De *Meditationes reverendissimi patris domini Johannis de Turre Cremata...*, de Juan de Torquemada. Romae. Ulricus Ham, 31 diciembre 1467. Edic. reproducida por L. de Gregori en su estudio: *El primo libro con figure stampato in Italia.* Firenze, 1927.)

FUENTES Y ESTUDIOS

QUÉTIF-ECHARD, *Scriptores Ordinis praedicatorum*, I (París 1729), 837 b-843 a; NICOLÁS ANTONIO, *Bibliotheca Hispana Vetus* (Madrid 1778), 1, X, cap. X, núm. 515 ss.; St. LEDERER, *Der spaniche Card. Juan de Torquemada* (Freiburg 1879); E. DU-BLANCHY, *Torquemada et le pouvoir du pape dans les questions temporelles*, "Rev. Thomiste" 28, 1923, 74-101; V. BELTRÁN DE HEREDIA, *Colección de documentos inéditos para ilustrar la vida del card. Juan de Torquemada*, "Arch. Fr. Praedicatorum" 7, 1937, 210-45; H. JEDIN, *Juan de Torquemada und das Imperium Romanum*, "Archivum Fr. Pradeicatorum" 12, 1942, 247-48; R. CREYTENS, *Raphaël de Pornaxio auteur du "De potestate papae et concilii generalis" faussement attribué à Jean de Torquemada*, "Arch. Fr. Praedicatorum" 13, 1943, 108-37; A. MICHEL, *Torquemada (Jean de)* "Dict. de Théol. Catholique" 15 (París 1946), 1235-39; J. STOCKMANN, *Johannes a Turrecremata de corpore mystico* (Haarlem 1953); S. FURLANI, *Giovanni da Torquemada e il suo trattato contro i bogomili*, "Richerche religiose", 18, 1947, 164-77; K. KINDER, *El Cardenal Juan de Torquemada y el movimiento de reforma eclesiástica en el siglo XV*, "Revista de Teología" (Argentina), 3, 1953, 42-66; V. BELTRÁN DE HEREDIA, *Noticias y documentos para la biografía del Cardenal Juan de Torquemada*, "Archiv. Fratrum Praedicat.", 30, 1960, 53-148; J. MARÍA GARRASTACHU, *Los manuscritos del Cardenal Torquemada en la Bibl. Vaticana*, en "La Ciencia Tomista" 41 (1930).

FR. ANTONIO CANALS

Discípulo de San Vicente Ferrer y bien formado, por lo que conocemos de sus estudios de gramática, lógica y teología, tenemos datos de que murió en Valencia hacia el 1419, pero no sabemos con certeza cuándo pudo nacer ni dónde. Fue dominico. Enseñó teología en la catedral de Valencia y ejerció la función de predicador general. Mantuvo relación con la corte de Juan I y en ella tuvo contacto con los hombres cultos de la misma. Hombre de ideas, combatió el escepticismo y humanismo que con su carácter pagano se introducía en el pensamiento de la época. Publicó varias obras, algunas de las cuales están inéditas, como el *Tractat de Confessió* (Archivo del Palau. Barcelona). Es uno de los autores españoles que comentó el padrenuestro en su obra: *Exposició del Ave Maria, Pater noster e Salve Regina.* Además de orador elocuente, es también Canals un humanista. Tradujo a lengua vulgar el tratado *De arrha animae* de Hugo de S. Víctor y la *Epístola ad sororem* atribuida erróneamente a S. Bernardo.

TEXTOS

La Escala de contemplació, *obra de la que hemos elegido el presente texto, es el escrito más importante del autor. Lo escribe al final de su vida entre 1398-1401. Su mismo epígrafe indica la tesis desarrollada por Canals: los grados para llegar a la contemplación. Insiste el autor en que la contemplación no es un don divino. No obstante la actividad del hombre no se excluye de un modo absoluto. El hombre coopera con la gracia en orden a la contemplación de tres modos: amando, orando, per-*

severando. Tal vez porque no se desarrollan suficientemente estas tres condiciones, el don de la contemplación se concede a pocos, según el escritor dominico.

La obra se dedica al rey Martín I. En ella encontramos ya ciertos atisbos de la célebre "devotio moderna" en la Corona de Aragón. No es esta obra una nueva traducción del ms. de París, Mazarin 961 (s. XV), aunque se inspire en él.

Escala de contemplació

Capítol XX

Del X grao qui es dit arrapament

En tots los premissos graons la humanal industria aiudada pero per la diuinal gracia ha aministrat e ensems obrat a la anima per a puiar en los dits escalons.

Mas en aquest deèn grao de arrapament, sol es do de la diuinal gracia que y puscha attenyer la affectió de aquell qui ho desija.

No sia nengú qui estime ab ses propries forces e industria natural, que puscha aconseguir aquest do; cor no es en res en la ma, ni en neguna aiuda de la industria humanal, ans es singular benefici de la gracia de Deu qui es fort cara e molt tart a ben pochs donada.

E a parlar, escriure o definir res de aquest grao o dels altres que s seguexen no sens merit es ferida la mia cogitatió de por e lo enteniment de dupte com de aquesta cosa fort pocha sia en mi experiencia e freuol conaxença.

E ato[r]ch gran rao [?] en contar [?] de aquell ni era puiat en aquest escalo, enterroguat quina cosa era, quasi donchs respongués durament dient: Com poets demanar experiencia de aquella cosa que parlà amb mi Ihesu Crist?

Fa aquest testimoni de no saber en aquell seu arrapament si era en lo cors o fora lo cors. No ns liurà ni ns dix pus de aquest fet si no que es estat arrapat fins al tercer cel, no certificant nos de aquell qui l arrapa, no manifestant nos la manera, no què y viu en aquell arrapament, sino hi hoy paraules secretes e testifica que no es legut al hom parlar açò que hoí.

Donchs què poré io, ab quin […] me atreuiré al mon de aquesta materia res scriure ni parlar? Lo meu enteniment ia es fort minue, si no que m recort arrapaments de diuersos, car es estat arrapat Enoch, e Elyes fo arrapat en vn carro fogueiant, e fo arrapat sent Pau, och e sent Felip, e no dupte de sent Pere e sent Jachme, e sent Johan sobre los pits de Ihesu Crist, e no descrech molts en los nostros temps esser arrapats e n he sciencia de vna persona qui de present coman a silenci iatsesia per ventura pochs contradiguessen si ab son propri nom la demostraua.

Pero atorch mi per nengú de aquests no est estat informat en quina guisa algú puscha esser estat arrapat o com se deia aparallar la anima a açò que merescha aquest diuinal arrapament sino que en algunes scriptures fort escurament e molt confusa, e lest diuerses conclusions difícils de entendre. E si mes dema | naua la rao e quina es la | [248] causa de açò, responch mi esser uençut en aquesta materia, forçat a respondre per ço com aquest arrapament es inefable e marauellós. E com se pot pensar la caritat de qui açò legirà, ni pot esperar la nostra affectió, cuydant se no haurà poder de parlar ni dafinir açò que ull no ha vist, ni orella oyt, ni en cor de l hom null temps es puiat? A nosaltres, diu lo apostol, ho ha reuelat Deu per lo seu spirit. Car les coses qui son sobiranes no son demostrades ab paraula, ans sol son reuelades per lo sperit, com la cosa marauelosa que la paraula no explica, cerqua la oratió e spere la deuotió aconseguesca la puritat.

Per uentura serà feta questió, què es esser arrapat. Responch, no neguo cerquem curar [?] per aquesta questió, faça inquisitió qui serà aquell qui haurà cercat per dir queucom per poch que sia de aquesta dificultat. O si per uentura Deu per la sua sobirana potencia e supernatural gratia me donchia experiencia de esser arrapat, esperaria nengú qui hauria sperança que m oys, res definir de tan sobirana cosa que attany res a aquesta vida present.

Veigs que com fem mentió d aquestes coses celestials qui son en aquesta uida quasi tots balbs, ne difinim res assertiuament. E donchs què farem mes [*añadido al margen:* tan] de les coses altes e sobiranes? Certes, com a les coses celestials per feruent desig nos començam de acostar e ab pensa excessiua esser arrapats en les sobre celestials, se llauors cessen les paraules e es fet vn silenci en lo cel, ni es nenguna lengua que haia cura com ne poria parlar de aquelles coses tan excellents, ni ab negunes paraules explicar ni difinir, cor tot lenguatge de gents defall en açò e tota rethorica parlar ne, es insuficient.

E lig se en lo Ezechiel que los animals que Ezechiel veu en visió anauen e tornauen e allí on era lo mouiment soptós del spirit alli anauen, e com era feta vna veu sobre lo firmament, estauen e no s mouien e baxauen les ales. D açò es entès que com la veu se fa deiús lo firmament, ço es, deiús lo pus alt cel de tots, com es feta veu de açò que desperta la humanal pensa a acostar se a la mort e desig del sobiran be qui es nostro senyor Deu, aquesta ueu es feta deiús lo firmament com enquara la anima no ha trauessat los cels per arrapament, axí com sent Pau.

Seguex se que los animals qui son entesos per los coratges de les persones, van e venen ara exercitant se en vna virtut, adés en altre e allà on lo mouiment soptós del sperit sant es, alla van, cor | [249] tota gratia que han, reben en vn moment de aquest sant sperit.

Mas com es feta la veu sobre lo firmament, tantost baxen les ales. Cor tantost que la anima es arrapada per la veu feta sobre tots los cels on es presencialment per sperit, es feta inmoble e insensible la persona, fora de si, qui no usa de nengun seny corporal, cor aquest do no ha negun veynat o parentela ab lo cors.

De açò recita sent Agustí de vna persona perfeta que com oya alguna cosa delitable, per goig sobiran en vn arrapament estrany tornaua quasi morta, en tant que no sentia lo foch material per molt que lo y acostassen.

Semblant legim de sent Thomas, doctor del orde dels frares preicadós, que com lo conuerçassen, era en vn arrapament tant fort, que no sentia res. E semblant de diuersos hauets legit e oit, los quals nomenar seria massa lonch.

E de aquests qui en les sues contemplations ixen fora de si matexs e son arrapats axí fort que venen en vn excés de pensa, alguns son qui u esperen e n reeben com no y sien vsitats, per la sola gracia del senyor, qui ls apella a tan gran do.

Altres [*añadido entre líneas:* son] que per ço que pusquen aconseguir aquest do ab aiuda pero e mouiment de la gratia de nostro senyor Deu, com ne haien gran vs ia, e continuatió, ab gran industria lur, fan tan gran disposició que aconseguexen diuerses ueguades aquest do axí singular.

E axí los primers han aquest do de arrapament per part lur o cas o fortuna; los segons per virtut e gran costum e continuatió o posseexen en tant que aiustant la gratia diuinal tota hora poden esser arrapats, que uolen.

Dels primers hauem figura en Moysès, dels segons en Aaron. Com açò que legim de Moysès qui puiat en lo mont veu per vn nuvol en sperit coses secretes. Açò fou en vn cas no pas ell aparellant s i, ans fo solament gracia de nostro senyor qui lo y reuelà. Mas Aaron quasi ia hauia gracia en son poder, tota ueguada que la rao la mouia e volenter ordonada de entrar en lo sancta sanctorum, e derré lo vel del temple los secrets de nostro senyor Deu.

Preposat açò acost me a la principal materia de aquest capitol. E iatsesia totes mes facultats e virtuts hi sien insuficients, e sobre totes forces de la mia sciencia e experiencia sia parlar de aquesta materia e menys haia aptea de liurar ni escriptures informant ni algú qui desija res saber de aquesta materia, pero humilitat dauant la reuerent presencia de aquells qui açò legiran affectuosament proposada, suplich a tots legidós e oidós que sostenguen sol | vn poch mia ignorancia | [250] per lur gracia, que en aquest pas requir suportants mi.

Cor segons lo meu petit ueiares açò que lo meu sobiran senyor me dara a cogitar e entendre en aquesta materia, diré, no pas presumint res de mi sino açò que en sent per scriptures de doctors aprouats.

E si res exemplificant en alguns passos era incongruament posat, sotsmet mi a correctió e aiuda dels maiors en antiquitat e mes suficients en sciencia que mi.

Adonchs per introductió de aquesta materia tan alta, propòs segons mon albir que axí com lo cors de la persona ab los peus materials es adés d açà a de dellà segons mouiment del apetit, axí la anima racional per los seus desigs, qui tenen loch de peus, es menada e tirada alla on lo soptós mouiment de les sues affections e desigs la empenyen.

E tant com pus feruents seran les affections e pus soptoses, e mes enceses, per cobeiança de aconseguir açò que desigen necessari es que ab molt soptós e espatxat mouiment allí sia portada e arrapada on ha son apetit e affectió.

E contempla, ma ymaginatió que axí com los peys, qui son presos ab l am, null temps serien presos si primerament no prenien lo meniar qui es aquí present, axí matex la anima null temps seria arrapada, si primer no arrapaua. Açò apar Ihesu Crist confirmàs per lo euangelista qui diu: Lo regne dels cels, sosté força, e aquells qui faran violencia lo arrapen. Se llauors fa la anima força en lo regne dels cels e forçadament ab violencia los arrapa e ls tira a si, com ella tota, de tot en tot encesa e ardent no cessa de cremar en si ans ab continuada pensa e consideratió per la memoria e recordatió continuada dels beneficis rebuts, axí encesa e leuada en alta contemplatió que puiant sobre si, oblidant tota altra creatura, axí es ardent e assedeguada de la presencia del seu amat, que tant com li es possible en la similitut o semblança del seu amat se es transfigurada.

Cor tanta es la força de la amor, que fa de necessitat esser aquell qui ama, semblant a l amat. Apar donchs

que sia cosa couinent al sobiran amador e propria, qui
ab tot son cor e força quorespona ab amor a aquell qui
l ama, retent semblant per semblant, e que retribuescha
do de arrapament a cell qui l ha volgut primer per consideratió rebre ab arrapament.

E com se poria estar de amar aquell qui ama, ni per
quin desplaer se n | poria lunyar cell qui tots temps ha
amat, ço es lo sobiran | [251] senyor. Negú donques no s
desper de esser amat, qui aquest senyor ama, cor fort
uolenter seguex la amor nostra lo nostro creador, la
qual es ordonada en ell, qui respon molt per maior amor
sens proportió o conparatió que no es la nostra.

Cosa seria no leguda al sobiran amador si per amor
arrapat per la anima no la tiraua al seu arrapament e si s
jaquia vencer o sobrar en amor, cell qui es sobirana
amor.

Adonchs aquell qui desija puiar sobre aquest grao e
uol hauer experiencia quina cosa es esser arrapat, cerqua
diligentment, desig o feruentment ame, ab gran ardor
faça oratió, ab gran instancia continue, ab perseuerança
acost si, ab desig e sperança en tant que meresca hoir
de si açò que diu la scriptura: Persona est de desigs, no
tardes a empetrar, cuyta de tirar aquell espos ab desig
molt ardent e arrapa l en les tues entramenes, per ço
que ell te leu en alt e t arrape a les sobrecelestials ma-
rauelles e palaus seus supernals.

E no s pens aytal esser defraudat o enguanat en lo seu
desig, si es feruent, cor segons lo propheta, als justs dara
lo lur desig, e fara la uoluntat de aquells qui l temen.
E donchs, quant mes complira la affectio dels deuots
contemplatius, qui l amen, e oirà la preguaria de aquells
que axi l tenen emprendat en lo lur cor?

De açò que damunt es posat, ab lo que s seguex, pot hom hauer alguna intentió que uol dir esser arrapat. E no s pren ací arrapament segons ma estimatió, axí com les comunes persones vulguars o entenen, e segons lur costuma, com hauen en vs de dir arrapament com contra uoluntat de algu li es presa, quinasvulla cosa sia e li es arrapada de les mans soptosament. Lo arrapament de que ac[í] e del damunt posat fem mentió, no s pren ni es entès axí, iatsesia pogués hom dir que en aquest arrapament qui es de la esposa al espos, haia alguna violencia amiguable e dolça.

E segons mon juhy, per aquesta rao es dit arrapament com cells qui aconseguexen aquest do lo han soptosament e sens prouisió e quasi en un moment. Empero no es arrapada la anima forcíuolment per l espos ni l espos per la anima. O es dit arrapament per ço, car quinesvulla sia la anima en aquesta vida present qui aconseguex aquest do de gracia, sol la merex optenir per fort poch temps e momen- | [252] taneament, e açò per la gran fexuguea del cors e per la sua imperfectió e gran e greu instabilitat, car segons diu Job, l om nat de la fembra nunqua està en vn estament matex perquè anuides o null temps pot hauer gran detentió en aquell benauenturat arrapament, ne en aquell per molta continuatió estar la anima posada en aquesta vida, cor ella prenyada del carrech de la mortalitat del cors, tantost cau e alanegua en aquestes coses jusanes, e reuerberada o ferida soptosament ab lum sobirana, tantost torna a ci matexa, en tant que de aquella lum a la qual ab grans suspirs era passada e puiada, torn ab gemechs e sanglots, forçada en lo esser de aquesta vida, escur e tenebrós.

Cor tanta es la vigor e abundancia de aquella lum que axí com leuats los nostros ulls corporals enuers la esp[h]era del sol si uolem guardar lo sol per lo seu rag de fit en fit, no podem per res mirar; o com per la granea de la lum es forçada la agudesa de la nostra vista en tant que no pot sostenir aquell lum per gran temps, ni tasta la sua dolçor, sino soptosament, quasi per vn moment.

Axí com la sageta tramesa per l arch en amunt ab vn uolament soptós s en puia en alt e tantost torna deuallar.

E axí com los peys qui juguen en l aygua donen vns salts sobre l aygua e tantost se n tornen; e axí com les altres bestias juguant, folguen vn poch sobre l aer e tantost tornen en terra, axí la anima soptosament arrapada, soptosament torna a si matexa.

Ay las, en [a]questa miseria som posats e cayguts qui aquella lum sobirana per la qual som fets e creats no podem sostenir. E hauem ne eximpli de açò, euident e manifest, car tres qui forem [errata del copista, en vez de "foren"] en la transfiguratió de Ihesu Crist no pogueren estar sobre los lurs peus com veeren tan gran lum, ans caygueren sobre les lurs fas o cares. Sent Pau circuit de vna gran lum, caent en terra perduda la vista fou en tot lo seu cors debilitat o aflaquit. Daniel diu en pas de les visions: io viu aquesta lum excessiua o molt gran e no romàs en mi fortalea.

Es testimoni pero de aquest arrapament com la anima en tan soptós desig del seu amador, a ueguades se encén axí que per lo foch de amor tota cremada, remoguda la gratuitat o fexuguea corporal contra la natura del seu cors qui dispensant virtut diuinal es la persona puiada |

[253] sobre l aer, e aquí per algun temps marauellosament detenguda.

Axí com trobam de alguns en scriptura, si ia per uentura no sien qui diguen axí com sent Pau si matex ignorar, o no saber ia, si eren dins lur cors o fora d ell. E semblant arrapament hom recorda hauer negunt lest si no l escrit de l apostol sent Pau.

Adonchs com la suauitat o dolçor del repos spiritual en lo qual la anima arrapada quasi tastant lo ha fruició o benauenturança no puscha plenariament ni perfeta esser optenguda la dita dolçor per gran duratió de temps en aquesta vida present, e com es optenguda la dita dolçor, no sapia la dita persona arrapada difinir o parlar ne res assertiuament, per ço segons mon arbitre es entesa la paraula qui es escrita en lo Apocalipsi, on diu mosse-[nyor] sent Johan: E on totes les coses quasi en miga hora, tinguessen silenci, e la nit escura en lo seu cors tingués son cami, la tua paraula tota poderosa, senyor, vench de les cadires reals.

Per açò es entès que lauors es fet silenci en lo cel, ço es en la anima que es dita cel, com totes les coses creades qui solen fer gran brogit en la anima portant la per diuerses cogitations en diuersos lochs, en moltes guises enquietant o enpatxant la, han silenci son foragitades del cel, ço es de la anima.

Se llauors la nit en miga hora fa son cors o camí, car en aquest migan estament qui ue abans de l arrapament ia la suauitat o delit spiritual se acosta a la anima que n foragita tota cosa mundanal e la sua affectio o amor tira al seu desig o amor, aprés d aquest estament de la nit ab vn soptos mouiment, la tot poderosa paraula uenint de les cadires reals e arrapant a si la anima illustra o illumina la de vna lum spiritual en axí que estant en aquest mon present ia se alegra com en vna ymage o semblança perceba o conegua aquella b[ea]titut o benauenturança, la qual ull corporal no ha vista e axí dreçant se sobre lo onzèn grao de contemplatió, los seus ulls ferma e fig a contemplar les coses sobrecelestials.

E com aquest arrapament no sia fet sino fort en breu temps e transició, per ço es damunt posat que lo silenci no fon fet en hora perfeta sino en miga hora, e ço de aquest arrapament la persona no sapia res o determenar reduida als actes corporals, per ço diu notablement quasi per miga hora e no diu perfetament miga hora.

Encara mes segons mon | arbitre es altra distinctió de arra- | [254] pament, axí com son tres visions posades per los sancts doctors, qui diuersifiquen o multipliquen tres arrapaments, com es visió corporal la primera, ymaginaria es la segona, la tercera, intellectual.

La primera visio corporal es per la qual hom no pot veure les coses corporals, axí com vn hom veu a l altre e en aquesta forma veu Balthasar vna ma qui scriuia en la paret.

La segona visió ymaginaria es com algú sonpniant e posat en vn ésser de que hom diu qui es fora de si matex, veu per reuelatió de Deu algunes ymages o semblances de coses creades, axí com Nabuchodonosor veu lo cap de la estatua, lo cap de la qual era de aur e l arbre qui tocaua fins al cel.

La terça visio intellectual es com no veu les coses corporals, ni les ymages lurs o semblances, ans l enteniment, per lo gran poder de nostro senyor Deu es vnit en les coses incorporees sobre celestials. Aytal fon la visio de l apostol sent Pau e aquesta es lo tercer cel al qual fa testimoni esser arrapat, car per aquestes formes tres, damunt scrites, de visions, los sancts doctors entenen tres cels.

E apar segons la doctrina o traditió de sent Agustí, que l apostol sent Pau en lo seu arrapament veé Deu faç a faç, com diu en axí: Per quina rao no creurem que Deu no haia volgut demostrar la vida esdeuenidora, la qual no sia que s pertangués aprés de aquesta, al doctor de les gents, apostol seu, arrapat fins a tan excellent visió? E axí segons sant Agusti sent Pau fou arrapat fins a la visio de la sancta trinitat e açò es fins al tercer cel.

E a uegades es arrapada la anima fins al primer cel a les veguades al segon e fort tart ab sent Pau al tercer.

E iatsesia que del quart cel en propria forma no haia lest en la scriptura que n sia feta menció, si posaua per scriptura ço que m tinch en lo meu cor no m sia pres a presumció ni a temeritat o follia, mas a una furiosa amor spiritual, qui per excessiu o molt gran desig, ardent o cremant, me fa aparent o semblant a persona qui es posada fora son propri mouiment. Car dich que no es cosa suficient a la mia anima, ni sera null temps contenta o paguada de puiar en aquests tres cels si ia no li es dat per gracia singular que penetre e trespassa fins al quart, per ço que de aquell loch d on es exida per amor en la sua creatió, sia reduida o tornada per | aquella matexa amor en la | [255] sua glorificatió.

Per lo quart cel, de qui propri motiu meu faç mentió, entench en aquest pas lo meu senyor Ihesu Crist, lo qual la mia anima no solament desija ueure per vn petit moment o temps soptós, ans no seria sadollada en lo seu excessiu o molt gran desig, fins sia vnida e aiustada per amor a ell, son creador. Ni m pens açò esser inpossible,

co[m] lo apostol sent Pau digua que cell qui s acosta
ab lo sobiran senyor es fet de vn sperit matex ab ell.
E per ço que n fossem certs e n aguessem sperança, lo
fill de Deu auní o aiustà a si la natura humana en lo
ventre sagrat uirginal de la verge Maria; d on, espe-
rassem foragitar tot dupte les nostres animes, qui amen
lo sobiran be esser en algun temps esdeuenidor aunido-
res o aiustadores al lur creador.

O anima benauenturada, a qui serà donada aytal experiencia, iatsesia que en aquesta plorosa vida no n
puscha aconseguir perfeta conaxença. Ay anima mia, e
quant serà lo temps, quina serà la hora per que lo cors
imperfet qui no pot hauer semblant visio, te lo teu desig
que no sia conplit. Qui t veda anima mia, aquest be
[*añadido al margen:* tan gran], qui t tol aquesta gracia?
Cuytat, no't trigues a empetrar tanta perfectió. Digues
me, quin rey temporal ha contractat ab tu axí familiar-
ment que t haia acostada a si sens mitjà? No es negú
sino lo sobiran senyor, al qual sospiras.

Empero per ço que no aparegua que tu, anima mia,
per massa gran cuyta errasses lo salt, preuenint o cuytant
lo temps e la hora, iatsesia que io no haia ignorancia que l
teu desig insaciable qui en aquest mon no pot esser
conplit, no sostengua pacientment les trigues qui son
a tu grans com la amor qui es inpacient, no prengua solaç
quant per greu triga no pot ueure lo sol amat. Consell
te que s sostengue s sol vn poch e de grao en grao gra-
ciosament e sauia, puia los quatre escalons qui resten
en guisa que a la per fi pus facil o laugerament meresques
de optenir açò que desijes.

Encara ueg que resta a tu vn gran cami e per molts e
diuersos puiaments e deuallaments vas a venir a aquell

loch que desijes, a ueguades torna t del terç al primer
e al segon cel, a les ueguades torna t del primer al segon
e al tercer, en tant que corrent del un a l altre, semblant als animals o besties qui anauen e retornauen en
forma de vn lamp resplandent, peruengues al mont de
Deu qui es dit Oreb, ço es, a la taula plena o | onplida
de tota [...]ositat [?], diuersitat e | [256] multitut de
viandes, en la qual trobaràs lo pa dels angels de que son
aiudats los sants en lo cel delitablement e sadollats;
e se llauors poràs tu com dir ab lo psalmista: Lo meu
senyor me regeix e no m defallira res; en loch de gran
pastura me ha collocada o conuidada.

Corre adonchs de vn grao en altro, en aquest temps
mijà no dormes, ne dons son als teus ulls. Leua t en
lo començament de les vigilies, desperta lo teu amat,
tenint tu e conseruant per tots temps en humilitat lo
derrer loch per tal que en temps esdeuenidor merescha
la tua deuotió hoir: Amich, puia damunt e serà t honor
e gloria dauant tots los conuindants.

Se llauors com tu arrapada en lo abis e pregonea de la
sobirana resplandor, tota abocada e de la seruitut de
corruptió en la franquea de la gloria dels fills de Deu
portada, ia en aquell espill eternal en lo qual resplan-
dentment luen totes les coses ab vn pur e cencer esguart;
contemplant ueuràs e miraràs totes les coses creades, tant
pus clar e mes nedeament e purament, quant mes veus
vna persona pus perfetament que quant ueus la sua figura
pintada a la paret. Car ueent la paraula per la qual son
fetes totes coses, veuras en aquella matexa paraula les
creatures qui son per la dita paraula fetes, en la qual
molt mils e pus perfetament son que en si o en la sua
propia natura.

On axí com les ymages e les figures de les coses qui
son posades dauant lo spill, son vistes en lo dit espill,
axí sens nulla conparatió, molt pus ver e pus perfetament, tant com ha dissimilitut entre lum e ombra, la
ymage e la persona, que figura les coses creades, qui son,
seran e son estades, en la contemplatió sobirana del
creador, de que tu per mi e en qui totes les coses son.
Per los sants seran vistes tant com es plasent a lur creador demostrar de la sua essencia e dels seus secrets. Ni
açò deu esser duptós a nulla persona, com sent Benet,
segons que legim, haia vist tot lo mon aiustat en vn raig
de sol.

E que diré de la visió de la sancta trinitat? A enteniment creat no es possible de açò declarar, ni dir res certament com al enteniment dels seraphins, qui son en lo
mes sobiran orde es cosa inconprehensible. Cor negun
enteniment creat no la pot ueure segons tota la sua perfectió que es infinida en lo seu pur esser, en lo qual en-
vides lo pot hom contemplar, car tant com freuoltat
humanal se <se> esforça de acostar se a aquesta nubi-
lositat que s mostra als viuents | en aquest mon | [257]
fosca e escura, mas als saluats fort clara e luent, en la
qual dementre habita tant es obtenebrada e escurida,
ferida de la dita escuredat luminosa o luent e foragi-
tada de aquella lum per la resplandor transcendent o
sobirana.

E fatiguada en sa infirmitat o malaltia es conpresa per
la gloria e magestat. Car diu la escriptura que l esco-
drinyador de la magestat es opres per la gloria. E diu
lo psalmista: Com l om se acostara al cor alt, sera puiat
mes pus alt Deu.

No metam donchs nostra força a mes saber que no es

necessari a nos per que massa alt puiant, no errem lo
salt, car tant com la persona es posada en aquesta vida
mortal, no aprofita axí en contemplatió que en aquell
raig de la sobirana lum increada los ulls de la sua pensa
de fit en fit per gran continuatió de temps fige o fita,
car lo senyor tot poderos en aquesta vida mortal no es
vist en la pura claredat de la sua essencia, mas la anima
considera algunes coses que son jus Deu, d on refocillada
o fortificada, aprofita en la contemplatió del seu creador.

En aquest enteniment deya Ysayes que les coses que
estauen deiús ell conplien lo temple, car segons damunt
es estat posat com la pensa assats en la contemplatió
ha aprofitat, ia no considera Deu sol en la sua essencia
pura, ans contempla les coses que son jus ell.

Si ab tota la intenció, la pensa qui es fort peregrina
en lo cors freuol, se esforçaua de veure aquell llum, axí
com es en lo seu pur esser, no poria per res, car com
amaga-lo y la ceguedat de la sua dampnació.

Per gran virtut que en les persones santes e eletes en
aquest mon resplandesca, no poden penetrar o trespassar
ne una de com gran serà aquella gloria de la nostra
nouella natiuitat quant a contemplar lo lum de eternitat
o eternal, lo nostro saluador reformara lo cors de la
nostra humilitat, configurat o fet semblant al cors de la
sua claredat e reformat o altra uegada format, lo posarà
en la sua gloria per tal que hon sera lo cors en aquell
loch sien aiustades les aguiles, e totes les partides sien
aunides al lur cap inseparablement o sens separatió.

Deuem entendre nostro saluador diligentment e ab
gran attentió, qui volem en la contemplatió de la sancta
trinitat esser promoguts e la natura del senyor contemplant; considerar deuem e squiuar que no mesclem en

aquella sobirana, sancta trinitat, nulla cosa corporal, com sia la natura diuinal en tot loch, e en tot loch sens loch corporal | [258] que la contengua.

Per que nos, lunyats los vlls de nostra intelligencia de tota cosa corporea corruptible e incorruptible, se llauors sens dupte sapiam uerament açò que de Deu conaxem com sentim en nos mateys que plenariament e perfeta, alguna cosa sentim la qual no som suficients de entendre.

E com a la altea de nostra salut e a la intelligencia de la sancta trinitat sentim que no podem atenyer, cregam que açò nos es bo en que nos no som suficients.

Null hom no s acosta tant a la conaxença de la trinitat o diuinitat com cell qui enten en les coses diuinals si molt hi ha aprofi<ta>tat.

No s i pot tant acostar que no n romangua infinida cosa mes que ell no n enten, ne jamés poria entendre cor aquell qui presumex si esser uengut perfetament a la cosa de que fa inquisició en les coses diuinals, no la troba axí, ne tant que no defalla en la inquisició.

Haiam, donchs consolatió e sapiam que ha escodrinyar lo sagrament de tanta pregonea som impars o insuficients e a aquelles coses, les quals aiudant la gracia de Deu poden en açò esser via o carrera al nostro enteniment, girem los ulls de nostra intelligencia per ço que per la conaxença de les coses visibles e per la consideratió de les creatures atenyam a les coses qui son sobre tot enteniment e rao natural.

E si per ventura no podem ab l enteniment, almenys atenyam hi per deuotió e affectió de desig. Car no ha forma o guisa al mon pus suficient a entendre la sauiesa, justicia, bonea e misericordia de Deu e les altres perfections qui a ell son atribuides quant al nostro enteniment

tant com li es possible en la present vida, com per soptil
inquisitió de les coses creades, car diu lo saui que per la
granea e belea de la creatura pot hom conexer lo creador.
Excepten la affectió, amor o desig, qui molt mes alt uola
que l enteniment enuers Deu, menyspreades empero les
coses qui son jus ell.

Capítol XXI

DELS XI GRAO PER ON PUIA A CONTEMPLATIO DE LES CREATURES

Es cosa digna de memoria e en l enteniment notadora,
que tota nostra contemplació pot esser generalment sots
dos articles conpresa, ço es de les creatures e del creador. Adonchs per us que de les coses jusanes vingan
a les sobiranes, e per la consideratió de les creatures siam
aiudats en la contemplatió del creador e pus facil o lau-
ger e mes perfet sia lo puiament, cosa es necessaria e
molt profitosa per ço que pus perfetament e sauia, iatsesia
que mes sia tardada la | anima | [259] a aconseguir açò
que desija que girem los nostros ulls intellectuals de la
nostra consideratió a la contemplatió de les creatures que
pot fer en endreçar nos a la contemplatió del creador.
Jatsesia que aquest grao onzè qui es posat de arrapament, qui es posat deèn grao, aparagués que sol degués
pertanyer a aquelles coses que son reuelades per la gracia diuinal en lo arrapament o aprés ia açò pas no es
inconuenient o cosa no leguda disponent o contrastant la
raho si aprés lo arrapament la anima torna a considerar
e contemplar las creatures en lur granea e bonea.
E no deu esser de tot foragitat de la pensa açò que vn

poch abans es posat damunt que per molts e diuersos puiaments e deuallaments vingam a perfectió de nostre terme, adés del tercer cel, tornant al primer e al segon, e del segon al primer e tercer.

E per maior probatió de aquesta damunt dita veritat podem veure la forma de contemplatió figuratiuament en los ocells del cel qui a les veguades se abaxen prop de la terra, a uegades se n puien en lo mont alt del aer e aquells lurs puiaments o deuallaments diuerses veguades repetexen e tornen.

Veia mes la vostra consideratió que los dits ocells a les uegades uolen a la part dreta, a uegades a la sinistra, a les uegades a la vna part, a les uegades a la altra, declinant o girant no pas tornant derrere o fort tart, es aquells lurs volaments, puiaments e deuallaments ab cotidiana frequentatió o continuatió com repetexen o tornen.

Considere mes la uostra deuotió los dits o[c]ells com volen girant se entorn e quasi soptosament e souint aquells mateys mouiments e volaments e semblants, a ueguades maiors, a ueguades menors, repetexen o tornen tots temps venint en loch matex.

Veia mes deuotament la vostra consideratió com alguns ocells dotats de grans ales, uolants sobre l aer reuerberants o ferints ab les dites lurs ales en vn loch estan que no par que es moguen e ab vn petit mouiment se fan sobre dit aer inmobles e de aquell loch per vna gran diuturnitat o duratió de temps no s partexen, en tant que per la excutió que posen en obra ab gran instancia par que vullen cridar e dir: bona cosa nos es que siam en aquest loch.

Segons aquestes semblances sanament e pura enteses, podem hauer regla e forma en nostra contemplatió qui es diuersificada en diuerses formes o maneres semblants als | uolaments dels ocells damunt | [260] memorats o dits.

Car la nostra consideratió a les ueguades puia de les coses jusanes a les sobiranes, a ueguades de les sobiranes deualla a les jusanes. E es tot ab la laugeria de la sua consideratió, corre a ueguades de la part al tot, axí com a considerar lo cors per anima. A les ueguades del tot a la part, com per consideratió del cors ue a contemplar la anima. E a les ueguades del maior fa argument al menor, a les ueguades considerant vna cosa, a les ueguades lo seu contrari.

Se llauors ve en conaxença de dos contraris, axí com de fredor a calor, de mal a be, se llauors la anima en la sua consideratió corre dauant si e soptosament tornar a enrere, com de les causes o comensaments ue a conaxença de les creatures per los principis produides o engendrades.

Axí com hom ue a conaxença que l sol engerra la calor e torna lauors anrera com de les coses engenrades o produides ue hom a conaxença de lur principi o comensament; axí com hom ue en conaxença que l foch es calent, com escalfa l aigua.

Lauors la nostra consideratió uola en gir com l enteniment considerant les proprietats e uirtuts que ixen de alguna creatura, per aquestes uenen en propria conaxença de la dita creatura en la qual reduex o torna tota sa propria consideratió.

Se llauors la nostra pensa fig los ulls de la intelligencia en vn loch en lo qual esta inmoble quant considera lo esser e natura de la creatura en la sua natural proprietat e belea.

E es cosa notabla que en cor de l hom es trobada alguna semblança ab tots los dits, car en lo dit cor la terra ha loch del primer cel e no tant solament es vn, ans lo segon aprés del primer e lo tercer aprés lo segon.

Loch del primer cel te la nostra ymaginació, del segon la rao, del tercer l enteniment. Entre aquests cels lo primer es molt pus gros o mes corpulent que ls altres dos, per ço com la ymaginatió es aquella que reté en si totes les formes, semblances o ymages de les coses corporals e groses. Los altres dos cels, ço es la rao e intelligencia en comparatió de aquest son fort soptils e prims e de tota corpulencia e grossea remoguts.

Lo primer cel que ací posam es cosa manifesta esser visible, corpulent e gros, pus iusà que tots los altres, com aquest entén la terra testificant lo Aristòtil qui en lo seu libre de cel apella tot lo mon, cel.

Lo segon cel no es axí corpolent e gros per lo qual | prenem | [261] lo aer, e l foch.

Lo tercer menys, per lo qual entenem lo foch, qui està sobre los quatre elements. Al primer cel a de parar la ymaginatió qui axí com lo primer cel produex o engenra totes les coses corporals de diuerses materies, axí matex la memoria laugerament engenra diuerses ymaginations de moltes creatures, les figures o ymages de les quals conté en si.

Al segon cel pertany conpendre o considerar totes les natures o proprietats de les coses visibles.

Al tercer cel pertany de entendre les coses spirituals de tot remogudes de corpulencia o grossea. Lo ull corporal es sensualitat, per lo qual veem les coses visibles a ell no s presents, no axí com lo ull de intelligencia ab lo qual fem inquisició de les coses amaguades e a nos absents de que per gran consideratió venim en conaxença souint.

E axí com les coses corporals venen a la sensualitat cor-

porea visiblament, principalment e corporal, axí ab lo ull
de nostra intelligencia entenem les coses absents inuisi-
blament e principalment e considerem las essencia[s]. Mas
aquest ull intellectual ha dauant la sua presencia vn
gran uel estès tot ennegrit per la delectattió del pecat
e de tants sutze carnals de cogitations leges texint que
la fan de l enteniment qui contempla enpatxat, sino quant
a la diuinal miseratió plau acordar gracia singular.

E aquests e deuallaments e puiaments, diuersitats e
varietats o guises, que son formades, son diuersos desigs,
persones qui contemplen e dons illuminant la persona,
tants que enuides poden esser entesos per algu fins per
aquell a qui es atorguada explicatió molt notable.

Per los dits puiaments e deuallaments podem considerar
per alguna semblança que trobarem en los nostros sompnis
qui souint en nos mateys, si be hi atenem a trouar. Car
nosaltres lo primerament nos dona vijares que siam arrapats e pujats en alt, a ueguades que siam gitats en lochs
molt pregons, a les ueguades uolants, nadar; a ueguades
nadants, uolar; adés coses alegres, adés tristes; a ueguades coses delitables, a les ueguades coses terribles, nos
appar que les mundanals presentades. A ueguades nos
aparerà que en [añadido al margen: vn] moment stat
de Roma on Ierusalem, e moltes altres coses qui apar
sien inposibles o profanació, forma en si la ymaginatió
de aquell qui dorm. E semblant en lo repos de contemplatió, qui a dormit primerament, es arrapat la pensa
del contemplatiu en diuerses formes | e guises | [262]
segons la diuersitat de la gratia que li es feta. Adés
es arrapada a les coses sobiranes, a les uegades se inclina e s baxa a considerar les coses jusanes, adés considera e fa inquisitió de les natures, diuersitats o ua-

rietats, qualitats o conplexions e formes o figures, e co-
mensant a la terra qui es lo pus iusà element, puiant per
totes les altres creatures fins al sobiran senyor, lo seu
camí endreça, del qual totes les coses han pres començament.

(Scala de contemplació, ed. J. Roig Gironella, S. I.
Barcelona 1975, 99-111.)

FUENTES Y ESTUDIOS

Fuster, *Biblioteca Valenciana* I (Valencia 1827), 18; Ximeno,
Escritores del reino de Valencia, I (Valencia 1747), 33; J. Rubio
i Balaguer, *Huc de Sant Victor. De arrha animae. Traducció
de Fra Antoni Canals,* "Estudis Universitaris Catalans" 4, 1910;
M. de Riquer, *Ricardo de Bury y Fray Antonio Canals,* "Rev
Bibliogr. Nac." 4, 1943, 377-80; J. M. Coll, *El Maestro Fr.
Antonio de Canals,* "Anal. Sacra Tarrac.", 29, 1956, 9-21;
J. Vives, *Exposición medieval del "Pater Noster en traducción
catalana de Fray Antonio Canals,* "Anal. Sacra Tarrac." 28, 1956,
133-56; Id., *Exposiciones del "Ave Maria" y "Salve" en traducción catalana de Fray Antonio Canals,* "Anal. Sacra Tarrac." 29
1957, 79-94; J. Roig Gironella, *"Scala de contemplació" en
traducción catalana de Fr. Antonio Canals,* "Anal. Sacra Tarrac."
46, 1973, 129-263; Id., *Scala de contemplació.* Introducción y
transcripción (Barcelona 1975); J. Rubió, *Literatura catalana,*
en "Historia general de las literaturas hispánicas", III (Barcelona 1953), 751-755; M. de Riquer, *Història de la literatura,*
II (Barcelona 1964), 433-460; Id., *Literatura catalana medieval*
(Barcelona 1972), 66-67; Fr. Antoni Canals, *Scipió e Anibal.
De providència (Sèneca), De arra de ànima (d'Hug de Sant
Víctor),* edición de M. de Riquer, "Els Nostres Clàssics", 49
(Barcelona 1935); J. Rubió, *La música del paradís a l'Escala
de contemplació de fra Antoni Canals,* "Miscelánea en homenaje de Mons. Higinio Anglés", II (Barcelona 1958-1961);
M. Sanchis Guarner, *Dos dominics coetanis en les antípodes
literàries: Antoni Canals i Sant Vicent Ferrer,* "Anales del Cen-
tro de Cultura Valenciana", 1966.

JUAN DE MENA

Nació en Córdoba en 1411. Huérfano de tierna edad, vivió en su ciudad natal con unos parientes hasta que a la edad de veintitrés años se fue, primero a la Universidad de Salamanca, y después a Roma, donde se vivía un ambiente renacentista. Aquí completó su formación humanista. Posiblemente Mena, antes de salir de Salamanca, era ya un excelente latinista. A su regreso de Roma es nombrado por Juan II secretario de cartas latinas. Hombre de estudio por vocación, este puesto le sirvió para relacionarse con altos personajes de la cultura de sus días e incluso de la política. Murió en 1456 en Torrelaguna en plena juventud. Sensible a las inquietudes de aquella época, dejó una variada producción literaria. Escribió en prosa y en verso, siendo más abundante ésta que aquélla. Por el carácter de nuestra antología ponemos de relieve la vertiente moralista de Juan de Mena, fustigador de los defectos éticos de la sociedad con las siguientes obras: *Dezir sobre la justicia e pleytos, e de la grant vanidad deste mundo; Razonamiento que faze Johan de Mena con la Muerte;* y el más importante de todos: *Debate de la Razón contra la voluntad, o Coplas contra los pecados mortales,* título este con el que se conoce la obra más corrientemente. Su mejor creación poética es *Laberinto de Fortuna,* terminada de escribir en 1444. Propenso al uso de la alegoría, se preocupa mucho por el estilo.

TEXTOS

*Es este un texto atribuido a Juan de Mena, lo cual no deja
de tener su riesgo a la hora de precisar con absoluta certeza
su paternidad. A pesar de que juzgamos buenas las razones
que se alegan a favor suyo, lo incluimos, sin embargo, con las
consiguientes reservas. Los argumentos a favor de la autenticidad se fundan en el paralelismo entre este* Tratado del amor
y obras auténticas de Juan de Mena, tales como Trescientas,
Yliada *y* Coronación. *La semejanza de expresiones, imágenes
y de modo particular las citas latinas de los mismos clásicos
en todos estos tratados lleva a una certeza moral sobre la paternidad de nuestro autor. El autor determina lo que es amor
lícito e ilícito, para pasar luego a estudiar cuáles sean aquellas
cosas que provocan y aquejan los corazones de los mortales a
bien querer e amar. Ofrece a continuación una lista de las
cosas que provocan tal amor.*

*Las obras de espiritualidad publicadas por seglares en Espa-
ña durante la Edad Media son numerosas:* ALFONSO EL SABIO
(† 1284), Cantigas; D. JUAN MANUEL, El libro infinito *y* Tratado de la Asunción; LÓPEZ DE AYALA *(† 1407) tradujo parte
de los* Morales *de San Gregorio Magno,* De Summo bono *de
San Isidoro, y a Beocio (ms. en El Escorial);* JUAN DE MENA
(† 1456), Tratado de vicios y virtudes *y* Coplas de los siete
pecados capitales; FERNÁN PÉREZ DE GUZMÁN *(† 1460),* Exposición del Pater Noster y Ave María, Las sentencias por las cuales puede el hombre tomar regla y doctrina y ejemplo de buen
vivir; JUAN ALFONSO DE BENAVENTE *(† 1478), varios tratados
canónicos;* GÓMEZ MANRIQUE *(† 1491),* Representación del Nacimiento de N. S. J., Lamentaciones para la Semana Santa.

*Incluimos este fragmento de Juan de Mena para que no
quede ausente de esta antología la gran figura del más grande
poeta del prerrenacimiento, cuyo valor literario, representativo
de su época, ha sido justamente apreciado por Menéndez Pelayo en su* Historia de la poesía castellana en la Edad Media
*y por María Rosa Lida en un definitivo libro, citado en la
bibliografía.*

Tratado de Amor

[Fol. 71 r.] Hablar de amor, más es lasçiua cosa que
moral por la mayor parte aun que la amistad e dilection,
que es amorío, mienbros lo fazen de la moral dotrina.
Todas las otras passiones libidinosas e venéreas llama el
vulga amor. De las quales los fabulosos fingimientos dis-
pusieron commo si pudieran disponer fuese deesa Venus
e Cupido dios. E pintauan a este Cupido, más verdadera mente llamado ydolo que dios, con dos goldres llenos de frechas e con un arco dorado. E las frechas que
traía en el un goldre, eran doradas, las del otro plun-
bias, es a dezir de plomo. E dezian que al que este dios
fería con la frecha dorada, sienpre le cresçía el deseo
de amar. E al que fería con la frecha de plomo, más
les cresçía aborresçer a quien le amase. E pintáuanle la
efigie o ymagen del su rostro tierna e de poca hedad,
commo de niño a dar a entender que commo en el niño
se varía la conplision, así en el que ama la voluntad.
[Fol. 71 v.] E asi commo el niño faze cosa de que todos
rien, así en el amador çiego del desordenado fuego de
querer asi ha e pone en obra cosa de que todos rien e
escarnesçen. E porque en el niño no se falla juizio ni
seso en lo que faze, bien asi commo en el que ama, por
eso le pintauan con ymagen pueril, sintiendo fondon de
aquestos velos methafóricos. Estas e otras muchas mo-
ralidades, inmutaçiones e asçídentes. Porque se puede
dezir que amor es un medio de passión agradable que
pugna por fazer unas por concordia de dulçedunbre, las
voluntades que son diuervas por mengua de comunica-
çión delectable. E de aqueste son tres maneras: amis-

tad, dilectión, que es amorío, e amor de amistad, que es la primera. No*n* me vaca *tiem*po para escreuir de una tan prolixa materia, ca sería mayor este solo mienbro quel rostro del libro, quanto más que ya los n*uest*ros mayores della dixiero*n* quanto se pudo e puede dezir, ni*n* dilection q*ue* es diuino amor; en otros lugares trataron copioso desto los santos doctores. Pues vengamos a aquello que es del [Fol. 72 r.] estilo nuestro.

E amor otra vez se subdiuide en dos partes, la una es en amor líçito e sano, la otra e no líçito e insano. Amor sano e líçito e honesto es aquel que viene por intervenimiento de matrimonio conjugal; a este mal amor no*n* sola mente la dotrina xri*sti*ana alaba e bendize, más aún la dotrina gentilidad se acordauan e alabauan al amor del casamie*n*to e creían que los dioses les eran fauorables e tenudos de ayudar, quando por el honesto amor conjugal alguna cosa come*n*çasen; bien lo siente Virgilio en el segundo dela Eneyda do*n*de escriue: "Corebo, esposo nuevo de Casa*n*dra, la noche que Troya fue entrada, como viese levar presa por los cabellos a su esposa faziéndole muchas innominias e offensas, non dexando nada por fazer, por aquel preuillegio que honestad otorga al linaje feminil, este con dolor e amor lançose en medio de los enemigos[1] tanto peleando fasta que fue muerto". Deste Corebo, esposo de Casandra, dize asi Virgilio[2]: "Quo rebus illis na*m* forte diebus venerate insano Casandre incensus amore". Quiere de-

---

[1] En el manuscrito hallamos *henemigos*.

[2] La versión aceptada actualmente: "Illis ad Troiam forte diebus venerat insano Cassandrae incensus amore". Cf. En. II, 343.

zir: aqueste Corebo vinie-[Fol. 72 v.]ra por aquellos dias
que Troya estaua obsesa[3] e sitiada a socorrer a Príamo
con mano poderosa, encendido en el sano amor de Casandra, es a dezir en amor lícito de matrimonio conjugal. Veed aquí commo los gentiles llamauan sano e líçito sólo el amor del casamiento. Desta manera de alle-
gamiento amoroso avían los gentiles por sano e no des-
onesto, es a saber, concubito de soltero con soltera, e
tounieron muchos que lícitamente podían estos aver alle-
gamiento de concubimiento, sin pecar en ello e resçebir
prole o generaçión de fijos e a los tales fijos dezían fijos
naturales; mas determinar si aquesto era lícito o non,
non incunbe nin toca al estilo de nuestro escreuir, ca
este cuidado a tal poco solicita a los poetas.

Vengamos pues al amor no líçito e insano e digamos
quales son aquellas cosas que prouocan e aquexan los
coraçones de los mortales a bien querer e amar, e dila-
temos e fagamos este capitulo más grande que los otros
por contemplación del amor. Falle el amor mayor gracia
en mi[4] escriptura que yo he fallado en él. [Fol. 73 r.]
Por ende vos otras madres fuid lexos de aquí con vuestras guardadas fijas, vos otras matronas con vuestras
sobrinas e clientas, vos otras amas con vuestras criadas,
non den orejas a mis dichos las vírgines dedicadas a
Vesta nin me sea dada fe en esta parte a lo que diré o
si lo quisiéredes oyr e fee me queredes dar a lo que digo

---

[3] En el manuscrito aparece *obssesa.*

[4] En el manuscrito aparece, entre *mi* y *escriptura,* la abreviatura *spu,* que es siempre *spiritu;* se trata de una errata quizá motivada por la confusión con la abreviatura de *scriptum.*
Al darse cuenta de que no es correcta por ser latín, utiliza romance y en vez de subpuntuarla o tacharla la deja así.

que mueven a amor, dádmela así mesmo alos que diré
que mueven aborresçer. E plega a Dios que las dotrinas
que daré sean nuevas avos otros, mas mucho temo que
non vos puedo dezir cosa que el uso e esperiençia ya
non vos aya enseñado.

Pues digo que entre las cosas que despiertan e atrahen
los coraçones a bien querer, las prinçipales virtudes es:
fermosura, vida conforme, dádivas e grandeza de linaje,
e fabla dulçe, antiçipaçión enel querer, oçio, familiaridad, entrevenimiento de persona medianera, persegui-
miento; entre aquestas cabsas son algunas que provocan sola mente a amor e otras solamente a esecuçion
e otras a amor e esecuçión. Junta mente que provocan
a amor virtudes e antiçipaçión en amar, pro-[Fol. 73 v.]
vocan a amor e esecuçión, fermosura e dulçes palabras
e así de semejantes. Pues veamos estas cabsas cada una
por sí e confirmémoslas en enxenplos e pruevas algunas por que dellas más podamos creer e cognosçer que
despierte e atraya virtud qual quier coraçón a amar;
clara cosa es e así se magnifiesta toda voluntad humana es ynclinada más a viçio que a virtud. Por ende
qual quier que repugnare contra el viçio e se allegare
ala virtud, más es de preçiar e amar por que esforçó la
voluntad. Así mesmo escogiendo lo mejor e commo en
el camino del amante sea libertad para descoger lo que
más le plaze, el hábito electiuo de amor viene en ábito
de elegir antes al virtuoso que a otro, por enxenplo mas
amigable se puede aquesto cognosçer a que se responde; e pregunta que cabsa movió a Pantassilea, reina de
las amazonas, a venir desde las faldas del monte Cauca-

so con armada mano a Troya en socorro [Fol. 74 r.]
saluo el grande amor que avía conçebido de Ector por
la grande fama de su virtud.

(*Tratado de amor* [atribuido a Juan de Mena]. Estudio y edición de María Luz Gutiérrez Araus. Ediciones
Alcalá, Madrid 1975, págs. 93-95.)

FUENTES Y ESTUDIOS

C. R. Post, *The Sources of Juan de Mena*, "The Romanic
Review" (Nueva York), 13, 1912, 223-79; *El Laberinto de Fortuna o las Trescientas*, ed., prólogo y notas de J. M. Blecua
(Madrid 1943); *Razonamiento que faze Juan de Mena con la
muerte*, ed. de R. Foulché-Delbosc, "Revue Hispanique", 9,
1902, 252-54; Id., *Etude sur le "Laberinto" de Juan de Mena*,
"Revue Hispanique", 9, 1902, 75-138; Ch. V. Aubrun, *Un traité de l'amour attribué à Juan de Mena*, Mélanges... Georges
Cirot (Bordeaux 1949), 73-84 (se edita el tratado); F. Street,
La paternidad del "Tratado del amor", "Bull. Hispanique", 54,
1952, 15-33; M. Bataillon, *La edición princeps del Laberinto
de Juan de Mena*, Estudios dedicados a Menéndez Pidal, II
(Madrid 1951), 325-34; R. Fuentes Guerra, *Juan de Mena,
poeta insigne y cordobés modesto* (Córdoba 1953); O. H. Green,
Juan de Mena in the Sixteenth Century: Additional Data, "Hispanic Review", 21, 1953, 138-40; M. R. Lida, *Juan de Mena,
peta del prerrenacimiento español* (México 1950); el vol. 28 y
año 1957 de "Boletín de la R. A. de Ciencias, Bellas Letras y
Nobles Artes de Córdoba" está dedicado a Juan de Mena;
R. Lapesa, *El elemento moral en el Laberinto de Mena: su influjo en la disposición de la obra*, "Hispanic Review", 1959,
257-66; M. Saza Palacios, *La influencia bíblica de Juan de
Mena*, "Gibralfaro" (Málaga), 3, 1963, 171-77; L. Revuelta,

El dolor y la fortaleza en Juan de Mena, "Boletín de la R. Academia de Ciencias, Bellas Letras y Nobles Artes de Córdoba", 28, 1957, 107-13; *Un traitée de l'amour atribué a Juan de Mena* (publicado en el "Bulletin Hispanique", vol. L, 1948, núms. 3-4, por Charles V. Aubrun, págs. 333-344).

ISABEL DE VILLENA

Isabel, en el siglo Leonor, era hija de don Enrique de Villena, figura prócer en la literatura castellana. Nació en 1430, probablemente en Valencia. Huérfana ya a los cinco años, ingresó a los quince en el convento valenciano de la Santísima Trinidad de las Clarisas, fundado hacía poco por doña María de Castilla, esposa de Alfonso V. Cuando apenas tenía treinta y dos años fue nombrada abadesa del mismo, cargo en el que permaneció hasta 1490, fecha de su muerte. Falleció, víctima de la peste que azotó la ciudad del Turia, a la edad de sesenta años. Sus contemporáneos se hacen eco de su vida ejemplar y de su excelente piedad religiosa. Poseía Sor Isabel una gran cultura, que muestra en su excelente *Vita Christi*, obra en la que, además de dejarse traslucir la feminidad de la autora y la clase aristocrática a la que pertenece, tiene tal realismo de contenido y expresión que pudo llenar toda la capacidad emotiva de las Clarisas, sus destinatarias. Sor Isabel de Villena es la figura aristocrática más notable de la literatura catalana en la Edad Media.

TEXTOS

La *Vita Christi, un libro extenso estructurado en 290 capítulos, en realidad es una vida de la Virgen y de Cristo: se inicia con la Anunciación y termina con la Asunción. La es-*

cribió para utilidad de las religiosas del convento. Básicamente, las fuentes históricas son los evangelios, a los que va siguiendo paso a paso; pero en el desarrollo se introducen numerosos episodios y personajes que hacen de su obra un escrito con rasgos novelescos, hasta el punto de evocar el recuerdo de los evangelios apócrifos. Todo el contexto de la obra, con sus personajes, sus diálogos y sus piadosas consideraciones, crean un ambiente que rezuma alta espiritualidad. Su lectura, muy amena, va elevando gradualmente al lector hacia la contemplación divina en sus grados más perfectos.

La obra se mueve en la esfera de la mística franciscana. Aunque ha leído el Pecador remut *de Felipe de Malla, la* Vita Christi *es superior, al menos en su aspecto literario. Sor Isabel Villena es una escritora artista y además original en la manera de presentar su doctrina. Los textos mariológicos elegidos realzan algunos privilegios de la Señora. La obra fue impresa por vez primera en 1497, debido a los esfuerzos de la sucesora de Sor Isabel al frente de la abadía.*

Vita Christi

Capítol XX

Com lo gran embaxador Gabriel, saludant la Senyora, li esplica altament la divinal embaixada

Venint lo excellent embaxador sanct Gabriel tramès per lo Pare eternal, entrà dins la cambra hon la Senyora era sola ab totes les virtuts, donzelles sues.

E sens obrir nenguna tancadura se mostrà a sa senyoria en forma humana ab infinida multitut d'àngels en companyia sua, segons a tal missatgeria se pertanyia.

E ficant los genolls lo dit Gabriel dauant la excellent Senyora, dix a sa altesa ab grandíssima reuerència:

Aue, gratia plena, Dominus tecum [1]. Volent dir: A vós, reina clement, sia donada lahor e glòria, car plena sou de gràcia, e lo Senyor és ab vós: lo qual me tramet açí ab nova embaxada.

E la excellent Senyora que veu la gran magnificència del missatger a ella tramès per nostre Senyor Déu, volgués leuar per fer honor a tan solempne embaxador. Lo qual ab gran reuerència li dix: O Senyora! sia de vostra mercè voler-se tornar a seure, car a vós sola, aprés nostre senyor Déu és deguda honor e reuerència, car Senyora e Reina general vos ha huy constituyda la Majestat diuina sobre els àngels e hòmens". E la Senyora humillíssima, acompanyada de molta vergonya, *cum audisset turbata est in sermone eius et cogitabat qualis esset ista salutatio* [2]; car estant ab los vlls baxos, la cara sua algun poch mudada de color per sobirana vergonya, ab gest prudentíssim recogitaua dins lo secret del seu virtuós cor quina salutació podia ésser aquesta.

Car ella, fundada en aquella gran virtut de humilitat, no estimaua ésser digna de tanta honor e glòria.

E l'àngel, mirant ab gran plaer la humilíssima Senyora, confortà-la dient: *Ne timeas, Maria, inuenisti enim gratiam apud Dominum* [3].

Volent dir: O, sereníssima Senyora! no temau res; car vós haueu trobat gràcia dauant la diuinal presència, e vós sola haueu attès aquella gràcia tan desijada e cer-

---

[1] *Lc.*, 1, 27.
[2] *Lc.*, 1, 29.
[3] *Lc.*, 1, 30.

quada per tota natura humana. Adam, Senyora, la perdé
per consell de sa muller, desobeint al Creador seu, perquè posà en grandíssima dolor la generació sua, trobant-
se deseretats de aquella gràcia diuina; la qual ab molta
angústia e treball han desijat recobrar los pares antichs;
e per açò moltes làgrimes han escampat, e fins a huy res
que aconsolar-los puga no han trobat, car certament puch
dir a vostra senyoria: *Quam omnis creatura ingemiscit
et parturit usque adhuc* [4]. Ara, Senyora, per intercessió
de vostra merçè és plegada la hora que natura humana
ha trobat lo que desijava e cercaua; e ab grandíssim
goig poran cantar: *Gaudeamus omnes in Domino, quia
fecit nobiscum mirabilia, quoniam translati sumus de
morte in vitam* [5]. Ara, Senyora, vull explicar a vostra
Altesa lo per què só tramès: *Ecce concipies in utero et
paries filium et vocabis nomen eius Ihesum* [6]. Car la vo-
lentat de nostre Senyor Déu és aquesta: que vostra senyoria, si consentir volrà al que per part de sa Majestat
jo diré, concebrà dins lo propi ventre; e, passats los
nou mesos que comunament les dones acostumen portar
los fills seus, vostra excellència pareixca vn Fill, lo qual
sia nomenat Jesús, que vol dir *salvador,* car aquest
Senyor saluarà altament lo poble seu. E per esta causa
dellibera sa Majestat deuallar en terra, per delliurar los
catius que són en ella.

O, Senyora! no basta lengua angèlica, ne menys humana, a esplicar la altea e magnitut de aquest Senyor
qui serà fill vostre; car certa sia vostra senyoria *hic erit*

---

[4] *Rom.,* 8, 2.
[5] *I Jn.,* 3, 14.
[6] *Lc.,* 1, 31.

magnus et filius Altissimi vocabitur; car aquell qui és
Fill de Déu serà verdader fill vostre, trobant-se en lo
cel sens mare e en la terra sens pare. E, no partint-se
del loch hon és, devallarà e clourà's dins lo vostre gloriós
ventre; car de sa Majestat és scrit: *Terrena visitans et
celestia non relinquens.* E, sens desemparar les coses
altes, devallarà a cerquar les baixes, visitant los hòmens
posats en dolor e misèria; car d'aquest Senyor és dit
que *in celo sunt conseruans et que in terra sunt sal-
uans;* car la misericòrdia diuina se vol tan largament es-
tendre sobre la terra, que en ella serà vista vna tan gran
nouitat, que may és estada vista ne hoyda semblant: que
lo Creador se faça creatura; e lo Déu eternal e inuisible, vestit de humana carn se mostrarà visible; e lo
immens serà comprès, perquè de sa Majestat puga ésser
dit: *Factus est Deus homo ut homo fieret Deus;* car
Déu se farà home, perquè lo home sia Déu. O, Senyora!
dir-vos he gran marauella de la bonea de nostre senyor
Déu; car qui és stat tan offès per los hòmens, vol a
tota sa requesta fermar ab ells amistat e pau, e fer liga
tan estreta, que Déu e home sien ensemps vna matexa
persona; en tant que serà dit: *Perfectus Deus, perfectus homo ex anima rationali et humana carne subsistens.*
E entre aquestes dos natures de primer tant enemigues,
serà lo pus sobiran grau de amor que trobar-se puga.
E sia certa vostra senyoria, que aquesta amicícia jamés
porà ésser separada, puix dins lo vostre sagrat ventre
sia vna vegada fermada; car vostra mercè porà dir:
Porta facta sum celi, ianua facta sum filio Dei; car vós
sereu la porta per hon lo Fill de Déu entrarà en l'hom, e

per lo mijà de vostra senyoria serà vberta la porta del cel.

Car aquell Senyor que cel e terra no.l pot compendre, vós, excellent Senyora, lo tancareu e cloureu dins lo vostre ventre; e serà cantat de la senyoria vostra per tota natura angèlica e humana: *Virgo Dei Genitrix quem totus non capit orbis, in tua se clausit viscera factus homo*. E de aquesta maternitat aconseguirà vostra altesa tanta honor e glòria, que no pot ésser estimada; car mare sereu dita del Fill de Déu, e per Ell hobeyda com a vera mare sua; Reina sereu general, sobre àngels e hòmens exalçada, e per tots dignament magnificada. E serà dit a vostra senyoria per tota creatura, ab lo genoll per terra, regoneixent-vos senyoria: *Domina in celo, misericordia tua et gratia tua diffusa est super terram; benedictum sit imperium tuum super celos et benedicta magnificentia tua super terram.*

Veritat és, Senyora, que a les grans honors se seguexen infinides dolors; e, com vostra senyoria entre les creatures pures sia la pus dignificada, en tant que sobre vós no y ha sinó Déu del qual prestament sereu mare, e totes les altres coses vos són sotsmeses; e per ço, Senyora, siau molt certa que les dolors e angústies vostres seran sens mesura, e us acompanyaran fins a l'últim de la vida vostra.

Fins açí, Senyora, en la tendra edat vostra no haueu sentit congoxes; ara que sereu mare de vn tal Fill, al qual infinidament amareu, més que mare jamés amàs fill; e per ço esperimentareu dolors sens nombre, les quals explicar no.s poden; car qui més ama més se dol; e qui té causa de amar, té causa de plorar.

O, Senyora! que sola sereu en plenitud de virtuts e gràcies; e sola en abundància de dolors e penes!

(Del *Vita Christi* de Sor Isabel de Villena, València, 1497, e imprimit per Lope de la Roqua, alemà, e acabat en la dita ciutat a XXII d'agost, en lo any de la Natividad de Nostre Senyor MCCCCLXXXXVII.)

* * *

Capítol XXVII

Com la noble e gentil donzella Sperança induhí la Senyora al consentiment

E acabant Misericòrdia e Pietat de animar la Senyora al consentiment, sobreuingué altra donzella, Sperança nomenada, e dix: "O, Senyora! Y ¿tan largament he yo sostenguts los hòmens ab paraules, e ara que som a les obres vostra senyoria se deté? Yo, Senyora, só del tot perduda si vostra mercè més tarda a consentir, car ja defall la força humana de tant sperar. Ajudau-los, Senyora: no pereixquen al port, car a vostra senyoria criden, dient: *Spes nostra tu es;* car la sperança dels nauegants per la mortal vida vós sou. Mostrau-los, Senyora, aquella claredat diuina qui en vós se vol humanar. Aparellau-li la vestidura, puix de carn se vol arre[r]ar: no tardeu, Senyora, car açò és lo que espera e desija natura humana. O, Senyora! Quant serà d'ací auant la dita natura inclinada a amar lo Creador seu e a esperar en la clemència sua contemplant la gran bonea e larguea de la Majestat diuina! E porà dir: *O diuini amoris immensitas: diuine pietatis superabundantia: diuinae affluentia largitatis, quam singularis et admiranda liberalitas ubi donator venit in donum et est idem penitus cum datore;* volent dir: O, diuina amor! Y quant sou immensa e incomprehensible! O, inestimable pietat de la habundosa larguea e liberalitat diuina! Quant es singular e admirable aquesta liberal clemència hon lo donador vé ab lo do e dóna si mateix ab la cosa donada! *O quam larga et prodiga largitas tanto plenius adimpleta; quanto copiosius est effusa.* O, Senyora! Y quant és larga y abundosa aquesta largitat diuina! E tant resta pus plena, quant pus copiosament se dóna. E tot aquest bé infinit vol la potència diuina sia tancat e clos dins lo vostre ventre, segons diu lo Ecclesiàstich: *Deus in terram respexit: et impleuit illam bonis suis;* volent dir: que la gran clemència de nostre Senyor Déu ha mirat la terra sancta del vostre virginal ventre, e delibera vmplir aquella dels seus diuinals béns e donar-se a vós en Fill, e que vostra mercè lo comunique a natura humana. E per ço, Senyora, no us marauelleu si los hòmens criden sens cessar, e si us són tan importuns, car cinch mília anys ha que speren lo que ara los haueu a donar, e tant com més se acosta lo temps, més pena los és lo sperar, e per ço han recorregut a totes nosaltres, donzelles de la cort de vostra altesa, que contínuament supliquem vostra excellent senyoria desempache aquesta fahena en què stà tota la salut sua. E d'açò, Senyora, importunen specialment a mi perquè he agut gran familiaritat ab Adam e ab tots sos fills, els he molt ajudat en totes les dolors sues, prometen-los la venguda d'aquest Senyor que dins vostra mercè se vol aposentar. Sia de vostra senyoria no li negueu la posada, car en tot lo universal món no y ha loch digne ni a sa Majestat accepte a posar, sinó sols lo vostre ventre. Donau-lo.y, Senyora, sens tardar: ajudau per mercè aquesta gent, que tot son bé de vós espera.

Quia magna est clementia et benignitas tua, domina: et nunquam deseris sperantes in te; car gran és la clemència e benignitat vostra, Senyora excellent, e nunqua falliu ni lexau als sperants en vós. E açò sols, Senyora, sosté natura humana: la sperança ferma que té en vostra mercè; e contínuament criden a vostra altesa tots los fills de Adam, dient: *Inueniant peccatores gratiam apud Deus per te inuentricem gratiae et salutis;* volent dir: O, Senyora; A vós suplicam troben los peccadors gràcia dauant nostre Senyor Déu per lo mitjà vostre, qui sou inuentora de gràcia tan alta, per la qual tots los reclamants a vostra mercè aconseguirem salut. O Senyora! Plàcia-us hoir aquestos clams: socorreu als qui, ab tanta dolor, ajuda a vostra mercè demanen, car longa sperança parenta és de mort". E, dit açò, aquella gentil donzella Sperança besà la mà a la Senyora, despedint-se de sa mercè per fer loch a sa jermana Fe, qui ab gran feruor venia a supplicar la Senyora prestament consentís.

(Del *Vita Christi* de Sor Isabel de Villena, València, 1497. Imprimit per Lope de la Roqua, alemà, e acabat en la dita ciutat a XXII d'agost en lo any de la Nativitat de nostre Senyor MCCCCLXXXXVII. Capítulo XXVII, fols. XXXVIIr-XXXVIIIr.)

FUENTES Y ESTUDIOS

Sor Isabel de Villena, *La legació tramesa per lo pare Adam al Senyor. Scenes mistiques del llibre intitulat Vita Christi, en lo quinzèn segle compost de Sor Isabel de Villena, Reverent Abadesa de la Trinitat, per primera vegada estampat en Valencia l'any 1497* (Barcelona 1905). Fragmento publicado por don Antonio Bulbena y Tosell; J. Barrera, *La escritora mística Sor Isabel de Villena, abadesa de la Trinitat de Valencia,* "El Correo Catalán", 14 julio 1913 (pág. literaria), recogido íntegramente por J. Ribelles Comín, *Bibliografía de la lengua valenciana,* I (Madrid 1920), 601-38; *Llibre anomenat Vita Christi, compost per Sor Isabel de Villena, abadesa de la Trinitat de Valencia. Ara novamunt publicat segons l'edició de l'any 1497 per R. Miquel y Planas,* Barcelona, MCMXVI, 3 vols. En la Introducción del primero se publica un estudio sobre Isabel de Villena ampliado en los cuatro apéndices del tomo III, que tratan de la *Bibliografía de las ediciones del Vita Christi,* de *La autora del Vita Christi,* del *Arbol genealógico* de Sor Isabel de Villena, y finalmente un estudio sobre las *Fuentes doctrinales del Vita Christi,* escrito por el presbítero don Jaime Barrera; J. Fuster, *El món literari de sor Isabel de Villena* (Valencia 1957); íd., *Jaume Roig i sor Isabel de Villena,* "Revista Valenciana de Filología", V (1955-58); Martí de Riquer, *Història de la literatura catalana,* vol. III (Barcelona 1964), 453-484.

FRAY HERNANDO DE TALAVERA

Descendiente de conversos, es menos conocido como escritor que por otras actividades de su vida. Nació hacia el 1428. Estudió teología en Salamanca. Hacia 1466-75 ingresó en el monasterio jerónimo de Santa María del Prado (Valladolid), del que fue prior. Entre los años 1475-92 fue, además de confesor, consejero de Isabel la Católica. En 1486 aparece obispo de Avila. Su acción pastoral se dejó sentir en toda Castilla. Intervino en asuntos tan delicados como el de Juana la Beltraneja y la ordenación de la hacienda. No fue ajeno a la guerra de Granada en el sentido de que toda la gestión económica proveniente de la *cruzada* concedida por Sixto IV pasaba por sus manos. Al tomarse Granada fue nombrado arzobispo de la ciudad, en la que ejerció su pontificado hasta 1507, fecha de su muerte. Trabajó aquí por la conversión de los moros, pero sus innovaciones en el campo religioso no fueron del agrado de muchos. Se urdió una denuncia contra él, y el arzobispo granadino fue juzgado por la Inquisición, con gran disgusto de la Reina, si bien declarado inocente de cuanto se le imputaba. Antes que Cisneros, Fr. Hernando fue un verdadero reformador. El tratado de perfección que escribió para las monjas bernardas de Avila sirvió de esquema para la reforma ulterior de los monasterios de mujeres.

Fr. Hernando de Talavera es el hombre culto, buen conocedor de la teología y filosofía y el prototipo del que pone en práctica lo que predica y escribe. En todas las actividades de su vida, lo mismo que en las fases sucesivas de su actuación,

47

fue el modelo de inteligencia, caridad, entereza moral y gran
finura espiritual, dotes difíciles de conjugar en una sola persona. En el siglo xv es figura sobresaliente dentro de la espiritualidad hispana. Además de humanista, participó también
activamente en la formación del Estado moderno español. En
pastoral es innovador, y sus métodos, de cara a los moros,
son sencillos, prudentes y eficaces, en contraste a los de Cisneros, que, llamado a colaborar con Talavera, se apoyaban en
la fuerza.

TEXTOS

*De entre la herencia literaria de Hernando de Talavera he-
mos entresacado el primer texto de* Católica impugnación. *Es
esta una obra escrita contra un anónimo judaizante aparecido
en Sevilla en 1480. Hernando lo conoce sólo el año siguiente
a través de la reina. Aunque no poseemos el anónimo, nos
constan, por la refutación minuciosa del monje Jerónimo, algunas ideas básicas expuestas en él: licitud de simultanear una
misma persona la práctica del judaísmo y cristianismo, y la
superioridad de aquél sobre éste. La refutación que de éstos y
otros errores hace Hernando es sensata y brillante.*

*De cara al problema religioso de la conversión de moros y
judíos que se vivía en sus días, Hernando es bien explícito:
"... lo que se hace por miedo y como por fuerza... no puede
mucho durar, como dura y es perpetuo lo que se hace por amor
y por caridad" (cap. 13).*

*En cuanto al problema de los conversos, está en la misma
línea de Pablo de Santa María y Alfonso de Cartagena: hay
muchos que son buenos y permanecen leales a la fe de Cristo.*

*Los textos específicamente elegidos son el núcleo de la obra.
Fr. Hernando demuestra cómo Cristo abolió el judaísmo, y registra, al mismo tiempo, las innovaciones introducidas con la
proclamación del cristianismo cual religión oficial en orden a
la salvación del hombre. El evangelio es ley de amor y debe
guardarse por amor, escribe el arzobispo de Granada.*

Esta obra, redactada por un descendiente de judíos procesado por la Inquisición como hemos visto, es libro fundamental para el estudio del problema de los conversos, hoy día objeto de investigaciones, polémicas y de candente actualidad. Los textos se han tomado, como se indica, de la edición de Salamanca 1487, pero precisamente por su extraordinaria rareza yo la reproduje en el tomo 6.º de mi biblioteca Espirituales españoles, con un estudio de Francisco Márquez y editada y anotada por Francisco Martín Hernández, Barcelona, Juan Flors, 1961, 243 págs.

CATÓLICA IMPUGNACIÓN

Capítulo octavo

Que yerra gravemente el que denuesta a los cristianos nuevamente convertidos, llamándolos marranos y marrandíes, y mucho más llamándolos herejes

Dice este malvado y quéjase que los nuevamente convertidos han por nombre entre los cristianos marranos y marrandíes. Verdad es que en esta manera no sin gran ofensa de Jesucristo son denostados y vituperados algunas veces los nuevos cristianos y sus descendientes. Lo cual es gran ofensa de nuestro Señor Jesucristo, porque los que a su santa fe se conviertan, como los santos dicen y aún como las leyes civiles quieren, han de ser honrados y muy humanamente tratados. Mas aquel nombre tan deshonesto y tan descomulgado nunca lo puso ni llamó buen cristiano ninguno ni hombre cuerdo y temeroso de Dios. No agora fue puesto a todos los nuevamente convertidos nombre de herejes, como se queja este malvado hereje, mas es puesto a los malvados descreídos tales como él, que seyendo baptizados y teniendo nombre y aun algunas obras o muestras de cristiano se halla que guardan cerimonias y ritos de moros o de judíos, y estos tales es verdad que en algunos casos deben morir como largamente lo dispone el derecho canónico y también el derecho civil. Y en lo que dice que esto se hizo agora parece bien que este descomulgado libelo se hizo a causa de la inquisición que entonces hicieron en Sevilla el reverendo obispo de Cádiz y el prior de Prado.

Capítulo duodécimo

Que yerra muy malamente este malvado y dice gran falsía y muy manifiesta herejía en lo que dice que Jesucristo no innovó ley, y pruébase por muchas maneras que la innovó y que la debió innovar y que soltó y quitó y debió soltar y quitar la obligación de la ley de Moisén

Dice este malvado hereje que leyendo los evangelistas sin afección halló que Jesucristo nuestro Redemptor no innovó ley ni la soltó, mas que antes nos puso en obligación de la ley de Moisén. Aquí convenía fincar el pie y demostrar largamente que Jesucristo nuestro Redemptor innovó y debió innovar ley y soltó y quitó y debió soltar y quitar la obligación de la ley de Moisén, mas porque esta materia es muy largamente tratada por los santos doctores antiguos, especialmente por Sant Agustín en el libro que hizo *De questionibus veteris et novi testamenti,* en el que escribió *Contra Faustum manicheum,* y por los modernos en la postrimera distinción del tercero libro de las sentencias y en la primera del cuarto y más largo por Santo Tomás de Aquino en su *Primera secundae* y muy más por Alejandro de Alis en su tercero, por eso lo demostraré yo aquí brevemente y como a comento pertenece, porque puedas ver que tú, hombre viejo en pecados envejecido y que tienes cubiertos los ojos con el velo, como dice el Apóstol de la letra de Moisén, la cual, como dice mata [1], no pudiste hallar ni ver lo que está tan abierto, tan manifiesto y tan claro de conocer. Mas no es maravilla que no lo entendiésedes pues tú mesmo confiesas que lo leíste sin afección, porque como Isaías [2] dice, el que no cree no entiende, y aun Aristóteles dice que *oportet adiscentem credere*. Lo cual no puede ser sin alguna afección.

Pues digo que invocó Jesucristo ley mandando y vedando y consejando muchas cosas que en la ley mosaica no eran mandadas, vedadas ni consejadas. Ca como en el prólogo fue tocado y como parece largamente por el discurso del santo Evangelio y especialmente en los capítulos quinto y sexto y séptimo de San Mateo [3], innovó Jesucristo los mandamientos morales que tú, herético ebionita, llamas neciamente legales. Ca innovó el primero mandamiento que es a tu Señor Dios adorarás y a él sólo servirás [4], porque la principal adoración que de nos quiere nuestro Señor es por fe y por esperanza y caridad, como dice Sant Agustín y nuestro Redemptor en el Evangelio de San Joan. Pues innovó nuestro Señor Jesucristo este primero mandamiento mostrando que le

---

[1] II *Cor.*, 3, 6.
[2] *Is.*, 43, 10.
[3] *Mt.*, 5, 17, 48.
[4] *Mt.*, 4, 10.

habemos de adorar creyendo que es Padre y Hijo y Espíritu Santo, tres distintas personas y un Dios verdadero, con otras muchas cosas que de esta distinción de personas dependen. Item todo el misterio de su santísima Incarnación y de la Redempción del linaje humanal lo cual todo no creía primero el pueblo judiego, a lo menos no así abiertamente, ni por consiguiente le adoraban de esta manera. Item le innovó mostrando que por la guarda de sus mandamientos habemos de esperar en premio y galardón al reino de los cielos. La cual esperanza no mandaba ni daba la ley mosaica. Item que le debemos amar de otra manera y más que primero, porque por los mayores beneficios que nos ha hecho en nos redimir, y redimir por tal manera de las penas del infierno, y nos promete abiertamente dar la gloria del cielo, conocemos más y más su soberana bondad, y por eso le habemos más de amar y aun sin haber respecto a ningún provecho ni beneficio recebido ni por recebir, mas por su sola bondad, y por eso el mandamiento de amar que dio Moisén cuando dijo en el Deuteronomio que le amemos de todo corazón y de toda ánima y de toda nuestra fortaleza [5], añadió nuestro Redemptor, como dice San Lucas, y de todas nuestras fuerzas [6]. Esta es la principal adoración y principal servicio que de nos quiso y quiere nuestro señor Dios.

Innovóle otrosí instituyendo nueva oración que es el *Pater Noster* [7], nuevos sacramentos y nuevo sacrificio, nuevos votos de obediencia de pobreza y de castidad, y nuevas cerimonias en las cuales cosas consiste princi-

---

[5] *Deut.*, 11, 1.
[6] *Lc.*, 4, 8.
[7] *Mt.*, 6, 9.

palmente la adoración y servicio exterior que de nos quiere nuestro Señor. Innovó el segundo mandamiento, que es no jurar a Dios en vano[8], mandando y aconsejando que en ninguna manera juremos, mas que sea nuestra palabra: sí, sí, no, no. Innovó el tercero mandamiento, que era guardar el día septeno, que vulgarmente es llamado sábado, mandando guardar como adelante parecerá el día primero o el octavo que es el día llamado domingo[9], que quiere decir del Señor y aun innovóle enseñando en qué manera se ha de guardar este santo día y otra cualquier pascua o fiesta, que es vacando a Nuestro Señor y a las obras de piedad y a las que para nuestra sustentación en tales días no se pueden buenamente escusar. Lo cual no estaba así mandado o a lo menos así expresado ni así dado a entender en la ley de Moisén, según parece discurriendo por ella y por la manera en que los fariseos sacerdotes y maestros de ella la entendían, antes parece que mandaba lo contrario. Ca mandó guisar el viernes para el sábado y que no encendiesen fuego y mandó apedrear al que cogía leña en sábado[10] y aun hasta que los Macabeos vinieron no se defendían en sábado de sus enemigos, según parece en su libro primero[11]. Innovó el cuarto mandamiento, dando a entender que la honra que a los padres por mandado de Dios habemos de hacer[12], no solamente ha de ser reverencia y acatamiento como la mandó hacer a los viejos, mas servicio y provisión de todo lo necesario para

---

[8] *Mt.*, 5, 37.
[9] *Deut.*, 5, 12-15.
[10] *Num.*, 15, 24.
[11] *Mach.*, 2, 34-42.
[12] *Deut.*, 5, 16; *Ef.*, 6, 2.

su sustentación cada que tovieren menester de ello. Innovó el quinto mandamiento que manda no matar, vedando no solamente la muerte, mas también las palabras injuriosas y la saña y todo apetito de venganza [13]. Innovó el sexto que manda no lujuriar, no solamente la obra mas aun todo acto y todo movimiento que hace para ella y el deseo y consentimiento aunque nunca en obra proceda [14]. Innovó el seteno mandamiento, que manda no tomar lo ajeno, vedando las usuras, no solamente con los hermanos, como lo vedaba la ley mosaica, más también con los estraños [15]. Innovó el octavo mandamiento que defiende el falso testimonio, defendiendo no solamente la mentira mas aún toda palabra ociosa [16]. Item innovó los mandamientos nono y deceno reprobando y condenando todo mal pensamiento, y esto cuanto a los mandamientos morales [17]. Innovó los mandamientos cerimoniales instituyendo como ya es dicho nuevos sacramentos, baptismo, confirmación, santa comunión, penitencia, extremaunción, orden sacerdotal y matrimonio, porque como quier que en la ley mosaica había penitencia, orden y matrimonio, mas no de la manera que los instituyó Jesucristo nuestro Redemptor y como los tiene y usa su Santa Iglesia que es el pueblo cristiano, porque la penitencia de la ley mosaica no tenía confesión vocal a sacerdote de todo pecado mortal *in specie,* ni la orden era de tantas maneras ni imprimía carácter, ni tenía el poder que Jesucristo nuestro Señor le dió es-

---

[13] *Deut.,* 5, 17; *Mt.,* 19, 18.
[14] *Deut.,* 5, 18; *Mt.,* 19, 18.
[15] *Deut.,* 5, 19; *Mt.,* 19, 18.
[16] *Deut.,* 5, 20; *Mt.,* 19, 18.
[17] *Deut.,* 5, 21; *Mt.,* 5, 25.

pecialmente a los sacerdotes de consagrar su precioso cuerpo y de absolver de los pecados, ni el matrimonio tenía vínculo perpetuo porque permitía la ley libelo de repudio [18]. Innovólos cuanto a la forma determinando, a cada un sacramento, cierta forma de palabras. Lo cual no había en la ley mosaica por la razón que delante se porná. Innovlos cuanto a las personas que los han de ministrar en el templo, que no solamente las ordenó y quiso que fuesen de la tribu de Leví como en la ley de Moisén mas de todo linaje. Item cuanto a los sacrificios, instituyendo sacrificio cuotidiano de su precioso cuerpo y de su muy santa sangre so semejanza de pan y de vino según la orden de Melquisedech en lugar de todos los sacrificios que se ofrecían en la ley de Moisén en los cuales y por los cuales aqueste un suficiente sacrificio era figurado. Item cuanto al lugar que no solamente quiso que este santísimo sacrificio se ofreciese en el templo de Hierusalem como en la vieja Ley, mas en todo lugar en que hobiese los aparejos que para ello son menester [19]. Item cuanto a la manera, diciendo que habemos de estar reconciliados al prójimo para que nuestra ofrenda sea a Dios acepta [20]. Item cuanto a la significación, porque los sacramentos y los sacrificios y las otras cerimonias de la ley mosaica significaban *saltem inmediate* otras cosas. Mas el santísimo sacrificio de la misa con los otros sacramentos y cerimonias del santo Evangelio todos significaban inmediatamente la pasión, muerte y resurrección de Jesucristo Nuestro Señor y el misterio de su santa Incarnación y de nuestra Redempción,

[18] *Deut.*, 24, 1; *Mc.*, 10, 4.
[19] *Jn.*, 4, 20-24.
[20] *Mt.*, 5, 23-24.

diciendo ese mismo Señor nuestro por San Mateo: *Cuantas veces esto hiciéredes en mi memoria lo haredes*[21], y el apóstol San Pablo, que el santo baptismo es figurado de la muerte y sepultura de Nuestro Señor Jesucristo[22], y el matrimonio, cómo Jesucristo se desposó con la Iglesia. Innovó los mandamientos judiciales declarando que el que ha de juzgar sea sin pecado[23] y que el que ha de acusar y procurar la corrección y enmienda de otro sea libre y limpio de aquello que acusa. Item amonestando que no contendamos en juicio ni fuera de él y que no queramos ser señores ni mayores, mas que nos sirvamos unos a otros por caridad y que caritativamente nos corrijamos y que nos perdonemos las ofensas, injurias y pecados. Innovó toda ley dándole nuevo fin y galardón, ca como la ley mosaica tenía por fin y galardón bienes temporales, riquezas, honras, salud de los cuerpos, abundancia de hijos, victoria de sus enemigos y bienes temporales y cosas semejantes como es escripto en muchos y diversos lugares y más espresamente y en una palabra en Isaías. *Si me oyeredes,* quiere decir, obedecieredes, *los bienes de la tierra comeredes*[24]. La santa ley evangélica tiene por fin y galardón bienes perdurables, espirituales y celestiales. *Bienaventurados los pobres de espíritu ca de ellos es el reino de los cielos*[25], etcétera; y en otros muchos lugares. Y tiene prenunciado que cuanto mejores fueren y mejor y más cumplidamente le sirvieren los cristianos tanto más y ma-

---

[21] *Lc.,* 22, 19.
[22] *Col.* 2, 12.
[23] *Jn.,* 8, 7.
[24] *Is.,* 1, 19.
[25] *Mt.,* 5, 3.

yores adversidades y tribulaciones padecerán en la vida presente, porque como Sant Agustín dice: toda la vida del cristiano si es conforme al santo Evangelio, cruz es, martirio y tormento. Y cierto es así mas no lo entienden sino los que lo son y lo sienten. Lleno está de esto el santo Evangelio y todo el Testamento nuevo. Innovó la ley cuanto a la raíz, ca la ley mosaica se guardaba por temor y la santa ley evangélica se guarda por amor, y por eso dijo Nuestro Señor Jesucristo que en amar a Dios y al prójimo consiste toda la ley y las profecías [26], y bien por esto nos enseñó que Dios es Padre nuestro y que le llamemos y roguemos como hijos a padre que es toda obra de amor y no como siervos a señor, según lo enseñaba la ley de Moisén que es obra de temor; de manera que aquélla era toda llena de temor de justicia y de pena y el santo Evangelio es todo lleno de amor de misericordia y de perdón. Innovóla cuanto a la manera en que la dió, ca dió la ley de Moisén poniendo gran espanto en los corazones del pueblo judiego; así antes que la recibiesen, azotando muy cruelmente al rey Faraón y a todo el reino de Egipto fasta los ahogar todos en el mar [27], que uno no quedó. Como al tiempo que la recibieron tronando y relampagueando y humeando en el monte Sinaí tan terriblemente que hobieron de rogar a Moisén que no hablase más con ellos Dios porque no moriesen de miedo y de espanto como aun después de recebida [28]. Ca los castigó a todos por tal manera en el desierto demandándolos sus culpas, que solos dos de ellos, Calef y Josué, entraron en la tierra

[26] *Mt.*, 7, 12.
[27] *Ex.*, caps. 7-15.
[28] *Ex.*, 20, 18-19.

de promisión [29]. Mas todo esto fue por el contrario en
la santa ley evangélica. Ca la dió Nuestro Señor Jesucristo con mucho amor y mansedumbre, sanando los
enfermos, resucitando los muertos y librando los demo-
niados, avisando y predicando a los pobres [30] y menos
sabios, como mucho tiempo antes Isaías lo había profetizado, aunque Natanael Nicodemus y Agamaliel que
fueron sus discípulos maestros eran en Israel comiendo
y bebiendo y conversando familiarmente con los pecadores por los traer a penitencia y padeciendo pasión y
muerte muy cruel por amor de ellos. Item la innovó
cuanto a la manera en que la dió, porque aquélla dió a
Moisén mediante un ángel, más ésta dió por sí mesmo
en la persona del Hijo *aperiens os suum* y después en-
viando su Santo Espíritu que es la tercera persona de
la Santa Trinidad visiblemente en semejanza de fuego
sobre los discípulos el día de Pentecostés [31]. Item dió
aquélla escripta en tablas de piedra y dió ésta escripta
en los corazones de los fieles cristianos como estaba
profetizado, y alégalo el Apóstol [32]. Item cuanto al lugar. Ca aquélla fue dada en el monte Sinaí y la santa
ley evangélica en el monte Sión, dentro de Jerusalén,
como adelante se dirá. Item aquélla se dió al sólo pueblo judiego y la santa ley evangélica a toda criatura, que
quiere decir a toda nación y a todo pueblo y por eso
aquélla no igualaba a los convertidos de la gentilidad
con los judíos, antes los tenía y trataba como huéspedes y advenedizos. Mas la santa ley evangélica todos los

---

[29] *Num.*, 14, 30.
[30] *Lc.*, 4, 18-19.
[31] *Act.*, 2, 3.
[32] *Heb.*, 10, 16.

iguala sin ninguna diferencia. *Iam non estis hospites et advenae* [33], etc., y en toda la epístola *ad Romanos* y en otros muchos lugares antes en alguna manera quitó la ley al pueblo judiego y la dió al pueblo gentil como es escripto: *auferetur a vobis regnum Dei et dabitur genti facienti fructus eius* [34], etc. Item la innovó añadiendo muy santos y muy saludables consejos de pobreza, de castidad, de paciencia, de obediencia. Item haciendo nuevos milagros y señales cuales antes no fueron hechos: *Si opera in eis non fecissem quae nemo alius fecit* [35], etc.; y como parece por el discurso del santo Evangelio. Aun la innovó cumpliendo las figuras y profecías en la ley mosaica contenidas. Lo cual habría menester muy largo tracto para declarar por cada una figura y cada una profecía cómo por Nuestro Redemptor Jesucristo y en él y cómo por su santa doctrina evangélica fue cumplida. Algunas de las profecías y aún de las figuras demuestra complidas el santo Evangelio; y algunas el apóstol San Pablo en sus Epístolas, pero muchas y cuasi todos los santos cuatro doctores y otros exponiendo las Santas Escripturas del viejo y del nuevo Testamento, en lo cual a todos ellos me remito por no ser aquí prolijo. Así que resulta de todo lo susodicho que es falso y muy falso lo que este necio malicioso dijo, que Jesucristo Nuestro Redemptor no innovó ley, mayormente como ese mesmo Señor Redemptor nuestro diga que la innovó diciendo que su nueva doctrina no se había de echar en odres viejos, y diciendo que nos da mandamiento nuevo que nos amemos unos a otros, y diciendo cuando consagró

---

[33] *Ef.*, 2, 19.
[34] *Act.*, 13, 46.
[35] *Jn.*, 15, 24.

y dio forma de consagrar su muy prociosa sangre: *Este es vaso de mi sangre del nuevo y eterno Testamento.*

(De *Católica impugnación...*, Salamanca 1487. De Fr. Hernando de Talavera.)

FUENTES Y ESTUDIOS

Fr. Hernando de Talavera, arz. de Granada, *Breve y muy provechosa doctrina de lo que deve saber todo cristiano. Con otros tratados muy provechosos,* Nueva Bibliot. Aut. Esp., 16, 1-103; Pedro de Alcántara Suárez y Muñano, *Vida del Venerable don Fray Hernando de Talavera,* Madrid 1866; Francisco de Paula Valladar, *Fray Hernando de Talavera,* "Boletín del Centro Artístico de Granada", 1892, págs. 107-115; A. Fernández de Madrid, *Vida de Fray Hernando de Talavera, primer arzobispo de Granada,* ed. Félix G. Olmedo (Madrid 1931); F. Fernández, *Fray Hernando de Talavera, confesor de los Reyes Católicos y primer arzobispo de Granada* (Madrid 1942); J. Domínguez Bordona, *Algunas precisiones sobre fray Fernando de Talavera,* "Bol. de la R. Academia de la Hist.", 145, 1959, 209-29; O. González Hernández, *Fray Hernando de Talavera. Un aspecto nuevo de su personalidad,* "Hisp. Sacra", 13, 1960, 143-74; Fr. Hernando de Talavera, *Católica impugnación,* t. 6.º de la Colección *Espirituales Españoles. Estudio preliminar* de Francisco Márquez. *Edición y notas* de Francisco Martín Hernández, Barcelona, Juan Flors, 1961; J. Meseguer Fernández, *La "católica impugnación" de fray Fernando de Talavera. Notas para su estudio,* "Verdad y Vida", 22, 1964, 703-28; T. de Azcona, *El tipo ideal de obispo en la Iglesia española antes de la rebelión luterana,* "Hisp. Sacra", 11, 1958, 21-64; Id., *La elección y reforma del episcopado español en tiempo de los Reyes Católicos* (Madrid 1960), 364-67; G. Prado, *Un insigne catequista y liturgista (Fr. Hernando de Talavera),* "Liturgia", 14, 1959, 323-31; C. Romero de Lecea, *Hernando de Talavera y el tránsito en España "del manuscrito al impreso",* "Studia Hieronymiana", I (Madrid 1973), 314-77.

PEDRO XIMENEZ DE PRÉXANO

Escasas noticias rodean la vida de este piadoso y docto personaje. Nació en Préxano, en las proximidades de Calahorra, en fecha que desconocemos. Su vida se desarrolla en el siglo xv a partir de su primer lustro. Estudió teología en Salamanca, teniendo como profesor al Tostado. El mismo regentó alguna cátedra de Vísperas en esta Universidad. Fue Vicario General en la diócesis de Segovia y primer canónigo magistral en la de Toledo. En 1479 asistió al concilio de Alcalá para juzgar los errores de Pedro de Osma. Parece que fue nombrado por Sixto IV, en 1487, obispo de Badajoz, y después de Coria por intervención de los Reyes Católicos, en cuya diócesis murió en 1495. Conjugó su actividad pastoral con la actividad literaria, dejándonos dos obras: *Confutatorium errorum contra claves Ecclesiae* (Toledo, Juan Vasque, 1486), dedicado al arzobispo Carrillo, y otra en lengua vulgar: *Lucero de la vida cristiana*. Hizo también una síntesis de la Exposición del Tostado sobre San Mateo.

TEXTOS

Dedicado a Isabel la Católica, el Lucero de la vida cristiana *no tiene otra pretensión que instruir al pueblo cristiano. Estructurado en tres partes, dedica la primera de ellas a la vida de Cristo, la segunda a los Sacramentos y la tercera a un examen de la Ley mosaica y su sustitución por el Evangelio. El título de la misma obra aquilata aún más lo que Ximénez pretende con ella: así como el lucero expele y alumbra las tinieblas y la oscuridad de la noche y alegra y guía a los caminantes, así este libro expelerá y alumbrará las tinieblas y vieja ignorancia de los simples, escribe él mismo en el prólogo. Se considera primera edición de esta obra la editada en Salamanca en 1493. A partir de esta fecha la obra goza de bastante aceptación. En el proceso inquisitorial contra Diego de Uceda, éste afirma que sus ideas sobre la confesión las ha leído y aprendido en el* Lucero de la vida cristiana *de Ximénez. Expresamente alude Uceda a los capítulos 100 y 106 de esta obra.*

Lucero de la Vida Cristiana

Capítulo 86

Por que los que venían a Jesucristo y oían su predicación no creían en Él, y por que todos los que oían la predicación de los Apóstoles no creían y se convertían

A causa de las cosas sobredichas en los capítulos precedentes podrá ocurrir una grande y alta duda, es a saber, por qué todos los que veían a Jesucristo y le oían predicar y le veían hacer tantos milagros no creían en Él que fuese Dios y Mesías. Item, por qué todos los que oían predicar a los apóstoles y veían las grandes maravillas que Dios por ellos hacía no creían y se convertían. A lo primero responderemos que los que veían a Jesucristo y las grandes maravillas nunca vistas ni oídas ni pensadas que hacía podían razonablemente cau-

---

[1] Véase Amador de los Ríos, *Hist. de la Literatura*, t. 7, Madrid 1865, págs. 351-352; Menéndez Pelayo, *Historia Heterodoxos esp.*, t. III, Madrid 1956.

sar en sí opinión que Aquél fuese Dios y el Mesías en
la ley y por los profetas prometido; asimismo podían
afirmar en sí esta opinión por la Santa Escritura, ca
veían que el tiempo en ella determinado y prometido
de la venida del Mesías era ya complido, y otras muchas
cosas que acerca de esto eran escriptas en la Santa Escriptura. Y como hacía las maravillas que eran escriptas que había de hacer el Mesías cuando viniese, y como
nunca tales ni tan maravillosas cosas habían seído vistas
ni oídas, y los que así causaban en sí esta opinión y
tenían buen ánimo limpio y quito de todas pasiones, en
especial de odio y envidia, y deseaban con buena intención saber la verdad de aquello que pensaban, es a saber, si Aquél era Dios y Mesías, y deseaban y rogaban
que Dios ge lo mostrase abiertamente y no ponían en
sus ánimas y corazones impedimento alguno para no
creer que Dios les inspirase acerca de esto y para su
salvación, a estos tales que así tenían buena intención
y deseo de su salvación y de saber la verdad, luego Dios
les revelaba la verdad y inspiraba en sus ánimas y les
infundía la fe. Y así creían con gran certidumbre sin
ninguna duda que Aquél era Dios, y así todos los que
creyeron en Jesucristo hobieron especial revelación, sin
la cual ninguno puede creer, y llamamos aquí revelación
la fe que Dios infundía en los corazones de los creyentes, lo cual no pudo facer ninguna criatura salvo Dios
sólo, que puede mover los corazones de los fijos de los
hombres. Porque en la fe hay dos cosas principales y
necesarias, es a saber, que las cosas que habemos de
creer nos sean propuestas. La 2.ª, que nuestro entendimiento asienta y crea lo que nos proponen. Cuanto a

la primera es necesario que la fe sea revelada por solo
Dios, porque las cosas de la fe exceden todo entendimiento humano y no caen en su contemplación. Cuanto
a lo segundo es necesario que Dios mueva y levante el
corazón humano para que asienta y crea firmemente y
sin ninguna duda las cosas de la fe. Ca como el hombre
creyendo cosas de la fe sea elevado sobre natura es necesario que esto se haga por principio sobrenatural, que
es Dios, el cual sólo puede mover el corazón humano;
y por ende la fe cuanto al asentir y creer que es el más
principal acto de ella, es de Dios y por Él sólo revelada,
infundida y confirmada, que para esto mueve el corazón
por gracia y así todos los que tenían buen deseo de su
salvación y de saber la verdad, Dios infundía su gracia
y fe para que creyesen. Y los príncipes de los sacerdotes y los otros judíos que trataron la muerte de Cristo
consintieron en ella, no conocieron que Jesucristo era
Dios y Mesías, ca si conocieran el *Señor de la gloria
nunca lo crucificaran* [2], según dice el Apóstol; y la causa de esta ceguedad fue el rencor y odio y envidia que
ellos tenían en sus corazones contra el Señor, porque
era más honrado del pueblo que no ellos y porque ellos
no eran tan honrados como solían ni recibían tantos beneficios del pueblo, y porque el Señor públicamente re-
prehendía sus vicios y pecados, y por tanto concibieron
en sus ánimas tan grande odio y envidia que le persi-
guieron hasta la muerte; y no les infundió Dios gracia
ni fe para que lo conociesen ni creyesen, porque no eran
dignos ni dispuestos para lo recibir, ca el grandísimo
odio y envidia que tenían contra Él impedía sus enten-

---

[2] *I Cor.*, 2, 8.

dimientos que no se dispusiesen a pensar si Aquél era Dios y Mesías, y a desear y rogar a Dios les revelase la verdad; mas elegían de permanecer en su pasión y obstinación. Y a todos los otros príncipes y sacerdotes y judíos que estuvieron sin pasión y tuvieron buen deseo de conocer la verdad y vía de salvación, reveló Dios la verdad y infundió fe para que creyesen, como parece de Nicodemo [3], de Gamaliel y de Josef de Arimatea y de otros muchos. E así los príncipes y judíos sobredichos no fueron sin culpa por traer y procurar la muerte del Justo, aunque no conociesen que era Dios; ca esta ignorancia fue por su culpa, por no quitar de sus corazones rancor, ira, envidia con otras pasiones y por no dar lugar que Dios les infundiese gracia y fe para que creyesen; y por lo sobredicho responderemos a la segunda parte de la duda arriba puesta, es a saber, por qué qué todos los que oían la predicación de los santos apóstoles y veían las maravillas nunca vistas y oídas que Dios por ellos obraba, no creían y se convertían, como facer milagros a sólo Dios pertenezca, que no puede errar ni mentir. A esto responderemos como dicho es, que los que sin pasión alguna con buen ánimo y deseo de su salvación y de conocer la verdad oían la predicación de los apóstoles y veían los milagros que hacían, Dios alumbraba sus corazones y infundía su gracia y fe con que creyesen muy firmemente y sin ninguna duda que era verdad lo que oían predicar. Y todos los que esto tenían recebían la revelación y fe sobredicha; y así se lee en los Actos de los Apóstoles, en el capítulo X, que cayó el Espíritu Santo sobre todos los que oían la pre-

---

[3] *Jn.*, 3, 1-21.

dicación de San Pedro, y caer el Espíritu Santo sobre
ellos era recebir la dicha revelación y fe que es atribuida al Espíritu Santo; y esta infusión de fe según el Apóstol en la primera Epístola a los Corintios, en el II capítulo, se llama revelación porque es solo Dios. E así
todos los que oían con buena intención y deseo de su
salvación sin poner impedimiento de pasión alguna eran
alumbrados por Dios, y les revelaba la verdad y infundía la fe; por la cual eran muy certificados de aquélla
y creían Jesucristo ser Hijo de Dios y Mesías y Salvador del mundo. E esto tenían por tan cierto y firme en
sus corazones que por esto se ofrecían a recibir cualesquier tormentos y acerbísimas muertes. Y en los que
en esto ponían impedimento por odio o envidia o otra
alguna pasión y estaban obstinados no queriendo saber
la verdad, Dios no infundía gracia ni revelaba el dicho
secreto, y esto era por culpa de ellos, que no eran dignos ni se disponían para recebir el tal beneficio de Dios.
E de aquí tomaremos conclusión que todas las personas
que sin pasión y con buena intención y deseo oían la
predicación eran alumbrados y convertidos y recebían
perfectamente el don de la fe y gracia del Espíritu Santo, y los que esto no tenían por su indisposición, no lo
recebían. E así aunque todos los reinos y provincias del
mundo fueron convertidos a la fe de Cristo por la predicación de los apóstoles y discípulos de Cristo, queda-
ran muchos incrédulos por la causa sobredicha y por
su culpa. E por consiguiente no les quedaba escusación
alguna de su infidelidad. E de aquí tenemos una notable
conclusión, según los doctores teólogos: que quien quiera que sea y dondequiera que esté, no siendo fiel, si fi-

ciere lo que es en sí, es a saber, que quite de sí toda
pasión y obstinación y desee saber la verdad y conocer
el modo y vía de su salvación, ruegue a Dios que lo
alumbre para que se salve; le revelará Dios la fe y lo
que ha de hacer para que se salve, y lo que debe facer,
creer y facer por donde se pueda salvar. Así leemos de
Cornelio gentil en los Actos de los Apóstoles, en el capítulo X, que ayunaba y facía limosnas y oraba porque
Dios le mostrase la vía de salvación [4]. Dios oyó los buenos deseos y envióle un ángel que lo instruyese y después el apóstol San Pedro que le enseñase la fe y lo
baptizase; y del eunuco en los Actos de los Apóstoles,
en el capítulo 8, a quien envió Dios el apóstol San Filipe
que lo instruyese en la fe y lo baptizase [5]; de que se
sigue que ningún infiel terná excusación delante Dios
si no fue revelada la fe, ca esto quedó por su culpa,
según dicho es, y no por la misericordia y bondad de
Dios que se estiende universalmente a todos los que la
quieren recebir y se disponen para ello. De aquí otrosí
parece la solución de otra notable duda, es a saber, que
cuando el hombre peca pierde la gracia, la cual no puede
por sí, ni por sus fuerzas, ni de ninguna criatura recobrar, como sólo Dios dé y infunda la gracia; ca cuan-
doquier que el pecador face lo que es en sí, es a saber,
que se dispone a recebir la gracia, le infunde Dios. Lo
cual se face en esta manera: que Dios continuamente
llama a la puerta del corazón, según se dice en el Libro
de las Revelaciones, en el capítulo 3. Y este clamor se
hace en muchas maneras, es a saber, trayendo a la me-

---

[4] Cf. *Act.,* 10, 1-48.
[5] Cf. *Act.,* 8, 26-40.

moria sus pecados, o la muerte, o el infierno y penas de él, y poniéndole deseo de la salvación y gloria del cielo y memoria que lo crió Dios y lo redimió; o dándole enfermedades y temores de la muerte y damnación, o haciendo que oya predicaciones y buenos ejemplos y palabras de otras personas, y por otros modos inumerables. Y cuando el pecador oye el clamor de Dios y torna en sí mismo conociendo que ha ofendido a Dios que lo crió y lo redimió, y le pesa porque le ha ofendido y propone no le ofender de aquí adelante en cuanto sus fuerzas bastaren, y de confesar su pecado o pecados cometidos pidiendo a Dios perdón, luego en la hora envía Dios su gracia en aquella ánima por la cual le son remetidos y perdonados los pecados. Este es el mayor beneficio que en este suelo tenemos los pecadores, y así ningún pecador tiene escusación delante de Dios; porque aunque el pecador después que peca pierda la gracia y no la pueda por sí cobrar, Dios la da liberalmente a todas las criaturas que quieren recebir, faciendo lo que es en sí, es a saber, que le pese porque ha ofendido a Dios y proponga de no le ofender y de confesar sus pecados; y así no queda al pecador escusación alguna de su danación. Y porque este beneficio era tan grande y tan fácil según la infinita clemencia y bondad de Dios, quedarle ha para siempre en el ánima un remordimiento de la conciencia diciendo cuán fácilmente se pudiera salvar si quisiera. Y ésta es una gravísima pena en los dañados.

(De *Lucero de la vida cristiana,* de Pedro Ximénez de Préxano, Sevilla, Juan Varela de Salamanca, 1515. Capítulo 36, fols. 63 r-65 r.)

Capítulo 127

Por que la ley de Moisén, como fuese buena y dada por Dios, fue quitada y cesó

Razonablemente podrá alguno dudar: como la ley de Moisén fue buena y dada por Dios, ¿cómo y por qué cesó y fue quitada? A esto diremos que la ley de Moisén era buena y dada por Dios, y dirigida y ordenada a buen fin, es a saber, al Mesías por el cual habían de ser los pecados perdonados y dados a nosotros los bienes. Pero fue conveniente que cesase de ser ley por muchas razones. La primera por su imperfección, porque aunque fuese buena no era absolutamente buena, mas solamente para los hombres imperfectos; así como alguna cosa es buena para los niños y no es buena para los varones perfectos; y así la compara el Apóstol, en la Epístola a los de Galacia [6], en el capítulo 3 y 4, al maestro o ayo que rige a los niños por temor, y la ley de Cristo a los varones de perfecta edad que ya tienen libertad. E porque no conviene estar siempre en la puericia y edad imperfecta, mas venir a la edad viril y edad robusta a la que se ordena la ley de gracia, no convenía al hombre estar siempre so la ley de Moisén que contenía algunos mandamientos casi para niños y imperfectos, como era muchas cerimonias que de sí eran inútiles, mas convenía que el hombre en algún tiempo viniese a otra ley de mayor perfección. La segunda porque la ley de Moisén permitía algunas cosas no buenas, así como dar a usuras y dar el libelo de repudio y perse-

---

[6] Cf. *Gal.*, 3, 24; 4, 28-31.

guir los enemigos con deseo de venganza. Y estas imperfecciones debían ser quitadas para que fuese ley perfecta. Y Dios no dio a principio a los judíos ley absolutamente buena y perfecta porque eran imperfectos y no la pudieran tolerar; mas dióles ley que contenía en sí algunas imperficiones, según convenía a su capacidad y disposición. Por algún tiempo habían de ser dispuestos a recebir otra ley perfecta. Y así era conveniente que entonces se les diese perfecta y cesase aquella que contenía imperfecciones. La tercera razón fue porque esa misma ley de Moisén contenía en sí que algún tiempo había de cesar, porque era ordenada a cierto fin, es a saber, que por ellas consiguiesen los hombres las promesas que en ella y en los profetas eran prometidas. La cuarta fue porque si la ley de Moisén siempre se guardase y durase, implicaría en sí repunancia y contradicción, ca todas las cerimonias de ella figuraban y significaban el Mesías y las cosas que el Mesías había de facer. E así si agora observásemos las cerimonias de la vieja ley significaríamos que aún esperábamos la venida del Mesías y las cosas que había de hacer, lo cual es herético y repugna al estado del nuevo Testamento. Y así Dios que es pura verdad debió quitar este error y no permitir que cumplidas todas las cosas prometidas en la ley y profetas permaneciese la observación de las cerimonias legales que prefiguraban y significaban aquéllas aun futuras. E agora son pasadas y complidas según parece en la Concepción, Natividad, Pasión y Resurrección de Cristo y en las otras maravillas por Él obradas en la carne asumpta. La quinta fue porque nunca se debe el hombre implicar en las cosas inútiles como apenas

le quede tiempo para ocuparse en las cosas provechosas
y necesarias, y como las cerimonias de la vieja ley en
sí mismas fuesen inútiles, debieron cesar venida la ley
de gracia, así por la significación como por las cosas en
ella prometidas que son ya complidas en la ley de gracia. E para declaración de esto notaremos que en la ley
de Moisén había tres linajes de preceptos, es a saber,
morales, judiciales y cerimoniales. Los primeros que son
morales y obligan naturalmente o por ley de natura son
para reglar nuestra costumbre y vida, como es el Decálogo, que son los diez mandamientos, y muchos otros
semejantes que eran en la ley y en los profetas. E de
estos diremos que ninguno de ellos cesó por la ley de
Cristo, porque aquéllos no pertenecían especialmente a
la ley de Moisén mas a la ley natural, como sean impresos naturalmente en la razón, y así estos todos quedan siempre. Otros eran mandamientos judiciales que
pertenecían a los actos y cosas humanas, y éstos no se
daban en la vieja ley a significar alguna cosa, mas solamente para reglar las operaciones humanas. Y estas leyes todas cesaron en el nuevo Testamento y no se guarda ninguna en cuanto fueron y pertenecían a la ley de
Moisén, ca todo aquello cesó. Mas si algunas de aquellas leyes judiciales se guardan y tienen vigor es porque son nuevamente instituidas por algunos legisladores
humanos y tiene poder de hacer nuevas leyes y darles
vigor para que obliguen sus súbditos a su observación.
Otros preceptos eran cerimoniales, y éstos pertenecían
al rito y modo de servir y honrar a Dios, como eran los
sacrificios, oblaciones, ritos y actos de los sacerdotes y
levitas cuando a las cosas que pertenecían al sanctuario.
E así diversas purificaciones y lociones cuanto a las in-

mundicias y abstinencias de algunos cibos vedados. Y en
esta manera los preceptos cerimoniales del viejo Testamento pertenecían al culto divino porque disponían los
hombres a él. E de estos cerimoniales diremos que todos
cesaron como perteneciesen al estado de la vieja ley.
E no es lícito, mas grave pecado, observar alguno de
ellos en la nueva ley de gracia, así como guardar el
sábado o algunas otras fiestas en la ley de Moisén contenidas, y recibir la circuncisión y abstener de algunos
cibos prohibidos en la dicha ley. Ca el que esto hiciese
pecaría mortalmente y sería totalmente apartado de
Cristo, según dice el Apóstol a los de Galacia, en el capítulo cuarto y quinto, y sería infiel y hereje; porque
las cerimonias de la vieja ley eran para figurar Cristo
venturo y las cosas que había de hacer. E por esto observar aquéllas sería directamente contra el estado del
nuevo Testamento, ca por éstas afirmaríamos por obra
no ser venido el Mesías, que sería destruir la fe católica.

(De *Lucero de la vida cristiana,* de Pedro Ximénez
de Préxano. Sevilla, Juan Varela de Salamanca, 1515.
Capítulo 127 [ff. 97-97 v]. Biblioteca Nacional: R-6472.)

FUENTES Y ESTUDIOS

Nicolás Antonio, *Bibliotheca Hispana Vetus,* II (Madrid
1788), núms. 834-38, pp. 338-39; T. Castrillo, *Contribución
a la historia de la exégesis en España,* "Miscel. Comillas", II,
1942, 55-75; M. Bataillon, *Erasmo y España* (México 1966),
48 y 434; F. Amador de los Ríos, *Hist. Lit.,* t. 7, Madrid,
1865, pp. 351-352; Menéndez Pelayo, *Historia Heterodoxos esp.*
III, c. 6, Madrid, 1956; Cejador, *Historia de la Literatura* II,
p. 205.

JACOBO DE BENAVENTE

Nació en Benavente (Zamora). Ejerció su actividad, como fraile dominico, a mediados del siglo XIV. Sus obras, además de la riqueza doctrinal, se caracterizan por su valor literario. Jacobo de Benavente fue un literato que influyó notablemente en la formación de la lengua vulgar. Su obra más importante es el *Vergel de Consolación*, erróneamente atribuida por algunos escritores a San Pedro Pascual. Parece que es también obra del dominico el *Libro de los gatos*, del género didáctico-moral mezclado con elementos fabulísticos. Desconocemos la fecha de su muerte.

TEXTOS

El Vergel de Consolación *se publicó en Sevilla en 1497. Es un libro bastante popular y de mucho contenido doctrinal. La primera parte o primer libro trata de los pecados capitales, y la segunda, de otros pecados que proceden de ellos. El resto de la obra es más positivo. Jacobo de Benavente se ocupa de las virtudes, ornamento del alma, registrando una larga lista de las mismas. Entre ellas enumera la oración y contemplación. Abundan las citas patrísticas y singularmente las isidorianas.*

Amor, oración, contemplación son los tres temas que recogemos en nuestro estudio. En cuanto al amor, Jacobo de Benavente lo define atendiendo a la función práctica del mismo. Una larga lista de textos agustinianos y de otros escritores antiguos avalan la idea del escritor zamorano. Sobre la oración no tiene una definición personal, pero sí acerca de la contem-

plación, siendo su síntesis sobre la misma muy aceptable. Amador de los Ríos, en el lugar indicado en la bibliografía, hace un extenso y lúcido análisis.

Viriderio *o* Vergel de Consolacio, *según las familias de mss., es obra de extraordinario valor literario y de importancia histórica por el ambiente social que refleja.*

Por estas razones incluimos este autor en nuestra Antología *sin detenernos a analizar la hipótesis lanzada hace años por el P. Atanasio López, O. E. (citado en la bibliografía), de que es una traducción de la obra de Jacopo de Benavento* Viridarium consolationis de vitiis et virtutibus, *ed. a nombre de S. Buenaventura.*

La bibliografía detallada para el estudio de esta cuestión puede verse en la obra que citamos del P. Isaías Rodríguez, O. C. D.

VERGEL DE CONSOLACIÓN

Capítulo

Va sin numerar y está colocado entre el cuarto de la Cuarta Parte, que trata Del temor de Dios, *y el quinto, que trata* De la pasión de Nuestro Señor Jesucristo

El amor de Dios es entendimiento del corazón por lo cual son apremiados y muertos los deleites y pecados, y las virtudes y las buenas obras son acrecentadas.

Dice Augustinus: ¡Oh, qué bienaventurado y verdadero amor, del cual nace nobleza y buenas costumbres, claridad y limpieza de buen talante y alteza de buen entendimiento, deleite de buenos deseos!

Dice Augustinus: Ninguna cosa no tan mansamente ni tan alta ni tan digna ni tan alegre como el amor de Dios. E cuando el amor de Dios agora fuere mayor,

tanto será la su visión más dulce y sabrosa y mansa.
E cuando con mayor deseo cobdiciamos tanto mejor
nos será.

Dice Augustinus: El que bien ama no trabaja; onde
quieres tú non sentir el trabajo piensa en la merced que
has ende haber. E así cualquier cosa que sea en el mandamiento grave de facer, fácese liviana a quien la ama.

Dice Augustinus: Si los fijos de este mundo, que es
tiniebla y noche, con grand deseo y con gran estudio
cobdician y quieren haber riquezas que han de perecer
y honras que han de perder, mucho más, Señor, nos,
que somos tus siervos, te debemos amar por quien somos fechos y redemidos. Si un hombre ama a otro por
tan gran amor que adur puede uno ni otro ser. E si
la esposa por tan gran amor es ayuntada al esposo que
non puede sin él estar sin tristeza: pues por cuánto
amor y por cuánto pensamiento y fervor la mi ánima
que tú a ti desposaste en fe y en esperanza y en misericordia y en piedad debe a ti amar, Señor, que eres
Dios verdadero y esposo muy fermoso que nos tanto
amaste.

Dice Augustinus: ¡Oh, Señor Iesu Señor mío!, el tu
amor non es vagoroso, los que a ti aman no se en-
tristecen, el tu amor no perece, mas es durable; la re-
membranza de ti es dulce más que la miel; el pensamiento en ti es más sabroso que otro comer; fablar de
ti es refacimiento del bueno; el tu conocimiento es muy
buena consolación; la alleganza de ti es vida perdurable; el partimiento de ti es muerte perpetua.

Dice Augustinus: La razón porque es Dios de amar,
él mismo es, que fue mesurado tanto por nos que fue

sin mesura; y es de amar por doble razón: porque es más derecho que otra ninguna cosa, o por ninguna cosa no se puede amar con tan buen fruto.

Dice Augustinus: Quien a mí tan solamente en una palabra me fizo y en refaciéndome dijo muchas cosas y sufrió muy crueles cosas y fizo maravillas muchas y no tan solamente crueles más muy fuertes y no dignas, pues cuál cosa daré yo al mi Señor por tantas que él me dio: e lo primero dióme a mi mismo: en lo segundo dio a sí mismo: y dando a sí mismo dióme otra vez a mí que era siervo de otro por mi mismo culpa: onde debo a mí mismo por dos veces, cuantas me él a mí dio, pues cuál daré por sí mismo que si mill veces yo me le pudiese dar no so yo a respeto de Dios mi Señor. E por ende sin mesura debe de nos ser amado.

Dice Augustinus: Señor, tú eres mi amor en que yo mucho fallezco maguer que muy fuerte sea. Señor, tú tañiste el mi corazón con la tu palabra e amo te. Y el cielo y la tierra y todas las otras cosas que y son y de todas las otras partes me dicen que cada día ame a ti. ¡Oh fuego de gracia que siempre ardes y nunca mueres, oh amor de Dios verdadero mío Señor, enciende a mí en el tu amor! Señor, continencia mandas y das aquello que mandas y prometes y mandas lo que tienes por bien.

Dice Augustinus: Cuanto crece el amor de Dios en mí tanto crece la claridad y la fermosura en la mi ánima, y porque caridad es fermosura y claridad del ánima, si la yo amare seré claro y limpio, mas menester es que no me encienda y que me guarde de ira y de desamor, porque no pierda lo que de Dios recebí aquello enciende en mí por su fecho claro y limpio. Y por ende seré claro porque aquel Señor me ame.

Dice Augustinus: Señor, membrar me quiero de todas las mis suciedades y pecados pasados y de todas las corrupciones carnales de la mi ánima, no porque yo las ame, mas porque me repienta y ame a ti; y por amor fago esto, que tú eres dulcedumbre bienaventurada y segura y adolezcas a mí.

Dice Augustinus: Señor, aquel te ama menos que ama otra cosa contigo y non por tu amor.

Dice Augustinus: Ama el tu Señor Dios tanto que sea sin mesura, ca él sin mesura nos amó.

Dice Hierónimus: El santo y verdadero amor ha consigo paciencia; y el falso y el mal amor aína es apremiado. El amor verdadero de lo que no puede no recibe ningún solaz.

Dice Hierónimus: El amor sin paciencia y sin verdad aquesta ha siempre consigo que siempre cuida y cree aquí haber aquello que desea porque ama no sabe ni conoce razón; muchas veces pierde razón y entendimiento; no sabe mesura ni puede otra cosa sino aquello que ama y cobdicia.

Dice Hierónimus: Gran fuerza tiene consigo el verdadero amor y aquel que verdaderamente es amado toda la voluntad del que ama tiene a sí apropiada.

Dice Hierónimus: El amor verdadero lo que no puede no recibe ningún solaz ni recibe algún remedio de la mengua.

Dice Bernardus: El puro amor no es comer mercenario; que no ha esperanza de galardón aquel a quien sea dado, ni atiende ninguna desesperanza.

Bernardus: Del falso amor dice así: Amor tributoso, que ninguna otra cosa piensas sino por ti y todas las otras cosas enojas todas las desprecias y pues eres abondado todas las cosas tienes en nada; no quieres semejar el que tú eres, no sabes mesura, todas cosas convenibles y de razón tienes que son en ti y todo tornará en captividad.

Dice Bernardus: Aquel es mayor cerca Dios que trae muchos al su amar.

Dice Bernardus: En el pecho frío non puede caber la palabra encendida del fuego de amor. E así como el que no sabe griego no entiende la lengua griega, ni el que no sabe latín no entiende la lengua latina, así la lengua del verdadero amor es mucho estraña a aquel que non la ama.

Dice Bernardus: ¡Oh bien, el yugo del verdadero amor y santo qué dulcemente prenda, cuánto gloriosamente enlaza, cuánto mansamente oprime, cuánto deleitosamente carga, cuánto bienaventuradamente quema, cuánto fuertemente aprieta, cuánto sabiamente reprehende!

Dice Gregorius: Si la voluntad fuere con buena intención y fuere a Dios enderezada, cualquier cosa que sea amarga en esta vida todo lo tiene por dulce. Lo que es pena tiene por folganza y cobdicia pasar por muerte porque pueda ganar más complida vida, desea morir en las cosas muy bajas porque complidamente pueda a las más altas sobir.

Dice Gregorius: El buen amor esto suele tener siempre en el corazón: que aquello que él piensa todos lo saben.

Dice Gregorius: Aquel que verdaderamente ama muchas veces el su corazón es lleno de pensamiento, tanto que puede ver y conocer de Dios cuanto no podría fablar.

Dice Gregorious: A las veces tanta es la fuerza del ardor del amor de simplicidad en el corazón que ese mismo corazón non puede caber ni entender cuánto es lo que mereció haber; y aquellos solos supieron fablar de ellos que de corazón le amaron.

Dice Ambrosius: Amemos el muy alto bien en que es todo bien.

Dice Basilius: Quien ama a Dios ama los sus mandamientos; y Dios no quiere tan solamente ser amado por palabra, mas por buen corazón y por buenas obras.

Dice Hugo: El buen amor face aquel que ama como es el que es amado; y la fuerza de tal amor es que seas tú tal como aquel que tú amas en voluntad. E por obras y así por una semejanza eres trasformado en aquél.

Item dice San Agustín a su ánima: Sé que el amor de Dios es la tu vida y sé que alguna cosa bien amas eres transformada en la tu semejanza.

Capítulo 17

De la oración

Dice Gregorius: Orar es haber hombre en su contrición muy amargos gemidos y no sonar palabras muy afeitadas y compuestas. Item Dios sabe qué es aquello que nos puede venir, fácese que no oye las voces de los apremiados y dolientes porque sea más nuestra pro y nuestra vida sea purgada por la pena que aquí sofrimos; mas de los fieles no entienden esa gracia de dispensación.

Dice Hierónimus: Oración es muy sotil ave y muy deleitosa; la cual aliviada con péñolas de fe y de virtudes sube a los coros de los ángeles y muy liberalmente hasta que al consistorio y ante la silla del muy alto señor y juez y es muy noble y fiel rogadora por el negocio de cada uno.

Dice Bernardus: Hermano, ruega muy afincadamente. Ca aquél es dicho haber vestidura tinta de sangre quien cría la su sangre del sudor de los pobres. E por estas cosas de este mundo que nos vienen cantando y con alegría dad lágrimas graves y orad, si no en otra manera lo que aquí comedes en alegría y en riquezas muy mal lo penaredes en tormentos. Item entonce es la oración más pura y más segura cuando todo el roído es amansado por el sueño de la noche. Ca no es turbada por ningún roído ni amor, ni es tentada por alabanza de ninguno que lo vea. *Super istud, dum medium silentium,* etc., levántate, siervo de Dios, y sal a la carrera al esposo celestial con toda reverencia y devoción, a aquel que en la media noche en todos los venimientos. E entonce mejor y más seguro podrás a él mostrar tu necesidad y él más piadosamente te oirá y mostrará la su presencia. Ende dos cosas debemos a ser ciertos: ca o nos dará lo aquel pedimos o aquello que sabe que será más nuestra pro firmemente y no dubdes en ninguna manera que ninguno no merece algún beneficio haber sino aquel que ruega a Dios. Item en el fijo de caridad es llamar. Por ende alza las tus manos en oración, ca Dios alzó las suyas en la cruz porque los sus fieles puedan ganar lo que quieren; mas cuando las alzades ved lo que demandades al muy poderoso y demandad cosa granada, ca muy rico es y no fallezcades en oración, ca otorgador es en todas las cosas que llaman. E si algún poco lo aluenga no está que no dé; por ende seguro ruega, en fe recibrás. E si no agora en cabo en cabo recebir lo has, e creedes vos que la verdad puede nunca fallecer; guarda tú la fe e guardarte ha él prometimiento. E por ende, mis hermanos, buen mensajero es la oración, e gran virtud es de la pura oración que ella cumple el mandado así como fiel mensajera, ca llega a tal lugar do no llega hombre de carne. La virtud de la oración envía muy fuertes dardos contra el mal enemigo. E la oración es guarnecimiento del alma, e por ellas nos da Dios todas cosas que son nuestra pro, e por ella somos guardados de las cosas contrarias que pide el enfermo. La oración espanta los diablos, llama los ángeles, acrecienta la devoción, gana perdón, alumbra la conciencia; ende debemos siempre estar apercebidos a oración en tiempos e horas convenibles. Mejor lidia el hombre orando a Dios que muchos hombres batallando. Si tú mismo non oyes la tu oración ni la entiendes, ¿cómo quieres que la oya Dios? Si por fijo de Dios te tienes pide tales cosas que sean a Dios de dar e a ti de recebir. Ca si pides algunas cosas carnales él te las dará de grado pues que las ha él te manda que las desprecies. Por oraciones somos mudados del pecado. Por lecciones nos guarnecemos. Ca quien quiere con

Dios siempre ser expresamente debe leer e orar. Ca cuando leemos habla Dios con nosotros.

E cuando oramos hablamos con Dios, e todo es bueno si hombre puede, mas si no puede todo mejor es orar que leer. E todo bien nos viene de leer e de buen pensamiento, ca lo que non sabemos aprendémoslo por la lección, e lo que sabemos guardámoslo por buen pensamiento e entendimiento. Item, la lección de la Santa Escriptura da a nos doble don a cada hombre e enséñale buen entendimiento de la mente, e pártele de las vanidades de este mundo, e tráele al amor de Dios, e como nos muchas veces fuéremos instruidos por el sermón de Dios somos ende partidos del deseo de la vida mundanal. E pues que fuéramos encendidos en el amor de sapiencia tanto la vana esperanza de esta vida mortal envilece y es despreciada, e cuanto más en leyendo crece la esperanza de la vida perdurable. Item ninguno no puede conocer el seso de la Santa Escriptura sino por uso de leer. Cuando más continuamente fuere en los santos hallamientos e los oyeren, tanto más mayor e mejor entendimiento habrá de ellos. Así como la tierra que cuanto más veces es labrada tanto más e mejor fructo da de sí. Así cuanto alguno más sabe e se llega a cualquier ciencia o arte tanto más arte desciende a él. Item en dos maneras es la oración embargada porque hombre no puede haber lo que demanda. Lo primero si hombre entiende por ende hacer mal o lo face. Lo segundo si hombre no perdona a aquel que algún mal le fizo. E si estas dos cosas de embargo cada una de sí quitare seguro faga oración e liberalmente alce la su oración a rogar por aquello que quiere ganar. Item el

que recibe el más de algunos otros no debe dejar de
rogar por ellos. Ca en otra manera peca por sentencia
de Dios quien no ruega por sus enemigos. Item así como
ninguna melecina no hace pro a la llaga si aún el fierro
dentro yace, así la oración no aprovecha ninguna cosa
a aquel que tiene saña o malquerencia a otro en su corazón. El nuestro Señor Jesucristo que es dador en el
Padre non nos amonestaría que pidiésemos si dar no lo
quisiese. Por ende la voluntad humana siempre está des-
embargada para pedir. Ca más quiere aquel dar que nos
recebir e más ama haber merced que nos ser librados
de mezquindad.

Capítulo 18

De la contemplación

Contemplación o pensar es poner hombre su voluntad en Dios olvidando todas las cosas temporales. El
que libre es de las cosas temporales puede sin embargo
pensar las cosas de Dios. Item el que desea sobir a la
muy alta torre de buen pensamiento o contemplación
menester es que primeramente se pruebe en el campo.
E quien quiere venir al estudio de contemplación debe
primeramente a sí mismo demandar e pensar cuánto lo
ama porque después no se repienta, ca la fuerza levántate la voluntad del amor de las cosas terrenales, e alza
el amor de Dios e de las cosas espirituales. Item aquel
que piensa en la dulcedumbre de la vida celestial e la
conoce cuanto es su poder, todas las cosas terrenales
que ante amaba despreciará, e dejarlas ha muy de grado,

e tenerlas ha por muy viles a comparación de las otras. E desampara el deudo e todo aquello que por los otros le son tenidos: De las cosas que tiene ayuntadas tiene el corazón enardecido en las cosas celestiales, no cobdicia ninguna de las temporales, mas desprecia e tiene por vil cualquier cosa de las terrenales que en este mundo aplacen. Ca solamente caridad de piedra muy preciosa tiene en la voluntad. Item muchas veces el corazón del que verdaderamente ama es lleno de dones de buena contemplación o pensamiento, tanto que puede ver e entender Dios lo que hombre no puede fablar. Ninguno puede mano a mano ser fecho grande, mas poco a poco va subiendo hombre encima de la escalera onde subémosnos así como en dos pies, el uno de contemplación o pensamiento y el otro de oración. Ca el pensar bueno enseña lo que no sabemos. E la oración guarda lo que sabemos que no fallezca. Item no viene al hombre luego la gracia e la claridad del Espíritu Santo, maguer que se llega a buena contemplación; mas conviene que primeramente sea quebrantada la amargura e la cobertura de la mala obra, e así viene el meollo de vida muy clara que es dentro. Primeramente debe el corazón ser purgador e partido de las cosas e cuidado del mundo, porque después por buena e pura voluntad pueda cada uno pasar a los pensamientos e obras de Dios.

(De *Vergel de Consolación,* de Fr. Jacobo de Benavente, impreso a continuación del "Boecio de la consolación". Sevilla 1499.)

FUENTES Y ESTUDIOS

J. AMADOR DE LOS RÍOS, *Historia crítica de la literatura española*, 4, 331; C. FERNÁNDEZ DURO, *Colección bibliográfico-biográfica de noticias referentes a la provincia de Zamora, en Benavente (Jacobo)*; M. MARTINS, *O Vergel de Consolaçao*, "Estudios de literatura medieval" (Braga 1956), 60-73 (véase también "Broteria", 49, 1949, 420-33); Id., *A etica social no "Vergel de Consolaçao"*, "Rev. Port. de Filosofia", 15, 1959, 407-16; ISAÍAS RODRÍGUEZ, O. C. D., *Autores espirituales en la Edad Media*, en *Repertorio de Historia de las ciencias eclesiásticas en España*. 1. Siglos XIII-XVI. Salamanca 1967, págs. 249-250; ATANASIO LÓPEZ, *San Buenaventura en la Bibliografía española*, Madrid 1921.

AMBROSIO DE MONTESINO

Poeta y obispo, nació, en pleno siglo xv, en Huete (Cuenca) sin que sepamos fecha fija. Estuvo al servicio de los Reyes Católicos y, de la Corte, pasó a San Juan de los Reyes (Toledo) para vestir el hábito franciscano. En 1512 fue nombrado obispo de Sarda (Albania), cargo que no ejerció nunca, según parece. Debió morir hacia el 1514.

Su verdadera importancia está en el campo de las letras. En el período de los Reyes Católicos, entre los escritores que promueven el movimiento ascético-místico, se encuentra Montesino. Por encargo de aquéllos tradujo la *Vita Christi* de Dionisio Cartujano, editada en Alcalá en 1502-1503 en cuatro volúmenes por orden de Cisneros. Esta obra contribuyó al influjo de los místicos alemanes en los escritores hispanos de espiritualidad.

Su aportación más personal y original a la formación de la mística la tenemos en sus *Meditaciones de San Agustín.* Con el *Breviarium Immaculatae Conceptionis V. Mariae* ensalza algunos privilegios marianos. Pagó tributo a la poesía con *Coplas sobre diversos misterios de nuestra santa fe católica,* publicada en Toledo en 1485. No es autor, en cambio, de la edición de *Epístolas y Evangelios,* sino simple corrector o reformador. Le antepuso un prólogo en el que da cuenta de su intervención en la misma.

TEXTOS

Ya anteriormente elegimos en esta Antología *dos textos cuyos temas no han sido planteados explícitamente hasta aquí: la Eucaristía y la Pasión de Cristo, fuentes de amor e impul-*

*sores de la vida espiritual del cristiano. El autor expone el
asunto en forma de oración afectuosa, bella síntesis doctrinal
sobre la Eucaristía y la Cruz.*

RELICARIO DEL ALMA

PROTESTACIÓN Y PREPARACIÓN PARA COMULGAR

Soberano Pontífice que con tu sabiduría alumbraste
al mundo, e con tu santa encarnación lo ensalzaste e
con tu preciosa muerte lo redimiste, a agora forzado de
tu inmensa caridad para conservar lo que reparaste eres
en esta vida hostia sacrificio e sacerdote, dador e don,
oblación de paz, y el que la recibe por la igualdad que
tienes con el Padre celestial, al cual tu santa Iglesia la
ofrece en memoria de tu sagrada pasión. Yo te suplico
por el gran poder y maravillas con que en este inefable
sacramento tienes encubiertas tu divinidad y humanidad, teniendo en ti mesmo debajo de estos visibles accidentes todos los bienes, gracias y dones que se pueden
desear y yo he menester que Tú, Señor mío, no me
comprehendas en mis pecados ni me despidas de la misericordia que te trajo sin mudarte de la diestra de
Dios a esta santa ara que es figura y memoria del misterio de la vera cruz. Y pídote, Rey de las caballerías
celestiales y restaurador de sus sillas, que no mires a
la miserable disposición y tibieza con que a ti me llego
para hacer de mi culpa custodia e ara de tu real majestad; mas pon tus ojos clementísimos en la fe con que
agora te adoro, creo y temo y en la obediencia con que
te recibo confesando, Señor, que por el retraimiento e
brevedad con que tu infinita grandeza está oculta en esta
forma de pan material no padece agravio ni detrimento

ninguna propiedad de las que pertenecen a tu persona divina ni de las que como estás en el cielo convienen a tu naturaleza humana. Y mira que si toda la caridad de los serafines se me diese, yo no me merecería participar tu cuerpo ni tu sangre con tan familiar amor como te nos das, mas digo que oso usar del muy temeroso atrevimiento de recebirte; porque así Tú, nuestro Dios, lo mandaste y por la eterna pena a que nos obligaste si careciésemos del conforto y esfuerzo de esta santa comunión. En cuya hostia muy adorable y secreta nuestra fe te hace anchura, tu potencia lugar, la caridad carrera, los ángeles compañía; e tu bondad e nuestra necesidad nos dieron el uso no terminable de esta tu magnificencia. Así que, Rey de todas las cosas, esfuerza mi corazón, conforta mi fe e mejora mis sentidos por que no desmayen en esta santa hora de la presencia e favor de tu real asistencia. Inflama con el fuego de amor que te cerca mis entrañas, ata, ordena, e confirma en ti mis deseos. Da perdón a los vivos, descanso e gloria a los muertos, e dame, Señor, segura salida de la cárcel de este cuerpo e por los merecimientos de la preciosa Virgen, tu Madre, en cuyo vientre sin pecado el Espíritu Santo fabricó este santísimo cuerpo tuyo que consiste debajo de esta accidental blancura, me guía para que te pueda ver siempre en la gloria que reinas adonde con el Padre y con el Espíritu Santo eternalmente vives. Amén.

ORACIÓN A LA SANTA LLAGA DEL COSTADO

Adórote y Dios te salve, llaga santa del costado de nuestro Redemptor, injuriosamente dada, de la muy pre-

ciosa Virgen su Madre llorada, en el cielo de los ángeles adorada, y en la tierra de sólo San Francisco su alfé-
rez glorioso, sentida; porque tú sola eres cabo de su
pasión, sello de nuestra reparación, término de las pro-
fetales figuras y tienes dignidad sobre todos los misterios de nuestra salvación. Adórote, llaga santa, minero
de sacramentos, fuente de divinas influencias, vía vera
de la eterna vida, medio muy precioso por el cual go-
zamos del fructo de la Santa Encarnación. Adórote, llaga
santa, llave de las misericordias de Dios; que diste virtud e fuerza al sacro baptismo con la infusión de tus
licores divinos y fuiste poderosa sobre toda natural operación de manar sangre de infinito provecho e agua cris-
talina de maravilloso sacramento sin mezcla de confusión mas con distintas corrientes, y con olor de suavidad. Adórote, maravilla inefable, puerta del paraíso,
llaga de perdurable salud, fundamento de la Iglesia, sola
tú más generosa en hacer hijos de salvación, que fue
poderoso Adán de los hacer de perdición.

¡Oh divino costado, vidriera y ventana de las entrañas de Dios!, porque por ti como por nuevo rompimiento de muro, salieron las ondas de nuestra pureza
y las nuevas de nuestra exaltación y por ti se exprimie-
ron todas las verduras e zumo de la sangre y substan-
ciales entrañas de Dios. Bendígote y adórote, poderoso
y sacramental costado del Verbo Divino, por el cual
procedió el jubileo del mundo, la gloria del cielo y la
paciencia de los santos, la paz y amor de nuestra peregrinación. La lanza te penetraba la divinidad, te favore-
cía, por de fuera corrías sangre: mas de dentro tenías
alteración de dolor, mas en lo interior te dotabas de

majestad impasible. Con tu agua se regaba el suelo, mas en todas las cosas tu deidad presidió. El Príncipe (llaga santa) que te padeció con tus licores consagraba la tierra, ennobleció los aires, santificaba la cruz, baptizaba a su madre e al discípulo más amado que por vínculo de amor inseparable presentes estaban.

¡Oh costado lleno de majestad, templo de inflexible firmeza, sin manos edificado y sobre todo el cielo engrandecido!

No sumptuoso de cortada cantería, mas edificado de virtud inefable e alumbrado de perdurable día. Estabas de fuera con lastimera abertura, mas la divina persona no te desamparaba. Quedaste carne defunta por el apartamiento del ánima, mas permaneciste Dios por la deidad que nunca te fue ausente; la cual miraba y toleraba tus injuriantes, bendecía tus creyentes y aceptaba la fe y lágrimas de los que allí estaban por su pasión y soledad amargamente llorantes. ¡Oh lanza de memorable victoria que aunque tuviste atrevida violencia tú sola acertaste la vena de nuestra esperanza! Mas si tú la virtud del defunto sintieras al rompimiento de su corazón, no te aceleraras.

Debieras, lanza, tener con los elementos sentido, con las piedras dolor, con el sol tristura, con el velo del templo rotura, con los muertos discreción, ca todas estas cosas hicieron mudanza por su Hacedor, porque de esta manera en el aire te tuvieras sin tocar en el costado. Mas, ¡oh misterio de adorar que al Hijo heriste y a la Madre traspasaste! ¡Oh lanza de consideración espantosa que si la carne rompiste a la muerte mataste, abriste las preciosas entrañas y cerraste las puertas de perdición, no te sintió el corazón que llagaste, mas sintieron tu golpe los infiernos que destruiste! Entraste por las arcas del cordero y sacaste los tesoros de las grandezas de Dios: temblaba la cruz del golpe y el abismo de espanto.

¡Oh fuente de medicina cuyos remedios sobrepujaron nuestros peligros, cuyos reparos fueron mayores que nuestra caída! En ti templo, y en ti me deleito y en ti sagrario de reverencia me retraigo y en ti pongo y confío todas mis angustias, remedios, consolación y deseos; y señaladamente esta tribulación y necesidad en que agora estoy y suplico, llaga santa, al Señor que te padeció que por ti me socorra, pues por ti me salvó. El cual vive y reina a la diestra del Padre. *In secula seculorum.* Amén.

Fin del Relicario del alma.

(De *Relicario del alma,* con un soliloquio devotísimo y con las oraciones de fray Ambrosio Montesino, Alcalá 1551. Capítulos "Protestación y preparación para comulgar" [fols. 114-115 v] y "Oración a la santa llaga del costado" [fols. 115 v-117].)

FUENTES Y ESTUDIOS

B. J. GALLARDO, *Ensayo de una Biblioteca Española,* III (Madrid 1888), 861-82; J. M. DE ELIZONDO, *La leyenda de San Francisco según la versión catalana del "Flos Sanctorum", fragmentos y notas, seguidas de unas coplas de Fr. A. de Montesino en honor de San Francisco* (Barcelona 1910); M. BATAILLON, *Chanson pieuse et poésie de Dévotion: Fr. Ambrosio Montesino,* "Bulletin Hispanique", 27, 1925, 228-38; E. BUCETA,

Fr. Ambrosio Montesino fue obispo de Sarda en Albania, "Rev. de Filología Española", 16, 1929, 267-71; J. SANCHIS ALVENTOSA, *La escuela mística alemana y sus relaciones con los místicos de nuestro siglo de oro,* Madrid, ed. "Verdad y Vida", 1946, XI, 237 págs.; J. SIMÓN DÍAZ, *Una obra de fray Ambrosio de Montesino vista por la Inquisición. Aportación documental para la erudición española* (Madrid 1951), 12-17; J. RUIZ I CALONJA, *Fra Ambrosio Montesino, Ferrando de Vedoya i Gracia Dei, a la cort de Ferran el Catolic,* "Estud Romanics", 4, 1953-1954, 241-50; E. R. BERNDT, *Algunos aspectos de la obra poética de Fr. Ambrosio de Montesino,* "Archivum", 9, 1959, 56-71; K. WHINNOM, *El origen de las comparaciones religiosas del siglo de oro: Mendoza,, Montesino y Román,* "Rev. de Filol. española", 46, 1963, 263-85; I. RODRÍGUEZ, *Autores espirituales españoles* (1500-1572), "Repertorio de Hist. de las Ciencias Ecles. en España", 3 (Salamanca 1971), 531-32.

INDICE